Fresenius / Niklas / Schilcher

Freiverkäufliche Arzneimittel

W0472905

Fresenius / Niklas / Schilcher

Freiverkäufliche Arzneimittel

Handbuch für den Einzelhandel und Vorbereitung auf die Sachkenntnisprüfung

Werner Fresenius, Wiesbaden
Herbert Niklas, Pfullingen
Heinz Schilcher, Immenstadt

Unter Mitarbeit von
Bruno Frank, Kleinrinderfeld

7., völlig überarbeitete und erweiterte Auflage

Mit 52 Tabellen

wvg

Wissenschaftliche Verlagsgesellschaft
Stuttgart

Anschriften der Autoren

Prof. Dr. Werner Fresenius
Pommernstr. 29
65205 Wiesbaden

Dr. Herbert Niklas
Römerstr. 79
72793 Pfullingen

Prof. Dr. Heinz Schilcher
Zaumberg 25
87509 Immenstadt

Dr. Bruno Frank
Am Grundbach 5
97271 Kleinrinderfeld

Bibliografische Information der Deutschen Bibliothek
Die Deutsche Bibliothek verzeichnet diese Publikation in der Deutschen Nationalbibliografie; detaillierte bibliografische Daten sind im Internet über http://dnb.ddb.de abrufbar.

7., völlig überarbeitete und erweiterte Auflage
ISBN 978-3-8047-2612-3

Printed in Germany
Satz: Mitterweger & Partner, Plankstadt
Druck: Djurcic, Schorndorf
Umschlaggestaltung: deblik, Berlin
Umschlagabbildung: Spectral-Design/Fotolia.com

Vorwort zur 7. Auflage

Nach weiteren arzneimittelrechtlichen Änderungen sowie unter Berücksichtigung jüngster wissenschaftlicher Erkenntnisse legen wir nunmehr die 7. Auflage des Lehr- und Sachbuchs zum Erwerb der Sachkenntnis im Einzelhandel mit freiverkäuflichen Arzneimitteln vor. Die neue Auflage ist das Ergebnis von Überarbeitungen und Aktualisierungen aller vier Autoren. Neben Anregungen aus der Praxis sind insbesondere das jeweils gültige Europäische Arzneibuch (Ph. Eur.) und das Deutsche Arzneibuch (DAB) sowie die neuen arzneimittelrechtlichen Regelungen, darunter die aktuelle Fassung der Verordnung über apothekenpflichtige und freiverkäufliche Arzneimittel, berücksichtigt. Das bewährte didaktische und pädagogische Konzept der vorangegangenen Auflagen wurde beibehalten. Das Layout wurde ansprechender gestaltet.

Der Teil 1 macht schrittweise praxisnah mit den 7 Prüfungsgebieten die in § 4 der Verordnung über den Nachweis der Sachkenntnis im Einzelhandel mit freiverkäuflichen Arzneimitteln festgelegt sind, vertraut.

Im Teil 2 werden Darreichungsformen, Zubereitungen und die wichtigsten im Einzelhandel außerhalb der Apotheken zugelassenen Arzneimittel besprochen. Dabei wird unter Berücksichtigung der aktuellen Rechtslage Wert gelegt auf häufig vorkommende wirksame Bestandteile, deren mögliche Gegenanzeigen und Nebenwirkungen.

Im Teil 3 werden die rechtlichen Grundlagen ausführlich dargestellt. Die wichtigsten Gesetzestexte werden im Anhang wörtlich wiedergegeben, wobei auch das Heilmittelwerbegesetz Berücksichtigung findet.

Neu aufgenommen wurden 160 Prüfungsfragen samt Antworten und Kommentaren. Die Fragen stammen von den Autoren, die selbst Sachkenntnisprüfungen abnehmen. Sie entsprechen in Thematik und Schwierigkeit den DIHK-Prüfungsfragen.

Das vorliegende Lehr- und Sachbuch bietet sämtliche Grundlagen, die zum Erwerb der Sachkenntnis im Einzelhandel mit freiverkäuflichen Arzneimitteln nötig sind. Darüber hinaus dient es zu Vertiefung des Wissens all derer, die bereits die Sachkenntnis besitzen, sich aber im Sinne einer Fortbildung näher mit der Materie befassen wollen. Dieses Buch ist zudem ein wichtiges Nachschlagewerk für die tägliche Praxis.

Die Autoren bedanken sich für weitere Anregungen zu dieser Auflage, um das Lehr- und Sachbuch auch in Zukunft praxisgerecht und aktuell vorlegen zu können.

Wiesbaden, Pfullingen, Immenstadt,
Kleinrinderfeld im Sommer 2010

Die Autoren

Inhaltsverzeichnis

Teil II Arzneimittelkunde (Fertigarzneimittel)

Herbert Niklas

Fragen und Antworten zur Sachkenntnisprüfung

Anhang

Abkürzungsverzeichnis

AMG (61)	1. Arzneimittelgesetz 1961 (aufgehoben)
AMG (76)	2. Arzneimittelgesetz (gültig)
AMWHV	Arzneimittel- und Wirkstoffherstellungsverordnung
BGA	Bundesgesundheitsamt
BfArM	Bundesinstitut für Arzneimittel und Medizinprodukte (Sitz Bonn)
CE	Zeichen, welches die Übereinstimmung eines Medizinprodukts mit den Richtlinien des Medizinproduktegesetz dokumentiert
DAB	Deutsches Arzneibuch
DAC	Deutscher Arzneimittel-Codex
DIHT	Deutscher Industrie- und Handelstag
Erg.-Bd.	Ergänzungsband zum DAB 6
EG	Europäische Gemeinschaft
EHG	Einzelhandelsgesetz
EMA	European Medicines Agency = Europäische Arzneimittel Zulassungsbehörde (bis 2009: EMEA)
EuAB	Europäisches Arzneibuch
EWG	Europäische Wirtschaftsgemeinschaft
GMP	„Good Manufacturing Practices“. Der Leitfaden der Guten Herstellungspraxis, wie er vom Bundesgesundheitsministerium auf der Grundlage einer EG-Richtlinie bekannt gemacht worden ist. Enthalten sind Regeln für die Herstellung, Prüfung und Qualitätssicherung bvon Arzneimitteln.
HAB	Homöopathisches Arzneibuch
HMP	Herbal Medical Products
HMPC	Committee on Herbal Medical Products
LFGB	Lebensmittel- und Futtermittelgesetzbuch
NEM	Nahrungsergänzungsmittel
ÖAB	Österreichisches Arzneibuch
Ph. Eur.	Pharmacopoea Europaea, Europäisches Arzneibuch
TCM	Traditionelle chinesische Medizin
WHO	World Health Organization (Weltgesundheitsorganisation)
ZLG	Zentralstelle der Länder für Gesundheitsschutz bei Arzneimittel und Medizinprodukten (nicht aktive Medizinprodukte)
ZLS	Zentralstelle der Länder für Sicherheitstechnik (aktive Medizinprodukte)

Teil I
Erwerb der Sachkenntnis im Einzelhandel für freiverkäufliche Arzneimittel

Heinz Schilcher und Bruno Frank

1 Erwerb der Sachkenntnis

Im Teil I wird der Studierende schrittweise mit den sieben Prüfungsgebieten, die in § 4 der Verordnung über den Nachweis der Sachkenntnis im Einzelhandel mit freiverkäuflichen Arzneimitteln festgelegt sind, vertraut gemacht. Dieser Teil lehnt sich somit eng an den bewährten Durchführungsmodus der Sachkundeprüfung an der Industrie- und Handelskammer Frankfurt/Main, derjenigen IHK mit der bisher größten Erfahrung (seit 1978) bei der Abnahme dieser Prüfung, an.

Die Anordnung des Stoffes ermöglicht dem Prüfungskandidaten eine optimale Einstellung auf die Prüfung, die, im Sinne der Verordnung, sämtliche sieben Prüfungsgebiete des § 4 (Kap. 3–9) der Reihe nach berücksichtigen sollte. Der Gesetzgeber legte nach langwierigen Verhandlungen mit den verschiedenen Interessenverbänden ganz bewusst in Ziffer 2 der Prüfungsanforderungen im Detail fest, was unter Sachkenntnis im Einzelhandel mit freiverkäuflichen Arzneimitteln zu verstehen ist. Es entspricht nicht der gesetzlichen Anforderung, wenn gelegentlich (bei verschiedenen Kammern) nur einzelne Schwerpunkte der sieben Sachgebiete geprüft werden.

Teil I ist aufgrund der rund 50-jährigen Erfahrung des Erst-Autors im Umgang mit freiverkäuflichen Arzneimitteln und seiner Tätigkeit als Prüfer bei drei verschiedenen Industrie- und Handels-Kammern zwischen 1978 und 2004 betont auf die Realitäten der Praxis abgestimmt. Auf den ersten Blick mögen dem Studierenden oder auch einem Prüfer, der in der Praxis wenig mit freiverkäuflichen Arzneimitteln zu tun hat, die Ausführungen in den Kapiteln 3–9 zu ausführlich erscheinen. In Wirklichkeit werden hier aber viele Details behandelt, die in der täglichen Praxis ständig vorkommen. So betrachtet stellen die Ausführungen im Teil I (ergänzt durch die Teile II und III) nicht nur eine Anleitung zum Erwerb der Sachkenntnis dar, sondern dienen gleichzeitig der Vertiefung des Wissens all derjeniger, die bereits die Sachkenntnis besitzen, sich aber im Sinne einer Fortbildung näher mit der Materie befassen wollen. Letzteres gilt besonders für die Textpassagen, die in Kleinschrift gesetzt sind.

Die Prüfungsanforderungen 1 und 7 des § 4 werden im Teil I nur kurz und in Form von Übersichten besprochen. Sie sind im

Wesentlichen Gegenstand der Teile II und III. Bezüglich der genauen Gesetzestexte und der Kommentare dazu wird im Teil I auf die entsprechenden Seiten des Teiles III (Rechtliche Grundlagen) verwiesen. Da viele Prüfungskandidaten Schwierigkeiten bei der Auslegung und Anwendung von Gesetzestexten haben, wird im Teil I weitgehend darauf verzichtet. Der Kandidat wird somit stufenweise an die juristische Materie herangeführt, indem er zunächst mit den die tägliche Praxis betreffenden Gebieten vertraut gemacht wird.

Über den Zweck der Prüfungsvorbereitung hinaus kann dieses Buch als Nachschlagewerk für viele in der Praxis auftauchende Fragestellungen dienen.

2 Gesetzliche Grundlage

Das am **1. Januar 1978** in Kraft getretene **2. Arzneimittelgesetz** (häufig nur als **AMG 76** bezeichnet, da dieses Gesetz am 24. Aug. 1976 verabschiedet und am 1. Sept. 1976 im Bundesgesetzblatt verkündet wurde) regelt im § 50 den **Einzelhandel mit freiverkäuflichen Arzneimitteln**. Die wichtigste Passage im § 50 lautet (Gesamttext Kap. 38.7.8): „Die erforderliche Sachkenntnis besitzt, wer Kenntnisse und Fertigkeiten über das ordnungsgemäße Abfüllen, Abpacken, Kennzeichnen, Lagern und Inverkehrbringen von Arzneimitteln, die zum Verkehr außerhalb der Apotheke freigegeben sind, sowie Kenntnisse über die für diese Arzneimittel geltenden Vorschriften nachweist."

Durchführungsbestimmung für den Nachweis der Sachkenntnis

Was im Detail unter der Sachkenntnis verstanden wird und wie der Nachweis der erforderlichen Sachkenntnis konkret zu erbringen ist, wird durch die „Verordnung über den Nachweis der Sachkenntnis im Einzelhandel mit freiverkäuflichen Arzneimitteln", die am 20. Juni 1978 erlassen wurde, geregelt. In § 4 dieser Rechtsverordnung wird die erforderliche Sachkenntnis im Einzelnen in 7 Wissensgebiete aufgeschlüsselt. Diese lauten:

(2) Im Einzelnen ist festzustellen, ob der Prüfungsteilnehmer

1. das Sortiment freiverkäuflicher Arzneimittel übersieht,
2. die in freiverkäuflichen Arzneimitteln üblicherweise verwendeten Pflanzen und Chemikalien sowie die Darreichungsformen kennt,
3. offensichtlich verwechselte, verfälschte oder verdorbene freiverkäufliche Arzneimittel erkennen kann,
4. freiverkäufliche Arzneimittel ordnungsgemäß, insbesondere unter Berücksichtigung der Lagertemperatur und des Verfalldatums lagern kann,
5. über die für das ordnungsgemäße Abfüllen, Abpacken und die Abgabe freiverkäuflicher Arzneimittel erforderlichen Kenntnisse verfügt,
6. die mit dem unsachgemäßen Umgang mit freiverkäuflichen Arzneimitteln verbundenen Gefahren kennt,
7. die für freiverkäufliche Arzneimittel geltenden Vorschriften des Arzneimittelrechts und des Rechts der Werbung auf dem Gebiet des Heilwesens kennt.

3 Das Sortiment der freiverkäuflichen Arzneimittel (Wissensgebiet 1)

3.1 Einleitung

Um das Sortiment der freiverkäuflichen Arzneimittel, das im Arzneimittelgesetz in den §§ 44, 45 und 46 festgelegt ist, verstehen zu können, muss sich der Prüfungsteilnehmer vorher mit den §§ 2, 3 und 4 des Arzneimittelgesetzes befassen. Die folgende Übersicht nennt nur schlagwortartig die wichtigsten Begriffe (Tab. 3.1), deren Kenntnis unerlässlich ist! Der genaue Gesetzestext und der Kommentar dazu sind in Kap. 38 nachzulesen

Das Sortiment freiverkäuflicher Arzneimittel, unabhängig davon ob es sich um Arzneimittel im Sinne des § 2 AMG 76 oder um Fertigarzneimittel im Sinne des § 4 (1) AMG 76 handelt, ist in den §§ 44, 45, und 46 gesetzlich verankert (Tab. 3.2).

Gemäß § 4 der VO über den Nachweis der Sachkenntnis bedarf es eines gründlichen Studiums der drei genannten Paragrafen nebst den Anlagen zu den Rechtsverordnungen nach §§ 45 und 46. Das zweite Arzneimittelgesetz vom 24. August 1976 hat, abgesehen von einigen Abänderungen, die Rechtsverordnungen des ersten Arzneimittelgesetzes, die am 1. Oktober 1969 in Kraft getreten sind, übernommen. Einzelheiten über das Sortiment von Fertigarzneimitteln sind im Teil II und im Teil III, Anhang, nachzulesen. Die Nachzulassung durch das Bundesinstitut für Arzneimittel und Medizinprodukte (BfArM) erfolgt nach § 105 und § 109a AMG 1976. Die Arzneimittel des § 109a sind als sog. „traditionell angewendete Arzneimittel" im Verkehr, welche nur die Indikationen des § 44, 1. Absatz, besitzen (Tab. 3.2). Neu hinzukommen die traditionellen Arzneimittel nach § 39a-d. Beim Studium ist vor allem darauf zu achten, dass es neben den sog. **Positivlisten** einschränkende Listen, die sog. **Negativlisten**, gibt.

3.2 Was sind Arzneimittel?

Arzneimittel nach § 2 AMG 76

Arzneimittel sind Stoffe und Zubereitungen, die dazu bestimmt sind ... Krankheiten, Leiden ... zu heilen u. zu lindern (Heilmittel) zu verhüten, (Vorbeugungsmittel, Prophylaktika), zu erkennen (Diagnostika), Krankheitserreger ... abzuwehren, zu beseitigen (Desinfektionsmittel), die am oder im Körper angewendet werden (Kap. 38.2).

Als Arzneimittel gelten (fiktive Arzneimittel), Gegenstände, die ein Arzneimittel enthalten, bzw. auf die ein Arzneimittel aufgebracht ist, sowie Grobdesinfektionsmittel (Kap. 38.2).

Neu nach der 15. AMG-Novelle 2009: Der Arzneimittelbegriff wurde geändert. Neben einer Einführung eines zweigliedrigen Arzneimittelbegriffs (Zweck-Bestimmung und/oder Funktion) wird in einem eigenen Absatz 3a die sogenannte Zweifelsfallregel aus der Richtlinie 2001/83/EG übernommen. Erzeugnisse sind also auch dann Arzneimittel, wenn sie zum Teil Arzneimitteleigenschaften haben, z. B. wenn ein Teil der Inhaltsstoffe pharmakologisch wirksam ist. Damit sollen Zweifelsfälle bei der Abgrenzung zu Nahrungsergänzungsmitteln und anderen Produktkategorien eindeutig den Arzneimitteln zugeordnet werden. In den folgenden Kapiteln finden Sie wichtige Formulierungen des Arzneimittelgesetzes (Stand 15. Novelle 2009).

Arzneimittelbegriff § 2

(1) Arzneimittel sind Stoffe oder Zubereitungen aus Stoffen,

1. die zur Anwendung im oder am menschlichen oder tierischen Körper bestimmt sind und als Mittel mit Eigenschaften zur Heilung oder Linderung oder zur Verhütung menschlicher oder tierischer Krankheiten oder krankhafter Beschwerden bestimmt sind oder
2. die im oder am menschlichen oder tierischen Körper angewendet oder einem Menschen
   oder einem Tier verabreicht werden können, um entweder
   a) die physiologischen Funktionen durch eine pharmakologische, immunologische oder metabolische Wirkung wiederherzustellen, zu korrigieren oder zu beeinflussen oder
   b) eine medizinische Diagnose zu erstellen.

(2) Als Arzneimittel gelten

1. Gegenstände, die ein Arzneimittel nach Absatz 1 enthalten oder auf die ein Arzneimittel nach Absatz 1 aufgebracht ist und die dazu bestimmt sind, dauernd oder vorübergehend mit dem menschlichen oder tierischen Körper in Berührung gebracht zu werden,

1a. tierärztliche Instrumente, soweit sie zur einmaligen Anwendung bestimmt sind und aus der Kennzeichnung hervorgeht, dass sie einem Verfahren zur Verminderung der Keimzahl unterzogen worden sind,

2. Gegenstände, die, ohne Gegenstände nach Nummer 1 oder 1a zu sein, dazu bestimmt sind, zu den in Absatz 1 Nr. 2 oder 5 bezeichneten Zwecken in den tierischen Körper dauernd oder vorübergehend eingebracht zu werden, ausgenommen tierärztliche Instrumente,
3. Verbandstoffe und chirurgische Nahtmaterialien, soweit sie zur Anwendung am oder im tierischen Körper bestimmt und nicht Gegenstände der Nummer 1, 1a oder 2 sind,

4. Stoffe und Zubereitungen aus Stoffen, die, auch im Zusammenwirken mit anderen Stoffen oder Zubereitungen aus Stoffen, dazu bestimmt sind, ohne am oder im tierischen Körper angewendet zu werden, die Beschaffenheit, den Zustand oder die Funktion des tierischen Körpers erkennen zu lassen oder der Erkennung von Krankheitserregern bei Tieren zu dienen.

(3) Arzneimittel sind nicht
1. Lebensmittel im Sinne des § 2 Abs. 2 des Lebensmittel- und Futtermittelgesetzbuches,
2. kosmetische Mittel im Sinne des § 2 Abs. 5 des Lebensmittel- und Futtermittelgesetzbuches,
3. Tabakerzeugnisse im Sinne des § 3 des Vorläufigen Tabakgesetzes,
4. Stoffe oder Zubereitungen aus Stoffen, die ausschließlich dazu bestimmt sind, äußerlich am Tier zur Reinigung oder Pflege oder zur Beeinflussung des Aussehens oder des Körpergeruchs angewendet zu werden, soweit ihnen keine Stoffe oder Zubereitungen aus Stoffen zugesetzt sind, die vom Verkehr außerhalb der Apotheke ausgeschlossen sind,
5. Biozid-Produkte nach § 3b des Chemikaliengesetzes,
6. Futtermittel im Sinne der § 3 Nr. 11 bis 15 des Lebensmittel- und Futtermittelgesetzbuches,
7. Medizinprodukte und Zubehör für Medizinprodukte im Sinne des § 3 des Medizinproduktegesetzes, es sei denn, es handelt sich um Arzneimittel im Sinne des § 2 Abs. 1 Nr. 2,
8. Organe im Sinne des § 1a Nr. 1 des Transplantationsgesetzes, wenn sie zur Übertragung auf menschliche Empfänger bestimmt sind.

(3a) Arzneimittel sind auch Erzeugnisse, die Stoffe oder Zubereitungen aus Stoffen sind oder enthalten, die unter Berücksichtigung aller Eigenschaften des Erzeugnisses unter eine Begriffsbestimmung des Absatzes 1 fallen und zugleich unter die Begriffsbestimmung eines Erzeugnisses nach Absatz 3 fallen können.

(4) Solange ein Mittel nach diesem Gesetz als Arzneimittel zugelassen oder registriert oder durch Rechtsverordnung von der Zulassung oder Registrierung freigestellt ist, gilt es als Arzneimittel.

Hat die zuständige Bundesoberbehörde die Zulassung oder Registrierung eines Mittels mit der Begründung abgelehnt, dass es sich um kein Arzneimittel handelt, so gilt es nicht als Arzneimittel.

Pflanzliche Arzneimittel

Die Definition wurde erst 2005 neu in das Gesetz aufgenommen. Formulierung im Gesetz (Stand 14. Novelle 2005):

§ 4 (29) Pflanzliche Arzneimittel sind Arzneimittel, die als Wirkstoff **ausschließlich** einen oder mehrere pflanzliche Stoffe oder eine oder mehrere pflanzliche Zubereitungen oder eine oder mehrere solcher pflanzlichen Stoffe in Kombination mit einer oder mehreren solcher pflanzlichen Zubereitungen enthalten.

Diese Definition steht zwar noch so im neuesten AMG ist aber nicht mehr korrekt, weil bei **traditionellen** pflanzlichen Arzneimitteln nun auch Vitamine und Mineralien zulässig sind, sofern sie nicht überwiegen und das Arzneimittel sinnvoll ergänzen: §39 AMG: „... Dies gilt auch für pflanzliche Arzneimittel, die Vitamine oder Mineralstoffe enthalten,

sofern die Vitamine oder Mineralstoffe die Wirkung der traditionellen pflanzlichen Arzneimittel im Hinblick auf das Anwendungsgebiet oder die Anwendungsgebiete ergänzen."

Fertigarzneimittel § 4 AMG 76

Fertigarzneimittel sind Arzneimittel, die im Voraus hergestellt (z.B. im Voraus in Tüten abgefüllte Lindenblüten) und in einer zur Abgabe an den Verbraucher bestimmten Packung in den Verkehr gebracht werden. Die Zulassung bei der Bundesbehörde ist notwendig, sofern nicht durch eine Standardzulassung die Einzelzulassung entfällt. Neu ist, dass seit der 14. AMG Novelle bei Fertigarzneimitteln auf deren industrielle Herstellung abgehoben wird.

Formulierung im Gesetz: § 4 (1) Fertigarzneimittel sind Arzneimittel, die im Voraus hergestellt und in einer zur Abgabe an den Verbraucher bestimmten Packung in den Verkehr gebracht werden oder andere zur Abgabe an Verbraucher bestimmte Arzneimittel, bei deren Zubereitung in sonstiger Weise ein **industrielles Verfahren** zur Anwendung kommt oder die, ausgenommen in Apotheken, gewerblich hergestellt werden. Fertigarzneimittel sind nicht Zwischenprodukte, die für eine weitere Verarbeitung durch einen Hersteller bestimmt sind.

Medizinprodukte

Medizinprodukte sind Instrumente, Apparate, Stoffe und Zubereitungen aus Stoffen, die zur Anwendung für Menschen zur Erkennung, Verhütung, Überwachung, Behandlung von Krankheiten oder Kompensierung von Behinderungen sowie zur Empfängnisregelung bestimmt sind (Kap. 38.2.2).

Definition aus dem Medizinproduktegesetz

MPG § 3 Begriffsbestimmungen

1. Medizinprodukte sind alle einzeln oder miteinander verbunden verwendeten Instrumente, Apparate, Vorrichtungen, Stoffe und Zubereitungen aus Stoffen oder andere Gegenstände einschließlich der für ein einwandfreies Funktionieren des Medizinproduktes eingesetzten Software, die vom Hersteller zur Anwendung für Menschen mittels ihrer Funktionen zum Zwecke
   a) der Erkennung, Verhütung, Überwachung, Behandlung oder Linderung von Krankheiten,
   b) der Erkennung, Überwachung, Behandlung, Linderung oder Kompensierung von Verletzungen oder Behinderungen,
   c) der Untersuchung, der Ersetzung oder der Veränderung des anatomischen Aufbaus oder eines physiologischen Vorgangs oder
   d) der Empfängnisregelung

   zu dienen bestimmt sind und deren bestimmungsgemäße Hauptwirkung im oder am menschlichen Körper weder durch pharmakologisch oder immunologisch wirkende Mittel noch durch Metabolismus erreicht wird, deren Wirkungsweise aber durch solche Mittel unterstützt werden kann.
2. Medizinprodukte sind auch Produkte nach Nummer 1, die einen Stoff oder eine Zubereitung aus Stoffen enthalten oder auf die solche aufgetragen sind, die bei gesonderter Verwendung als Arzneimittel im Sinne des § 2 Abs. 1 des Arzneimittelgesetzes angesehen werden können und die in Ergänzung zu den Funktionen des Produktes eine Wirkung auf den menschlichen Körper entfalten können.

3. Medizinprodukte sind auch Produkte nach Nummer 1, die als Bestandteil einen Stoff enthalten, der gesondert verwendet als Bestandteil eines Arzneimittels oder Arzneimittel aus menschlichem Blut oder Blutplasma im Sinne des Artikels 1 der Richtlinie 89/381/EWG des Rates vom 14. Juni 1989 zur Erweiterung des Anwendungsbereichs der Richtlinien 65/65/EWG und 75/319/EWG zur Angleichung der Rechts- und Verwaltungsvorschriften über Arzneispezialitäten und zur Festlegung besonderer Vorschriften für Arzneimittel aus menschlichem Blut oder Blutplasma betrachtet werden und in Ergänzung zu dem Produkt eine Wirkung auf den menschlichen Körper entfalten kann.
4. In-vitro-Diagnostikum ist ein Medizinprodukt, das als Reagenz, Reagenzprodukt, Kalibriermaterial, Kontrollmaterial, Kit, Instrument, Apparat, Gerät oder System einzeln oder in Verbindung miteinander nach der vom Hersteller festgelegten Zweckbestimmung zur In-vitro-Untersuchung von aus dem menschlichen Körper stammenden Proben einschließlich Blut- und Gewebespenden bestimmt ist und ausschließlich oder hauptsächlich dazu dient, Informationen zu liefern
   a) über physiologische oder pathologische Zustände oder
   b) über angeborene Anomalien oder
   c) zur Prüfung auf Unbedenklichkeit oder Verträglichkeit bei den potentiellen Empfängern oder
   d) zur Überwachung therapeutischer Maßnahmen.

Probenbehältnisse gelten als In-vitro-Diagnostika. Probenbehältnisse sind luftleere oder sonstige Medizinprodukte, die von ihrem Hersteller speziell dafür gefertigt werden, aus dem menschlichen Körper stammende Proben unmittelbar nach ihrer Entnahme aufzunehmen und im Hinblick auf eine In-vitro-Untersuchung aufzubewahren. Erzeugnisse für den allgemeinen Laborbedarf gelten nicht als In-vitro-Diagnostika, es sei denn, sie sind auf Grund ihrer Merkmale nach der vom Hersteller festgelegten Zweckbestimmung speziell für In-vitro-Untersuchungen zu verwenden.

5. In-vitro-Diagnostikum zur Eigenanwendung ist ein In-vitro-Diagnostikum, das nach der vom Hersteller festgelegten Zweckbestimmung von Laien in der häuslichen Umgebung angewendet werden kann.

...

10. Zweckbestimmung ist die Verwendung, für die das Medizinprodukt in der Kennzeichnung, der Gebrauchsanweisung oder den Werbematerialien nach den Angaben des in Nummer 15 genannten Personenkreises bestimmt ist.

...

Die Begriffsänderungen treten zum 31.3.2010 durch die 4. Novelle des MPG zum 21.5.2010 in Kraft.

Stoffe nach § 3 AMG 76

Stoffe im Sinne des Arzneimittelgesetzes sind:

1. Chemische Elemente und chemische Verbindungen ...
2. Pflanzen, Pflanzenteile und Pflanzenbestandteile ...
3. Tierkörper ... und ... Stoffwechselprodukte von Mensch oder Tier ...
4. Mikroorganismen ... sowie deren Stoffwechselprodukte (Kap. 38.2).

Formulierung im Gesetz:

Stoffbegriff § 3

Stoffe im Sinne dieses Gesetzes sind
1. chemische Elemente und chemische Verbindungen sowie deren natürlich vorkommende Gemische und Lösungen,
2. Pflanzen, Pflanzenteile und Pflanzenbestandteile, Algen, Pilze und Flechten in bearbeitetem oder unbearbeitetem Zustand,
3. Tierkörper, auch lebender Tiere, sowie Körperteile, -bestandteile und Stoffwechselprodukte von Mensch oder Tier in bearbeitetem oder unbearbeitetem Zustand,
4. Mikroorganismen einschließlich Viren sowie deren Bestandteile oder Stoffwechselprodukte.

Wirkstoff

Formulierung im Gesetz:

§ 4 (19) Wirkstoffe sind Stoffe, die dazu bestimmt sind, bei der Herstellung von Arzneimitteln als arzneilich wirksame Bestandteile verwendet zu werden oder bei ihrer Verwendung in der Arzneimittelherstellung zu arzneilich wirksamen Bestandteilen der Arzneimittel zu werden.

Droge

Getrocknete, ganze, zerkleinerte oder geschnittene Pflanzen, Pflanzenteile, Algen, Pilze und Flechten in unverarbeitetem Zustand. Getrocknete Exsudate (ausgetretene Flüssigkeiten), die keine besondere Verarbeitung erfahren haben (Aloe, Weihrauch usw.) werden ebenfalls als Drogen bezeichnet. Drogen werden präzise bezeichnet durch ihren lateinischen Namen inkl. Autor.

▶ Hinweis

Im Falle von nicht getrockneten „frischen" Pflanzen(-Teilen) sogenannten „Frischdrogen" muss das Wort „frisch" ausdrücklich Namensbestandteil sein. Beispiel: frisches Sonnenhutkraut als Frischdroge zur Herstellung eines Sonnenhut-Presssaftes: Echinaceae purpureae herba **recens**.

Englischer Sprachgebrauch: Wegen der Verwechslungsgefahr mit Suchtdrogen und mit (chemisch-synthetischen) Arzneimitteln, die beide mit „drug" bezeichnet werden, verwendete die EMA (Europäische Arzneimittelzulassungsbehörde) bisher den Begriff **„herbal drug"** und seit 2005 **„herbal substance"**.

Drogenzubereitung

Wenn eine Droge weiterverarbeitet wird, entsteht daraus eine Drogenzubereitung. Die Definition der EMA für „Herbal preparations" lautet übersetzt:

Drogenzubereitungen werden erhalten, wenn man Drogen Behandlungen unterzieht wie zerkleinern, pulverisieren, extrahieren, destillieren, auspressen, fraktionieren, reinigen, konzentrieren oder fermentieren. Eingeschlossen sind also Feinschnitte und Pulver von Drogen, Tinkturen, Extrakte, ätherische Öle, Presssäfte und verarbeitete Exsudate, unabhängig davon, ob sie Hilfsstoffe enthalten oder nicht.

3.3 Was sind keine Arzneimittel?

Lebensmittel

- Dienen der Ernährung.
- Sie werden **verzehrt**, im Unterschied zu Arzneimitteln, die **eingenommen** werden.

Diätetische Lebensmittel

sind Lebensmittel, die für eine besondere Ernährung bestimmt sind, insbesondere für Patientengruppen, die unter Stoffwechselstörungen leiden (Diabetes, entzündliche Darmerkrankungen). Sie dienen besonderen Ernährungserfordernissen, z.B. Vitaminmangel zu beheben.

Diätetische Lebensmittel für besondere medizinische Zwecke (bilanzierte Diäten)

Sie dienen der diätetischen Behandlung von Patienten. Mit ihnen sollen ernährungsmedizinische Maßnamen erzielt werden. Sie haben häufig dieselben Darreichungsformen wie orale Arzneimittel und Nahrungsergänzungsmittel.

Nahrungsergänzungsmittel

Nahrungsergänzungsmittel gehören zu den **Lebensmitteln,** obwohl sie in der Regel „eingenommen" werden und meist in den gleichen Darreichungsformen wie Arzneimittel in Erscheinung treten. Sie ergänzen die Ernährung mit Konzentraten von Nährstoffen mit ernährungsspezifischer oder physiologischer Wirkung und werden in dosierter Form in den Verkehr gebracht.

Futtermittel

- Dienen der Tierernährung.

Kosmetika/Körperpflegemittel

- Werden ausschließlich äußerlich angewendet und dienen überwiegend der Reinigung, Pflege, Beeinflussung des Aussehens oder des Körpergeruchs.

LFGB § 2 Begriffsbestimmungen

(5) Kosmetische Mittel sind Stoffe oder Zubereitungen aus Stoffen, die ausschließlich oder überwiegend dazu bestimmt sind, äußerlich am Körper des Menschen oder in seiner Mundhöhle zur Reinigung, zum Schutz, zur Erhaltung eines guten Zustandes, zur Parfümierung, zur Veränderung des Aussehens oder dazu angewendet zu werden, den Körpergeruch zu beeinflussen. Als kosmetische Mittel gelten nicht die Stoffe oder Zubereitungen aus Stoffen, die zur Beeinflussung der Körperformen bestimmt sind. Näheres zu der Abgrenzung Arzneimittel/Lebensmittel/Kosmetikum/Futtermittel (Kap. 38.2).

Herstellen

Formulierung im Gesetz:

§ 4: Herstellen ist das Gewinnen, das Anfertigen, das Zubereiten, das Be- oder Verarbeiten, das Umfüllen einschließlich Abfüllen, das **Abpacken,** das **Kennzeichnen** und die **Freigabe.**

Tab. 3.1: Übersicht über wichtige Begriffe des Arzneimittelgesetzes

Arzneimittelgesetz	Begriffsbestimmung
Arzneimittel §2 AMG 76	Arzneimittel sind Stoffe und Zubereitungen, die dazu bestimmt sind ... Krankheiten, Leiden ... zu heilen u. zu lindern (= „Heilmittel"), zu verhüten (= „Vorbeugungsmittel"), zu erkennen (= Diagnostika), Krankheitserreger... abzuwehren, zu beseitigen (Desinfektionsmittel), die am oder im Körper angewendet werden (Kap. 38.2). Pflanzliche Arzneimittel (neu im Gesetz): Arzneimittel, die als Wirkstoff ausschließlich pflanzliche Stoffe oder pflanzliche Zubereitungen enthalten. Als Arzneimittel gelten (fiktive Arzneimittel) ferner Gegenstände, die ein Arzneimittel enthalten bzw. auf die ein Arzneimittel aufgebracht ist, sowie Grobdesinfektionsmittel (Kap. 38.2).
Stoff §3 AMG 76	Stoffe im Sinne des Arzneimittelgesetzes sind: Chemische Elemente und chemische Verbindungen; Pflanzen, Pflanzenteile und Pflanzenbestandteile, Algen, Pilze, Flechten; Tierkörper ... und ... Stoffwechselprodukte von Mensch oder Tier; Mikroorganismen ... sowie deren Stoffwechselprodukte (Kap. 38.2).
Fertigarzneimittel §4 AMG 76	Fertigarzneimittel sind Arzneimittel, die im Voraus hergestellt und in einer zur Abgabe an den Verbraucher bestimmten Packung in den Verkehr gebracht werden (z. B. im Voraus in Tüten abgefüllte Lindenblüten). Zulassung bei der Bundesbehörde ist notwendig, sofern nicht durch eine Standardzulassung die Einzelzulassung entfällt.
Lebensmittel	Dienen der Ernährung. Sie werden verzehrt, im Unterschied zu Arzneimitteln, die eingenommen werden.
	Hierzu gehören auch die Nahrungsergänzungsmittel, obwohl diese in der Regel „eingenommen" werden und meist in den selben Darreichungsformen wie Arzneimittel in Erscheinung treten. Sie ergänzen die Ernährung mit Konzentraten von Nährstoffen mit ernährungsspezifischer oder physiologischer Wirkung und werden in dosierter Form in den Verkehr gebracht, z. B. Vitamine, Mineralien, Pfllanzenpulver-Extrakte.
Diätetische Lebensmittel	sind Lebensmittel, die für eine besondere Ernährung bestimmt sind, insbesondere für Patientengruppen, die unter Stoffwechselstörungen leiden (Diabetes, entzündliche Darmerkrankungen). Sie dienen besonderen Ernährungserfordernissen, z. B. Vitaminmangel zu beheben.
Ergänzende Bilanzierte Diäten: Diätetische, Lebensmittel für besondere medizinische Zwecke	Dienen der diätetischen Behandlung von Patienten. Mit ihnen sollen ernährungsmedizinische Maßnamen erzielt werden.
Kosmetika/ Medizinprodukte	Werden äußerlich angewendet und dienen überwiegend der Reinigung, Pflege, Beeinflussung des Aussehens oder des Körpergeruchs.
Medizinprodukte	Sind Instrumente, Apparate, Stoffe und Zubereitungen aus Stoffen, die zur Anwendung für Menschen zur Erkennung, Verhütung, Überwachung, Behandlung von Krankheiten oder Kompensierung von Behinderungen sowie zur Empfängnisregelung bestimmt sind (Kap. 38.2.2)
Futtermittel	Dienen der Tierernährung

Tab. 3.2: Sortiment freiverkäuflicher Arzneimittel

Arzneimittelgesetz	Begriffsbestimmung
§ 44 Ausnahmen von der Apothekenpflicht	Abs. 1: Zu anderen Zwecken als zur Beseitigung oder Linderung von Krankheiten dienend (z. B. traditionell angewendete Arzneimittel nach §109a AMG zur Stärkung, Kräftigung, zur Besserung des Befindens, Unterstützung der Organfunktion, Vorbeugung. Abs. 2: Bestimmte „Heilmittel"-Gruppen, z. B. Pflanzen und Pflanzenteile, Mischungen aus ... Pflanzen und Pflanzenteilen als Fertigarzneimittel, Presssäfte aus frischen Pflanzen ..., Destillate aus Einzelpflanzen ..., natürliche und künstliche Heilwässer sowie deren Salze ..., medizinische Bäder, Desinfektionsmittel zum äußeren Gebrauch sowie Mund- und Rachendesinfektionsmittel usw. (komplette Liste im Anhang 1). Charakteristisch für § 44 ist die Aufzählung von Arzneimittelgruppen (z. B. Pflanzenpresssäfte, Teemischungen) und nicht die Auflistung einzelner konkreter Arzneimittel. **Einschränkungen**: Die oben genannten Arzneimittel können durch Rechtsverordnung zu § 46 (in sog. Negativlisten) vom Verkehr außerhalb der Apotheke ausgeschlossen werden (siehe dazu § 46).
§ 45 Ermächtigung zu weiteren Ausnahmen von der Apothekenpflicht	Durch Rechtsverordnung (vom 28. Sept. 1993) werden in einer sog. Positivliste (Anlage 1a) Stoffe und Zubereitungen aus Stoffen konkret genannt, welche als „Heilmittel" außerhalb der Apotheke vertrieben werden dürfen. Hierzu zählen: Arnikatinktur zum äußeren Gebrauch, Baldriantinktur, Baldrianwein als Fertigarzneimittel, Fenchelhonig als Fertigarzneimittel, Hefe als Tabletten, Melissengeist als Fertigarzneimittel, Milchzucker, Wacholderbeerenextrakt, Zinksalbe usw. (Tab. 38.1). Zusätzlich sind noch folgende Arzneimittelgruppen als Heilmittel erlaubt: Destillate, auch aus Mischungen von Pflanzen, Pflanzenteilen, ätherischen Ölen ... als ... Fertigarzneimittel, Dragees, Kapseln oder Tabletten, aus höchstens vier Drogen ..., lösliche Teeaufgusspulver von Einzeldrogen oder Mischungen aus höchstens 7 Drogen in 4 Indikationsgebieten. Erlaubt sind ferner noch drei Anwendungsgebiete: Mittel gegen Husten oder Heiserkeit zum Lutschen, Mittel als Abführmittel, Mittel gegen Hühneraugen und Hornhaut
§ 46 Ermächtigung zur Ausweitung der Apothekenpflicht	Durch Rechtsverordnung zu § 46, in sog. Negativlisten, können Arzneimittel im Sinne des § 44 vom Verkehr außerhalb der Apotheke ausgeschlossen werden:* Anlage 1b: = Auflistung „verbotener" Pflanzen. Anlage 3: = Auflistung von Krankheiten, die weder vorbeugend noch heilend mit freiverkäuflichen Arzneimitteln behandelt werden dürfen. Anlage 4: = Auflistung „verbotener" Stoffe und Zubereitungen, In § 9 der Rechtsverordnung vom 28. Sept. 1993: „verbotene" Eigenschaften. (z. B. hormonartige Wirkung). In § 3: verbotene Darreichungsformen (z. B. Injektionslösungen, Kap. 38.7.3). Anmerkung: Die Rechtsvorschriften wurden erlassen auf Grund der §§ 30 und 32 des AMG 61 sowie der §§ 45 und 46 des AMG 76. Prominentes Beispiel 2003: Johanniskraut. (zu § 45): Einschränkungen: Anlage 1b = Auflistung verbotener Pflanzen (Tab. 38.9) Anlage 3 = Auflistung von Krankheiten (sog. Krankheitsliste, Tab. 38.10), aber erlaubt bis 1 g Droge/Tag und max. 1 mg Hyperforin/Tag bei Indikationen, die **nichts** mit Depression zu tun haben.

4 Pflanzen, Chemikalien, Darreichungsformen in freiverkäuflichen Arzneimitteln (Wissensgebiet 2)

4.1 Pflanzen und Pflanzenteile

4.1.1 Definition

Unter **pflanzlichen Drogen** (Vegetabilien) versteht man: **getrocknete** (und damit haltbar gemachte) **Arzneipflanzen, getrocknete Pflanzenteile** (z. B. Blätter, Blüten, Früchte, Kraut, Rinde, Wurzel, Wurzelstock) und **Pflanzenbestandteile**, die keine Organstruktur mehr aufweisen (z. B. ätherische Öle, fette Öle, Harz, Aloe, Agar-Agar). **Pflanzeninhaltsstoffe** (z. B. Menthol, Chamazulen, Flavonoide) werde heute nicht mehr als Drogen sondern als Stoffe bezeichnet. Arzneimittelrechtlich werden sie wie andere Wirkstoffe behandelt und fallen nicht in das Gebiet der besonderen Therapie-Richtung „Pflanzliche Arzneimittel".

Im englischen Sprachgebrauch bezeichnet das Wort „drug" Arzneimittel ganz allgemein, also auch diejenigen synthetischer Herkunft (z. B. Acetylsalicylsäure als Kopfschmerzmittel). Auch im deutschen Sprachgebrauch bürgert sich der Begriff „Droge" im Sinne von „Arzneimittel" immer mehr ein. Zusätzlich entsteht Verwirrung durch die Bezeichnung der **Rauschgifte als „Drogen"**. Wir haben es in unserem Falle ausschließlich mit „Heilkräutern" bzw. mit Arzneimitteln aus Arzneipflanzen, sog. Phytopharmaka (griech. phytón = Pflanze) zu tun.

Für Drogen hat die EMA (europäische Zulassungsbehörde in London) den Begriff **herbal drug (syn. herbal substance)** und für Fertigprodukte **Herbal Medicinal Product (HMP)** geprägt. Diese Begriffe sollten künftig im englischen Sprachgebrauch konsequent verwendet werden.

4.1.2 Herkunft und Gewinnung von Drogen

Rund 60 % der etwa 240 im Drogenhandel befindlichen Drogenarten werden **wild gesammelt**. Drogen mit großem Umsatz (Kamillenblüten, Pfefferminzblätter, Fenchelfrüchte, Baldrianwurzeln, Sennesblätter, Hibiscusblüten u. a.) werden **kultiviert**. Bezogen auf die verarbeitete Drogenmenge in Deutschland, stammt diese zu ca. 60–70 %

aus dem Anbau. In der Regel besitzen kultivierte Arzneipflanzen, insbesondere wenn ein integrierter Pflanzenschutz betrieben wird, eine Reihe von Vorteilen gegenüber wild gesammelten Pflanzen. Nicht selten weisen wild gesammelte Drogen höhere Rückstände (Herbizide, Fungizide, Insektizide, Schwermetalle usw.) als kultivierte auf! Außerdem ist die Schwankungsbreite an wirksamkeitsbestimmenden und wirksamkeitsmitbestimmenden Inhaltsstoffen in wild gesammelten Pflanzen oft deutlich größer als in kultivierten. Der größte Teil der im Handel befindlichen Drogen stammt aus dem **Ausland** (ost- und südeuropäische Länder, Ägypten, Argentinien, überseeische Entwicklungsländer usw.), wo die Lohnkosten, für die meist arbeitsintensive Sammlung oder den Anbau niedrig sind. Es gibt aber inzwischen auch einen nicht unbedeutenden deutschen Arzneipflanzen-Anbau, der auf höchstem qualitativem Niveau arbeitet. Besonders bekannt sind dafür einzelne Regionen in Bayern, Hessen und Thüringen

4.1.3 Prüfung von Drogen

Da bei Drogen nicht nur Drogenverfälschungen (insbesondere bei wild gesammelten Drogen), sondern vor allem **minderwertige** Partien (minderwertig z. B. bezüglich des Gehaltes an wichtigen Inhaltsstoffen) vorkommen und in den Handel gelangen, muss **jede Droge**, wenn sie als Arzneimittel abgegeben wird, **geprüft** werden. Dabei ist es gleichgültig, ob sie als „Vorbeugungs-“ oder als „Heilmittel“ verkauft wird. Die Prüfung hat in den meisten Fällen nach dem zurzeit gültigen Arzneibuch (Kap. 38.9) zu erfolgen. Auch der Einzelhändler ist z. B. bei der Abgabe von Leinsamen als Mittel **zur Behebung einer Darmträgheit** an die Qualitätsprüfung nach dem Europäischen Arzneibuch (Ph. Eur.) gebunden. Eine solche Prüfung kann vom Einzelhändler allerdings delegiert werden (z. B. an den Lieferanten, der durch die Vorlage eines Zertifikates oder eines Untersuchungsberichtes die Arzneibuchqualität bestätigt), so dass vom Einzelhändler nur noch die **Identität** überprüft werden muss.

Dass freiverkäufliche Einzeldrogen (z. B. abgefüllter Lindenblütentee usw.) auch als Vorbeugungsmittel gemäß § 55 AMG 76 an die entsprechenden Arzneibücher gebunden sind, wird häufig nicht beachtet! (Kap. 4.2).

4.1.4 Inhaltsstoffe und Eigenschaften von Drogen

Die Wirksamkeit einer Droge bzw. Drogenzubereitung beruht auf dem Vorhandensein einzelner, fast immer mehrerer Inhaltsstoffe mit arzneilicher Wirkung, sog.[1] Wirkstoffe (pharmakologisch relevante Inhaltsstoffe). Nicht in allen Fällen kennt man die Wirkstoffe bzw. das Wirkprinzip. Man kennt aber bei vielen Drogen wirksamkeitsmitbestimmende Inhaltsstoffe, auf die in qualitativ hochwertigen Phytopharmaka **standardisiert** wird.

Beispiel: Arnikatinktur: sie ist als arzneilich wirksamer Bestandteil (neu: „Wirkstoff“) in Salben und Gelen und anderen Einreibungen enthalten. Arnika Tinktur enthält als die eigentlichen wirksamen (entzündungshemmenden) Substanzen bestimmte Sesquiterpenlactone und Flavonoide (wirksamkeits(mit)bestimmende Inhaltsstoffe).

Der Begriff Wirkstoff hat also bei den Pflanzlichen Arzneimitteln zwei unterschiedliche Bedeutungen:

---

[1] Mit der 14. Novelle zum Arzneimittelgesetz (AMG) wird der bisher für Fertigarzneimittel verwendete Begriff: „arzneilich wirksamer Bestandteil“ in den Begriff „Wirkstoff“ geändert. Bei pflanzlichen Arzneimitteln gilt grundsätzlich der gesamte arzneilich wirksame Bestandteil als ein einziger „Wirkstoff“, obwohl er aus vielen Inhaltsstoffen besteht, die wiederum die eigentlichen Wirkstoffe beinhalten.

- Er bezeichnet den arzneilich wirksamen Bestandteil (Arnikatinktur).
- Er bezeichnet einen Inhaltsstoff, der eine medizinische Wirkung hat (Sesquiterpenlacton).

4.1.5 Wirkstoffgruppen in freiverkäuflichen Drogen

Ätherische Öle

Die ätherischen Öle sind überwiegend flüssige Pflanzeninhaltsstoffe, die einen charakteristischen, meist aromatischen Geruch besitzen und mit Wasser nicht mischbar sind. Wässrige Arzneipflanzenzubereitungen (z. B. Kräutertee, Pflanzenpresssaft) enthalten aber trotzdem geringe Mengen an ätherischem Öl. Gut löslich sind die ätherischen Öle dagegen in Alkohol (z. B. in den sog. „Geistern", wie Melissengeist etc).

Wichtig ist zu wissen, dass diese Naturstoffklasse **leicht flüchtig** ist und sich diese Flüchtigkeit mit der Temperatur stark erhöht. Ätherischöldrogen müssen daher möglichst kühl (am besten unter 20 °C) in aromadichten Verpackungen aufbewahrt und dürfen mit heißem Wasser nur **überbrüht** (nicht gekocht) werden. Ätherische Öle sind chemisch betrachtet Stoffgemische und besitzen daher ein breites Wirkungsspektrum. Die wichtigsten Wirkungen sind folgende: Während praktisch alle ätherischen Öle antibakterielle Eigenschaften haben, haben sie zusätzlich besondere Wirkungen wie z. B.: entzündungshemmend (Kamillenöl), sekretionsfördernd (d. h. appetitanregend, galletreibend usw. z. B. Kalmusöl), blähungstreibend (Anis-, Fenchel-, Kümmelöl), krampflösend (Anis-, Fenchel-, Kümmelöl), Harn treibend (Wacholderbeeröl), Auswurf fördernd (Eucalyptusöl).

Folgende Drogen enthalten ätherische Öle als wichtige „Wirkstoffe": Anisfrüchte, Baldrianwurzel, Fenchelfrüchte, Kamillenblüten, Kalmuswurzelstock, Kümmelfrüchte, Lavendelblüten, Melissenblätter, Pfefferminzblätter, Rosmarin, Salbeiblätter, Schafgarbenblüten, Thymian, Wacholderbeeren, Wermutkraut u. a.

Es gibt weitere Pflanzen mit ätherischen Ölen, bei denen aber das ätherische Öl nicht im Mittelpunkt für die Wirksamkeit steht, z. B.: Arnikablüten, Johanniskraut.

Achtung: Johanniskrautöl und Arnikaöl sind **keine** ätherischen Öle, sondern Extrakte aus den Pflanzen, die mit **fetten** Ölen (Sonnenblumenöl, Olivenöl usw.) als Extraktionsmittel (Auszugsmittel) hergestellt werden. Beide Pflanzen enthalten zwar ätherisches Öl, dieses wird aber nicht gewonnen und therapeutisch eingesetzt.

Bitterstoffe

Bitterstoffe sind Naturstoffe, die durch Erregung der Bitter-Rezeptoren in den Geschmacksknospen am Zungengrund das physiologische Merkmal „bitter" auslösen. Hierbei werden nicht nur direkt die Speicheldrüsen angeregt, sondern indirekt über den Nervus vagus (Lungen-Magen-Nerv) auch die Magensaft- und Gallensaftsekretion. Dieser sog. reflektorische Reaktionsmechanismus und die Erregung der Geschmacksnerven machen es notwendig, dass Bitterstoffzubereitungen 20–30 Minuten vor den Mahlzeiten (vor allem bei erwarteter appetitanregender Wirkung) und mit einer längeren Verweildauer im Mund eingenommen werden müssen. Wenn außer der Bitterwirkung noch weitere deutliche physiologische Wirkungen hinzukommen (z. B. die fiebersenkende Wirkung des Chinins), dann zählt man solche Naturstoffe nicht mehr zu den Bitterstoffen. Bitterstoffe können in der Regel mit Wasser gut extrahiert werden, und so ist z. B. ein Teeaufguss oder auch ein Kaltansatz aus Tausendgüldenkraut oder Wermutkraut eine sinnvolle Bitterstoffzubereitung. Die Bitterstoffe sind allerdings hitzeempfindlich und bei längerem Kochen nimmt der Bitterwert ab. Folgende Drogen enthalten u.a. Bitterstoffe:, Artischockenblätter und -wurzeln, Enzianwurzel, Löwenzahnkraut und -wurzeln, Salbeiblätter, Schafgarbenkraut, Tausendgüldenkraut und Wermutkraut. Aloe schmeckt zwar bitter aufgrund der Anthranoide, diese sind jedoch keine typischen Bitterstoffe.

Schleimstoffe

Schleimstoffe sind mit Wasser extrahierbare Kohlenhydrate, die mit Wasser eine zähflüssige (viskose), kolloidale Lösung bilden. Von Schleimstoffdrogen, die neben dem Pflanzenschleim (große Moleküle, die meist aus längeren, mehr oder weniger verzweigten Ketten von verschiedenen Zuckern bestehen = Heteropolysaccharide) noch Stärke und Pektine enthalten (z.B. Eibischwurzeln), müssen Kaltwasserauszüge hergestellt werden. Vor allem bei einer Abkochung entsteht aufgrund des Stärke- und Pektingehaltes ein dicker, leimartiger Schleim.

Schleimstoffe wirken aufgrund ihrer abdeckenden (Entstehung einer Art Schutzfilm) und einhüllenden Eigenschaften **reizmildernd**, z.B. bei entzündeter Rachen-, Magen- und Darmschleimhaut. Über den Nervus vagus (Lungen-Magen-Nerv) kommt es möglicherweise zu einer indirekten reflektorischen Linderung von **Reizhusten**. Schleimstoffe, die im Verdauungstrakt entweder gar nicht (z.B. Leinsamenschleim) oder nur sehr langsam zu verdaulichen Kohlenhydratgrundbausteinen (Zucker) zerlegt werden, besitzen eine **abführende** Wirkung. Diese kommt dadurch zu Stande, dass es durch die große Wasserbindungsfähigkeit (Quelleffekt) der Schleimstoffe zu einer deutlichen Volumenzunahme kommt, die ihrerseits durch den Druck auf die Darmwand die Darmperistaltik (Darmbewegung) auslöst.

Folgende Drogen enthalten u.a. Schleimstoffe:

- Beinwellwurzel,
- Eibischwurzel, -blüten und -blätter,
- Flohsamen,
- Huflattichblätter und -blüten,
- Isländisches Moos,
- Kamillenblüten,
- Leinsamen,
- Lindenblüten.

Gerbstoffe

Gerbstoffe sind Stoffe, die mit Eiweiß unlösliche hochmolekulare Verbindungen ergeben. Wenn man tierische Haut mit entsprechend hohen Gerbstoffkonzentrationen behandelt entsteht dadurch Leder. Leder wird im Unterschied zur unbehandelten Haut von Bakterien praktisch nicht mehr angegriffen und ist dadurch sehr haltbar. Chemisch betrachtet gibt es verschiedenen Typen, mit unterschiedlichen Eigenschaften. Es gibt anorganische (Kaliumaluminiumsulfat = Alaun; bestimmte Salze von Chrom) organische und darunter vor allem pflanzliche Naturgerbstoffe. Diese sind mit heißem Wasser gut extrahierbare Naturstoffe (z.B. Eichenrinde zu Fußbädern) und werden in der Hauptsache äußerlich angewendet (Bäder, Pinselungen). Die Gerbstoffe vermögen mit den Kollagenfasern (Eiweißfasern) der Haut zu reagieren, und es kommt dabei zu verfestigten Eiweiß-Gerbstoffverbindungen = eine hauchdünne, lederartige Schutzschicht. Durch die Bildung einer solchen „Koagulationsmembran" wirken die Gerbstoffe Reiz mildernd und entzündungshemmend (z.B. bei Sonnenbrand). Hinzu kommt noch die abdichtende Wirkung an den kleinsten Blutgefäßen (Blutkapillaren), z.B. bei Zahnfleischbluten, und ein sekretionshemmender

Einfluss auf Schweißdrüsen. Gerbstoffe (bes. Alaun aber auch Salbeiextrakt) werden heute gerne in Deodorants als antibakterielle und Schweiß hemmende Wirkstoffe verwendet. Bei den wenigen in Pulverform eingenommenen Gerbstoffdrogen (z. B. Blutwurz) werden die Gerbstoffe erst allmählich aus dem Drogenpulver freigesetzt, so dass die erwünschte Wirkung auch in tieferen Darmabschnitten zum Tragen kommt. Eine Reihe von Arzneipflanzen mit einem Gerbstoffgehalt um rund 2 % finden wegen ihres guten Geschmacks häufig eine Anwendung als Haustees ohne arzneiliche Aufgabe (z. B. Brombeerblätter, Himbeerblätter, Erdbeerblätter, Lindenblätter u. a.). Folgende Drogen enthalten u. a. Gerbstoffe: Blutwurz, Eichenrinde, Rhabarberwurzel, Gänsefingerkraut, Brombeerblätter usw. Zu den Gerbstoffdrogen gehören auch grüner und schwarzer Tee. Innerlich wird die antibakterielle Wirkung vor allem genutzt bei Durchfall (ungewohnte oder toxische Darmbakterien).

Anthranoide

Die Anthranoide (früher Anthraglykoside bzw. Anthrachinone), die in den Drogen meist als Anthrachinonglykoside (oxidierte Form) vorliegen, sind je nach Droge mehr oder weniger gut in kaltem Wasser löslich. Mit heißem Wasser oder mit Alkohol sind diese Naturstoffe besser zu extrahieren. Wässrige Zubereitungen sind nicht stabil; es bilden sich die freien Aglyka, die Darmreizungen verursachen können. Die optimale galenische Zubereitungsform ist ein alkoholischer Trockenextrakt (in Dragees, Tabletten, Früchtewürfeln).

Die Anthranoide sind starke, dickdarmwirksame **Abführmittel** (Laxanzien) und dürfen nur kurze Zeit (1–2 Wochen) bei einer vorübergehenden Darmträgheit eingenommen werden. Bei chronischer Einnahme kann es nicht nur zu einem gefährlichen Elektrolytverlust (z. B. Kalium!) sondern zum Verlust der motorischen Funktion des Darmes kommen, was schon daran zu erkennen ist, dass die Dosis oft erheblich gesteigert werden muss. Während einer Schwangerschaft und bei Entzündungen im inneren Körperbereich sollen Anthranoiddrogen nur mit ärztlicher Erlaubnis eingenommen werden. Ferner sei auf die Warnhinweise auf den Packungsinformationen verwiesen. Folgende Drogen enthalten u. a. Anthranoide: Aloe, Faulbaumrinde, Sennesblätter, Sennesschoten, Rhabarberwurzel, Kreuzdornfrüchte u. a.

▶ **Hinweis**

Durch die Verordnung vom 12. Nov. 1988 wurden Anthranoiddrogen wie Aloe, Sennesblätter, Faulbaumrinde und Rhabarberwurzel apothekenpflichtig und sind seit November 1990 nicht mehr freiverkäuflich.

Flavonoide

Flavonoide sind meist gelb gefärbte (lateinisch flavus = gelb), in vielen Blüten und Blattdrogen enthaltene, mit heißem Wasser gut, mit Alkohol noch besser extrahierbare, weit verbreitete Naturstoffe. Es gibt viele verschiedene Typen von Flavonoiden und einen fließenden Übergang zu bestimmten Gerbstoffen. Flavonoide werden heute häufig auch zusammen mit Proanthocyanidinen (Procyanidinen) und vielen Gerbstoffen als [2] Polyphenole bezeichnet.

[2] Polyphenol bedeutet eigentlich nur, dass es sich um einen Stoff handelt, in dessen Molekül mehrere Phenol-Strukturen vorkommen. Solche Stoffe haben die Eigenschaft, Radikale zu neutralisieren und werden daher gerne als „Radikalfänger" bezeichnet. Ansonsten ist der Begriff Polyphenol aber wenig aussagekräftig, weil zu viel unterschiedliche Substanzgruppen darunter fallen (Catechine, Kaffeoylchinasäuren, Gerbstoffe, Flavonoide usw.)

Wegen ihrer Eigenschaft, die Durchlässigkeit (**Permeabilität**) der Gefäßwände zu normalisieren, werden die Flavonoide auch als **Vitamin-P-Faktoren** bezeichnet. Da die Moleküle keinen Stickstoff enthalten und es fraglich ist, ob sie „essenziell[3]" sind, ist die Bezeichnung „Vitamin" unzutreffend. Die Flavonoide haben weiter einen präventiven (vorbeugenden) und zum Teil auch kurativen (heilenden) Einfluss auf die Brüchigkeit der kleinsten Blutgefäße (Kapillarfragilität) und Kapillarelastizität. Höhere Dosen bestimmter Flavonoide wirken Wasser treibend und Krampf lösend. Die Flavonoide der Mariendistelfrüchte besitzen eine Art Leberschutzwirkung gegenüber Leber schädigenden Substanzen. Achtung! Es gibt mehr als 4 000 verschiedene Flavonoide, die sehr unterschiedliche Wirkungen haben können. Lediglich die Radikalfängereigenschaft scheint allen eigen zu sein. Weitere Wirkungen reichen von antikanzerogenen (gegen Krebs) über entzündungshemmende, antibakterielle bis zu antidepressiven Wirkungen.

Folgende Drogen enthalten Flavonoide in nennenswerter Menge und mit nachgewiesenem oder vermutetem Beitrag zu Wirksamkeit: Arnikablüten, Birkenblätter, Buchweizenkraut, Goldrutenkraut, Holunderblüten, Johanniskraut, Kamillenblüten, Mariendistelfrüchte, Passionsblumenkraut, Süßholzwurzel, Weißdornblüten und -blätter. Folgende Drogen sind ebenfalls flavonoidreich: Lindenblüten, Misteltee, Schachtelhalmkraut.

Saponine

Saponine sind wasserlösliche Pflanzeninhaltsstoffe, die sich in Wasser seifenähnlich (lat. sapo = Seife) verhalten, d.h. die Oberflächenspannung von Wasser herabsetzen und dadurch stark schäumen. In pflanzlichen Gesamtextrakten wirken die Saponine aufgrund ihrer Emulgator- sowie Netz- und Dispergierwirkung als **Lösungsvermittler**, und sie können von Fall zu Fall die biologische Verfügbarkeit schlecht resorbierbarer Naturstoffe verbessern. Saponine werden nur zu einem kleinen Teil oral resorbiert (über den Magen-Darm-Kanal ins Blut aufgenommen). Viele Saponine haben eine immunstimulierende Wirkung (Ginseng, Schlüsselblume, Goldrute).

In höherer Dosierung können Saponine **örtlich gewebereizend** wirken. Beim Pulverisieren von Saponindrogen kommt es am Auge zu Tränenfluss und in der Nase zu Niesreiz und schnupfenartiger Sekretvermehrung. Indirekt über den Nervus vagus (also reflektorisch), aber auch durch eine direkte Einwirkung im Bereich der hinteren Rachenpartien können Saponinzubereitungen den zähen Schleim in den Atemwegen verflüssigen, so dass dieser Schleim leichter abgehustet werden kann (expektorierende Wirkung). Manchen Saponinen (Goldrute) schreibt man einen Wasser treibenden (diuretischen) Effekt zu. Als Sonderwirkung des Saponingemisches des Rosskastaniensamens und des Mäusedornwurzelstocks ist die Ödem hemmende und Venen tonisierende Wirkung zu nennen. Die Saponine der Ginsengwurzeln wirken Stress abschirmend und leistungssteigernd.

Folgende Drogen enthalten u.a. Saponine in größerer Menge und mit nachgewiesenem oder vermutetem Beitrag zu Wirksamkeit: Birkenblätter, Ginsengwurzel, Goldrutenkraut, Primelwurzel und -blüten, Rosskastaniensamen, Mäusedornwurzelstock, Süßholzwurzel.

Saponine kommen in geringeren Mengen auch in Lebensmitteln vor Hülsenfrüchte, grüner Tee, schwarzer Tee.

---

[3] essenzielle Stoffe können nicht vom menschlichen Körper selbst hergestellt werden und müssen daher über die Nahrung aufgenommen werden.

Sonstige Stoffgruppen

Alkaloide und die **herzwirksamen Glykoside** spielen aufgrund der Negativliste 1 b (Tab. 38.9) bei freiverkäuflichen Drogen keine Rolle.

Sämtliche freiverkäufliche Drogen sind den milden pflanzlichen Arzneimitteln zuzuordnen, was nicht besagt, dass sie eine unbedeutende Wirksamkeit hätten oder dass nicht auch hier unerwünschte Nebenwirkungen auftreten können. Auch bei unsachgemäßer Anwendung z. B. Daueranwendung von hoch dosierten (vor allem α- und β-Pinen enthaltende) Wacholderölkapseln oder unverdünnter Arnikatinktur können schädigende Nebenwirkungen auftreten.

Die vielfach in der Werbung oder von Laien geäußerte Behauptung, pflanzliche Arzneimittel (Phytopharmaka) seien **absolut** nebenwirkungsfrei und deshalb **stets** (auch bei Dauergebrauch) unschädlich, ist falsch, wie z. B. die langjährige Anwendung von Aloe (als Abführmittel), Sennesblättern usw. gezeigt hat.

4.2 Freiverkäufliche Drogen

Die folgende Besprechung gibt nur einen Teil der tatsächlich auf dem Markt befindlichen und in den Einzelhandelsgeschäften anzutreffenden Drogen wieder. Die Auswahl der ausführlichen Beschreibung von ca. 60 Drogen basiert auf einer Analyse des Sortiments in Reformhäusern, Kräuterläden und Verbrauchermärkten und stellt ein **Mindestwissen** für einen Sachkundigen dar. Die nur namentlich aufgezählten Drogen wurden nicht in allen oben genannten Betriebsstätten vorgefunden. Umgekehrt wurden aber in Kräuterläden eine Reihe weiterer hier nicht aufgezählter Drogen beobachtet. In einem solchen Einzelhandelsgeschäft ist neben einer erweiterten Drogenkenntnis vor allem Sorge dafür zu tragen, dass ein **wissenschaftliches Nachschlagewerk** stets zur Verfügung steht (Kap. 4.3.3, Literatur).

Bei der Einzeldrogen-Besprechung kommt dem Punkt Qualitätsprüfungen eine besondere Bedeutung zu! Selbst wenn der Einzelhändler die angegebenen Qualitätsprüfungen nicht selbst durchführt, so muss er wissen, dass **minderwertige Drogen** und **Drogenverfälschungen** auf dem Drogenmarkt vorkommen, und er hat dafür zu sorgen, dass er eine Droge mit Arzneibuchqualität bzw. eine verkehrsfähige Droge abgibt. Dies gilt ganz besonders für Drogen, die weder im deutschen noch europäischen Arzneibuch aufgenommen sind, beispielsweise Drogen der traditionellen chinesischen Medizin (TCM) oder der indischen Aryuveda-Medizin. Die besprochenen Qualitätsprüfungen sind betont **Praxis orientiert** und beziehen sich nur zum Teil auf die in den einzelnen Arzneibüchern (Kap. 38.9) vorgeschriebenen Prüfungen.

4.2.1 Abführmittel (Quellmittel)

Feigen

Die Feigen des Handels sind die reifen, getrockneten Fruchtstände von *Ficus carica L.*, einem Baum, der in Ländern mit warmem Klima heimisch ist bzw. dort kultiviert wird. Nach dem Trocknen werden die Feigenfruchtstände scheibenförmig zusammengepresst. Der Geschmack ist schleimig und angenehm honigsüß.

Tab. 4.1: Flohsamenmonographien der Ph. Eur.

Deutsch	Latein	Stammpflanze	Farbe	Quellungszahl
Indische Flohsamen	Plantaginis ovatae semen	Plantago ovata (Syn. P. ispaghula)	Braun-beige	Mind. 9
Indische Flohsamen-schalen	Plantaginis ovatae seminis tegumentum	Plantago ovata (Syn. P. ispaghula)	Hellbeige, fast farblos	Mind. 40
Flohsamen	Psyllii semen	Plantago afra (Syn. P. psyllium), P. indica (Syn. P. psyllium)	Hell-dunkel braun	Mind. 10

Die schwach abführende Wirkung beruht auf dem hohen Gehalt an Invertzucker (50–70 %) und anderen Zuckern sowie auf Pektinen und Fruchtsäuren. Die Darmträgheit wird offensichtlich durch osmotische Vorgänge im Darm in Bewegung gesetzt.

Bei freiverkäuflichen Arzneimitteln muss darauf geachtet werden, dass die Feigen bzw. der Feigensirup nicht mit stärker wirksamen Anthranoid-Drogen kombiniert ist (z. B. Feigenpaste mit pulverisierten Sennesblättern in Neda®-Früchtewürfel), weil durch die Anthranoide die Freiverkäuflichkeit erlischt.

Flohsamen, Plantaginis semen, Psylli semen Ph. Eur.

Wie Tabelle. 4.1 zeigt, gibt es von der Droge Flohsamen drei verschiedene Drogenmonographien im Arzneibuch.

Inhaltsstoffe: Die Samen enthalten 20–30 % Schleim. Dieser besteht aus einer Mischung von neutralen und sauren Polysacchariden (Zuckerketten) unterschiedlicher Länge und Verzweigung. Nur wenig fettes Öl (5 %).

Anwendung: Der Schleim wirkt ähnlich wie beim Leinsamen als Ballaststoff und sorgt für eine erhebliche Volumenzuname im Darm. Daneben bindet er Gallensäuren und führt so zu einer (erwünschten) Senkung des Blut-Cholesterin-Spiegels. Zu beachten ist die sehr große Quellfähigkeit der Flohsamenschalen, die eine sehr große Quellungszahl bis über 100 haben können. Es ist daher ganz besonders auf ein Vorquellen in ausreichend (!) Flüssigkeit und Nachtrinken von weiterer Flüssigkeit zu achten.

Freiverkäuflich sind die Flohsamen als solche und in Mischungen und Fertigarzneimitteln, während die Flohsamenschalen apothekenpflichtig sind, sobald sie mit weiteren (Hilfs-) Stoffen verarbeitet sind. Die unbearbeiteten, reinen Flohsamenschalen sind dagegen freiverkäuflich.

Leinsamen, Lini semen Ph. Eur.

Volkstümliche Bezeichnungen: Haarlinsen, Leinbollen.

Verwendete Pflanzenteile: Die reifen, mikrobiologisch einwandfreien, braunen oder gelben Samen des Ölleins.

Qualitätsprüfung: Die Ph. Eur. verlangt eine Mindestquellzahl von 4, fremde Bestandteile (z. B. Unkrautsamen) dürfen nur bis zu 1,5 % vorhanden sein. Aus mikrobiologischer

Sicht sollte der Samen nicht vom Faserlein stammen, der zur Flachsgewinnung angebaut wird, wobei hygienische Maßnahmen kaum Beachtung finden. Der speziell gezüchtete gelbe Leinsamen besitzt in der Regel eine höhere Quellzahl, schmeckt besser und ist braunem Leinsamen vorzuziehen.

Inhaltsstoffe: Bis 25 % Ballaststoffe, darunter etwa 12 % Schleimstoffe; etwa 40 % fettes Öl, davon etwa 70 % Linol- und Linolensäure: etwa 25 % Eiweiß; 8–35 mg pro 100 Gramm („mg%") Linustatin, ein cyanogenes (Blausäure abspaltendes) Glykosid, das allerdings bei normalen Magensaftverhältnissen keine gesundheitsschädigenden Nebenwirkungen verursacht.

Anwendung: Innerlich als ganzer oder nur als leicht gequetschter (nicht geschroteter sogenannter Linusit®-Leinsamen) Samen bei chronischer Darmträgheit in einer Dosierung von 2–3-mal täglich 1–2 Esslöffel zusammen mit viel Flüssigkeit (15 g Leinsamen mit 150 ml Flüssigkeit). Zur Herstellung einer Schleimabkochung bei Entzündungen der Magen- und Darmschleimhaut auch geschrotet verwendbar.

Äußerlich als geschroteter Leinsamen oder das Pulver des Pressrückstandes nach der Leinölgewinnung als heiße Packungen bei Entzündungen, Schmerz- und Krampfzuständen sowie bei Abszessen und Furunkeln. Das kalt gepresste Öl als Speiseöl und wegen seines hohen Anteiles an mehrfach ungesättigten Fettsäuren (insbesondere α-Linolensäure!) als Diätöl in der Herz- und Kreislaufdiät. Leinsamenöl ist eine der ganz wenigen Quellen für pflanzliche Omega-3 Fettsäuren. Es ist eine C-18 Omega-3-Fettsäure und Vorstufe zu den C-22 und C-24 Omega-3-Fettsäuren, die wiederum essenziell sind für Menschen und sehr wichtige Vorstufen für bestimmte Hormone, die das Entzündungsgeschehen mit regulieren. Ihr Fehlen kann zu verstärkter Arteriosklerose führen und Entzündungen verstärken.

Tamarindenmus

Es wird aus den Hülsenfrüchten von *Tamarindus indicus L.*, einem Baum, der in Indien sowie im tropischen Afrika verbreitet ist, gewonnen. Zur Gewinnung des Fruchtmuses werden die zerkleinerten Früchte mit siedendem Wasser versetzt, zu einem dünnen Brei angerührt und durch ein Haarsieb zur Entfernung der Samenteile sowie der groben Fruchtschale getrieben. Der so gereinigte dünnflüssige Brei wird anschließend zu einem dicken Extrakt eingedampft und zur Konservierung mit 20 Teilen Rohrzucker versetzt. Das gereinigte Tamarindenmus (lateinische Bezeichnung Pulpa tamarindorum) riecht angenehm fruchtig und schmeckt süßsauer.

Die schwach abführende Wirkung beruht auf dem Gehalt an Fruchtsäuren, (darunter hauptsächlich Weinsäure) Pektinen und Invertzucker. Die Darmträgheit wird offensichtlich durch osmotische Vorgänge beseitigt.

Bei freiverkäuflichen Arzneimitteln muss darauf geachtet werden, dass das Tamarindenmus nicht mit Sennesblätterextrakt kombiniert ist. Die Kombination mit einer Anthranoid-Droge ist apothekenpflichtig!

Sonstige Quellmittel

- Tragant (lateinische Bezeichnung: Tragacantha Ph. Eur.).
- Guar-Mehl aus der Guarbohne.
- Agar-Agar (getrocknete Gallertstücke gewonnen aus Rotalgen).
- Weizenkleie, welche allerdings eine relativ niedrige Quellzahl besitzt.

▶ **Hinweis**

Den physikalisch wirkenden Laxanzien stehen die durch Hemmung verschiedener aktiver Transportmechanismen in der Darmschleimhaut wirkenden Drogen, sogenannte „echte" Laxanzien zur kurzfristigen Anwendung gegenüber. Diese Drogen sind apothekenpflichtig z.B. Sennesblätter und -früchte, Faulbaumrinde, amerikanische Faulbaumrinde, Rhabarberwurzel, Aloe und Kreuzdornbeeren.

4.2.2 Beruhigungsmittel

Baldrianwurzel, Valerianae radix Ph. Eur

Volkstümliche Bezeichnungen: Katzenkraut, Mondwurzel, Stinkwurz, Balderbracken, Balderjahn.

Verwendete Pflanzenteile: Die gesamten unterirdischen Pflanzenteile (Wurzeln und Wurzelstock) des echten (europäischen) Baldrians: *Valeriana officinalis.*

Qualitätsprüfung: Prüfungen auf den Gehalt an ätherischem Öl, der zwischen 0,2 und 1,5 % liegen kann und bei einer wirksamen Droge mindestens 0,5% betragen muss. Neuerdings wird noch auf Valepotriate geprüft, die in den Zubereitungen nicht mehr enthalten sein sollen. Diese Naturstoffe sind in dem offizinellen europäischen Baldrian in weit geringerer Konzentration als in den überseeischen Baldrian-Arten (Mexiko, Pakistan, Indien) vorhanden. Es muss daher auf eine richtige und korrekte Deklaration der Baldrian Droge und ihrer Zubereitungen in Fertigpräparaten geachtet werden.

Inhaltsstoffe: 0,2–1,5 % (mind. 0,5 %) ätherisches Öl, daneben als für den europäischen Baldrian charakteristische Verbindung die Valerensäuren; 0,3–1,0 % Valepotriate in der frisch getrockneten Droge (zum Vergleich: in der mexikanischen Baldrianwurzel bis 9 %).

Anwendung: Als Teeaufguss (2 Teelöffel auf 1 Tasse Wasser), Pflanzenpresssaft (§ 44,3.d, AMG 76), Baldrianwein oder Baldriantinktur (Positivliste Anlage 1a zu § 45 AMG 76) als Beruhigungsmittel bei Angst- und Spannungszuständen und bei nervösen Erschöpfungszuständen und bei „Stress". Zu beachten ist, dass Baldrian kein Schlafmittel in dem Sinne ist, dass es müde macht und zum Schlafen „zwingt", sondern dass Baldrian vor äußeren Reizen und Aufregung abschirmt, sodass diese nicht so stark das Einschlafen „behindern". Wer nicht behindert wird durch äußere Einflüsse oder Aufregung und nicht müde ist, wird auch mit Baldrian nicht schlafen. Nach neueren Untersuchungen wird die Aufmerksamkeit und Reaktionsfähigkeit durch Baldrian nicht beeinträchtigt!

Baldrianextrakt ist freiverkäuflich, weil er in Anlage 1a der Freiverkäuflichkeits-VO (Tab. 38.1, Anlage 1a) aufgeführt ist neben Hopfenextrakt und der Kombination von beiden. Dies ist der seltene Fall, dass nicht nur die Pflanze als solche, sondern auch ein Trockenextrakt in dieser Anlage aufgeführt ist und damit auch heilende und nicht nur vorbeugende Indikationen ausgelobt werden können.

Hopfenzapfen, Lupuli flos Ph. Eur.

Volkstümliche Bezeichnungen: Zaunhopfen, Bierhopfen, Hupfen.

Verwendete Pflanzenteile: a) Die getrockneten Fruchtstände (Hopfenzapfen) der weiblichen Pflanze, die im Herbst gesammelt werden. Der „Pharma-Hopfen" kann im Unterschied zum „Brauerei-Hopfen“ auch länger als ein Jahr gelagert sein. b) Die von den Fruchtständen abgeklopften und abgesiebten gelblichen Drüsenschuppen.

Qualitätsprüfung: Prüfung auf „Hopfenaroma“, bestehend aus autoxidierten flüchtigen Hopfenbittersäuren, und auf ätherisches Öl, die beide bei zu heiß getrocknetem Hopfen verloren gehen.

Inhaltsstoffe: 0,05–1,7 % ätherisches Öl mit Myrcen und Humulen; 10–20 % Harze, darunter das sedativ wirksame, flüchtige und durch Autoxidation aus Bittersäuren entstandene 2-Methyl-3-buten-2-ol.

Anwendung: Als Hopfentee, Hopfenkissen (vor allem bei Kleinkindern) und Hopfenbäder bei Unruhezuständen und Schlafstörungen; ferner appetitanregend.

Hopfenextrakte werden gerne mit Baldrianextrakten kombiniert. Diese Kombination von Extrakten ist freiverkäuflich (Tab. 38.1, Anlage 1a) aufgrund der Zusammensetzung vgl. Baldrian.

Johanniskraut, Hyperici herba Ph. Eur.

Volkstümliche Bezeichnungen: Hartheu, Tüpfelhartheu, Sonnwendkraut, Konradskraut, Hexenkraut, Herrgottsblut, Johannisblut, Walpurgiskraut.

Verwendete Pflanzenteile: die getrockneten, während der Blütezeit gesammelten, oberirdischen Pflanzenteile oder besser nur die oberen ca. 30 cm der Pflanze ohne dicke Stängelteile häufig als „Blühhorizont“ bezeichnet.

Qualitätsprüfung: Prüfung auf den Stängelanteil, da die Stängel keine arzneilich relevanten Inhaltsstoffe enthalten. Prüfung auf den Gehalt an Hypericinen, Flavonoiden und Hyperforinen.

Inhaltsstoffe: Flavonoide (2–4 %), Hypericine (0,05–0,3 % bewirken Rotfärbung der Ölauszüge = „Rotöl“) das sehr instabile Hyperforin (0,1–4 %) und daneben auch bis 1 % ätherisches Öl.

Anwendung: Innerlich als Teeaufguss (2 Teelöffel auf 1/4 Liter Wasser, 5 Minuten ziehen lassen) 2–3-mal täglich bei nervöser Unruhe im Klimakterium und gegen Depressionen. Als Frischpflanzenpresssaft und als Tabletten oder Dragees mit Drogenpulver oder Extrakt. Äußerlich in Form eines Ölauszuges (Johanniskrautrotöl) bei Durchblutungsstörungen und zur Wundbehandlung. Dieses Öl wird auch in Form von Weichgelatinekapseln innerlich ähnlich den Tabletten eingesetzt. Die Dosierung dieser Produkte ist allerdings sehr niedrig verglichen mit den anderen Darreichungsformen.

▸ **Hinweis**

Wegen der Möglichkeit von Wechselwirkungen mit lebenswichtigen anderen Arzneimitteln wurden im Dezember 2004 alle innerlichen Johanniskraut-Präparate der Apothekenpflicht unterstellt mit den **Ausnahmen:** Tee, Frischpflanzen-Presssaft und andere innerliche Drogenzubereitungen (Drogenpulver und Extrakte), die in der Tagesdosis nicht mehr als 1 Gramm Drogenäquivalente und nicht mehr als 1 mg Hyperforin enthalten. Hyperforin wurde als der für die Wechselwirkungen wesentliche Inhaltsstoff identifiziert. Er ist in den traditionellen Johanniskraut-Arzneimitteln nur in Spuren enthalten.

Lavendelblüten, Lavandulae flos Ph. Eur.

Volkstümliche Bezeichnungen: Lavander, Kleiner Speik.

Verwendete Pflanzenteile: Lavendelblüten bestehen aus den kurz vor der völligen Entfaltung gesammelten und getrockneten Blüten von *Lavandula angustifolia* P. Mill.

Qualitätsprüfung: Lavendel-Hybriden oder der Spiklavendel lassen sich leichter kultivieren und kommen dadurch auf den Markt. Diese Lavendelarten sind analytisch an dem geringeren Gehalt an Linalylacetat (unter 30%) und an dem mehr herben Geruch zu erkennen. Die Arzneibuch-Lavendelblüten enthalten ein fein riechendes ätherisches Öl mit bis zu 60% Linalylacetat.

Inhaltsstoffe: Lavendelblüten enthalten mindestens 1,3, eine gute Lavendelblütenqualität enthält bis zu 3% flüchtiges ätherisches Öl mit den Hauptbestandteilen Linalylacetat (32–60%) und Linalool (20–35%).

Anwendung: Laut Monographie der Kommission E können Lavendeltee oder wenige Tropfen ätherisches Lavendelöl (auf einem Stück Zucker) bei Unruhezuständen, Einschlafstörungen und bei funktionellen Oberbauchbeschwerden, verursacht durch einen nervösen Reizmagen oder durch nervöse Darmbeschwerden, eingesetzt werden. In der Balneotherapie dienen Lavendelblüten-Aufgüsse oder emulgiertes ätherisches Lavendelöl zur Behandlung von Nervosität, Unruhe und auch funktionellen Kreislaufstörungen.

Sonstige beruhigende Drogen

- Melissenblätter (Melissae folium Ph. Eur.) mit geringer sedierender aber sehr positiver Magenwirkung,
- Passionsblumenkraut (Passiflorae herba Ph. Eur.),
- Herzgespannkraut (Leonuri cardiacae herba Ph. Eur.) speziell bei nervösen Herzstörungen (funktionelle Störungen!),
- Bitterorangenschale, Pomeranzenblüten (Aurantii amari epicarpium et mesocarpium Ph. Eur).

4.2.3 Mittel gegen Erkältungskrankheiten

Anis, Anisi fructus Ph. Eur.

Volkstümliche Bezeichnungen: Anisfrüchte, süßer Kümmel.

Verwendete Pflanzenteile: Die reifen und getrockneten Früchte von *Pimpinella anisum* L.

Qualitätsprüfung: Gehalt Ätherisches Öl: Mind. 2%.

Inhaltsstoffe: Die Droge enthält mind. 2% (bis 6%) ätherisches Öl, welches wiederum 90% Anethol enthält.

Anwendung: Als Teeaufguss insbesondere in Teemischungen und als ätherisches Öl bei Husten und Bronchitis.

Eibischwurzel, Eibischblätter; Althaeae radix, Althaeae folium Ph. Eur.

Volkstümliche Bezeichnungen: Schleimwurzel, weiße Malve.

Verwendete Pflanzenteile: Die im Herbst gegrabenen und vorsichtig bei etwa 35°C getrockneten Wurzeln des Eibisch. Die Blätter werden vor oder während der Blütezeit gesammelt, und die Blüten erntet man, wenn sie voll geöffnet sind

Qualitätsprüfung: Prüfung auf „geschönte" Wurzeln, die entweder mit Sulfitlauge oder mit Kalk bzw. Gips behandelt worden sind, um schön weiß auszusehen. Prüfung auf die vom Arzneibuch vorgeschriebene Mindestquellzahl 10. Prüfung der Blätter auf Befall mit dem Rostpilz *Puccinia malvacearum*.

Inhaltsstoffe: Wurzeln bis zu 15 % Schleim, etwa 35 % Stärke und etwa 11 % Pektine; Blätter 6–9 % Schleim und etwas ätherisches Öl; Blüten 5–9 % Schleim und Blütenfarbstoffe (Anthocyane).

Anwendung: Als wässriger Kaltansatz von den Wurzeln (wegen des Gehaltes an Stärke und Pektinen, die bei einem Teeaufguss oder einer Abkochung zu einem „leimartigen" Auszug führen) oder als heißer Teeaufguss von den Blättern und Blüten bei Reizhusten und entzündlichen Reizzuständen des Rachenraumes.

Fenchel, Foeniculi amari fructus, Foeniculi dulcis fructus Ph. Eur.

Volkstümliche Bezeichnungen: Fenchelfrüchte, Arzneifenchel.

Verwendete Pflanzenteile: Die reifen und getrockneten Früchte von *Foeniculum vulgare* Miller ssp. *vulgare* var. *vulgare*.

▶ **Hinweis**

Der Süßfenchel stammt von: *Foeniculum vulgare* Miller ssp. *vulgare* var. *dulce* und unterscheidet sich vom Bitterfenchel durch den niedrigeren Gehalt an ätherischem Öl (mind. 2 %), den niedrigeren Fenchongehalt (schmeckt bitter) und den höheren Gehalt von Anethol im ätherischen Öl (mind. 80 %). Daher wird der Süßfenchel in der Regel für Lebensmittel und für Kinder eingesetzt, der Bitterfenchel für Arzneimittel.

Qualitätsprüfung: Beimengungen dunkel gefärbter und scharf schmeckender Früchte des im Mittelmeergebiet wild wachsenden Esels-Fenchels kommen nicht mehr vor, seit der Fenchel fast ausschließlich aus Anbau kommt. Prüfung auf den vom Arzneibuch vorgeschriebenen Mindestgehalt von 4 % ätherischem Öl, der häufig von den Handelsdrogen nicht erreicht wird. Das im ätherischen Öl enthaltene Estragol darf zu max. 5 % enthalten sein.

Inhaltsstoffe: Die Droge enthält mind. 4 % ätherisches Öl, welches wiederum mind. 60 % Anethol und mind. 15 % Fenchon enthält.

Anwendung: Als Teeaufguss (wobei ganze Früchte vor dem Überbrühen gequetscht werden müssen, sonst kann das ätherische Öl nicht freigesetzt werden), alkoholische Auszüge sind zusammen mit anderen Drogenauszügen häufig in Hustenmitteln (Fertigarzneimitteln) enthalten. Im Fenchelhonig, einem Fertigarzneimittel der Anlage 1a, ist das ätherische Fenchelöl der Hauptinhaltsstoff. Als blähungstreibendes Mittel, insbesondere auch bei Säuglingen und Kleinkindern.

Holunderblüten, Sambuci flos Ph. Eur.

Volkstümliche Bezeichnungen: Fliedertee, Schwarzer Holunder.

Verwendete Pflanzenteile: Die im Juni/Juli gesammelten, in einer Trugdolde angeordneten Blüten des schwarzen Holunders *Sambucus nigra* L.

Qualitätsprüfung: Prüfung auf einen zu hohen Anteil (über 10 %) an „Blütenstängeln" (Blütenstandsachsen) und Prüfung auf Drogenverfälschungen, wie z. B. auf Blüten des

Mädesüß *(Filipendula ulmaria)* und Zwergholunder *(Sambucus ebulus)*.

Inhaltsstoffe: Mind. 0,8 % (oft über 1 %) Flavonoide; wenig ätherisches Öl und Gerbstoffe.

Anwendung: Als schweißtreibendes Mittel in Form eines Teeaufgusses bei Erkältungskrankheiten. Es sollte eine reichliche Menge möglichst heiß getrunken werden.

Huflattichblätter, Farfarae folium DAB 10

Volkstümliche Bezeichnungen: Brustlattich, Brandlattich, Pferdefuß.

Verwendete Pflanzenteile: Verwendet werden die frischen oder die meist getrockneten Laubblätter von *Tussilago farfara L.*, die in der Regel erst nach der Blüte erscheinen.

Qualitätsprüfung: Direkte Verwechslungen oder zumindest Beimengungen mit den äußerst ähnlich aussehenden Pestwurzblättern sind sehr häufig anzutreffen. Eine makroskopische Unterscheidung als getrocknete und geschnittene Droge ist praktisch nicht möglich. Verfälschungen können nur an dem geringeren Schleimgehalt sowie an einem unterschiedlichen Fingerprint-Chromatogramm mittels Dünnschichtchromatographie nachgewiesen werden. Der Gehalt an Pyrrolizidinalkaloiden (PA) darf nicht über 0,001 Prozent liegen.

Inhaltsstoffe: Rund 8 % saurer Schleim und bis zu 17 % Gerbstoffe. Der Schleimgehalt in den Blüten ist niedriger. Wechselnde Mengen (in europäischen Herkünften nur Spuren) an Pyrrolizidinalkaloiden (PA) veranlassten die Kommission E zu den Gegenanzeigen: „Schwangerschaft und Stillzeit“ sowie zu einer Anwendungsbegrenzung von nicht länger als 4 bis 6 Wochen pro Jahr!

Anwendung: Laut Monographie der Kommission E kann Huflattichtee bei akuten Katarrhen der Luftwege mit Husten und Heiserkeit sowie bei leichten Entzündungen der Mund- und Rachenschleimhaut angewendet werden. Der Teeaufguss bzw. auch der Frischpflanzen-Presssaft sollen langsam, schluckweise getrunken werden. Die Tagesdosis an Pyrrolizidinalkaloiden darf nicht über 10 Mikrogramm (1 Mikrogramm = 1 µg = 1/1 000 mg) liegen. Dies bedeutet, dass nur geprüfte Huflattichblätter und -blüten (die meist aus Huflattich-Kulturen stammen, z. B. „Schoenenberger Huflattich“) angewendet werden dürfen.

Lindenblüten, Tiliae flos Ph. Eur.

Verwendete Pflanzenteile: Die voll entwickelten ganzen Blütenstände mit dem Hochblatt der Sommer- und Winterlinde: *Tilia cordata, T. platyphyllos, T. x vulgaris*

Qualitätsprüfung: Im Handel sind häufig die billigeren Blüten der Silberlinde (ein Alleebaum) anzutreffen. Die Silberlindenblüten, die auch als Lebensmittel gehandelt werden, besitzen eine geringere arzneiliche Wirkung. Minderwertig sind auch Drogen, die vom Rußtaupilz befallen sind.

Inhaltsstoffe: Schleim mit der hohen Quellungszahl 12; bis 2 % Flavonoide; etwas ätherisches Öl.

Anwendung: Als Teeaufguss (es sollte pro Tag etwa 1/2 Liter heiß getrunken werden), als schweißtreibendes Mittel bei fieberhaften Erkrankungen und bei hartnäckigem Husten.

Primelwurzel, Schlüsselblumenblüten, Primulae radix, Primulae flos cum calyce Ph. Eur.

Volkstümliche Bezeichnungen: Schlüsselblume, Himmelsschlüssel.

Verwendete Pflanzenteile: Die im Spätherbst geernteten Wurzeln samt Wurzelstock; die voll aufgeblühten Blüten mit bzw. ohne Kelch (sine calycibus) der Hohen Primel (*Primula elatior*) und der Wiesen-Primel (*Primula veris*).

Qualitätsprüfung: Bei den Wurzeln ist auf Beimengungen bzw. auf Verwechslungen mit den sehr ähnlich aussehenden Wurzeln der giftigen (!) Schwalbenwurz (*Cynanchum hirundinaria* syn. *vincetoxicum*) zu achten. Bei den Blüten trifft man neben anderen Primelarten vor allem dunkelgrüne oder bräunlich verfärbte minderwertige Blüten an.

Inhaltsstoffe: Saponine (in den Wurzeln 5–10 %, in den Blüten nur bis 3 %), darunter als Hauptsaponin die Primulasäuren A und B. In den Blüten sind noch Flavonoide und wenig ätherisches Öl enthalten.

Anwendung: Als Teeaufguss oder als Kaltansatz bei Husten mit starker Verschleimung sowie bei Bronchitis.

Sonnenhutwurzel, -kraut, Echinaceae purpureae herba, -radix, Echinaceae angustifoliae radix Ph. Eur.

Volkstümliche Bezeichnungen: Kegelblume, Igelkolben.

Verwendete Pflanzenteile: Das frische, blühende Kraut des roten Sonnenhutes, die Wurzeln und der gesamte Wurzelstock des roten und des schmalblättrigen Sonnenhutes. In der Homöopathie wird das blühende Kraut beider Echinacea-Arten verwendet.

Qualitätsprüfung: Prüfung auf Beimengungen von anderen (*Rudbeckia*)-Arten, eng verwandter Zierpflanzen. Die Prüfung auf Verwechslungen zwischen den einzelnen Arten und ähnlichen Drogen ist hier besonders notwendig und schwierig.

Inhaltsstoffe: Immunstimulierende Polysaccharide (Heteroxylane und Arabinorhamnogalaktane) sogenannte Paraimmunitäts-Induzierer; Kaffeesäure-Derivate (Cichoriensäure, Echinacosid u. a.), Alkylamide, die ebenfalls für die immunmodulierende Wirkung verantwortlich gemacht werden und am bitteren Geschmack beteiligt sind; im Kraut bis 0,35 % ätherisches Öl.

Anwendung: Wässrige Auszüge (Frischpflanzenpresssäfte), die sofort **nach** dem Abpressen zur Stabilisierung mit Alkohol versetzt werden. Als Fertigarzneimittel prophylaktisch zur Steigerung der körpereigenen Abwehrsysteme (unspezifische Reizkörpertherapie) bei viralen und bakteriellen Infekten, somit auch als unterstützendes Mittel Adjuvans) bei Erkältungskrankheiten. Wichtig ist die Anwendung in der Präventivphase (vorbeugend) in Intervallen.

Spitzwegerichblätter, Plantaginis lanceolatae folium Ph. Eur.

Volkstümliche Bezeichnungen: Spitzwegerichkraut, Spitz-Wegeblatt, Spitzfederich, Spießkraut.

Verwendete Pflanzenteile: Die zur Blütezeit geernteten oberirdischen Teile (Blätter,) des Spitzwegerichs.

Qualitätsprüfung: Prüfung auf übermäßig hohen Stängelanteil, auf unsachgemäß getrocknete und dann dunkel verfärbte Blätter sowie auf Beimengungen von Blättern des wolligen Fingerhutes (sehr ähnlich und sehr giftig!).

Inhaltsstoffe: Bis zu 2 % Aucubin, ein antibakteriell wirksamer Naturstoff (Iridoidglykosid), ferner mind. 1,5 % Acteosid, Schleim und Gerbstoffe.

Anwendung: Als Teeaufguss, als Spitzwegerich-Frisch-Pflanzenpresssaft (Tab. 3.2) oder als Spitzwegerichsirup, (Kap. 38.1, Anlage 1a) als Fertigarzneimittel bei Husten und Katarrhen der Atmungsorgane. Der Spitzwegerichsirup eignet sich besonders für Kinder.

Sternanis, Anisi stellati fructus Ph. Eur.

Volkstümliche Bezeichnungen: Stern-Anis

Verwendete Pflanzenteile: die reifen und getrockneten Früchte von *Illicium verum* Hooker fil. (früher: *Illicium anisatum* Gaertn.) mit den glänzenden Samen.

Qualitätsprüfung: Die Früchte anderer, teils giftiger *Illicium*-Arten dürfen nicht vorhanden sein. Sie sind meist durch ihr Ausehen und dadurch zu erkennen, dass sie nicht nach Anis (Anethol) riechen. Solche giftigen Verwechslungen stammen z. B. von: *Illicium japonicum* SIEB.; *Illicium religiosum* SIEB. et ZUCC. (Shikimi-Früchte)

Inhaltsstoffe: Die Droge enthält mind. 7 % ätherisches Öl, welches wiederum mind. 60 % Anethol enthält.

Anwendung: Als Teeaufguss insbesondere in Teemischungen und als ätherisches Öl. Sehr häufig (als Lebensmittel) in der Weihnachtsbäckerei und für Glühwein verwendet.

Süßholzwurzel, Liquiritiae radix Ph. Eur.

Volkstümliche Bezeichnungen für den Extrakt: Lakritze, Bärendreck.

Verwendete Pflanzenteile: Die ungeschälten und die geschälten Wurzeln und Ausläufer; der eingedickte und zu Stangen geformte wässrige Extrakt (Lakritze) aus den Wurzeln des Süßholzstrauches.

Qualitätsprüfung: Prüfung auf Drogenteilchen, die von Insekten angefressen sind, ferner auf Teile, die nicht süß bzw. nicht bittersüß schmecken. Das Indische sowie das Jamaikasüßholz sind zwei nicht süß schmeckende Drogenverfälschungen mit gesundheitsschädigenden Nebenwirkungen.

Inhaltsstoffe: Große Mengen an krampflösenden Flavonoiden, die für die gelbe Farbe der Wurzel verantwortlich sind, sowie Saponine, darunter als charakteristische Verbindung das sehr süß schmeckende Glycyrrhizin, das in Mengen von mind. 4 % (2,5–15 % !) in den Handelsdrogen vorkommt; Flavonoide.

Anwendung: Als Tee-Zubereitung (etwa 2 g geschnittene Droge mit 1/4 Liter heißem Wasser übergießen und 15 Minuten ziehen lassen oder mit kaltem Wasser ansetzen und nach 30–40 Minuten abseihen) bei Husten mit starker Verschleimung. Die Verwendung von Süßholzzubereitungen, z. B. von Lakritze zur Behandlung von Magengeschwüren (Ulkustherapie) muss unter ärztlicher Aufsicht erfolgen, und eine derartige Empfehlung ist aufgrund der Krankheitsliste verboten (Kap. 38.10, Anlage 3). Eine Dauereinnahme von 20–45 g Lakritze pro Tag mit hohem Gehalt an Glycyrrhizin kann zu Wasseransammlungen im Gewebe (Ödembildung) und zu einem Kaliummangel (Hypokaliämie) führen. Es sind daher inzwischen, insbesondere für die Süßwaren, auch Süßholzextrakte im Handel, denen Glycyrrizin entzogen wurde.

Thymian, Thymi herba Ph. Eur.

Volkstümliche Bezeichnungen: Gemeiner Thymian, Römischer Quendel, Immenkraut.

Verwendete Pflanzenteile: Die während der Blütezeit abgestreiften Blätter und Blüten, sog. „gerebelte" Ware, des Echten Thymians.

Qualitätsprüfung: Prüfung auf den Stängelanteil, der dann relativ hoch ist, wenn das ganze Kraut geerntet wird. Bestimmung des Gehaltes an ätherischem Öl, der mindestens 1,2% betragen muss und sehr starken Schwankungen unterworfen ist.

Inhaltsstoffe: 0,4–5,4% (!) ätherisches Öl, mit Thymol und Carvacrol als Hauptbestandteile. Das Mengenverhältnis beider isomerer Verbindungen hängt nicht nur von der Thymianart, sondern auch von den Standortbedingungen ab. In wässerigen Zubereitungen ist vor allem Rosmarinsäure vorhanden.

Anwendung: Als Teeaufguss (1 gehäufter Teelöffel und 1/4 Liter Wasser) oder als Thymianöl (Kap. 38.1, Anlage 1a) z.B. in Zuckersirup gegeben, als Thymian-Fluid-Extrakt bei Husten (speziell Krampfhusten) und Bronchitis; ferner gegen Blähungen und Appetitlosigkeit. Thymian ist daher auch ein beliebtes Gewürz, besonders in der italienischen Küche.

Weidenrinde, Salicis cortex Ph. Eur.

Volkstümliche Bezeichnungen: Korbweide, Silberweide, Bruchweide, Purpurweide, Reifweide, Schimmelweide, Seidelbastweide; Bruchweide, Knackweide.

Verwendete Pflanzenteile: die zu Beginn des Frühjahrs gesammelte und getrocknete Rinde von verschiedenen Weidenarten, vornehmlich der Silber-, Purpur- und Bruchweide. Die Rinde wird nur von jungen, kräftigen, 2- bis 3-jährigen Zweigen gewonnen. Inzwischen dürfen auch die ganzen Zweigstücke einjähriger Zweige verwendet werden (höherer Salicylat-Gehalt als Rinde).

Qualitätsprüfung: Die Droge darf höchstens 2 Prozent fremde Bestandteile (z.B. Weidenblätter, fremde Rinden) enthalten und nicht mehr als 3% Zweige dicker als 10 mm und muss mindestens 1,5% Gesamt-Salicin, berechnet als Salicin, besitzen.

Inhaltsstoffe: Die Hauptinhaltsstoffe sind mehrere Derivate des Salicylalkohols, die als Gesamt-Salicin bezeichnet werden. Das Salicin bzw. der Salicylalkohol haben sogenannten Prodrug-Charakter, d.h. sie besitzen selbst noch keine therapeutischen Effekte, sondern müssen erst im Körper zur Wirkform umgewandelt werden. Die therapeutische Wirksubstanz ist die im Körper gebildete Salicylsäure, die eine entzündungshemmende und fiebersenkende Wirkung besitzt.

Anwendung: Laut Monographie der Kommission E: „Bei fieberhaften Erkrankungen, bei rheumatischen Beschwerden und gegen Kopfschmerzen."

4.2.4 Herz- und Kreislaufmittel

Rosmarin, Rosmarini folium Ph. Eur.

Volkstümliche Bezeichnungen: Kranzenkraut, Weihrauchkraut.

Verwendete Pflanzenteile: Die Blätter und das mittels Wasserdampfdestillation daraus gewonnene ätherische Öl (siehe Tab. 38.1, Anlage 1a).

Qualitätsprüfung: Prüfung auf Verwechslungen bzw. Beimengungen mit den Blättern von Sumpfporst, Lavendelheide und Berg-Gamander. Solche Verfälschungen kommen heute nur sehr selten vor. Prüfung auf den Gehalt an ätherischem Öl, der lt. Ph. Eur. bei mind. 1,2 % liegen muss. Außerdem müssen mind. 3 % Hydroxyzimtsäuren, ber. als Rosmarinsäure enthalten sein.

Inhaltsstoffe: 0,8–2,5 % ätherisches Öl mit Cineol, Camphen, Borneol und Bornylacetat als wichtigste Bestandteile: Rosmarinsäure als charakteristischer Inhaltsstoff (sog. Leitsubstanz) und Flavonoide.

Anwendung: Als Rosmarinaufguss (1 geh. Teelöffel mit 1/4 Liter Wasser überbrühen, 5 Minuten ziehen lassen), Rosmarin-Wein oder Rosmarin-Bad (handelsübliche Badeextrakte, Tab. 38.1) oder etwa 1 g ätherisches Rosmarinöl auf eine Badewanne) zur Anregung von Herz- und Kreislauf, insbesondere bei allgemeinen Erschöpfungszuständen. Als Gewürz zur Stimulierung von Magensaft und Galleproduktion. Äußerlich vor allem in Form des Rosmarinspiritus (Tab. 38.1, Anlage 1a) als schmerzstillende Einreibung bei Muskel- und Gelenkschmerzen. In sog. Herz-Salben gegen funktionelle Herzbeschwerden und in Salben gegen Erkältungskrankheiten und Rheuma.

Weißdornblätter mit Blüten, -früchte, Crataegi folium cum flore, Crataegi fructus Ph. Eur.

Volkstümliche Bezeichnungen: Hagedorn, Mehlbeere.

Verwendete Pflanzenteile: Die zur Blütezeit gesammelten Blüten und Laubblätter von fünf Weißdorn-Arten. Die im Herbst geernteten roten Weißdornbeeren (Scheinfrüchte) von *Crataegus monogyna* und *C. laevigata*, dem ein- und dem zweigriffeligen Weißdorn.

Qualitätsprüfung: Bei den Weißdornblättern mit Blüten ist eine Prüfung auf einen zu hohen Anteil an Zweigteilen dringend notwendig. Selten kommen Beimengungen vom Rotdorn, der Zwergmispel und vom Schlehdorn vor. Die Früchte werden selten verfälscht (Ebereschenfrüchten = Vogelbeeren).

Inhaltsstoffe: Flavonoide und Catechingerbstoffe; oligomere Procyanidine und Triterpensäuren.

Anwendung: Als wässrige Zubereitungen (Teeabkochung, Teeaufguss, Pflanzenpresssaft) oder als alkoholische Auszüge (Weine, Tinkturen, Trockenextrakte) zur Kräftigung der Herztätigkeit, insbesondere beim sog. „Altersherz". Weißdorn kann zwar in Einzelfällen zu einer Senkung von erhöhtem Blutdruck beitragen, ist aber nicht als eigentliches Mittel gegen erhöhten Blutdruck geeignet! Die Behandlung der Hypertonie (Bluthochdruck) ist im Übrigen gemäß Krankheitsliste (Tab. 38.10, Anlage 3) bei freiverkäuflichen Arzneimitteln nicht gestattet. Die Indikationen der Monographie der Kommission E kommen wegen des Verbotes aufgrund der Krankheitsliste nicht in Frage.

Sonstige Drogen gegen Herz- und Kreislaufbeschwerden

- Herzgespannkraut (Leonuri cardiacae herba Ph. Eur.).
- Melissenblätter (Melissae folium Ph. Eur.).

Knoblauchzwiebel, Allii sativi bulbi pulvis Ph. Eur.

Volkstümliche Bezeichnungen: Gruserich, Knofel.

Verwendete Pflanzenteile: Die reife, frische Sprosszwiebel, die aus einer eiförmigen Hauptzwiebel und 6–15 Nebenzwiebeln („Zehen") besteht. Beide sind von einer gemeinsamen, trockenen, weißen Niederblatthülle umgeben. Zur Weiterverarbeitung werden die frischen Zwiebeln schonend getrocknet und pulverisiert oder im frischen Zustand mit Pflanzenölen mazeriert. Durch Wasserdampfdestillation erhält man ein flüchtiges Knoblauchöl, das nicht verwechselt werden darf mit dem öligen Knoblauchmazerat und auch nicht als ätherisches Öl bezeichnet werden sollte.

Qualitätsprüfung: Für die Wirksamkeit von Bedeutung ist entweder der Gehalt an geruchlosem **Alliin** (schwefelhaltige Aminosäure) oder an **Allicin,** welches aus dem Alliin entsteht und bereits den Knoblauchgeruch besitzt. Durch weiteren Abbau des Allicins entstehen **Polysulfide,** deren Gehalt eventuell auch zur Qualitätsprüfung (z.B. Gehalt an Vinyl-1,3-dithiin) herangezogen werden kann. Entscheidend für die Qualität bzw. für die Wirksamkeit ist auch die Menge des getrockneten Knoblauchpulvers, Extraktes bzw. Ölmazerates. Die Kommission E beim früheren Bundesgesundheitsamt erachtet für die Wirksamkeit eine Tagesmenge von 4 g frischem Knoblauch für notwendig. Umgerechnet auf getrocknetes Knoblauchpulver sind dies etwa 1 200 mg Pulver pro Tag.

Inhaltsstoffe: Wasserdampfflüchtiges **Allicin,** das bei der Aufbereitung (Trocknung, Extraktion, Destillation) aus der nichtflüchtigen, schwefelhaltigen Aminosäure **Alliin** entsteht. Je nach Knoblauch-Zubereitung kommt es zu einem mehr oder weniger weiteren Abbau des Allicins und es entstehen Polysulfide, die für den typischen Knoblauchgeruch verantwortlich sind. Die gleichen Abbaureaktionen finden im Übrigen auch im menschlichen Organismus statt. Darauf basiert der „Knoblauchgeruch" der Ausatmungsluft und der Hautausdünstung.

Anwendung: Laut Monographie der Kommission E: „Zur Unterstützung diätetischer Maßnahmen bei Erhöhung der Blutfettwerte und zur Vorbeugung altersbedingter Gefäßveränderungen, also zur Arterioskleroseprophylaxe." Volksmedizinisch wird Knoblauch gegen allerlei Altersbeschwerden, insbesondere der Knoblauchsaft innerlich gegen Bronchitis sowie äußerlich gegen Pilzerkrankungen verwendet. Diese Anwendungen sind aufgrund der außerordentlich guten antibakteriellen und fungiziden Eigenschaften von Allicin plausibel, wenn auch nicht besonders beliebt.

Mistelkraut, Visci herba DAB

Volkstümliche Bezeichnungen: Hexenbesen, Hexennest.

Verwendete Pflanzenteile: Die getrockneten jüngeren Zweige des kugeligen Strauches, der als Halbschmarotzer auf den verschiedenen Wirtsbäumen vorkommt (Nadelholz- und Laubholzmistel). Für die Homöopathie die frischen Beeren und nur die frischen Blätter.

Qualitätsprüfung: Prüfung auf verholzte Teile und auf Beimengungen der Riemenblume (*Loranthus europaeus*).

Inhaltsstoffe: Flavonoide; Viscotoxine, ein Gemisch von Peptidtoxinen mit ausgesprochen örtlich reizender bis nekrotisierender Wirkung (z. B. Viscotoxin A_2, A_3 und B); Mistellektine, darunter das Viscum-Lektin G1; Cholin und Acetylcholin.

Anwendung: Als Kaltansatz aber auch als Tee zur Behandlung der allgemeinen Arteriosklerose; nicht gegen Bluthochdruck! Ganz abgesehen davon, dass die Erfolgsquote bei Bluthochdruck unbefriedigend ist, ist es verboten, mit freiverkäuflichen Mistelpräparaten einen hohen Blutdruck behandeln zu wollen (siehe Kap. 38.7.4)!

Sonstige Drogen mit Einfluss auf das Gefäßsystem

- Buchweizenkraut (Fagopyri herba Ph. Eur.) ist reich an Rutosid (Rutin).
- Ginkgoblätter (Ginkgo folium Ph. Eur.).
- Goldrutenkraut (Solidaginis herba Ph. Eur.).
- Mäusedornwurzelstock (Rusci rhizoma Ph. Eur.).
- Rosskastaniensamen (Hippocastani semen DAB).

4.2.5 Kräftigungsmittel

Ginsengwurzel, Ginseng radix Ph. Eur.

Volkstümliche Bezeichnungen: Asiatischer Ginseng, Korea-Ginseng.

Verwendete Pflanzenteile: Die möhrenförmige Wurzel von *Panax ginseng* C. A. Meyer, die je nach Alter eine mehr oder minder starke Verzweigung aufweist. Je älter die Wurzel ist, desto größer ist die Wurzelmasse der Hauptwurzel im Verhältnis zu den Nebenwurzeln, wobei der prozentuale Gehalt an Saponinen nicht höher ist als in jungen 1- oder 2-jährigen Pflanzen. Der Hinweis auf „mindestens siebenjährige Pflanzen“ ist insofern berechtigt, als die Erfahrungsheilkunde in den asiatischen Ländern die Wurzeln älterer Pflanzen als höherwertig ansieht und der relative Gehalt an spezifischen Polysacchariden („Acemannane“) in diesen höher ist.

Hinweis

Der rote Ginseng ist inzwischen lt. Ph. Eur. ebenso zulässig wie der weiße! Der Unterschied ist lediglich, dass der rote Ginseng nach der Ernte mit heißem Dampf behandelt wird, wodurch er seine glasige Struktur und rote Farbe bekommt. Bei sachgerechter Behandlung ändert sich dadurch das Inhaltsstoffmuster fast nicht.

Qualitätsprüfung: Prüfung auf vornehmlich in Kanada und Japan kultivierte Ginseng-Arten, wie z. B. *Panax quinquefolius* (amerikanischer Ginseng), *P. japonicus* (japanischer Ginseng), *P. trifolius*, *P. pseudoginseng* u. a. Die Deklaration: „echter koreanischer Ginseng“ ist keine Gewähr dafür, dass die Wurzeln auch tatsächlich von dem in Korea bzw. in Tibet heimischen *Panax ginseng* C. A. Meyer stammen. Bei weißem Ginseng ist unbedingt auf Pestizide und andere Pflanzenbehandlungsmittel zu prüfen! Diese Droge scheint die am häufigsten kontaminierte Droge überhaupt zu sein. Die Droge gehört zu den teuersten Pflanzendrogen und entsprechend häufig wird versucht sie zu „strecken“ oder zu ersetzen.

Inhaltsstoffe: 0,5–3,4 % (!) Triterpensaponine, die sog. Ginsenoside (über 10 Einzelverbindungen). Das Europäische Arzneibuch verlangt mind. 0,4 % Ginsenosid Rg1 + Rb1.

Anwendung: Als wässrige Zubereitungen (Teeabkochung, wässriger oder alkoholischer Trockenextrakt) bzw. als weinige oder alkoholische Fertigarzneimittel zur allgemeinen Kräftigung (Immunstimulierung und adaptogene Wirkung, d. h. bessere Gewöhnung an Belastungssituationen), insbesondere in der Rekonvaleszenz, bei nervöser Erschöpfung und Antriebslosigkeit. Häufig werden die Indikationen überzogen (z. B. als Potenzmittel). Als wirksame Dosis betrachtet die Kommission E 1 bis 2 Gramm pro Tag. Viele Präparate sind demnach erheblich unterdosiert. Noch relativ unbekannt ist die gute immunstimulierende Wirkung, die in klinischen Studien gut belegt wurde.

Sonstige tonisierende Drogen

- Eleutherococcuswurzel, Taigawurzel, Russischer Ginseng (Eleutherococci radix Ph. Eur.).
- Potenzholz (Lignum Muira puama).

4.2.6 Magen-, Leber-, Gallemittel

Anis, Anisi fructus Ph. Eur.

Volkstümliche Bezeichnungen: Anisfrüchte, Brotsamen, Süßer Kümmel.

Verwendete Pflanzenteile: Die getrockneten Früchte von der Stammpflanze *Pimpinella anisum* L.

Qualitätsprüfung: Prüfung auf Beimengungen fremder, ähnlich aussehender Früchte von Doldenblütlern (Apiaceae), wie den Früchten der Hundspetersilie oder des Korianders. Nicht selten ist ein erhöhter Stängelanteil vorhanden.

Inhaltsstoffe: 2–6 % ätherisches Öl mit dem Hauptinhaltsstoff trans-Anethol, ferner fettes Öl und Eiweiß.

Anwendung: Laut Kommission E: „Bei innerer Anwendung gegen dyspeptische Beschwerden (wie Völlegefühl, Magendrücken, Blähungen, Magen- und Darmkrämpfe etc.) sowie zur inneren und äußeren Anwendung bei Katarrhen der Luftwege". Die Anwendung erfolgt als Teeaufguss, wobei darauf geachtet werden muss, dass die Früchte unmittelbar vor dem Übergießen mit kochendem Wasser angestoßen/gequetscht werden müssen. Sie werden als alkoholische Tinktur bzw. als ätherisches Öl angewendet, oft auch als ätherisches Öl in Kapseln oder Tabletten.

Enzianwurzel, Gentianae radix Ph. Eur.

Volkstümliche Bezeichnungen: Bitterwurzel, Fieberwurzel.

Verwendete Pflanzenteile: Die ohne Fermentation schnell aber schonend getrockneten gesamten unterirdischen Pflanzenteile (Wurzelstock, Wurzeln) des gelben Enzians, die in der Regel alle 15 Jahre – in Kulturen häufiger – gegraben werden.

Qualitätsprüfung: Es ist auf den Bitterwert zu prüfen, der bei unsachgemäßer Trocknung oder bei feuchter Lagerung unter dem Mindestbitterwert von 10 000 liegt (eine gute Droge hat einen Bitterwert über 20 000).

Inhaltsstoffe: 2–3,5 % Bitterstoffe, darunter das Gentiopikrosid (Gentiopikrin) und das

Amarogentin als Hauptverbindungen; vergärbare Zucker und gelb gefärbte Xanthone.

Anwendung: Gegen dyspeptische Beschwerden und zur Appetitanregung. Als Teeaufguss (bei längerem Kochen nimmt der Bitterwert ab!) oder als Enzian-Tinktur (Tab. 38.1, Anlage 1a) zur Appetitanregung 1/4 bis 1/2 Stunde vor den Mahlzeiten bei Magerkeit, gestörter Verdauung, während der Rekonvaleszenz und bei fiebrigen Erkältungskrankheiten anzuwenden.

Fenchel, Foeniculi amari fructus, Foeniculi dulcis fructus Ph. Eur.

Volkstümliche Bezeichnungen: Fenchelfrüchte, Brotsamen, Frauenfenchel.

Verwendete Pflanzenteile: Die getrockneten reifen Früchte und das durch Wasserdampfdestillation daraus gewonnene ätherische Öl des Arznei-Fenchels *Foeniculum vulgare* Miller ssp. *vulgare* var. *vulgare*.

▶ **Hinweis**

Der Süßfenchel stammt von: *Foeniculum vulgare* Miller ssp. *vulgare* var. *dulce* und unterscheidet sich vom Bitterfenchel durch den niedrigeren Gehalt an ätherischem Öl (mind. 2 %), den niedrigeren Fenchongehalt (schmeckt bitter) und den höheren Gehalt von Anethol im ätherischen Öl (mind. 80 %). Daher wird der Süßfenchel in der Regel für Lebensmittel und für Kinder eingesetzt, der Bitterfenchel für Arzneimittel.

Qualitätsprüfung: Beimengungen dunkel gefärbter und scharf schmeckender Früchte des im Mittelmeergebiet wild wachsenden Esels-Fenchels kommen nicht mehr vor, seit der Fenchel fast ausschließlich aus Anbau kommt. Prüfung auf den vom Arzneibuch vorgeschriebenen Mindestgehalt von 4 % ätherischem Öl, der häufig von den Handelsdrogen nicht erreicht wird. Das im ätherischen Öl enthaltene Estragol darf zu max. 5 % enthalten sein.

Inhaltsstoffe: Die Droge enthält mind. 4 % ätherisches Öl, welches wiederum mind. 60 % Anethol und mind. 15 % Fenchon enthält.

Anwendung: Als Teeaufguss (wobei ganze Früchte vor dem Überbrühen gequetscht werden müssen), als blähungstreibendes Mittel, insbesondere auch bei Säuglingen und Kleinkindern. Alkoholische Auszüge sind zusammen mit anderen Drogenauszügen häufig in Hustenmitteln (Fertigarzneimitteln) enthalten. Im Fenchelhonig, einem Fertigarzneimittel der Anlage 1a, ist das ätherische Fenchelöl der Hauptinhaltsstoff.

Galgant, Galangae rhizoma DAC

Volkstümliche Bezeichnungen: Galgant.

Verwendete Pflanzenteile: Der getrockneten Wurzelstock von *Alpinia officinarum* (L.) HANCE.

Qualitätsprüfung: Mind. 0,5 % ätherisches Öl.

Inhaltsstoffe: 0,5–1 % ätherisches Öl, Scharfstoffe, Flavonoide.

Anwendung: Laut Monographie der Kommission E: „Dyspeptische Beschwerden. Appetitlosigkeit“. In der „Hildegard-Medizin“ angewendet bei: schmerzhaftem Oberbauchsyndrom (Roemheld-Syndrom), leichten Gallenkoliken. *Dosierung:* Mittlere Tagesdosis 2–4 g Droge oder Tinktur. Verwendet werden die zerkleinerte Droge, Drogenpulver sowie andere galenische Zubereitungen zum Einnehmen.

Kamillenblüten, Matricariae flos Ph. Eur.

Volkstümliche Bezeichnungen: Deutsche Kamille, Garmille, Magdeblume.

Verwendete Pflanzenteile: Die voll aufgeblühten Blütenköpfchen (Blütenstand) der echten Kamille mit hohlem Blütenstandsboden, gelben Röhrenblüten und weißen Zungenblüten.

Qualitätsprüfung: Zu prüfen ist auf einen übermäßig hohen Stängelanteil, der bei unsachgemäßer Ernte vorhanden ist, und vor allem auf den Mindestgehalt an 0,4 % ätherischem Öl, das kräftig blau gefärbt sein muss, sowie auf das Flavonoid Apigenin-7-glucosid (mind. 0,25 %). Drogenverfälschungen, wie z. B. die Hundskamille oder die Strahlenlose Kamille, welche Allergien auslösen können, erkennt man an dem gefüllten Blütenstandsboden.

Inhaltsstoffe: 0,3–1,5 % ätherisches Öl, mit dem blau gefärbten Chamazulen (bis 15 % im äth. Öl) bzw. der farblosen Vorstufe Matricin, dem Bisabolol und den Bisabololoxiden als Hauptinhaltsstoffe; ferner Flavonoide, von denen insbesondere Apigenein-7-glucosid und sein Aglykon Apigenin von Bedeutung für die Krampf lösende und entzündungshemmende Wirksamkeit sind. Weitere Inhaltsstoffe sind Schleimstoffe.

Anwendung: In Form wässriger Zubereitungen (Teeaufguss, Pflanzenpresssaft) bei Magen-Darm-Störungen, vor allem solchen, die mit Krämpfen verbunden sind sowie bei Durchfällen, Blähungen und Brechreiz. Alkoholische Zubereitungen und Kamillenextrakte (Tab. 3.2) werden sowohl innerlich (z. B. als Tropfen) als auch äußerlich (z. B. als Salben, Tropfen, Bäder) bei Entzündungen angewendet. Kamillendämpfe bringen Linderung bei Erkältungskrankheiten sowie bei Erkrankungen der Atemwege. Die Kamille ist mit ihren antibakteriellen, entzündungshemmenden und Krampf lösenden Eigenschaften nach wie vor das ideale und universelle Magenmittel.

Kümmel, Carvi fructus Ph. Eur.

Volkstümliche Bezeichnungen: Echter Kümmel, Feldkümmel, Kümmelfrüchte, Kümmich.

Verwendete Pflanzenteile: Verwendet werden als Arzneidroge oder als Gewürz die reifen getrockneten Früchte von *Carum carvi* L.

Qualitätsprüfung: Nach Ph. Eur. muss Kümmel mindestens 3 % ätherisches Öl enthalten.

Inhaltsstoffe: Das flüchtige ätherische Öl ist charakterisiert durch die beiden Inhaltsstoffe (+) Carvon (50–65 %) und (+)-Limonen (30–45 %).

Anwendung: Laut Monographie der Kommission E eignen sich Kümmelfrüchte in Form der ganzen Früchte, die zerkaut werden müssen oder als Teeaufguss bei dyspeptischen Beschwerden, wie leichte, krampfartige Beschwerden im Magen-Darm-Bereich, Blähungen und Völlegefühl. Die Tagesdosis soll 1,5 bis 6 g Kümmel betragen, wobei die Früchte unmittelbar vor dem Überbrühen mit heißem Wasser angestoßen/gequetscht werden müssen. Eine 10 %ige Lösung von ätherischem Kümmelöl in Pflanzenöl wird zur Baucheinreibung bei Säuglingen und Kleinkindern gegen Blähungen verwendet.

Löwenzahn, Taraxaci herba cum radice DAC

Volkstümliche Bezeichnungen: Ackerzichorie, Kuhblume, Pusteblume.

Verwendete Pflanzenteile: Der dickfleischige, milchsaftführende Wurzelstock samt den Nebenwurzeln, zusammen mit dem oberirdischen noch nicht blühenden Kraut.

Qualitätsprüfung: Prüfung auf Verfälschungen mit Wegwarte und rauem Löwenzahn sowie auf stark verschmutzte und von Drogenschädlingen zerfressene Drogenbestandteile.

Inhaltsstoffe: Bitterstoffe (Sesquiterpenlactone und ihre Glykoside), darunter das Taraxinsäureglucosid; Triterpen-Steroide darunter β-Sitosterol, Taraxerol, Taraxol und ihre Glykoside; bis 40 % Inulin in der Wurzel.

Anwendung: Als Tee (evtl. Kaltansatz) oder als Frischpflanzenpresssaft (§ 44) bei Erkrankungen der Leber und Galle, insbesondere als Leber-Stärkungsmittel sowie als harntreibendes Mittel.

Melissenblätter, Melissae folium Ph. Eur.

Volkstümliche Bezeichnungen: Zitronenmelisse, Bienenkraut, Immenblatt.

Verwendete Pflanzenteile: Das vor der Blütezeit geerntete Kraut von *Melissa officinalis* L., wobei erst nachträglich in besonderen Schneide- und Reinigungsanlagen die Blätter von den Stängeln getrennt werden.

Qualitätsprüfung: Prüfung auf Beimengungen von Katzenmelisse oder Türkischer Melisse, die am Geruch zu erkennen sind. Prüfung auf den ohnehin schon niedrigen Mindestgehalt von 0,05 % ätherischem Öl ist in neueren Arzneibüchern weggefallen und durch eine Prüfung auf mind. 4 % Rosmarinsäure ersetzt worden. Das äth. Öl wird nur noch qualitativ durch DC nachgewiesen. Firmen, die ätherischölreiche Melissen-Varietäten verarbeiten prüfen aber durchaus noch den Ätherischölgehalt.

Inhaltsstoffe: Bis 0,2 % sehr flüchtiges ätherisches Öl, mit den Hauptinhaltsstoffen Citronellal und Citral; Labiatengerbstoffe besonders Rosmarinsäure.

Anwendung: Als Teeaufguss bei Magen- und Darmbeschwerden, insbesondere nervöser Art. Die sog. „Melissengeister" des Handels (Tab. 18.1, Tab. 38.1, Anlage 1a) sind in der Regel Destillate aus mehreren ätherischen Ölen oder ätherisch Öldrogen (siehe dazu Verordnung „Destillate", Tab. 3.2, § 45), wobei in der Regel der Anteil an Melissenblättern bzw. Melissenöl untergeordnet ist (höchstens 30 %!). Die bei den betreffenden Fertigarzneimitteln genannten Wirkungen und Anwendungsgebiete dürfen daher nicht auf reine Melissenzubereitungen übertragen werden!

Pfefferminzblätter, Menthae piperitae folium Ph. Eur.

Volkstümliche Bezeichnungen: Englische Minze, Gartenminze, Teeminze, Aderminze.

Verwendete Pflanzenteile: Das kurz vor und/oder während der Blütezeit geerntete Kraut von *Mentha piperita*, bei dem nach dem Schneiden maschinell die Stängelanteile weitgehend entfernt werden. In Feinschnitten, zur Verwendung für Filteraufgussbeutel, werden sehr häufig jedoch die minderwertigen Stängel mitverarbeitet!

Qualitätsprüfung: Prüfung auf einen erhöhten Stängelanteil und auf Blätter, die einen massiven Befall mit Minzenrost (*Puccinia menthae*) aufweisen. Neuerdings ist auf Verfälschungen mit einer kultivierten Ackerminze (*Mentha arvensis* var. *piperascens*), die zur Mentholgewinnung angebaut wird, zu achten. Überlagerte oder unsachgemäß getrocknete Drogen weisen nicht mehr den vom Arzneibuch geforderten Mindestgehalt von 1,2 % ätherischem Öl für die Ganzdroge bzw. 0,9 % für die geschnittene Droge auf.

Inhaltsstoffe: Bis 0,5–4 % ätherisches Öl, mit Menthol und Mentholestern als wichtigste Bestandteile. Für das unterschiedliche Aroma in den verschiedenen Pfefferminzkultivaren sind Inhaltsstoffe verantwortlich, die mengenmäßig untergeordnet sind, so z. B. der Gehalt an Jasmon und Menthofuranen.

Anwendung: Als Teeaufguss bei Magenbeschwerden und Galleleiden, vor allem solchen, die von krampfartigen Schmerzen begleitet sind. Der Pfefferminztee besitzt auch eine leichte blähungstreibende (karminative) Wirkung und wird daher gerne zusammen mit angestoßenem Fenchel Säuglingen gegeben. Ätherisches Pfefferminzöl bzw. natürliches oder synthetisches Menthol sind häufig Bestandteil von Hustenbonbons und Mundwässern. Alkoholisch-wässrige Destillate oder in Alkohol gelöstes Pfefferminzöl (z. B. Pfefferminzspiritus nach Anlage 1a Tab. 38.1) zur äußerlichen Anwendung bei Nervenschmerzen, nichtblutenden, stumpfen Sportverletzungen und zur Kühlung und leichten Anästhesie bei Kopfschmerzen und Migräne. Meistens sind die sog. Migränestifte nichts anderes als Mentholstifte (Anlage 1a, Tab. 38.1).

Salbeiblätter, Salviae folium; Dreilappiger Salbei, Salviae trilobae folium Ph. Eur.

Volkstümliche Bezeichnungen: Königssalbei, Edelsalbei, Salver.

Verwendete Pflanzenteile: Die kurz vor der Blüte geernteten Blätter und das daraus durch Wasserdampfdestillation gewonnene ätherische Öl (siehe Anlage 1a).

Qualitätsprüfung: Der vom Arzneigebrauch in Deutschland her ursprünglichere, traditionelle, thujonreiche dalmatinische Salbei (*Salvia officinalis*) wird in der Regel teurer gehandelt und daher häufig mit dem billigeren, cineolreichen, griechischen Salbei (*Salvia triloba*) verfälscht. Der Drogenfachmann erkennt den griechischen Salbei nicht nur an der stärkeren Behaarung, sondern vor allem an dem eucalyptusähnlichen Geruch (Geruch nach dem Hauptinhaltsstoff Cineol (Eucalyptol). Beide Drogen sind im Europäischen Arzneibuch aufgenommen, dürfen aber nicht gegeneinander ausgetauscht oder miteinander vermengt werden. Häufig kommt auch Droge in den Handel, die den Mindestgehalt an ätherischem Öl nicht besitzt, dalmatinischer Salbei muss in der Ganzdrogen (geschnittenen Droge) 1,5 % (1,0 %), griechischer Salbei 1,8 % (1,2 %) ätherisches Öl enthalten.

Inhaltsstoffe: 0,5–2,5 % ätherisches Öl mit Thujon als Hauptinhaltsstoff in Salvia officinalis und Cineol als Hauptinhaltsstoff in Salvia triloba; Bitterstoffe, darunter in beiden Salbeiarten Pikrosalvin sowie Gerbstoffe und Rosmarinsäure.

Anwendung: Als Teeaufguss oder als Frischpflanzenpresssaft als appetitanregendes Magenmittel sowie als Leber- und Gallemittel. Als Teeaufguss oder besser als alkoholischer Auszug mit Wasser verdünnt zum Gurgeln bei Entzündungen des Mund- und Rachenraumes. Das ätherische Öl dient zur Inhalation bei Husten und Erkältungskrankheiten.

Eine Sonderanwendung stellt die innerliche Einnahme wässriger oder alkoholischer Zubereitungen gegen übermäßigen Nachtschweiß dar. Die schweißhemmenden Wirkstoffe sind noch nicht aufgeklärt worden. Äußerlich auch gerne gegen Schweißfüße und in Deo-Sprays.

Scharfgarbenkraut, Millefolii herba Ph. Eur.

Volkstümliche Bezeichnungen: Achilleskraut, Katzenkraut, Schafrippe, Tausendblatt.

Verwendete Pflanzenteile: Scharfgarbenkraut wird entweder als Frischpflanze oder getrocknet verwendet und besteht aus den zur Blütezeit geernteten oberirdischen Teilen von *Achillea millefolium* L.

Qualitätsprüfung: Bei guten Drogen muss der Stängelanteil niedrig sein, und die Droge soll in erster Linie aus Blüten- und Blattanteilen bestehen. Minderwertiges Scharfgarbenkraut enthält kein Chamazulen.

Inhaltsstoffe: Die Scharfgarbe ist ein aromatisches Bittermittel: es enthält also Bitterstoffe vom Typ der Sesquiterpenlactone und 0,1 bis 1,4 % (mind. 0,2 %) ätherisches Öl mit bis zu 40 % Chamazulen. Bei der Destillation wandeln sich die farblosen Proazulene in das blaue Chamazulen um (mind. 0,02 % berechnet auf die Droge).

Anwendung: Laut Monographie der Kommission E ist der Scharfgarben-Frischpflanzenpresssaft oder ein Scharfgarbenkraut-Aufguss geeignet zur Anwendung bei Appetitlosigkeit und bei dyspeptischen Beschwerden, insbesondere bei leichten krampfartigen Beschwerden im Magen-Darm-Bereich. Die Wirksamkeit beruht auf der Stimulierung der Produktion an Magensaft und Galle, bei gleichzeitiger krampflösender Wirkung. Schafgarbe wirkt entzündungshemmend und antibakteriell. Schafgarbe wird auch öfter ähnlich wie Kamille verwendet, ist aber weniger beliebt.

Tausendgüldenkraut, Centaurii herba Ph. Eur.

Volkstümliche Bezeichnungen: Magenkraut, Fieberkraut.

Verwendete Pflanzenteile: Die während der Blütezeit gesammelten oberirdischen Pflanzenteile von *Centaurium erythraea* Rafn (*C. umbellatum* Gilib.).

Qualitätsprüfung: Prüfung auf den Mindest-Bitterwert 2 000, der von falsch getrockneter und feucht gelagerter oder von Droge mit hohem Stängelanteil nicht erreicht wird.

Inhaltsstoffe: Bitterstoffe mit ähnlicher chemischer Zusammensetzung wie die „Enzianbitterstoffe", Swertiamarin, Gentiopikrosid als wichtigste Verbindungen.

Anwendung: Als Teeaufguss oder als alkoholische bzw. weinige Auszüge in Fertigarzneimitteln bei Appetitlosigkeit und bei mangelnder Produktion an Magensaft und Galleflüssigkeit.

Teufelskrallenwurzel, Harpagophyti radix Ph. Eur.

Volkstümliche Bezeichnungen: Teufelskralle, Harpagophytumwurzel, Südafrikanische Teufelskralle.

Verwendete Pflanzenteile: Die getrockneten knolligen Sekundär-Speicherwurzeln von *Harpagophytum procumbens* D.C. und/oder *H. zeyheri* L. Decne.

Qualitätsprüfung: Bestimmung des Bitterwertes und zusätzliche Bestimmung des Gehaltes an Harpagosid, eines Iridoidglykosides, das für die Pflanze typisch ist, aber nicht als Wirkstoff gilt. Mindestgehalt: 1,2 %.

Inhaltsstoffe: Bitter schmeckende Iridoide, darunter das Iridoidglykosid Harpagosid, wenig Acteosid und bis zu 46 % Stachyose (ein Oligo-Saccharid und Reserve-Kohlenhydrat).

Anwendung: Als Teeaufguss (aus Filterbeuteln) bei Appetitlosigkeit und dyspeptischen Beschwerden (Störung der Nahrungsmittelverdauung im Magen und Darm, verbunden mit Völlegefühl und „Magendruck") sowie in Form von Trockenextrakten wie Tabletten, Dragees und Weichgelatinekapseln zur unterstützenden Therapie degenerativer Erkrankungen des Bewegungsapparates. Gegenanzeigen sind Magen- und Zwölffingerdarmgeschwüre aufgrund des hohen Bitterwertes von rund 10 000.

Wermutkraut, Absinthii herba Ph. Eur.

Volkstümliche Bezeichnungen: Bitterer Beifuß, Absinth, Magenkraut.

Verwendete Pflanzenteile: Die während der Blütezeit gesammelten oberirdischen Teile von *Artemisia absinthium* L. Eine gute Arzneibuchware stammt allerdings nur von den blütenbesetzten Zweigspitzen.

Qualitätsprüfung: Mind. 0,2 % ätherisches Öl; Prüfung auf einen überhöhten Stängelanteil, vor allem auf markige Stängelbestandteile. Als Verfälschungen sind Beifuß und andere nicht bitterschmeckende Artemisia-Arten anzutreffen. Erhöhter Stängelanteil, Beimengungen von Drogenverfälschungen und/oder feuchte Lagerung sind in der Hauptsache dafür verantwortlich, wenn der vom Arzneibuch geforderte Mindestbitterwert von 10 000 nicht erreicht wird.

Inhaltsstoffe: 0,15–0,3 % Bitterstoffe, die sich im Unterschied zu den meisten Bitterstoffdrogen im ätherischen Öl befinden (genau gesagt: die Bitterstoffe befinden sich zusammen mit dem ätherischen Öl in den gleichen Lokalisationsorten, nämlich in den Drüsenhaaren). Die beiden Hauptbitterstoffe, das Absinthin und das isomere Anabsinthin sind in den Blättern zu etwa 0,3 % und in den Blüten zu 0,15 % enthalten. Das ätherische Öl kommt in Mengen von 0,3–1,3 % vor und ist sehr unterschiedlich zusammengesetzt. Es gibt verschiedene Chemotypen. Das ätherische Öl enthält u. a. Thujon (3–25 %), das bei Dauergebrauch größerer Mengen gesundheitsschädigende Nebenwirkungen verursachen kann.

Anwendung: Als Teeaufguss ist die Wermutzubereitung in erster Linie ein Bittermittel zur Anwendung bei Appetitlosigkeit, verminderter Magensäureproduktion und bei Blähungen und kann auch längere Zeit eingenommen werden. Die alkoholische Zubereitung ist ein Amarum-Aromatikum (aromatisches Bittermittel) und wirkt zusätzlich bei gestörter Galleproduktion in der Leber und bei gestörter Gallenausscheidung aus der Gallenblase (Choleretikum). Alkoholische Zubereitungen dürfen nicht längere Zeit eingenommen werden, da der Thujongehalt hier wesentlich höher ist als im Teeaufguss.

4.2.7 Nieren- und Blasenmittel

Bärentraubenblätter, Uvae ursi folium Ph. Eur.

Volkstümliche Bezeichnungen: Wilder Buchs, Steinbeere, Sandbeere.

Verwendete Pflanzenteile: Die im Mai bis Juli gesammelten Blätter der Bärentraube.

Qualitätsprüfung: Prüfung auf Beimengungen von Preiselbeerblätter oder Verfälschungen mit den Blättern des Buchsstrauches (max. 3 %). Der Stängelanteil darf nicht über 5 % liegen, und unsachgemäß getrocknete Blätter sind braun verfärbt. Sie dürfen zu max. 10 % vorhanden sein. Der vom Arzneibuch vorgeschriebene Mindestgehalt an desinfizierenden Inhaltsstoffen (darunter das Arbutin) muss 7,0 % betragen und wird häufig nicht erreicht (4–8 %).

Inhaltsstoffe: Phenolglykoside, darunter das Arbutin und Methylarbutin als wichtigste Verbindungen; 10–15 % (!) Gerbstoffe und 1–2 % Flavonoide.

Anwendung: Als Kaltansatz (etwa 2 Teelöffel auf 1 Tasse und 8–12 Stunden ziehen lassen) oder als Teeaufguss als Harndesinfiziens bei bakteriellen Entzündungen der ableitenden Harnwege. Wegen des hohen Gerbstoffgehaltes, der bei längerer Einnahme zu Magenreizungen führen kann, ist eine Teeabkochung nicht geeignet, da diese Zubereitung einen höheren Gerbstoffgehalt aufweist als ein Kaltansatz.

Birkenblätter, Betulae folium Ph. Eur.

Volkstümliche Bezeichnungen: Besenbaum, Frühlingsbaum, Maibaum.

Verwendete Pflanzenteile: Die im Frühjahr abgestreiften Laubblätter von Hängebirken *Betula pendula* und/oder Moorbirken *Betula pubescens*.

Qualitätsprüfung: Prüfung auf wertmindernde Zweigstückchen und Teile weiblicher Kätzchen, die beim Sammeln in die Droge gelangen und deren Anteil nicht mehr als 3 % betragen darf. Schließlich muss ein Mindestgehalt von 1,5 % Flavonoiden vorliegen.

Inhaltsstoffe: 1,2–2,5 % Flavonoide, darunter das Hyperosid als Hauptflavonoid; Saponine und Gerbstoffe.

Anwendung: Als Teeaufguss oder auch als Teeabkochung sowie als Frischpflanzenpresssaft (nicht zu verwechseln mit dem „Birkensaft", der durch das Anbohren junger Birkenstämme gewonnen wird!) als harntreibendes Mittel zur volksmedizinisch genannten „Frühjahrs-Blutreinigungskur". Für die Indikationsgebiete Wassersucht und Gicht sind Birkenblätter-Zubereitungen nicht freiverkäuflich (Kap. 38.7.4). Birkenblätter-Zubereitungen sind in erster Linie zur sogenannten Durchspülungstherapie geeignet.

Bohnenschalen, Phaseoli pericarpium DAC

Volkstümliche Bezeichnungen: Bohnenschalen.

Verwendete Pflanzenteile: Verwendet werden die getrockneten von den Samen befreiten Hülsen von *Phaseolus vulgaris* L.

Qualitätsprüfung: Fremde Bestandteile dürfen nicht mehr als 2 % betragen.

Inhaltsstoffe: Bohnenschalen enthalten Flavonoide, Saponine, Trigonellin (ein Betain), Monoaminofettsäuren, Glucokinine und Phytoalexine (postinfektionelle, niedermolekulare Abwehrstoffe höherer Pflanzen) z. B. Phaseolin.

Anwendung: Laut Monographie der Kommission E eignen sich Bohnenschalen in Form einer Teeabkochung zur unterstützenden Behandlung „dysurischer Beschwerden" (harntreibende Wirkung). Von der volkstümlichen Anwendung als „Diabetiker-Tee" muss dringend abgeraten werden! Samenfreie Gartenbohnenhülsen besitzen keine (!) blutzuckersenkende Wirkung.

Brennnesselblätter, Urticae folium Ph. Eur.

Volkstümliche Bezeichnungen: Donnernessel, Hanfnessel.

Verwendete Pflanzenteile: Die oberirdischen Pflanzenteile der großen und kleinen Brennnessel oder Mischungen von beiden, die unmittelbar vor der Blüte geerntet werden. Im Handel befindet sich fast ausschließlich die große Brennnessel.

Qualitätsprüfung: Es ist darauf zu achten, dass die Pflanzen nicht auf Flächen geerntet werden, die mit Klärschlamm berieselt worden sind oder in der Nähe von Industrieanlagen und stark befahrenen Straßen liegen. Untersuchungen von Handelsdrogen zeigen leider, dass rund 40 % der Drogen überhöhte Mengen an Schwermetallen aufweisen. Seit die Droge aber größtenteils aus dem Anbau stammt und vor allem, seit es kein verbleites Benzin mehr gibt, hat sich die Schwermetallbelastung der Droge dramatisch verbessert. Heute ist das Problem eher ein zu hoher Nitratgehalt aufgrund ungünstiger Verhältnisse bei Düngung und Erntezeitpunkt.

Inhaltsstoffe: Hohe Aminosäuregehalte, Histamin, Acetylcholin, Serotonin; Ameisen-, Essig- und Buttersäure; Kaffeeoyläpfelsäure (entzündungshemmend), und ätherisches Öl mit Acetophenon und n-Methylheptenon; Mineralsalze, darunter vor allem Kaliumsalze und Kieselsäure; sehr viel Chlorophyll.

Anwendung: Als Teeaufguss oder als Frischpflanzenpresssaft, teils auch als Tabletten zur Anregung des gesamten Körperstoffwechsels, insbesondere zur vermehrten Harnausscheidung; ferner als begleitende Maßnahme bei Rheuma sowie bei Erkrankungen der Harnwege (z. B. Nieren- und Harngrieß).

Kürbissamen, Cucurbitae semen DAB

Volkstümliche Bezeichnungen: Babenkern, Herkulessamen.

Verwendete Pflanzenteile: Die reifen, dunkelgrünen, weichschaligen (im Handel als „schalenlos" bezeichneten) Samen speziell gezüchteter Arzneikürbisse, die sich botanisch vom Ölkürbis ableiten (*Cucurbita pepo* L.).

Qualitätsprüfung: Von den meisten im Handel befindlichen sehr unterschiedlichen Kürbissamen gibt es keine medizinischen Wirksamkeitsprüfungen. Dies gilt in besonderem Maße für die hartschaligen Kürbiskerne bzw. für die geschälten, d. h. von der harten Samenschale befreiten, hellgrünen sog. „Spitzkerne". Diejenigen Kürbissamen, die in klinischen Studien auf Wirksamkeit geprüft worden sind, leiten sich von dem weichschaligen, dunkelgrünen steirischen

Ölkürbis ab und werden auf den Gehalt an Sterinen und Tocopherolen (Vitamin-E-Verbindungen) geprüft.

Inhaltsstoffe: Phytosterine, darunter δ-7-Sterine; etwa 50 % fettes Öl, mit hohem Anteil an mehrfach ungesättigten Fettsäuren; etwa 32 % Eiweiß und freie Aminosäuren, darunter vor allem das Cucurbitin; Farbstoffe (Carotinoide, Chlorophylle).

Anwendung: In Form der ganzen oder zerkleinerten Samen, auch als haltbar gemachte Granulate als Fertigarzneimittel im Verkehr, zur Kräftigung und Funktionsanregung der Blase, insbesondere bei Funktionsstörungen, die in Verbindung mit einem Prostata-Adenom I auftreten können (z. B. häufiges nächtliches Wasserlassen).

Schachtelhalmkraut, Equiseti herba Ph. Eur.

Volkstümliche Bezeichnungen: Zinnkraut, Pferdeschwanz, Scheuergras.

Verwendete Pflanzenteile: Die in den Sommermonaten gesammelten sterilen grünen Sprossstängel des Ackerschachtelhalms *Equisetum arvense* L.

Qualitätsprüfung: Da der Ackerschachtelhalm häufig mit anderen, z. T. giftigen (Nicotin u. ähnliche Alkaloide) Schachtelhalmarten vergesellschaftet ist (z. B. mit Sumpf- oder Teichschachtelhalm), muss auf die Abwesenheit solcher Verfälschungen geachtet werden. Nur der sachkundige Sammler wird den Sumpfschachtelhalm von dem Ackerschachtelhalm unterscheiden können.

Inhaltsstoffe: 5–8 % Kieselsäure, etwa 1/10 davon ist wasserlöslich; weitere Mineralstoffe neben Silicium, Aluminium und Mangan. Flavonoide (mind. 0,3 %). Spuren von Nicotin.

Anwendung: Als Teeabkochung oder als Frischpflanzenpresssaft zur Ausschwemmung von Ödemen und als harntreibender Bestandteil in sog. „Blutreinigungsmitteln". Unter „Blutreinigung" im volksmedizinischen Sinne versteht man eine vermehrte Harnausscheidung (diuretische Wirkung), eine gesteigerte bzw. zumindest geregelte Darmtätigkeit (laxierende W.), eine Stoffwechselschlackenausscheidung durch die Haut (diaphoretische W.) und schließlich eine vermehrte bzw. normalisierte enzymatische Verdauung (Magen, Leber, Galle, Bauchspeicheldrüse). Wegen des hohen Kieselsäuregehaltes werden Schachtelhalm-Zubereitungen noch bei brüchigen Fingernägeln und Haaren angewendet.

Wacholderbeeren, Iuniperi pseudo-fructus, Iuniperi aetheroleum Ph. Eur.

Volkstümliche Bezeichnungen: Krammetsbeeren, Kranawitten.

Verwendete Pflanzenteile: Die reifen, blauen Beeren (botanisch: Beerenzapfen) und das daraus hergestellte ätherische Öl des gemeinen Wacholders *Iuniperus communis L.*

Qualitätsprüfung: Prüfung auf unreife grüne bzw. graue Beeren (max. 2 %), auf arzneilich nicht nutzbare Wacholder-Arten z. B. auf *Iuniperus oxycedrus* u. a. und auf Drogen mit einem Gehalt an ätherischem Öl unter 1 %.

Inhaltsstoffe: 0,5–2,5 % ätherisches Öl mit 40–70 % Terpenen (z. B. α- und β-Pinen, Terpinen-4-ol; die Summe α- und β-Pinen sollte im ätherischen Öl maximal 50 % betragen) als Hauptbestandteile; etwa 30 % Invertzucker; Proanthocyanidine. Kondensierte Gerbstoffe vom Catechintyp; als monomere Gerbstoffvorstufen: Catechin, Epicatechin, Epigallocatechin u.a.

Anwendung: Als ganze Beeren, von denen man laut Erfahrungsheilkunde (Seb. Kneipp) etwa 8 bis max. 20 Stück am Tage kaut (nicht über längere Zeit), oder als Wacholderextrakt, Wacholdermus und Wacholdersirup (alle drei Zubereitungen sind in der Anlage 1a zu § 45 AMG 76, Tab. 38.1 enthalten) als harntreibendes Mittel, insbesondere zur sog. „Frühjahrskur". Reines ätherisches Wacholderöl, als Fertigarzneimittel abgefüllt in Gelatinekapseln, besitzt gegenüber den anderen Formen bzw. Zubereitungen (z.B. Wacholderextrakt, Beeren) die stärkste diuretische Wirkung und sollte wegen seiner möglichen Nieren reizenden Wirkung nicht länger als vier Wochen eingenommen werden. Bei akuten Nierenerkrankungen und auch während der Schwangerschaft dürfen Wacholderprodukte nicht eingenommen werden.

Sonstige Drogen

- Birnenblätter, Gerbstoff- und Phenolglykosiddroge.
- Brennnesselwurzel (Urticae radix DAB).
- Bruchkraut (Herniariae herba DAC).
- Echtes Goldrutenkraut (Solidaginis virgaureae herba Ph. Eur.).
- Goldrutenkraut (Solidaginis herba Ph. Eur.).
- Hauhechelwurzel (Ononidis radix Ph. Eur.).
- Heidekraut (Herba Ericae Erg.-Bd. 6), Gerbstoff- und Phenolglykosiddroge.
- Kleinblütiges Weidenröschen (Epilobii herba).
- Liebstöckelwurzel (Levistici radix Ph. Eur.).
- Orthosiphonblätter (Orthosiphonis folium Ph. Eur.).
- Petersilienwurzel, (Petroselini radix, Erg.-Bd. 6).
- Preiselbeerblätter (Folia Vitis idaeae Erg.-Bd. 6), Phenolglykosiddroge.
- Sägepalmenfrüchte (Sabalis serrulatae fructus Ph. Eur.)

4.2.8 Mittel zur Behandlung von Wunden und Prellungen

Johanniskrautöl, Hyperici oleum Erg.-Bd. 6

Siehe Kapitel 4.3.2.

Arnikablüten, Arnica flos Ph. Eur.

Volkstümliche Bezeichnungen: Bergwohlverleih, Bergwurzkraut, Bergdotterblume, Johannisblume, Fallkraut, Gamskraut.

Verwendete Pflanzenteile: Gemäß Ph. Eur. die getrockneten, köpfchenförmigen Blütenstände (Röhrenblüten, Zungenblüten, Hüllkelchblätter, Blütenstandsboden) von *Arnica montana* L.; nach DAB 6 sind es nur die ausgezupften Röhren- und Zungenblüten, und eine solche Droge wird nach wie vor unter der Bezeichnung Arnicae flos sine receptaculis (oder sine calycibus) gehandelt.

Qualitätsprüfung: Prüfungen auf Verfälschungen mit sog. „mexikanischer" Arnika, die keine Arnikaart ist (siehe dazu Weiteres unter „Drogenverfälschungen", Kap. 5). Im Blütenboden dürfen keine schwarzen Larven der Fliege *Trypteta arnicivora* (syn. *Tephritis arnicae*) vorkommen.

Inhaltsstoffe: Mind. 0,4% (0,3–1%) Sesquiterpenlactone vom Typ des Helenalins bzw. Dihydrohelenalins. Diese sind nicht nur für die entzündungshemmende Wirkung im Wesentlichen verantwortlich, sondern können Kontaktdermatitiden (Blasenbildung, Rötung der Haut) hervorrufen; Carotinoide und Flavonoide. 0,2–0,5 % ätherisches Öl.

▶ Hinweis

Beim Abfüllen der sehr leichten, staubenden Droge sollte unbedingt ein Mund- und Atemschutz getragen werden um die Entwicklung einer Allergie zu vermeiden.

Anwendung: Als Teeaufguss (1 gehäufter Esslöffel Arnikablüten wird mit 1 Tasse kochendem Wasser überbrüht) zu Umschlägen und Kompressen bei Schwellungen infolge von Verstauchungen und Quetschungen, bei Blutergüssen, Furunkeln, Insektenstichen, Muskelzerrungen und rheumatischen Beschwerden. Wirksamer als eine wässrige Zubereitung ist die Arnikatinktur (Tab. 38.1, Anlage 1a). Arnikatinktur muss zwingend! (mind. 1:3) vor der Anwendung verdünnt werden! Andernfalls muss mit schweren toxischen Reaktionen der Haut gerechnet werden (starke Rötungen mit Blasenbildung)! In der Regel wird für die äußerliche Anwendung 1–2 Esslöffel Arnikatinktur mit 1 Tasse Wasser verdünnt oder 1 Teil Tinktur mit 2–4 Teilen essigweinsaurer Tonerde versetzt (ebenfalls in der Anlage 1a enthalten). Die häufig beschriebene Arnika-Allergie ist längst nicht so häufig, wie berichtet wird. Meist handelt es sich um die falsche Anwendung der unverdünnten Tinktur (keine Allergie sondern toxische Reaktion) oder um Sammler, die keine Handschuhe tragen.

Sehr einfach in der Anwendung sind Arnikasalben und -gele. Bei diesen Fertigarzneimitteln besteht keine Gefahr dass die ordnungsgemäße Verdünnung vergessen wird. Ein solches Gel ist im Grunde die richtig verdünnte Tinktur, die verfestigt wurde, um die Anwendung zu erleichtern. Bei solchen Produkten muss allerdings sehr darauf geachtet werden, dass es sich um zugelassene Arzneimittel in monographiekonformer Dosierung handelt und nicht um „Kosmetika“, die ebenfalls im Handel sind, deren Wirksamkeit jedoch nicht erforderlich und daher auch oft nicht vorhanden ist. Erkenntlich meist an der fehlenden Angabe zum Gehalt an Arnika-Wirkstoff.

Die innerliche Einnahme von Arnikazubereitungen, die stark verdünnt erfolgen muss (z. B. 0,2 g Arnikablüten auf 200 ml Wasser als Teeaufguss), sollte heute nicht mehr empfohlen werden. Nur Arnikazubereitungen zur äußerlichen Anwendung sind freiverkäuflich.

Beinwellwurzel, -kraut und, Symphyti radix, – herba

Volkstümliche Bezeichnungen: Beinwurz, Wallwurz, Comfrey.

Verwendete Pflanzenteile: Die im Frühjahr oder Herbst gegrabenen rübenförmigen Wurzeln sowie das Kraut, das entweder vor der Blüte oder während der Blüte geschnitten wird.

Qualitätsprüfung: Zu prüfen ist auf schlecht getrocknete und dann meist verschimmelte Wurzelteile. Falsch aufbereitete Blätter sind dunkel verfärbt.

Inhaltsstoffe: Etwa 20 % Schleim in den Wurzeln und etwa 7 % Schleim in den Blättern; bis 1 % Allantoin, eine entzündungshemmende Verbindung; etwa 5 % Gerbstoffe; unerwünschte Pyrrolizidin-Alkaloide, die sich je nach Erntezeitpunkt, Pflanzenstandort, Beinwellart bzw. Beinwell-Kultursorte in Mengen von nicht nachweisbar bis maximal 0,05 % bewegen. Die Tagesdosis Pyrrolizidin-Alkaloide ist von der Kommission E auf

100 µg beschränkt worden. Bei selbst gesammelter Ware kann dieser Wert meistens nicht eingehalten werden.

Anwendung: Äußerliche Anwendung des grob pulverisierten Wurzelpulvers, aufgeschlämmt in einem Beinwellblätteraufguss, oder in Form von apothekenpflichtigen Pasten und Salben als Fertigarzneimittel zu Umschlägen bei unblutigen, stumpfen Verletzungen, Verstauchungen, Verrenkungen, Zerrungen, Prellungen, Quetschungen, Blut- und Reizergüssen sowie bei schlecht heilenden Wunden und lokalen Entzündungen (z. B. Nagelbettentzündungen). Die Indikation für freiverkäufliche Beinwellsalben darf allerdings **keine Heilaussage** beinhalten („zur Pflege der Beine"). Der Gehalt an Pyrrolizidin-Alkaloiden kann bei äußerlicher Anwendung vernachlässigt werden.

Ringelblumenblüten, Calendulae flos Ph. Eur.

Volkstümliche Bezeichnungen: Calendula, Goldblume, Studentenblume.

Verwendete Pflanzenteile: Die ganzen Blütenköpfchen mit dem grünen Hüllkelch (Flores Calendulae cum Calycibus) oder die ausgezupften orangegelben Zungenblüten (sine Calycibus = ohne Kelch) der Ringelblume *Calendula officinalis* L.

Qualitätsprüfung: Prüfung auf missfarbene, z. T. hellgelbe bis weißliche Einzelblüten.

Inhaltsstoffe: Carotinoid-Farbstoffe, mind. 0,4 % Flavonoide und Triterpen-Saponine.

Anwendung: Calendula-Salbe und verdünnte Tinktur (1 Essl. auf 1/4 l abgekochtes Wasser) wirken entzündungshemmend und dienen als Wundheilmittel bei Entzündungen der Haut und Schleimhäute sowie bei Riss-, Quetsch- und Brandwunden.

▸ **Hinweis**

Im freiverkäuflichen Bereich sind bei diesen Produkten lediglich vorbeugende Aussagen z. B. zur Verhütung von Wundsein (besonders bei Säuglingen und Bettlägerigen), erlaubt. Die o. g. Anwendungsgebiete dürfen aber genannt werden, wenn ein Drogen-Aufguss z. B. als Umschlag verwendet wird (§ 44). Eine Anwendung gegen Krebserkrankungen, wie sie in einigen Kräuterbüchern empfohlen wird, ist völlig überzogen und selbstverständlich verboten (Krankheitsliste).

4.2.9 Mittel gegen Durchfallerkrankungen

Eichenrinde, Quercus cortex Ph. Eur.

Volkstümliche Bezeichnungen: Eichenrinde, Spiegelrinde, Glanzrinde.

Verwendete Pflanzenteile: Die Droge besteht aus der im Frühjahr gesammelten und getrockneten Rinde junger Zweige und Stockausschläge von der Stieleiche und/oder Stein- bzw. Wintereiche: *Quercus robur, Q. petrea, Q. pubescens.*

Qualitätsprüfung: Minderwertig sind Rindenteile dicker als 3 cm älterer Zweige, die dann keinen „silbernen" Glanz aufweisen und bereits etwas Borke gebildet haben. Verfälschungen mit Eschenrinde können vorkommen.

Inhaltsstoffe: mind. 3 % Tannine nach Ph. Eur. Die Gehaltsangaben für Gerbstoffe sind stark methodenabhängig und werden oft mit 8 bis 20 % angegeben. Gerbstoffe sowohl vom Typ der Catechin- als auch vom Typ der Gallussäuregerbstoffe.

Anwendung: Laut Monographie der Kommission E werden Eichenrinden-Zubereitungen in Form von Spülungen, Umschlägen, Voll- und Teilbädern bei entzündlichen Hauterkrankungen angewendet. Eichenrinden-Auszüge haben sich ferner bei übermäßigem Fußschweiß, Frostbeulen und Ausschlägen bewährt. Innerlich empfiehlt die Kommission E Eichenrindenabkochung oder Eichenrindenpulver bei unspezifischen akuten Durchfallerkrankungen sowie als Spülung lokal bei leichten Entzündungen sowohl im Mund- und Rachenraum als auch im Genital- und Analbereich.

Frauenmantelkraut, Alchemillae herba Ph. Eur.

Volkstümliche Bezeichnungen: Alchemistenkraut, Frauenbißkraut, Ohmkraut, Perlkraut.

Verwendete Pflanzenteile: Die getrockneten, blühenden oberirdischen Teile von *Alchemilla vulgaris* LINNÉ.

Qualitätsprüfung: Mindestgehalt: 6 % Tannine ber. als Pyrogallol.

Inhaltsstoffe: Gerbstoffe (6-8 % Ellagitannine), Flavonoide 2 %.

Anwendung: Leichte unspezifische Durchfallerkrankungen. Mittlere Tagesdosis 5–10 g Droge; Zubereitungen entsprechend; innerlich leichte unspezifische Durchfallerkrankungen (Kommission E). Zur Unterstützung der Therapie akuter, unspezifische Durchfallerkrankungen und Magen-Darm-Störungen (Standardzulassung). Innerlich: Gebräuchliche Einzeldosis 2 bis 4 g getrocknete Droge als Infus (Standardzulassung) Tagesdosis 5 bis 10 g der getrockneten Droge (Kommission E). Zerkleinerte Droge für Aufgüsse und Abkochungen sowie andere galenische Zubereitungen zum Einnehmen (Kommission E). Teebereitung: 3 bis 4 Teelöffel (2 bis 4 g) Frauenmantelkraut werden mit ca. 150 ml heißem Wasser übergossen und nach 10 Minuten durch ein Teesieb gegeben. Wenn nicht anders verordnet, wird bis zu 3 Tassen täglich frisch bereiteter Teeaufguss warm zwischen den Mahlzeiten getrunken (Standardzulassung). Dauer der Anwendung: Bei länger als 3 bis 4 Tage anhaltenden Durchfällen ist ein Arzt aufzusuchen.

Heidelbeeren, Myrtilli fructus Ph. Eur.

Volkstümliche Bezeichnungen: Blaubeeren, Bickbeeren, Schwarzbeeren.

Verwendete Pflanzenteile: Die vollreifen, getrockneten Früchte.

Qualitätsprüfung: Prüfung auf ähnlich aussehende Früchte (z. B. Rauschbeere) sowie auf Insektenfraß.

Inhaltsstoffe: Mind. 1 % Tannine berechnet als an Hautpulver bindendes Pyrogallol nach Ph. Eur. Die Gehaltsangaben für Gerbstoffe sind stark methodenabhängig und werden oft mit bis 10 % angegeben. Catechingerbstoffe, Anthocyane (davon kommt die blaue Farbe), Pektine usw.

Anwendung: Laut Monographie der Kommission E eignen sich hochdosierte Dekokte (Abkochungen) bei unspezifischen, akuten Durchfallerkrankungen. Als Tagesdosis werden Auszüge aus 20 bis 60 g Heidelbeeren empfohlen, die über den Tag verteilt langsam schluckweise getrunken werden sollen. Sollten die Durchfälle länger als 3–4 Tage anhalten, so ist ein Arzt aufzusuchen! Getrocknete Heidelbeeren bewähren sich besonders in der Kinderheilkunde.

▶ **Hinweis**
Bei den besprochenen Drogenbeispielen handelt es sich nicht nur um Drogen der Anlagen 1c, 1d und 1e zur Verordnung nach § 45 AMG 76 (Kap. 38.7.2), sondern auch um Drogen, die eine große Bedeutung als Monodrogen besitzen und die darüber hinaus in sehr vielen freiverkäuflichen Fertigarzneimitteln vorkommen. Der Prüfungsteilnehmer sollte sich von diesen Drogen eine Drogensammlung anlegen und sie an ihrem Aussehen erkennen und unterscheiden (morphologisch identifizieren) können!

4.2.10 Übersichtstabelle der Heilkräuter zur Selbstmedikation

Die Tabelle enthält die Heilkräuter (Arzneipflanzen bzw. Drogen) als Übersicht. Detaillierte Ausführungen dazu sind in den jeweiligen Drogenbeschreibungen nachzulesen. Praxisorientierte ausführliche Informationen, zusammen mit Abbildungen der Arzneipflanzen, sind in dem „Kleinen Heilpflanzen-Lexikon“ von Heinz Schilcher nachzulesen.

Tab. 4.1: Heilkräuter zur Selbstmedikation

Indikation	Symptome/Wirkung	Droge
Beschwerden im Magen- und Darmtrakt	Appetitfördernd und verdauungsanregend Bei zu wenig Magensäure bzw. zu wenig Verdauungsenzymen und bei Völlegefühl und Blähungen	Enzianwurzel, Galgantwurzelstock, Kalmuswurzel, Salbeiblätter, Schafgarbenkraut, Tausendgüldenkraut, Wermutkraut, Anis, Kümmel, Fenchel, Koriander, Pomeranzenschalen Pfefferminzblätter,
	Magenübersäuerung	Flohsamen und Flohsamenschalen, Kamillenblüten, Leinsamenschleim.
	Nervöser Magen	Kalmuswurzel, Kamillenblüten, Pfefferminzblätter, Schafgarbenkraut, Melissenblätter
	Blähungen	Anis, Kümmel, Fenchel, Koriander, Kamillenblüten, Pfefferminzblätter, Schafgarbenkraut, Galgant
	Durchfall	Tormentillwurzelstock, Heidelbeeren, Frauenmantelkraut, Gänsefingerkraut, grüner schwarzer Tee, Flohsamen
	Chronische Darmträgheit	Leinsamen, Flohsamen, Flohsamenschalen (als Fertigarzneimittel apothekenpflichtig!) Manna-Feigensirup, Tamarindenmus
Leber- und Gallenbeschwerden	Leberbeschwerden	Mariendistelfrüchte (angereicherte Extrakte), Gelbwurz (Curcuma), Artischockenblätter und -wurzeln
	Gallebeschwerden	Artischockenpresssaft, Curcumawurzelstock, Löwenzahnkraut, Schafgarbenkraut, Wermutkraut

Tab. 4.1: Heilkräuter zur Selbstmedikation (Fortsetzung)

Indikation	Symptome/Wirkung	Droge
Beschwerden im Urogenitaltrakt (Nieren- und Blasenmittel)	Harntreibend, Durchspülungstherapie, entzündungshemmend, schwach desinfizierend	Birkenblätter, Goldrutenkraut, Brennnesselkraut, Orthosiphonblätter, Bohnenschalen, Wacholderbeeren, Petersilienwurzel, Schachtelhalmkraut
	Harndesinfizierend (antibakteriell)	Bärentraubenblätter,
	Zur Stärkung der Blasenfunktion, insbesondere bei der Reizblase und beim Prostata-Adenom im Stadium I und II:	Kürbissamen, Brennnesselwurzel, Sägepalmenfrüchte, Kleinblütiges und Schmalblättriges Weidenröschen (als Begleittherapie)
Erkältungs-krankheiten (Bronchien- und Hustenmittel)	Zur vorbeugenden Steigerung der unspezifischen Abwehr-Funktion	Sonnenhut-Kraut und -Wurzel, Ginseng, Lindenblüten, Vitamin C, Holundersaft
	Reizhusten	Eibischwurzel, Huflattichblätter, Isländisches Moos, Malvenblätter und -blüten
	Auswurffördernd (Erleichterung des Abhustens)	Primelwurzel Schlüsselblumenblüten, Süßholzwurzel, Wollblumen, Efeublätter
	Desinfizierend (keimhemmend) bei Husten	Anis, Fenchel, Eucalyptusblätter, Eucalyptusöl Thymian, Spitzwegerichblätter, Fichtennadelöl
	Desinfizierend und entzündungshemmend bei Halsschmerzen und Heiserkeit	Salbeiblätter, Baumflechte, Isländisches Moos, ätherische Öle auch in Bonbons (z. B. Eucalyptus-, Salbei-, Anis- oder Thymianöl), Propolis
	Fieber	Lindenblüten, Holunderblüten
	Allgemeine Erkältungs-erscheinungen, wie Schnupfen und zur Unterstützung bei Husten:	Warme Bäder mit ätherischen Ölen von Eucalyptus, Kampfer, Thymian, Fichtennadel, Latschenkiefer
Herz- und Kreislauf-beschwerden	Herzkräftigend und vorbeugend vor sog. „Altersherz"	Weißdornblätter, -blüten und -früchte
	Kreislaufanregend	Rosmarinblätter und Rosmarinöl
Beschwerden des Gefäßsystems (Venen- und Arterienmittel)	Funktionsstörungen der Venen	Buchweizenkraut, Mäusedornwurzelstock (Ruscus), Steinkleekraut, Rosskastaniensamen, Arnikablüten (nur äußerlich)
	Durchblutungsstörungen der Gehirnarterien	Ginkgo biloba, Omega-3-Fettsäuren (Fischöl, Leinöl)
	Vorbeugend gegen frühzeitig auftretende allgemeine Arterio-sklerose durch die Beeinflussung gewisser Risikofaktoren	Knoblauch, Mistelkraut, Buchweizenkraut bzw. isoliertes Rutin, Omega-3-Fettsäuren(in Leinöl und Fischöl)

Tab. 4.1: Heilkräuter zur Selbstmedikation (Fortsetzung)

Indikation	Symptome/Wirkung	Droge
Beschwerden und zur Stärkung des Nervensystems (Beruhigungsmittel)	Zur allgemeinen Dämpfung nervöser Erscheinungen	Baldrianwurzel, Hopfenzapfen, Melissenblätter, Passionsblumenkraut, Lavendel
	Bei depressiven Zuständen bzw. in deren Vorfeld	Johanniskraut
	Stress	Ginsengwurzel, Eleutherokokkuswurzel, Baldrian, Lavendel (Bad), Melissenbad
	Beruhigend, angstlösend,	Baldrianwurzel, Hopfenzapfen, Passionsblumenkraut
Allgemeinen Kräftigung (Tonika und Roboranzien)	Abgeschlagenheit, aktive Stressbewältigung, bei „Burn-out"	Ginsengwurzel, Eleutherokokkuswurzel, Vitaminpräparate allein bzw. kombiniert mit Eisensalzen und anderen Spurenelementen, Lecithin-Vitamin-kombinationen, Blütenpollen
Wundbehandlung und bei unblutigen Verletzungen	Entzündungshemmend, Wundheilungsfördernd, bei blauen Flecken	Arnikablüten (Tinktur immer verdünnen!), Beinwellwurzel und -blätter, Ringelblumenblüten als Umschläge, Salben und Gele
Behandlung unspezifischer Durchfall-erkrankungen	Stopfend, desinfizierend, entzündungshemmend	Eichenrinde, Heidelbeeren, grüner und schwarzer Tee, Flohsamenschalen
Behandlung rheumatischer Beschwerden	Innerlich: entzündungshemmend	Weidenrinde, Teufelskrallenwurzel, Birkenblätter, Brennnesselkraut
	Äußerlich: entzündungshemmend, durchblutungsfördernd, schmerzlindernd	Arnikazubereitungen, Chilipfeffer, Campher, Fichtennadelöl, Eucalyptusöl, Menthol, Rosmarin- und Wacholderspiritus

4.3 Pflanzenbestandteile und Zubereitungen aus Pflanzen

4.3.1 Ätherische Öle

In den zurzeit gültigen Arzneibüchern als *aetheroleum* (ätherisches Öl (Einzahl) bezeichnet – in älteren Arzneibüchern z. B. DAB 6 als *oleum* z. B. Oleum Foeniculi bezeichnet. Ätherische Öle kann man durch Wasserdampf-Destillation, durch Auspressen, durch Extraktion mit Lösungsmitteln oder Fett gewinnen. Sie sind in Anlage 1a der Verordnung über apothekenpflichtige freiverkäufliche Arzneimittel enthalten.

Anisöl, Sternanisöl, Anisi aetheroleum, Anisi stellati aetheroleum Ph. Eur.

Beschreibung: Aus den reifen Anisfrüchten gewonnen; typischer „Anisgeruch" (Geruch nach Anethol), würziger Geschmack.

Verwendung: Als schleimlösender Bestandteil in Hustenmitteln (z. B. in Hustenpastillen laut Anlage 2a, VO nach § 45 AMG 76, Tab. 38.5) und als blähungstreibende Komponente in Magen- und Darmmitteln. Häufig wird das billigere Sternanisöl (Anisi stellati aetheroleum) als Anisöl eingesetzt.

Bergamottöl

Beschreibung: Aus den Fruchtschalen einer speziellen Zitrusart, der Bergamotte, gewonnen; gelbliches Öl mit angenehmem cumarinartigem Geruch.

Verwendung: Äußerlich in Einreibungen und vor allem in Kölnisch Wasser enthalten.

Bitterorangenblütenöl, Neroliöl, Neroli aetheroleum Ph. Eur.

Beschreibung: Aus frischen Blüten der Bitterorangen gewonnen; gelbliches Öl mit feiner Duftnote.

Verwendung: Bestandteil in Beruhigungsmitteln.

▶ **Hinweis**

Von diesem sehr teueren Öl, das im Handel und in der Parfümindustrie als Neroliöl bezeichnet wird, ist das aus den Blättern derselben Pflanze gewonnenen ätherische Öl: Petitgrainöl zu unterscheiden. Beide werden hauptsächlich in der Parfümerie eingesetzt.

Eucalyptusöl, Eucalypti aetheroleum Ph. Eur.

Beschreibung: Aus den frischen Blättern oder frischen Zweigspitzen verschiedener Eucalyptusarten gewonnen; farbloses oder schwach gelb gefärbtes Öl, mit aromatischem und campherartigem Geruch, brennendem und danach kühlendem Geschmack.

Verwendung: Äußerlich unverdünnt zur Inhalation und als Bestandteil von Salben, Gelen und Bädern zur Anwendung bei Erkältungskrankheiten; innerlich als Zusatz von Heilmitteln gegen Husten und Heiserkeit zum Lutschen (z. B. Eucalyptusbonbons).

Fenchelöl, Foeniculi amari fructus aetheroleum Ph. Eur.

Beschreibung: Aus den reifen Fenchelfrüchten gewonnen; farbloses bis schwach gelbliches Öl mit würzigem Geruch und zuerst süßem, dann bitterem campherartigem Geschmack.

Verwendung: Bestandteil des Fenchelhonigs (Tab. 38.1, Anlage 1a), der vor allem bei Kindern als Hustenmittel verwendet wird; Zusatz zu Camphersalbe (Tab. 38.1, Anlage 1a) zur äußerlichen Anwendung bei Erkältungskrankheiten und Zusatz zu medizinischen Bädern.

Fichtennadelöl, Piceae aetheroleum DAB

Beschreibung: Aus den frischen Nadeln und Zweigspitzen verschiedener Picea-Arten gewonnen; gelblich gefärbtes Öl mit starkem aromatischem Geruch („Fichtennadelduft").

Verwendung: Zur Inhalation und als Badezusatz bei Erkältungskrankheiten; als Bestandteil des Fichtennadelspiritus (Tab. 38.1, Anlage 1a) und als Zusatz zur Camphersalbe (Tab. 38.1, Anlage 1a) zu Einreibungen bei rheumatischen Beschwerden.

Kalmusöl, Calami oleum DAB 6

Beschreibung: Aus dem Rhizom (Wurzelstock) des nordamerikanischen und in Europa kultivierten diploiden Kalmus gewonnen; gelblich gefärbtes Öl mit aromatischem Geruch und bitterem, brennendem Geschmack.

Verwendung: 1–4 Tropfen auf ein Stück Zucker zur Anregung der Magenverdauung, als Zusatz in Magenmitteln; äußerlich unverdünnt oder als Zusatz in Bädern bei Durchblutungsstörungen der Unterarme und Unterschenkel.

Kamillenöl, Matricariae aetheroleum Ph. Eur.

Beschreibung: Durch Destillation aus matrizinhaltigen Kamillenblüten gewonnen, wobei ein intensiv blau gefärbtes ätherische Öl erhalten wird.

Verwendung: Bestandteil von entzündungshemmenden, wundheilungsfördernden Salben, Tropfen und Bädern.

Kiefernnadelöl, Pini silvestris aetheroleum Ph. Eur.

Beschreibung: Ähnlich den Fichtennadelölen, gleiche Verwendung.

Korianderöl, Coriandri aetheroleum Ph. Eur.

Beschreibung: Aus den Korianderfrüchten hergestellt; meist farbloses Öl mit charakteristischem, würzigem, etwas eigenartig an Wanzen erinnerndem Geruch.

Verwendung: Bestandteil von festen (Tabletten, Dragees) und flüssigen (Tropfen, Destillate, Tonika) Magen- und Darmmitteln; Bestandteil von „Kräuterlikören".

Krauseminzöl

Beschreibung: Aus den Blättern der Krauseminze gewonnen; farbloses Öl mit Geruch nach „Spearmint"-Kaugummi.

Verwendung: 5–10 Tropfen auf ein Stück Zucker gegen Übelkeit und Erbrechen; zur Aromatisierung von Zahnpasten, Mundwässern und Kaugummis.

Lavendelöl, Lavandulae aetheroleum Ph. Eur.

Beschreibung: Aus den frischen Lavendelblüten gewonnen; farbloses bis schwach gelbliches Öl mit charakteristischem aromatischem Geruch und brennendem, schwach bitterem Geschmack.

Verwendung: Als Zusatz zum Badewasser oder als Bestandteil von medizinischen Bädern zur sanften Beruhigung („Harmonisierung"); daneben zur Durchblutungsförderung und als Geruchsstoff in Seifen und „Kräuterduftkissen".

Macisöl, ätherisches

Beschreibung: Macisöl, ätherisches ist mit der Änderungs-Verordnung vom 19.12.2003 von der Anlage 1a gestrichen und damit nicht mehr freiverkäuflich. Aus dem dunkelroten Arillus (Samenmantel) der „Muskatnuss" gewonnenes, gelbliches Öl mit würzigem, aromatischem Geruch und scharfem Geschmack.

Verwendung: Bestandteil von Stomachika (Magenmittel) und enthalten in Melissengeistern.

Minzöl, Menthae arvensis aetheroleum partim mentholum depletum Ph. Eur.

Beschreibung: Aus den Blättern einer mentholreichen Kultur-Ackerminze durch Ausfrieren eines Teiles des Menthols bei ca. −10 °C hergestellt und Nebenprodukt der Mentholgewinnung. Menthol wird aus dem Öl teilweise auskristallisiert daher der Zusatz: „teilweise entmentholisiert" in der lat. Arzneibuchbezeichnung; farbloses Öl mit sehr erfrischendem Geruch und scharfem, kühlendem Geschmack.

Verwendung: Zur Inhalation und zum direkten Einreiben (nur wenige Tropfen) bei Erkrankungen des Hals-, Nasen- und Rachenraumes; zum Betupfen der Stirn und der Schläfen bei Kopfschmerzen; innerlich verdünnt in einem Magen- oder Lebertee oder wenige Tropfen auf 1 Stück Zucker bei Verdauungsbeschwerden.

▶ **Hinweis**

Das in der Werbung angepriesene „Allheilmittel" ist das „japanische" Minzöl nicht! Das japanische Minzöl heute in der Regel nicht mehr aus Japan, sondern aus Brasilien, China und Nordamerika)

Nelkenöl, Caryophylli floris aetheroleum Ph. Eur.

Beschreibung: Aus den ganzen oder zerkleinerten Blütenknospen und Blütenstielen der Gewürznelken (Baum!) gewonnen; farbloses, an der Luft sich bräunendes Öl mit würzigem Geruch und brennendem Geschmack.

Verwendung: Zur örtlichen, schmerzlindernden und bakteriostatischen Anwendung bei Zahnschmerzen; als Bestandteil in Zahnpulvern und Zahnpasten; äußerlich zur Abwehr von Insekten, insbesondere von Mücken (Repellent).

Pfefferminzöl, Menthae piperitae aetheroleum Ph. Eur.

Beschreibung: Aus den frisch geernteten, blühenden Pfefferminz-Sprossen gewonnen; gelblichgrünliches Öl mit typischem Mentholgeruch und erfrischendem Geschmack (Kältegefühl).

Verwendung: Innerlich tropfenweise entweder verdünnt oder auf 1 Stück Zucker bei

Übelkeit, Erbrechen und schlechtem Mundgeruch; als Geschmackskorrigens in , Zahnpasten, Zahnpulvern, Mundwässern und Kaugummi, in Tonika.

Rosmarinöl, Rosmarini aetheroleum Ph. Eur.

Beschreibung: Aus den Rosmarinblättern bzw. aus den beblätterten Stängeln gewonnen; meist farbloses Öl mit kräftigem, campherartigem Geruch und anfangs mildem, später leicht kratzendem Geschmack.

Verwendung: Bestandteil von Einreibungen (z. B. Rosmarinspiritus, Tab. 38.1, Anlage 1a) gegen rheumatische Beschwerden, Bestandteil von Salben und medizinischen Badekonzentraten zur Durchblutungsförderung und Kreislaufanregung.

Salbeiöl, Salviae officinalis aetheroleum DAC

Beschreibung: Aus den getrockneten Blättern des „dalmatinischen" Salbeis (Salvia officinalis) gewonnen; farbloses bis gelbliches Öl mit herbem Geruch und aromatischem Geschmack. Salbeiöl ist sehr gut wirksam gegen Bakterien und Pilze.

Verwendung: Verdünnt zum Gurgeln bei Mund-, Rachen- und Halsentzündungen; zum Inhalieren bei Entzündungen im Rachenraum und bei Erkältungskrankheiten. Innere Anwendung: Dyspeptische Beschwerden, vermehrte Schweißsekretion. Zu den selben Zwecken wird häufig auch Salbeiöl des „spanischen" Salbei (Salvia lavandulifolia) wegen seines geringen Thujongehaltes eingesetzt: Salviae lavandulifoliae aetheroleum Ph. Eur.

Süßorangenschalenöl, Aurantii dulcis aetheroleum Ph. Eur.

Beschreibung: Aus frischen und getrockneten Orangenschalen gewonnen; gelbliches Öl mit angenehmem aromatischem Geruch und leicht bitterem Geschmack.

Verwendung: Bestandteil von Magenmitteln, zur Aromatisierung (Geschmacksverbesserung) schlecht schmeckender Arzneimittel.

Teebaumöl, Melaleucae aetheroleum Ph. Eur.

Beschreibung: Aus den Blättern von *Melaleuca alternifolia* (australischer Teebaum) durch Wasserdampfdestillation gewonnenes ätherisches Öl.

Verwendung: Als (antibakterielles) Kosmetikum verwendet bei „unreiner" Haut Jugendlicher (als Pickelstift) und zur Pflege der Haut älterer Menschen.

► **Hinweis**

Teebaumöl ist in Deutschland nicht als Arzneimittel zugelassen! Es stellt aufgrund seiner bakteriziden und fungiziden Wirkung ein gutes Antiseptikum dar. Insbesondere, wenn es sich um überlagertes oder falsch gelagertes Öl handelt, können Allergien auftreten.

Thymianöl, Thymi aetheroleum Ph. Eur.

Beschreibung: Aus dem frischen oder getrockneten Thymiankraut gewonnen; farbloses Öl mit typischem „Pizza-Geruch" und leicht brennendem Geschmack.

Verwendung: Bestandteil vieler „Hustensäfte" (z. B. Thymiansirup); zur Inhalation bei chronischen Bronchitiden; zur Spülung verdünnt bei Entzündungen in der Mundhöhle.

Zimtöl, Cinnamomi zeylanici corticis aetheroleum Ph. Eur.

Beschreibung: Aus der Zimtrinde gewonnen; hellgelbes Öl mit angenehmem Geruch nach Zimt und anfangs süß-aromatischem, dann brennend scharfem Geschmack. Das Öl hat eine sehr gute antibakterielle und fungistatische Wirkung. Daneben gibt es noch: Cinnamomi cassiae aetheroleum Ph. Eur. und Cinnamomi zeylanici folii aetheroleum Ph. Eur., die als weniger wertvoll gelten).

Verwendung: Als Geschmackskorrigens in mehreren Tonika enthalten, insbesondere in aromatischen Bittermitteln (Amara-Aromatica); Bestandteil des Zimtsirups (Anlage 1a, Tab. 38.1).

Zitronenöl, Limonis aetheroleum Ph. Eur.

Beschreibung: Durch Auspressen der frischen Fruchtschalen der Zitrone gewonnen; hellgelbes bis schwach grüngelbes Öl mit kräftigem Zitronengeruch und mildem, später bitterem Geschmack; das Öl wird bei tieferen Lagertemperaturen trüb. Es handelt sich um ein sog. Agrumenöl (ausgepresstes Öl von Citrusfrüchten).

Verwendung: Innerlich als Geschmackskorrigens; äußerlich als Duftkomponente in Badekonzentraten, Duschlotionen, Seifen, Feuchtigkeits- bzw. Reinigungstüchlein, Salben usw.

4.3.2 Zubereitungen aus Pflanzen und sonstige Bestandteile

Im Wesentlichen enthalten in Anlage 1a der Verordnung über apothekenpflichtige und freiverkäufliche Arzneimittel, (Tab. 38.1).

Agar, Agar Ph. Eur.

Beschreibung: Getrocknete Schleimsubstanz von Rotalgen mit großem Quell- und Geliervermögen.

Verwendung: In Abführmitteln (Anlage 2b, Tab. 38.6); zur Herstellung von Bakteriennährböden; als Dickungsmittel in der Süßwarenindustrie.

Aloetrockenextrakt, eingestellter, Aloes extractum siccum normatum Ph. Eur.

Beschreibung: Stark bitterer mit heißem Wasser gewonnener Extrakt aus dem Zellsaft der Blätter vorwiegend südafrikanischer Aloe (*Aloe ferox* Miller) aber auch Mittelamerikanischer Aloe (*Aloe barbadensis* Miller). Gehalt: eingestellt auf 20 % Anthrachinone berechnet als Aloin.

Verwendung: Äußerlich als Zusatz in Fertigarzneimitteln (antiseptische Wirkung); innerlich unter einer Tagesdosis von 20 mg Aloe als Bittermittel in wässrig-alkoholischen Pflanzenauszügen (Fertigarzneimittel, z. B. Schwedenbitter). In (apothekenpflichtigen) Abführmitteln mit einer Tagesdosis von 10–30 mg Anthrachinonen.

▶ **Hinweis**

Als Kosmetikum wird der Zellsaft aus dem inneren Teil des Blatts (Blattmark) von *Aloe vera* = *Aloe barbadensis* (vereinzelt inzwischen auch *Aloe ferox*) verwendet. Dabei wird sorgfältig darauf geachtet und gilt als wichtigstes Qualitätsmerkmal, dass praktisch **keine** Anthrachinone im Produkt enthalten sind. Dies gelingt dadurch, dass die Blätter vor der Verarbeitung „filettiert" werden (die äußeren, anthrachinonhaltigen Zellschichten werden abgeschnitten vor der Weiterverarbeitung) oder (billiger) der Rohextrakt wird mit Aktivkohle behandelt und dadurch die Anthrachinone entfernt. „Aloe vera" Produkte enthalten keinen Aloe- Extrakt (der ist das Abführmittel!) sondern den anthrachinonfreien Zellsaft oder Konzentrate daraus und besitzen auch nicht die gleichen Wirkungen der Aloezubereitungen als Arzneimittel.

Arnikatinktur, Arnicae tinctura Ph. Eur.

Beschreibung: Alkoholischer Auszug aus Arnikablüten, hergestellt mit verdünntem Alkohol im Verhältnis 1:10. Gelbbraune bis goldgelbe Flüssigkeit mit würzigem Geruch nach Arnikablüten. Freiverkäuflich nur zum äußeren Gebrauch.

Verwendung: Äußerlich **verdünnt** zu Umschlägen bei Verstauchungen, Blutergüssen, Muskel- und Gelenkschmerzen, Entzündungen der Schleimhäute. Arnika Tinktur muss zwingend ! (mind. 1:3 besser 1:4) vor der Anwendung verdünnt werden! Andernfalls muss mit schweren toxischen Reaktionen der Haut gerechnet werden (starke Rötungen mit Blasenbildung)!

Baldriantinktur, Valerianae tinctura Ph. Eur.

Beschreibung: Alkoholischer Auszug aus den Wurzeln des europäischen Baldrian (*Valeriana officinalis*), hergestellt durch Perkolation mit verdünntem Alkohol im Verhältnis 1:5. Braune, typisch nach Baldrian riechende und schmeckende Flüssigkeit.

Verwendung: Innerlich bei Unruhezuständen und nervös bedingten Einschlafstörungen 1/2 bis 1 Teelöffel verdünnt mit Wasser, mehrmals täglich.

Baldriantrockenextrakt, Valerianae extractum hydroalcoholicum siccum Ph. Eur.

Beschreibung: Durch Extraktion von Baldrianwurzeln gewonnen und auch in Mischungen mit Hopfenextrakt als Fertigarzneimittel (z. B. in Form von Baldrian-Hopfenbädern oder Dragees) freiverkäuflich. Der Zusatz von arzneilich nicht wirksamen Hilfsstoffen ist erlaubt.

Verwendung: Als Beruhigungsmittel und bei Einschlafstörungen. Baldrian macht nicht müde, sondern schirmt vor äußeren Reizen und Stress ab.

Baldrianwein

Beschreibung: Auszug von Baldrianwurzeln oder Lösung von Baldrianextrakt, hergestellt mit Südwein (Likörwein). Freiverkäuflich nur als Fertigarzneimittel.

Verwendung: Innerlich zur Beruhigung und bei leichten Einschlafstörungen.

Bromelain

Beschreibung: Konzentrat proteolytisch wirkender (eiweißspaltender) Enzyme, gewonnen aus der Frucht und den Stängeln der Ananaspflanze.

Verwendung: In einer Reihe von Verdauungspräparaten, bei mangelnder Eiweißverdauung.

Campheröl, Oleum camphoratum DAB 6

Beschreibung: Lösung von Campher in Erdnussöl (oder einem anderen fetten Öl).

Verwendung: Äußerlich als Einreibung bei rheumatischen Beschwerden.

Camphersalbe, Unguentum camphoratum Erg.-Bd. 6

Beschreibung: Salbe mit Campher als Hauptwirkstoff, auch mit Zusatz von ätherischen Ölen, Menthol und Ethylglykolsäuremethylester als Fertigarzneimittel freiverkäuflich.

Verwendung: Äußerlich als Einreibung bei Husten, Erkältungskrankheiten und rheumatischen Beschwerden. Vorsicht: nicht auf die Nasenschleimhaut von Kleinkindern unter zwei Jahren auftragen (Kollapsgefahr!).

Campherspiritus, Spiritus camphoratus DAB 2006

Beschreibung: Alkoholische Campherlösung. Klare, farblose Flüssigkeit mit starkem Geruch nach Campher.

Verwendung: Äußerlich als Einreibung bei Muskel- und Gelenkschmerzen, Prellungen, Verstauchungen, Zerrungen; zur Förderung der Hautdurchblutung.

Chinawein

Beschreibung: Medizinischer Wein, hergestellt unter Verwendung von Extrakten der bitteren Chinarinde (chininhaltig); evtl. mit Zusatz von Eisencitrat.

Verwendung: Innerlich als appetitanregendes und kräftigendes Mittel; auch bei Eisenmangelanämie. Freiverkäuflich nur als Fertigarzneimittel.

Condurangowein, Vinum Condurango DAB 6

Beschreibung: Bitterschmeckender Südwein, hergestellt unter Verwendung von Kondurangorindenextrakt, Aromatischer Tinktur und Zucker. Freiverkäuflich nur als Fertigarzneimittel.

Verwendung: Innerlich bei Appetitlosigkeit und dyspeptischen Beschwerden („schwacher Magen“).

Eibischsirup (Sirupus Althaeae) DAC 2004

Beschreibung: Gelbliche, stark zuckerhaltige Flüssigkeit mit schleimigem Geschmack, bereitet aus Eibischwurzeln. Freiverkäuflich als Fertigarzneimittel.

Verwendung: Innerlich löffelweise gegen Reizhusten und Bronchitis.

Enziantinktur, Gentianae tinctura Ph. Eur.

Beschreibung: Auszug aus Enzianwurzeln mit verdünntem Alkohol (1:5). Alkoholisch riechende braune Flüssigkeit mit stark bitterem Geschmack.

Verwendung: Innerlich 10 bis 30 Tropfen vor dem Essen gegen Appetitlosigkeit und dyspeptische Beschwerden („Essen liegt wie ein Stein im Magen").

Feigensirup

Beschreibung: Stark zuckerhaltige Flüssigkeit, die unter Verwendung von Feigen und ggf. Manna (getrockneter Saft der Manna-Esche mit dem Zuckeralkohol Mannit als Hauptwirkstoff) hergestellt wird. Freiverkäuflich nur als Fertigarzneimittel.

Verwendung: Innerlich als mildes Abführmittel für Kinder.

Fenchelhonig

Beschreibung: Süß schmeckende, dickflüssige, gelbe Flüssigkeit mit Fenchelgeschmack. Hergestellt unter Verwendung von mindestens 50 % Honig (Zusatz von anderen Zuckern erlaubt). Freiverkäuflich nur als Fertigarzneimittel.

Verwendung: Innerlich löffelweise als Hustenmittel, v.a. bei Kindern.

Fichtennadelspiritus

Beschreibung: Klare Flüssigkeit mit typischem Geschmack nach Fichtennadelöl, welches in mindestens 70 %igem Alkohol gelöst ist.

Verwendung: Äußerlich als Einreibung bei rheumatischen Beschwerden.

Franzbranntwein

Beschreibung: Aromatisch weinbrandartig riechende Flüssigkeit, die durch Vermischen von Alkohol mit aromatischen Essenzen hergestellt wurde und Zusätze wie z.B. Fichtennadelöl, Menthol, Campher, Geruchsstoffe oder Farbstoffe enthalten kann. Franzbranntwein kann farblos, grün oder braun gefärbt sein und ist mit einem Mindestgehalt von 45 % Alkohol freiverkäuflich.

Verwendung: Äußerlich zu erfrischenden, durchblutungsfördernden Einreibungen gegen Wundliegen und rheumatische Beschwerden, auch bei Zerrungen und Prellungen.

Hefe (medizinische Hefe)

Beschreibung: Gelbliches Pulver aus toten und lebenden Zellen der „Bierhefe". Typischer Geruch und Geschmack. Freiverkäuflich nur als Fertigarzneimittel, meist als Tabletten. (In anderer Form meist als diätetische Lebensmittel im Handel.)

Verwendung: Innerlich gegen unreine Haut und Furunkulose.

Heublumenkompressen

Beschreibung: Blütenstände verschiedener Wiesengräser oder geschnittenes Heu; je nach Herkunft wechselnde Zusammensetzung. Üblicherweise in einem Gewebesäckchen (Heusack) verpackt.

Verwendung: Zu schmerzstillenden heißen Packungen und Wickeln bei rheumatischen Beschwerden, Hexenschuss und Leibschmerzen.

Johanniskrautöl, Oleum Hyperici Erg.-Bd. 6

Beschreibung: Mazerat aus frischen Johanniskrautblüten mit Olivenöl oder anderen fetten Ölen oder Mischungen fetter Öle, freiverkäuflich nur als Fertigarzneimittel.

Verwendung: Innerlich gegen Gallebeschwerden früher auch zur „Besserung des nervlichen Befindens", äußerlich gegen Entzündungen und zur Wundheilung. Zur Brustwarzenpflege stillender Mütter. Laut Monographie der Kommission E sind ölige Johanniskraut-Zubereitungen zur Behandlung und Nachbehandlung von scharfen und stumpfen Verletzungen, Myalgien und Verbrennungen 1. Grades geeignet. Rotöl wird auch bei Sonnenbrand eingesetzt, wobei man sich unmittelbar nach der Anwendung nicht dem Sonnenlicht aussetzen darf. Die Indikation für traditionell angewendete Arzneimittel lautet: „Zur Unterstützung der Hautfunktion."

Kamillenfluidextrakt, Matricariae extractum fluidum Ph. Eur.

Beschreibung: Auszug von Kamillenblüten mit Alkohol (45 % V/V). Grünlichbraune Flüssigkeit mit Geruch nach Kamille. Freiverkäuflich als Fertigarzneimittel.

Verwendung: Innerlich als entzündungshemmendes krampflösendes Mittel bei Magen- und Darmerkrankungen; zu Inhalationen bei Erkältungskrankheiten, äußerlich zu Bädern und zur Wundheilung.

Kamillen-Tinktur, Kamillensalbe

Beschreibung: Freiverkäuflich als Fertigarzneimittel.

Verwendung: Äußerlich als entzündungshemmendes und wundheilendes Mittel.

Karmelitergeist, Spiritus aromaticus compositus Erg.-Bd. 6

Beschreibung: Klare Flüssigkeit mit würzig-aromatischem Geruch. Enthält Citronellöl, ätherisches Muskatöl, Zimtöl, Nelkenöl und andere gelöst in verdünntem Alkohol.

Verwendung: Innerlich gegen Magenbeschwerden und Verdauungsstörungen, Erkältungskrankheiten, äußerlich als durchblutungsfördernde Einreibung.

Knoblauch, Allii sativi bulbi pulvis Ph. Eur.

Beschreibung: Ist in Form verschiedener Zubereitungen (Kapseln, Dragees, Perlen, Tropfen) als Fertigarzneimittel freiverkäuflich. Der typische Knoblauchgeruch entsteht durch Ausscheidung der schwefelhaltigen Abbauprodukte des Hauptwirkstoffes Allicin über die Haut und Atemluft.

Verwendung: Zur Vorbeugung von Arteriosklerose (hohe Dosierung notwendig! z. B. 4 Gramm frischer Knoblauch) und gegen Verdauungsstörungen (dyspeptische Beschwerden) sowie Darminfektionen bei Tieren.

Lärchenterpentin, Terebinthina laricina Erg.-Bd. 6

Beschreibung: Harzsaft der Europäischen Lärche (*Larix decidua*); gelblicher bis bräunlicher, klarer dick- bis zähflüssiger Balsam, mit eigentümlich würzigem Geruch und wenig bitterem Geschmack.

Verwendung: In der Humanmedizin in Abszess-Salben als Kombinationspartner z. B. in Ilon Abszess® Salbe; in der Tiermedizin als Wundverschluss gelegentlich noch verwendet.

Lecithin

Beschreibung: Natürlicher Emulgator, der überwiegend aus pflanzlichem (Sojabohne und anderen Samen) aber auch aus tierischem Material (Eigelb) gewonnen wird. Bestandteil der Nervensubstanz.

Verwendung: Früher häufig als Kräftigungsmittel, insbesondere der Nerven. Heute auch häufig als Mittel zur Senkung erhöhter Blutfettwerte und als natürlicher Emulgator in Lebensmitteln und Nahrungsergänzungsmitteln.

Leinöl, Lini oleum virginale Ph. Eur.

Beschreibung: Aus Leinsamen ohne Anwendung von Wärme gepresstes fettes Öl; gelbes, eigenartig riechendes (riecht ranzig nach längerer Lagerung), in dünner Schicht leicht trocknendes Öl; frisches Leinöl ist geschmacksneutral, überlagertes Leinöl schmeckt bitter und riecht firnisartig. Leinöl kann durch Zusatz von Tocopherolen (Vitamin E) haltbarer gemacht werden.

Verwendung: Wegen seines sehr hohen Gehaltes an mehrfach ungesättigten Fettsäuren als Adjuvans bei Hyperlipidämie und bei Arteriosklerose. Leinöl ist derzeit die wichtigste Quelle von essenziellen, **pflanzlichen** *Omega*-3-Fettsäuren, die sonst fast ausschließlich aus Fischöl gewonnen werden.

Lorbeeröl, Oleum Lauri DAB 6

Beschreibung: Aus den Lorbeerfrüchten unter Anwendung von Wärme gepresstes oder durch Auskochen gewonnenes fettes Öl zusammen mit ätherischem Öl; salbenartige Masse mit grüner Farbe und würzigem Geruch.

Verwendung: Äußerlich als Einreibung bei rheumatischen Beschwerden und zur Abwehr von Mücken; in der Tiermedizin bei „lahmenden" Tieren.

Mandelöl, Amygdalae oleum virginale, – raffinatum Ph. Eur.

Beschreibung: Kaltgepresstes fettes Öl aus süßen und/oder bitteren Mandeln. Klare, hellgelbe Flüssigkeit mit schwach süßlichem Geschmack. Mandelöl ist in frischem Zustand nahezu geruchlos, wird aber leicht ranzig. (Nicht zu verwechseln mit dem ätherischen Bittermandelöl.)

Verwendung: In Hautpflege-Produkten gegen trockene Haut wie z. B.: Hautöle, Massageöle, Ölbäder, Hautmilch und in Salbengrundlagen.

Mannasirup, Sirupus Mannae

Beschreibung: Stark zuckerhaltige Flüssigkeit, die unter Verwendung von Manna (getrockneter Saft der Manna-Esche mit dem Zuckeralkohol Mannit als Hauptwirkstoff) hergestellt wird.

Verwendung: Innerlich als mildes Abführmittel für Kinder.

Melissengeist, Spiritus Melissae comp. Erg. Bd. 6

Beschreibung: Aromatisch riechende, farblose Flüssigkeit mit oft hohem Alkoholgehalt (bis zu 79 % V/V), hergestellt durch Destillation von Melissenblättern und anderen aromatischen Drogen mit Alkohol oder durch Lösen verschiedener ätherischer Öle in Alkohol. Freiverkäuflich als Fertigarzneimittel.

Verwendung: Innerlich gegen Übelkeit, Magenbeschwerden und zur Nervenberuhigung; äußerlich zum Einreiben bei Kopf- und Nervenschmerzen, Migräne.

Melissenspiritus, Spiritus Melissae

Beschreibung: Farblose, nach Melisse und Alkohol riechende Flüssigkeit, hergestellt durch Lösen von Melissenöl in Alkohol.

Verwendung: Äußerlich zum Einreiben bei Nervenschmerzen.

Mentholstifte

Beschreibung: Migränestifte enthalten als Wirkstoff Menthol, das aus dem ätherischen Öl von Minzarten oder synthetisch gewonnen wird. Erzeugt Kältegefühl auf der Haut.

Verwendung: Zum Einreiben der Stirn bei Kopf- und Nervenschmerzen.

Myrrhentinktur, Myrrhae tinctura Ph. Eur.

Beschreibung: Gelbrote bis braune Flüssigkeit von charakteristischem Geruch und anhaltend bitterem Geschmack. Sie ist ein Auszug aus Myrrhe (Harz) mit 90 %igem Alkohol.

Verwendung: Als desinfizierende Pinselung bei Entzündungen der Schleimhäute in Mund und Rachen.

Opodeldok, flüssiger, Spiritus saponato-camphoratus DAB 6

Beschreibung: Klare, gelbe Flüssigkeit mit kräftigem Geruch nach Ammoniak, Campher und ätherischen Ölen.

Verwendung: Äußerlich als hautreizende Einreibung bei rheumatischen Beschwerden.

Pepsinwein, Vinum Pepsini DAB 6

Beschreibung: Hellbrauner Arzneiwein, hergestellt aus Südwein mit Zusatz von Salzsäure, Pomeranzentinktur und Pepsin (Verdauungsenzym des Magens). Freiverkäuflich nur als Fertigarzneimittel.

Verwendung: Innerlich likörglasweise zur Appetitanregung und Unterstützung der Magenverdauung.

Pyrethrumextrakt

Beschreibung: Extrakt aus Insektenblüten (*Pyrethrum*-Arten, Korbblütler).

Verwendung: Als schnell wirkende Kontakt-Insektizide (Mittel gegen Ungeziefer) zur Anwendung bei Tieren (für Warmblütler wenig toxisch). Als Fertigarzneimittel in Form von Pudern, Flüssigkeiten, Sprays freiverkäuflich.

Ratanhiatinktur, Ratanhiae tinctura Ph. Eur.

Beschreibung: Rotbraune, fast geruchlose Flüssigkeit mit zusammenziehendem Geschmack nach Gerbstoffen. Sie wird hergestellt durch Perkolation von Ratanhiawurzeln mit verdünntem Alkohol im Verhältnis 1:5.

Verwendung: Zu Pinselungen bei entzündetem Zahnfleisch, Zusatz zu Gurgelwässern.

Rizinusöl, Ricini oleum virginale, – hydrogenatum Ph. Eur.

Beschreibung: Aus Rizinussamen durch Pressen ohne Wärmezufuhr erhaltenes fettes Öl; klare, dickflüssige, fast farblose oder schwach gelb gefärbte Flüssigkeit; fast geruchlos, milder, später kratzender Geschmack.

Verwendung: Innerlich als Abführmittel (Anmerkung: Es muss absolut sicher sein, dass kaltgepresstes und dem Arzneibuch entsprechendes Rizinusöl abgegeben wird, andernfalls kann es zu Vergiftungen mit Koliken und blutigen Durchfällen kommen!); äußerlich zur Herstellung von Haarbrillantinen, Haarwässern usw.

Rosenhonig, Mel rosatum Erg.-Bd. 6

Beschreibung: Süß schmeckende und nach Rosenöl duftende Flüssigkeit auf der Basis von Honig.

Verwendung: Hustenmittel für Kinder.

▸ **Hinweis**

Der früher häufige Zusatz von Borax zur Behandlung von Mundsoor bei Säuglingen ist nicht mehr erlaubt (Borsäureverbindungen stehen in der Negativliste Anlage 4 zur VO nach § 46, siehe Tab. 38.8).

Rosmarinspiritus, Spiritus Rosmarini Erg.-Bd. 6

Beschreibung: Klare, farblose Flüssigkeit mit Geruch nach Alkohol und Rosmarinöl.

Verwendung: Als Einreibung gegen Rheuma und Nervenschmerzen.

Spitzwegerichauszug und Spitzwegerichsirup

Beschreibung: Auszug aus Spitzwegerichkraut bzw. -sirup, hergestellt mit Spitzwegerichauszügen. Freiverkäuflich nur als Fertigarzneimittel.

Verwendung: Innerlich als Hustenmittel.

Süßholzsaft, Succus Liquiritiae DAB 6

Beschreibung: Eingedickter, wässriger zähflüssiger Extrakt aus der Süßholzwurzel; durch weitere Einengung erhält man Succus Liquiritiae depuratus und daraus wird durch Guss die Lakritze hergestellt; harte, glänzende, schwarze, in der Wärme etwas erweichende Stangen, die in scharfkantigen Stücken brechen und süß schmecken.

Verwendung: Lakritze (z. B. in Pastillenform) als Heilmittel gegen Husten und Heiserkeit (siehe Anlage 2a, Tab. 38.5); als Geschmackskorrigens, besonders in Hustenmitteln.

Tolubalsam, Balsamum tolutanum Ph. Eur.

Beschreibung: Braungelbe Masse, die durch Einschnitte in die Rinde *Myroxylon balsamum* (L.) Harms var. *balsamum* (Schmetterlingsblütler) gewonnen wird (zähflüssiger Balsam tritt aus und erhärtet an der Luft), mit feinem Geruch, würzigem Geschmack.

Verwendung: In Hustenmitteln (Tab. 38.5, Anlage 2a).

Tragant, Tragacantha Ph. Eur.

Beschreibung: Gummiartiger Schleim, gewonnen durch Anritzen der Stämme von *Astragalus gummifer* Labill. und bestimmten anderen *Astragalus*-Arten aus West-Asien (Schmetterlingsblütler), mit hohem Quellvermögen.

Verwendung: Innerlich als Abführmittel (Tab. 38.6, Anlage 2b), Bindemittel, Haftmittel für Zahnprothesen.

Wacholderextrakt, -mus, -öl

Siehe Wacholderbeeren, Kap. 4.2.7.

Wacholderspiritus

Beschreibung: Klare Flüssigkeit, die durch Auflösen von ätherischem Wacholderöl in Alkohol hergestellt wird und kräftig nach Wacholder riecht.

Verwendung: Äußerlich gegen rheumatische Beschwerden.

Weizenkeimöl, Tritici aestivi oleum virginale Ph. Eur.

Beschreibung: Fettes Öl der Keimlinge von Weizenkörnern. Es enthält 9 bis 14% Phospholipide (Lecithin), relativ viel Vitamin E (Tocopherole 0,15 bis 0,3%).

Verwendung: Innerlich in Kapseln oder Perlen als Stärkungsmittel, insbesondere von Herz und Kreislauf. Freiverkäuflich nur als Fertigarzneimittel.

Weizenkleie

Beschreibung: Beim Mahlen der Weizenkörner abgetrennte Teile des Speichergewebes sowie der Frucht- und Samenschale.

Verwendung: Als Ballaststoff und damit auch als mildes Abführmittel (Tab. 38.6, Anlage 2b).

4.3.3 Literatur

A. Poletti, H. Schilcher und A. Müller: Heilkräftige Pflanzen – erkennen, sammeln und anwenden, Walter Hädecke Verlag, Weil der Stadt, 3. Auflage 1997.

K. Ebert: Arznei- und Gewürzpflanzen – Ein Leitfaden für Anbau und Sammlung., Wissenschaftliche Verlagsgesellschaft mbH, Stuttgart 1982.

M. Pahlow: Heilpflanzen, sanfte Behandlung von Alltagsbeschwerden. S. Hirzel Verlag, Stuttgart 2000.

H. Schilcher: Kleines Heilkräuter-Lexikon. 5. Aufl., W. Hädecke Verlag, Weil der Stadt 2008

V. Schulz, R. Hänsel: Rationale Phytotherapie. 5. Aufl., Springer Verlag, Berlin 2004.

H. Schilcher, S. Kammerer, T. Wegener: Praxisleitfaden Phytotherapie. 3. Aufl Elsevier & Urban & Fischer Verlag, München 2007.

R. F. Weiss: Lehrbuch der Phytotherapie. 12. Aufl., Hippokrates Verlag, Stuttgart 2009.

H. Wagner: Arzneidrogen und ihre Inhaltsstoffe. 6. Aufl., Wissenschaftliche Verlagsgesellschaft, Stuttgart 1999.

M. Wichtl (Hrsg.): Teedrogen. 5. Aufl., Wissenschaftliche Verlagsgesellschaft, Stuttgart 2009.

4.4 Chemische Stoffe

Bei der folgenden alphabetischen Auflistung handelt es sich im Wesentlichen um arzneiliche Stoffe, die in den Positivlisten 1a, 2a, b und c der Verordnung über apothekenpflichtige und freiverkäufliche Arzneimittel stehen. Sie werden von den einzelnen Prüfungskommissionen mit recht unterschiedlicher Intensität abgefragt.

Aluminiumacetat-tartrat-Lösung

Beschreibung: Essigweinsaure Tonerdelösung (früher unter dem Namen: Essigsaure Tonerde bekannt) ist eine farblose Flüssigkeit mit zusammenziehend metallischem Geschmack und schwachem Geruch nach Essigsäure. Kann auch durch Auflösen von Aluminiumacetat-tartrat-Tabletten hergestellt werden.

Verwendung: äußerlich verdünnt (1 Essl. auf 1 Glas Wasser) als Umschlag bei Verstauchungen, Prellungen, Zerrungen, Insektenstichen. Mild antiseptisch und adstringierend.

Alaun

Beschreibung: Alumen, Kaliumalaun, Aluminiumkaliumsulfat besteht aus farblosen Kristallen oder weißem kristallines Pulver mit süßlich adstringierendem (zusammenziehender) Geschmack.

Verwendung: Äußerlich in Form von Stiften oder „Steinen" als anorganischer Gerbstoff auch zur Verminderung der Schweißsekretion der Haut und Ätzmittel, z. B. zur Blutstillung (Rasierstein).

Aluminiumhydroxid

Beschreibung: Weißes, in Wasser unlösliches Pulver ohne Geruch und Geschmack.

Verwendung: Als Tabletten oder Suspension (Aufschwemmung in Flüssigkeit) gegen Magenübersäuerung (Fertigarzneimittel).

Aluminiumsilikate, Aluminium-Magnesium-silicat-Komplexe

Verwendung: Als Fertigarzneimittel (Tabletten) innerlich gegen Magenübersäuerung.

Ameisenspiritus

Beschreibung: Farblose Flüssigkeit mit einem Gehalt an ca. 1,25 % Ameisensäure, gelöst in Alkohol. Typischer Geruch.

Verwendung: Äußerlich als durchblutungsförderndes Mittel bei rheumatischen Beschwerden.

p-Aminobenzoesäureethylester (Anästhesin, Benzocain) Ph. Eur.

Verwendung: Lokalanästhetikum (örtliches Schmerzmittel) gegen Hühneraugen und Hornhaut, keine Reizerscheinungen (siehe Anlage 2c, Tab. 38.7).

Ammoniaklösung Ph. Eur.

Beschreibung: Verdünnte Ammoniaklösung nach DAB (Ammoniakflüssigkeit, Salmiakgeist, Hirschhorngeist) ist eine klare, farblose Flüssigkeit mit einem Gehalt von etwa 10% Ammoniak (NH_3) mit stechendem Geruch, wirkt auf die Schleimhäute stark ätzend.

Verwendung: Zum Betupfen von Insektenstichen und zu Einreibungen, früher als Riechmittel bei Ohnmachten. Vorsicht: 20 bis 30 ml können bei oraler (innerlicher) Aufnahme tödlich wirken! Daher zur Abfüllung keine „Lebensmittelflaschen" verwenden!

Ammoniumchlorid

Beschreibung: Salmiak, Sal ammoniacum, Ammonium chloratum ist ein weißes, kristallines Pulver, leicht löslich in Wasser mit typischem salzigem Geschmack (Salmiakpastillen).

Verwendung: Innerlich als schleimlösendes, auswurfförderndes Hustenmittel in Form von Fertigarzneimitteln zum Lutschen, z. B. Salmiakpastillen (Anlage 2a, Tab. 38.5).

Anethol

Beschreibung: Fester, in Wasser unlöslicher Hauptbestandteil von ätherischem Anis- und Fenchelöl.

Verwendung: wie Anisöl (Kap. 4.3.1).

Ascorbinsäure Ph. Eur.

Beschreibung: Acidum ascorbicum, Vitamin C ist ein weißes, kristallines Pulver mit saurem Geschmack. In vielen Früchten enthalten. Gewinnung meist mittels biochemischer Synthese.

Verwendung: Innerlich zur Steigerung der körpereigenen Abwehr bei Infektionen; bei erhöhtem Vitamin-C-Bedarf (z. B. Raucher).

Borsäure und ihre Salze Ph. Eur.

Beschreibung: Weißes Pulver mit schwach antiseptischer Wirkung.

Verwendung: Zur Pufferung und/oder Isotonisierung in Benetzungs- oder Desinfektionslösungen für Kontaktlinsen. Aus medizinischer Sicht ist die Verwendung von Borsäure zu anderen Zwecken heute abzulehnen (Vergiftungsgefahr bei Kindern). Borsäure und ihre Salze sind in der Negativliste Anlage 4, Tab.38.8 aufgeführt!

Benzalkoniumchlorid Ph. Eur.

Verwendung: Das quartäre Ammoniumsalz ist ein Desinfektionsmittel in Zubereitungen gegen Hühneraugen und Hornhaut (Anlage 2c, Tab. 38.7).

Benzylalkohol

Beschreibung: Farblose, ölige Flüssigkeit mit aromatischem Geruch.

Verwendung: Antiseptisches Mittel in Zubereitungen zum Lutschen gegen Husten und Heiserkeit (Anlage 2a, Tab. 38.5). In manchen Arzneimitteln als Konservierungsmittel.

Benzylbenzoat

Beschreibung: Farblose, ölige Flüssigkeit, fast geruchlos.

Verwendung: Bestandteil von Zubereitungen gegen Hühneraugen und Hornhaut (Anlage 2c, Tab. 38.7).

Bittersalz

Beschreibung: Magnesiumsulfat, schwefelsaures Magnesium, Epsom-Salz, Seydlitz-Salz, Englisches Salz besteht aus farblosen Kristallen, ist leicht löslich in Wasser (verwendet werden muss Magnesiumsulfat mit 7 Mol Wasser = $MgSO_4 \cdot 7\,H_2O$ und es darf nicht verwechselt werden mit wasserfreiem Magnesiumsulfat, das in gleicher Dosierung, wie wasserhaltiges Bittersalz, schädlich wirken kann!). Bitter-salziger Geschmack.

Verwendung: Bekanntestes salinisches Abführmittel, in einer Dosis von 5 bis 20 g gelöst in Wasser, morgens vor dem Frühstück; wird auch bei Tieren angewendet.

Brausemagnesia

Beschreibung: Magnesium citricum effervescens ist eine weiße Pulvermischung, die sich in Wasser unter Entwicklung von Kohlendioxid löst.

Verwendung: In Wasser gelöst löffelweise als mildes Abführmittel.

Calcium

Aufgaben: Baustein des Skeletts und der Zähne, Aktivierung von Nerven und Muskeln, notwendig für die Blutgerinnung.

Vorkommen: Marmor, Kalkstein, Kreide, Milch und Milchprodukte, Nüsse, Sesamsamen, Eierschalen u. a.

Verwendung: Der mittlere Tagesbedarf des Erwachsenen ist 800 mg, bei Kindern liegt der Tagesbedarf zwischen 1 000 und 1 200 mg Calcium.

Calciumcarbonat Ph. Eur.

Beschreibung: Kohlensaures Calcium, Calcium carbonicum ist ein weißes Pulver, unlöslich in Wasser, geschmacklos.

Verwendung: In Form von Tabletten gegen Magenübersäuerung, früher als „Schlämmkreide“ zum Zähneputzen. In zahlreichen Calciumtabletten zum Knochenaufbau.

Calciumtartrat, Calciumlactat, Calciumphosphat

Beschreibung: Weißes Pulver.

Verwendung: Als Fertigarzneimittel in Form von Tabletten oder Pulver innerlich zur Förderung des Knochen- und Zahnaufbaus in der Wachstumsperiode, Schwangerschaft und Stillzeit.

Cetylpyridiniumchlorid

Verwendung: Das quartäre Ammoniumsalz wird: als Desinfektionsmittel und in Zubereitungen zum Lutschen gegen Husten und Heiserkeit (Anlage 2a, Tab. 38.5) verwendet.

Cineol (Eucalyptol)

Beschreibung: Hauptbestandteil des ätherischen Eucalyptusöls, unlöslich in Wasser, auch als partial-synthetische Substanz im Verkehr.

Verwendung: Innerlich in Lutschpräparaten als Expektorans (Anlage 2a, Tab. 38.5).

Dihydroxybenzoesäure

Verwendung: In Mitteln gegen Hühneraugen und Hornhaut (Anlage 2c, Tab. 38.7).

Eisen

Funktion: Baustein des Blutfarbstoffes (Hämoglobin), demjenigen Bestandteil in den roten Blutkörperchen (Erythrozyten), der für den Sauerstofftransport verantwortlich ist; ferner wichtiger Baustein in einigen Enzymen!

Mangel: Eisenmangelanämie (eine Art „Blutarmut", Anlage 3 zur VO nach § 46 AMG 76, Tab. 38.10).

Vorkommen: Fleisch, Leber, Blutwurst, deutlich kleinere Mengen in Zuckermelasse, Petersilie, Kresse, Brennnessel, Sauerampfer, Vollkornbrot, Sojabohnen, Sesamsamen.

▶ **Hinweis**

Spinat ist mit ca. 10 mg/100 g Eisen kein eisenreiches Gemüse, aber trotzdem ein sehr gesundes, aufgrund seines Folsäuregehaltes u.a. ernährungsphysiologisch wertvoller Bestandteile.

Der mittlere Tagesbedarf für den Mann ist 10 mg, für die Frau 18 bis 20 mg und für Schwangere und Stillende 25 bis 30 mg Eisen.

Ethanol Ph. Eur.

Beschreibung: Alkohol, Spiritus, Weingeist oder Ethylalkohol sind Bezeichnungen für eine klare, farblose feuergefährliche Flüssigkeit mit einem typischem Geruch nach Alkohol.

Tab. 4.2: Mischbarkeit von Ethanol

Mischbar mit	Bezeichnung
Wasser	Ethanol-Wasser-Gemische
Ether	Ether-Ethanol-Gemisch (Hoffmannstropfen)
Ätherischen Ölen	Destillate, Tropfen etc.

Verwendung: 70%-ig zur Reinigung und Desinfektion der Haut, zur Herstellung von Tinkturen, Extrakten, Fluidextrakten und Destillaten. Hoffmannstropfen gegen Übelkeit und bei Ohnmacht.

Ethanolamin

Beschreibung: 2-Aminoethanol ist eine basische, flüssige Komponente in Zubereitungen gegen Hühneraugen und Hornhaut (Anlage 2c, Tab. 38.7).

Ethylglykolsäurementhylester

Beschreibung: Menglytat ist eine Komponente in Zubereitungen gegen Husten und Heiserkeit (Anlage 2a, Tab. 38.5).

Fangokompressen und Schlickpackungen

Beschreibung: Gebrauchsfertige Kompressen in verschiedenen Größen aus Fango (Schlamm vulkanischen Ursprungs und Schlick (Meeresschlamm).

Verwendung: Äußerlich zur Wärmebehandlung bei Leber-, Galle- und Magenbeschwerden sowie bei Rheuma, Verstauchungen und Prellungen.

Fluor

Funktion: Wichtig zur Verhütung von Karies und notwendig für den Aufbau des Zahnschmelzes.

Mangel: Karies.

Folsäure (Pteroylglutaminsäure) Ph. Eur.

Funktion: Wichtig für die Synthese der roten Blutkörperchen bzw. wichtig für die gesamte Blutbildung (d.h. für das gesamte hämatopoetische System).

Mangelerscheinungen: Bestimmte Blutkrankheiten (hyperchrome Anämie) mit Appetitlosigkeit, Mattigkeit, Schwindelgefühl, Leistungsminderung und Beschwerden im Gastrointestinaltrakt.

Tagesbedarf: Für Erwachsene ist der mittlere Tagesbedarf 0,4 mg; ein erhöhter Bedarf liegt während der Schwangerschaft und Stillzeit vor, sowie nach Gebrauch von Sulfonamiden und Antibiotika, ferner bei Absorptionsstörungen während einer schweren Gastritis oder bei Sprue. Bei nicht eindeutig diagnostizierten Bluterkrankungen ist es falsch, Folsäure über längere Zeit in Polyvitaminpräparaten zu nehmen, da die Diagnose einer perniziösen Anämie erschwert und u. U. die perniziöse Anämie begünstigt werden kann. Folsäure kann den Vitamin-B_{12}-Spiegel im Blut u. U. senken.

Vorkommen: Hefe, Eigelb, Leber, Blattgemüse (z.B. Spinat), Weizenkeime.

Fructose Ph. Eur.

Beschreibung: Fruchtzucker, Lävulose ist ein weißes, kristallines Pulver, leicht wasserlöslich, süß. Auch als Fructose-Lösung bzw. Fructose-Sirup (enthält zwischen 70 und 80 % Fructose) im Handel.

Verwendung: Als Süßmittel für Diabetiker, da der Abbau nicht insulinabhängig ist. Trotzdem kann der Diabetiker nicht unbegrenzte Mengen an Fructose einnehmen. Als Nahrungsergänzung bei Lebererkrankungen, da Fructose in der Leber schneller abgebaut wird als Traubenzucker (Glucose).

Glycerin Ph. Eur.

Beschreibung: Glycerol ist eine farblose, sirupartige Flüssigkeit, süß schmeckend mit schwachem eigenen Geruch.

Verwendung: Äußerlich in Salben und Lotionen (bei höherer Konzentration entzieht es der Haut Wasser!). Als Klistier oder Zäpfchen in den Darm gebracht wirkt Glycerin mild abführend (Beachte: Beide genannten Darreichungsformen sind außerhalb der Apotheke verboten!)

▶ Hinweis

Glycerin ist ein dreiwertiger Alkohol und kein fettes Öl. Es löst sich in Wasser und zu gewissen Anteilen in Wasser-Alkohol-Mischungen; Glycerin ist aber unlöslich in Äther und fetten Ölen.

Heilerde

Beschreibung: Ist ein Pulver aus natürlich vorkommenden Mineralien mit großem Bindevermögen (Adsorptionsvermögen). Freiverkäuflich auch in Kapseln.

Verwendung: Innerlich gegen Magenübersäuerung und Gärungs- bzw. Fäulniserscheinungen im Darm.

Iod

Funktion: Bestandteil der Schilddrüsenhormone. Mangel: Kropf. Überschuss an Iod: Schilddrüsenüberfunktion.

Kältesprays

Beschreibung: Auf der Basis von kälteerzeugenden Treibgasen (früher; wegen ihrer Umweltschädlichkeit heute verboten) auch mit Zusatz von ätherischen Ölen und Campher gegen Verstauchungen und Muskelschmerzen (ohne Zusätze sind Desinfektionssprays freiverkäuflich).

Kalium

Aufgaben: Regulierung des osmotischen Druckes der **intrazellulären** Flüssigkeit, Aktivierung von Enzymen, wichtige Beteiligung an Muskelfunktionen und Nervenreizleitung.

Vorkommen: Feldspat, Granit, Glimmer, Steinsalz (sehr wenig), Landpflanzen, Zitrusfrüchte, Banane, Feige, Gemüse, Hefe, Soja u.a. In Tieren überwiegt Natrium, in Pflanzen Kalium. Der mittlere Tagesbedarf des Erwachsenen ist 2 bis 3 g Kalium.

Kaliumcitrat (zitronensaures Kalium, Kalium citricum)

Beschreibung: Zitronensaures Kalium, Kalium citricum besteht aus farblosen Kristallen oder kristallinem Pulver und ist leicht löslich in Wasser.

Verwendung: Enthalten in Mineralsalzmischungen und Mineralsalztabletten zur vorbeugenden Anwendung gegen Kaliummangel (z.B. nach starkem Schwitzen oder bei der Einnahme von elektrolytausscheidenden Diuretika).

Kaliumnatriumtartrat

Beschreibung: Weinsaures Kalium-Natrium, Seignettesalz besteht aus farblosen Kristallen und ist leicht löslich in Wasser.

Verwendung: Als salinisches Abführmittel, in einer Dosierung von 10–30 g für Erwachsene, gelöst in 1 Glas Wasser.

Kobalt

Funktion: Bestandteil des Vitamin B_{12}, an der Bildung der roten Blutkörperchen mitbeteiligt.

Mangel: Bestimmte Formen der Blutarmut.

Kohle Ph. Eur.

Beschreibung: Medizinische Kohle, Aktivkohle ist ein schwarzes, feines, leichtes Pulver mit sehr großer Oberfläche ohne Geruch oder Geschmack, mit großem Bindevermögen für Giftstoffe aller Art. Herstellung durch Verkohlen von pflanzlichem oder tierischem Material (Holzkohle, Knochenkohle); besteht im Wesentlichen aus Kohlenstoff.

Verwendung: Als Pulver, Tabletten oder Granulat gegen Durchfall und zum Entgiften des Verdauungskanals.

Kupfer

Funktion: Wichtig für die Aktivierung von Enzymen, ist u. a. an der Blutbildung mitbeteiligt.

Mangel: Bestimmte Formen der Anämie, Herabsetzung von Abwehrmechanismen.

Lanolin DAB

Beschreibung: Gelbliche Salbengrundlage aus Wollfett (salbenartige Masse, gewonnen bei der Aufbereitung von Schafwolle, die unbedingt auf Pestizide geprüft sein sollte), flüssigem Paraffin und Wasser.

Verwendung: Als Salbengrundlage.

Liniment, flüssiges

Beschreibung: Ammoniakflüssigkeit, gelöst in fettem Öl (Emulgator: medizinische Seife); milchig dickflüssig, stechender Geruch.

Verwendung: Äußerlich als Einreibung bei rheumatischen Beschwerden.

Magnesium

Aufgaben: Aktivierung von Enzymen, die am Energiestoffwechsel beteiligt sind. Beteiligung bei der Muskelkontraktion und bei der Übertragung der Erregung von den Nerven auf die Muskeln.

Vorkommen: Magnesit, Dolomit, Bestandteil des Chlorophylls grüner Pflanzen, Getreide, Sojabohnen, Milchprodukte. Die empfohlene tägliche Zufuhr an Magnesium beträgt für Erwachsene 300–400 mg.

Magnesia, gebrannte (Magnesiumoxid, Magnesia usta) Ph. Eur.

Beschreibung: Sehr leichtes (1 Teelöffel wiegt nur ca. 0,4 g), weißes Pulver. Unlöslich in Wasser (schwimmt zunächst auf dem Wasser).

Verwendung: Teelöffelweise als Mittel gegen Magenübersäuerung; die Verwendung ist wesentlich geeigneter als die von doppeltkohlensaurem Natron.

Magnesiumcarbonat, basisches

Beschreibung: Weißes, in Wasser fast unlösliches Pulver; auch als Tabletten (Fertigarzneimittel).

Verwendung: Innerlich als Mittel gegen Magenübersäuerung.

Magnesiumperoxid bis 15 %ig

Beschreibung: Weißes, leichtes Pulver; auch als Tabletten (Fertigarzneimittel).

Verwendung: innerlich als Mittel gegen Magenübersäuerung.

Magnesiumtrisilikat

Beschreibung: Weißes Pulver, geruch- und geschmacklos; als Tabletten (Fertigarzneimittel) freiverkäuflich.

Verwendung: Innerlich gegen Magenübersäuerung.

Menthol, natürliches Ph. Eur.

Beschreibung: Linksdrehendes Menthol, Levomenthol besteht aus farblosen Kristallen, ist fast unlöslich in Wasser und hat einen typischen Pfefferminzgeruch. Gewinnung aus der japanischen Pfefferminze (oder synthetisch hergestelltes, optisch inaktives, racemisches Menthol).

Verwendung: Innerlich in Hustenmitteln (Anlage 2a, Tab. 38.5); äußerlich zur Schmerzlinderung, z. B. in Migränestiften (Anlage 1a, Tab. 38.1), in Hühneraugenmitteln (Anlage 2c, Tab. 38.7), in Erkältungssalben und -bädern, in juckreizstillenden Mitteln.

Milchsäure Ph. Eur.

Beschreibung: Oxipropionsäure, Acidum lacticum ist ein Gemisch aus rechts- und links drehender Milchsäure, die sog. Gärungsmilchsäure. Farblose, sirupartige Flüssigkeit, leicht löslich in Wasser. Geruchlos, schmeckt säuerlich und ist hygroskopisch.

Verwendung: Äußerlich in Zubereitungen gegen Hühneraugen und Hornhaut (Anlage 2c, Tab. 38.7). Innerlich zur Konservierung und Stabilisierung von Molkegetränken und alkoholfreien Tonika. In „Reformhausprodukten" wird vornehmlich die rechtsdrehende L-(+)-Milchsäure verwendet, weil diese stoffwechselaktiver und die physiologische Form ist. Enthalten in Tabletten, Granulaten und flüssigen Arzneimitteln zur Regeneration einer beeinträchtigten (desolaten) Darmflora.

Milchzucker Ph. Eur.

Beschreibung: Lactose, Lactobiose, Saccharum lactis ist ein weißes, kristallines Pulver, leicht wasserlöslich. und von schwach süßem Geschmack.

Verwendung: Als sehr mildes Abführmittel für Säuglinge, allerdings erst wirksam in einer Mindestdosis von 10 bis 20 g. Zur Verbesserung der Darmflora durch pH-Verschiebung (Milchzucker wird durch Mikroorganismen zu Milchsäure abgebaut); als Hilfsstoff in Tabletten, Dragees, Pulver u. a. galenischen Zubereitungen.

Natrium

Aufgaben: Regulierung des osmotischen Druckes der **extrazellulären** Flüssigkeit, Aktivierung von Enzymen.

Vorkommen: In Meeresprodukten (z. B. Algen), in vielen gesalzenen Nahrungsmitteln, vor allem Wurst und Käse. Das Überangebot an Natriumchlorid (Kochsalz) kann **ein** Verursachungsfaktor für zu hohen Blutdruck sein.

Tagesbedarf: Der minimale Tagesbedarf für den Erwachsenen wird auf 550 mg Na geschätzt. Eine natriumarme Kost enthält 1,2 Gramm Natrium (3 Gramm Kochsalz) und eine normale Kost 6 Gramm Kochsalz (2,4 Gramm Na) am Tag.

Natriumhydrogencarbonat

Beschreibung: Natriumbicarbonat, doppeltkohlensaures Natron ist ein feinkristallines, weißes Pulver, löslich in Wasser mit salzig, laugenartigem Geschmack.

Verwendung: Innerlich als Pulver (Bullrichsalz®), Tabletten, Granulat, Kapseln als Fertigarzneimittel gegen Magenübersäuerung. Vorsicht, da durch die Freisetzung von Kohlendioxid die Magenschleimhaut geschädigt werden kann, Blähungen auftreten und der Reiz zu stets neuer Säureproduktion besteht.

Natriummonohydrogenphosphat Ph. Eur.

Beschreibung: Sekundäres Natriumphosphat, Natrium phosphoricum besteht aus farblosen Kristallen, ist leicht wasserlöslich und hat einen schwach salzigen Geschmack.

Verwendung: Als mildes, salinisches Abführmittel, in einer Dosierung von 10–20 g für Erwachsene auf 1 Glas Wasser.

Natriumsulfat-Decahydrat

Beschreibung: Glaubersalz, Schwefelsaures Natrium besteht aus farblosen Kristallen und ist leicht wasserlöslich. An der Luft werden die Kristalle durch Verwitterung weiß. Salzig, bitterer Geschmack.

Verwendung: Als salinisches Abführmittel (ähnlich dem Bittersalz), in einer Dosis von 10–30 g für Erwachsene, gelöst in 1 Glas Wasser, morgens vor dem Frühstück. Glaubersalz wird sehr häufig als Abführmittel bei Tieren verwendet. Glaubersalz ist auch Bestandteil einiger Mineralwässer (z. B. in der Karlsbader Quelle).

Nicotinsäure Ph. Eur./Nicotinsäureamid (Niacinamid)

Funktion: Wichtig für den Zuckerabbau und Kohlenhydratstoffwechsel ganz allgemein.

Mangel: Allgemeine Schwäche, nässende und pigmentierte Veränderungen der dem Sonnenlicht ausgesetzten Haut, Verdauungs- und schließlich nervliche Störungen = Symptome der sog. „Pellagra"-Erkrankung, die bei einseitiger Ernährung mit Mais auftritt. Entzündungen der Schleimhaut des Mundes, krankhaft abnorme Empfindlichkeit (Kribbeln, Taubsein).

Tagesbedarf: Für Erwachsene ist der mittlere Tagesbedarf 15 mg; ein erhöhter Bedarf liegt während der Schwangerschaft und Stillzeit vor, sowie bei körperlicher Schwerstarbeit, nervlicher und seelischer Überlastung, Nervenschmerzen und beim Alkoholismus. Überdosierungsreaktionen sind nicht bekannt.

Vorkommen: Hefe, Leber, Erdnüsse, Champignons, Eigelb u. a.

Pantothensäure

Funktion: Bestandteil des Coenzym A, das für viele Stoffwechselfunktionen, u. a. für den Abbau von Fetten und Kohlenhydraten unentbehrlich ist.

Mangelerscheinungen: Da Pantothensäure in den Nahrungsmitteln sehr verbreitet ist, sind Mangelerscheinungen bei Menschen kaum bekannt. Bei Versuchstieren kommt es zu Wachstumsstillstand und Depigmentierung der Haare. Mangelerscheinungen beim Menschen sind Muskelschwäche und Infektionsanfälligkeit.

Tagesbedarf: Für Erwachsene ist der mittlere Tagesbedarf 8 mg; ein erhöhter Bedarf liegt während der Schwangerschaft und Stillzeit vor, sowie bei Nervenstörungen und Schleimhautentzündungen. Überdosierungsreaktionen sind nicht bekannt.

Papain Ph. Eur.

Beschreibung: Papain ist ein proteolytisches (eiweißabbauendes) Enzym aus den Früchten des Melonenbaumes (Papayafrüchte).

Verwendung: Anstelle von Pepsin als „pflanzliches Magenverdauungsenzym“ zur Unterstützung der Eiweißverdauung bei sog. Magenschwäche.

Paraffin Ph. Eur.

Unter Paraffinen versteht man gereinigte, gesättigte Kohlenwasserstoffe.

Hartparaffin: Zu Blöcken und Tafeln verarbeitetes Paraffin.

Verwendung: in der Hauptsache als Salbengrundlage, ferner äußerlich verwendet zur Wärmebehandlung chronisch entzündlicher Erkrankungen der Muskeln, Gelenke und Nerven (auch mit Zusatz von Heilerden, Bademooren und anderen Peloiden).

Flüssiges Paraffin: Im Gebrauch sind dick- und dünnflüssiges Paraffin. Farblose, ölige Flüssigkeit, geruch- und geschmacklos.

Verwendung: bis zu einem Gehalt von 10 % in nichtflüssigen Zubereitungen als Abführmittel (Anlage 2b, Tab. 38.6); ferner in Lotionen und Salben. Paraffinöl ist ab einem Gehalt von 10 % apothekenpflichtig!

Phosphor

Aufgaben: Skelettbaustein, Baustein von Zellen, zur Energiegewinnung und Energieverwertung in Form energiereicher Phosphate.

Vorkommen: Eigelb (im Lecithin), Käse, Sojabohnen, Weizenkeime, Nüsse, Hefe, Kakaopulver u. a. Die empfohlene tägliche Zufuhr an Phosphor beträgt für Erwachsene 700 mg, für Heranwachsende 1250 mg.

Saccharin (Benzoesäuresulfimid) Ph. Eur.

Beschreibung: Süßkraft beträgt etwa das 550-fache des Rohrzuckers.

Verwendung: Als Zuckerzusatz für Diabetiker; Saccharin ist in Normdosen unschädlich und wird im Harn unverändert ausgeschieden.

Salicylsäure Ph. Eur.

Beschreibung: Salicylsäure, Acidum salicylicum besteht aus weißen, nadelförmigen geruchlosen Kristallen mit süßlich-saurem, kratzenden Geschmack. Schwer löslich in Wasser, leicht löslich in Weingeist u. Ether.

Verwendung: Äußerlich als Antiseptikum und bis 40 % in Mitteln gegen Hühneraugen und Hornhaut (Anlage 2c, Tab. 38.7). Zur innerlichen Anwendung, z. B. zum Konservieren von Marmelade, ist Salicylsäure **nicht** freiverkäuflich!

Salicylsäureabkömmlinge und deren Salze

Nur zum **äußeren** Gebrauch außerhalb der Apotheke zugelassen (Anlage 4, Tab. 38.8).

Salicylsäureester

Außerhalb der Apotheke nur in Mund und Rachendesinfektionsmitteln zugelassen.

Zum inneren Gebrauch, z.B. als **Kopfschmerzmittel** (z.B. Acidum acetylosalicylicum = Aspirin®) **nicht** freiverkäuflich (Anlage 4, Tab. 38.8).

Salicyltalg

Beschreibung: Weiße, feste Salbe in Stangenform, bestehend aus Salicylsäure und Hammeltalg.

Verwendung: Äußerlich gegen Wundlaufen und Fußschweiß.

Sauerstoff für medizinische Zwecke Ph. Eur.

Beschreibung: Reiner, verdichteter Sauerstoff in Stahlflaschen.

Verwendung: Zur Sauerstoffbeatmung.

Schwefel, gereinigter

Beschreibung: Feines, gelbes Pulver, geruch- und geschmacklos.

Verwendung: Äußerlich bei Hauterkrankungen (z.B. Schwefelseife, Schwefelsalbe bei Windel-Dermatitis), die innerliche Anwendung als Abführmittel ist obsolet und sollte auch nicht mehr empfohlen werden.

Selen

Funktion: Bestandteil von Enzymen, entgiftet Schwermetalle, wirkt als Antioxidans. Wichtig für die Funktion des Immunsystems.

Mangel: Mangelsymptome beim Menschen noch nicht bekannt. Bei Schafen verursacht Selenmangel die „weiße Muskelkrankheit".

Silbernitratlösung 1 %ig

Beschreibung: Wässrige Lösung in Ampullen.

Verwendung: Zur Verhütung von Augentripper bei Neugeborenen durch Einträufeln in die Augen (Ampullen befinden sich in der üblichen Wochenbettpackung). Nicht freiverkäuflich!

Siliciumdioxid (Kieselsäure) Ph. Eur.

Beschreibung: Feines, weißes Pulver mit großer spezifischer Oberfläche; geruch- und geschmacklos.

Verwendung: innerlich und äußerlich als Fertigarzneimittel mit aufsaugender Wirkung.

Silicium

Funktion: Beteiligt am Wachstum von Haaren und Nägeln, notwendig zur Bindegewebsfestigung, aktiviert die sog. „Fresszellen" des Immunsystems.

Mangel: Haarausfall, sprödes und brüchiges Haar, Brechen der Fingernägel, Erschlaffung des Stützgewebes.

Sorbit Ph. Eur.

Beschreibung: Sorbitol, d-Sorbit, 6-wertiger Alkohol besteht aus farblosen Kristallnadeln, ist leicht wasserlöslich und hat einen süßen Geschmack.

Verwendung: als Süßungsmittel für Diabetiker (z.B. Handelsprodukt Sionon®), weil für die Verstoffwechselung kein Insulin benötigt wird. Als Hilfsstoff in Lotionen und Salben enthalten.

Vorkommen: Sorbit ist im Pflanzenreich weit verbreitet, z. B. enthalten die Früchte der Vogelbeeren bis zu 10 % Sorbit.

Stangenschwefel

Beschreibung: Gereinigter Rohschwefel, der in dicken Stäben und Bändern in den Handel kommt.

Verwendung: Zum „Schwefeln“ (desinfizieren) von Wein-, Bier- und Obstfässern.

Talk Ph. Eur.

Beschreibung: Talcum ist ein natürliches Magnesiumpolysilikat. Das weiße, sich fettig anzufühlende Pulver ist unlöslich in Wasser.

Verwendung: Bestandteil von Hautpudern (Nicht als Wundpuder zu verwenden!).

Tamponadestreifen

Beschreibung: Die Gewebestreifen sind mit weißem Vaselin imprägniert.

Verwendung: Zum Ausstopfen von Wund- und Körperhöhlen.

Tannin-Eiweiß-Tabletten

Beschreibung: Hellbraune bis braune Tabletten. Freiverkäuflich als Fertigarzneimittel.

Verwendung: Durchfallmittel, besonders bei Sommer- und Reisediarrhö.

Thymol Ph. Eur.

Beschreibung: Farblose Kristalle mit Geruch nach Thymian. Hauptbestandteil des ätherischen Thymianöls, wirkt 20-mal stärker keimhemmend als Phenol.

Verwendung: Innerlich in Hustenmitteln (Anlage 2a, Tab. 38.5), äußerlich zu Mundwässern, Zahnpasten (antiseptisch wirksam), kann zur Konservierung von Harnproben im Labor verwendet werden.

Ton, weißer Ph. Eur.

Beschreibung: Kaolin, Bolus alba (natürlicher, gereinigter Ton ist ein weißlichgraues Pulver, das sich fettig anfühlt.

Verwendung: Innerlich wie Kohle bei Darmerkrankungen, insbesondere bei Durchfällen in einer Dosierung von 50–150 g, angerührt in Wasser; äußerlich als warme Packungen bei rheumatischen Beschwerden und als Streupulver.

Vaselin Ph. Eur.

Weißes Vaselin (gebleichtes Vaselin): Weiße, höchstens grünlich durchscheinende, salbenartige Masse (= Mineralfett*), geruchsneutral. **Gelbes Vaselin** (ungebleichtes Mineralfett): Gelbe, durchscheinende, salbenartige Masse, geruchsneutral.

Beschreibung: Aus den Rückständen der Erdöldestillation gewonnenes, gereinigtes Produkt; fester Anteil ab 270 °C, der nach dem Abtrennen von Schmieröl verbleibt.

Verwendung: weißes und gelbes Vaselin als Hautschutzsalbe (besitzen keine penetrierende, d.h. in die Haut eindringende Wirkung), als Salbengrundlage.

Vaselinöl

Beschreibung: Aus den Rückständen der Erdöldestillation gewonnenes flüssiges Mineralfett.

Verwendung: Als Hautmittel.

▶ Hinweis

Bei Vaselinöl handelt es sich um eine Substanz, die wie ein Fett verwendet (zum „Einfetten") wird und ähnliche physikalische Eigenschaften hat. Es handelt sich aber keineswegs um Fett, sondern um chemisch anders aufgebaute Substanzen. Sie sind sehr oxidantionsbeständig und weitgehend inert (d.h. gehen keine chem. Reaktionen ein). Fette sind dagegen Ester von Glycerin (dreifacher Alkohol) mit Fettsäuren.

Vitamin A (Retinol) Ph. Eur.

Funktion: Wichtig für den Ablauf des Sehvorganges, ferner für Haut- und Schleimhautfunktionen und für das Wachstum bes. auch der Haut.

Mangel: Nacht- und Farbblindheit, Blendeempfindlichkeit, Haut- und Schleimhautverhornung, Hautschuppen, Ausfallen der Haare.

Tagesbedarf: 2 000–5 000 I.E. (0,6–1,5 mg) für Erwachsene; bei Magersucht, Infektionen, Schleimhauterkrankungen, Verdauungsstörungen und während der Schwangerschaft und Stillzeit liegt ein erhöhter Bedarf vor.

Überdosierung: Da Überdosierungen zu Gesundheitsstörungen führen, ist in freiverkäuflichen Arzneimitteln eine Höchsttagesdosierung von nur 5 000 I.E. Vitamin A gestattet (siehe Anlage 4, Tab. 38.8), die für Tiere erlaubte Tagesdosis ist 3 000 I.E.

Vorkommen: In der Leber von Dorsch und Heilbutt (liefern den Lebertran), ferner in Butter, Milch, Eigelb und als Vorstufe, dem sog. Provitamin A (Carotin) in Karotten, Pfirsich, Aprikosen, Palmöl, Kressen, Spinat u.a.

Vitamin D (D_3 = Cholecalciferol und D_2 = Ergocalciferol) Ph. Eur.

Funktion: Fördert die Aufnahme von Calcium und Phosphat aus dem Darm und ist somit wichtig für den Aufbau von Knochen und Zähnen.

Mangel: Rachitis (Störung des Knochenaufbaues, Knochenerweichung), Wachstumsstörungen. Zu den Vitamin-D-Mangelerscheinungen kann es auch mangels Sonnenlicht kommen, Weil die unwirksame Vorstufe Vitamin D_2 erst durch Licht in der Haut zu Vitamin D_3 wird

Tagesdosierung: Für Säuglinge, Kleinkinder und Schwangere bei 400 I.E. Vitamin D_3 oder D_2 (10 Mikrogramm). Der tatsächliche Tagesbedarf ist aber höher. Ein weiter erhöhter Bedarf liegt bei schlecht heilenden Knochenbrüchen, in der Schwangerschaft und Stillzeit vor.

Überdosierung: Eine Überdosierung führt zur „Entkalkung" der Knochen, und daher ist in freiverkäuflichen Arzneimitteln die maximale Tagesdosis auf 400 I.E. für den Menschen und 250 I.E. für Tiere festgelegt (siehe Anlage 4, Tab. 38.8).

Vorkommen: In Fischleberölen, Eigelb, Butter, tierischen Fetten allgemein, und als Vorstufe (als Ergosterin) in der Hefe, woraus durch UV-Bestrahlung Vitamin D_2 gebildet wird (Vitamin D_2 ist vornehmlich in Reformhausprodukten enthalten).

Vitamin E, Tocopherole Ph. Eur.

Funktion: Schutzfunktion (als Antioxidans) an den Biomembranen der Zellen, Mitwirkung beim Fettstoffwechsel, Verbesserung der Leistungsfähigkeit der Muskelzellen.

Mangel: Beim Menschen ist ein solcher noch nicht exakt erkannt, da der vielseitige Wirkungsmechanismus des Vitamin E noch ungenügend erforscht ist. Bei Ratten kommt es zu Störungen in der Fortpflanzung, daher auch die Bezeichnung „Fertilitäts-Vitamin".

Tagesbedarf: Beim Erwachsenen 15–30 I.E. (15–30 mg Tocopherolacetat); erhöhter Bedarf liegt bei Leistungssportlern, Schwangeren und Stillenden, bei fettreicher Ernährung, in Stresssituationen und bei erhöhter Belastung durch Umweltgifte (z.B. Smog) vor.

Überdosierungen: Vitamin E Tagesdosen bis zu 300 mg sollen unschädlich sein. In den USA sind tägliche Dosen zwischen 100 und 400 mg (I.E.) üblich. Es zeichnet sich ab, dass eine höhere tägliche Zufuhr als es zu der Vermeidung von Mangelerscheinungen notwendig ist, positive gesundheitliche Auswirkungen hat.

Vitamin B_1 (Thiamin, Aneurin)

Funktion: Wichtig für den Kohlenhydratstoffwechsel.

Mangel: Nervenentzündungen, Verdauungsstörungen, Müdigkeit, Unlust, Appetitlosigkeit, Kopfschmerzen, Kurzatmigkeit bei geringsten Anstrengungen.

Tagesbedarf: Für Erwachsene ist der mittlere Tagesbedarf 1,5 mg; erhöhter Bedarf liegt vor während der Schwangerschaft und Stillzeit, bei Nervenentzündungen, Diabetes, Leberleiden, bei Fieber, Magen- und Darmerkrankungen, bei geistigen und körperlichen Hochleistungen. Die Gefahr der Überdosierung besteht nicht.

Vorkommen: Hefe, Weizenkeime, ungeschälter Reis, Vollkornbrot, Haferflocken, Erbsen, Walnüsse, Soja, Schweineleber u.a.

Vitamin B_2 (Riboflavin, Lactoflavin) Ph. Eur.

Funktion: Wichtig für Oxidationsvorgänge in den Geweben.

Mangel: Reiner Vitamin-B_2-Mangel ist selten und ist zu erkennen an Mundwinkeleinrissen, Mundschleimhautentzündungen, rissiger Zunge, rissiger Haut.

Tagesbedarf: Für Erwachsene ist der mittlere Tagesbedarf 1,8 bis 2 mg; ein erhöhter Bedarf liegt während der Schwangerschaft und Stillzeit vor, sowie bei Leistungssportlern und Schwerarbeitenden. Eine Überdosierungsgefahr besteht nicht.

Vorkommen: Hefe, Getreidekeime, Blattgemüse, Erbsen, Bohnen, Rinderleber, Milch, Molke, Käse.

Vitamin B_6 (Pyridoxin, Adermin)

Funktion: Bestandteil mehrerer Enzyme, die im Eiweißstoffwechsel eine große Rolle spielen.

Mangelerscheinungen: Störungen des Nervensystems, Nervenentzündungen, depressive Stimmungslage, Haut- und Schleimhautveränderungen, Kinetosen (Reisekrankheit).

Tagesbedarf: Für Erwachsene ist der mittlere Tagesbedarf 2 mg; ein erhöhter Bedarf liegt bei Infektionen, Vergiftungen, Stress, auf Reisen, bei Alkoholismus und während der Schwangerschaft und Stillzeit vor. Überdosierungsreaktionen sind nicht bekannt.

Vitamin B_{12} (Cyanocobalamin) Ph. Eur.

Funktion: Wichtig für die Blutbildung (Erythropoese) und für die Nukleinsäuresynthese der Zellkernsubstanz.

Mangelerscheinungen: Perniziöse Anämie (hyperchrome Anämie) mit ähnlichem klinischem Bild wie beim Folsäurenmangel, beginnend mit Appetitlosigkeit, Zungenbrennen usw.

Tagesbedarf: Für Erwachsene ist der mittlere Tagesbedarf 0,004 mg; ein erhöhter Bedarf liegt während der Schwangerschaft und Stillzeit, bei Blutarmut und zurückgebliebenem Wachstum vor. Bei Perniziosa-Kranken wird oral zugeführtes Vitamin B_{12} im Stuhl wieder ausgeschieden. B_{12} muss in diesem Falle injiziert oder zusammen mit Magenschleimhautextrakten oral gegeben werden. Eine Therapie mit Vitamin B_{12} sollte man dem Arzt überlassen.

Vorkommen: Leber, Niere, Fleisch, Milch, Hefe, Eigelb.

Vitamin C (Ascorbinsäure) Ph. Eur.

Funktion: Wichtig für eine Reihe von Stoffwechselvorgängen (Reduktions-Oxydations-Prozesse); besonders viel Ascorbinsäure findet man in innersekretorischen Organen wie dem Hypophysenvorderlappen und den Nebennieren.

Mangelerscheinungen: Herabsetzung der Resistenz gegen Infektionskrankheiten und der Leistungsfähigkeit, Zahnfleischbluten (Skorbut), schlechte Wundheilung, mangelhafte Dentinbildung der Zähne.

Tagesbedarf: Für Erwachsene ist der mittlere Tagesbedarf 50 mg; die DGE Empfehlung für die tägliche Zufuhr beträgt 100 mg; ein erhöhter Bedarf liegt während der Schwangerschaft und der Stillzeit, bei Infektionen, in der Genesungszeit, bei körperlichen Hochleistungen und bei Rauchern vor.

▸ Hinweis

Vitamin C wird relativ rasch über die Niere ausgeschieden. Eine mehrfache tägliche Zufuhr ist daher sinnvoll. Nach Absetzen einer längeren Zufuhr von hohen Vitamin-C-Dosen kann infolge einer erworbenen erhöhten Abbaugeschwindigkeit vorübergehend trotz normaler Aufnahme ein Ascorbinsäuremangel auftreten.

Vorkommen: In frischen Früchten, vor allem in Kiwi-, Sanddorn- und Hagebuttenfrüchten, Orangen, Zitronen. Den bisher höchsten Vitamin-C-Gehalt besitzt die Acerolakirsche und Jaboticafrüchte), ferner in Kartoffeln, Salaten und Gemüse.

Watte mit Eisen(III)-chlorid

Verwendung: Die imprägnierte Watte wird zur Stillung von Nasenbluten verwendet.

Weinsäure Ph. Eur.

Beschreibung: Farblose, durchscheinende Kristalle oder weißes kristallines Pulver mit saurem Geschmack.

Verwendung: innerlich als leichtes Abführmittel, zum Ansäuern von Pflanzenpresssäften, um diese haltbarer zu machen, zum Ansäuern von Säuglingsmilch, zur Herstellung von Brauselimonaden zusammen mit Natriumbicarbonat.

Zink

Funktion: Bestandteil von Enzymen (z. B. im Insulin enthalten), Funktion des Immunsystems.

Mangel: Wachstumsstörungen, verzögerte Wundheilung (daher Anwendung von Zinksalbe), Haarausfall. Daneben hat Zink noch weitere Wirkungen wie: lokal antiviral, antibakteriell.

Zinkoxid

Beschreibung: Das weiße Pulver wird äußerlich als trocknende, antiseptische Puderzubereitung verwendet. In Form anderer Zubereitungen, z. B. Lotion oder Salbe, auch mit Zusatz von Lebertran freiverkäuflich (gute Heilwirkung).

4.5 Darreichungsformen

Im Folgenden wird nur eine knappe Übersicht gegeben. Eine ausführlichere Erklärung und Einzelheiten zu den Darreichungsformen, die außerhalb der Apotheke eine Bedeutung besitzen, finden Sie in Kap. 11.

4.5.1 Darreichungsformen aus frischen Arzneipflanzen

- Frischpflanzen-Presssäfte, die laut § 44 AMG 76 ohne Lösungsmittel mit Ausnahme von Wasser hergestellt werden müssen. Diese Säfte dürfen keine Konservierungsmittel und keinen Alkohol enthalten, wenn sie freiverkäufliche Arzneimittel sind.
- Destillate aus Frischpflanzen, z. B. Meerrettich-Destillat.
- Ätherische Öle aus Frischpflanzen, die durch Wasserdampfdestillation gewonnen werden, z. B. Eucalyptusöl, Fichtennadelöle, Pomeranzenblütenöl, Pfefferminzöl etc. (siehe Anlage 1a zu VO nach § 45 AMG 76, Tab. 38.1).

Hinweis

Ätherische Öle werden meistens aus getrockneten Arzneipflanzen gewonnen, weil nur diese lagerfähig sind.

4.5.2 Darreichungsformen aus getrockneten Arzneipflanzen

1. Kräutermedizinaltees: Bei den Zubereitungen unterscheidet man zwischen einem **Teeaufguss** (Infus), z. B. bei Drogen mit

ätherischem Öl, einer **Teeabkochung** (Dekokt), z.B. bei Wurzel-, Rinden- und Holzdrogen, und einem **Kaltansatz** (Kaltmazerat), z.B. bei Eibischwurzeln, Mistelkraut und Bärentraubenblättern. Kaltansätze können nach der Extraktion kurz erhitzt werden, um evtl. massenhaft vermehrte Bakterien und Hefen abzutöten.
   a) Ganzdroge z.B. Leinsamen, Fenchel, Anis
   b) Grobschnitt z.B. Kürbissamen, Kräuterteemischungen
   c) Feinschnitt z.B. Pfefferminze, Kamillenblüten in Aufgussbeuteln
2. Pulverisierte Drogen oder Drogentrockenextrakte (Extr. siccum) können zu **Tabletten** verarbeitet werden.
3. Pulverisierte Drogen oder Drogentrockenextrakte können zu **Dragees** verarbeitet werden.
4. Pulverisierte Drogen oder Drogentrockenextrakte können in **Hartgelatinekapseln** (aber auch unter besonderen Bedingungen in Weichgelatinekapseln) abgefüllt werden.
5. Zähflüssige oder ölige Drogenextrakte (Extr. spissum) können in **Weichgelatinekapseln** abgefüllt werden (z.B. Rotölkapseln bei Johanniskrautöl).
6. Zähflüssige Drogenextrakte oder flüssige Auszüge (z.B. Tinkturen) können in **Emulsionen, Lösungen** und in **Sirupe** eingearbeitet werden.
7. Zähflüssige Extrakte und ätherische Öle können in **medizinische Bäder (Badekonzentrate)** eingearbeitet werden.
8. Zähflüssige Extrakte und ätherische Öle können in **Bonbons** und in **Pastillen** eingearbeitet werden.
9. Zähflüssige Extrakte, flüssige Auszüge, ätherische Öle und verschiedene einzelne Drogeninhaltsstoffe können zu **Salben, Pasten** und **Gelen** verarbeitet werden.
10. Drogen können mit verschiedenen Lösungsmitteln extrahiert werden, wobei direkt das Fertigarzneimittel entstehen kann, z.B. mit Wein ergibt einen **Medizinischen (Arznei-)Wein** oder mit einen Alkohol-Wassergemisch ergibt die **sog. Tinktur**.
11. Drogen können mit Wasser extrahiert, vorsichtig konzentriert und zusammen mit Trägersubstanzen (z.B. Stärkehydrolysate) zur Trockene versprüht werden **(lösliche Teeaufgusspulver, sog. Instanttees)**.

4.5.3 Darreichungsformen, aus chemisch definierten Stoffen

- Tabletten
- Filmtabletten
- Dragees
- Lösungen
- Emulsionen
- Kapseln
- Bonbons
- Pastillen
- Pulver
- Salben
- Gele
- Sirupe

4.5.4 Darreichungsformen und ihre Herstellung

Badezubereitungen, medizinische

Medizinische Badezubereitungen können z.B. als Emulsionen, Badeöle, Badesalz, Sprudeltabletten in den Verkehr gebracht werden. In medizinischen Bädern finden z.B. Extrakte aus Eucalyptus, Lavendel, Kamille, Rosmarin, Melisse, Baldrian, Fichtennadeln oder deren ätherische Öle eine häufige Verwendung.

Bonbons, Pastillen

Bonbons werden aus einer Zuckermasse geformt und enthalten, sofern sie einem arzneilichen Zweck dienen sollen, entsprechende arzneiliche Zusätze. Bonbons sind für Diabetiker ungeeignet, es sei denn, dass „Diabetiker-Bonbons" mit Zuckerersatzstoffen eingenommen werden. Pastillen sind Zubereitungen zum Lutschen, deren Form meist von der normalen Tablettenform abweicht (Plätzchen, Täfelchen, Zeltchen, Rauten usw.). Bekannt sind Hustenpastillen, Salmiakpastillen.

Für Mittel gegen Husten oder Heiserkeit ist laut Anlage 2a der Verordnung nach § 45 nur die Darreichungsform zum Lutschen gestattet. Hier kommen Bonbons, Pastillen oder Lutschtabletten in Frage.

Destillate als Fertigarzneimittel

Destillate werden aus Ätherischöldrogen durch Destillation zusammen mit verdünntem Alkohol gewonnen. Die Ätherischöldrogen werden dabei in der sog. Destillationsblase (Glaskolben, Behälter aus Stahl) mit einem Wasser-Alkoholgemisch zusammen erhitzt. Der Dampf, bestehend aus den ätherischen Ölen und dem Alkohol-Wasserdampf wird an einem Kühler abgekühlt und tropft als flüssige Mischung ab. Damit die ätherischen Öle klar gelöst bleiben, muss die Alkoholkonzentration recht hoch sein (meist über 40 %). Ist der Alkoholgehalt zu niedrig, wird das Destillat trübe. Auf die gleiche Weise kann man auch Destillate gewinnen, die neben Ätherischölpflanzen noch bestimmte Zusätze (Menthol, Balsame, Harze usw.) enthalten oder aus Mischungen von ätherischen Ölen hergestellt werden.

Ein Destillat als Fertigarzneimittel enthält die flüchtigen Bestandteile (ätherische Öle) von Ätherischölpflanzen, gelöst in verdünntem Alkohol (meist über 40 Vol.-%). Destillate müssen immer unter Zusatz einer Flüssigkeit (Alkohol, Wasser) hergestellt werden. **Trockendestillate** sind nicht freiverkäuflich.

Dragees

Dragees sind überzogene Tabletten. Sie bestehen aus dem Drageekern, der die Wirkstoffe und Hilfsstoffe enthält und aus einem Überzug aus Zucker, der zusätzlich mit einer gefärbten Lackschicht abgedeckt sein kann. Je nach Lack sind sie entweder magensaft- oder dünndarmlöslich.

Emulsionen

Emulsionen sind milchänliche Arzneizubereitungen, bei denen Fette oder Öle in einer wässrigen Flüssigkeit sehr fein verteilt sind (Öl-in-Wasser-Emulsionen). Die bekannteste Emulsion ist die Milch. Es gibt aber auch umgekehrt Wasser-in-Öl-Emulsionen; die bekannteste ist die Butter. Auch Cremes sind Öl-in-Wasser-Emulsionen. Zu einer Emulsion gehört immer ein Emulgator, der u.a. das Brechen der Emulsion (das Auftrennen in wässrige und ölige Anteile) verhindert.

Extrakte, Extracta Ph. Eur.

Extrakte sind flüssige (Flüssigextrakte und Tinkturen), halbfeste (Dick-Extrakte) oder feste (Trocken-Extrakte) Zubereitungen, die von pflanzlichen oder tierischen Drogen gewonnen werden. In der Ph. Eur. werden folgende Extrakt-Typen unterschieden: **Standardisierte (normierte) Extrakte** sind eingestellt auf eine akzeptable Toleranz um einen festgelegten Gehaltswert von Inhaltsstoffen mit bekannter therapeutischer Wirksamkeit. Einstellen auf einen definierten Gehalt wird erreicht durch Mischen verschiedener Extrakt-Chargen oder durch Zumischen inerter Hilfsstoffe.

Quantifizierte Extrakte werden eingestellt auf einen definierten Gehaltsbereich von (wirksamkeitsmitbestimmenden) Inhaltsstoffen durch Mischen von unterschiedlichen Extrakt-Chargen.

Andere Extrakte sind durch ihren Herstellungsprozess definiert (Art der Droge, Extraktionsmittel, Extraktionsbedingungen) und ihre Spezifikationen. Sie haben meist einen Mindestgehalt (keine Gehaltsspanne).

Extrakte werden hergestellt durch geeignete Methoden unter Verwendung von Ethanol oder anderen geeigneten Extraktionsmitteln. Die Extraktion mit einem bestimmten Extraktionsmittel führt zu einem typischen Verhältnis von charakteristischen Inhaltsstoffen im Nativ-Extrakt. Während der Herstellung von quantifizierten und standardisierten (normierten) Extrakten können Reinigungsschritte angewendet werden, die zu einer Erhöhung des Gehaltes solcher Verbindungen führen. Solche Extrakte werden als „raffinierte" Extrakte bezeichnet.

Droge-Extrakt-Verhältnis

Eine wichtige Kennzahl aller Extrakte ist ihr Droge-Extrakt-Verhältnis (DEV). Es gibt an, wie viele Gewichtsteile Droge für die Herstellung eines Teiles Extrakt verwendet wurde.

Üblicherweise bezieht sich diese Zahl immer auf den nativen Extrakt (wenn nicht anders angegeben). Diese Zahl oder besser: Spanne muss auf den Arzneimittelpackungen angegeben sein, wenn Extrakte eingesetzt wurden.

Beispiel einer Deklaration: 225 mg Baldrian-Trockenextrakt (DEV: 3–6:1) Auszugsmittel: Ethanol 70 % (V/V). Das bedeutet, dass für die Herstellung von 1 Gramm nativem Trockenextrakt zwischen 3 und 6 Gramm Baldrianwurzel eingesetzt wurden. Dass diese Angaben immer Spannen und keine festen Werte sind, liegt daran, dass die prozentuale Menge der extrahierbaren Stoffe einer Droge von Charge zu Charge unterschiedlich sind.

Fluid-Extrakte

Fluid-Extrakte sind flüssige Extrakte, bei denen im Allgemeinen 1 Teil Extrakt einem Teil Droge entspricht. Als Auszugsmittel sind nur Wasser oder Ethanol mit bestimmter Konzentration erlaubt. Sie können auch durch Auflösen entsprechender Trocken- oder Dick-Extrakte hergestellt werden. Bedingung ist dabei, dass bei deren Herstellung das gleiche Lösungsmittel verwendet wurde.

Tinkturen

Tinkturen sind flüssige Zubereitungen, die üblicherweise aus 1 Teil Droge und 5 oder bei manchen Drogen 10 Teilen Extraktionsmittel (immer Ethanol einer bestimmten Konzentration) hergestellt werden. Tinkturen dürfen auch durch Auflösen von Trockenextrakten in Alkohol entsprechender Konzentration hergestellt werden. Voraussetzung ist, dass der Trockenextrakt mit einem Alkohol der selben Konzentration hergestellt wurde. Dadurch ist es leicht möglich auch kleine Mengen Tinkturen ohne großen Aufwand herzustellen.

Das Ausziehen einer Droge kann auf verschiedene Weise geschehen:

- Durch **Perkolation**: in einer geeigneten Apparatur wird durch die Droge ständig Lösungsmittel durchgeleitet. Auf diese Weise werden die in der Flüssigkeit löslichen Inhaltsstoffe ausgezogen. Die erhaltene Flüssigkeit wird bis zur gewünschten

Konzentration wieder eingedampft. Der durch Perkolation gewonnene Drogenauszug heißt **Perkolat**. Durch dieses Verfahren kann eine erschöpfende Extraktion erzielt werden (Erschöpfendes Extraktionsverfahren).

- Durch **Mazeration**: in einem Gefäß wird die Droge mit der vorgeschriebenen Flüssigkeit übergossen, zehn Tage lang unter täglichem Schütteln stehen gelassen und anschließend abgepresst. Der auf diese Weise erhaltene Drogenauszug heißt **Mazerat**. Durch dieses Verfahren ist keine erschöpfende Extraktion möglich. Am Ende des Prozesses stehen die extrahierte Droge und der Auszug in Gleichgewicht (Gleichgewichts-Extraktion). Bekannte Beispiele der Anlage 1a sind Arnikatinktur, Baldriantinktur, Enziantinktur, Myrrhentinktur.

Dick- und Trockenextrakte

Ein zähflüssiger Extrakt (Dick-Extrakt, Spissum-Extrakt) wird hergestellt, indem man einen flüssigen Drogenauszug (z. B. eine alkoholische Tinktur oder einen Tee) bis zur Zähflüssigkeit eindampft. Verwendung z. B. in Salben, Pasten, Bädern. Wird die gesamte Auszugsflüssigkeit verdampft, erhält man einen trockenen Rückstand, den sogenannten Trockenextrakt.

Der Trocknungsverlust oder Wassergehalt ist typischerweise bei Trockenextrakten kleiner 5 %. Bei Dick-Extrakten größer. Häufig muss, um ein frei fließendes trockenes Pulver zu erhalten noch 2–50 % eines Hilfsstoffes zugesetzt werden. Solche Hilfsstoffe können Maltodextrin, Siliciumdioxid und getrockneter Glukosesirup sein. Trockenextrakte werden für die Herstellung von Pflanzendragees, -tabletten und -kapseln verwendet. Eine solche Extrakt-Zubereitung besteht aus einem sogenannten nativen Extrakt-Anteil und den Hilfsstoffen. Auf den Arzneimitteln darf immer nur die Menge des nativen Extrakt-Anteils deklariert werden, nicht die Menge der im Extrakt vorhandenen Hilfsstoffe. Beispiel: Ein Baldrian-Trockenextrakt besteht zu 90 % aus nativem Extrakt und zu 10 % aus Hilfsstoffen. Ein Dragee mit diesem Extrakt enthält 250 mg des Trockenextraktes. Auf der Packung steht dann: 225 mg Baldrian-Trockenextrakt.

Instanttees

Das sind sofort (instant) lösliche Teeaufgusspulver. Ein Instanttee wird folgendermaßen hergestellt: Von den zu verwendenden Pflanzen wird zunächst ein wässriger Auszug (Tee) bereitet, dieser etwas eingedickt und dann zusammen mit Trägersubstanzen mittels Vakuumband- oder Sprühtrocknungsverfahren schonend getrocknet. Es gibt auch noch die ältere Bandtrocknung, die allerdings weniger schonend ist.

Die beim Eindampfen verloren gegangenen ätherischen Öle werden zum Teil in Pulverform (mikroverkapselt) wieder zugesetzt. Ein Instanttee ist in heißem oder kaltem Wasser sofort löslich.

Eine gute Qualität zeigt sich beispielsweise daran, dass ein Instanttee ausreichend viel Pflanzenextrakt enthält (20–50 g auf 100 g) und ggf. die verloren gegangenen ätherischen Öle wieder zugesetzt sind. Es gibt leider Instanttees, die bestenfalls als „aromatisiertes Zuckerwasser“ bezeichnet werden können (Extrakt-Anteil 5 %). Für Husten-Instanttees dürfen z. B. Eibischwurzeln, Fenchelfrüchte, Huflattichblätter und -blüten, Isländisches Moos, Spitzwegerichkraut, Eucalyptusblätter, Anisfrüchte, Primelwurzel (Schlüsselblumenwurzel) verwendet werden (Anlagen 1d + 1e, Tab. 38.3 + 38.4).

Drogen, die für freiverkäufliche Magen-Darm-Instanttees verwendet werden können, sind z. B. Fenchelfrüchte, Kamillenblüten, Pfefferminzblätter, Schafgarbenkraut, Tausendgüldenkraut, Angelikawurzel, Anisfrüchte, Enzianwurzel, Gänsefingerkraut, Kalmuswurzelstock, Kümmelfrüchte (Anlagen 1d + 1e, Tab. 38.3 + 38.4).

Drogen, die für freiverkäufliche harntreibende Instanttees in Frage kommen, sind z. B. Birkenblätter, Orthosiphonblätter, Schachtelhalmkraut, Brennnesselkraut, Goldrutenkraut, Hauhechelwurzel, Liebstöckelwurzel (Anlagen 1d + 1e, Tab. 38.3 + 38.4).

Drogen, die für freiverkäufliche Beruhigungs-Instanttees eingesetzt werden dürfen, sind z. B. Baldrianwurzel, Hopfenzapfen, Melissenblätter, Fenchelfrüchte (Anlagen 1d + 1e, Tab. 38.3 + 38.4).

Frischpflanzenpresssäfte

Frischpflanzenpresssäfte werden durch Auspressen frischer Pflanzen hergestellt. Es darf kein anderes Lösungsmittel als Wasser verwendet werden. Als Heilmittel sind nur Presssäfte aus **einer** Pflanzenart freiverkäuflich (keine Mischungen; daher Kombi-Packungen für Kuren). Sie müssen mit dem verkehrsüblichen deutschen Namen gekennzeichnet sein. Alkohol- oder Konservierungsmittel-Zusätze sind nicht erlaubt bzw. würden zur Apothekenpflicht führen.

Ganzdroge, Grobschnitt, Feinschnitt

Eine **Ganzdroge** besteht aus den unzerkleinerten Drogenteilen (z. B. Leinsamen), bei **Grobschnitt** wird die Droge nur grob zerkleinert (z. B. Quadratschnitt 5 mm × 5 mm), beim **Feinschnitt** liegt die Schnittgröße zwischen 0,3 mm und 2 mm. Die Art der Zerkleinerung kann einen großen Einfluss auf die Qualität der Droge haben. So geht z. B. bei ätherischen Öl-Drogen bei jedem Zerkleinerungsvorgang sehr viel Wirkstoff verloren, da die Zellen, in denen das ätherische Öl in den Pflanzen abgelagert ist, zerstört werden. Ein Feinschnitt von ätherischen Öl-Drogen (Filterbeutel) enthält wesentlich weniger ätherisches Öl als die Ganzdroge oder ein Grobschnitt und ist auch weniger lange lagerfähig. Auf der anderen Seite ist die Extraktionsgeschwindigkeit und die absolute Menge an Inhaltsstoffen, die bei der Teebereitung aus der Droge in das Teegetränk übergehen stark abhängig vom Zerkleinerungsgrad: Je feiner, desto schneller und damit mehr geht in den Teeaufguss über. Das kann bedeuten, dass der Tee aus einem Filterbeutel stärker als aus einem offenen Tee wirkt, der aus Grobschnitt besteht. Drogen mit nicht flüchtigen Inhaltsstoffen sind dagegen in der Regel weniger empfindlich bei der Verarbeitung und Lagerung.

Gelatinekapseln

Gelatinekapseln eignen sich zur Aufnahme schlecht schmeckender oder riechender Arzneistoffe (z. B. Weichgelatinekapseln für Knoblauchöl). Sowohl Weich- als auch Hart-Gelatinekapseln lösen sich normalerweise im Magensaft schnell auf. Es sei denn, sie sind gehärtet und dadurch im Magensaft unlöslich. Sie werden dann erst im Darm aufgelöst und sind damit für Arzneimittel geeignet, die durch Magensaft zerstört werden. In Weichgelatinekapseln werden ölige Lösungen oder ölige Suspensionen, in Hartgelatinekapseln dagegen Pulver bzw. Granulate abgefüllt. Wasserhaltige Füllungen würden die Gelatinekapseln auflösen.

Medizinalweine

Medizinalweine sind Arzneizubereitungen, die durch Lösen oder Mischen von Arzneistoffen mit Wein (in der Regel verwendet man Südwein mit einen Alkoholgehalt von rund 16 Vol.-%) hergestellt werden, z. B. Pepsinwein. Mit Wein hergestellter Drogenauszug wird als Medizinalwein bezeichnet.

Öle, ätherische

Ätherische Öle sind lipophile, mit Wasserdampf flüchtige, mit Wasser aber nicht mischbare Stoffgemische aus Pflanzen, die fast immer einen starken, oft aromatischen Geruch haben. Nach ihrer chemischen Struktur gehören ihre Bestandteile häufig zu den Terpenen oder den Phenylpropanen. Man kann sie durch Wasserdampfdestillation, durch Auspressen (Orangenschalenöl), durch Extraktion mit Lösungsmittel oder Fett (Rosenöl) gewinnen. Sie enthalten kein Glycerin. Ätherische Öle sind als Energieträger ernährungsphysiologisch unbedeutend (wohl aber für Geruch und Geschmack wesentlich), werden in kleinen Mengen verwendet und haben häufig arzneiliche oder pharmakologische Wirkungen. Sie sind der Ursprung und wesentlicher Bestandteil der Parfümerie.

Öle, fette

Fette Öle sind Gemische von Estern von langkettigen Fettsäuren mit Glycerin.

Sie sind nicht mit Wasserdampf flüchtig aber ebenfalls lipophil und nicht mit Wasser mischbar. Sie sind oft fast geruchlos. Fette Öle werden in der Regel durch Auspressen von ölreichen Samen und Früchten gewonnen. Fette Öle besitzen in erster Linie diätetische Bedeutung indem sie wertvolle Energieträger sind und daneben weitere physiologische Funktionen haben.

Der Unterschied zwischen **fettem** und **ätherischem Öl** ist deutlich zu sehen, wenn man ein Filterpapier damit betropft: Ein fettes Öl hinterlässt einen Fettfleck. Ein ätherisches Öl ist flüchtig, und der Fleck verschwindet nach einiger Zeit.

Puder

Puder bestehen aus feinstverteilten Arzneistoffen in feinkörnigen Grundstoffen. Letztere sind z. B. Talkum, Stärke, Zinkoxid, Kieselsäure und weißer Ton. Man kennt im Wesentlichen Kinderpuder, Fußpuder, juckreizstillende Puder, Puder zur Verhütung von Wundsein.

Halbfeste Arzneiformen: Salben, Kühlsalben, Pasten, Cremes, Gele

Salben sind streichbare Zubereitungen zum Auftragen auf oder zum Einreiben in die Haut. Die Arzneistoffe sind entweder feste oder flüssige Substanzen (fest: Campher, Menthol, Salicylsäure, flüssig: ätherische Öle, Tinkturen), die sehr fein in bestimmten Salbengrundlagen verteilt werden, oder sich darin lösen. Als Salbengrundlagen dienen: Vaseline, Lanolin, pflanzliche (Kakaobutter) oder tierische Fette (Schweineschmalz, Pferdefett), Wachse, Polyethylenglykole, fette Öle usw. Salben können entweder einphasige fette Zubereitungen sein oder Emulsionen. Wenn sie Emulsionen sind, so meist als Wasser-in-Öl-Emulsionen oder Öl-in-Wasser-Emulsionen mit einem hohen Fettanteil. Bei einem niedrigen Fettanteil werden sie meist als Cremes bezeichnet.

Kühlsalbe besitzt auf der Haut eine kühlende Wirkung, die dadurch zustande kommt, dass das enthaltene Wasser leicht verdunstet. Es handelt sich um eine Öl-in-Wasser-Emulsion, bei der sich das Wasser in der äußeren Phase befindet und die Emulsion beim Einreiben bricht. Das setzt eine absichtlich wenig stabile Emulsion voraus. Beispiel: Kühlsalbe des Arzneibuchs.

Pasten sind Salben, in die ein hoher Anteil fester Stoffe (z. B. Zinkoxid, Schwefel, Beinwellwurzelpulver) eingearbeitet ist.

Cremes sind wasserhaltige Salben, die leicht in die Haut einziehen und aufgrund ihres geringen Fettanteiles nicht fetten.

Gele sind (oft transparente) Zubereitungen zum Auftragen auf die Haut. Sie bestehen aus einem vernetzten meist hochmolekularen Grundgerüst, in das eine Flüssigkeit so eingelagert ist, dass sie nicht mehr frei fließen kann. Sie besitzen oft kühlende Eigenschaften und hinterlassen beim Eintrocknen einen dünnen Schutzfilm.

Sirupe

Sirupe sind konzentrierte Zuckerlösungen, in denen Arzneistoffe oder Pflanzenauszüge gelöst sind (z. B. Eibisch-, Feigen-, Spitzwegerich-, Hustensirupe).

Tabletten

Eine **Tablette** besteht aus einem **Wirkstoffanteil** und einem Anteil an **Hilfsstoffen**. Der Wirkstoffanteil kann aus gepulverten Drogen, Mineralsalzen, chemischen Stoffen usw. bestehen. Als Hilfsstoffe werden Stärke, Milchzucker, Talkum, Agar, Magnesiumstearat und andere Stoffe verwendet. Die Hilfsstoffe haben zum einen die Aufgabe, die Tablette zusammenzuhalten und sorgen zum anderen dafür, dass sie im Verdauungstrakt wieder zerfällt (Füllmittel, Bindemittel, Sprengmittel).

Tinkturen

Siehe unter Extrakte.

Tonika

Unter Tonika versteht man (in der Regel flüssige) Kräftigungs- oder Stärkungsmittel, die die körperliche oder geistige Leistungsfähigkeit verbessern sollen. Sie enthalten in unterschiedlichen Kombinationen Vitamine, Mineralstoffe, Lecithin, Pflanzenauszüge (z. B. aus Ginseng, Weißdorn usw.). Tonika sind Arzneimittel, aber als solche nur mit **vorbeugenden** Aussagen (stützend, kräftigend, pflegend, Wohlbefinden erhaltend bzw. fördernd) freiverkäuflich. Sie sind in der Regel als Traditionelle Arzneimittel nach § 109a oder 39a AMG im Verkehr.

Infusionen und Injektionen (Spritzen) sind Zubereitungsformen, die in die Blutbahn oder in das Gewebe mittels einer Kanüle verabreicht werden. Bei Infusionen werden größere Flüssigkeitsmengen verabreicht. Beide Darreichungsformen sind nicht freiverkäuflich.

Aerosole sind Darreichungsformen, bei denen der Wirkstoff fein versprüht und eingeatmet wird. Sind die versprühten Teilchen kleiner als 5 µm (Mikrometer), ist das Aerosol apothekenpflichtig (z. B. Asthmasprays).

▶ Hinweis

Grundsätzlich apothekenpflichtig sind Injektionen, Infusionen, Zäpfchen (rektal), Implantate, Darreichungsformen zur Anwendung in der Brust von Tieren (Euter), im Uterus, Aerosole mit Teilchengrößen unter 5 µm.

5 Erkennen verwechselter, verfälschter oder verdorbener Arzneimittel (Wissensgebiet 3)

5.1 Verwechselte Arzneimittel

Bei Fertigarzneimitteln kommt es gelegentlich vor, dass beim Konfektionieren die Etiketten, Gebrauchsinformation oder die Faltschachteln verwechselt werden. In einem solchen Falle ist der pharmazeutische Unternehmer für die Verwechslung verantwortlich (§ 4 (18), Anhang 1). Bei der Entdeckung einer solchen Verwechslung ist unverzüglich der Pharmazeutische Unternehmer und die Aufsichtsbehörde zu verständigen.

Die Verantwortung liegt dagegen beim Einzelhändler, wenn er verwechselte **Tinkturen** oder **Drogen** aus Großgebinden in eine zur Abgabe an den Verbraucher bestimmte Packung abfüllt. Es ist in jedem Falle vor der Abfüllung eine **Identitätsprüfung** durchzuführen! In aller Regel erfolgt eine solche Prüfung organoleptisch (d.h. nach Aussehen, Geruch, Geschmack, Farbe). Der Prüfungsteilnehmer sollte daher die in der Anlage 1a der VO zu § 45 aufgeführten Drogen, **Tinkturen, Pulver** und **Salze** (Tab. 38.1) von Verwechslungen unterscheiden können.

Folgende **flüssige Arzneimittel** der Anlage 1a kommen in der Praxis als lose Gebinde vor: Hoffmannstropfen, Arnikatinktur, Baldriantinktur, Ätherische Baldriantinktur, Enziantinktur, Franzbranntwein, Myrrhentinktur, Ratanhiatinktur, Seifenspiritus und Wacholderspiritus.

Drogen werden in erster Linie mit ähnlich aussehenden Drogen verwechselt, wie z.B. dalmatinischer Salbei mit griechischem Salbei, Huflattich- mit Pestwurzblättern, Melissen- mit Krauseminzeblätter, Bärentrauben- mit Preiselbeerblätter, Odermennig- mit Gänsefingerkraut, Faulbaumrinde mit Cascararinde (amerikanische Faulbaumrinde), Pomeranzen- mit Zitronenschalen, Thymian mit Quendel, Holunder-, Schlehdorn- und Spierblüten untereinander, geschälte und ungeschälte Süßholzwurzeln u.a.

In den letzten Jahren wurden in einigen wenigen Fällen auch sehr bedenkliche Verwechslungen festgestellt, so z.B. von Klettenwurzeln (Bardanae radix) mit den Wurzeln der Tollkirsche (Belladonnae radix) oder von Teufelskrallenwurzeln mit einer nicht näher definierten giftigen Alkaloiddroge.

Tab. 5.1: Gängige Drogenverfälschungen

Drogen	Verfälscht mit
Arnikablüten	Mexikanischer Arnika (*Heterotheca inuloides*)
Huflattichblätter	Blättern der Pestwurz
Dalmatinischer Salbei	Dreilappigem Salbei (griechischem)
Lindenblüten (Winter- und Sommerlinde)	Blüten der Silberlinde
Primelwurzel	Wurzeln der Schwalbenwurz
Weißdornfrüchte	Früchten des Rotdorns und der Eberesche
Schachtelhalmkraut	Sumpfschachtelhalm
Safran	Färberdistelblüten, Ringelblumenblüten

Wenn der Einzelhändler keine gute Drogenkenntnis besitzt, sollte er sich zumindest um einen sehr zuverlässigen Drogenlieferanten kümmern.

▶ **Hinweis**

Die Vorlage eines Analysenzertifikates entbindet den Einzelhändler juristisch nicht von der eigenen Identitätsprüfung!

5.2 Verfälschte Arzneimittel

Bei den Drogen gibt es Verfälschungen, die häufiger auf dem Drogenmarkt zu beobachten sind und die zum Teil bewusst und zum Teil unbewusst (mangelnde Kenntnis der Sammler) vorkommen. Gängige Drogenverfälschungen sind in Tabelle 5.1 gelistet.

Weitere Drogenverfälschungen werden in den einzelnen Drogenmonographien genannt. Wer über geringe Drogenkenntnisse verfügt, sollte sich jeweils vom Drogenlieferanten bestätigen lassen, dass es sich um die offizielle Arzneibuchdroge handelt.

▶ **Hinweis**

Der Prüfungsteilnehmer muss wissen, dass es Drogenverfälschungen gibt, und wie man sich davor schützen kann!

5.3 Verdorbene Arzneimittel

Verdorbene Arzneimittel sind in aller Regel durch eine einfache Sinnesprüfung festzustellen. Im Einzelnen kann es sich um folgende Verderberscheinungen handeln:

Einzeldrogen und Kräuterteemischungen: Befall mit Ungeziefer bzw. das Vorhandensein der einzelnen Entwicklungsstadien der Drogenschädlinge (Gespinste, Maden, Motten, Käfer); ferner Schimmelbefall.

▶ **Hinweis**

Bei einer Lagerung von Kräutertees und Drogen neben Lebensmitteln wie Südfrüchten und Getreideprodukten, kann u. U. der Befall mit Ungeziefer erst im Einzelhandelsgeschäft erfolgen (sog. Sekundärkontamination außerhalb des Verantwortungsbereiches des Pharmazeutischen Herstellers), und ebenso kann sich die Schimmelbildung erst bei zu feuchter Lagerung im Einzelhandelsgeschäft entwickeln.

Pulverpräparate: Verfestigung, Verklumpen infolge undichter oder ungeeigneter Verpackung, insbesondere bei feuchter Lagerung.

Tabletten: Fleckenhafte Verfärbung (insbesondere bei überlagerten Tabletten); Bruch bzw. Risse infolge ungenügender Festigkeit; Zerfallen oder Verklebung bei zu feuchter oder auch zu warmer Lagerung.

Dragees: Gerissene Drageedecke bei längerer Lagerung oder bedingt durch Herstellungsmängel; Verfärbung bzw. punkt- oder fleckenhafte Veränderung der Drageehülle bei längerer oder zu feuchter Lagerung oder entstanden durch „Durchbluten" von Inhaltsstoffen des Drageekernes (z. B. gelbe Verfärbung einer weißen Drageedecke, wenn der Drageekern gelb gefärbten Curcumaextrakt enthält); Platzen der Drageedecke in zwei Hälften, sog. Deckeln bei Dragees, deren Kern aus Drogenextrakten besteht, wobei diese zu feucht dragiert wurden; Ablösen der Drageedecken durch Herstellungsmängel oder unsachgemäße Lagerung.

Weichgelatinekapseln: Formveränderung und Zusammenkleben bei zu hoher Lagerungstemperatur; Undichtigkeiten an der Verschweißnaht durch Herstellungsmängel: Härtung und Überlagerung.

Pflanzenpresssäfte: Schimmel im Flaschenhals, Ausflocken, übermäßige Trübung, Gärungserscheinungen durch Herstellungsmängel (z. B. undichte Flaschen) oder falsche Lagerung (z. B. in Regalen, die dem Sonnenlicht ausgesetzt sind) bzw. Überlagerung.

Liquida (Tonika, Elixiere, Emulsionen etc.): Gärungserscheinungen, vor allem bei alkoholfreien Liquida mit undichten Verschlüssen oder ungenügender Entkeimung bei der Herstellung; übermäßiger Bodensatz zur Trübung der gesamten Flüssigkeit durch Herstellungsmängel (z. B. ungenügende Filtration), aber auch bei falscher Lagerung und bei Überlagerung; Phasentrennung bei Emulsionen und Klumpenbildung bei Suspensionen infolge unzureichender Lagerstabilität; Auskristallisation bzw. Ausfällung von Wirkstoffen und Hilfsstoffen (z. B. Zuckerkristallisation in Sirup).

Salben und Gele: Phasentrennung, d. h. Entmischung und Verflüssigung infolge zu warmer Lagerung: mikrobielle Zersetzung bedingt durch Herstellungsfehler; Ranzigwerden infolge zu warmer Lagerung und/oder unzureichenden Oxidationsschutzes; Austritt von Salbe, bedingt durch Verpackungsfehler z. B. undichte Tuben.

▶ **Hinweis**

Wie die einzelnen Beispiele zeigen, müssen Herstellungs- und Verpackungsmängel nicht die einzige Ursache für verdorbene Arzneimittel sein. **Qualitätsmängel** treten häufig bei unsachgemäßer oder sehr langer Lagerung auf, wobei nicht immer äußerlich erkennbare Veränderungen sichtbar werden müssen. Daher ist auch gemäß § 8 AMG 76 (Verbote zum Schutz vor Täuschung) streng auf die vom Hersteller angegebenen[4] Verfalldaten zu achten! Ferner muss der Einzelhändler sorgfältig die vom Hersteller angegebenen Lagerhinweise beachten (Kap. 6). Der Einzelhändler sollte über ein übersichtliches und schnell abfragbares Kontrollsystem verfügen.

Das besprochene „3. Wissensgebiet" der Prüfungsanforderungen unterliegt dem § 8 AMG (Verbote zum Schutz vor Täuschung).

[4] Ein sehr nützliches Nachschlagewerk, in dem die Chargenschlüssel und die Kennzeichnung der Verfalldaten vieler Arzneimittelhersteller nachgesehen werden können, ist das Loseblattwerk von Schwendinger/Schaaf/Marschall, „Haltbarkeits- und Herstellungsdaten deutscher Arzneimittel", Deutscher Apotheker Verlag, Stuttgart

6 Ordnungsgemäße Lagerung, Lagertemperatur, Verfalldatum (Wissensgebiet 4)

6.1 Lagerung von Arzneimitteln

Als Erstes hat der Einzelhändler streng darauf zu achten, dass Arzneimittel **deutlich getrennt** von anderen Waren (z. B. Lebensmittel, Diätetika, Kindernährmittel, Kosmetika, Futtermittel, Pflanzenschutzmittel, Schädlingsbekämpfungsmittel usw.) gelagert werden. Für die Überwachung des Einzelhandelsgeschäftes sind zwei verschiedene Behörden zuständig: für die **Arzneimittel** in der Regel (mit Ausnahme der Stadtstaaten) das Regierungspräsidium und für die **übrigen Waren** der Wirtschaftskontrolldienst. Zweitens hat der Einzelhändler bei Fertigarzneimitteln auf die vom Hersteller angegebenen Lagerhinweise zu achten (Kap. 38.3.5), und er muss wissen, dass bestimmte Arzneimittel **kühl und/oder trocken** aufbewahrt werden müssen.

Bei vielen Fertigarzneimitteln fehlen Lagerhinweise; diese Arzneimittel sind dann bei **üblicher Raumtemperatur**, zwischen 15° und 25 °C (d. h. nicht im Schaufenster oder in der Nähe eines Heizkörpers usw.) lagerungsfähig. Ansonsten gibt es gemäß einer Empfehlung des Bundesministers für Jugend, Familie und Gesundheit die folgenden 3 Lagerhinweise:

1. **„Nicht über 25 °C lagern!"** (Raumtemperatur), z. B. Kräuterteemischungen mit Drogen, die ätherisches Öl enthalten (häufig Husten-, Leber- und Galle-, Magentees usw.), Ätherischöldrogen offen oder abgepackt, flüssige Vitamin-Präparate, bestimmte Tonika, Weichgelatinekapseln, Salben und Gele –
2. **„Nicht über 20 °C lagern!"** (Kellertemperatur), z. B. Kräutertee-Feinschnitte mit Ätherischöldrogen (z. B. Pfefferminzfeinschnitt im Filterbeutel), Pflanzenpresssäfte, bestimmte Tonika (vor allem alkoholfreie bzw. alkoholarme Fertigarzneimittel), Drogen mit fetten Öl (z. B. Leinsamen), Kühlsalben, Leinöl, Lebertran u. a. –
3. **„Nicht über 8 °C lagern!"** (Kühlschrank), in der Regel nur für Arzneimittel und Zubereitungsformen, die **apothekenpflichtig** sind (z. B. Impfstoffe).

Bei der **Lagerung von Drogen** ist nicht nur auf die **Temperatur** zu achten, sondern gleichzeitig auch auf die **relative Feuchtig-**

keit, um insbesondere nachträgliche Schimmelbildung auszuschließen. Abgesehen von der besonders sorgfältigen Lagerung **ätherischer Öldrogen**, sollten Drogen ganz allgemein nicht wesentlich über 25 °C und bei einer relativen Luftfeuchtigkeit um 40 %–50 % gelagert werden. In der Regel liegt die relative Luftfeuchtigkeit in den Räumen über 50 %. Für die Drogenlagerung ist auf alle Fälle ein Raum, in dem täglich mehrmals Tee bzw. Kaffee gekocht wird, **nicht** geeignet! Ungeeignet für Einzeldrogen und/oder Fertigarzneimittel, die Drogen enthalten, sind Standorte in den Verkaufsräumen, die dem direkten Sonnenlicht ausgesetzt sind oder die sich in der Nähe von Schaufenstern oder Heizkörpern befinden.

Klarsichtpackungen (Cellophanbeutel) sind für Drogen nicht geeignet, wobei die Verwendung grüner Klarsichtpackungen bei bestimmten Arzneidrogen (z. B. bei Pfefferminz- oder Melissenblättern) als Verstoß gegen § 8 AMG 76 (irreführende Aufmachung) angesehen werden kann.

6.2 Verfalldatum

Das Arzneimittelgesetz regelt in § 10 Abs. 7 (Kap. 38.3.5) das Verfalldatum wie folgt: Das Verfalldatum ist mit Monat und Jahr anzugeben.

▸ Hinweis

Beachtet der Einzelhändler ein Verfalldatum nicht, hält er verfallene Arzneimittel vorrätig oder gibt sie ab, begeht er eine Ordnungswidrigkeit. Verfallene Arzneimittel müssen nicht nur aus den Verkaufsregalen sofort entfernt werden, sie dürfen auch nicht mehr in irgendeinem Geschäftsraum gelagert werden!

Zur Überwachung der Verfalldaten im Einzelhandelsgeschäft gibt es verschiedene Kontrollsysteme (z. B. Listen, Kärtchen, wöchentliche Durchsicht, farbige Kennzeichnung, PC-Codierung u. a. m.), und der Prüfungsteilnehmer sollte wissen, wie er **konkret** die Überwachung der Verfalldaten durchführen will.

Folgende Arzneimittel sind häufig zu kontrollieren: Flüssige Vitaminpräparate, weil sie in der Regel nach rund ein Jahr nicht mehr den deklarierten Vitamingehalt aufweisen; Leinöl, das nach 6 Monaten ranzig wird; Leinsamen, Kürbissamen sowie andere fettreiche Samen und Früchte sind aufgrund oxidativer und enzymatischer Veränderungen des fetten Öls bei unsachgemäßer Lagerung weniger als ein Jahr, bei kühler und trockener Lagerung bis zu zwei Jahren haltbar; Kräuterteemischungen mit hohem Anteil an Ätherischöldrogen, insbesondere Feinschnitte (Filterbeutel), da sich die Wirkstoffe hier sehr schnell verflüchtigen.

7 Ordnungsgemäßes Abfüllen, Abpacken und Abgeben (Wissensgebiet 5)

7.1 Abfüllen, Umfüllen, Abpacken, Kennzeichnen

Von besonderer Bedeutung ist zu wissen, dass das AMG gemäß § 4 Abs. 14 unter „abfüllen, umfüllen, abpacken, kennzeichnen" (d. h. beschriften bzw. etikettieren) eine Arzneimittelherstellung versteht. Das **Abfüllen** von Lindenblüten aus einem größeren Gebinde in kleinere Tüten, die zur Abgabe an den Verbraucher bestimmt sind, ist im Sinne des AMG also bereits ein **Herstellen** von Arzneimitteln. Die Herstellung von Arzneimitteln ganz allgemein bedarf einer **Herstellungserlaubnis**, die in den §§ 13 bis 20 AMG geregelt und von den Regierungspräsidien bzw. Bezirksregierungen erteilt wird. Von diesen Paragrafen ist in aller Regel nur der § 13, Abs. 2 Ziffer 5 für den Einzelhändler von Bedeutung (Ausnahme-Regelung). Das Gesetz sieht nämlich für den Einzelhändler, der die Sachkenntnis nach § 50 besitzt, eine Sonderregelung (d. h. eine „Herstellung" ohne Herstellungserlaubnis) vor, wenn er Arzneimittel in **unveränderter Form** lediglich **umfüllt, abpackt und kennzeichnet.**

▶ **Hinweis**

Das besonders Wichtige an dieser Ausnahmeregelung ist also das Umfüllen usw. in **unveränderter** Form!

Das **Zerkleinern** von Drogen, z. B. das Schroten von Leinsamen, der zur Beseitigung der Darmträgheit angeboten wird, ist dem sachkundigen Einzelhändler **nicht gestattet**. Ebenso wenig ist ihm das **Mischen** verschiedener Drogen (z. B. zur Herstellung eines Hustentees) gestattet!

Die Sonderregelung im § 13 Abs. 2, Ziffer 5 besagt ferner, dass das Umfüllen usw. nur zur Abgabe **„unmittelbar an den Verbraucher"**, also nicht an Zwischenhändler, gestattet ist.

Für das **Abfüllen im Voraus** (d. h. für das „Herstellen von Fertigarzneimitteln") gibt es durch den § 36 (Standardzulassung)

eine **Erleichterung**, d. h. eine Genehmigung ohne Zulassungsformalitäten. Im Artikel 3 § 1 Abs. 3 (Überleitungsvorschriften zum Arzneimittelgesetz) gab es eine **Besitzstandsklausel**. Letztere besagte, dass Personen Arzneimittel im Voraus abfüllen durften (z. B. Schafgarbenkraut aus größeren Gebinden), wenn sie diese Tätigkeit am 1. Januar 1978, also beim des AMG 76 seit mindestens drei Jahren befugt ausgeübt und diese „Herstellungstätigkeit“ bis zum 30. Juni 1978 der zuständigen Landesbehörde (d.h. den Regierungspräsidien bzw. der zuständigen Senatsstelle) angezeigt hatten. Diese **„Besitzstandsregelung“** war somit an Personen und nicht an ein Geschäft gebunden! Mit anderen Worten ausgedrückt: Wenn z.B. der Geschäftsinhaber seit 1974 oder schon länger befugterweise Schafgarbenkraut aus Großgebinden im Voraus abgefüllt hat, dann durfte er dies auch noch weiterhin tun, **sofern er bis zum 30. Juni 1978 Schafgarbenkraut als Fertigarzneimittel dem BGA** und seine Tätigkeit des **Abfüllens bis zum 30. Juni 1978 seiner Landesbehörde** angezeigt hat. Die Zulassung ist am 1. Januar 1990 erloschen. Die Möglichkeit des Abfüllens im Voraus wird in § 36 AMG 76 geregelt. Dabei dürfen allerdings nur solche Arzneimittel im Voraus abgefüllt werden, die durch Rechtsverordnung von der Pflicht der Zulassung freigestellt werden, also eine sog. **Standard-Zulassung** besitzen. Beim Abfüllen dieser Arzneimittel hat man sich streng an die jeweilige Vorschrift der betreffenden Standardmonographie zu halten. In diesen Monographien sind nicht nur die Bezeichnung des Fertigarzneimittels, die Kennzeichnung, die Anwendungsgebiete usw. festgelegt, sondern auch die **Behältnisse**, in die das betreffende Fertigarzneimittel abgefüllt werden **muss**. So z.B. ist in den Monographien für die Abfüllung von Drogen vorgeschrieben: „geklebte Blockbodenbeutel bzw. Seitenfaltbeutel aus einseitig glattem, gebleichtem Natronkraftpapier 50 g/m^2, gefüttert mit gebleichtem Pergamyn 40 g/m^2“. Zur Abfüllung von Drogen, die eine Standard-Zulassung besitzen, können also nicht beliebig irgendwelche Tüten verwendet werden!

Für den Einzelhandel sind folgende erlassene [5]Standardzulassungen von Interesse (Stand: 2010):

Angelikawurzel
Anis
Arnikablüten
Arnikatinktur
Bärentraubenblätter
Baldriantinktur
Baldrianwurzel
Beruhigungstees I bis VIII
Birkenblätter
Blasen- und Nierentees I bis VII
Brennnesselkraut
Brombeerblätter
Brusttee
Campherspiritus
Eibischblätter
Eibischwurzel
Eichenrinde
Enzianwurzel
Erdrauchkraut
Erkältungstees I bis V
Ethanol 70 % (Weingeist)
Eucalyptusblätter
Eucalyptusöl
Färberginsterkraut
Fenchel
Flohsamen
Franzbranntwein
Franzbranntwein mit ätherischem Öl
Frauenmantelkraut
Gänsefingerkraut
Gallentees I und II
Gartenbohnenhülsen, samenfreie
Goldrutenkraut
Hamamelisblätter
Hamamelisrinde
Hauhechelwurzel
Heidelbeeren

---

[5] Nähere Informationen und **laufende Aktualisierung** sind enthalten in: „Braun, Standardzulassungen für Fertigarzneimittel, Text und Kommentar“, Deutscher Apotheker Verlag, Stuttgart.

Hirtentäschelkraut
Holunderblüten
Hopfenzapfen
Huflattichblätter (mit einem vorgeschriebenem Höchstgehalt an Pyrolizidinalkaloiden)
Hustentee
Husten- und Bronchialtees I und II
Indische Flohsamen
Isländisches Moos
Johanniskraut
Kamillenblüten
Kiefernadelöl
Koriander
Kümmel
Kürbissamen
Lactose (Milchzucker)
Lavendelblüten
Leinsamen
Liebstöckelwurzel
Lindenblüten
Löwenzahn
Mädesüßblüten
Magentees I bis VI
Magen- und Darmtees I bis XII
Magnesiumsulfat (Bittersalz)
Malvenblätter
Mariendistelfrüchte
Melissenblätter
Myrrhentinktur
Natriumsulfat (Glaubersalz)
Orthosiphonblätter
Passionsblumenkraut
Pfefferminzblätter
Pfefferminzöl
Pomeranzenschalen
Queckenwurzelstock
Ratanhiatinktur
Riesengoldrutenkraut
Ringelblumenblüten
Rizinusöl, raffiniertes
Rosmarinblätter
Ruhrkrautblüten
Salbeiblätter
Schachtelhalmkraut
Schafgarbenkraut
Schlüsselblumenblüten
Schwarze Johannisbeerblätter
Spitzwegerichkraut
Stiefmütterchenkraut
Süßholzwurzel
Tausendgüldenkraut
Thymian
Tormentillwurzelstock
Wacholderbeeren
Wasserstoffperoxid-Lösung 3%
Weißdornblätter mit Blüten
Wermutkraut
Zimtrinde

Was muss im Einzelnen beim Abfüllen, Umfüllen und Abpacken beachtet werden?

1. Der sachkundige Einzelhändler hat als erstes auf die persönliche Hygiene zu achten (z.B. Kopfschutz bei langen Haaren, saubere Arbeitskleidung, gründliche Reinigung der Hände usw.) und darf das Abfüllen usw. nicht während eines krankhaften Zustandes ausüben (z.B. während einer Erkältungskrankheit oder bei Schnupfen).
2. Die hygienische Sorgfalt gilt gleichermaßen auch für den Arbeitsplatz. Dieser muss ausreichend groß und sauber sowie mit einer geeichten Waage ausgestattet sein.
3. Die Arbeitsgeräte (z.B. Löffel, Schaufel, Trichter) müssen sauber sein und staubgeschützt aufbewahrt werden.
4. Wegen der Gefahr der sog. „Cross-Contamination" (Verunreinigung mit anderen Stoffen z.B. mit Drogenstaub) dürfen nicht mehrere Arzneimittel gleichzeitig abgefüllt werden. So können z.B. bei der gleichzeitigen Abfüllung von Pfefferminze neben Kamillenblüten Bestandteile der Kamillenblüten (Pollen, Blütenstaub) in die Pfefferminzblätter gelangen und eine Kamillenpollenallergie auslösen. Auch Drogenschädlinge können auf diese Weise übertragen werden.

5. Ebenso wenig darf während einer Abfüllung geraucht oder gegessen werden (z. B. Frühstückspause am Arbeitsplatz). Bei dem Ab- und Umfüllen von Weingeist und insbesondere von Hoffmannstropfen (Ether-Ethanol-Gemisch) ist sehr sorgfältig zu achten, dass sich kein offenes Feuer im Raum befindet. Feuergefährliche Stoffe sind mit einem Flammensymbol zu kennzeichnen.
6. Beim Abwiegen ist die Tara (z. B. Gewicht der Tüten) zu beachten, und bei der Ab- und Umfüllung von Fertigarzneimitteln ist das Gewicht, das Volumen und die Stückzahl zu kontrollieren.
7. Die zur Abgabe an den Verbraucher bestimmten Packungen müssen für den vorgesehenen Verwendungszweck geeignet sein. Z. B. zur Abgabe von Leinsamen sind Papierbeutel aus nichtdurchfettendem Papiermaterial oder für Drogen sind Beutel aus aromadichtem Material (beschichtetes Material, wie in den Standardzulassungen gemäß § 36 AMG 76 vom BGA vorgeschrieben) zu verwenden. Tinkturen (z. B. Arnika- oder Baldriantinktur) und insbesondere Wasserstoffperoxidlösung sind in Flaschen aus braunem Glas abzufüllen. Die Abgabe von ätzenden Flüssigkeiten (z. B. Salmiakgeist) und äußerlich anzuwendenden Arzneimitteln (z. B. Campherspiritus, Campherliniment, Seifenspiritus, Wacholderspiritus) ist nie in „Lebensmittelflaschen“ abzufüllen und abzugeben! Ätzende Flüssigkeiten sind mit einem Gefahrstoffsymbol zu kennzeichnen.
8. Bei der Kennzeichnung (Beschriftung) gelten die Kennzeichnungsvorschriften der §§ 10 und 11 AMG 76 (Kap. 38.3.5), lediglich für Fertigarzneimittel, also wenn im Voraus einige Tüten Arzneidrogen abgefüllt werden. Wird eine Droge oder eine Tinktur erst auf Verlangen eines Kunden abgefüllt, so muss der Einzelhändler gemäß § 9 AMG 76 neben der Bezeichnung des Arzneimittels (z. B. Kamillenblüten) lediglich seinen Namen oder den Namen seines Geschäftes angeben. Aus Gründen der Arzneimittelsicherheit ist es jedoch zweckmäßig, Arzneimittel generell nach §§ 10 und 11 AMG 76 zu kennzeichnen (zu empfehlen sind vorgedruckte Etiketten, die fertig bezogen werden können.).

Mindestangaben beim Abfüllen auf Verlangen eines Kunden

Kamillenblüten:
- Datum: 1.4.2010
- Menge: 50,0 g
- Preis: €
- Kräuterhaus „Kräuter-Max“
- 05798 Behördhausen,
- Gesundheitsstraße 9

Text gemäß der **Standardzulassung** (beim Abfüllen im Voraus):
- Kamillenblüten
- Tee
- zur Bereitung von Teeaufgüssen und Dampfbädern
- Zul.-Nr. 7999.99.99
- Anwendungsgebiete: Magen-Darm-Beschwerden; Reizung der Mund- und Rachenschleimhaut sowie der oberen Atemwege.
- Art der Anwendung und Dosierungsanleitung
  - Ein Esslöffel voll Kamillenblüten wird mit heißem Wasser (ca. 150 ml) übergossen und nach 5 bis 10 Minuten durch ein Teesieb filtriert. Zur Bereitung eines Dampfbades werden 1 bis 2 Esslöffel von Kamillenblüten mit heißem Wasser übergossen.
  - Soweit nicht anders verordnet, wird bei Erkrankungen im Magen-Darm-Bereich 3- bis 4-mal täglich eine Tasse

frisch bereiteter Teeaufguss warm zwischen den Mahlzeiten getrunken. Bei Entzündungen der Schleimhaut im Mund- und Rachenbereich wird mit dem frisch bereiteten Teeaufguss mehrmals täglich gespült oder gegurgelt. Bei Entzündungen der oberen Atemwege werden die Dämpfe des frisch bereiteten Teeaufgusses eingeatmet.

- Hinweis: Der Teeaufguss darf nicht im Bereich des Auges angewendet werden.
- Nach Ablauf des Verfalldatums nicht mehr anwenden.
- Arzneimittel unzugänglich für Kinder, vor Licht und Feuchtigkeit geschützt aufbewahren.
- Zu verwenden bis: Monat/Jahr (maximal zwei Jahre)
- Datum:
- Menge: 50,0 g
- [6]Ch.-B 289 Preis: €
- Kräuterhaus „Kräuter-Max"
- 05798 Behördhausen,
- Gesundheitsstraße 9

Folgende Angaben sollte ein Arzneimittel bzw. **muss ein Fertigarzneimittel aufweisen,** siehe dazu obiges Beispiel: (§§ 10 und 11 AMG 76)

1. Name oder Firma und Anschrift des Einzelhändlers bzw. der Name oder die Firma und die Anschrift des pharmazeutischen Unternehmers.
2. Die Bezeichnung des Arzneimittels, gefolgt von der Angabe der Stärke und der Darreichungsform, und soweit zutreffend, dem Hinweis, dass es zur Anwendung für Säuglinge, Kinder oder Erwachsene bestimmt ist, es sei denn, dass diese Angaben bereits in der Bezeichnung enthalten sind," (bei Pflanzen, Destillaten und Presssäften mit ihren verkehrsüblichen deutschen Namen).
3. Zulassungsnummer (Zul.-Nr.).
4. Chargenbezeichnung (Ch.-B.), falls das Arzneimittel in Chargen in den Verkehr gebracht wird. Wird ein Arzneimittel nicht in Chargen in Verkehr gebracht, so kann/muss das Herstellungsdatum (Datum der Abfüllung) vermerkt werden. In der Praxis bietet sich für das Einzelhandelsgeschäft an, die auf den Großgebinden angegebenen Chargen-Nummern **zusätzlich** mit zu übernehmen.
5. Darreichungsform (z. B. als Kamillentee)
6. Der Inhalt nach Gewicht (z. B. 50 g Kamillentee), Rauminhalt (z. B. 50 ml Baldriantinktur) oder Stückzahl (z. B. 50 Kohle-Tabletten).
7. Art der Anwendung (z. B. als Kamillentee – siehe dazu oben).
8. **Wirkstoffe** nach Art und Menge (z. B. Kamillenblüten).
9. Verfalldatum mit Monat und Jahr.
10. Hinweise, wie **Warnhinweise** (z. B. „nicht im Bereich des Auges verwenden" oder Alkoholwarnhinweise) oder **Lagerhinweise** für die Fachkreise (z. B. „nicht über 20 °C und vor Licht geschützt lagern"); der Hinweis „unzugänglich für Kinder aufbewahren.".
11. Arzneimittel, die nur in Apotheken an Verbraucher abgegeben werden dürfen, müssen den Hinweis „Apothekenpflichtig" tragen.
12. Anwendungsgebiete.
13. Gegenanzeigen, Nebenwirkungen und Wechselwirkungen mit anderen Mitteln (sofern bekannt).
14. Verwendungszweck bei nicht verschreibungspflichtigen Arzneimitteln."
15. Hinweise wie: nach Ablauf des Verfalldatums nicht mehr anwenden.

[6] Eine Charge ist die jeweils in einem einheitlichen Herstellungsgang erzeugte Menge eines Arzneimittels. Wenn z. B. aus einem 5 kg Großgebinde zunächst nur 50 Tüten zu je 50 g abgefüllt werden, dann ist dies die 1. Charge und die später abgefüllten restlichen 50 Tüten sind die 2. Charge.

16. Aufbewahrungshinweise und Angaben der Haltbarkeit nach Öffnung des Behältnisses (soweit erforderlich).

Wird ein Arzneimittel mit äußerer Umhüllung und Packungsbeilage in den Verkehr gebracht, sind die Punkte 12 bis 15 für die **Packungsbeilage** vorgesehen (Gebrauchsinformation).

7.2 Abgabe von Arzneimitteln

Der sachkundige Einzelhändler hat darauf zu achten, dass er keine verwechselten, verfälschten, verdorbenen oder verfallenen bzw. überlagerten Arzneimittel abgibt. Er hat Sorge dafür zu tragen, dass ätzende und äußerlich anzuwendende Arzneimittel nicht in „Genussmittelflaschen" (Bier-, Limoflaschen usw.) abgegeben werden, sondern in den dafür vorgesehenen Gefäßen und ggf. nach der **Gefahrstoffverordnung** mit den entsprechenden Symbolen und Hinweisen gekennzeichnet. Wer ätzende Lösungen etc. abfüllt, sollte ein Handbuch über die Gefahrstoffverordnung vorrätig haben, z. B. H. Hörath, Gefährliche Stoffe und Zubereitungen. 7. Aufl., Wiss. Verlagsgesellschaft, Stuttgart 2007. Er hat ferner darauf zu achten, dass Fertigarzneimittel und Arzneimittel ordnungsgemäß gekennzeichnet sind und keine irreführenden Bezeichnungen führen (§ 8 AMG 76, Kap. 38.3.3).

8 Unsachgemäßer Umgang und Gefahren (Wissensgebiet 6)

Der sachkundige Einzelhändler muss wissen, dass auch mit freiverkäuflichen Arzneimitteln **Arzneimittelmissbrauch** betrieben werden kann und dass bei unsachgemäßem Umgang, insbesondere bei nicht bestimmungsgemäßer Einnahme bzw. Verabreichung, gesundheitliche Gefahren für Mensch und Tier auftreten können.

8.1 Arzneimittelmissbrauch

Der **Abführmittelmissbrauch** (Laxanzienabusus) mit sog. „natürlichen" aber anthrachinonhaltigen Abführmitteln, wie Aloe, Sennesblätter, Faulbaumrinde und Rhabarberwurzeln war stark verbreitet. Es muss darauf hingewiesen werden, dass auch bei einer Daueranwendung von Naturprodukten wie Anthranoiddrogen schwer wiegende Gesundheitsschädigungen auftreten können. Aus diesem Grund wurden Anthranoiddrogen der Apothekenpflicht unterstellt. Auch wenn diese Abführmittel apothekenpflichtig sind, so sollte der Prüfling in der Lage sein, eine kompetente Auskunft zu Anthranoid-Drogen geben zu können. Von **Alkoholsüchtigen** werden hochprozentige alkoholische Arzneimittel, wie z. B. Melissengeister, die bis zu 79 % Alkohol enthalten, aber auch weinhaltige Zubereitungen (Tonika, Medizinalweine), die in der Regel 16–18 % Alkohol enthalten, missbräuchlich verwendet, d. h. diese Arzneimittel werden von Süchtigen nur wegen ihres Alkoholgehaltes eingenommen.

Bei chronischer **Magenübersäuerung** wird durch die ständige überdosierte Einnahme von Natriumhydrogencarbonat (Natron, Bullrichsalz), das Grundleiden eher verschlimmert. Fertigarzneimittel, die gegen Magenübersäuerung empfohlen werden, sind daher auf ihre Zusammensetzung zu überprüfen.

8.2 Gefahren beim unsachgemäßen Umgang mit Arzneimitteln

▶ **Hinweis**

Der sachkundige Einzelhändler sollte sich nicht nur mit der Zusammensetzung und dem Anwendungsgebiet, sondern auch mit der Gebrauchsanweisung und den möglichen Wechselwirkungen jedes Präparates seines Arzneimittelsortimentes vertraut machen.

Beim Verkauf eines **Frischpflanzenpresssaftes** oder eines **alkoholfreien Tonikums**, die beide in der Regel durch Pasteurisation haltbar gemacht worden sind und die häufig auch keine Konservierungsmittel enthalten, sollte darauf aufmerksam gemacht werden, dass bei derartigen Arzneimitteln sehr streng auf die vorgegebenen Einnahme- und Aufbewahrungsvorschriften geachtet werden muss. Diese lauten in dem speziellen Falle etwa wie folgt: „Nicht aus der Flasche trinken" (Grund ist die dadurch erfolgende intensive Beeimpfung des Flascheninhaltes mit Bakterien des Mundes und des Speichels. Nirgends im Menschen – außer im Darm – ist die Keimzahl höher als Im Mund!) oder „Nach dem Öffnen Flasche sofort wieder verschließen (Bakterien aus der Luft könnten in die Flasche gelangen und sich dort massenhaft vermehren)". „Angebrochene Flasche im Kühlschrank aufbewahren". Haltbarkeit auch dann nur 4–8 Tage. Die Haltbarkeit nach Anbruch ist stark abhängig von der Anzahl der in das Produkt gelangten Bakterien, Hefen und Pilze, von der Temperatur sowie vom pH-Wert des Produktes. Bei +1 °C ist die Haltbarkeit deutlich besser als bei +8 °C.

Bei **alkoholhaltigen Arzneimitteln** sollten Leberkranke, Diabetiker, Nierenkranke und Schwangere auf den Alkoholgehalt hingewiesen werden (muss in Vol.-% auf der Packung angegeben sein). Autofahrern ist der Rat zu geben, das betreffende Arzneimittel erst nach Beendigung ihrer Fahrt einzunehmen. Dabei sollte aber auf die absolute Alkoholmenge entsprechend der Dosierung geachtet werden! Nicht jedes mg Ethanol stellt eine Gefahr dar. Es ist ein Unterschied, ob durch einen Melissengeist oder Arzneiwein pro Tag 20 Gramm und mehr oder durch alkoholhaltige Tropfen weniger als 1 Gramm Ethanol geschluckt werden. Schließlich sollte man wissen, dass eine Reihe von Arzneimitteln **Wechselwirkungen mit Alkohol** eingehen, die u. a. zur Fahruntüchtigkeit führen können (Schmerzmittel, manche Beruhigungsmittel, manche Schnupfenmittel u. a.). Zuletzt ist noch darauf zu achten, dass an Kinder und Jugendliche keine alkoholhaltigen Arzneimittel, die zu Missbrauch geeignet sind (Melissengeist, Tonika, Medizinalweine), abgegeben werden dürfen. Bei **Säuglingen** sind bis zum 8. Lebensmonat alkoholhaltige Arzneimittel kontraindiziert, da der Säugling bis etwa zum 8. Monat noch keine Alkoholdehydrogenase besitzt, die für den Abbau des Alkohols notwendig ist.

Diabetiker, sofern bekannt, sind auf den **Zuckergehalt** in Hustensäften, Lutschtabletten, einigen Instant-Tees und Tonika aufmerksam zu machen. Ab und zu werden Arzneimittel, die als „für Diabetiker geeignet" gekennzeichnet sind, weil sie einen Zuckeraustauschstoff enthalten, als Arzneimittel gegen die Zuckerkrankheit angesehen. Hier ist es zwingend notwendig, Aufklärung zu betreiben!

Nierenkranke sollen ohne Erlaubnis ihres Arztes keine Wacholderpräparate einnehmen und dann nur in Dosierungen nicht über 100 mg ätherisches Wacholderöl pro Tag.

Das **Absetzen eines vom Arzt** verordneten Arzneimittels zugunsten eines freiverkäuflichen Arzneimittels kann mit schlimmen Folgen einhergehen. Es muss daher dringend davor gewarnt werden, z. B.

- Bohnenschalen- oder Heidelbeerblättertee anstelle von Diabetikertabletten,
- Mistel anstelle eines blutdrucksenkenden Mittels,
- Weißdorn anstelle eines verordneten Herzmittels,
- Bärentraubenblätter anstelle eines Antibiotikums,
- Brennnesselkraut anstelle eines verordneten Eisenpräparates usw. einzunehmen.

Von der **gleichzeitigen Einnahme** freiverkäuflicher Arzneimittel zusammen mit verordneten Arzneimitteln gegen die selbe Krankheit ohne Information des behandelnden Arztes ist abzuraten, da zwischen den Arzneimitteln **Wechselwirkungen** (Interaktionen) auftreten können, wobei die Wirkung des verordneten Arzneimittels verringert bzw. gehemmt oder auch gesteigert werden kann. Verbraucher, die stark wirksame und lebenserhaltende Arzneimittel vom Arzt verordnet bekommen, müssen ganz besonders auch auf Wechselwirkungen mit Lebensmitteln achten. Hier ist Grapefruitsaft, Rotwein und Tee in letzter Zeit aufgefallen. Mittel gegen Magenübersäuerung (Antazida) können die Resorption anderer Arzneimittel stark beeinträchtigen, ebenso manche Abführmittel.

Die **Nichtbeachtung der Krankheitsliste** oder irreführende Aussagen aufgrund unwissenschaftlicher bzw. unseriöser Kräuterbücher ist ebenfalls ein unsachgemäßer Umgang mit freiverkäuflichen Arzneimitteln.

9 Arzneimittelgesetz und Heilmittelwerbegesetz (Wissensgebiet 7)

9.1 Gesetz über den Verkehr mit Arzneimitteln (Arzneimittelgesetz)

Folgende Paragrafen des AMG 76 sind für Arzneimittel außerhalb der Apotheke (sog. freiverkäufliche Arzneimittel) von Bedeutung. Der Prüfungsteilnehmer muss den Inhalt – nicht den wörtlichen Gesetzestext – dieser gesetzlichen Bestimmungen wissen und anwenden können:
§ 2 (Arzneimittelbegriff),
§ 3 (Stoffbegriff),
§ 4 (Sonstige Begriffsbestimmungen, darunter Fertigarzneimittel, siehe Kap. 3, und Kap. 38).
Im § 4 ist auch der Begriff des **Herstellens** verankert (siehe Kap. 7), nachzulesen.
Im § 4 ist ferner der Begriff der **Charge** definiert: „Eine Charge ist die jeweils in einem einheitlichen Herstellungsgang erzeugte Menge eines Arzneimittels" (siehe Kap. 7).

Im § 4 ist schließlich auch noch der **Pharmazeutische Unternehmer** wie folgt definiert: Der pharmazeutische Unternehmer ist bei zulassungs- oder regierungspflichtigen Arzneimittel der Inhaber der Zulassung oder Registrierung. Pharmazeutischer Unternehmer ist auch, wer Arzneimittel unter seinem Namen in den Verkehr bringt, außer in den Fällen des § 9 Abs. 1 Satz 2. Der Einzelhändler ist immer dann „Pharmazeutischer Unternehmer", wenn er z. B. Drogen, Baldriantinktur, Glaubersalz usw. aus größeren Gebinden abfüllt und diese unter seinem Namen in den Verkehr bringt. Der Pharmazeutische Unternehmer, d. h. der Einzelhändler bzw. der Inhaber der betreffenden „Arzneimittelabgabestelle", ist nicht nur für eine **einwandfreie Qualität** und für die **ordnungsgemäße Kennzeichnung** des von ihm „hergestellten" und in den Verkehr gebrachten Arzneimittels voll verantwortlich, sondern er muss gemäß der folgenden Paragrafen handeln:
§ 84 (Gefährdungshaftung) eine Haftpflichtversicherung abschließen, aber nur für Fertigarzneimittel (Kap. 38.17).
§ 8 (Verbote zum Schutz vor Täuschung), siehe Kap. 5.
§ 10 (Kennzeichnung der **Fertigarzneimittel**), siehe Kap. 7, und Kap. 38.3.5.
§ 11 (Packungsbeilage), Näheres dazu ist in Kap. 38.3.6 nachzulesen.

§ 13 Abs. 2, Ziffer 5 (Herstellungserlaubnis; Sonderregelung für den Einzelhändler, der die Sachkenntnis nach § 50 AMG 76 besitzt), siehe Kap. 7, und Kap. 38.4.1.

§ 36 (Ermächtigung für Standardzulassungen), siehe Kap. 7 und Kap. 38.5.4.

§ 39 a Traditionelle Arzneimittel auf Basis der EU Richtlinie Traditionelle Arzneimittel. Diese Arzneimittel werden die Traditionellen Arzneimittel nach § 109a ablösen.

§ 44 (Ausnahme von der Apothekenpflicht), siehe Kap. 3 und Kap. 38.8.

§ 45 (Ermächtigung zu weiteren Ausnahmen von der Apothekenpflicht), siehe Kapitel 3 und Kap. 38.7.

§ 46 (Ermächtigung zur Ausweitung der Apothekenpflicht), siehe Kap. 3 und Kap. 38.7.8.

§ 50 (Einzelhandel mit freiverkäuflichen Arzneimitteln; erforderliche Sachkenntnis), siehe Kap. 3 und Kap. 38.7.8.

§ 51 (Abgabe im Reisegewerbe), siehe Kap. 38.7.10.

§ 52 (Verbot der Selbstbedienung), siehe Kap. 38.7.11.

§ 55 (Arzneibuch), siehe Kap. 4 und Kap. 38.10.

§ 64 (Durchführung der Überwachung), siehe Kap. 38.12.

§ 65 (Probenahme bei Überwachung), siehe Kap. 38.12.

§ 67 (Allgemeine Anzeigepflicht): eine Geschäftseröffnung ist nicht nur der zuständigen Gewerbeaufsicht usw. zu melden, sondern sie ist auch der pharmazeutischen Landesüberwachungsbehörde (z. B. dem Regierungspräsidium) anzuzeigen, siehe Kap. 38.8.

§ 69 (Maßnahmen der zuständigen Behörde; Rückruf von Arzneimitteln). Neben den Maßnahmen der zuständigen Gesundheitsbehörden (siehe dazu Gesetzestext Kap. 38.13) gibt es noch das Rückrufsystem der Landesapothekerkammern und das „refo-Arzneimittel-Sicherheitssystem" vom Bundesverband Deutscher Reformhäuser.

§§ 95, 96 und 97 (Straf- und Bußgeldvorschriften), siehe Kap. 38.18.

§ 105 (Zulassung von Fertigarzneimitteln, die sich am Tage der Verkündigung dieses Gesetzes im Verkehr befanden), siehe Kap. 7, und Kap. 38.5.7.

§ 109a (Verlängerung der Zulassung für traditionelle Arzneimittel), bis 15. März 2005 wurden im Bundesanzeiger 19 Listen (Aufstellungen) für traditionell angewendete Arzneimittel mit deren genauen Anwendungsgebieten veröffentlicht.

▶ **Hinweis**

Die Frist für die Möglichkeit der Anzeige von Fertigarzneimitteln an das BGA bzw. an das Bundesinstitut für Arzneimittel und Medizinprodukte (BfArM) ist längst abgelaufen; der Termin war der 30. Juni 1978. Wichtig für Geschäftsneueröffnungen! Die dem früheren BGA rechtzeitig angezeigten Fertigarzneimittel (z. B. im Voraus abgefüllte Drogen) galten für zwölf Jahre als zugelassen. Die Zulassung ist am 1. Januar 1990 erloschen, wenn bis zu diesem Zeitpunkt kein Antrag auf Verlängerung der Zulassung beim BGA gestellt worden ist (sog. Nachzulassung). Die Nachfolgebehörde für das BGA ist das Bundesinstitut für Arzneimittel und Medizinprodukte, abgekürzt BfArM, in Bonn.

9.2 Gesetz über die Werbung auf dem Gebiet des Heilwesens (Heilmittelwerbegesetz)

§ 1 (Anwendung des Gesetzes), siehe Kap. 39.3.

§ 3 (unzulässige irreführende Werbung), z. B. wenn Arzneimitteln Wirkungen beigelegt werden, die sie nicht haben oder wenn von „reinen Naturprodukten" gesprochen wird, obwohl diese synthetische Bestandteile enthalten oder wenn fälschlicherweise be-

Tab. 9.1: Mindestinformationen einer Werbung

Angabe	Erklärung
Tisunil-Gold	Bezeichnung des Arzneimittels
von Knif GmbH, 70391 Frauenberg	Name oder Firma mit Sitz des pharmazeutischen Unternehmens
Hausmittel gegen Darmträgheit und bei Entzündungen im Magen und Darm	Anwendungsgebiete
Nicht anwenden bei Darmverschluss	Gegenanzeigen

hauptet wird, dass ein Erfolg mit Sicherheit zu erwarten ist und/oder keinerlei Nebenwirkungen auftreten. Der Gesetzestext ist im Anhang 4 nachzulesen.

§ 4 (Mindestinformation einer Werbung) siehe Kap. 39.5.

1. Werbung außerhalb der Fachkreise (z.B. Plakate, Zeitungsanzeigen, Werbeprospekte für Verbraucher) sog. Publikumswerbung muss – deutlich abgesetzt vom übrigen Werbetext – die unten aufgeführten Mindestangaben enthalten.

Wenn **Nebenwirkungen** bekannt sind oder **Warnhinweise** (z.B. Alkoholwarnhinweise) vorgeschrieben werden, dann **müssen** (!) diese ebenfalls in der „Mindestinformation" z.B. in einer Zeitungsanzeige oder auf dem Plakat genannt werden.

Nach einer **Fernsehwerbung** ist folgender Text einzublenden und zu sprechen: „Zu Risiken und Nebenwirkungen lesen Sie die Packungsbeilage und fragen Sie Ihren Arzt oder Apotheker". Falls keine Risiken und Nebenwirkungen bekannt sind, kann der Satz entfallen.

2. Werbung innerhalb der Fachkreise (z.B. Informationsschrift zur Einführung eines Arzneimittels im Einzelhandelsgeschäft): In diesem Falle kommt zu den oben beschriebenen „Pflichtmindestangaben" noch hinzu: die **Zusammensetzung des Arzneimittels nach Art und Menge der wirksamen Bestandteile.**

3. Erinnerungswerbung. In diesem Falle darf **nur mit der Bezeichnung** des Arzneimittels und zusätzlich mit dem **Namen der Firma** bzw. mit dem Warenzeichen des Pharmazeutischen Unternehmens geworben werden. Beispiel: Tisunil-Gold von Knif/

Frauenberg. Zusätzliche Preisangabe ist erlaubt. Die Pflichtangaben müssen deutlich abgesetzt und abgegrenzt von den übrigen Werbeaussagen angebracht werden. Dies ist z.B. durch räumliche Trennung, grafische Gestaltung, andere Schrifttypen usw. erreichbar.

4. Unzulässige Werbung

§ 6 (unzulässige Werbung) mit **Gutachten** oder **Zeugnissen** von nicht wissenschaftlich oder fachlich berufenen Personen oder die Bezugnahme auf **wissenschaftliche Veröffentlichungen**, ohne dabei die genaue Literaturfundstelle zu nennen. Werbung mit Gutachten, Zeugnissen, Wiss. Veröffentlichungen ist nur innerhalb der Fachkreise erlaubt (= vollständiger Gesetzestext ist im Anhang 4 nachzulesen).

§ 10 (Verbot der Publikumswerbung für Schlafmittel). Bei den freiverkäuflichen Beruhigungsmitteln, wie Baldrian-, Hopfen-, Johanniskraut- und Passionsblumenkrautpräparaten darf in der Werbung das Wort „Schlaflosigkeit" nicht benutzt werden. Der Gesetzestext ist im Anhang 4 nachzulesen.

§ 11 (Verbotsliste für Werbung **außerhalb** der Fachkreise), z.B. ist verboten zu werben mit Gutachten, Zeugnissen und wissenschaftlichen Veröffentlichungen – mit der Wiedergabe von Krankengeschichten – mit der bildlichen Darstellung von Personen im weißen Berufskittel u.ä. – mit der bildlichen Darstellung eines veränderten Krankheitszustandes – mit fremd- oder fachsprachlichen Bezeichnungen – mit Aussagen, die

Angstgefühle hervorrufen usw. Die früher erlaubte **Abgabe** von **Arzneimittelproben** ist ebenfalls untersagt.

§ 12 (**Krankheitsliste**). In einer Anlage zu § 12 (siehe Anhang 4) sind Krankheiten und Leiden beim Menschen und Krankheiten und Leiden beim Tier aufgeführt, für die keine Publikumswerbung betrieben werden darf (auch nicht **vorbeugender** Natur!). Diese Krankheitsliste stimmt in vielen Punkten mit der Krankheitsliste Anlage 3 zur VO nach § 46 AMG 76, Tab. 38.10 überein. Für freiverkäufliche Arzneimittel gilt: die Anwendungsgebiete müssen mit denen der Packungsbeilage übereinstimmen.

Diese Krankheitsliste wurde stark gekürzt und enthält jetzt nur noch folgende Krankheiten:

Krebs, Schwangerschaftskomplikationen, Suchtkrankheiten außer Nicotinsucht und die nach dem Infektionsschutzgesetz meldepflichtigen Krankheiten.

§ 15 (Ordnungswidrigkeiten). Verstöße gegen das HWG können mit Geldbußen bis zu 25 000 € geahndet werden. Werbematerial, das gegen das HWG verstößt, kann eingezogen werden. Der Gesetzestext ist im Anhang 4 nachzulesen.

Teil II
Arzneimittelkunde (Fertigarzneimittel)

Herbert Niklas

10 Arzneimittel sind besondere Waren

Der Teil II (Kap. 10–37) gibt eine kurze Übersicht über einen Teil jener Arzneimittel, die im Einzelhandel außerhalb der Apotheken in Drogerien, Reformhäusern, Supermärkten, Zoohandlungen und im Lebensmitteleinzelhandel in den Verkehr gebracht werden.

Nach allgemeinen Erläuterungen und einer Übersicht der Darreichungsformen und Zubereitungen folgt die Besprechung der Arzneimittel für die wichtigsten Anwendungsgebiete. Am Anfang eines jeden Kapitels steht eine Erläuterung zum Verständnis der Wirkungen dieser Arzneimittel. Daran anschließend folgt die Nennung der jeweils wichtigsten wirksamen Bestandteile. Am Ende werden einige Fertigarzneimittel vorgestellt; diese Auflistung stellt keinerlei Wertung oder Empfehlung dar.

Es würde den Rahmen sprengen, wollten alle vorkommenden wirksamen Bestandteile jeweils erläutert und bei den Fertigarzneimitteln angeführt werden. Es werden daher in diesem Teil wichtige Wirkstoffe in den Kapiteln kurz besprochen, auch wenn sie in den angeführten Präparaten nicht genannt sind. Die Kenntnis der vollständigen Zusammensetzung freiverkäuflicher Arzneimittel ist im Einzelhandel außerhalb der Apotheke nicht notwendig; doch sollen die wichtigsten wirksamen Bestandteile und mögliche Gegenanzeigen (Kontraindikationen) und Nebenwirkungen bekannt sein. Da Arzneimittel Waren besonderer Art sind, muss sich der Einzelhändler über die wichtigsten Eigenschaften seiner Arzneimittel informieren, damit er den Kunden Hinweise geben kann.

Durch die Bestimmungen des Arzneimittelgesetzes (insbesondere der sogenannten Nachzulassung) sind die Zusammensetzungen auch der freiverkäuflichen Arzneimittel derzeit einer wissenschaftlichen Prüfung zu unterziehen. Dies hat zur Folge, dass die Unternehmer die wirksamen Bestandteile an den aktuellen Kenntnisstand anzupassen haben. Demnach ist es möglich, dass hier Änderungen eintreten, die bei Redaktionsschluss natürlich nicht bekannt waren.

Bitte vergewissern Sie sich daher immer anhand der Ihnen im Geschäft vorliegenden Arzneimittel, ob sich etwas geändert hat. Die wirksamen Bestandteile sind auf der Packung angegeben. Der aufmerksame Betrachter des Sortiments wird bemerken, dass einige Produkte heutzutage als Nahrungsergänzungsmittel oder diätetische Lebensmittel vermarktet werden, die früher, wenn auch vielleicht mit anderer Bezeichnung oder geringfügig geänderter Zusammensetzung, als Arzneimittel im Handel waren. Man wird daher im Zutatenverzeichnis dieser Lebensmittel Stoffe finden, die man für sich allein zur Ernährung bewusst nicht zu sich nimmt. Wenn dann noch der Text auf der Packung von den Herstellern so geschickt und trickreich formuliert wird, dass eine arzneiliche Zweckbestimmung nicht mehr eindeutig zu erkennen ist, dann ist das Mittel dem Lebensmittelrecht unterworfen. Beachten Sie aber, dass Lebensmittel, also auch Nahrungsergänzungsmittel oder diätetische Lebensmittel, aus rechtlichen Gründen keine arzneiliche Wirkung auf den Körper haben dürfen. Solche Lebensmittel sind und bleiben Erzeugnisse zur Ernährung und nicht zur Vorbeugung, Linderung oder Heilung von Krankheiten. Seien Sie also kritisch, wenn Sie die Anpreisungen auf den Packungen und in der Werbung lesen. Viele Fachleute sind übrigens der Ansicht, dass es bei einer ausgewogenen Ernährung nicht erforderlich ist, Nahrungsergänzungsmittel zu sich zu nehmen. Schaden werden sie normalerweise allerdings auch nicht. Bei einigen Inhaltsstoffen, z. B. den Vitaminen, kann es durchaus vorkommen, dass man sie in Arzneimitteln und in Nahrungsergänzungsmitteln findet. Hier kommt es darauf an, wie der Hersteller sein Produkt anpreist: wenn es mit arzneilicher Zweckbestimmung ist oder es pharmakologisch wirkt, ist das Erzeugnis Arzneimittel, ansonsten unterliegt es dem Lebensmittelrecht. Sie können übrigens beide Produktgruppen durch unterschiedliche Angaben in der Kennzeichnung der Packungen relativ einfach unterscheiden. Die Übersicht in Tab. 10.1 erleichtert Ihnen die Beurteilung.

Freiverkäufliche Arzneimittel dienen in erster Linie der Selbstbehandlung bei einfachen Befindlichkeitsstörungen. Der Gesetzgeber hat bewusst stärker wirksame Mittel der Apothekenpflicht unterstellt und nur solche Arzneimittel für den Einzelhandel außerhalb der Apotheken freigegeben, die überwiegend aus dem Erfahrungsschatz der Volksmedizin kommen. Dennoch sind freiverkäufliche Arzneimittel nicht immer frei von Nebenwirkungen. Über die bedeutsamsten gibt der Teil II dieses Buches (Kap. 10–37) jeweils Auskunft.

Es muss darauf hingewiesen werden, dass bei andauernden Störungen des Wohlbefindens aus allseits bekannten Gründen ärztlicher Rat einzuholen ist. Denn es versteht sich von selbst, dass eine genaue Kenntnis der Arzneimittel ein wissenschaftliches Studium voraussetzt. Dennoch kann durch kritisches und verantwortungsbewusstes Denken und Handeln auch im Verkehr mit Arzneimitteln außerhalb der Apotheken ein Beitrag zur Arzneimittelsicherheit geleistet werden.

Tab. 10.1: Kennzeichnung von Arznei- und Lebensmitteln

Angabe	Arzneimittel	Lebensmittel
Angabe zur Haltbarkeit	„verwendbar bis … „	„mindestens haltbar bis … „
Angabe zur Zusammensetzung	nach Art und Menge	„Zutaten: …"ohne Mengenangabe
Angabe der Charge	„Ch.-B."	„LOT"
Vorgeschriebener Hinweis	„Arzneimittel unzugänglich für Kinder aufbewahren"	–
Zulassungsnummer	„Zul.-Nr." oder „Reg.-Nr."	–

11 Arzneimittelanwendung

In Fertigarzneimitteln liegen die arzneilich wirksamen Stoffe in der Regel in Form von Zubereitungen vor. Das bedeutet – wenn man von Teemischungen absieht –, dass neben einem oder mehreren Wirkstoffen auch Hilfsstoffe enthalten sind, die selbst keine arzneiliche Wirkung entfalten. Solche Hilfsstoffe sind bei festen Darreichungsformen, wie Tabletten oder Dragees, Stoffe, die die abgeteilte Form auf das gewünschte Gewicht bringen und wesentlich dazu beitragen, dass die Wirkstoffe im Körper freigesetzt werden können. Ähnliches gilt auch für flüssige Formen; hier ist das Lösungsmittel der Träger der Wirkstoffe. Bei anderen Darreichungsformen, beispielsweise Salben, gilt Gleiches.

Man erwartet von Arzneimitteln, dass sie wirken. Sie können jedoch nur dann eine Wirkung entfalten, wenn der Wirkstoff am sogenannten Erfolgsorgan – also da, wo die Wirkung erwartet wird – auch ankommt. Das bedeutet, dass der Wirkstoff auf einem Weg, in der Regel ist das der Blutweg, transportiert werden muss. Voraussetzung hierfür ist, dass das Arzneimittel im Körper den Wirkstoff freigibt und dieser dann ins Blut geht oder lokal die Wirksamkeit entfaltet.

Das Zuführen eines Arzneimittels nennt man die Applikation. Dies kann auf verschiedenen Wegen geschehen: Man kann das Arzneimittel auf Schleimhäute aufbringen, wie etwa den Nasenspray auf die Schleimhäute der Nase. Hier wirkt der Arzneistoff lokal, d.h. dort, wo er aufgesprüht wird, nämlich auf den Schleimhäuten – unter Umgehung des Blutweges. Nimmt man dagegen Kapseln gegen Schnupfen ein, so gelangen die Wirkstoffe in den Magen und Darm, werden dort ins Blut abgegeben und gelangen über den Blutweg an die Nasenschleimhäute, aber natürlich auch überall sonst hin im Körper und können somit an bestimmten Organen unerwünschte Begleitwirkungen auslösen, z.B. Herzjagen.

Den Vorgang des Übergangs eines Arzneistoffs in den Körper nennt man Resorption.

Verfolgen wir den Weg einer Tablette, welche oral appliziert, also durch den Mund eingenommen wurde. Durch Schlucken gelangt sie nach dem Passieren der Speiseröhre in den Magen. Dort trifft sie auf saure Flüssigkeit – den Magensaft. Hier oder im sich am Magen anschließenden Zwölf-Finger-

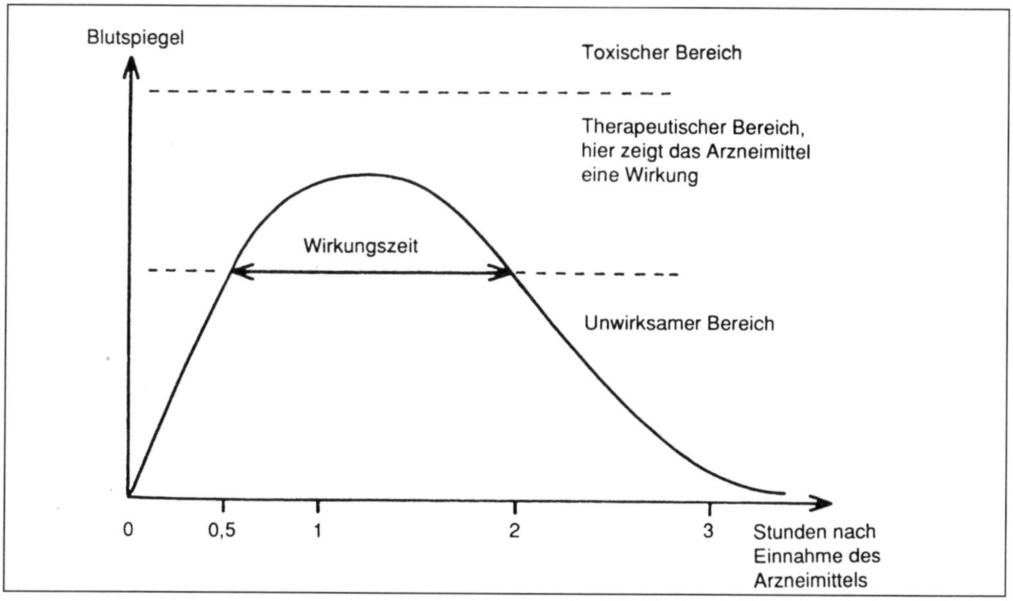

Abb. 11.1: Die Abhängigkeit der Wirkung der Arzneimittel von der Konzentration im Blut

Darm löst sie sich auf, und der Wirkstoff tritt in Kontakt mit der Magen- bzw. Darmschleimhaut. Durch komplizierte Vorgänge gelangt der Arzneistoff ins Blut, passiert die Leber (über den Pfortaderkreislauf), „geht ins Blut" und verteilt sich dann im Körper und trifft auch an das „Erfolgsorgan", also jene Stelle, an der eine Wirkung ausgelöst werden soll. Nun resorbiert der Körper nicht immer alles an Arzneistoff. Meist wird nur ein Teil aufgenommen; dies hängt von der Resorptionsquote ab. Diese wird z. B. beeinflusst vom Füllungszustand des Magens (vor oder nach dem Essen), von der Menge an Magensäure und von der Zerfallsgeschwindigkeit der Arzneiform.

All diese Einflüsse auf die Resorption können ausgeschaltet werden, wenn man das Arzneimittel direkt ins Blut, z. B. intravenös, injiziert. Hier ist die Resorptionsquote 100 %. Solche Arzneimittel sind Apotheken vorbehalten.

Ist ein Arzneistoff resorbiert worden, beginnt dessen chemische Umwandlung im Körper. Dies nennt man Biotransformation. Diese geschieht fast ausnahmslos in der Leber. Das Pharmakon wird also chemisch verändert, meist zu wenig wirksamen oder unwirksamen Stoffen. Der nächste Schritt ist dann die Ausscheidung des Arzneistoffs bzw. dessen Umwandlungsprodukte. Meist geschieht dies über die Nieren. Grob vereinfacht kann man feststellen, dass die Leber das Arzneimittel wasserlöslich macht, damit es über die Nieren ausgeschieden werden kann. In diesem Zusammenhang ist auf Folgendes hinzuweisen (Abb. 11.1): Um eine Wirkung zu entfalten, muss ein Arzneimittel einen bestimmten Blutspiegel erreichen (therapeutischer Bereich), das heißt, in ausreichend hoher Konzentration im Blut verteilt sein. Ein zu geringer Blutspiegel bewirkt, dass das Arzneimittel keine Wirkung zeigt; erst bei ausreichend hohem Blutspiegel wird ein wahrnehmbarer therapeutischer Effekt zu sehen sein. Erhöht man die Konzentration noch weiter, so werden bei vielen Arzneistoffen unerwünschte Wirkungen auftreten (toxischer Bereich).

Die Vorgänge der Umwandlung (Biotransformation) und der Ausscheidung fasst man unter dem Begriff Elimination zusammen.

Ein arzneilich wirksamer Stoff im Sinne § 3 AMG 1976, also auch eine chemische Verbindung oder geschnittene Pflanzenteile, liegt in der Form eines Arzneimittels meist be- oder verarbeitet vor (Ausnahmen sind z. B. Glaubersalz, Teedrogen). Zur Anwendung werden die Stoffe in eine Arzneiform (Darreichungsform) gebracht, die für die Anwendung geeignet ist. Eine häufig verwendete Arzneiform ist die **Tablette**. Zu ihrer Herstellung werden die gepulverten Tablettierhilfsmittel vermischt, evtl. nochmals granuliert und dann zu der bekannten Tablettenform gepresst. Die Tablettierhilfsmittel sind nötig, um der Tablette das nötige Gewicht und ihr einen ausreichenden Schutz vor Beschädigung bei mechanischer Einwirkung zu geben. Tabletten müssen aber auch so beschaffen sein, dass sie bei Kontakt mit den Verdauungssäften zerfallen, um so die Wirkstoffe freizugeben und diese resorptionsfähig zu machen.

Tabletten werden normalerweise ganz geschluckt. Die enthaltenen Hilfsstoffe (z. B. Sprengmittel wie Carboxymethylcellulose) bewirken, dass bei Kontakt mit der Flüssigkeit im Magen die Tabletten zerfallen und ihre Wirkstoffe freigeben. Die Wirkstoffe werden dann in der Regel erst im Dünndarm resorbiert. Wer Schwierigkeiten hat, die Tabletten ganz zu schlucken, zum Beispiel weil sie groß sind, kann diese auch auf einem Löffel mit etwas Wasser zerfallen lassen und so einnehmen. Bitte beachten Sie, dass überzogene Tabletten, die als Filmtabletten oder Lacktabletten bezeichnet werden, immer ganz geschluckt werden müssen. Grund ist, dass der Überzug (Film, Lack) die Tablette vor der Magensäure schützen muss und dieser daher unbeschädigt bleiben muss. Film- oder Lacktabletten sind als solche gekennzeichnet.

Bei Brausetabletten ist darauf zu achten, dass sie luftdicht verpackt sind. Daher sind sie in einem fest verschlossenen Röhrchen. Meist ist im Stopfen ein Trockenmittel (ungiftig) versteckt, um die Luftfeuchtigkeit zu vermeiden, weil die Brausetabletten sonst schon durch die Luftfeuchte anfangen, sich langsam aufzulösen. Brausetabletten löst man in einem Glas Trinkwasser oder gasfreiem Mineralwasser auf und wartet, bis sie sich aufgelöst haben. Dieses trinkt man.

Tabletten, deren Inhaltsstoffe luft- oder feuchtigkeitsempfindlich sind, oder solche, die schlecht schmecken, werden häufig zum **Dragee** verarbeitet. Diese werden unzerkaut mit Wasser geschluckt.

Bei Tabletten und Dragees ist darauf zu achten, dass sie mit genug Flüssigkeit geschluckt werden. Nehmen Sie bitte nicht nur einen Schluck Wasser, sondern trinken Sie ein ganzes Glas Wasser nach.

Tropfen sind Arzneilösungen, die tropfenweise aus Tropfflaschen dosiert werden und meist mit Wasser oder auf Zucker eingenommen werden. Die Konzentration resp. die Tropfengröße wird so gewählt, dass eine genaue Dosierung möglich ist. Ein Nachtrinken mit Flüssigkeit ist sinnvoll.

Elixiere sind Auszüge von Drogen oder deren Mischungen mit ethanolhaltigen Flüssigkeiten (z. B. reiner verdünnter Alkohol oder Südwein) oder Lösungen von Drogenextrakten in solchen Flüssigkeiten. Meist werden Elixieren Zucker, Salze usw. beigefügt, um die Haltbarkeit und den Geschmack zu verbessern. Elixiere kann man mit Wasser vermischt einnehmen, wenn sie ansonsten zu kräftig schmecken.

Eine **Emulsion** ist definiert als eine homogene Verteilung kleinster Tröpfchen einer Flüssigkeit in einer anderen, mit ihr normalerweise nicht mischbaren Flüssigkeit. Emulsionen, bei denen sich die beiden Phase z. B. wegen Überlagerung getrennt haben, sind nicht verkehrsfähig. Auch eine zu warme Lagerung von Emulsionen kann zur Phasentrennung führen.

Presssäfte aus frischen Pflanzen oder Pflanzenteilen sind wärmebehandelt und somit haltbar gemacht. Konservierungsmittel sind nicht zulässig. Da Presssäfte in der Regel trübe sind, da nicht alle Pflanzeninhaltsstoffe voll löslich sind, muss man sie vor dem Einnehmen umschütteln. Nicht aufschüttelbare Bodensätze zeugen von Überalterung. Man kann sie, wenn sie nicht besonders gut schmecken, zum Einnehmen bedenkenlos mit Wasser verdünnen. Sie werden gewonnen durch Auspressen frisch geernteter und gewaschener Pflanzen oder Pflanzenteile (Frischpflanzenpresssäfte). Um die Freiverkäuflichkeit zu erhalten, darf kein anderes Lösungsmittel außer Wasser verwendet werden (siehe § 44 Abs. 2 AMG). Die Säfte enthalten die Pflanzeninhaltstoffe in natürlicher Mischung und werden ohne Konservierungsstoffe hergestellt. Daher sind sie von Natur aus trübe und bilden nach einiger Zeit einen Bodensatz, der vor der Einnahme des Presssaftes aufgeschüttelt werden muss. Presssäfte sind überlagert und nicht verkehrsfähig, wenn sich der Bodensatz nicht mehr in feiner Form verteilen lässt. Nach Anbruch müssen diese Säfte im Kühlschrank aufbewahrt und alsbald verbraucht werden.

Destillate enthalten soviel Alkohol wie ein Cognac. Sie sollten daher entweder mit Wasser verdünnt eingenommen werden, oder man tropft sie auf Zucker, schluckt dieses und spült mit Wasser nach. Der Alkoholgehalt ist immer auf der Packung angegeben.

Sirupe sind zuckerhaltige Lösungen und für Zuckerkranke kontraindiziert. Der Zukkergehalt dient der Konservierung. Nach der Einnahme sollte Wasser nachgetrunken werden.

Tinkturen sind wie Elixiere einzunehmen.

Zäpfchen sind zum Verkehr außerhalb der Apotheken nicht zugelassen. Ohne Sachkenntnis dürfen jedoch Vaginal-Ovula in den Verkehr gebracht werden, die zur Verhütung der Schwangerschaft bestimmt sind. Sie bestehen aus einer Grundmasse, die bei Körpertemperatur schmilzt und den darin enthaltenen Arzneistoff freigibt. Ovula sind daher nicht über Zimmertemperatur zu lagern. Einmal geschmolzene und wieder erkaltete Ovula nicht mehr verwenden.

Ganz allgemein ist zu raten, bei der Einnahme von festen und flüssigen Darreichungsformen mit Wasser nachzutrinken. Falls, wegen der Geschmacksaufbesserung, statt Wasser lieber ein Fruchtsaft genommen werden soll: bitte den Fruchtsaft nicht pur, sondern mit Wasser gemischt nehmen. Auf keinen Fall darf Grapefruitsaft zur Einnahme von Arzneimitteln genommen werden, da dieser den Abbau von Wirkstoffen beeinflussen kann und so zu einer unerwünschten Wirkungssteigerung mit Nebenwirkungen, als auch zu einer Wirkungsabschwächung führen kann. Alle anderen Fruchtsäfte, wie Orangensaft oder Apfelsaft, sind unbedenklich.

Die freiverkäuflichen Arzneimittel dienen alle der Selbstbehandlung bei leichten Gesundheitsstörungen oder zur Vorbeugung. In aller Regel werden diese Arzneimittel nicht vom Arzt empfohlen oder verschrieben. Obwohl es sich überwiegend um nicht stark wirksame Arzneimittel und um Mittel der Volksmedizin handelt, sind es eben doch Arzneimittel und keine Lebensmittel, die der Ernährung oder dem Genuss dienen. Arzneimittel sollen unkontrolliert nicht über einen längeren Zeitraum eingenommen werden. Es muss an dieser Stelle vor der falschen Folgerung gewarnt werden, dass „natürliche“ Mittel, z. B. Teedrogen, keine Nebenwirkungen haben können. Die Medizin kennt genügend starke Gifte und auch Vergiftungen durch pflanzliche Stoffe. Selbst die als harmlos angesehenen Arzneitees sind dann nicht mehr als harmlos anzusehen, wenn sie falsch angewendet oder zu lange eingenommen werden. Daher muss bei einer Reihe von Arzneimitteln bei andauernder Einnahme der Kunde auf den Sachverhalt hingewiesen werden. Ergibt sich der geringste Verdacht, dass ernsthafte Gesundheitsstörungen mit freiverkäuflichen Arzneimitteln behandelt werden sollen, muss zu einem Arztbesuch geraten werden.

12 Appetitfördernde und verdauungsanregende Mittel

12.1 Appetitförderung und Verdauungsanregung

Mit diesen Arzneimitteln soll eine Steigerung des Appetits und eine Anregung der Magensaft- und der übrigen Verdauungssaftproduktion erreicht werden. Hier kommen vorwiegend pflanzliche Wirkstoffe zum Einsatz.

12.2 Arzneistoffe

12.2.1 Bittermittel

Bittermittel nennt man Arzneimittel, die Bitterstoffe enthalten. Bitterstoffe sind bitter schmeckende Pflanzeninhaltsstoffe; die entsprechenden Drogen werden Bitterstoffdrogen genannt. Verwendet werden Extrakte, Tinkturen oder Drogenabkochungen. Man gibt sie etwa 15 Minuten vor dem Essen. Durch die bittere Geschmacksempfindung der Zunge wird reflektorisch die Speichel- und Magensaftsekretion angeregt. Sind die Bitterstoffe dann im Magen, wird Pepsin und Salzsäure vermehrt produziert und somit die Verdauungssaftproduktion gesteigert.

Verwendet werden vor allem folgende bitter schmeckende Drogen oder Zubereitungen aus diesen Drogen:

Enzianwurzel, Wermutkraut, Tausendgüldenkraut, Schafgarbenkraut. Auch Chinarinde, Condurangorinde und die aromatisch schmeckenden Pomeranzenschalen werden verwendet.

Durch den Bitterstoffgehalt soll reflektorisch über die Zungennerven der Appetit angeregt werden. Die Reizung der Geschmacks- und Geruchsnerven soll zusammen mit einer Sekretionssteigerung der Verdauungssäfte die Lust am Essen steigern.

Ätherische Öle mit aromatischem Geschmack

- Auch diese regen den Appetit und die Sekretion von Verdauungssäften an.

- Verwendung finden Anis, Kümmel, Fenchel, Pomeranzenschale, Pfefferminze, Kamille.
- Diese ätherisches Öl enthaltenden Drogen werden auch wegen ihres beruhigenden und krampflösenden Effektes im Verdauungsbereich geschätzt (carminative Wirkung). Schmerzhafte Blähungen können dadurch vermieden werden.

12.2.2 Enzympräparate

Verdauungsenzyme werden häufig eingenommen, um eine mangelhafte Sekretion im Magen-Darm-Trakt auszugleichen. Man muss sich jedoch bewusst sein, dass die zugeführte Menge an Enzymen meist ungenügend ist. Ein krankhafter Verdauungsenzymmangel bedarf intensiver ärztlicher Betreuung und kann mit freiverkäuflichen Arzneimitteln nicht behandelt werden.

Bromelain

Bromelain ist ein Enzym, welches aus der Ananas gewonnen wird. Es hilft Eiweiß zu verdauen. In der Wirksamkeit ist Bromelain nicht ganz so wirksam wie Pepsin. Viele sogenannte Schlankheitskapseln – die überwiegend keine Verkehrsgenehmigung als Arzneimittel besitzen! – enthalten dieses Enzym.

Pepsin

Pepsin ist ein Eiweiß verdauendes Enzym aus der Magenschleimhaut und braucht für seine Wirksamkeit ausreichend Salzsäure, die ebenso im Magen produziert wird. Üblich ist bei Arzneimitteln eine Lösung von Pepsin in Wein: der Pepsinwein. Die durch ein Likörglas Pepsinwein zugeführte Menge Pepsin kann einen Pepsinmangel aber nicht ausgleichen. Eher wird hier der Alkohol wirken, der die Säuresekretion des Magens anregt. Alternativ können Aperitifs verwendet werden, die meist noch besser schmecken. Aperitifs sind keine Arzneimittel.

Alkoholhaltige Getränke und alkoholhaltige Arzneimittel dürfen bei Magenschleimhautentzündung (Gastritis) und Magengeschwür nicht gegeben werden.

Vitamine

Unterstellt man einen allgemeinen Vitaminmangel (der medizinisch gesehen so wohl in unseren Breitengraden nicht vorkommt) bei Abgeschlagenheit und schlechtem Appetit, so hofft man, mit einer Zuführung von Vitaminen das Allgemeinempfinden zu bessern, was sich dann auch in gesteigertem Appetit äußern kann.

12.3 Fertigarzneimittel

Tab. 12.1: Appetit anregende Mittel

Handespräparat®	Zusammensetzung
Tetesept Magen-Darm Tropfen	Auszug aus Wermutkraut, Dill, Benediktenkraut, Kümmel, Pfefferminzblätter
Dr. Poehlmann Pepsinwein	Pepsin, 16 % V/V Alkohol
Carmol Tropfen	Anisöl, Citronellöl, Citronenöl, Melissenblätterdestillat, Lavendelöl, Levomenthol, Muskatöl, Nelkenöl, Salbeiöl, Spiköl, Thymianöl, Zimtöl
Bad Heilbrunner Schafgarbenkraut Tee	Schafgarbenkraut
Schoenenberger naturreiner Heilpflanzensaft Wermut	Presssaft aus frischem Wermutkraut
Salus Enzian Tropfen Bittry	Tinktur aus Enzianwurzel

13 Husten- und Bronchienmittel

13.1 Husten

Der Husten ist ein Schutzreflex des Organismus und wird durch Reizung der Schleimhäute der Atemwege ausgelöst. Er hat die Aufgabe, Fremdkörper (z.B. Staubteilchen) aus dem Bronchialraum zu entfernen. Die Atemwege sind mit einer Schleimhaut ausgekleidet, an der Staub gebunden wird. Die Schleimhäute reinigen sich normalerweise selbst, da der Schleim durch kleine Flimmerhaare im Atemtrakt kontinuierlich nach oben befördert und verschluckt wird. Zigarettenrauch hemmt diese natürliche Reinigung.

Bei trockenem Reizhusten ist die Hustenreizschwelle durch einen meist vorausgegangenen Entzündungsvorgang stark erniedrigt: Es genügt schon der kleinste Reiz, um den Hustenvorgang auszulösen. Hier werden schleimstoffhaltige Drogen als Arzneimittel eingesetzt, die reizmildernd wirken und die Schleimhaut der oberen Luftwege mit einer Schutzschicht überziehen und so schleimhautberuhigend und hustenreizmildernd wirken sollen. Pflanzenschleime werden nicht oder nur wenig resorbiert; sie wirken örtlich bzw. indirekt auf einen besonderen Nerv. Bei Husten, der mit starker Schleimabsonderung einhergeht und deswegen sehr lästig sein kann, werden Auswurf fördernde Arzneimittel verwendet. Man nennt sie Expektoranzien. Sie verflüssigen das zähe Sekret und erleichtern so das notwendige Abhusten des Schleims und auch den Abtransport restlichen Schleims durch die Flimmerhaare. Für die Verflüssigung des Sekrets muss auf genügend Flüssigkeitszufuhr geachtet (etwa drei Liter pro Tag) und zu trockene Atemluft vermieden werden. In hartnäckigen Fällen empfiehlt sich eine Dampfinhalation mit lösenden und Krampf mildernden Kamillendämpfen bzw. mit Fenchel-, Anis oder Eucalyptusöl. Die Wirkung der Expektoranzien beruht zum Teil auf einer Reizung von Nerven in der Magenschleimhaut, wodurch die Bronchialdrüsen reflektorisch vermehrt dünnflüssigeres Sekret bilden. Dies ist insbesondere durch Ammoniumchlorid (auch Salmiak genannt) möglich, welches deswegen Verwendung findet. Saponindrogen führen zu einer Verringerung der Oberflächenspannung des Sekrets. Dadurch wird der Schleim dünnflüssiger und kann leichter abgehustet werden (Kap. 4.1.5).

Auch ätherische Öle wirken Auswurf fördernd (expektorierend) durch Verflüssigung des Schleims und ihre milde desinfizierende Wirkung. Im Handel sind Tees aus geschnittenen Drogen und Instant-Tees. Bei den letztgenannten handelt es sich meist um Sprühtrockenextrakte von Arzneidrogen. Die ätherischen Öle gehen bei dieser Herstellungstechnik teilweise verloren; sie dürfen dem Erzeugnis, wenn nötig, nachträglich wieder zugesetzt werden. Die aus Drogen durch Destillation gewonnenen ätherischen Öle sind üblicherweise Bestandteile von Hustentropfen, Hustensäften, Inhalationsmitteln, Einreibungen und Badeölen. Solche ätherischen Öle sind flüchtig, daher die Fläschchen immer gut verschließen.

Sprühtrockenextrakte und Destillate sind als Heilmittel aufgrund der Rechtsverordnung freiverkäuflich.

Bei Einreibungen ätherisches Öl enthaltender Zubereitungen auf Brust und Rücken will man eine milde, länger dauernde Inhalation über die Lunge erreichen, da die Öle aus der Zubereitung in die Atemluft übergehen. Gleiches gilt für Badeöle. Zur Anwendung kommen auch Menthol und Campher. Diese beiden charakteristisch riechenden Stoffe rufen an den Schleimhäuten ein Kältegefühl hervor und sollen die Sekretbildung einschränken. Die im Handel befindlichen Hustenbonbons sind überwiegend keine Arzneimittel. Man macht sich hier die Eigenschaft zunutze, dass Bonbons schon alleine wegen des Lutschens zu gesteigerter Speichelsekretion führen und so Hustenreiz lindern können. Meist sind Hustenbonbons zuckerhaltig, was bei Diabetikern berücksichtigt werden muss. Was in Hustenbonbons, wenn sie dem Lebensmittelrecht unterliegen und keine Arzneimittel sind, enthalten ist, ist aus dem aufgedruckten Zutatenverzeichnis zu entnehmen.

13.2 Arzneistoffe

- Als Hustenreiz mildernde Mittel vor allem **schleimstoffhaltige Drogen** wie: Eibischwurzel, Isländisches Moos, Spitzwegerich, Huflattichblätter, Wollblumen.
- Als Auswurf fördernde Mittel vor allem saponinhaltige Drogen wie: Primelwurzel, Wollblumen.
- Ätherisches Öl enthaltende Pflanzen wie: Anis, Fenchel, Thymian, Eucalyptus, Pfefferminze, Kamille.
- Ätherische Öle wie Anisöl, Eucalyptusöl und die aus Drogen gewinnbaren Stoffe Menthol und Campher.
- Zucker oder Honig findet man in vielen Hustensäften. Neben der Geschmacksverbesserung wird damit reflektorisch über die Mundschleimhaut eine Sekretverflüssigung erreicht.
- Honighaltige Arzneimittel (z. B. Fenchelhonig) wendet man vor allem bei Kindern an, da er süß schmeckt.

Hinweis

Zwischen trockenem Reizhusten und Husten durch Verschleimung unterscheiden. Bei länger andauerndem Husten muss der Arzt befragt werden. Der Zuckergehalt in Hustensirupen ist bei Diabetikern zu beachten.

13.3 Fertigarzneimittel und Medizinprodukte

Tab. 13.1: Husten- und Bronchienmittel

Handespräparat®	Zusammensetzung
Broncholind Hustensaft	Fluidextrakt aus Spitzwegerichkraut
Broncholind Hustensaft Isländisch Moos	Isländ. Moosextrakt, Zinkgluconat, Malvenextrakt; Medizinprodukte
Spitzwegerich Hustensirup	Fluidextrakt aus Spitzwegerichkraut, 7 % V/V Alkohol
Kräuter Bronchial Tropfen	Destillat aus Eucalyptusblätter, Pfefferminzblätter, Salbeiblätter, Anisfrüchte, Fenchelfrüchte, 50 % V/V Alkohol
Schoenenberger Naturreiner Heilpflanzensaft Thymian	Thymiankraut-Presssaft
Salus Alpenkraft Hustensirup	Latschenkiefernöl, Fenchelöl, Anisöl, Eucalyptusöl, Destillat und Dekokt aus Thymian,Lindenblüten, Schlüsselblumenblüten, Anis, Fenchel Sonnentaukraut, Vogelknöterichkraut

14 Leber- und Gallemittel

14.1 Leber- und Galle

Die Leber ist das wichtigste Stoffwechselorgan des Körpers. Nahezu alle wichtigen chemischen Reaktionen im Organismus laufen in der Leber ab, einschließlich des Abbaus („Entgiftung") von Arzneimitteln und der Verstoffwechslung der Lebensmittel. Die Leber lässt sich in ihrer Funktion im Sinne einer Verbesserung nicht beeinflussen. Viel wichtiger ist es, die Leber „zu schonen", indem man auf schwer verdauliche Speisen und insbesondere alkoholische Getränke verzichtet.

Die Galle, die zur Verdauung von Fetten wichtig ist, wird in der Leber gebildet. Sie gelangt von dort zunächst in die Gallenblase, wo sie gespeichert und eingedickt wird, und dann über die Gallengänge in den Zwölffingerdarm. Die Entleerung der Gallenblase wird durch komplizierte Mechanismen gesteuert. Störungen der Gallebildung oder Gallesekretion zeigen sich unter anderem in Verdauungsbeschwerden. Die täglich in den Darm abgegebene Menge an Gallevolumen beträgt ca. 60 ml.

Man unterscheidet

- Mittel, welche die Galleproduktion durch die Leber fördern (Choleretika),
- Mittel, welche einen vermehrten Abfluss bereits vorgebildeter Galle aus der Gallenblase verursachen (Cholekinetika).

Da organische Krankheiten der Leber bei den in Frage kommenden Arzneimitteln außerhalb der Apotheken als Anwendungsgebiet bei freiverkäuflichen Arzneimitteln verboten sind, stehen Indikationen mit vorbeugender Aussage oder Funktionsbeeinflussung im Vordergrund.
Es wird eine Vielzahl an Drogen in sogenannten Leber-Galle-Tees eingesetzt.

Eine strenge Differenzierung in Choleretika und Cholekinetika ist bei pflanzlichen Arzneimitteln nicht möglich.

Patienten mit Gallenstörungen müssen bestimmte Nahrungsmittel meiden, so etwa Eigelb oder fette Fleischbrühe, da es sonst zu äußerst schmerzhaften Verkrampfungen im Gallensystem kommen kann (Gallenkolik).

14.2 Arzneistoffe

Artischocke

Verwendet werden die Laubblätter der Pflanze. Als Hauptwirkung steht ein Gallensaft anregender Effekt im Vordergrund. Die Droge hilft also Fett zu verdauen.

Ätherisches Öl enthaltende Drogen

Siehe Kap. 4.3.1. Hier nimmt man vor allem Pfefferminzblätter, Anis, Fenchel, Kümmel.

Bitterstoffdrogen

Siehe Kap. 4.1.6.

Javanische Gelbwurz

Sie wird auch Curcuma xanthorrhiza genannt und soll bei Erkrankungen der Gallenwege hilfreich sein. Die Droge enthält etwas ätherisches Öl, welches für die galletreibende Wirkung verantwortlich ist

Löwenzahn

In der Volksheilkunde (dort wird sie auch Kuhblume genannt) gilt die Droge als „Blutreinigungsmittel" und als wirksam bei Gallenbeschwerden. Gallesekretion und Gallefluss sollen, insbesondere durch die Ganzpflanze (einschließlich Wurzel), angeregt werden. Auch bei Appetitlosigkeit und Völlegefühl wird sie eingesetzt. Löwenzahn ist eine klassische Droge in sogenannten „Blutreinigungsmitteln".

Mariendistel

Man verwendet sowohl die Früchte als auch das Kraut. Die Früchte enthalten bis zu 3 % Silymarin. Diese Substanz soll bei Lebererkrankungen unterstützend wirken. Mariendistelfrüchte werden zur unterstützenden Behandlung bei Lebererkrankungen verwendet. Für das Kraut gibt es derzeit keinen wissenschaftlichen Beweis einer therapeutischen Anwendung bei Störungen von Leber oder Galle.

14.3 Fertigarzneimittel

Tab. 14.1: Leber- und Gallemittel

Handespräparat®	Zusammensetzung
Tetesept Artischocke-Mariendistel Kombi-Kapseln	Trockenextrakt aus Mariendistelfrüchten und Artischockenblättern
Tetesept Galle-Dragee mit Artischocke	Trockenextrakt aus Artischockenblättern
Salus Leber-Galle-Tee, Filterbeutel	Artischockenblätter, Pfefferminzblätter, Löwenzahnganzpflanze, Kamillenblüten, Schafgarbenblüten, Bitterer Fenchel, Ruhrkrautblüten
Salus Galle-Dragee mit Artischocke	Trockenextrakt aus Artischockenblättern
Salus Gallexier Kräuterbitter	Auszug aus einer Mischung aus Artischockenblätter, Enzianwurzel, Curcumawurzelstock, Ingwerwurzelstock
Bad Heilbrunner Leber- und Galle Tee	Pfefferminzblätter, Löwenzahn, Javanische Gelbwurz, Schafgarbenkraut

15 Blasen- und Nierenmittel

15.1 Blase und Nieren

Die Nieren zählen neben Darmkanal, Lungen und Schweißdrüsen zu den wichtigsten Ausscheidungsorganen. Das Ausscheidungsprodukt ist der Harn. Durch die Nieren werden lebenswichtige Vorgänge gesteuert:

- Ausscheidung der Stoffwechselprodukte, vornehmlich Abbauprodukte des Eiweißstoffwechsels
- Aufrechterhaltung des Säure-Basen-Gleichgewichts des Körpers durch Ausscheidung saurer bzw. alkalischer Substanzen
- Regulation des Wasser- und Salzhaushalts des Körpers
- Entgiftung des Organismus durch Ausscheidung von entweder im Körper selbst gebildeten oder ihm zugeführten Substanzen (z. B. Arzneimittel, aber auch Lebensmittel). Hier leistet die Leber wichtige Vorarbeit, indem sie Stoffe wasserlöslich macht, damit die Nieren sie aus dem Blut heraus filtrieren und ausscheiden können.

Während eines Tages passieren rund 1 500 l Blut die Nieren. In dieser Zeit werden im Normalfall etwa 1,5 l Harn gebildet und in die Harnblase abgeleitet. Harn ist normalerweise steril.

Die Harnblase ist ein muskulöses Hohlorgan und kann bis zu einen Liter aufnehmen. In ihr wird der von den Nieren kommende Harn bis zum Harnlassen gespeichert. Normalerweise merkt man den Drang zur Blasenentleerung bereits bei einer Ansammlung von 150–300 ml Urin.

Wenn man sich „die Blase erkältet“ handelt es sich meist um eine bakterielle Infektion und Reizung mit Entzündung der sogenannten ableitenden Harnwege. Damit meint man die Harnröhre und die Blase. Zumeist sind die Schmerzen, besonders beim Wasserlassen, beträchtlich, und ein Arztbesuch ist unumgänglich.

Freiverkäufliche Blasen- und Nierenmittel sollen in erster Linie nicht Krankheitserreger bekämpfen, sondern die Nierentätigkeit anregen, vermehrt Harn produzieren oder den Harn etwas desinfizieren.

Es kommen hier außerhalb der Apotheken überwiegend pflanzliche Arzneistoffe zur Teebereitung zum Einsatz.

Der wesentliche Effekt von Blasen- und Nierentees beruht hauptsächlich auf der Ausscheidung der durch diese Tees zugeführten Flüssigkeit. Will man die Nieren „spülen“, – wovor bei einigen Erkrankungen ohne ärztliche Empfehlung abgeraten wird –, muss man viel Flüssigkeit zuführen. Dafür eignen sich diese Blasen- und Nierentees. An Drogeninhaltsstoffen in den verwendeten Drogen, die eine Wasser treibende Wirkung besitzen, sind vor allem Kaliumsalze, Saponine, Flavonoide und ätherisches Öl zu erwähnen. In diesem Zusammenhang ist wichtig zu wissen, dass durch die Nieren nur die im Überfluss zugeführte Flüssigkeitsmenge abgesondert wird. Krankhafte Wasseransammlungen, z. B. Ödeme, werden nicht oder nur unwesentlich beeinflusst.

An dieser Stelle ist zu bemerken, dass Personen mit „Wasser in den Beinen“, also Ödemen im Bereich des Fußes, besonders an den Knöcheln, nicht ohne ärztlichen Rat Wasser treibende Tees trinken dürfen. Meist handelt es sich bei diesen Ödemen um ein Symptom bei Herzmuskelschwäche, die unbedingt vom Arzt behandelt werden muss.

Wassertreibende Tees werden angewendet, wenn durch eine gesteigerte Flüssigkeitszufuhr Krankheitserreger aus den ableitenden Harnwegen ausgeschwemmt werden sollen. Nieren- und Blasentees können hier durch milde Desinfektion unterstützend auf den Heilungsprozess wirken. Durch die Spülwirkung sind diese Tees auch nützlich während einer vom Arzt eingeleiteten Behandlung einer Harnwegsinfektion – ärztliches Einverständnis vorausgesetzt. Harnwegsinfektionen sind Infektionen, die nicht durch Bakterien des Blutes hervorgerufen werden, sondern von außen in den Harntrakt verschleppt wurden.

Frauen sind wegen der gegenüber Männern kürzeren Harnröhre besonders in höherem Alter anfälliger gegen Harnwegsinfektionen.

15.2 Arzneistoffe

Wacholderbeeren

Wegen der vorhandenen Reizwirkung des ätherischen Öles dürfen Zubereitungen als Wacholderbeeren nicht über einen längeren Zeitraum eingenommen werden. Bei Schwangeren und Nierenleidenden dürfen Wacholderbeeren und deren Zubereitungen in größeren Mengen nicht gegeben werden.

Harntreibende Heilpflanzen

Harntreibende Heilpflanzen sind vor allem Birkenblätter, Goldrutenkraut, Hauhechelwurzel und die Orthosiphonblätter. Letztere sind in der Volksmedizin als Indischer Nierentee bekannt.

Sägepalmenfrüchten

Verbreitet sind auch Extrakte aus Sägepalmenfrüchten. Sie werden zur unterstützenden Behandlung von Entzündungen der Harnblase, sowie bei häufigem nächtlichen Harndrang verwendet.

Kürbis

Als den Harnfluss steigernde Droge hat sich besonders Kürbis bewährt. Man verwendet Kürbissamen (im Volksmund auch Kürbiskerne genannt) oder das ausgepresste fette Öl. Besondere Inhaltsstoffe der Kürbissamen, die sogenannten Sterole, helfen bei Reizblase und verbessern darüber hinaus bei

Männern die Beschwerden beim Harnlassen, wenn diese auf eine beginnende gutartige Vergrößerung der Vorsteherdrüse (Prostata) zurückzuführen sind oder das Problem eine zu große Restharnmenge (das ist die Harnmenge, die immer in der Blase verbleibt) ist. Die Vergrößerung der Prostata wird mit Kürbissamen aber nicht beeinflusst. Eine Anwendung über eine längere Zeit wird empfohlen. Man kann die Kürbiskerne gemahlen oder zerkaut mit Flüssigkeit einnehmen.

Bärentraubenblätter

Bärentraubenblätter werden als Harnweg desinfizierende Droge verwendet. Die Wirkung beruht vor allem auf dem Gehalt an Arbutin. Arbutin selbst wirkt nicht antibakteriell; es wirkt vielmehr erst durch das sich bei schwach alkalischem Harn daraus bildende Hydrochinon. Der Harn kann alkalisiert werden mit etwas Natron (Natriumhydrogencarbonat, Natron), das man zum Tee einnimmt. Auch den enthaltenen Gerbstoffen schreibt man eine leicht desinfizierende Wirkung zu.

▶ **Hinweis**

Die Blasen- und Nierenfunktion lässt sich mit den Wirkstoffen freiverkäuflicher Arzneimittel kaum beeinflussen. Wichtiger ist die erhöhte Zufuhr von Flüssigkeit, also die „Spülwirkung". Bei Blasen- oder Nierenbeschwerden auf warme Kleidung achten!

15.3 Fertigarzneimittel und Nahrungsergänzungsmittel

Tab. 15.1: Blasen- und Nierenmittel

Handespräparat®	Zusammensetzung
Tetesept Prosta Sabal-Kürbis-Kapseln	Kürbissamen-Pulver, Kürbissamenöl, Trockenextrakt aus Sägepalmenfrüchten
Abtei Sabal-Kürbis Kapseln	Kürbissamen-Pulver, Kürbissamenöl, Trockenextrakt aus Sägepalmenfrüchten
Kneipp Kürbis Cranberry	Kürbiskernextrakt, Cranberry-Konzentrat; NEM
Kneipp Entwässerung Brennnessel Dragees	Brennnesselkrautpulver, Trockenextrakt aus Brennnesselkraut
Kneipp 3-Kräuter Entwässerung	Petersilienkraut-Pulver, Brennnesselblätter-Pulver, Wacholderbeeren-Pulver, NEM
Biofax Classic Kapseln	Trockenextrakt aus Birkenblättern, Hauhechelwurzel, Gartenbohnenhülsen
Salus Blutreinigungstee N	Birkenblätter, Goldrutenkraut, Hauhechelwurzel, Orthosiphonblätter

16 Arzneimittel gegen Eisenmangelanämie

16.1 Eisenmangel

Unter Eisenmangelanämie versteht man einen Mangel an Eisen im Hämoglobin (das ist der rote Blutfarbstoff) des Blutes bzw. in den roten Blutkörperchen.

Arzneimittel, die gegen Eisenmangel und zu dessen Verhütung im Handel sind, sind aufgrund der Anlage zur Rechtsverordnung zum Verkehr außerhalb der Apotheken zugelassen.

Eisen ist ein wichtiger Bestandteil des roten Blutfarbstoffes (Hämoglobin) und einer Reihe von Enzymen im Körper.

Die wichtigste Aufgabe des Eisens im Körper ist der Transport und die Speicherung von Sauerstoff am Farbstoff der roten Blutkörperchen (diesen Farbstoff bezeichnet man als Hämoglobin). Steht dem Körper zu wenig Eisen zur Verfügung, leidet die Sauerstoffversorgung des Organismus darunter, was sich z.B. in Blässe und Antriebsarmut äußern kann.

Der volkstümliche Begriff „Blutarmut", der das Gleiche meint, ist falsch, da darunter kein Mangel an Blut verstanden wird.

Symptome eines Eisenmangels können Zungenbrennen, Risse an den Mundwinkeln, trockene blasse Haut, vor allem aber Müdigkeit und Leistungsschwäche sein.

Der erwachsene Mensch braucht täglich etwa 1 mg Eisen, Frauen im gebärfähigen Alter etwa das Doppelte. Während der Menstruation können Frauen durch den Blutverlust bis zu 30 mg Eisen verlieren.

Aus einer ausgewogenen Nahrung werden pro Tag 1 bis 2 mg Eisen vom Körper resorbiert und verwertet. Eisen aus pflanzlicher Nahrung wird jedoch schlechter aufgenommen als tierisches Eisen (z.B. in Fleisch, Wurst). Somit ist eine normale Ernährung – nach mitteleuropäischen Maßstäben – gerade noch ausreichend. Da der Körper Eisen speichern kann, können Verluste weitgehend ausgeglichen werden.

Während der Menstruation, der Schwangerschaft und auch nach fieberhaften Infekten steigt der Eisenbedarf an. Hier kann die Gabe eines eisenhaltigen Arzneimittels sinnvoll sein.

16.2 Arzneistoffe

Resorbierbar ist nur zweiwertiges **Eisen** (Eisen(II)-Salze). Wird dreiwertiges Eisen (Eisen(III)-Salze) gegeben, kann es zwar im Körper zu zweiwertigem umgewandelt werden, die Effizienz der Therapie ist jedoch generell schlechter. **Ascorbinsäure** (Vitamin C) stabilisiert zweiwertiges Eisen und verhindert dabei die Oxidation zu dreiwertigem Eisen.

Mit Eisensalzen wird häufig **Folsäure** kombiniert, die zur Gruppe der B-Vitamine gehört und für die Blutbildung benötigt wird. Ein Folsäuremangel ist bei normaler Ernährung eher selten.

Zusätze von Kobalt, Kupfer, Mangan und anderen Spurenelementen sollen die Eisenwirkung verstärken. Sehr häufig sind Eisensalze in Tonika enthalten.

Verwendet werden hauptsächlich folgende Eisensalze:

- Eisen(II)-sulfat,
- Natrium-Eisen(III)-citrat,
- Eisen(II)-gluconat.

An Nebenwirkungen werden bei Eisenpräparaten vor allem Magen-Darm-Störungen und gelegentlich Übelkeit beobachtet. Bei höherer Dosierung kann sich der Stuhl dunkel färben.

Mittel gegen Übersäuerung des Magens dürfen nicht zusammen mit eisenhaltigen Präparaten eingenommen werden, da dadurch die Eisenresorption gehemmt wird.

16.3 Fertigarzneimittel und Nahrungsergänzungsmittel

Tab. 16.1: Arzneimittel gegen Eisenmangelanämie

Handespräparat®	Zusammensetzung
Taxofit Eisen + Vit. C	Eisen(II)-Ionen, Ascorbinsäure
Doppelherz aktiv Eisen + C + Histidin + Folsäure	Eisen, Folsäure, Vit. B_{12}, Vit. C, Histidin; NEM
Kräuterblut Floradix mit Eisen, flüssig	Eisen(II)-gluconat
Floradix Eisen-Folsäure-Dragee	Eisen(II)-gluconat, Nicotinamid, Vit. B_1, B_2, Folsäure
EisenVital M⁺ Kautabletten	Eisensalz, Folsäure, Vitamin C; NEM
Das gesunde Plus: Eisentabletten	Eisengluconat; NEM

17 Arzneimittel gegen Magenübersäuerung und Völlegefühl

17.1 Magenübersäuerung und Völlegefühl

Die Produktion von Magensaft kann willentlich nicht gesteuert werden, sie geschieht bei Bedarf über spezielle Regelkreise des Organismus. Bildet die Magenschleimhaut über längere Zeit zu viel oder zur falschen Zeit Säure, besteht die Gefahr der Bildung einer Magenschleimhautentzündung oder gar eines Magengeschwürs. Dies ist krankhaft und muss vermieden werden. Die Säure, die im Magen produziert wird, ist Salzsäure.

Zu viel Magensäure äußert sich in Sodbrennen und saurem Aufstoßen, wobei der saure Magensaft etwas die Speiseröhre hinauf kommt, die auf Dauer hierdurch schwer geschädigt werden kann. Die Therapie besteht darin, die Magensäure im Magen durch Arzneimittel zu binden oder chemisch zu neutralisieren. Solche Mittel nennt man Antazida.

Therapeutisch sind Hydroxide und Silikate den Carbonaten vorzuziehen. Während die Erstgenannten die Säure binden und eine Schutzschicht auf der Magenschleimhaut ausbilden, reagieren Carbonate – insbesondere Natron – unter Gasentwicklung (es entsteht Kohlendioxid-Gas im Magen). Diese Gasentwicklung durch das Arzneimittel ist im Magen unerwünscht, da sich der Magen aufblähen kann, wenn das Gas nicht in die Speiseröhre oder den Zwölffingerdarm, der sich dem Magen anschließt, entweichen kann, was Magenschließmuskeln verhindern können. Hydroxide und Silicate (auch sogenannte Silicatkomplexe) dagegen binden Säure ohne Gasentwicklung.

Antazida hemmen aber auch die Resorption von Eisensalzen und Tetracyclinen (antibiotisch wirksame Substanzen). Sie dürfen daher gleichzeitig mit diesen Arzneimitteln nicht gegeben werden.

Säure bindende Arzneimittel sollen nicht längerfristig eingenommen werden. Dauern die Beschwerden an, ist ein Arzt um Rat zu fragen, denn das Gefühl der Übersäuerung des Magens, insbesondere zur falschen Zeit, kann u. a. auch Symptom eines Magengeschwürs sein oder es kann sich um eine „Verkeimung“ des Magens mit einem sehr magenspezifischem Keim handeln, was mit verschreibungspflichtigen Arzneimitteln behandelt wird.

Auch bei Fertigarzneimitteln pflanzlicher Herkunft findet man manchmal die Indikation „Sodbrennen". Hier beruht die Wirkung nicht auf einer chemischen Reaktion im Sinne einer Neutralisierung, sondern auf der allgemein „beruhigenden" und carminativen (blähungstreibenden)Wirkung der enthaltenden ätherischen Öle, insbesondere aus Anis, Fenchel und Kümmel. Auch der Süßholzwurzel (der eingedickte Saft ist als Lakritze bekannt) kommt durch den in ihr enthaltenen Inhaltsstoff Glycyrrhizin hier Bedeutung zu.

Der Presssaft aus frischen Kartoffelknollen soll die Magensäure unspezifisch binden (im Volksmund: aufsaugen) und eine überreaktive Säureproduktion vermeiden. Er ist daher vor den Mahlzeiten einzunehmen.

Auch Leinsamenschleim bewirkt einen beruhigenden Effekt auf der Magenschleimhaut.

Die verwendeten Inhaltsstoffe sind aufgrund einer Anlage der Rechtsverordnung in Heilmitteln erlaubt.

17.2 Arzneistoffe

Natriumhydrogencarbonat (Natriumbicarbonat, Natron)

Die Substanz reagiert sehr schnell mit der Salzsäure des Magens unter Entwicklung von Kohlendioxid (CO_2). Dieses entstehende Gas kann störend wirken und Blähungen verursachen. Wird zu viel eingenommen, kann es wegen der zu starken Neutralisation zu einer erneuten Säureproduktion kommen, da der Magen den durch das Natron entstandenen starken Säuremangel wieder versucht durch Säureproduktion auszugleichen (reaktive Säureproduktion).

Zu beachten ist weiterhin, dass Natriumionen resorbiert werden, was insbesondere bei Bluthochdruckkranken auch in Arzneimitteln vermieden werden sollte.

Zur Therapie ist Natron daher nicht die allererste Wahl.

Calciumcarbonat

Die Kohlendioxidentwicklung ist geringer als bei Natron, die reaktive Säureproduktion ist zu vernachlässigen.

Leinsamenschleim

Dieser eignet sich auch zur längeren Anwendung.

Magnesiumtrisilikat

Der Wirkungseintritt ist langsamer als bei den oben genannten Verbindungen. Silikate bauen neben der Neutralisation der Säure einen Schutzfilm im Magen auf, eine reaktive Säurestimulation wird nicht ausgelöst. Die Substanz ist ohne Geschmack, wirkt sicher und ist gut verträglich.

Simeticon

Dieser Stoff lindert das Völlegefühl und hilft bei Blähbauch. Da diese Substanz nicht nennenswert resorbiert wird und im Körper nur physikalisch auf den Magen- und Darminhalt wirkt, dürfen Mittel mit Simeticon (= Dimeticon) auch als Medizinprodukte im Markt sein.

Heilerde

Dieser Wirkstoff wird in der volkstümlichen Anwendung als Mittel zur Adsorption bei infektiösen Darmerkrankungen verwendet. Auch als Mittel zur Säurebindung kann es eingesetzt werden. Allerdings ist eine durchgreifende Wirkung kaum zu erwarten. Materiell handelt es sich um Lehm bzw. pulverisierte Moorerde.

▶ **Hinweis**

Säure bindende Arzneimittel nicht länger dauernd einnehmen. Bei gleichzeitig bestehender Nierenerkrankung ist vorher der Arzt zu befragen. Einige Antibiotika dürfen mit diesen Mitteln nicht gleichzeitig eingenommen werden, daher Gebrauchsinformation beachten.

17.3 Fertigarzneimittel und Medizinprodukte

Tab. 17.1: Arzneimittel gegen Magenübersäuerung und Völlegefühl

Handespräparat®	Zusammensetzung
Zirkulin Magenpastillen	Calciumcarbonat
Gastrimint Magentabletten	Magnesiumtrisilikat
Abtei Magen-Darm Entspannungs-Tabletten	Simeticon; Medizinprodukt
Abtei Magen Säurebinder Brausepulver	Natriumhydrogencarbonat, Natriumcarbonat, Weinsäure, Citronensäure
Tetesept Pastillen bei Blähungen	Simeticon; Medizinprodukt
Simetifax	Simeticon; Medizinprodukt
Tetesept Mariendistel Kapseln	Trockenextrakt aus Mariendistelfrüchten
Bullrich Salz, auch Tabletten	Natriumhydrogencarbonat

18 Herz- und Kreislaufmittel

18.1 Herz und Kreislauf

Indikationen, die auf Linderung oder Verhütung organischer Krankheiten des Herzens und der Gefäße hinzielen, sind bei freiverkäuflichen Arzneimitteln verboten.

Erlaubt sind dagegen Anwendungsgebiete, die auf die Herzfunktion ausgerichtet sind: z. B. „kräftigend für das Herz“, „bei nervösem Herz“, „pflegend fürs Altersherz“ und so weiter. Man muss sich darüber im Klaren sein, dass jene Arzneimittel keine durchgreifende Wirkung am Herzen haben und haben können. Sehr wohl kennt aber die sog. Volksmedizin Drogen, die unspezifische Beschwerden am Herzen lindern und beseitigen können.

Letztlich ist es entscheidend, ob der Patient sich mit diesen Mitteln besser fühlt.

Bedeutung haben pflanzliche herzwirksame Drogen in freiverkäuflichen Fertigarzneimitteln – allen voran Weißdorn – bei der Vorbeugung von Beklemmungsgefühl und ähnlichen auf eine nachlassende Herzleistung hindeutenden Erscheinungen. Auch das leichtere Treppensteigen mit weniger Herzbeschwerden ist eine typische Weißdornwirkung. Eine ärztlich festgestellte nachlassende Herzleistung (Herzinsuffizienz), unter der sehr viele ältere Leute leiden, muss jedoch vom Arzt behandelt werden.

Es kommen vorwiegend Drogen (Kap. 4.2.4) oder pflanzliche Inhaltsstoffe zum Einsatz.

Gelegentlich sind auch Vitamine zugesetzt; sie sollten hauptsächlich das Wohlbefinden verbessern helfen und haben keinen direkten Einfluss auf die Herztätigkeit.

18.2 Arzneistoffe

Hopfen und Baldrian

Durch die allgemein beruhigende Wirkung soll auch ein ausgleichender Effekt auf das Herz- und Kreislaufsystem erzielt werden.

Melisse

Melisse besitzt bei nervösen Herzbeschwerden eine schwach beruhigende Wirkung.

Rosmarin

Dem ätherischen Öl der Rosmarinblätter sagt man eine den Kreislauf und die Herzleistung anregende Wirkung nach.

Weißdorn

Weißdorn und seinen Inhaltsstoffen wird eine spezifische Herzwirkung zugeschrieben. Er wirkt bei nachlassender Herzleistung, wenn stark wirksame Arzneimittel (z. B. Digitalis) noch nicht angebracht sind. Weiterhin soll Weißdorn Beklemmungsgefühl in der Herzgegend mildern. Die Wirksamkeit ist wissenschaftlich bei einigen leichten Herzbeschwerden erwiesen.

▶ **Hinweis**

Die Behandlung von Erkrankungen des Herzens gehört in die Hand des Arztes, anhaltende Störungen des Kreislaufsystems ebenso. Freiverkäufliche Arzneimittel können allenfalls bei ganz leichten Funktionseinschränkungen des Herzens lindernd wirken.

18.3 Fertigarzneimittel

Tab. 18.1: Herz- und Kreislaufmittel

Handespräparat®	Zusammensetzung
Melissengeist H	Destillat aus Melissenblätter, Salbeiblätter, Rosmarinblätter, Thymian, Angelikawurzel, Muskatsamen, Zimtrinde, Gewürznelken, Citronenöl, Levomenthol, Citronellöl, Nelkenöl. 80 % V/V Alkohol
Biovital Classic	Vit. B_1, B_2, B_6, B_{12}, C, Nicotinamid, Eisen(III)-natriumcitrat, Weißdornfrüchteextrakt, Weißdornblätter- mit -Blüten-Fluidextrakt, Herzgespannkrautextrakt; 15,5 % V/V Alkohol
Doppelherz Energie Tonikum Herz-Kreislauf	Extrakt aus Melissenblättern, Rosmarinblättern, Baldrianwurzeln, Weißdornfrüchten, enthält 17 % V/V Alkohol
Catlenburger Klostertrunk Weißdorn Tonikum	Weißdornfruchtwein, enthält 12,5 % V/V Alkohol
Doppelherz Vital Tonikum alkoholfrei	Extrakt aus Weißdornblättern und -früchten, Rosmarinblättern, Baldrianwurzeln, Vit. B_1
Bad Heilbrunner Herz- und Kreislauftee	Weißdornblätter mit -blüten

19 Beruhigungsmittel

19.1 Nervosität und Schlafstörungen

Die im Einzelhandel außerhalb der Apotheke verfügbaren Arzneimittel, die unter dem Begriff „Beruhigungsmittel" zusammengefasst werden, sind keine chemisch definierten Substanzen, sondern Drogen mit milder, beruhigender Wirkung. Mit diesen Arzneimitteln lässt sich nicht Schlaf erzwingen, vielmehr soll eine allgemeine Dämpfung nervöser Erscheinungen erzielt werden, was sich positiv bei Aufregungen (z.B. vor Prüfungen) oder sogenannten vegetativen Störungen (erhöhte Reflexerregbarkeit, „nervöser Magen") auswirkt.

Wie jeder weiß, ist eine Beeinflussung der psychischen Stimmungslage vor allem durch äußere Einflüsse bedingt. Reizüberflutung (z.B. Fernsehen bis zum Schlafengehen), Lärm, Alltagsstress, lassen sich mit eigenem Willen nicht immer vermeiden. Der Griff zum Arzneimittel kann eine Änderung des eigenen Verhaltens zu Gegebenheiten der Umwelt nicht ersetzen. Dies ist jedoch öfters leichter gesagt als getan. Auf jeden Fall sollte aber versucht werden, daran zu arbeiten und besonders abends auf aufregende Situationen zu verzichten oder diese mindestens zu vermeiden.

Menschen mit „schwachem Nervenkostüm", die unbedingt zur Beruhigung oder zum besseren Einschlafen ein Arzneimittel kaufen wollen, sind mit pflanzlichen Mitteln gut bedient. Diesen fehlt die Gefahr der Bildung einer Abhängigkeit oder der schweren Nebenwirkungen, bestimmungsgemäße Anwendung vorausgesetzt.

19.2 Arzneistoffe

Baldrian

Die Baldrianwurzel hat eine lange Tradition als beruhigende und den Schlaf fördernde Droge. Auch allgemeine Unruhezustände und nervöse Erschöpfungszustände können gut damit behandelt werden. Üblicherweise bereitet man einen Teeaufguss. Einfacher zu nehmen sind aber Baldriantropfen.

Baldriantropfen (alkoholhaltiges Perkolat aus der Baldrianwurzel) ist ein klassisches Mittel bei nervöser Erschöpfung, Aufgeregtheit und verminderter Schlafbereitschaft. Im Handel sind Baldriantropfen als standardzugelassene Fertigarzneimittel; sie dürfen bei Bedarf mit Sachkenntnis aufgrund § 13 Abs. 2 AMG umgefüllt, abgefüllt und gekennzeichnet werden. Dosierung: 20 bis 50 Tropfen nach Bedarf.

Baldrianwein ist ein Auszug aus der Baldrianwurzel mit Medizinalwein. Die Anwendungsgebiete gleichen denen von Baldriantropfen. An der beruhigenden Wirkung dürfte zum Teil auch der Alkoholanteil dieser Zubereitung beteiligt sein.

Hopfen

Verwendet werden Hopfenzapfen und Hopfendrüsen. Neben dem Baldrian wird besonders dem Hopfen eine beruhigende Wirkung auf das vegetative (vom Willen nicht beeinflussbare) Nervensystem zugeschrieben, desgleichen eine beruhigende Wirkung bei Schlafstörungen.

Johanniskraut

Präparate mit Johanniskrautzubereitungen sind keine echten Beruhigungsmittel, sondern dienen dazu, mit Belastungen des Alltags besser fertig zu werden. Johanniskrautpräparate werden angepriesen, auf das Nervensystem beruhigend einzuwirken und gegen Stress abzuschirmen. Hellhäutige Personen können gelegentlich mit Überempfindlichkeit gegen Sonnenstrahlen reagieren. Daher ist nach Einnahme derartiger Präparate empfohlen, Sonnenbäder zu vermeiden. Johanniskraut kann die Wirkung einiger Arzneimittel (z. B. „Blut verdünnende“ Arzneimittel, Antibabypille, Antidepressiva) beeinflussen. Daher dringend die Gebrauchsinformation beachten, da diese Nebenwirkung dosisabhängig ist.

Melisse

Das nur in sehr geringen Mengen enthaltene ätherische Öl soll beruhigend wirken. Auch eine krampflösende Eigenschaft scheint vorhanden zu sein.

19.3 Fertigarzneimittel

Tab. 19.1: Beruhigungsmittel

Handespräparat®	Zusammensetzung
St. Benedikt Baldrian + Hopfen Dragees	Trockenextrakt aus Baldrianwurzeln und Hopfenzapfen
Alluna Nacht Filmtabletten	Trockenextrakt aus Baldrianwurzeln und Hopfenzapfen
Solaguttae Baldriantropfen	Baldriantinktur
Salus Einschlaf-Kapseln extra	Trockenextrakt aus Baldrianwurzeln und Hopfenzapfen
Schoenenberger naturreiner Heilpflanzensaft Johanniskraut	Presssaft aus frischem blühenden Johanniskraut
Kneipp Baldrianextrakt 322 mg	Trockenextrakt aus Baldrianwurzeln
Kneipp Johanniskraut Dragee N	Johanniskrautpulver

20 Abführmittel

20.1 Verstopfung

Der Fachausdruck für Abführmittel heißt Laxanzien. Sie werden bei Verstopfung angewendet und fördern und beschleunigen die Stuhlentleerung.

Unter einer Verstopfung versteht man die verzögerte Entleerung von trockenem oder hartem Stuhl. Die vielfach geäußerte Meinung, man müsse jeden Tag Stuhlgang haben, ist falsch. Es ist ganz normal, einige Tage nicht „zu müssen"; dies macht eine Anwendung von Arzneimitteln noch nicht nötig.

Der Kot selbst ist das Endprodukt dessen, was wir durch die Ernährung zu uns genommen haben und besteht unter anderem aus abgestoßenen Darmzellen, Produkten der Verdauungsorgane und nicht aufgenommenen Resten unserer Nahrung. Er bildet sich im Enddarm und wird schließlich geformt, indem Flüssigkeit und Salze entzogen werden, und ausgestoßen. Wichtig ist, dass die Füllung des Mastdarms den Stuhldrang auslöst.

Die Ernährung hat für dieses Geschehen eine entscheidende Bedeutung. Isst man ballaststoffarm, also solche Nahrung, die nahezu vollständig vom Darm aufgenommen wurde, bleibt nichts übrig, und der Enddarm kann sich auch nicht füllen. Die Folge ist, dass der Stuhldrang ausbleibt. Schlackenreiche Kost hingegen bewirkt eine Dehnung der Darmwand durch viel Inhalt und führt zum Ausstoß des Kots. Die richtige Ernährung, zusammen mit ausreichender Bewegung und genügend Flüssigkeitszufuhr ist daher sehr wichtig.

Eine ballaststoffreiche (schlackenreiche) Kost ist gewährleistet bei Speisen, die alle Bestandteile der Getreidekörner enthalten, wie faserreiche Gemüsesorten oder rohe oder gekochte Früchte. Abführend wirkende Lebensmittel sind z. B. Pflaumen, Datteln, Feigen und Rhabarber. Schließlich muss darauf hingewiesen werden, dass bei Verstopfung eine ausreichende Flüssigkeitszufuhr sehr wichtig ist. Um die Nachtruhe nicht zu stören, werden einige Gläser Wasser (auch Mineralwasser oder verdünnte Fruchtsäfte) vormittags empfohlen.

Laxanzien beschleunigen die Stuhlentleerung. Hier muss darauf hingewiesen werden, dass Abführmittel mit der Verdauung nichts zu tun haben, denn wenn der Kot im Mastdarm eingedickt wird, ist der Verdauungsvorgang längst abgeschlossen. Die Anpreisung von Laxanzien „zur Blutreinigung“ oder gar zur Gewichtsreduktion ist falsch und irreführend.

Wir unterscheiden bei den freiverkäuflichen Laxanzien mehrere Wirkungsprinzipien:

- Gleitmittel,
- Füll- und Quellmittel,
- antiabsorptive und hydragog wirkende Mittel.

20.2 Arzneistoffe

20.2.1 Gleitmittel

Gleitmittel wirken nicht durch Volumenzunahme im Enddarm, sondern durch Verringerung des mechanischen Widerstandes beim Weitertransport des Darminhalts (Schmiereffekt). Wirksame Präparate sind, außer Leinsamen mit etwas Gleitwirkung, apothekenpflichtig.

20.2.2 Füll- und Quellmittel

Diese zählen zu den milden Abführmitteln. Die Ballaststoffe in diesen Arzneimitteln quellen unter Aufnahme von Wasser und vergrößern so das Volumen des Darminhaltes. Der Wirkungseintritt ist jedoch relativ spät und kann Tage dauern. Die Mittel werden praktisch kaum resorbiert und führen in der Regel zu keinen unerwünschten Nebenwirkungen. Zu achten ist allerdings darauf, dass diese Mittel immer mit einer ausreichenden Menge Flüssigkeit eingenommen werden müssen, da es sonst durch eine Verkleisterung zum Darmverschluss kommen kann.

Leinsamen

Leinsamen ist nahezu geruchlos. Er wirkt auch als Gleitmittel. Zerkleinerter Leinsamen riecht typisch und hat einen öligen, schleimigen Geschmack. Er quillt mit Wasser auf fast das Dreifache seines Volumens auf.

Dosierung: 1–2 Teelöffel mit einer halben Tasse Wasser 2–4 Stunden quellen lassen und entweder nur den Schleim, oder aber den Schleim mit den ganzen Samen einnehmen. Dies macht man am besten morgens und abends. Leinsamen ist sehr kalorienreich.

Weizenkleie

Weizenkleie gewinnt man beim Abtrennen von Frucht- und Samenschalen bei der Mehlgewinnung. Sie wird wegen der enthaltenen Ballaststoffe verwendet und kommt auch als diätetisches Lebensmittel in den Verkehr. Die Quellkraft entsteht erst bei ausreichender gleichzeitiger Flüssigkeitszufuhr, auf die unbedingt zu achten ist.

Flohsamen

Flohsamen sind Samen eines hauptsächlich im Mittelmeergebiet vorkommenden Wegerichgewächses. Meist ist heute jedoch indischer Flohsamen im Handel. Sein in der Samenschale enthaltener Schleim wird nicht verdaut. Mit Flüssigkeit eingenommen wird nach 6–12 Stunden weich geformter Stuhl ausgeschieden. Die Einnahme von 5–10 g Flohsamen ist auch länger unbedenklich, wenn ausreichend Flüssigkeit zugeführt wird.

20.2.3 Antiabsorptiv und hydragog wirkende Stoffe

Hierunter werden Stoffe verstanden, die die Resorption von Natriumionen und Wasser hemmen (antiabsorptive Wirkung). Gleichzeitig fördern sie den Einstrom von Wasser von der Darmwand in den Darminhalt (hydragoge Wirkung). Diese Mittel wirken stimulierend auf die Darmträgheit.

Rizinusöl

Die Wirkung beruht auf dem Wirkstoff Ricinolsäure, der im Dünndarm aus dem Rizinusöl freigesetzt wird. Die Wirkung ist sehr zuverlässig. Der schlechte Geschmack verhindert eine Verbreitung, deshalb sind Weichgelatinekapseln im Handel. Rizinusöl wirkt hauptsächlich auf den Dünndarm.

Dosierung: 10–30 g (1–2 Esslöffel), Wirkungseintritt: etwa 2–4 Stunden.

Salinische Abführmittel

Salinisch bedeutet, dass es sich um Salze handelt. Hier sind Glaubersalz (Natriumsulfat) und Bittersalz (Magnesiumsulfat) zu nennen. Diese Salze sind schwer resorbierbar, d.h. sie passieren daher den gesamten Darm mit dem Darminhalt und gehen nicht „ins Blut". Als Folge wird durch diese Salze im Enddarm Wasser zurückbehalten, so dass das Darmvolumen zunimmt und es zum Stuhldrang kommt. Bei länger dauerndem Gebrauch von Glaubersalz werden größere Mengen von Natriumionen resorbiert, was bei zu hohem Blutdruck vermieden werden sollte. Bei eingeschränkter Nierenfunktion ist bei beiden Salzen vor der Anwendung ärztlicher Rat einzuholen.

Salinische Abführmittel sollen als hypotone wässrige Lösung (Lösung mit geringerem osmotischen Druck als das Blutserum), also in viel Wasser gelöst, eingenommen werden. Bei Patienten mit Thrombosegefahr (z.B. schwere Krampfaderleiden) ist vorher der Arzt zu befragen.

20.2.4 Andere Wirkstoffe

Milchzucker

Milchzucker (Lactose) erhöht durch Zurückhalten von Wasser im Darminnern das Volumen und wirkt so abführend. Es ist ein mildes Mittel und kann, entsprechend dosiert, auch Säuglingen gegeben werden. Entsprechende Präparate sind als diätetische Lebensmittel im Handel.

Bei der Beratung des Kunden sollten daher Gleit- und Füllmittel im Vordergrund stehen.

Bei Verstopfung im Säuglingsalter empfiehlt es sich auf jeden Fall, den Kinderarzt zu befragen: dieser wird gegebenenfalls Milchzucker empfehlen. Bei kleinen Kindern und Kindern bis zwölf Jahren empfiehlt sich die Einnahme von Leinsamen; bei anhaltenden Störungen ist ärztlicher Rat einzuholen.

Manna

Manna ist der durch Einschnitte in die Rinde von mindestens achtjährigen Manna-Eschen gewonnene, an der Luft getrocknete Saft. Als mildes Abführmittel ist Manna in Form des Sirups besonders bei Kindern angezeigt.

Feigen

Feigen werden bei leichter Verstopfung eingesetzt. Sie wirken durch ihre Zucker, Pektine und Fruchtsäuren sanft abführend. Meist wird Feigenmus als Wirkstoff eingesetzt.

▶ **Hinweis**

Abführmittel sind oft entbehrlich. Nicht selten werden sie unbegründet, unbewusst und sogar missbräuchlich angewendet. Durch ballaststoffreiche Kost, genügend Flüssigkeit, viel Bewegung und vernünftige Lebensweise kann einer Verstopfung vorgebeugt und begegnet werden. Abführmittel nie über längeren Zeitraum einnehmen. Alle Laxanzien sind bei Darmverschluss (Ileus) kontraindiziert.

20.3 Fertigarzneimittel und Lebensmittel

Tab. 20.1: Abführmittel

Handespräparat®	Zusammensetzung
Abtei Abführ-Kapseln	Rizinusöl
Zirkulin Früchtewürfel	Feigen, Milchzucker, Tamarindenkonzentrat; Lebensmittel
Doppelherz Abführkapseln	Rizinusöl
Linusit Flohsamen	Indische Flohsamen
Linusid Gold Qualitätsleinsamen	Leinsamen, aufgebrochen
Schoenenberger Manna-Feigen-Sirup	Wasserlösliche Bestandteile aus Manna und Feigen

▶ **Hinweis**

Abführmittel mit Aloe, Faulbaumrinde, Rhabarberwurzel, Cascararinde, Sennesblättern, Sennesschoten und Zubereitungen daraus unterliegen der Apothekenpflicht.

21 Stoffwechsel- und Entschlackungsmittel

21.1 Stoffwechsel und Entschlackung

Unter dem Begriff „Stoffwechsel“ versteht man die gesamten Vorgänge des Abbaues, der Umwandlung und Verwertung von Substraten wie Nahrung, Sauerstoff und andere mehr.

Die Stoffwechsel fördernden Arzneimittel, die außerhalb der Apotheken verkauft werden, sollen Funktionen der Organe stärken, die für die Verstoffwechselung von Substraten besonders bedeutsam sind. Man will den Körper „entschlacken“ und dadurch zum körperlichen Wohlbefinden beitragen. In den eigentlichen Stoffwechsel im biochemischen Sinne können freiverkäufliche Arzneimittel jedoch funktionsbeeinflussend nicht eingreifen.

Man findet in Stoffwechsel- und Entschlackungsmitteln all jene Drogen oder Drogenzubereitungen, denen eine anregende Wirkung auf Magen, Leber, Galle, Nieren, Darm und Verdauung zugesprochen wird.

Im Zusammenhang mit Entschlackung wird oftmals die Ausschwemmung „giftiger Stoffwechselrückstände“ genannt, was fälschlicherweise mit Rheuma in Verbindung gebracht wird. Rheuma ist jedoch nach derzeitigem Wissen keine Stoffwechselerkrankung, sondern eine Erkrankung des Bindegewebes mit dem Leitsymptom Gelenkschmerz. Die Ursachen des Rheumas sind vielfältig und teilweise unbekannt.

Entschlackungsmittel enthalten häufig Drogen mit wassertreibender Wirkung. Sie sollen helfen, Abbauprodukte unseres Stoffwechsels und unserer Nahrung durch vermehrte Harnbildung leichter auszuscheiden. Ob Wasser treibenden Drogen bei der ihnen häufig zugeschriebenen Vorbeugung gegen Rheuma eine Bedeutung zukommt, ist wissenschaftlich nicht gesichert.

21.2 Arzneistoffe

Verwendet werden vor allem Wasser treibende Drogen wie

- Brennnesselblätter, Brennnesselkraut,
- Birkenblätter,
- Schachtelhalmkraut (Zinnkraut).

Für die Durchspülung der ableitenden Harnwege muss unbedingt viel Flüssigkeit zu sich genommen werden.

21.3 Fertigarzneimittel und Lebensmittel

Tab. 21.1: Stoffwechsel- und Entschlackungsmittel

Handespräparat®	Zusammensetzung
Schoenenberger natureiner Heilpflanzensaft Brennnessel	Presssaft aus Brennnessel
Schoenenberger naturreiner Heilpflanzensaft Löwenzahl	Presssaft aus Löwenzahn
Bad Heilbrunner Durchspülungstee	Birkenblätter, Schachtelhalmkraut
Salus Zinnkraut Tropfen	Auszug aus Schachtelhalmkraut, enthält 25 % V/V Alkohol
Vollmers präparierter Grüner Hafertee N	Haferkraut, Brennnesselkraut, Alpenfrauenmantelkraut
Kneipp Fastenkräuter Tee	Johannisbeerblätter, Brennnesselkraut, Holunderblüten, Hagebuttenschalen, Lemongras; Lebensmittel
Kneipp Entwässerung Brennnessel Dragees	Brennnesselpulver, Trockenextrakt aus Brennnesselpulver

22 Vitaminpräparate

22.1 Vitamine

Vitamine sind Stoffe, die im Stoffwechsel des Menschen eine Schlüsselrolle einnehmen. Sie sind lebensnotwendige Bestandteile der Nahrung, die in relativ kleinen Mengen darin enthalten sind. Der menschliche Organismus kann sie nicht oder einige wenige nur unter bestimmten Bedingungen (z.B. UV-Licht bei Vitamin D) selbst bilden. Vitamine müssen daher als solche oder in Form von Vorstufen, den sog. Provitaminen, zugeführt werden.

Eine ausgewogene Nahrung enthält in der Regel ausreichende Mengen aller Vitamine. Beim gesunden Erwachsenen, insbesondere in Europa, tritt ein Vitaminmangel daher selten auf. Dies beruht teilweise darauf, dass der Körper manche Vitamine in gewissem Umfang speichern und sie bei Bedarf wieder abgeben kann. Zusätzliche Vitamingaben sind folglich nur erforderlich bei

- einseitiger oder nicht ausreichender Ernährung,
- erhöhtem Vitaminbedarf, z.B. während Schwangerschaft und Stillzeit,
- bei verminderter Resorption der Vitamine.

Die Bezeichnung der Vitamine ist historisch bedingt. Sie werden mit Buchstaben bezeichnet, bei einigen werden noch Ziffern hinzugefügt (z.B. B_{12}, sprich B zwölf).
Heute werden die Vitamine meist eingeteilt in wasserlösliche und fettlösliche. Während wasserlösliche Vitamine (z.B. Vitamin C) auch bei Überdosierung keine nachteiligen Folgen haben, da sie der Körper mit dem Urin leicht ausscheiden kann, können fettlösliche Vitamine (insbesondere A und D) bei Überdosierungen Gesundheitsschäden hervorrufen. Das hat aber auch zur Konsequenz, dass die wasserlöslichen Vitamine vom Körper nicht gespeichert werden können, wie dies bei den im Körperfett speicherbaren fettlöslichen Vitaminen der Fall ist.

Da eine ausreichende Fettresorption von genügend Galle abhängig ist, können fettlösliche Vitamine bei ungenügender Gallebildung oder -sekretion zu wenig resorbiert werden.

Die Verabreichung besonders der Vitamine A und D in hoher Dosierung ist daher problematisch. Während Multivitaminpräparate, die mehrere, meist wasserlösliche Vitamine enthalten, in der Regel unschädlich sind, sind bei Präparaten mit fettlöslichen Vitaminen die in der Gebrauchsinformation genannten maximalen Einzel- und Tagesgaben einzuhalten. Die Dosierung von Vitamin A und D in freiverkäuflichen Fertigarzneimitteln ist daher vom Gesetzgeber wie folgt begrenzt worden:

- Vitamin A: Tagesdosis höchstens 6 000 I.E,
- Vitamin D: Tagesdosis höchstens 400 I. E.

Es muss an dieser Stelle nochmals erwähnt werden, dass die Verabreichung von Vitaminen durch Arzneimittel im Regelfall nicht erforderlich ist, da in westlichen Ländern eine ausgewogene Ernährung den Vitaminbedarf ausreichend deckt. Vielen industriell hergestellten Hauptnahrungsmitteln werden heute bereits Vitamine hinzugefügt. Mangelzustände treten nur selten auf und sollten vom Arzt behandelt werden.

Dennoch erfreuen sich besonders Multivitaminpräparate großer Beliebtheit, da ihnen eine allgemein stärkende und tonisierende Wirkung zugesprochen wird.

Eine Übersicht über den mittleren Tagesbedarf an Vitaminen und deren Vorkommen in Lebensmitteln geben die Tabellen 22.1 und 22.2. Hier sind auch die wissenschaftlichen Namen der Vitamine zu finden, wie sie gelegentlich auf Arzneimitteln angegeben werden. Es sind hier nur beispielhaft Lebensmittel aufgeführt, in denen die angegebenen Vitamine besonders reichlich enthalten sind. In anderen Lebensmitteln kommen sie teilweise in geringerer Menge vor.

Aus den Tabellen 22.1 und 22.2 kann entnommen werden, dass Vitaminen eine vielfältige Bedeutung im Organismus zukommt, d. h. sie wirken an vielen Stellen des Stoffwechsels entscheidend mit.

Neben Arzneimitteln, die Vitamine enthalten, sind auch vitaminisierte Lebensmittel und mit Vitaminen angereicherte diätetische Lebensmittel im Verkehr. Diese müssen den Anforderungen des Lebensmittel- und Bedarfsgegenständegesetzes genügen und unterliegen nicht den Vorschriften des Arzneimittelgesetzes.

▶ Hinweis

Auch Vitamine können Nebenwirkungen haben. Die Zuführung von Vitaminen durch Arzneimittel ist bei ausgewogener Ernährung nicht immer begründet. Auf Dosierung ist zu achten!

Tab. 22.1: Tagesbedarf und Vorkommen der fettlöslichen Vitamine

Vitamin	Internationale Bezeichnung	Mittlerer Tagesbedarf (Erw.)	Vorkommen in Lebensmitteln (Beispiele)
A	Retinol	5000 I. E. (ca. 1 mg)	Gelbes Gemüse, Früchte
D_2	Ergocalciferol	400 I. E.	Hefe
D_3	Cholecalciferol	400 I. E.	Fischleber
E	Tocopherol	15 mg	Milch, Eier, Blattgemüse
K	Für den Einzelhandel außerhalb der Apotheken keine Bedeutung		

I. E. = Internationale Einheiten

Tab. 22.2: Tagesbedarf und Vorkommen der wasserlöslichen Vitamine

Vitamin	Internationale Bezeichnung	Mittlerer Tagesbedarf (Erw.)	Vorkommen in Lebensmitteln (Beispiele)
B_1	Thiamin, Aneurin	1-2 mg	Leber, unbehandelte Getreidekörner, Hefe, Kartoffeln und Gemüse
B_2	Lactoflavin, Riboflavin	2 mg	Milch, Leber, Hefe, Käse, Getreidekeime
B_6	Pyridoxin	2-3 mg	Hefe, Weizen, Mais, Leber
B_{12}	Cyanocobalamin	0,005 mg bzw. nur Spuren	Eier, Milch, Fleisch, Leber
C	Ascorbinsäure	100 mg	Zitrusfrüchte, Kartoffeln, grünes Blattgemüse, Paprika
H	Biotin	0,15–0,3 mg	Eigelb, Leber, Tomaten
	Nicotinsäureamid	15 mg	Hefe, mageres Fleisch, Nüsse, Leber, Eigelb, Milch

I. E. = Internationale Einheiten

Tab. 22.3: Bedeutung und Mangelerscheinungen der Vitamine

Vitamin	Funktion	Mangelerscheinung
A	Wachstum, Haut- und Schleimhautfunktionen, Sexualfunktion, Sehvorgang u. a. biochemische Vorgänge	Eingeschränkte Hell-Dunkel-Anpassung, Nachtblindheit
D_3	Aufbau der Knochensubstanz	Rachitis (engl. Krankheit), Störungen im Stoffwechsel der Knochen und Zähne
E	Biochemische Vorgänge im Stoffwechsel	Leistungsabfall, neurologische Störungen
B_1	Biochemische Vorgänge im Stoffwechsel	Verminderte geistige und körperliche Leistungsfähigkeit
B_2	Biochemische Vorgänge im Stoffwechsel	Keine bekannt
B_6	Biochemische Vorgänge im Stoffwechsel	Relativ selten. Hauterkrankungen, Nervenstörungen
B_{12}	Entwicklung und Funktionsfähigkeit der roten Blutkörperchen	Perniziöse Anämie (Reifungsstörungen der roten Blutkörperchen)
C	Stärkung der Abwehrkräfte, biochemische Vorgänge im Stoffwechsel	Skorbut, Mundschleimhautentzündung, Zahnausfall
H (Biotin)	Biochemische Vorgänge im Stoffwechsel	Keine bekannt
Niacinamid	biochemische Vorgänge im Stoffwechsel	Pellagra (Hautkrankheit)

22.2 Arzneistoffe

Vitamin A (Axerophthol, Retinol)

A-Vitamine sind wichtig für den Eiweißstoffwechsel der Haut und der Schleimhäute sowie für die Bildung des Sehpurpurs. Damit meint man den Farbstoff des Sehpurpurs im Auge, welcher für das Sehen in der Dämmerung notwendig ist. Mangelerscheinungen sind bei ausgewogener Ernährung sehr selten, aber möglich: Nachtblindheit, gesteigerte Blendempfindlichkeit u. a.m. Diese Erkrankungen bedürfen einer Therapie von etwa 50 000 I. E. Vitamin A pro Tag über zwei Wochen und gehören in die Hand des Arztes. Besondere Vorsicht ist bei Schwangeren geboten, es sind Missbildungen der Kinder bei beträchtlicher Überdosierung von Vitamin A während der Schwangerschaft vorgekommen. Die in freiverkäuflichen Arzneimitteln enthaltene Dosis Vitamin A wird aber in aller Regel völlig problemlos vertragen. Das Hauptanwendungsgebiet ist die Vorbeugung vor Nachtblindheit.

Vitamin B_1 (Aneurin, Thiamin)

Dieses Vitamin ist, wie alle anderen auch, für diverse biochemische Stoffwechselvorgänge von Bedeutung. Es ist für die Funktion des Nervensystems mit erforderlich. Reine Formen des Vitamin-B_1-Mangels sind selten.

Vitamin B_2 (Riboflavin)

Bei Mangelerscheinungen, insbesondere bei älteren Menschen, treten Risse an den Mundwinkeln und Schäden an Haut und Schleimhäuten auf. Die Bedeutung bei der Therapie von Nervenstörungen ist umstritten. Vitamin-B_2-Mangel tritt nur bei allgemeiner Unterernährung auf.

Vitamin B_6 (Pyridoxin)

Mangelerscheinungen sind relativ selten und nicht immer eindeutig erkennbar: Nervenstörungen, Störungen der Gehirnleistung, Hautschäden. In der Schwangerschaft ist der Vitamin-B_6-Bedarf etwa verdoppelt. Bei Schwangerschaftserbrechen und Reisekrankheit wird Vitamin B_6 vom Arzt verordnet.

Vitamin B_{12} (Cyanocobalamin)

Zur Resorption von Vitamin B_{12} ist ein im Magen gebildeter Eiweißkörper notwendig. Fehlt dieser, so kommt es zu einem Vitamin-B_{12}-Mangel, der zur sogenannten perniziösen Anämie führen kann; dies ist eine schwere Störung im Bereich der Blutbildung. Vitamin B_{12} ist nötig für den Sauerstofftransport im Blut und wird für viele Stoffwechselvorgänge benötigt, auch für die Blutbildung und die Nervenzellfunktion.

Vitamin D (Calciferol)

Vitamin D entsteht aus Vorstufen in der menschlichen Haut durch Sonnenbestrahlung. Vitamin D ist für die Resorption von Calcium und Phosphat aus dem Darm notwendig. Calcium und Phosphat werden für die Bildung der Knochensubstanz benötigt. Allgemein bekannt ist die Erkrankung Rachitis, bei der aufgrund des Fehlens von ausreichend Vitamin D der Knochenaufbau gestört ist. Rachitisprophylaxe gehört in die Hand des Arztes. Bei der Dosierung von 400

I. E. pro Tag können Überdosierungen praktisch nicht vorkommen, auch reicht dies für eine wirksame Rachitisprophylaxe aus.

Vitamin E (Tocopherole)

Mangelerscheinungen sind bisher kaum bekannt geworden. Vitamin-E-Mangel kann auftreten, wenn die Gallensekretion in den Dünndarm unzureichend ist, da dieses Vitamin fettlöslich ist. Pflanzenöle, besonders Weizenkeimöl, enthalten viel Vitamin E. Die Bedeutung des Vitamin E als „Sexualvitamin" ist wissenschaftlich nicht belegt.

Die Anwendung von Vitamin E bei verschiedenen Symptomen des Leistungsabfalls oder von Alterserscheinungen wird zwar gelegentlich propagiert, ist aber wissenschaftlich nicht gesichert. Vitamin E scheint bei der Behandlung der rheumatoiden Arthritis Schmerzmittel einzusparen.

Carotin

Carotin ist das Provitamin der A-Vitamine.

Vitamin C (Ascorbinsäure)

Vitamin C ist an vielen Stellen des zellulären Stoffwechsels von Bedeutung.

Bei Fehlen von Frischgemüse kann vorsorglich etwa 50 mg Vitamin C pro Tag gegeben werden. Während der Schwangerschaft sollten etwa 100 mg Vitamin C pro Tag zugeführt werden, das aber auch durch eine ausgewogene Ernährung (Gemüse, Paprika, Tomaten, Zitrusfrüchte, Kartoffeln, Milch) gewährleistet werden kann.

Erwachsene benötigen nach Ansicht der Fachleute auf diesem Gebiet etwa 100 mg Vitamin C pro Tag. Bedarf an mehr Vitamin C hat man in der Schwangerschaft und Stillzeit und bei Infekten und einigen anderen Erkrankungen. Mehr als 300 mg pro Tag werden üblicherweise vom Körper aber nicht benötigt. Werden hochdosierte Vitamin-C-haltige Arzneimittel gegeben, muss man wissen, dass der Teil, den der Körper nicht braucht, im Urin wieder ausgeschieden wird. Eine Dosierung von 1 g oder mehr täglich zur Verhütung von Erkältungen oder zur Förderung der Infektabwehr wird wissenschaftlich unterschiedlich bewertet, ist aber ohne nachteilige Folgen.

Lebertran

Lebertran enthält viel Vitamin A und D. Er ist das Öl aus den Lebern verschiedener Dorscharten.

▸ Hinweis

Vitaminmangelerscheinungen bedürfen ärztlicher Therapie. Vorbeugende Gaben von Vitaminen sind bei ausgewogener Ernährung nicht unbedingt nötig (Ausnahme: Rachitisprophylaxe durch den Arzt). Auf Dosierung ist zu achten. Vitaminhaltige Fertigarzneimittel haben in der Regel ein Verfalldatum. Viele Vitaminpräparate sind – ohne arzneiliche Zweckbestimmung – als Nahrungsergänzungsmittel im Verkehr und sind demzufolge keine Arzneimittel. Bei richtigen Anwendungsgebieten, z. B. Vorbeugung oder Heilung von Krankheiten, auf der Packung handelt es sich um Arzneimittel. Einfache Unterscheidung: „mindestens haltbar bis:" steht auf Lebensmitteln, „verwendbar bis:" steht auf Arzneimitteln. Das ist gesetzlich so geregelt.

22.3 Fertigarzneimittel und Nahrungsergänzungsmittel

Tab. 22.4: Vitaminpräparate

Handespräparat®	Zusammensetzung
Bakanasan Augenwohl Kapseln	Safloröl (Distelöl) Gelatine, Sojaöl (gehärtet), Feuchthaltemittel: Glycerin, Lutein-Suspension (Distelöl, Lutein und Zeaxanthin), Zeaxanthin-Suspension (Maiskeimöl, Zeaxanthin, Antioxidationsmittel: Tocopherol), Heidelbeerextrakt, Farbstoff: Eisenoxid. NEM
Vita Vitamin E forte	Vitamin E
Eunova Dragees	Alle Vitamine, Mineralstoffe, Carotinoide; NEM
Vitamin B-Komplex ratiopharm	Vitamine B_1, B_2, B_6, B_{12}, Biotin, Folsäure, Niacin, Pantothensäure; NEM
Merz spezial Dragees	Betacaroten, Biotin, Vitamine A, B_1, B_2, B_6, B_{12}, Nicotinsäure, Folsäure, Calciumpantothenat, Eisen(II)-fumarat
Salus-Vital Augen-aktiv	Lutein, Anthocyane, DHA, Vitamine A, B_2, C, E, Zink
Sanhelios Augen-vit S	Retinolpalmitat
Salus Lebertran Kapseln	Lebertran

23 Tonika, Roboranzien, Stärkungsmittel

23.1 Leistungsschwäche

Tonika sollen die Leistungsfähigkeit des Menschen erhöhen und zu dessen Wohlbefinden beitragen. Roboranzien dienen in erster Linie der Rekonvaleszenz, also um nach überstandener Krankheit „wieder auf die Beine zu kommen".

Bei den Fertigarzneimitteln, die in großer Fülle auf dem Markt sind, handelt es sich ausnahmslos um Kombinationspräparate mit immer wiederkehrenden Inhaltsstoffen. Solche sind Vitamine, Aminosäuren, Leberextrakt, Salze, Traubenzucker (Glucose), Spurenelemente, Lecithin, Phosphate, Gelee royale, Drogenextrakte und andere mehr.

Aus naturwissenschaftlicher Sicht ist der Wirkungsnachweis des einzelnen „Wirk"-Stoffs und auch der Mischung der Vielzahl der Stoffe in der angegebenen Dosierung nicht einfach. Die Zusammensetzung der im Handel befindlichen Fertigarzneimittel ist in vielen Fällen rational schwer begründbar.

Mit einer vernünftigen Ernährung werden all jene Vitamine, Aminosäuren, Zucker, Spurenelemente, Lecithin und Phosphate in ausreichender Menge aufgenommen und verwertet. Eine Verabreichung von Bruchteilen eines Gramms dieser Stoffe mit „dreimal täglich ein Likörglas" ist vom wissenschaftlichen Standpunkt aus nicht unumstritten.

Bei den Pflanzenextrakten, deren Tagesdosis oft Bruchteile von Milligramm beträgt, ist eine Wirkung wissenschaftlich ebenso nur schwer nachweisbar. Es werden hier vor allem Drogen verwendet, die Herz und Kreislauf anregen sollen. Bei Überbelastung und Stress müssen einige Vitamine vermehrt zugeführt werden. Normalerweise reicht hier eine vernünftige Ernährung aus. Echter Vitaminmangel als Indikation gehört in die Hand des Arztes und muss mit entsprechenden Vitaminen gezielt behandelt werden.

Es darf hier bemerkt werden, dass alle im Handel befindlichen Präparate dieser Anwendungsgebiete „traditionell angewendet" sind und ihre Anwendung bei den angegebenen Indikationen aus der Vergangenheit überliefert ist.

Gegen die Einnahme solcher Mittel ist jedoch nichts einzuwenden, wenn subjektiv ein Erfolg festgestellt wird. Man darf jedoch nicht übersehen, dass sehr viele Fertigarzneimittel dieser Gruppe Alkohol enthalten. In der angegebenen Dosierung kann der leicht stimmungsaufhellenden Wirkung des Alkohols unter Umständen Bedeutung zukommen. Alkoholhaltige Arzneimittel sind unter anderem kontraindiziert bei Epilepsie, Lebererkrankungen, Arteriosklerose (daher besondere Vorsicht bei Älteren). Vorsicht ist auch in der Schwangerschaft geboten. Alkohol schränkt das Reaktionsvermögen ein, dies ist bei der Teilnahme am Straßenverkehr und am Arbeitsplatz zu berücksichtigen.

Einige als aufbauend gekennzeichnete Arzneimittel sind als sogenannte Geriatrika im Handel. Es sind dies Arzneimittel, die ein altersbedingtes Nachlassen der Vitalität und Spannkraft verhüten sollen. Das Altern ist ein naturgegebener Vorgang und kann durch Arzneimittel bekanntermaßen nicht aufgehalten werden. Mit Geriatrika wird versucht, die Leistungsfähigkeit des alternden Organismus durch Zufuhr von Vitaminen und allgemein roborisierend wirkenden Stoffen zu steigern und somit die Vitalität zu heben.

An pflanzlichen Inhaltsstoffen nimmt die Ginsengwurzel und deren Zubereitungen eine führende Rolle ein. Die Ergebnisse der wissenschaftlichen Untersuchungen zur Wirkung der Ginsengwurzel sind teilweise widersprüchlich. Im asiatischen Raum ist die tonisierende Wirkung unbestritten.

Da sich pflanzliche Wirkstoffe häufig besser in Alkohol als in Wasser lösen, enthalten Tonika in unterschiedlichen Mengen Alkohol. Dieser ist aufgrund der Alkohol-Warnhinweis-Verordnung deklarierungspflichtig.

23.2 Arzneistoffe

Vitamine

Man verspricht sich von einer Zufuhr von Vitaminen (Kap. 22). eine Unterstützung des allgemeinen Stoffwechsels und eine Steigerung der Leistungsfähigkeit.

Weißdorn

Weißdorn und seine Zubereitungen aus Blüten, Blättern und Früchten werden als herzstärkendes Mittel verwendet. In der Tat kann er bei leichten Formen der Herzschwäche helfen. In den Stärkungsmitteln ist die Dosierung nicht gezielt auf eine Wirkung auf das Herz gewählt, sondern soll in niedrigerer Dosierung nur Kreislauf stabilisierend wirken.

Eisensalze

Eisen (Kap. 16) ist bekanntlich für die Versorgung des Körpers mit Sauerstoff notwendig, da die roten Blutkörperchen zum Transport des Sauerstoffs im Blut unbedingt Eisen benötigen. Daher sind in Stärkungsmitteln gerne etwas Eisensalze, weil man sich damit eine bessere Sauerstoffversorgung des Körpers erwartet.

Ginsengwurzel

Ginsengwurzel wird als Tonikum zur Stärkung und Kräftigung bei Müdigkeits- und Schwächegefühl, nachlassender Leistungs- und Konzentrationsfähigkeit und zur Rekonvaleszenz eingesetzt. In Ostasien wird Ginseng als Allheilmittel angesehen. Ob der

Droge tatsächlich Bedeutung zukommt, ist umstritten. Eine allgemein kräftigende Wirkung wird ihr aber nachgesagt, s. Kap 4.2.5.

Phospholipide

Bei dieser Substanz handelt es sich eigentlich um Bausteine, wie sie in Nervenzellen von Gehirn und Nerven natürlicherweise vorkommen. Verwandt ist die Substanz auch mit Lecithin. Phospholipide kommen praktisch überall im Körper vor. Früher hat man diese Substanz in Kräftigungsmitteln verwendet, eine echte pharmakologische Wirkung dürfte aber eher unwahrscheinlich sein. Allenfalls werden den Phospholipiden eine leichte blutfettsenkende Wirkung nachgesagt.

23.3 Fertigarzneimittel

Tab. 23.1: Tonika, Roboranzien, Stärkungsmittel

Handespräparat®	Zusammensetzung
Herz Vital Tonikum	Extrakt aus Weißdornfrüchten und Herzgespannkraut, Thiamin, Riboflavin, Pyridoxin, Calciumpantothenat, Nicotinamid
Lecithin Nervenstark Vital Tonikum	Entölte Phospholipide aus Sojabohnen, 17 % V/V Alkohol
Ginseng Tonikum P	Fluidextrakt aus Ginsengwurzeln, 17,5 % V/V Alkohol
Tetesept Sibirischer Ginseng Kapseln	Taigawurzeltrockenextrakt
Tetesept Ginseng Ginkgo Dragees	Ginkgoblättertrockenextrakt, Weißdornfrüchtepulver, Weißdornblätter- und blütenpulver
Voltax flüssig	Phospholipide, Fluidextrakt aus Potenzholz, Adenosin, Tocofersolan, Vit. B_1, B_2, Nicotinamid
Tai Ginseng flüssig	Trockenextrakt aus Ginsengwurzel und Weißdornblättern mit Blüten, Nicotinamid, Vit. B_6, Dexpanthenol

24 Mittel zur Vorbeugung der Arteriosklerose

24.1 Arteriosklerose

Unter Arteriosklerose (Atherosklerose) oder im Volksmund Arterienverkalkung genannt – versteht man krankhafte Veränderungen der Arterien: Ablagerungen verhärten die Gefäßwände, diese verlieren dadurch an Elastizität und verengen sich. Die Folge sind Durchblutungsstörungen. Die Sauerstoffversorgung durch diese Gefäße kann sich dramatisch verschlechtern oder sie wird gar unterbrochen. Dieses Krankheitsbild mit seinen verschiedenen Folgen (z. B. Schlaganfall, Herzinfarkt) ist die häufigste Todesursache in den Industriestaaten. Die Entstehung dieser Erkrankung ist noch nicht vollständig bekannt. Der Blutfettspiegel – hier insbesondere die sogenannten Triglyceride und das Cholesterin – spielt sicher eine wesentliche Rolle. Man kennt einige Risikofaktoren, die eine Arteriosklerose begünstigen: zu hohe Blutfettwerte, hoher Alkoholkonsum, Rauchen, Bluthochdruck und die Zuckerkrankheit (Diabetes). Einmal gebildete Ablagerungen in den Gefäßen lassen sich medikamentös nicht wieder auflösen, daher ist die Vorbeugung sehr wichtig. Die wichtigsten Maßnahmen sind Diät, Reduktion des Gewichts und mehr Bewegung (Sport). Bei vom Arzt diagnostizierten zu hohen Blutfettwerten und zu hohem Cholesterinspiegel müssen die ärztlichen Maßnahmen befolgt werden. Wer aber mit pflanzlichen Mitteln einer Arteriosklerose vorbeugen will, kann dies insbesondere mit Knoblauchpräparaten tun. Der Gesetzgeber hat diese Arzneimittel zur Vorbeugung gegen Arteriosklerose für den Verkehr außerhalb der Apotheken freigegeben. Eine Wirkung ist allerdings nur bei längerer Einnahme zu erwarten.

24.2 Arzneistoffe

Knoblauch

Mit Knoblauch sollen die Einlagerungen in den Arterien vermieden und das Zusammenbacken von Blutbestandteilen an diesen Einlagerungen verhindert werden. Verwendet wird getrockneter Knoblauch (pulverisiert) oder – eventuell noch besser – ein Auszug des Knoblauchs mit Öl – das sogenannte Ölmazerat. Dieses ist dann in der Darreichungsform Weichgelatinekapsel. Dem Knoblauch werden auch Blutdruck regulierende und Blutfett senkende Eigenschaften nachgesagt.

Um eine Geruchsbelästigung zu vermeiden, sollten Knoblauch enthaltende Präparate den Wirkstoff erst im Dünndarm freigeben, jedoch können vom Körper auch aus Knoblauchbestandteilen gebildete Geruchsstoffe, die ins Blut aufgenommen wurden, über die Lunge abgeatmet werden. Auch über die Haut können geringe Mengen der Geruchsstoffe ausgeschieden werden. Die als wirksam angesehene Dosierung liegt bei 4 g frischen Knoblauchzwiebeln. Arzneiliche Zubereitungen sollten entsprechend dosiert werden. Falls Arzneimittel auf Knoblauchwirkstoffe eingestellt sind, was zu befürworten ist, werden 4–10 mg Alliin bzw. 2–5 mg Allicin empfohlen.

Mistel, Weißdorn

Diese Drogen werden der milden Unterstützung der Herzleistung und der Blutdruck regulierenden Wirkung wegen gerne Knoblauchpräparaten beigegeben. Eine direkte Beeinflussung einer Arteriosklerose ist durch diese Drogen nicht zu erwarten.

24.3 Fertigarzneimittel und Nahrungsergänzungsmittel

Tab. 24.1: Mittel zur Vorbeugung vor Arteriosklerose

Handespräparat®	Zusammensetzung
Bakanasan Knoblauch-Kapseln + Mistel + Weißdorn	Auszug aus Knoblauchzwiebel, Mistelkraut und Weißdornfrüchten
Abtei Knoblauch-Mistel-Weißdorn Kapseln	Auszug aus Knoblauchzwiebeln, Mistelkraut, Weißdornfrüchten
Sanhelios 333 Knoblauchkapseln + Mistel + Weißdorn	Rübölextrakt aus Knoblauchzwiebel, Mistelkraut, Weißdornfrüchte
Doppelherz Knoblauch Kapseln mit Misteln + Weißdorn	Auszug aus frischen Knoblauchzwiebeln, Mistelkraut und Weißdornfrüchten
Schoenenberger naturreiner Pflanzentrunk Knoblauch	Zutaten: Knoblauch (mind. 60 %), Wasser; NEM

25 Sexualtonika

25.1 Potenzstörungen

Beim Menschen ist das sexuelle Verhalten weitgehend durch soziale und psychische Faktoren geprägt. Die sexuelle Lust ist ein sehr komplexes Phänomen, bei dem viele Teile des Nervensystems, die für Denken, Fühlen und Handeln zuständig sind, zusammenwirken müssen. Die Arzneimittel, die außerhalb der Apotheke meist in Spezialgeschäften angeboten werden, sollen meist die sexuelle „Leistungsfähigkeit“ steigern und die Libido (Lust, Begierde) erhöhen. Ob dies durch jene Arzneimittel erreicht werden kann, sei dahingestellt. Die Impotenz selbst – die ärztlicher Behandlung bedarf – ist jedenfalls damit nicht zu beeinflussen. Eher sprechen auf diese einschlägigen Arzneimittel schwer erregbare, psychisch ansonsten nicht gehemmte Personen an. Zu vergessen ist allerdings nicht der Placebo-Effekt dieser Präparate, denn eine wissenschaftlich nachgewiesene Wirkung steht aus

Eine weitere Gruppe dieser Arzneimittel bilden jene, die am Penis aufgetragen werden. Es handelt sich um Salben, Sprays oder ähnliche Zubereitungen. Als wirksame Bestandteile werden örtlich betäubende Stoffe verwendet. Man will damit erreichen, dass die Empfindsamkeit am Ort des Geschehens beim Mann herabgesetzt wird und durch diese Wirkung der Samenerguss erst später erfolgt. Man sollte aber auch wissen, dass die Schleimhaut der Frau dann ebenfalls von der Salbe kleinere Mengen abbekommt.

25.2 Arzneistoffe

Damianablätter

Sie enthalten etwas ätherisches Öl und Bitterstoffe. Damiana wurde früher verwendet zur Steigerung der sexuellen Potenz und zur allgemeinen Kräftigung und Anregung. Die Wirksamkeit konnte wissenschaftlich jedoch nicht gesichert werden.

Potenzholz

Hierbei handelt es sich um ein Holz, das in der Fachsprache auch als Muira puama bezeichnet wird. Es wird zur Vorbeugung und Behandlung von Sexualstörungen und zur Steigerung des Geschlechtstriebs empfohlen, auch eine allgemein anregende Wirkung soll es haben. Eine Wirksamkeit ist jedoch wissenschaftlich nicht nachgewiesen.

Lokal wirkende Anästhetika

Dies sind örtlich betäubend wirkende Mittel für den Mann. Hier wird vor allem Lidocain, verwendet. Es wirkt an der Schleimhautoberfläche des Penis und wird aber in nur unbedeutenden Mengen ins Blut aufgenommen, wirkt also nur lokal. Es ist möglich, dass diese Senkung der Empfindsamkeit beim Mann, möglicherweise auch bei der Frau, nicht besonders beliebt ist.

Das Zentralnervensystem erregende Stoffe

Das allseits bekannte Coffein kennen wir vom Kaffee oder Tee. Es regt an, besonders wenn man müde ist. Der Coffeingehalt ist in freiverkäuflichen Arzneimitteln in der Regel gering, eine Tasse Kaffee oder eine Cola enthalten meist mehr davon. Coffeinhaltige Getränke oder Präparate sollten spät abends nicht mehr eingenommen werden, da sonst das Einschlafen erschwert wird. Zentral stimulierende Arzneimittel sollten nicht mit Alkohol kombiniert werden, da sich die erregenden Wirkungen beider Stoffe mehr als addieren können! Man fühlt sich dann in der Regel nicht nur angetörnt, sondern auch überreizt.

25.3 Fertigarzneimittel

Tab. 25.1: Sexualtonika

Handespräparat®	Zusammensetzung
Orgasmus-Stopper, Creme	Lidocainhydrochlorid
Inverma Aktivum, Weichkapseln	Trockenextrakt aus Potenzholz und Damianablättern, Coffein
Happy Vital Dragee plus Potenzholz	Coffein, Phosphatidylcholin, Potenzholz-Trockenextrakt
Penis Marathon N, Spray	Lidocainhydrochlorid

26 Mund- und Rachendesinfektionsmittel

26.1 Halsschmerzen

Mund- und Rachendesinfektionsmittel sollen Halsschmerzen lindern oder von Halsschmerzen befreien. Die Ursache von Halsschmerzen ist meist ein akuter Katarrh oder ein banaler Infekt. Lästig und schmerzhaft ist dabei die Entzündung des Rachens. Die hier verwendeten Arzneimittel sind zum Lutschen oder nach dem Auflösen in Wasser zum Gurgeln im Handel. Lutschtabletten enthalten meist schwach antibakteriell wirkende Stoffe oder ätherische Öle, die in Mund und Rachen mild desinfizierend wirken. Mit dem Speichel werden die Inhaltsstoffe gelöst und verteilen sich in der Mundhöhle und im Rachen. Schon das Lutschen selbst ist nützlich, da dadurch die Speichelsekretion angeregt wird, was besonders bei trockenem Hals als angenehm empfunden wird.

Gurgellösungen werden mit lauwarmem Wasser zubereitet. Man gurgelt mit nach hinten gebeugtem Kopf, damit die Lösung auch den hinteren Teil der Mundhöhle benetzen kann. Durch das Schlucken des Speichels kommen die Wirkstoffe auch in tiefere Bereiche. Gerne verwendet man hier auch Salzlösungen, die den zähen Schleim lösen und als erfrischend empfunden werden. Solche Mittel sind – da nichts resorbiert wird – auch als Medizinprodukte (daher mit CE-Zeichen in der Kennzeichnung) im Handel.

Alle eingesetzten Wirkstoffe setzen mehr oder weniger auch die Oberflächenspannung des Speichel- und Rachensekrets herab.

Im Handel sind auch eine große Anzahl „Hustenbonbons“ oder „Halsbonbons“. Sie sind nicht immer Arzneimittel und unterliegen dann den Vorschriften des Lebensmittel- und Bedarfsgegenständegesetzes. Meist enthalten sie geringe Mengen Pflanzenextrakte, Menthol und ätherische Öle. Auch kleinere Mengen Vitamin C können enthalten sein, um durch den fruchtig-sauren Geschmack die Speichelsekretion zu stimulieren.

26.2 Arzneistoffe

Cetylpyridiniumchlorid

Es wirkt bakterizid (bakterientötend) und setzt die Oberflächenspannung herab. Haupteinsatzgebiet dieses Wirkstoffes ist in Lutschtabletten bei Entzündungen des Mund- und Rachenraumes und damit verbundenen Halsschmerzen.

Ätherische Öle

Am häufigsten werden Pfefferminzöl und Eucalyptusöl (mentholhaltig!) und Thymianöl eingesetzt. Ätherische Öle besitzen eine milde desinfizierende Wirkung.

Schleimdrogen

Schleimdrogen wie Isländisch Moos und Eibischwurzel wirken beruhigend auf entzündete Schleimhäute.

Süßholzsaft

Eingedickter Süßholzsaft ist auch unter dem Namen Lakritze bekannt. Er wirkt entzündungswidrig und verflüssigt zähen Schleim. Lakritze ist meist nicht als Arzneimittel, sondern als Lebensmittel im Verkehr.

Salze

Hohe Salzkonzentrationen im Speichel führen zu einer Verflüssigung zähen Schleims und zu einer Vermehrung des Auswurfs. Dies wird zudem als angenehm empfunden.

Salze werden bei Katarrhen der oberen Atemwege empfohlen, hier insbesondere in Form einer zerstäubten Lösung (Inhalat). Hier kommen die Wirkstoffe, meist Salze, über fein verteilte Tröpfchen in der Atemluft auf die Schleimhäute der oberen Atemwege und können dort unmittelbar wirken. Aber auch in der Wärme (z. B. mit heißem Wasser) flüchtige ätherische Öle können gut warm inhaliert werden und entfalten so ihre beruhigende und heilende Wirkung.

▶ **Hinweis**

Bei länger dauernden, nicht besser werdenden Halsschmerzen ist unbedingt der Arzt zu befragen. Sind im Rachen Eiterflecken zu finden oder Eiter zu schmecken, muss unbedingt und schnell ein Arzt aufgesucht werden.

26.3 Fertigarzneimittel, Lebensmittel, Kosmetika und Medizinprodukte

Tab. 26.1: Mund- und Rachendesinfektionsmittel

Handespräparat®	Zusammensetzung
Carmol Halspastillen	Thymianöl, Citronenöl, Anisöl, Citronellöl, Salbeiöl u. a.; Lebensmittel
Emser Salz Pastillen	Emser Salz; Medizinprodukt
Anginetten Halstabletten	Cetylpyridiniumchlorid
Natur aktiv Halspastillen mit Bio-Eibisch	Eibischwurzeldickextrakt; Medizinprodukt
Isländisch Moos Pastillen	Isländisch Moos Extrakt, Medizinprodukt
Kräuter-Bronchial-Tropfen	Destillat aus Eucalyptusblätter, Pfefferminzblätter, Salbeiblätter, Anisfrüchte, Fenchelfrüchte, enthält 50 % V/V Alkohol
Chlorhexamed Zahnfleisch-Schutz Mundspüllösung	Chlorhexidindigluconat, Fluorid; Kosmetikum
Ipalat Halspastillen	Primelwurzelextrakt; Lebensmittel

27 Durchblutungsfördernde Einreibemittel

27.1 Durchblutungsförderung

Während Sport- und Massagemittel zum Einreiben als kosmetische Mittel einzustufen sind, wenn sie nicht überwiegend als Heilmittel in Erscheinung treten, sind Einreibemittel zur Durchblutungssteigerung – mit den entsprechenden Indikationen Rheuma, Arthrose, Hexenschuss, Muskelschmerz, Muskelkater usw. – rechtlich Arzneimittel.

Man will mit diesen Präparaten durch das Einmassieren in die Haut- und besonders die Muskeldurchblutung fördern und schmerzhafte Muskelverkrampfungen lösen. Je nach Zusammensetzung erzielt man auf den entsprechenden Gebieten der Körperoberfläche, die man eingerieben hat, dann eine geringe bis stärkere Wärmeempfindung, die durchaus als angenehm empfunden werden kann. Die empfohlene Dosierung muss eingehalten werden.

Falls es sich um flüssige Zubereitungen handelt, ist das Lösungsmittel meist Alkohol. Reiner Alkohol würde die Haut entfetten und eignet sich daher zum Massieren nicht. Daher sind immer die wirksamen Bestandteile im Alkohol gelöst.

Das bekannteste Einreibemittel ist der Franzbranntwein. Man stellte ihn früher zuhause aus etwa 50 %igem Alkohol und einer Essenz selbst her. Heute sind eine Reihe von standardzugelassenen Fertigarzneimitteln im Handel, die mit der Bezeichnung „Franzbranntwein" auch mit Kochsalz, Menthol, Campher, Geruchs- und Farbstoffen hergestellt sind, jedoch mindestens 45 % Ethanol enthalten müssen (Tab. 38.1, Anlage 1a). Dies ist Voraussetzung für die Freiverkäuflichkeit.

Der Gesetzgeber hat in der Rechtsverordnung zugelassen, dass auch Fichtennadelöl und Kiefernnadelöl in diesen freiverkäuflichen Arzneimitteln enthalten sein dürfen.

Die dem Alkohol in Einreibemitteln zugesetzten und gelösten Stoffe – insbesondere Menthol und Campher – fördern die Durchblutung in den Bezirken, auf die man das Mittel äußerlich aufträgt. Dabei ist es unerheblich, dass man zunächst ein kühlendes Gefühl empfindet. Dies rührt von der Verdunstung des Alkohols her und von den Reizungen der Kälterezeptoren („Kältefühler" in der Haut) durch Menthol und Campher.

Auch ätherische Öle wirken auf diese Weise. An Ölen werden hier vor allem Latschenkiefernöl und Fichtennadelöl verwendet.

In Franzbranntwein ist Ethanol (mindestens 45%) als Lösemittel enthalten, es darf ungenießbarer Alkohol (z.B. Isopropanol oder 2-Propanol) nicht enthalten sein. Man darf vorsichtshalber jedoch solche Erzeugnisse nicht einnehmen, bei denen, wie aus der Kennzeichnung ersichtlich ist, bei der Art der Anwendung eine Einnahme nicht vorgesehen ist. Ist jedoch eine Einnahme auf Zucker – des scharfen Geschmacks wegen – vorgesehen, so wirken diese Mittel meist belebend und erfrischend und führen durch den Gehalt an ätherischen Ölen zu einer Erleichterung bei der Atmung, insbesondere bei Erkältung.

Gleiche Eigenschaften haben auch jene Fertigarzneimittel, die nicht als „Franzbranntwein", sondern mit anderer Bezeichnung im Handel sind und auch als Einreibemittel verwendet werden können (Melissengeist, Karmelitergeist u.a.).

Ein altes Hausmittel ist die Arnikatinktur; das ist ein alkoholischer Auszug aus Arnikablüten. Man nimmt sie bei Prellungen und Verstauchungen äußerlich zu Umschlägen. Doch Vorsicht: Arnikatinktur muss dazu immer nach Vorschrift auf der Packung verdünnt werden. Gelegentlich kommen Allergien gegen Arnikatinktur vor, was sich in heftiger Hautrötung und Schmerz äußert. Arnikatinktur ist nur zur äußerlichen Anwendung freiverkäuflich!

Anstelle von Einreibemittel kann man auch ein Pflaster auf die schmerzenden Stellen aufkleben. Hier sind die Wirkstoffe im Klebematerial enthalten und werden an die Haut abgegeben. Solche „Rheumapflaster" wirken nur dort, wo sie aufgeklebt sind.

27.2 Arzneistoffe

Ätherische Öle

Zum Einreiben werden Fichtennadelöle, Latschenkiefernöle und andere aromatisch riechende ätherischen Öle verwendet. Sie sollen die Haut- und Muskeldurchblutung fördern, lokal etwas wärmen und so Muskelkater oder anderweitig hervorgerufenen Schmerz lindern. Zum Einnehmen oder zum Einreiben oder Auftupfen ist das Pfefferminzöl weit verbreitet. Japanisches Heilpflanzenöl stammt von der japanischen Pfefferminze und wird aus dem blühenden Kraut durch ein besonderes Destillationsverfahren gewonnen. Es ist anders zusammengesetzt, als das „normale" Pfefferminzöl.

Arnika

Arnika in Form der Tinktur kommt natürlich auch in diesen Einreibemitteln zur Linderung des Schmerzes und zur Steigerung der Durchblutung vor.

Campher, Menthol

Der bei äußerlicher Anwendung von Campher oder Menthol anfangs empfundenen Kälte folgt meist ein unterschiedlich wahrnehmbares Wärmegefühl. Dies führt subjektiv zu einer Erleichterung der Beschwerden.

Nonivamid

Nonivamid ist ein Wirkstoff, der äußerlich aufgetragen durchblutungsfördernd wirkt und gegen Muskel- und Nervenschmerzen helfen soll.

▶ **Hinweis**

Wegen des Alkoholgehaltes dürfen Einreibemittel nicht bei offenen Wunden oder geschädigten Hautpartien angewendet werden. Vorsicht, nichts in die Augen bringen! Bei kleinen Kindern sind mentholhaltige Einreibemittel wegen der Gefahr von Atemkrämpfen kontraindiziert.

27.3 Fertigarzneimittel und Kosmetika

Tab. 27.1: Durchblutungsfördernde Einreibemittel

Handespräparat®	Zusammensetzung
St. Benedikt Franzbranntwein	Campher
Klosterfrau Entzündungs- und Schmerzsalbe	Arnikatinktur
Klosterfrau Mobilind Franzbranntwein Latschenkiefer	D-Campher, Latschenkiefernöl
Klosterfrau Mobilind Franzbranntwein Aktiv Gel	D-Campher, Latschenkiefernöl
Kneipp Arnika Kühl- und Schmerzgel	Tinktur aus Arnikablüten
Tetesept Muskel Vital Wärmebalsam	Rosmarinöl, Eucalyptusöl, Zitronenöl, Methylnicotinat u. a.; kosmetisches Erzeugnis
Rheumaplast Pflaster	Cayennepfefferextrakt
Capsi-med Pflaster	Nonivamid

28 Heilwässer

28.1 Unterscheidung Mineralwasser – Heilwasser

Ein Heilwasser ist ein Wasser, in dem Salze gelöst sind. Materiell ist es mit dem Mineralwasser vergleichbar. Heilwässer stammen aus natürlichen Quellen oder werden künstlich erschlossen. Wird einem Wasser eine arzneiliche Zweckbestimmung gegeben, unterliegt es dem Arzneimittelgesetz und man nennt es Heilwasser. Ein Heilwasser kann an einem frei auslaufenden Brunnen angeboten werden, wie es in sogenannten Trinktempeln in Kur- und Heilbädern der Fall ist, oder aber es wird in (meist grüne) Flaschen abgefüllt und ist im Handel erhältlich. Dann stellt es ein Fertigarzneimittel dar und ist an der Kennzeichnung (z. B. den Indikationsangaben, der Zulassungsnummer) leicht von den Mineralwässern zu unterscheiden. Mineralwässer sind Lebensmittel und unterliegen den lebensmittelrechtlichen Vorschriften.

Heilwässer enthalten mehr als 1 g gelöste Salze pro Kilogramm. Diesen Salzen in ihrer jeweiligen Konzentration, gelöst im Wasser, werden die arzneilichen Wirkungen zugeschrieben. Meist enthalten Heilwässer auch Kohlendioxid, das in Wasser gelöst als Kohlensäure bezeichnet wird.

Wenn Heilwässer einen Salzgehalt haben, der in etwa dem von Mineralwasser (Lebensmittel) entspricht, kann man sie durchaus wie ein Lebensmittel, z. B. zum Trinken oder Verdünnen von Fruchtsäften verwenden. Es gibt aber auch Heilwässer, die einen höheren Salzgehalt haben oder einige Ionen in höherer Konzentration enthalten; dann schmecken sie meist nicht besonders gut. Dann sollte man sie nur gemäß den Einnahmeempfehlungen der Kennzeichnung zu sich nehmen.

Die gelösten Salze liegen in Form von Kationen (positiv geladenen Teilchen) und Anionen (negativ geladenen Teilchen) vor. Ist beispielsweise Kochsalz (Natriumchlorid, NaCl) gelöst, kann in der wässrigen Lösung (Na^+) und Chlorid (Cl^-) nachgewiesen werden. In diesem Sinne muss die Angabe der Zusammensetzung bei Heilwässern verstanden werden.

Bei der gelegentlich angegebenen Bezeichnung stellt man Kationen vor Anionen und ordnet nach absteigender Konzentration, z. B. Natrium-Calcium-Chlorid-Hydrogencarbonat-Säuerling (Tab. 28.1). Dieses Wasser enthält also vor allem Natrium, Calcium, Chlorid, Hydrogencarbonat und Kohlensäure.

28.2 Wirkungen der Heilwässer

Tab. 28.1: Ionen die in bedeutsamen Konzentrationen in Mineralwasser vorkommen

Ion	Vorkommen in Mineralwasser
Kationen	Na^+ (Natrium), Ca^{2+} (Calcium), K^+ (Kalium), Mg^{2+} (Magnesium), Fe^{2+}, Fe^{3+} (Eisen)
Anionen	Cl^- (Chlorid), SO_4^{2-} (Sulfat), HCO_3^{2-} (Hydrogencarbonat), J^- (Iodid), PO_4^{3-} (Phosphat)

Säuerlinge enthalten mehr als 1 g gelöstes Kohlendioxid (Kohlensäure), stille Wässer sind kohlensäurefrei.

Bei Heilwässern sind teilweise Indikationen erlaubt, die ansonsten Arzneimittel apothekenpflichtig machen (Kap. 38.7.4): Stoffwechselkrankheiten und Krankheiten der inneren Sekretion, organische Krankheiten der Leber, der Bauchspeicheldrüse und der Harn- und Geschlechtsorgane. Erlaubt sind somit Indikationen wie Gicht, Diabetes (Zuckerkrankheit), Lebererkrankungen usw.

Die vielfältigen Indikationen bei Heilwässern ergeben sich aus der besonderen Kombination von Anionen und Kationen des jeweiligen Erzeugnisses. Tab. 28.2 gibt Auskunft über die den betreffenden Ionen zugeschriebenen Wirkungen, Tab. 28.3 nennt die wichtigsten Heilanzeigen einiger Heilwässer.

Säuerlinge werden u. a. empfohlen bei Blasen- und Nierenerkrankungen und bei Störungen der Magenfunktion.

Wässer mit hohem Natriumgehalt sind bei Bluthochdruck nicht angezeigt, da sie Wasser im Körper binden. Auch bei Ödemen (Wasseransammlung im Gewebe) und Nierenfunktionsstörungen sollen natriumreiche Wässer nicht eingenommen werden.

▶ **Hinweis**

Heilwässer sind Arzneimittel und keine Lebensmittel. Sie wirken unterstützend bei einer Therapie

Tab. 28.2: Wirkungen der Ionen in Heilwässern

Ion	Wirkung
Na^+ (Natrium)	Führt bei Zufuhr großer Mengen zu Wasseransammlung im Gewebe. Natrium ist praktisch in allen Lebensmitteln enthalten.
K^+ (Kalium)	Keine besondere Wirkung
Ca^{2+} (Calcium)	Wirkt entzündungswidrig, besonders in den Harnwegen und in hoher Konzentration Wasser treibend
Mg^{2+} (Magnesium)	Soll bei Diabetes unterstützend wirken
Fe^{2+}, Fe^{3+} (Eisen)	Wird bei Eisenmangelzuständen empfohlen, jedoch ist der Gehalt für eine Therapie zu niedrig
Cl^- (Chlorid)	Wirkt Säure stimulierend auf den Magen
SO_4^{2-} (Sulfat)	Fördert den Gallenfluss, leicht abführend
HCO_3^{2-} (Hydrogencarbonat)	Bindet Säure im leeren Magen (daher nüchtern nehmen!)
I^- (Iodid)	Durch die schleimverflüssigende Wirkung soll es bei asthmatischen Zuständen unterstützend wirken. Vorsicht bei Schilddrüsenerkrankungen
PO_4^{3-} (Phosphat)	Keine besondere Wirkung

Tab. 28.3: Heilanzeige einiger Heilwässer

Säuerlinge	Magnesium	Calcium	Fluorid	Sulfat	Hydrogen-carbonat
Staatlich Fachingen, Fachingen	+				+
Hirschquelle, Teinach					+
Adelheidquelle, Bad Überkingen	+				+
Karl-Eugen-Quelle		+		+	
Leopoldsquelle Bad Peterstal			+		
Vulkania, Dreis	+	+			+

29 Mittel gegen Hühneraugen und Hornhaut

29.1 Hühneraugen und Hornhaut

Die Hornhaut ist die oberste Schicht der Haut. Sie ist unterschiedlich dick: unter der Achsel ist sie dünn und an der Ferse ist sie dicker. Sie ist nicht von Blutgefäßen durchdrungen und hat keine Nervenendigungen. Deshalb kann man die Hornhaut auch mit einer Hornhautreibe „abhobeln", ohne dass es blutet oder schmerzt. Ein Hühnerauge ist eine örtlich begrenzte, meist schmerzhafte Verdickung der Hornhautschicht mit einem zentralen, bis in tiefere Hautschichten reichenden Sporn. Ein Hühnerauge ist an sich völlig harmlos, kann aber, wenn es schmerzt, sehr lästig sein. Bei der Behandlung von Hühneraugen und zu dicker Hornhaut werden Arzneimittel eingesetzt, die schmerzlos diese Hornhaut zerstören und so zum Ablösen der oberen Schicht der Haut führen. Diese Mittel nennt man Keratolytika. Sie wirken lokal, d.h. nur da, wo sie aufgetragen werden.

Die wirksamen Bestandteile, die in freiverkäuflichen Keratolytika enthalten sein dürfen, sind in einer Anlage der Rechtsverordnung begrenzt (Tab. 38.7).

Hühneraugen sind Vermehrungen von Hornzellen der Haut mit Beteiligung tieferer Hautschichten. An den Füßen entstehen sie häufig durch Druck zu enger Schuhe. Je nach Lage können sie sehr schmerzhaft sein.

Zur Lösung von zu dicker Hornhaut oder von Hühneraugen nimmt man Lösungen oder Pflaster, die auf die entsprechenden Stellen aufgebracht werden. Hier muss darauf geachtet werden, dass benachbarte gesunde Haut nicht mitbehandelt wird, da sonst Reizungen entstehen. Bei Lösungen sollte daher die nicht zu behandelnde Haut mit Vaseline abgedeckt werden.

Hühneraugenpflaster gibt es im Handel zum Selbstausschneiden oder als Pflaster mit vorgefertigtem „Wirkkern", der auch von einem Filzring umgeben sein kann, um den Druck zu mildern.

In der Regel ist eine mindestens dreitägige Behandlung notwendig, um die Hornhaut abzulösen bzw. das Hühnerauge zu entfernen. Dies geht leichter nach einem heißen Fußbad.

Warzen sind etwas anderes als Hühneraugen: Es sind durch ein Virus hervorgerufene Neubildungen der Haut. Arzneimittel gegen Warzen sind apothekenpflichtig!

Träger von keratolytisch wirksamen Substanzen in Tinkturen ist meist Kollodium. Dies ist eine chemisch bearbeitete Zellulose, in Ether-Alkohol gelöst. Nach dem Auftragen auf die Haut verdunstet das Lösungsmittel und bildet ein elastisches Häutchen.

Tinkturen bewirken meist eine „Austrocknung" des Hühnerauges oder der Hornhaut, Pflaster wirken eher quellend, so dass sich die Hornschicht leichter ablöst.

29.2 Arzneistoffe

Salicylsäure

Säuren denaturieren das Eiweiß der Hornhaut und fällen und erweichen es. Das meist verwendete Mittel ist die Salicylsäure. Salicylsäure ist das meist verwendete keratolytisch wirkende Mittel in Hühneraugenmitteln. Gelegentlich kommt auch Milchsäure vor. Salicylsäure findet sich in den Wirkkernen der Hühneraugenpflaster, in den Hühneraugentinkturen und in den sogenannten Schälsalben, die großflächige dicke Hornhäute erweichen sollen.

Arzneimittel zur Behandlung von **Warzen** sind apothekenpflichtig. Die Apothekenpflicht gilt aber nicht für Warzenmittel, die Medizinprodukte sind. Diese Mittel wirken nur physikalisch. Vorsicht: bei Warzen handelt es sich um Hautveränderungen, die durch Viren bedingt sind.

▶ Hinweis

Hornhaut lösende und Hornhaut erweichende Mittel nicht auf gesunde Haut aufbringen, eventuell mit Vaseline die Umgebung schützen. Tinkturen immer gut verschließen, da sie leicht eintrocknen. Vorsicht: Kollodium – eine häufig verwendetes Lösungsmittel bei Hühneraugentinkturen – ist brennbar. Auf richtiges und nicht zu enges Schuhwerk achten, damit die Druckstellen nicht zu Hühneraugen werden.

29.3 Fertigarzneimittel, Kosmetika und Medizinprodukte

Tab. 29.1: Mittel gegen Hühneraugen- und Hornhaut

Handespräparat®	Zusammensetzung
Blasenpflaster allcaplast	Hydrocolloid, Medizinprodukt
Efasit Hühneraugentinktur	Salicylsäure, Milchsäure
Scholl Hühneraugentinktur	Salicylsäure, kosmetisches Produkt
Scholl Hornhautsalbe	Salicylsäure, kosmetisches Produkt
SOS Warzen-Ex	Monochloressigsäure; Medizinprodukt

30 Mittel zur Wundbehandlung

30.1 Wundbehandlung

Im Handel mit freiverkäuflichen Arzneimitteln beschränkt sich das Angebot freiverkäuflicher Arzneimittel zur Wundbehandlung auf Salben zur Behandlung von oberflächlichen Wunden der Haut. Wunden heilen in der Regel bei gesunden Menschen von selbst, arzneiliche Unterstützung ist meist nicht erforderlich und auch nicht möglich. Anders ist das bei offenen schwierigen Wunden, wie z.B. Unterschenkelgeschwüren, die aber zur Behandlung fachkundiges Personal erfordern; die Arzneimittel oder Medizinprodukte hierfür sind apothekenpflichtig. Bei kleineren Schürf- oder Schnittwunden spricht aber nichts dagegen, wenn man eine Wundsalbe auf die Wunde aufträgt und diese dann mit einem Verbandmittel abdeckt. Man verspricht sich mit einer solchen Behandlung eine Beschleunigung der Wundheilung. Seit Jahrzehnten schon schreibt man dem Lebertran bzw. den darin enthaltenen Vitaminen A und D eine wundheilende Wirkung zu. Man verspricht sich insbesondere einen Heilungsverlauf mit weniger Wundspannung und geringerer Narbenbildung.

30.2 Arzneiformen

- **Salben** sind streichfähige halbfeste Zubereitungen. Im engeren Sinne versteht man darunter Zubereitungen ohne wässrige Phase. Die Grundlage der Salben sind meist fetthaltig; das muss aber nicht so sein.
- **Cremes** sind Salben, die neben einer Fettphase auch eine wässrige Phase haben.
- **Pasten** sind hoch konzentrierte Suspensionssalben. Pulverförmige Substanzen sind in größerer Menge in der Salbengrundlage enthalten.

30.3 Arzneistoffe

Zinkoxid

Hierbei handelt es sich um einen bewährten Stoff, der trocknend wirkt und Sekret aufsaugen hilft. Zinkoxid ist reinweiß und wirkt schwach adstringierend und entzündungswidrig. Selten ist eine Allergie auf Zinkoxid.

Dexpanthenol

Dexpanthenol wirkt heilungsfördernd bei Haut- und Schleimhautdefekten. Der zu den B-Vitaminen zählende Wirkstoff wirkt auch entzündungshemmend und pflegend.

Lebertran

Lebertran wird aus dem fetten Öl des Heilbutts oder Dorsches gewonnen. Er enthält Vitamin A und Vitamin D. In Salben wirkt er granulationsfördernd, das heißt, es wird leichter neues (Haut)-Gewebe gebildet und so die Wundheilung beschleunigt. Lebertran riecht nicht gut; vielleicht ist dies der Grund, warum Lebertran enthaltende Salben im Handel immer seltener werden.

Elektrolyte

Elektrolyte sind in flüssigen äußerlich wirkenden Arzneimitteln nichts anderes als Salze. Da diese äußerlich angewendet nur physikalisch wirken, sind diese Mittel Medizinprodukte.

30.4 Fertigarzneimittel und Medizinprodukte

Tab. 30.1: Mittel zur Wundbehandlung

Handespräparat®	Zusammensetzung
Antiseptische Wund- und Brand-Salbe	Dexpanthenol, Chlorhexidingluconat
Abtei Wundheil Zinksalbe	Zinkoxid
Zinksalbe BW	Zinkoxid
Ringelblumen Hautschutzsalbe	Extrakt aus Ringelblumenblüten
Das gesunde Plus: Wundspray	Wässrige Elektrolytlösung, stabilisiert; Medizinprodukt

31 Rheumamittel

31.1 Rheuma

Der Oberbegriff Rheuma bezeichnet eine Erkrankung des sogenannten rheumatischen Formenkreises. Darunter versteht man Erkrankungen mit unterschiedlichster Ursache am Stütz- oder Bindegewebe der Knochen und Gelenke. Aus der großen Anzahl der verschiedenen Rheumaerkrankungen kommen bei freiverkäuflichen Arzneimitteln nur die Anwendungsgebiete der sogenannten entzündlich rheumatischen Erkrankungen vor. Darunter versteht man Zustände, die durch Einschränkungen der Gelenkfunktionen mehr oder weniger behindern und für den Patienten schmerzhaft und sehr belastend sein können. Meist ist eine Entzündung eines oder mehrerer Gelenke die Ursache, oder es sind Erkrankungen des Bindegewebes, die einzeln auftreten oder mit der Gelenkentzündung einhergehen. Rheumatische Erkrankungen, bei denen schon Arthrosen (degenerative Gelenkerkrankungen) im Vordergrund stehen, die an kleinen, mittleren oder großen Gelenken auftreten oder die Wirbelsäule betreffen, können in aller Regel mit freiverkäuflichen Arzneimitteln nicht zufriedenstellend behandelt werden. Arzneimittel, die hier zu besprechen sind, können bei echten rheumatischen Erkrankungen allenfalls unterstützend wirken und sollten mit dem behandelnden Arzt diskutiert werden. Besonders äußerlich anzuwendende Rheumamittel, wie Salben oder Bäder, wirken in erster Linie durchblutungsfördernd und haben mit einer antirheumatischen Wirkung nicht unbedingt etwas zu tun. Sie haben jedoch ihre Berechtigung bei den Patienten, denen sie Linderung bringen.

31.2 Arzneistoffe

31.2.1 Innerliche Anwendung

Teufelskralle

Diese auch Harpagophytum genannte Wurzeldroge stammt vorwiegend aus Afrika und ist wegen seiner entzündungshemmenden und abschwellenden Wirkung insbesondere bei der unterstützenden Therapie degenerativer Erkrankungen des Bewegungsapparates geschätzt. Während einer Schwangerschaft oder bei gleichzeitiger Einnahme Blut verdünnender Mittel sollte ein Arzt oder Apotheker um Rat gefragt werden.

Terpentinöl

Das Öl stammt aus dem Harz von Kiefern. Dieser Wirkstoff, der meist durch Destillation gereinigt wurde, kommt wegen seiner antirheumatischen Wirkung in äußerlich aufzutragenden Arzneimitteln häufig vor.

31.2.2 Äußerliche Anwendung

Hier werden ätherische Öle eingesetzt, welche die Durchblutung fördern sollen und einen lokal angenehmen Effekt bewirken, dort, wo sie aufgetragen werden. Auch Campher wird eingesetzt.

31.3 Fertigarzneimittel und Lebensmittel

Tab. 31.1: Rheumamittel

Handespräparat®	Zusammensetzung
Bakanasan Muschel-Lipidöl-Kapseln	Fischölkonzentrat, Gelatine, Grünlippmuschel-Lipidextrakt (5,1 %); diät. Lebensmittel
Teufelskralle Kapseln	Trockenextrakt aus Teufelskrallewurzeln
St. Benedikt Rheuma Salbe triplex	D-Campher, Eucalyptusöl, gereinigtes Terpentinöl
Rheumaplast Pflaster	Cayennepfefferextrakt
Schoenenberger naturreiner Heilpflanzensaft Birke	Presssaft aus Birkenblättern
Salus Arznei-Kräutertee-Mischung Teufelskralle	Teufelskrallenwurzel

32 Desinfektionsmittel

32.1 Desinfektion

Unter **Desinfizierung** wird die Abtötung oder Inaktivierung von Krankheitserregern (Mikroorganismen) verstanden, so dass ein Gegenstand nicht mehr infizieren kann. Es gibt aber auch Mikroorganismen, die nicht krank machen können.

Davon zu unterscheiden ist die **Sterilisation**. Sie bedeutet die Abtötung sämtlicher lebender Mikroorganismen. Desinfektion sterilisiert also nicht!

Erreger von Infektionskrankheiten sind hauptsächlich Protozoen (winzige, einzellige Organismen), Pilze, Bakterien, bakterienähnliche Organismen sowie Viren. Diese unterscheiden sich in Gestalt, Lebensweise und Vermehrungsmechanismus jeweils voneinander. Sie sind so klein, dass sie vom menschlichen Auge nicht ohne technische Hilfe gesehen werden können.

Folgende Größenordnungen kommen hier vor:

- 1 µm (Mikrometer) = ein tausendstel Millimeter,
- 1 nm (Nanometer) = ein tausendstel Mikrometer,
- Protozoen und Pilze: 100–10 µm,
- Bakterien: 5–0,2 µm,
- bakterienähnliche Mikroorganismen: 500–200 nm,
- Viren: 250–20 nm (im Lichtmikroskop nicht zu sehen).

Einzelne Bakteriengattungen bilden sogenannte Sporen.

Bakteriensporen sind Dauerformen und mit einer festen Hülle umgeben. Das übrige Bakterium kann absterben, die Spore kann sehr lange überlebensfähig bleiben. Sporen vertragen Kälte, Austrocknung und Hitze. Wenn eine Spore in günstiges Milieu kommt, wächst sie wieder zu einem Bakterium aus. Die Abtötung von Sporen ist schwieriger als von Bakterien.

Die freiverkäuflichen Desinfektionsmittel sollen an Oberflächen (z. B. an Gegenständen oder auf der Haut) krank machende Mikroorganismen inaktivieren oder entfernen, so dass von dem desinfizierenden Material keine Infektion mehr ausgehen kann.

Wir unterscheiden Mittel zur Feindesinfektion und zur Grobdesinfektion.

Unter Feindesinfektion versteht man Mittel zur Desinfektion der Hände oder randerer Körperteile. Grobdesinfektionsmittel dienen zur Desinfektion von Wäsche, Gegenständen, Räumen, Toiletten (Flächendesinfektion) oder Ausscheidungen (Harn, Stuhl)

Zuordnung der häufig anzutreffenden Inhaltsstoffe in freiverkäuflichen Desinfektionsmittel

- Hände- und Hautdesinfektion: Alkohole, Aldehyde, quartäre Verbindungen,
- Desinfektion von Gegenständen: Phenole, Chlorverbindungen,
- Wäschedesinfektion: Phenole,
- Flächen- und Raumdesinfektion: Phenole.

Zum Erreichen eines breiten Wirkungsspektrums werden oftmals Kombinationen der verschiedenen Wirkstoffe eingesetzt.

Die Desinfektionslösungen sind aus den Fertigpräparaten gelegentlich erst herzustellen. Man halte sich hierbei an die Empfehlungen der Hersteller, da die desinfizierende Wirkung unter anderem auch vom Milieu und dem pH-Wert am Wirkort abhängig ist

Desinfektionsmittel dürfen ohne Sachkenntnis im Sinne des § 50 AMG 1976 in den Verkehr gebracht werden.

Desinfektionsmittel – insbesondere wenn sie nicht zur Hautdesinfektion bestimmt sind – können auch als Medizinprodukte in den Verkehr gebracht werden. Sie erkennen diese Produkte am CE-Zeichen.

32.2 Arzneistoffe

Alkohole

Hier werden vor allem Ethanol, Isopropanol (2-Propanol), n-Propanol, Benzylalkohol u. a. verwendet. Das Wirkungsoptimum liegt bei Ethanol bei 70–80 %, für die Propanole bei 60–70 %. Absolute Alkohole (100 % und damit wasserfrei) sind nahezu wirkungslos. Alkohol tötet keine Sporen!

Hinweis

Zur Hautdesinfektion muss eine Einwirkungszeit von mindestens 30 Sekunden eingehalten werden. Wenn der Alkohol das desinfizierende Mittel ist, sollte man ihn auf der Haut antrocknen lassen. Vorher sollten die Hautpartien mit Wasser und Seife gewaschen und dann getrocknet werden. Vorsicht: Alkohole sind leicht brennbar.

Aldehyde

In dieser Gruppe werden in freiverkäuflichen Mitteln nur Substanzen verwendet, die nicht sehr aggressiv sind, wie Glutaraldehyd.

Detergenzien

Detergenzien sind waschaktive Substanzen, die die Oberflächenspannung herabsetzen. Im Handel sind sogenannte Invertseifen. Sie sind unwirksam gegen Sporen und Viren. Meist werden sie mit anderen Mitteln kombiniert.

Man nützt vor allem die starke Benetzungsfähigkeit durch den sich auf der Oberfläche bildenden Films aus. Ein Vertreter dieser Gruppe sind die Alkylsulfonate.

Quartäre Ammoniumsalze

Vertreter dieser Gruppe sind die Wirkstoffe Octenidin, Mecetroniumetilsulfat und Benzalkoniumchlorid. Diese Mittel setzen die Oberflächenspannung von Schmutz (und Bakterien) herab und wirken desinfizierend. Sie wirken nur sehr begrenzt gegen Pilze und Sporen, gelten ansonsten als gut wirksam. Beim Schütteln der einschlägigen Präparate entsteht zumeist Schaum.

Iod

Iod ist ein wirksames Mittel zur Hautdesinfektion, färbt jedoch. Iodtinktur DAB enthält 2,5 % Iod und 2,5 % Iodid in 60 % Alkohol. Iodtinktur wirkt schnell und zuverlässig, darf aber, damit der Körper über die Wundoberfläche nicht zu viel Iod aufnimmt, nur bei kleinen Flächen verwendet werden. Iod hat eine gute keimtötende Wirkung auf Bakterien, inaktiviert aber auch Viren. Manche Menschen reagieren auf Iodlösung allergisch. Dann darf man Iodtinktur nicht verwenden.

▶ **Hinweis**

Bei der Auswahl und Anwendung eines Desinfektionsmittels auf die Angaben des Herstellers achten. Nur desinfizieren, wenn es notwendig ist. Einwirkungszeit beachten. Die Alkohol enthaltenden flüssigen Desinfektionsmittel können bei häufiger Anwendung den natürlichen Säuremantel der Haut angreifen. Wer im häuslichen Bereich sich vor Keimen schützen will, sollte Gummihandschuhe benutzen und sich danach die Hände desinfizieren.

32.3 Fertigarzneimittel

Tab. 32.1: Desinfektionsmittel

Handespräparat®	Zusammensetzung
Kodan Tinktur forte	2-Propanol, 1-Propanol, 2-Biphenylol
Octenisept Wund-Desinfektion	Octenidindihydrochlorid, Phenoxyethanol
Sterillium	Propan-2-ol, Propan-1-ol, Mecetroniumetilsulfat
Manusept basic	Ethanol
Poly-Alcohol Hände-Antisepticum	2-Propanol, 1,3-Butandiol
Med. Isopropanol 70 %	2-Propanol

33 Tierarzneimittel

33.1 Ungeziefer bei Tieren

Einige Arzneimittel, die zur Anwendung bei Tieren bestimmt sind, sind freiverkäuflich. Ohne Sachkenntnis dürfen aufgrund § 60 AMG Arzneimittel verkauft werden, wenn sie ausschließlich zur Anwendung bei Zierfischen, Zier- oder Singvögeln, Brieftauben, Terrarientieren, Kleinnagern, Frettchen oder nicht der Lebensmittelgewinnung dienenden Kaninchen bestimmt sind. Solche Arzneimittel sollen hier nicht besprochen werden.

Sind Arzneimittel jedoch z.B. für Hunde oder Katzen bestimmt, ist die Sachkenntnis erforderlich. Es sollen hier nur Arzneimittel besprochen werden, die für Hunde und Katzen bestimmt sind.

Ungeziefer-Halsbänder

Diese Halsbänder sind Gegenstände nach § 2 Abs. 2 Nr. 1 AMG 1976. Sie enthalten auf dem Halsband aufgebrachte Wirkstoffe (hier: Ungeziefer-Bekämpfungsmittel) gegen Läuse, Flöhe und Zecken.

Bevor die wirksamen Bestandteile besprochen werden, sollen kurz Flöhe und Zecken als solche vorgestellt werden.

Flöhe

Flöhe sind etwa 2–3 mm große Parasiten, die sich vom Blut eines anderen Tieres ernähren. Sie können täglich bis zum Zwangzigfachen ihres Eigengewichtes Blut saugen. Während des Saugens wird unverdautes Blut („Flohkot“) ausgeschieden, der vom Tier herabfallen kann.

Flohweibchen legen im Laufe des Lebens etwa 400 Eier, die in die Lagerstätten oder das Fell des Tieres abgelegt werden, von wo sie auch auf Teppiche usw. fallen können. Nach 4 bis 12 Tagen schlüpfen aus den Eiern die Larven, die sich auch von „Flohkot“ ernähren können. Anschließend verpuppen sie sich in einem Kokon. In dieser Puppe entwickelt sich ein neuer Floh, der aus dem Kokon schlüpft. Neben Tieren, bei denen sie Blut saugen können, können sie auch Menschen befallen. Das Saugen der Parasiten ist schmerzlos, der Flohstich verursacht jedoch Juckreiz.

Zecken

Sie sind im Volksmund auch als „Holzbock" bekannt. Hungrig sind sie etwa 3 mm, mit Blut voll gesaugt bis 10 mm groß. Dann fallen sie vom Tier ab und können mehrere tausend Eier legen. Daraus entschlüpfen Larven, die sich ein Tier als Wirt suchen und sich in etwa einer Woche voll Blut saugen. Aus der Larve entwickelt sich die Nymphe, die ebenfalls Blut saugt. Die voll gesogene Nymphe fällt vom Tier und entwickelt sich zur Zecke. Dieser Zyklus dauert etwa zwei Jahre.

Zecken halten sich im Freien auf Grashalmen und niedrigem Gebüsch auf und können so relativ leicht auf Mensch und Tier übergehen.

Die Ungeziefer-Halsbänder werden den Haustieren nur lose umgebunden, da sonst Hautreizungen auftreten können. Wenn die Tiere solche Halsbänder tragen, geht aufgrund der Bewegung etwas Wirkstoff vom Halsband ab und verteilt sich im Fell. Daher müssen nach dem Berühren der Tiere die Hände sorgfältig gewaschen werden. Kleine Kinder und Säuglinge müssen vor so antiparasitär behandelten Tieren fern gehalten werden, da die Wirkstoffe auch für den Menschen giftig sind.

Im Handel sind auch Puder und Sprays gegen Flöhe, Läuse und Zecken. Puder streut man gemäß den Anwendungshinweisen ins Fell und reibt gegen den Strich ein. Bei Sprays ist ein Einreiben nicht notwendig.

Gegen Flöhe und Läuse sind auch Shampoos im Handel.

Auf Schleimhäute der Tiere (Maul, Auge) dürfen diese Mittel nicht aufgebracht werden. Bei Parasitenbefall ist immer auch auf ausreichende Hygiene und Reinigung der Schlafplätze der Tiere zu achten.

Flöhe, Läuse oder Zecken kann jedes Tier mit nach Hause bringen. Will man die Behandlung selbst durchführen, sollte man sich in einem Zoogeschäft, besser noch vom Tierarzt, beraten lassen; auf jeden Fall ist die Gebrauchsinformation der Arzneimittel sorgfältig zu lesen und die Hinweise darin zu beachten.

Die Wirkstoffe in den einschlägigen Tierarzneimitteln sind Insektizide. Diese Substanzen sind für Mensch und Tier, wenn man die Anwendungshinweise beachtet, weitgehend unschädlich.

▸ **Hinweis**
Insektizide werden auch angeboten, um Schlafplätze oder Gegenstände der Tiere einzusprühen und zu desinfizieren. Diese Mittel sind, da sie auf Gegenständen wirken sollen, keine Arzneimittel. Sie können aber bei Befall durchaus nützlich sein.

33.2 Arzneistoffe

Carbamate

Bewährt hat sich der zu den Insektiziden zählende Wirkstoff Propoxur als Fraß- und Kontaktgift, der gegen beißende und saugende Schädlinge eingesetzt wird.

Organische Phosphorsäureester

wie Tetrachlorvinvos und Dimpylat. Diese Stoffe sind Kontaktinsektizide, das bedeutet, dass die Giftwirkung bei den Schädlingen erst nach Kontakt mit dem Mittel eintritt. Sie wirken auf für die Schädlinge lebenswichtige Nervenübertragungen und Enzyme, was hauptsächlich durch Atemlähmung zum Tod von Flöhen, Läusen und Zecken führt. Üblicherweise sind solche Wirkstoffe wasserempfindlich, denn bei Feuchtigkeit werden sie in ungiftige Phosphate abgebaut und somit wirkungslos.

Pyrethrum-Präparate

wie Pyrethrum und Tetramethrin. Die Pyrethrine sind die Inhaltsstoffe von Pyrethrum, einem Extrakt aus Blüten verschiedener *Chrysanthemen*-Arten. Sie wirken als Fraß- und Kontaktgifte bei den Schädlingen. Die Giftigkeit für Mensch und Tier ist gering, allerdings kann es bei Personen, die zu Allergien neigen, nach wiederholtem Kontakt mit diesen Mitteln zu Hauterkrankungen und Asthmaanfällen kommen. Tetrametrin ist ebenfalls ein Insektizid und chemisch mit den Pyrethrinen verwandt. Die Wirkung dieser Stoffe kann durch Synergisten erhöht werden. Darunter versteht man Stoffe, die selbst keine insektizide Wirkung haben, aber die Wirkung anderer Insektizide erhöhen. Der bekannteste Synergist ist hier Piperonylbutoxid.

▶ **Hinweis**

Ungeziefer-Halsbänder sind Arzneimittel und enthalten hochwirksame Wirkstoffe, die besonders für kleine Kinder gefährlich sein können. Hautkontakt ist daher zu vermeiden. Nach Berührung der Tiere müssen die Hände sorgfältig gewaschen werden. Kleine Kinder sollten sich vor Tieren, die gerade ein solches Halsband tragen, fernhalten.

33.3 Fertigarzneimittel

Tab. 33.1: Tierarzneimittel

Handespräparat®	Zusammensetzung
Bolfo Flohschutz-Puder	Propoxur
Canosept Lösung (Ohrreinigungsmittel für Hunde)	2-Propanol, 1-Propanol, Mecetroniummetilsulfat
Bolfo Flohschutzband braun für große Hunde	Propoxur
Bolfo Flohschutz-Shampoo	Propoxur
Beaphar Zecken-Flohband	Tetrachlorvinphos
Beaphar Ungezieferband gegen Flöhe und Zecken	Dimpylat
Beaphar Zecken-Flohband	Tetrachlorvinphos
Bogacare Ungeziefer-Spray für Liegeplätze	Pyrethrum, Tetramethrin, Piperonylbutoxid

34 Venenmittel

34.1 Venenbeschwerden

Die Venen sind die Blutgefäße mit zum Herzen führender Strömungsrichtung des Blutes. Sie transportieren das sauerstoffarme Blut. Venen transportieren dieses „venöse" Blut und gehören – im Gegensatz zu den Arterien – zum Niederdrucksystem; es herrscht also ein weitaus geringerer Blutdruck als in den Arterien für das sauerstoffreiche Blut. Aufgrund einer Bindegewebsschwäche kann es zu Erkrankungen der Venen kommen: man klagt dann über „schwere Beine". Ursache hierfür ist meist eine Erweiterung der Beinvenen, die man dann, wenn sie oberflächlich sind, als „Krampfadern" bezeichnet. In den Beinvenen sind beim Gesunden ausreichend viele und vor allem funktionierende Klappen, die venöses Blut in Richtung Herz durchlassen und ein Zurücksacken verhindern. Kommt es nun zu einer Störung in diesem Klappensystem, gibt es einen Rückstau von venösem Blut. Die Folgen können Wasseransammlungen im Gewebe, Entzündungen, Spannungsgefühl, Schmerzen und noch schlimmer Geschwüre sein.

Nicht medikamentöse Maßnahmen bei Venenschwäche ist das Training, vor allem Radfahren, Schwimmen und Gymnastik. In heftigeren Fällen nützt auch Wickeln der Beine, Stützstrümpfe oder kalte Wassergüsse.

Mit Arzneimitteln versucht man, die Venen zu stärken und eine Wasseransammlung im Gewebe zu verhindern. Eine Wirksamkeit ist aber allenfalls bei leichten Beschwerden zu erwarten. Wer Krampfadern hat, soll sie von einem Arzt beurteilen lassen.

34.2 Arzneistoffe

Mäusedorn

Diese zur Familie des Spargels gehörende Pflanze enthält etwas Saponine. Man spricht dem Wurzelstock des Mäusedorns eine Venen tonisierende und abschwellende Wirkung zu und setzt sie unterstützend bei Venenschwäche ein.

Rosskastaniensamen

Sie werden seit langer Zeit in der Volksmedizin zur Behandlung von Durchblutungsstörungen und bei Venenschwäche eingesetzt. Auch „schwere Beine" können gebessert werden – körperliche Aktivität ist aber erforderlich.

Rote Weinblätter

Rote Weinblätter sollen, als Extrakt zubereitet, entzündungshemmend und Venen abdichtend wirken. Das bewirken die Flavonoide, die in den roten Weinblättern enthalten sind.

Rutosid

Dies ist ein Stoff, der in zahlreichen Pflanzen, so z.B. in Buchweizen und Weinraute, vorkommt. In isolierter Form wird er zur unterstützenden Behandlung von Venenschwäche eingesetzt.

34.3 Fertigarzneimittel

Tab. 34.1: Venenmittel

Handespräparat®	Zusammensetzung
Venen aktiv Creme	Rosskastaniensamen-Trockenextrakt
Antistax Venencreme	Dickextrakt aus roten Weinrebenblättern
Solaguttae Venenfunktions Dragee	Rosskastaniensamen-Trockenextrakt
Hübner Venenkraft Dragees Rosskastanie	Rosskastaniensamenpulver, Trockenextrakt aus Rosskastaniensamen
Abtei Venen Aktiv Kapseln	Trockenextrakt aus Rosskastaniensamen, Rutosid
Zirkulin Venen-Dragees	Rosskastaniensamen-Trockenextrakt

35 Bäder

35.1 Badezusätze

Das „normale" Schaumbad oder Reinigungsbad ist ein kosmetisches Erzeugnis und unterliegt dem Lebensmittelrecht. Es gibt aber auch Zubereitungen zur Herstellung von Bädern, die mit arzneilichen Anwendungsgebieten in den Verkehr gebracht werden. Diese sind dann, wegen der Zweckbestimmung, Krankheiten zu heilen oder zu lindern, Arzneimittel. Solche Bäder sind aufgrund § 44 Abs. 2 AMG freiverkäuflich.

Bäder können andere vorbeugende Maßnahmen durchaus unterstützen oder bei Krankheiten mithelfen, wieder gesund zu werden. Hauptsächlich gibt es zwei Angriffsorte: die Haut oder aber die Lunge. Eine Resorption von Wirkstoffen über die intakte Haut ist eher unwahrscheinlich. Eher geschieht dies über die Lunge. Hierbei werden die Inhaltsstoffe des Bades, die flüchtig sind, d.h. riechen, mit der Atemluft aufgenommen und gelangen so, wenn auch in geringen Mengen, sofort ins Blut und entfalten im Körper ihre Wirkung. Nicht zu übersehen ist für die Wirksamkeit auch das mehr oder weniger angenehme Empfinden eines warmen Bades, besondern wenn man sich hinterher ausgiebig ausruht.

35.2 Arzneistoffe

Ätherische Öle

wie Eucalyptusöl, Fichtennadelöl, Latschenkieferöl, mit anregender Wirkung und angenehmem Effekt bei banalen Infektionen. Man kann diese Öle auch zur Anregung der Durchblutung in Bädern verwenden. Rosmarinöl wirkt eher beruhigend. Damit sich diese an sich wasserunlöslichen ätherischen Öle im Badewasser „lösen", ist den Präparaten meist etwas Emulgator beigegeben.

Durchblutungsfördernde Stoffe

Kräftig die Durchblutung anregend wirken Abkömmlinge der Nicotinsäure, wie Methylnicotinat oder Benzylnicotinat, die sich beide in Wasser lösen. Wenn die Haut zu rot wird: weniger Badeextrakt nehmen.

Verwendet werden auch Salicylate, die, wenn sie Kontakt mit der Haut haben, die Durchblutung fördern, weiterhin Campher und Menthol, die anfänglich eher ein schwaches Wärmegefühl hervorrufen, aber in der Atemluft „befreiend" wirken können.

▶ **Hinweis**

Bäder mit ätherischen Ölen, seien sie gegen Erkältung oder Rheuma, sollten bei Asthmatikern nicht verwendet werden, da sie zu Atemnot führen könnten. Vorsicht ist auch bei Patienten angebracht, die bereits an Durchblutungsstörungen leiden, z. B. Diabetiker und bei Personen mit Bluthochdruck. Hier sollte, wenn der Kunde unbedingt ein solches Bad nehmen will, der Rat eines Arztes oder Apothekers eingeholt werden. Bäder sollten bei Hautverletzungen nicht genommen werden.

35.3 Fertigarzneimittel

Tab. 35.1: Bäder

Handespräparat®	Zusammensetzung
Rheumabad PA	Fichtennadelöl, gereinigtes Terpentinöl
Tetesept Rheuma-Bad	Hydroxyethylsalicylat, Methylnicotinat, Kampfer, Eucalyptusöl, Rosmarinöl
Vitalikum Arzneibad Rheuma AB	Benzylnicotinat
Tetesept Erkältungsbad	Eucalyptusöl, Thymianöl, Kiefernnadelöl, Kampfer
Tetesept Kinderbad Erkältungsbad	Eucalyptusöl, Pfefferminzöl, ger. Terpentinöl, Kiefernnadelöl, Fichtennadelöl, Kampfer
Kneipp Rheumabad Spezial	Wacholderöl, Terpentinöl, Wintergrünöl

36 Gelenke und Bewegungsapparat

36.1 Gelenke

Unser Bewegungsapparat stellt sicher, dass wir aufrecht stehen und uns bewegen können. Der sogenannte passive Bewegungsapparat besteht aus den Knochen des Skeletts, den Gelenken, den Knorpeln und Bändern. Die zentrale Rolle hierbei ist die Wirbelsäule, die für unseren aufrechten Gang und unsere Statur sorgt. Damit wir uns bewegen können, haben wir einen aktiven Bewegungsapparat, der uns ermöglicht, mit Muskeln die Knochen zu bewegen. Diese Muskeln sind in der Regel über Sehnen an den Knochen befestigt und die Bewegung erlaubt uns, dass wir aufrecht stehen und gehen können, uns bücken, uns drehen und mit unseren Fingern zufassen können.

Die zueinander passenden Gelenkflächen von Gelenkkopf und Gelenkpfanne großer Gelenke sind mit Knorpel überzogen, der als elastisches Stützgewebe wie ein kleiner Stoßdämpfer wirkt. Das Gelenk selbst ist von einer Kapsel umgeben, die das Gelenk umschließt. Die innere Schicht der Gelenkkapsel sondert eine Flüssigkeit aus, welche den Gelenkspalt ausfüllt und das Gelenk „schmiert" und damit Reibung weitgehend verhindert. Da der Gelenkknorpel nicht durchblutet ist, kann er sich nicht über das Blut, sondern nur von dieser Gelenkflüssigkeit ernähren. Damit dies richtig funktioniert, ist Bewegung des Gelenks mit Belastung und Entlastung unbedingt erforderlich. Nur so kann das Knorpelgewebe ausreichend mit Nährstoffen aus der Gelenkflüssigkeit ernährt werden. Wird ein Gelenk jedoch zu stark mechanisch über längere Zeit beansprucht, oder, was vielleicht häufiger vorkommt, das Gelenk zu wenig bewegt, kommt es zu einer Minderversorgung des Knorpels im Sinne einer Unterernährung und er kann seine gesunde Struktur nicht aufrecht erhalten. Dies stellt in der Regel die Ursache von Arthrose, arthroseähnlichen Gelenkbeschwerden und anderen entzündlichen Gelenkserkrankungen dar. Der Gelenkknorpel ist dann nicht mehr elastisch genug, die inneren Oberflächen sind nicht mehr glatt, der Gelenkknorpel ist abgenutzt und jede Bewegung schmerzt, und manchen schmerzen die Gelenke auch ohne Bewegung. Besonders ältere Menschen sind hiervon betroffen. Übergewicht belastet insbesondere die Kniegelenke; Kniearthrosen sind daher nicht selten.

Abnutzungserscheinungen der Wirbelsäule sind häufig Folge von jahrelanger Überbelastung und zeigen sich in degenerativen Veränderungen an den Wirbelkörpern, auch mit Knochenauswüchsen und Veränderungen des Knochenmaterials.

Immer sind solche krankhaften Veränderungen der Gelenke mit Schmerz verbunden.

Die Knochen sind durch Sehnen mit den Muskeln verbunden und ermöglichen so die Bewegung unseres Körpers. Sehnen bestehen aus festem Bindegewebe und sind, wo Reibung durch einen Knochenvorsprung droht, von einer Schicht mit Flüssigkeit umgeben („Sehnenscheide"), um ein problemloses Gleiten der Sehne zu ermöglichen.

Regelmäßige körperliche Bewegung hält nicht nur die Muskeln in Form, sondern ist auch für unsere Gelenke und den ganzen Bewegungsapparat unbedingt erforderlich.

Beschwerden im Bewegungsapparat, die sich in erster Linie durch Schmerz bemerkbar machen, können in aller Regel mit freiverkäuflichen Arzneimitteln nicht ausreichend bekämpft werden. Für einfache Fälle jedoch bieten sich äußerlich wirkende Einreibemittel, wie Franzbranntwein, Arnikatinktur und Arzneimittel mit ätherischen Ölen zum Auftragen auf die schmerzenden Stellen an.

Eine Beeinflussung krankhafter Beschwerden des Gelenkapparates, und hier insbesondere defekter Knorpelschichten in den Gelenken, ist indes durch einzunehmende Arzneimittel kaum möglich, da nicht das Blut, sondern die Gelenkflüssigkeit Kontakt mit der Knorpelschicht hat. Auch werden die eingenommenen Stoffe, wie alle anderen Stoffe auch, verdaut bzw. abgebaut. Es ist wissenschaftlich unklar, wie die eingesetzten Wirkstoffe wirken sollen. Trotzdem gibt es eine Vielzahl von Präparaten, die zur diätetischen Behandlung diverser Erkrankungen dieses Formenkreises angeboten werden und darauf abzielen, Aufbausubstanzen und Nährstoffe für die defekten Knorpeloberflächen zu liefern.

36.2 Arzneistoffe

Chondroitinsulfat

Chondroitinsulfat, ein Mucopolysaccharid, ist Bestandteil des menschlichen Knorpelgewebes und hilft Gelenkbelastungen zu verkraften. In Arzneimitteln ist Chondroitin nicht zugelassen. Das in Nahrungsergänzungsmitteln enthaltene Chondroitinsulfat kommt aus unterschiedlichen tierischen Quellen und ist daher nicht in jedem Präparat chemisch identisch. Die wissenschaftlichen Ergebnisse einer Überprüfung der Wirkung von eingenommenem Chondroitinsulfat auf Schmerzminderung bei Arthrose und zum Erhalt der Gelenkgesundheit und -beweglichkeit ist uneinheitlich, überwiegend wurden arzneiliche Wirkungen nicht gesehen. Ob eine Einnahme von Präparaten mit dieser Zutat sinnvoll ist, bleibt offen. Die Bewertung von Chondroitinsulfat ist aufgrund der lückenhaften Datenlage daher unsicher. Die verfügbaren Daten deuten darauf hin, dass bei gesunden und nicht schwangeren Erwachsenen nicht mit ernst zu nehmenden gesundheitlichen Risken gerechnet werden muss. Vorsicht ist geboten bei Personen, die blutgerinnungshemmende Arzneimittel einsetzen. Diese sollten vorher Arzt oder Apotheker befragen.

Glucosamin

Glucosamin ist natürlicher Bestandteil des Knorpels und ist auch in der Gelenkflüssigkeit enthalten. In Arzneimitteln mit diesem Wirkstoff geht man von einer Wirksamkeit ab einer Tagesdosis von etwa 1250 mg aus. Dosierungen darunter findet man bei Erzeugnissen, die dem Lebensmittelrecht unterliegen. Allerdings wird geraten, dass Patienten, die Cumarine zur Hemmung der Blutgerinnung einnehmen müssen oder an Herz-Kreislauf-Erkrankungen leiden, vorsichtig sein sollen. Ausreichende Unterlagen bei Schwangeren fehlen bislang. Da Glucosamin üblicherweise aus Krebsschalen gewonnen wird, ist bei Krebstierallergie Vorsicht geboten; diese Tatsache muss aber aus der Kennzeichnung hervorgehen. Ob bei der Zufuhr in den Dosierungen, die für Nahrungsergänzungsmittel üblich sind, ein günstiger Einfluss auf Schmerzen und Beweglichkeit zu erwarten ist, ist umstritten. Glucosamin wird häufig zusammen mit Chondroitinsulfat kombiniert.

Glucosaminquellen sind üblicherweise die Substanzen Glucosaminsulfat, Glucosaminhydrochlorid oder N-Acetylglucosamin.

Grünlippmuschelextrakt

Es handelt sich um den Extrakt aus der Grünlippmuschel, einer besonderen Miesmuschel, die aus Neuseeland stammt. Sie enthält Glycosaminglycane, also Mucopolysaccharide. Solche Stoffe sind Bestandteil vieler Gewebe, auch der Knorpel, und sind mit verantwortlich für die Eigenschaft, Wasser zu binden und so für Elastizität zu sorgen. Ob ein oral zugeführter Extrakt aus den Muscheln Gelenk schützend oder Gelenk aufbauend wirkt, ist umstritten.

36.3 Nahrungsergänzungsmittel

Tab. 36.1: Mittel für Gelenke und den Bewegungsapparat

Fertigarzneimittel®	Zusammensetzung
Abtei OsteoVital	Calcium, Vit. D_3; NEM
Biovital Gelenk Intens	Kollagenhydrolysat, Glucosaminsulfat, Chondroitinsulfat; NEM
Doppelherz aktiv Gelenk + Muskel Kapseln	Glucosaminsulfat, Magnesium; NEM
Biovital Mobil Plus	Calcium, Magnesium, Vit. D_3, C, K_1, Spurenelemente; NEM
Tetesept Gelenkkomplex 1000	Glucosaminsulfat, Chondroitinsulfat, Vit. C, E, B_6, Niacin, Selen, Zink; NEM
ABO Pharma Gelenk Tabletten	Glucosaminsulfat, Vit. C, E, B_6, B_{12}, Folsäure, Spurenelemente; NEM
Concept Gelenk Aktiv Kapseln	Glucosaminsulfat, Chondroitinsulfat, Vit. E, Selen; NEM
Osteovit	Calciumphospat (diät. Lebensmittel)
Multinorm Gelenk Kapseln	Glucosaminsulfat, Chondroitinsulfat, Selen, NEM

37 Verschiedenes

37.1 Anwendungsgebiete

In den vorangegangenen Kapiteln konnte sowohl bei den Arzneimittelgruppen, aber auch bei den Beispielen der Fertigarzneimittel nur eine beschränkte Auswahl des doch sehr großen Marktes der freiverkäuflichen Arzneimittel berücksichtigt werden. So wird man in mehr spezialisierten Geschäften (z.B. Reformhäusern) in der Regel ein anderes und auch größeres Arzneimittelsortiment vorfinden als etwa in der Drogerieabteilung einer Lebensmittelkette. Auch bestehen teilweise Vertriebsbindungen, d.h. ein Arzneimittel ist z.B. nur im Reformhaus zu haben.

In diesem Kapitel sollen nun noch einige Arzneimittel und Anwendungsgebiete kurz besprochen werden, die bisher nicht erwähnt wurden. Oft sind diese Arzneimittel standardzugelassen.

Fieberhafte Erkältungskrankheiten

Unter Fieber versteht man eine Erhöhung der Körpertemperatur, bei der der Körper die „Solltemperatur" erhöht. Der Körper erhöht daher seine Temperatur, beim Erwachsenen meist mit Schüttelfrost. Besonders in der kalten Jahreszeit treten häufig fieberhafte Erkältungskrankheiten mit den klassischen Symptomen Husten, Fieber, Heiserkeit auf. Meist sind Viren und nicht Bakterien die Auslöser solcher Infekte. Auch die hierfür angepriesenen Arzneimittel, auch jene aus der Apotheke, wirken nicht ursächlich, sondern bekämpfen nur die Symptome.

Gegen das Fieber gibt es bewährte „Hausmittel", wie die Wadenwickel. Bewährt haben sich auch schweißtreibende und das Fieber mild lindernde Tees sowie die Sonnenhutwurzel (Echinacea radix), die besonders zur Vorbeugung genommen wird und die Abwehrkräfte des Körpers steigert. Bei länger dauerndem oder hohem Fieber sowie bei ausgeprägtem Krankheitsgefühl ist ein Arzt zu Rate zu ziehen.

Verwendet werden: Holunderblüten, Lindenblüten, Mädesüßblüten, Inhalate aus ätherischen Ölen (z.B. Eucalyptusöl), bei Schnupfen Nasensalben mit Menthol, Campher und ätherischen Ölen.

Immunstimulanzien

Solche Mittel sollen die körperliche Abwehr von Krankheitserregern anregen mit dem Ziel, z. B. Erkältungskrankheiten wirksam vorzubeugen oder, wenn man an einer solchen bereits erkrankt ist, deren Verlauf zeitlich zu verkürzen. Üblicherweise sind Infektionserreger vor allem Viren, aber auch Bakterien, Pilze, Toxine, Zerfallsprodukte oder andere Fremdstoffe. Einen Schutz davor muss der Organismus selbst aufbauen; wir nennen diesen Immunabwehr. Mittel, die das Immunsystem anregen und stärken, heißen Immunstimulanzien.

In den freiverkäuflichen Arzneimitteln sind überwiegend pflanzliche Immunstimulanzien enthalten. Hier finden insbesondere Echinacea-Präparate Anwendung. Der Name leitet sich vom griechischen Wort „echinos“ (Igel) ab, da die Fruchtböden der Pflanze stachelig sind.

Die Pflanze *Echinacea purpurea* heißt deutsch Purpursonnenhut. Man verwendet sowohl das Kraut als auch, jedoch seltener, die Wurzeln. Purpursonnenhutkraut (als Extrakt oder Presssaft) dient zur unterstützenden Behandlung von Infekten im Bereich der Atemwege und der ableitenden Harnwege. Nach 5–6 Tagen Einnahme sollte man bei einer Therapiedauer von etwa 4 Wochen 3 Tage Pause einlegen. Die Wirkung beruht hauptsächlich auf einer gesteigerten Anzahl weißer Blutkörperchen („Blutpolizei“), verbunden mit einer Inaktivierung von Krankheitserregern.

Purpursonnenhutwurzeln, die andere Stoffe enthalten als das Kraut, gelten als nicht so wirksam. Zur unterstützenden Therapie grippeartiger Infekte hat sich aber die Wurzel einer botanisch anderen Art, nämlich von *Echinacea pallida*, bewährt.

Zur Immunstärkung wird auch Vitamin C (Ascorbinsäure) empfohlen, teilweise kombiniert mit anderen Vitaminen. Auch eine vorsorgliche Gabe von Vitamin C bei einer Erkältung ist sinnvoll, da der Körper bei Infekten mehr Vitamin C benötigt. Da Vitamin C wasserlöslich ist, kann zu viel eingenommenes und nicht aufgenommenes Vitamin C mit dem Urin ausgeschieden werden.

Verwendet werden: *Echinacea purpurea* und *Echinacea pallida*, Vitamin C und andere Vitamine.

Schmerzen

Schmerzen sind ein Ausdruck des sogenannten protektiven Systems, d. h. eine Reaktion des Körpers im Sinne eines Schutzmechanismus, um auf Beeinträchtigungen oder Schäden aufmerksam zu machen.

Vielfach sind die Ursachen – vor allem bei Kopfschmerzen – nicht oder sehr schwer auszumachen. Schmerzmittel mit chemischen Wirkstoffen sind nicht immer ohne Probleme. Alternativ kann man es mit dem Betupfen der Stirn mit Pfefferminzöl oder mit einem Mentholstift versuchen.

37.2 Arzneistoffe

Japanisches Pfefferminzöl, Mentholstifte.

Durchfallerkrankungen

Durchfälle können vielfältige Ursachen haben, von harmlosen bis zu lebensgefährlichen. In einfachen Fällen sollte einen Tag lang nichts gegessen, sondern nur schwarzer Tee getrunken werden (gut ziehen lassen!). Man kann mit leicht adstringierenden, also eiweißfällenden Gerbstoffen (z. B. in Tee und Rotwein) und einer Ernährung, die dem Darm wenig Verdauungsarbeit abverlangt, in der Regel viel erreichen.

Als Arzneimittel werden Tees verwendet, die Gerbsäure enthalten oder mit anderen Mechanismen unterstützend helfen können. Gut bewährt haben sich auch Arzneimittel, die durch ein großes Bindungsvermögen (Adsorption) Bakterien oder „Schadstoffe" im Darm festhalten können. Auf diese Weise wirken medizinische Kohle und Heilerde mit besonders großer Oberfläche.

▸ Hinweis

Vorsicht: durch den Flüssigkeitsverlust bei Durchfällen, der immer auch mit Salzverlusten einhergeht, kann es zu schweren Schäden kommen! Daher besser frühzeitig zum Arzt gehen. Dies ist besonders bei kleinen Kindern unbedingt anzuraten.

Arzneistoffe

Heidelbeeren, Brombeerblätter, Frauenmantelkraut, Heilerde ultra.

Teil III
Rechtliche Grundlagen

Werner Fresenius

38 Arzneimittelgesetz

38.1 Einleitung

Seit dem 1. 1. 1978 wird der Verkehr mit Arzneimitteln durch das „Gesetz zur Neuordnung des Arzneimittelrechts“ vom 24. 8. 1976 geregelt.

Das Gesetz ist zwischenzeitlich durch fünfzehn Änderungsgesetze mit unterschiedlichen Schwerpunkten ergänzt worden. Nach der 14. Gesetzesänderung ist am 12. Dezember 2005 eine Neufassung des Gesetzes über den Verkehr mit Arzneimitteln bekannt gemacht worden. (Bundesgesetzblatt I, S. 3393). Diese wurde zuletzt durch Art. 1 der Dopingmittel-Verordnung vom 28. September 2009 (BGBl. I S. 3172) geändert.

Das Gesetz umfasst 144 Paragrafen, die in 18 Abschnitte gegliedert sind:

- Zweck des Gesetzes und Begriffsbestimmungen, Anwendungsbereich (§ 1–§ 4b),
- Anforderungen an die Arzneimittel (§ 5–§ 12),
- Herstellung von Arzneimitteln (§ 13–§ 20d),
- Zulassung der Arzneimittel (§ 21–§ 37),
- Registrierung von Arzneimitteln (§ 38–§ 39d),
- Schutz des Menschen bei der klinischen Prüfung (§ 40–§ 42a),
- Abgabe von Arzneimitteln (§ 43–§ 53),
- Sicherung und Kontrolle der Qualität (§ 54–§ 55 a),
- Sondervorschriften für Arzneimittel, die bei Tieren angewendet werden (§ 56–§ 61),
- Beobachtung, Sammlung und Auswertung von Arzneimittelrisiken (§ 62–§ 63 c),
- Überwachung (§ 64–§ 69b),
- Sondervorschriften für Bundeswehr, Bundespolizei, Bereitschaftspolizei, Zivilschutz (§ 70–§ 71),
- Einfuhr und Ausfuhr (§ 72–§ 74),
- Informationsbeauftragter, Pharmaberater (§ 74 a–§ 76),
- Bestimmung der zuständigen Bundesoberbehörden und sonstige Bestimmungen (§ 77–§ 83),
- Haftung für Arzneimittelschäden (§ 84–§ 94 a),
- Straf- und Bußgeldvorschriften (§ 95–§ 98a),

- Überleitungs- und Übergangsvorschriften (§ 99–§ 144).

Ein Hauptziel des Arzneimittelgesetzes und seiner Änderungen ist die Verbesserung der Arzneimittelsicherheit, wobei der Sicherung der Qualität, Wirksamkeit und Unbedenklichkeit der Arzneimittel das Hauptgewicht eingeräumt wird.

Dass die Arzneimittelsicherheit nicht absolut sein kann, muss bei der Erörterung der Vorschriften immer mitbedacht werden. Arzneimittelsicherheit ist keine festgeschriebene Größe, sondern ein Ziel, das sich für ein bestimmtes Arzneimittel oder für bestimmte Arzneimittelgruppen an den jeweiligen Erkenntnissen der Wissenschaft orientieren muss. Über Arzneimittel, die vor wenigen Jahren noch als sicher galten, können heute, bedingt durch neue Erkenntnisse der Wissenschaft, Forschung und praktischen Therapie, Umstände vorliegen, die es erforderlich machen, den bisherigen Arzneimitteln im Interesse der – heutigen – Arzneimittelsicherheit eine besonders intensive Beobachtung zuteil werden zu lassen oder deren Inverkehrbringen sogar zu untersagen.

Das Arzneimittelgesetz enthält, um das vorgegebene Ziel zu erreichen, insbesondere folgende Regelungen:

- Die Zulassungspflicht für Fertigarzneimittel, die u. a. auch den Nachweis der therapeutischen Wirksamkeit erforderlich macht,
- Erlaubnispflicht für die Arzneimittelherstellung,
- eine sachkundige Person für die ordnungsgemäße Herstellung, Prüfung und Freigabe der Arzneimittel,
- Verbesserung der Patienten- und Ärzteinformationen durch eine Packungsbeilage (Gebrauchsinformation) und eine Fachinformation,
- Benennung eines Informationsbeauftragten mit Verantwortung für die wissenschaftliche Information,
- eine durch das Bundesinstitut für Arzneimittel und Medizinprodukte in Bonn koordinierte Erfassung von Arzneimittelrisiken gemäß Stufenplan,
- Benennung eines Stufenplanbeauftragten mit Verantwortung für die Erfassung und Bewertung von Arzneimittelrisiken,
- Sondervorschriften für Arzneimittel, die zur Anwendung bei Tieren bestimmt sind, die der menschlichen Ernährung dienen,
- Schutz des Menschen bei der klinischen Prüfung von Arzneimitteln,
- Haftung für Arzneimittelschäden durch den pharmazeutischen Unternehmer,
- spezieller Sachkundenachweis für den Einzelhandel mit freiverkäuflichen Arzneimitteln außerhalb der Apotheken.

38.2 Der Arzneimittelbegriff

Die Definition des „Arzneimittels“ in § 2 steht unter zwei Gesichtspunkten:

- Welche Substanzen und Materialien können ein Arzneimittel sein?
- Zu welchen Zwecken muss die Substanz oder das Material objektiv bestimmt sein, um ein Arzneimittel zu sein?

Das Arzneimittel ist zunächst abstrakt als Stoff oder Zubereitung eines Stoffes beschrieben. Unter Stoffen (§ 3) versteht das Gesetz eine Vielzahl von Substanzen und Materialien.

Dies sind:

- Chemische Elemente und chemische Verbindungen sowie deren natürlich vorkommende Gemische und Lösungen,

- Pflanzen, Pflanzenteile und Pflanzenbestandteile, Algen, Pilze und Flechten in bearbeitetem oder unbearbeitetem Zustand,
- Tierkörper, auch lebende Tiere sowie Körperteile, -bestandteile und Stoffwechselprodukte von Mensch oder Tier in bearbeitetem oder unbearbeitetem Zustand,
- Mikroorganismen einschließlich Viren sowie deren Bestandteile oder Stoffwechselprodukte.

Konkret ist hierunter beispielhaft folgendes zu verstehen:

Zu 1. Schwefel, Iod (chemische Elemente), Bittersalz, Glaubersalz, Magnesiumtrisilicat, Natriumhydrogencarbonat, Alkohol (chemische Verbindungen), Kalk, Heilerde, Heilschlamm, Karlsbader Salz, Emser Salz (natürlich vorkommende Gemische), Heilwässer, Solen (Lösungen).

Zu 2. Neben ganzen Pflanzen auch Pflanzenteile wie Blätter (von Birken, Malven, Mate, Melisse, Pfefferminze, Salbei), Wurzeln (von Baldrian, Eibisch, Enzian, Liebstöckel, Süßholz), Früchte (Anis, Feigen, Fenchel, Hagebutten, Heidelbeeren, Koriander, Kreuzdornbeeren, Kümmel, Tamarindenfrüchte, Wacholderbeeren), Blüten (von Arnika, Holunder, Kamille, Linden, Schlehdorn), Zapfen (von Hopfen), Kraut (von Brennnessel, Gänsefinger, Löwenzahn, Majoran, Wermut), Wurzelstöcke (von Ingwer, Rhabarber, Zichorie), Rinde (von Hamamelis, Condurango, Weide), Holz (von Wacholder), Samen (von Lein) und Pflanzenbestandteile, wie ätherische Öle, fette Öle, Bitterstoffe, Alkaloide u. a.

Zu 3. Blutegel, Kröten zum Schwangerschaftstest (lebende Tiere). Ameisen, Canthariden, Schnecken (Tierkörper), Organe, Blut (Körperteile des Menschen), Schafsdarm (Körperteile von Tieren), Lebertran, Schmalz (Bestandteile von Tieren), Molke, Verdauungsfermente (Stoffwechselprodukte von Tieren).

Zu 4. Bakterien (Mikroorganismen), Antibiotika (Stoffwechselprodukte von Mikroorganismen).

Die o. a. Aufzählung erfasst nicht nur die unbearbeitete Form des Stoffes, d. h. den ursprünglichen Zustand. Sie bezieht auch die bearbeiteten Stoffe sowie die Zubereitungen der Stoffe mit ein.

Während die Bearbeitung eines Stoffes, z. B. einer Pflanze, deren Stoffcharakter erhält, bedeutet die Zubereitung eines Stoffes eine maßgebliche Änderung, bei der der Stoffcharakter – im Sinne des Arzneimittelgesetzes – verloren geht.

Unter einer Bearbeitung versteht man z. B. das Trocknen, Zerkleinern, Schneiden, Pulverisieren oder auch Pressen eines Stoffes, etwa das Herstellen von Tabletten aus einer Pflanzendroge, allein durch mechanische Bearbeitung ohne jeglichen Zusatz anderer Stoffe.

Wird eine Pflanzensorte dagegen mit anderen Stoffen gemischt, etwa Tablettierhilfsstoffen, so liegt danach bereits eine Zubereitung vor, was selbstverständlich auch für die daraus hergestellten Tabletten gilt.

So führt auch die Herstellung von Gemischen oder Lösungen zu Zubereitungen, d. h., Gemische oder Lösungen sind – soweit sie nicht natürlich vorkommen – keine Stoffe mehr.

Die im Gesetz definierten Stoffe müssen von sich aus noch keine Arzneimittel sein. Sie werden dies erst durch ihre Zweckbestimmung. Die Zweckbestimmung muss objektiv sein, d. h. dem Stoff – oder der Zubereitung des Stoffes – muss durch seine Eigenschaften eine der im Folgenden beschriebenen Zweckbestimmungen zukommen.

Um Arzneimittel zu sein, müssen Stoffe oder ihre Zubereitungen zur Anwendung am oder im menschlichen oder tierischen Körper bestimmt sein (§ 2 Abs. 1).

Da aber z. B. auch Lebensmittel diese Zweckbestimmung beim Menschen bzw. das

Futtermittel beim Tier erfüllen, wird der Anwendungszweck des Stoffes als Arzneimittel weiter konkretisiert (§ 2 Abs. 1 Nr. 1 und 2):

Er muss zur Heilung oder Linderung (Heilmittel), zur Verhütung (Vorbeugungsmittel) oder zur Erkennung (Diagnostikum) von Krankheiten, Leiden, Körperschäden oder krankhaften Beschwerden bestimmt sein.

Weitere Bestimmungszwecke können z. B. die Beseitigung von Krankheitserregern (Desinfektionsmittel), die Abwehr von Parasiten (z. B. Mittel gegen Stechmücken) oder die Erkennung des Körperzustandes und der Körperfunktion (z. B. Röntgenkontrastmittel) sein.

Neben den Stoffen und Zubereitungen aus Stoffen, die Arzneimittel im Sinne des Gesetzes sind, gibt es auch noch „fiktive" Arzneimittel (§ 2 Abs. 2). Diese sind ebenfalls zu den oben genannten Zwecken bestimmt, jedoch handelt es sich hierbei nicht nur um reine Stoffe oder Zubereitungen aus Stoffen, sondern im Wesentlichen um Gegenstände (§ 2 Abs. 2 Nr. 1). Sie gelten als Arzneimittel.

Arzneimittelhaltige Gegenstände sind z. B. Alkohol-Tupfer zum Desinfizieren der Haut, Rheumapflaster, Nicotinpflaster, Kompressen mit Heilsalbenauflage sowie Hundehalsbänder oder Katzenhalsbänder, soweit sie Ungezieferbefall beseitigen oder verhüten sollen.

Zu den „fiktiven Arzneimitteln" zählen auch sterile tierärztliche Instrumente zum Einmalgebrauch, Verbandsstoffe und chirurgisches Nahtmaterial zur Anwendung am oder im tierischen Körper sowie Labordiagnostika, die ohne am oder im tierischen Körper angewendet zu werden, zur Erkennung von Krankheiten, Leiden, Körperschäden oder krankhaften Beschwerden bei Tieren bestimmt sind.

38.2.1 Arzneimittelrecht, Lebensmittelrecht, Futtermittelrecht

Wie bereits erwähnt, kann ein Stoff oder die Zubereitung eines Stoffes zur Anwendung am Menschen oder Tier auch ein Lebensmittel oder Futtermittel sein. Daher ist ausdrücklich geregelt, dass Lebensmittel und kosmetische Mittel im Sinne des Lebensmittel- und Futtermittelgesetzbuches, Tabakerzeugnisse im Sinne des Vorläufigen Tabakgesetzes, Reinigungs- und Pflegemittel, die ausschließlich äußerlich zur Anwendung am Tier bestimmt sind, Futtermittel sowie Medizinprodukte und Zubehör für Medizinprodukte (siehe 38.2.2) keine Arzneimittel sind (§ 2 Abs. 3).

Abgrenzung Arzneimittel und Lebensmittel

Der Begriff des Lebensmittels wird in § 2 Abs. 2 des Lebensmittel- und Futtermittelgesetzesbuches in Verbindung mit Art. 2 der Verordnung (EG) Nr. 178/2002 näher bestimmt. „Lebensmittel" sind alle Stoffe oder Erzeugnisse, die dazu bestimmt sind oder von denen nach vernünftigem Ermessen erwartet werden kann, dass sie in verarbeitetem, teilweise verarbeitetem oder unverarbeitetem Zustand von Menschen aufgenommen werden. Das Aufnehmen von Lebensmitteln durch den Menschen durch Essen, Kauen, Trinken sowie durch jede sonstige Zufuhr von Stoffen in Magen (z. B. Sondernahrung) ist die Definition von „Verzehren". Nicht zu den „Lebensmitteln" gehören Futtermittel, Pflanzen vor dem Ernten, Kosmetika und Arzneimittel.

Abgrenzung Arzneimittel und Kosmetika

Entsprechendes gilt für kosmetische Mittel, die gemäß § 2 Abs. 5 des Lebensmittel- und

Futtermittelgesetzbuches dazu bestimmt sein müssen, äußerlich am Menschen oder in seiner Mundhöhle zur Reinigung, Pflege oder Beeinflussung des Aussehens oder des Körpergeruchs oder zur Vermittlung von Geruchseindrücken angewendet zu werden. Krankheitsvorbeugende Aussagen sind zulässig. Die Produkte sind jedoch Arzneimittel, wenn sie überwiegend zur Linderung oder Beseitigung von Krankheiten, Leiden, Körperschäden oder krankhaften Beschwerden bestimmt sind (Heilmittel).

Da kosmetische Mittel nur solche sein können, die zur äußeren Anwendung bestimmt sind, sind z. B. sogenannte Schönheitsdragees, die „Schönheit von innen heraus erzeugen“ sollen, Arzneimittel.

Ebenfalls Arzneimittel sind z. B. Präparate zur Beeinflussung der Körperform (z. B. Büstenformmittel, Entfettungsmittel).

Dagegen gehören zu den kosmetischen Mitteln z. B. solche Präparate, die zur Reinigung oder Pflege der Zähne oder Mundhöhle bestimmt sind, also Zahnpasten, auch fluoridhaltige, oder Mundwässer.
(Fluoridhaltige) Zahnpasten bleiben auch dann kosmetische Mittel, wenn sie neben der Zahnpflege z. B. auch zur Verhütung von Karies, Zahnfleischbluten oder Parodontose bestimmt sind. Ebenfalls kosmetische Mittel sind Badezusätze (z. B. Schaumbäder) oder Duschgels, Körperlotionen, Hautcremes, Lippenstifte, Lidschatten u. a.

Abgrenzung Arzneimittel und Tabakerzeugnisse

Auch bei den Tabakerzeugnissen ist in § 3 Abs. 3 des Vorläufigen Tabakgesetzes eine Ausnahme hinsichtlich der Asthmazigaretten getroffen, die unter das Arzneimittelrecht fallen.

Abgrenzung Arzneimittel und Diätetika/ Nahrungsergänzungsmittel

Erwähnt werden müssen bei der Gruppe der Lebensmittel noch die „diätetischen Lebensmittel“. Sie dienen besonderen Ernährungserfordernissen, die z. B. durch Krankheiten, Funktionsanomalien, Überempfindlichkeit oder während der Schwangerschaft erforderlich werden können. Wichtig ist bei den diätetischen Lebensmitteln, dass sie zwar auch bei bestimmten Krankheiten zur Anwendung am Menschen bestimmt sind, jedoch mindestens überwiegend zur Ernährung des Menschen dienen müssen.

In der Praxis fällt es bei einer Vielzahl von Präparaten sehr schwer, sie entweder den Arzneimitteln oder den Lebensmitteln zuzuordnen. Dies beruht weitgehend darauf, dass diese Präparategruppe in ihrer Zweckbestimmung, die meist subjektiv vom Hersteller festgelegt wird, häufig unklare Aussagen erhält. Es ist daher für den Einzelhändler außerhalb der Apotheke in jedem Fall empfehlenswert, sich möglichst vor dem Einkauf darüber zu vergewissern, ob er z. B. ein Arzneimittel angeboten bekommt, da gerade hiermit eine Reihe von Verpflichtungen nach dem Arzneimittelgesetz verbunden sind. In Zweifelsfällen kann sich der Einzelhändler an seine – nach dem Arzneimittelgesetz – zuständige Aufsichtsbehörde wenden oder sich eine Bescheinigung der für den Hersteller zuständigen Aufsichtsbehörde vorlegen lassen. Dies gilt insbesondere für Nahrungsergänzungsmittel, die Ernährungsdefizite (Vitamine, Mineralstoffe) ausgleichen sollen, aber häufig auch mit krankheitsvorbeugenden Aussagen angeboten werden, was in der Praxis immer wieder zu Abgrenzungsschwierigkeiten führt.

Abgrenzung Arzneimittel und Futtermittel

Ebenfalls keine Arzneimittel sind Futtermittel. Unter Futtermitteln werden nach § 3 Nr. 11 bis 15 des Lebensmittel- und Futtermittelgesetzbuches Einzelfuttermittel, Mischfuttermittel, Diätfuttermittel sowie Futtermittelzusatzstoffe verstanden. Es handelt sich hierbei um Stoffe, die einzeln oder in Mischungen, bearbeitet oder unbearbeitet an Tiere verfüttert werden sollen. Futtermittel liegen dann nicht mehr vor, wenn die Stoffe überwiegend dazu bestimmt sind, zu anderen Zwecken als zur Tierernährung verfüttert zu werden. Hierzu gehören die Zweckbestimmungen „Vorbeugung“ und „Behandlung“ von Krankheiten bei Tieren.

38.2.2 Medizinprodukte

Regelungen über Medizinprodukte trifft das Medizinproduktegesetz, das am 1. Januar 1995 in Kraft getreten ist. Ab diesem Zeitpunkt sind mit Übergangsregelungen die arzneimittelrechtlichen Bestimmungen für eine Reihe ehemals fiktiver Arzneimittel zur Anwendung bei Menschen (Implantate, sterile ärztliche oder zahnärztliche Instrumente zum Einmalgebrauch, Pflaster, Brandbinden, Verbandstoffe – auch flüssige – und chirurgisches Nahtmaterial) aufgehoben.

Grundlagen des Gesetzes sind u. a. die EG-Richtlinien über aktive implantierbare medizinische Geräte sowie über Medizinprodukte. Das Gesetz hat den Zweck, den Verkehr mit Medizinprodukten zu regeln und dadurch für die Sicherheit, Eignung und Leistung der Medizinprodukte sowie die Gesundheit und den erforderlichen Schutz der Patienten, Anwender und Dritter zu sorgen. Es gilt für das Herstellen, das Inverkehrbringen, die Inbetriebnahme, das Ausstellen, das Errichten, das Betreiben und das Anwenden von Medizinprodukten sowie deren Zubehör. Zubehör wird als eigenständiges Medizinprodukt behandelt.

Medizinprodukte sind Instrumente, Apparate und andere Gegenstände, aber auch Stoffe und Zubereitungen aus Stoffen (z. B. Zahnfüllungswerkstoffe), die vom Hersteller zur Anwendung für Menschen mittels ihrer Funktionen zur

- Erkennung, Verhütung, Überwachung, Behandlung oder Linderung von Krankheiten (z. B. Fieberthermometer, Katheter, Laborgeräte, Endoskope),
- Erkennung, Überwachung, Behandlung, Linderung oder Kompensierung von Verletzungen oder Behinderungen (z. B. Verbandmittel, Krankenpflegeartikel, orthopädische Hilfsmittel, OP-Material, Kältekompressen),
- Untersuchung, Ersetzung oder der Veränderung des anatomischen Aufbaus oder eines physiologischen Vorgangs (z. B. Prothesen, Implantate),
- Empfängnisregelung (z. B. Kondome, Pessare, Diaphragma, Spiralen).
- bestimmt sind und deren bestimmungsgemäße Hauptwirkung im oder am menschlichen Körper weder durch pharmakologisch oder immunologisch wirkende Mittel noch durch Metabolismus (Abbau im Körper) erreicht wird, deren Wirkungsweise aber durch solche Mittel unterstützt werden kann.

Medizinprodukte sind auch Produkte im vorgenannten Sinn, die einen Stoff oder eine Zubereitung aus Stoffen enthalten oder auf die ein solcher aufgetragen ist, die bei gesonderter Verwendung als Arzneimittel im Sinne des § 2 Abs. 1 (Kap. 38.2) angesehen werden können und die in Ergänzung zu den Funktionen des Medizinprodukts eine Wirkung auf den Körper entfalten können (z. B. Wundschnellverbände mit arzneilichen Zusätzen, antibiotikahaltige Knochenersatzteile, Heparin beschichtete Katheter).

Zubehör für Medizinprodukte sind Gegenstände, Stoffe, Zubereitungen aus Stoffen, sowie Software, die selbst keine Medizinprodukte im oben beschriebenen Sinn sind, aber vom Hersteller dazu bestimmt sind

- mit einem Medizinprodukt verwendet zu werden, damit dieses entsprechend der von ihm festgelegten Zweckbestimmung des Medizinproduktes angewendet werden kann, oder
- die für das Medizinprodukt festgelegte Zweckbestimmung zu unterstützen (Beispiele für Medizinprodukte und Zubehör: Katheter und Führungsdrähte, Monitor und Elektrode, Ultraschallscanner und Gel, Kontaktlinse und Kontaktlinsenlösungen, sterilisierbares Medizinprodukt und Sterilisator, Zahnersatz und Reinigungsmittel hierfür).

Medizinprodukte und Zubehör unterliegen einer Klassifizierung. Die Zuordnung zu einer bestimmten Klasse (I, IIa, IIb oder III) hängt von dem jeweiligen Gefährdungspotenzial, vom Anwendungsort und der Anwendungsdauer, z. B. im oder am menschlichen Körper ab.

- Klasse I: Medizinprodukte mit geringem Gefährdungspotenzial (z. B. Tupfer, Fixierbinden, OP-Bekleidung, Krankenpflegeartikel, orthopädische Hilfsmittel).
- Klasse IIa: Medizinprodukte mit mittlerem Gefährdungspotenzial (z. B. Katheter, invasive Produkte).
- Klasse IIb: Medizinprodukte mit erhöhtem Risikopotenzial (z. B. chirurgisch-invasive Einmalprodukte, Implantate, Blutbeutel, Produkte zur Empfängnisverhütung).
- Klasse III: Medizinprodukte mit besonders hohem Risikopotenzial (z. B. Herzklappen, resorbierbare Implantate).

Medizinprodukte und Zubehör unterliegen einem Konformitätsbewertungsverfahren. Während die Konformitätsbewertung für Medizinprodukte der Klasse I generell unter der alleinigen Verantwortung des Herstellers erfolgt, ist für Medizinprodukte der Klasse IIa die Beteiligung einer benannten Stelle für das Herstellungsstadium und bei Medizinprodukten der Klasse IIb und III zusätzlich für die Auslegung der Produkte verbindlich. Die im Konformitätsbewertungsverfahren festgestellte Übereinstimmung eines Medizinproduktes mit den einschlägigen Richtlinien, die dem Medizinproduktegesetz zugrunde liegen (s. o.), wird durch die Anbringung des CE-Zeichens dokumentiert. Dieses ist Voraussetzung für den freien Verkehr in allen Mitgliedstaaten der EU. Das Konformitätsbewertungsverfahren ist kein staatliches Zulassungs- oder Registrierungsverfahren, wie es für Fertigarzneimittel im Arzneimittelgesetz vorgeschrieben ist (Kap. 38.5).

Benannte Stellen sind sachverständige Einrichtungen, die von der Zentralstelle der Länder für Gesundheitsschutz bei Medizinprodukten (ZLG, nicht aktive Medizinprodukte) oder Zentralstelle der Länder für Sicherheitstechnik (ZLS, aktive Medizinprodukte) akkreditiert worden sind.

Medizinprodukte sind im Einzelhandel grundsätzlich nicht apothekenpflichtig, werden aber den apothekenüblichen Waren zugeordnet, d. h., sie dürfen auch in Apotheken an Verbraucher abgegeben werden. Im sonstigen Einzelhandel ist im Gegensatz zu den freiverkäuflichen Arzneimitteln keine besondere Sachkenntnis (Kap. 38.7.8) vorgeschrieben. Der Verkehr mit Medizinprodukten unterliegt der behördlichen Aufsicht.

Beispiele für Medizinprodukte:

- Arzneimittelwirkstoffe in Verbindung mit Medizinprodukten (Heparin beschichtete Katheter, Knochenzement mit Antibiotika),
- Augenklappen,

- Bandagen,
- Blutbeutel,
- Blutschlauchsysteme,
- Brustimplantate,
- Chirurgische Instrumente,
- Chirurgisches Nahtmaterial,
- Desinfektionsmittel und Aufbewahrungslösungen für Kontaktlinsen und andere Medizinprodukte,
- Elektroden,
- Endoskopiegeräte,
- Filter,
- Fixierhilfen (Fixierbinden, -pflaster),
- Hämofilter,
- Herzklappen,
- Herzschrittmacher,
- Implantate (auch Wirkstoff beschichtet oder resorbierbar),
- Infusionsgeräte,
- Inkontinenzhilfen (Saugeinlagen, Erwachsenenwindeln, Urinkondome),
- Instrumente mit Messfunktion (Fieberthermometer, Blutdruckmessgeräte, Beatmungsgeräte),
- Intraokularlinsen,
- Intrauterinpessare (mit und ohne Wirkstoffe),
- Kältetherapieprodukte,
- Kanülen (zur Einfach- oder Mehranwendung),
- Katheter,
- Klammern (auch implantierbare),
- Knochendrähte und -nägel,
- Kompressionsstrümpfe,
- Kondome,
- Kontaktlinsen,
- Magensonden,
- Masken (zur Behandlung, Atemschutz),
- OP-Handschuhe, -Hauben, -Masken,
- Orthopädische Implantate,
- Patientenabdeckungen,
- Pflaster (zur Fixierung, mit Wundkissen, mit Wirkstoffen, zum Sprühen),
- Prothesen (Augen, Brust, Gebiss, Gefäße, Gelenke, Zahnersatz),
- Scheren, Schneidesysteme, Skalpelle,
- Sonden (Magen, Nase),
- Spatel (Mund-, Salbenspatel),
- Spritzen,
- Stoma-Implantate, Stoma-Systeme,
- Transfusionsbestecke und -geräte,
- Urinableitungssysteme,
- Venenkatheter,
- Verbandmittel (Fixierbinden und -pflaster, Bandagen, Stützverbände, Watten für medizinische Zwecke),
- Verbandstoffe (Kompressen, Tupfer, Verbandtücher, Wundschnellverbände),
- Wärmetherapieprodukte,
- Zahnfüllungswerkstoffe (Amalgame, Composits, Inlays),
- Zahnspangen,
- Zuleitungen zur enteralen Ernährung.

38.3 Anforderungen an Arzneimittel

Zum Schutz der Patientinnen und Patienten wurden eine Reihe von Verboten erlassen, deren Nichtbeachtung mit Freiheits- oder Geldstrafen geahndet wird.

38.3.1 Verbot bedenklicher Arzneimittel

Es ist verboten, bedenkliche Arzneimittel (§ 5) in den Verkehr zu bringen oder bei einem anderen Menschen anzuwenden.

Inverkehrbringen (§ 4 Abs. 17) ist das Vorrätighalten zum Verkauf oder zur sonstigen

Abgabe, das Feilhalten (erkennbar zum Verkauf vorrätig halten), das Feilbieten (z. B. im Rahmen eines Verkaufsgespräches anbieten) und die Abgabe an andere bedeutet. Das Verbot, bedenkliche Arzneimittel in den Verkehr zu bringen, richtet sich an jede Handelsstufe, also an den Hersteller, den pharmazeutischen Unternehmer, den Großhändler und Einzelhändler. Erfasst sind somit auch die Apotheken, Drogerien und andere Betriebe, die freiverkäufliche Arzneimittel in der Verkehr bringen.

Das Verbot, bedenkliche Arzneimittel bei einem anderen Menschen anzuwenden, richtet sich an Ärzte, Zahnärzte und andere Personen, die die Heilkunde oder Zahnheilkunde berufsmäßig ausüben. Zu dieser Personengruppe gehören z. B. Heilpraktiker. Von dem Verbot erfasst sind auch Personen, die z. B. im Sport bedenkliche Arzneimittel an Anderen anwenden (Kap. 38.3.2 zu § 6a).

Bedenklich ist ein Arzneimittel, wenn der begründete Verdacht besteht, dass mit dem bestimmungsgemäßen Gebrauch Risiken verbunden sind, die über ein nach den jeweiligen Erkenntnissen der medizinischen Wissenschaft vertretbares Maß hinausgehen.

Da man heute weiß, dass Risiken auch bei der bestimmungsgemäßen Einnahme eines Arzneimittels nicht auszuschließen sind, andererseits der therapeutische Nutzen eines Arzneimittels so hoch sein kann, dass die mit der Einnahme verbundenen Risiken in Kauf genommen werden müssen, wird bei der Beurteilung der Bedenklichkeit eines Arzneimittels darauf abgestellt, dass bei einer Risiko-Nutzen-Abwägung das mögliche Risiko ein vertretbares Maß nicht überschreiten darf.

Zur Erfassung von Arzneimittelrisiken hat das Bundesministerium für Gesundheit eine Verwaltungsvorschrift (Stufenplan) erlassen. Die zentrale und koordinierende Funktion in diesem Stufenplan ist den Bundesoberbehörden, dem Bundesinstitut für Arzneimittel und Medizinprodukte in Bonn, dem Paul-Ehrlich-Institut in Langen bei Frankfurt (Sera, Impfstoffe, Blutprodukte) und dem Bundesamt für Verbraucherschutz und Lebensmittelsicherheit (Tierarzneimittel) zugeordnet (Kap. 38.11).

Um eine unmittelbare oder mittelbare Gefährdung der Gesundheit von Mensch und Tier durch Arzneimittel zu verhüten, kann das Bundesministerium für Gesundheit bestimmte Herstellungsverfahren für Arzneimittel vorschreiben, aber generell auch bestimmte Herstellungsverfahren beschränken oder verbieten (§ 6).

38.3.2 Weitere Verbote

Es ist verboten, Arzneimittel zu Dopingzwecken im Sport in den Verkehr zu bringen, zu verschreiben oder bei anderen anzuwenden (§ 6a). Dieses Verbot findet nur Anwendung auf Arzneimittel, die Stoffe der im Anhang des Übereinkommens gegen Doping aufgeführten Gruppen von Dopingwirkstoffen enthalten. Ebenfalls verboten ist der Besitz von Wirkstoffen, die in einem Anhang zum Arzneimittelgesetz aufgeführt sind, in nicht geringer Menge zu Dopingzwecken im Sport, sofern das Doping beim Menschen erfolgen soll.

Weiterhin ist es verboten, radioaktive Arzneimittel oder Arzneimittel, bei deren Herstellung ionisierende Strahlen verwendet worden sind, in den Verkehr zu bringen. Das Bundesministerium für Gesundheit ist jedoch ermächtigt, hiervon Ausnahmen zuzulassen (§ 7).

Radioaktive Arzneimittel spielen hauptsächlich in der Diagnostik eine Rolle. Sie sind zum Verkauf im Einzelhandel mit freiverkäuflichen Arzneimitteln nicht zugelassen.

38.3.3 Schutz vor Täuschung

Qualitätsminderung

Von großer Bedeutung auch für den Einzelhandel außerhalb der Apotheke ist das Verbot, Arzneimittel oder Wirkstoffe herzustellen oder in den Verkehr zu bringen, die durch Abweichung von den anerkannten pharmazeutischen Regeln in ihrer Qualität nicht unerheblich gemindert sind (§ 8 Abs. 1 Nr. 1) oder hinsichtlich ihrer Identität oder Herkunft falsch gekennzeichnet sind (gefälschte Arzneimittel oder gefälschte Wirkstoffe; § 8 Abs. 1 Nr. 1a). Wenn Arzneimittel z. B. durch zu lange oder nicht sachgerechte Lagerung verdorben sind, wenn also bei sonst klaren Tropfen oder Säften Trübungen oder Ausfällungen auftreten, Dragees deckeln, Tabletten Flecken bekommen oder Teedrogen von Ungeziefer befallen sind, sind dies sichtbare Zeichen dafür, dass eine Abweichung von den anerkannten pharmazeutischen Regeln vorliegt und entsprechend eine nicht unerhebliche Qualitätsminderung eingetreten ist.

Die anerkannten pharmazeutischen Regeln über die Qualität, Prüfung, Lagerung, Abgabe und Bezeichnung von Arzneimitteln sind im Arzneibuch (Kap. 38.9) zusammengefasst. Daneben beschreiben z. B. auch die „Grundregeln der Weltgesundheitsorganisation für die Herstellung von Arzneimitteln und die Sicherung ihrer Qualität“, die EG-Richtlinie über Grundsätze und Leitlinien der Guten Herstellungspraxis für Humanarzneimittel und der EG-Leitfaden einer Guten Herstellungspraxis für Arzneimittel den anerkannten Stand der pharmazeutischen Regeln.

Da von einer Reihe von Arzneimitteln bekannt ist, dass sie im Laufe der Zeit auch bei sachgerechter Lagerung an Qualität verlieren, ist das sogenannte „Verfalldatum“ (Kap. 38.3.5) vorgesehen. Dieses muss vom pharmazeutischen Unternehmer angegeben werden. Gewissheit über die Haltbarkeit eines Arzneimittels kann durch entsprechende Lagerungsversuche gewonnen werden.

Beachtet der Einzelhändler ein Verfalldatum nicht, hält er also verfallende Arzneimittel vorrätig oder gibt er sie sogar ab, begeht er eine Ordnungswidrigkeit (§ 8 Abs. 2 i. V. mit § 97 Abs. 2 Nr. 1).

Irreführung

Ein für den Schutz der Verbraucher ebenfalls sehr bedeutsames Verbot besteht darin, Arzneimittel oder Wirkstoffe mit irreführenden Bezeichnungen, Angaben oder Aufmachungen zu versehen (§ 8 Abs. 1 Nr. 2). Hierzu gehören vor allem falsche Angaben über die Wirkungsweise, d. h. also, dass Wirkungen versprochen werden, die das Arzneimittel gar nicht hat oder haben kann, dass Heilung in allen Fällen zugesagt wird oder dass ein Arzneimittel als garantiert unschädlich angepriesen wird. Dem Verbot unterliegen auch Angaben, die beim Verbraucher den Eindruck erwecken, er erhalte ein Arzneimittel bestimmter Qualität oder Herkunft; z. B. die Aussage ein Arzneimittel sei Arzneibuchware, obwohl die Arzneibuchqualität nicht vorliegt oder etwa die Anpreisung einer „Korea“-Ginseng-Wurzel, die nicht aus Korea stammt oder die Anpreisung eines Minzöls als „japanisch“, obwohl das Öl nicht aus japanischer Minze gewonnen wurde.

Der Einzelhändler kann natürlich nicht in jedem Falle erkennen oder wissen, ob Aussagen über Arzneimittel, die er in den Verkehr bringt, gegen diese Verbote verstoßen. Dies gilt vor allem dann, wenn er Fertigarzneimittel von anderen, z. B. Großhändlern oder pharmazeutischen Unternehmern direkt bezieht. Fertigarzneimittel (§ 4 Abs. 1) sind Arzneimittel, die in der Regel industriell im Voraus hergestellt und in einer zur Abgabe an den Verbraucher bestimmten Packung in den Verkehr gebracht werden oder andere zur Abgabe an den Verbraucher bestimmte Arzneimittel, bei deren Zubereitung in sonstiger Weise ein industrielles Verfahren zur Anwendung kommt. In jedem Fall muss der Einzelhändler sich aber auch hier bemühen, nach bestem Wissen und Gewissen die Verbote zum Schutz des Verbrauchers zu beachten.

Grundsätzlich hat der Einzelhändler die volle Verantwortung, wenn er Arzneimittel selbst unter eigenem Namen in den Verkehr bringt, wenn er also z. B. im Rahmen seiner Herstellungsmöglichkeiten (Kap. 38.4.1) Arzneimittel in unveränderter Form zur Abgabe unmittelbar an den Verbraucher umfüllt, abpackt oder kennzeichnet.

38.3.4 Der Verantwortliche für das Inverkehrbringen

Damit der für ein Arzneimittel Verantwortliche bei Verstößen gegen die Vorschriften des Arzneimittelgesetzes auch bekannt ist, ist vorgeschrieben, dass auf den Arzneimitteln (Behältnis, äußere Umhüllung), ausgenommen Prüfpräparate (Kap. 38.6), immer der pharmazeutische Unternehmer anzugeben ist (§ 9). Der pharmazeutische Unternehmer (§ 4 Abs. 18) ist der Inhaber der Zulassung oder Registrierung oder auch derjenige, der Arzneimittel unter seinem Namen in den Verkehr bringt. Inverkehrbringen (§ 4 Abs. 17) ist das Vorrätighalten zum Verkauf oder zur sonstigen Abgabe, das Feilhalten, das Feilbieten und die Abgabe an andere. Der pharmazeutische Unternehmer kann, muss aber nicht der Hersteller des betreffenden Arzneimittels sein, etwa im Falle einer Auftragsherstellung.

Der Einzelhändler z. B. ist „pharmazeutischer Unternehmer", wenn er Arzneimittel, wie z. B. Lindenblütentee oder Baldrianwurzel auf Wunsch eines Kunden abfüllt und unter seinem Namen an diesen abgibt. Der Einzelhändler ist auch pharmazeutischer Unternehmer, wenn er Arzneimittel aus größeren Gebinden im Voraus umfüllt, abpackt und kennzeichnet (Fertigarzneimittel), vorrätig hält und unter seinem Namen an Kunden abgibt. Dies gilt auch dann, wenn ein Einzelhändler unter seinem Namen Fertigarzneimittel abgibt, die ein anderer für ihn hergestellt hat (Auftragsherstellung s. o.).

Um im Falle eines Verstoßes den Verantwortlichen auch belangen zu können, dürfen Arzneimittel nur von pharmazeutischen Unternehmern in den Verkehr gebracht werden, die ihren Sitz in der Bundesrepublik Deutschland, in einem anderen Mitgliedstaat der Europäischen Gemeinschaft oder in einem anderen Vertragsstaat des Abkommens über den Europäischen Wirtschaftsraum haben (Residenzpflicht). Diese Bestimmung ist vor allem für importierte Arzneimittel aus Nicht-EU-Staaten von grundsätzlicher Bedeutung. Bestellt der pharmazeutische Unternehmer einen örtlichen Vertreter, entbindet ihn dies nicht von seiner rechtlichen Verantwortung.

38.3.5 Kennzeichnung

Eine weitere, sehr wichtige Bestimmung, die zum Schutze des Verbrauchers besteht, ist die Kennzeichnung zur Information über das Arzneimittel. Im Falle des Arzneimittels ist diese Information jedoch nicht nur für den Verbraucher selbst von Bedeutung, sondern in einem bestimmten Umfang auch für den Arzt, Zahnarzt, Apotheker oder z. B. Heilpraktiker, die jedoch primär vom pharmazeutischen Unternehmer wissenschaftlich informiert wird (Fachinformation Kap. 38.3.7). Für freiverkäufliche Arzneimittel ist die Fachinformation nicht vorgeschrieben, jedoch müssen auch diese Arzneimittel grundlegenden Anforderungen genügen, die im Interesse der Arzneimittelsicherheit und des Verbraucherschutzes an Arzneimittel allgemein gestellt werden.

Informationen können der Verbraucher und der Arzt aus der Beschriftung des Behältnisses (z. B. Flasche, Röhrchen, Schachtel, Tube), der äußeren Umhüllung (z. B. Umkarton) und der Packungsbeilage (Kap. 38.3.6) entnehmen. In allen Fällen müssen die Angaben in gut lesbarer Schrift und allgemein verständlich in deutscher Sprache gemacht werden. Im Hinblick auf die Kennzeichnung der Behältnisse und der äußeren Umhüllungen müssen die Angaben zusätzlich auf dauerhafte Weise gemacht sein. Das heißt also, sie sollen gedruckt sein und dürfen, soweit sie handschriftlich gemacht werden, z. B. nicht mit Bleistift oder Ähnlichem geschrieben sein. Ihre Entfernung muss sichtbare Beschädigungen hinterlassen.

Auf den Behältnissen (Flaschen, Tuben, Ampullen etc.) und äußeren Umhüllungen (Umkarton) von Fertigarzneimitteln müssen folgende Angaben gemacht werden (§ 10):

1. Der Name oder die Firma und die Anschrift des pharmazeutischen Unternehmers und, soweit vorhanden, der Name des von ihm benannten örtlichen Vertreters (Kap. 38.3.4).
2. Die Bezeichnung des Arzneimittels, gefolgt von der Angabe der Stärke und der Darreichungsform, und soweit zutreffend, dem Hinweis, dass es zur Anwendung für Säuglinge, Kinder oder Erwachsene bestimmt ist, es sei denn, dass diese Angaben bereits in der Bezeichnung enthalten sind. Soweit es sich um Fertigarzneimittel handelt, die nicht von der Industrie angeliefert werden, muss gegebenenfalls der Einzelhändler, der im Voraus abpackt oder umfüllt, den Namen selbst auftragen. Die Namensgebung bleibt ihm überlassen. Soweit es sich um Teedrogen handelt, müssen diese mit dem verkehrsüblichen deutschen Namen bezeichnet werden (Kap. 38.7.1), um damit auch dem Verbraucher einen verständlichen Hinweis auf das Arzneimittel selbst zu geben.
3. Die Zulassungsnummer mit der Abkürzung „Zul.-Nr.“. Sie wird von der Zulassungsbehörde z. B. dem Bundesinstitut für Arzneimittel und Medizinprodukte in Bonn, erteilt (Kap. 38.5). Ein Fertigarzneimittel darf nicht in den Verkehr gebracht werden (bzw. vorrätig gehalten werden), bevor es zugelassen ist.
4. Die Chargenbezeichnung mit der Abkürzung „Ch.-B.“. Voraussetzung hierfür ist selbstverständlich, dass das Arzneimittel in Chargen (§ 4 Abs. 16) – in jeweils einem einheitlichen Herstellungsgang erzeugte Menge eines Arzneimittels – in den Verkehr gebracht wird, was bei Fertigarzneimitteln im Allgemeinen der Fall ist. Auch der Einzelhändler, der etwa Teedrogen in unveränderter Form im Voraus aus größeren Behältnissen in kleinere Behältnisse zur Abgabe an den Kunden abfüllt, wird die jeweils in einem Arbeitsgang abgefassten Packungen mit einer einheitlichen Nummer bezeichnen können. Als Chargennummer eignet sich das Datum, das mit der abgefassten Menge in ein Buch eingetragen wird, um bei Reklamationen feststellen zu können, wann und wie viel im Einzelnen abgepackt worden ist.
5. Die Darreichungsform, worunter Tabletten, Dragees, Säfte, Tropfen oder Salben zu verstehen sind.
6. Der Inhalt nach Gewicht, Rauminhalt oder Stückzahl. Hier sind Angaben wie Gramm, Milliliter oder Stück erforderlich. Angaben nach Annäherungswerten (z. B., circa) sind nicht zulässig; das Gleiche gilt für Prozentangaben.
7. Die Art der Anwendung, z. B. Tabletten zum Lutschen, Tabletten zum Einnehmen, Tropfen zum Einnehmen, Flüssigkeit zum Gurgeln, Salbe zu Einreiben.
8. Die Wirkstoffe nach Art und Menge (§ 4 Abs. 19; Kap. 38.3.6) und sonstige Be-

standteile nach der Art, soweit dies durch Auflage der zuständigen Bundesoberbehörde angeordnet ist.

9. Das Verfalldatum (Monat und Jahr) mit dem Hinweis „Verwendbar bis" (§ 10 Abs. 1 Nr. 9 i. V. mit Abs. 7). Zur Nichtbeachtung des Verfalldatums bei der Arzneimittelabgabe s. Kap. 38.3.5, letzter Absatz.
10. Soweit Arzneimittel der Verschreibungspflicht oder sonst der Apothekenpflicht unterliegen, sind sie entsprechend mit „Verschreibungspflichtig" (Kap. 38.7.7) oder „Apothekenpflichtig" (Kap. 38.7.4) zu kennzeichnen. Fehlt eine derartige Angabe auf dem Behältnis und der äußeren Umhüllung, kann in der Regel davon ausgegangen werden, dass das betreffende Arzneimittel frei verkäuflich ist, d. h. dass es in Einzelhandelsgeschäften außerhalb der Apotheken abgegeben werden darf.
11. Muster von Arzneimitteln, die als Ärztemuster (Kap. 38.7.6) im Verkehr sind, müssen den Hinweis „Unverkäufliches Muster" tragen (siehe auch Kap. 39.6, unzulässige Werbung).
12. Der Hinweis, dass Arzneimittel unzugänglich für Kinder aufbewahrt werden sollen, es sei denn, es handelt sich um Heilwässer.
13. Soweit erforderlich, besondere Vorsichtsmaßnahmen für die Beseitigung von nicht verwendeten Arzneimitteln oder sonstige besondere Vorsichtsmaßnahmen, um Gefahren für die Umwelt zu vermeiden.

Ggf. müssen auch noch Warnhinweise, für die Verbraucher bestimmte Aufbewahrungshinweise (Kap. 38.3.6) oder Lagerungshinweise angegeben werden. Der Wortlaut der Lagerungshinweise kann sich z. B. nach den Vorschriften des Arzneibuches richten.

Kennzeichnungsvorschriften für Arzneimittel, die keine Fertigarzneimittel sind, die also nicht im Voraus hergestellt sind, enthält das Arzneimittelgesetz nicht. Das Bundesministerium für Gesundheit ist jedoch ermächtigt (§ 12 Abs. 1 Nr. 1), auch für solche Arzneimittel Kennzeichnungsvorschriften im Rahmen einer Rechtsverordnung zu erlassen. So lange diese Rechtsverordnung nicht besteht, sollten bei Arzneimitteln, die keine Fertigarzneimittel sind, neben der ohnehin erforderlichen Angabe des verantwortlichen pharmazeutischen Unternehmens (Kap. 38.3.4) aus Gründen der Arzneimittelsicherheit dennoch – gegebenenfalls mit Ausnahme der Chargennummer – alle für Fertigarzneimittel vorgeschriebenen Angaben in der Kennzeichnung gemacht werden.

Abweichend von der Vorschrift, dass die Zulassungsnummer angegeben werden muss, kann bei „homöopathischen Arzneimitteln" auch die Registrierungsnummer mit der Abkürzung „Reg.-Nr." angegeben werden. Für homöopathische Arzneimittel – und nur für diese – besteht alternativ zu einem materiellen Prüfverfahren (Zulassung) auch die Möglichkeit einer Eintragung in ein Register für homöopathische Arzneimittel (Registrierung §§ 38, 39). Angaben über Anwendungsgebiete dürfen nicht gemacht werden. Daher müssen registrierte homöopathische Arzneimittel mit dem deutlich erkennbaren Hinweis „Homöopathisches Arzneimittel" gekennzeichnet sein (Kap. 38.5.7).

Bei traditionellen pflanzlichen Arzneimitteln (§ 39a; Kap. 38.5.7) müssen zusätzlich folgende Hinweise aufgenommen werden: „Das Arzneimittel ist ein traditionelles Arzneimittel, das ausschließlich aufgrund langjähriger Anwendung für das Anwendungsgebiet registriert ist" und „der Anwender sollte bei fortdauernden Krankheitssymptomen oder beim Auftreten anderer als in der Packungsbeilage erwähnten Nebenwirkungen einen Arzt oder eine andere in einem Heilberuf tätige qualifizierte Person konsultieren".

Für Durchdrückpackungen, für Behältnisse von nicht mehr als 10 ml Rauminhalt und für Ampullen, die nur eine einzige Gebrauchseinheit enthalten sind Erleichterungen bei der Kennzeichnung vorgesehen (§ 10 Abs. 8).

Zusätzliche Kennzeichnung für Tierarzneimittel

Bei Arzneimitteln, die zur Anwendung bei Tieren bestimmt sind, muss immer, d. h. also auch dann, wenn es sich dabei nicht um im Voraus hergestellte, abgepackte oder gekennzeichnete Fertigarzneimittel handelt, der Hinweis „für Tiere" und die Tierart, bei der das Arzneimittel angewendet werden soll, angegeben werden (§ 10 Abs. 5).

Werden Arzneimittel bei Tieren angewandt, die zur Gewinnung von Lebensmitteln dienen, wie etwa Rinder, Schafe, Schweine, Hühner oder Bienen, muss außerdem noch die Wartezeit angegeben werden (§ 10 Abs. 5 Nr. 8). Unter Wartezeit (§ 4 Abs. 12) ist der Zeitraum zu verstehen, der zwischen Anwendung des Arzneimittels und der Schlachtung des Tieres bzw. Gewinnung der Lebensmittel (Bienen/Honig) vergehen muss. Sie soll verhindern, dass die gewonnenen Lebensmittel noch Rückstände oder Abbauprodukte des angewendeten Arzneimittels enthalten, die gegebenenfalls die Gesundheit des Menschen durch Genuss der Lebensmittel beeinträchtigen können.

38.3.6 Packungsbeilage

Um dem Verbraucher und evtl. auch dem Arzt, Zahnarzt, Apotheker oder z. B. Heilpraktiker weitere Informationen geben zu können, ist vorgeschrieben, dass Fertigarzneimitteln, auch freiverkäuflichen, eine Packungsbeilage mit der Überschrift „Gebrauchsinformation" (§ 11) beizufügen ist. Hier sind, in vorgegebener Reihenfolge und ebenfalls allgemein verständlich in deutscher Sprache, in gut lesbarer Schrift und in Übereinstimmung mit der Fachinformation (Kap. 38.3.7.) Angaben zur Identifizierung des Arzneimittels, die Anwendungsgebiete (Indikationen), Gegenanzeigen (Kontraindikationen), Wechselwirkungen, Warnhinweise, Anleitungen für die ordnungsgemäße Anwendung, die Nebenwirkungen (§ 4 Abs. 13), ein Hinweis auf das auf der Verpackung angegebene Verfalldatum, die Darreichungsform, den Inhalt sowie der Name und die Anschrift des pharmazeutischen Unternehmers, und soweit vorhanden, seines örtlichen Vertreters, vorgeschrieben.

Wechselwirkungen mit anderen Mitteln sind z. B. die Wirkungsbeeinflussung eines Arzneimittels durch zusätzlichen Alkoholgenuss, was im konkreten Fall sowohl zu Erregungszuständen (Euphorie) als auch zu sehr starker Dämpfung (Sedierung) führen kann.

Hinsichtlich der ordnungsgemäßen Anwendung sind Angaben zur Dosierung mit Einzel- und Tagesangaben sowie für den Fall der Überdosierung, der unterlassenen Einnahme oder Hinweise auf die Gefahr von unerwünschten Folgen des Absetzens vorgeschrieben.

Im Zusammenhang mit dem Verfalldatum muss in der Gebrauchsinformation auch ein Hinweis darauf gegeben sein, dass das Arzneimittel nach dem Ablauf des Verfalldatums nicht mehr angewendet werden soll. Erforderlichenfalls hat eine Angabe zur Haltbarkeit nach Öffnen des Behältnisses zu erfolgen.

Außerdem ist die vollständige qualitative Zusammensetzung nach Wirkstoffen oder sonstigen Bestandteilen sowie die Zusammensetzung nach Wirkstoffen unter Verwendung gebräuchlicher Bezeichnungen für jede Darreichungsform des Arzneimittels ebenfalls vorgeschrieben. Es handelt sich also zum Einen um die sog. Hilfsstoffe, wie Tablettierhilfsmittel, Emulgatoren oder Stabilisatoren und zum Anderen um pharmakologisch wirksame Hilfsstoffe, die die Wirkung eines Arzneimittels beeinflussen, wie z.B. Konservierungsmittel oder solche, die erfahrungsgemäß Allergien hervorrufen können. Die tatsächlichen Wirkstoffe müssen nicht nur nach der Art, sondern auch nach der Menge angegeben werden. Es handelt sich bei dieser Gruppe um Wirkstoffe, die definitionsgemäß (§ 4 Abs. 19) dazu bestimmt sind, bei der Herstellung von Arzneimitteln als wirksame Bestandteile verwendet zu werden.

Bei traditionellen pflanzlichen Arzneimitteln (§ 39a; Kap. 38.5.7) ist bei der Angabe der Anwendungsgebiete darauf hinzuweisen, dass das Arzneimittel ein traditionelles Arzneimittel ist, das ausschließlich aufgrund langjähriger Anwendung für das Anwendungsgebiet registriert ist (Kap. 38.3.5).

Die zuständige Bundesbehörde, z.B. das Bundesinstitut für Arzneimittel und Medizinprodukte, kann zusätzlich noch weitere Auflagen erlassen, wie die Angabe von Warnhinweisen – etwa Beeinträchtigung des Reaktionsvermögens, was eine Rolle beim Autofahren oder Bedienen von Maschinen spielt – oder die Angabe von Aufbewahrungshinweisen für den Verbraucher.

Soweit die Gebrauchsinformation homöopathischen Arzneimitteln beigefügt ist, muss auch der Hinweis „Homöopathisches Arzneimittel“ angegeben sein. Angaben über die Anwendungsgebiete entfallen.

Weitere Angaben sind zulässig, soweit sie mit der Verwendung des Arzneimittels in Zusammenhang stehen und für die gesundheitliche Aufklärung der Patienten wichtig sind.

38.3.7 Fachinformation

Für Fertigarzneimittel, die der Apothekenpflicht unterliegen, muss der pharmazeutische Unternehmer auf Anforderung Ärzten, Zahnärzten, Tierärzten und Apothekern – soweit es sich um nicht verschreibungspflichtige Fertigarzneimittel handelt, auch z.B. Heilpraktikern – eine Fachinformation zur Verfügung stellen. Diese enthält neben den für die Packungsbeilage vorgeschriebenen Angaben, weitere für die oben genannten Angehörigen der Heilberufe wichtige Informationen, wie z.B. über Notfallmaßnahmen, Unverträglichkeiten sowie pharmakologische und toxikologische Eigenschaften (§ 11a). Für freiverkäufliche Arzneimittel ist eine Fachinformation nicht vorgeschrieben.

38.4 Herstellung von Arzneimitteln

38.4.1 Herstellungserlaubnis

Wer Arzneimittel oder fiktive Arzneimittel (Kap. 38.2) herstellen will, benötigt hierzu eine Erlaubnis der zuständigen Behörde (§ 13 Abs. 1). Herstellen ist das Gewinnen, das Anfertigen, das Zubereiten, das Be- oder Verarbeiten, das Umfüllen einschließlich Abfüllen, das Abpacken, das Kennzeichnen und die Freigabe (§ 4 Abs. 14). Es ist zu beachten, dass jede einzelne dieser Tätigkeiten „herstellen“ ist. Die zuständigen Arzneimittelüberwachungsbehörden in den Ländern sind im Allgemeinen Landesoberbehörden, Regierungspräsidien oder Bezirksregierungen, in den Stadtstaaten die Gesundheitssenatoren (Kap. 38.12).

Von der grundsätzlichen Erlaubnispflicht gibt es eine Reihe von Ausnahmen, die sich auf Inhaber von Apotheken, Krankenhausträger, Tierärzte im Rahmen des Betriebes einer tierärztlichen Hausapotheke und Großhändler beziehen (§ 13 Abs. 2).

Ausnahmen für Einzelhändler

Auch für Einzelhändler besteht eine Ausnahme (§ 13 Abs. 2 Nr. 5): Soweit sie die erforderliche Sachkenntnis (Kap. 38.7.8) zum Handel mit freiverkäuflichen Arzneimitteln besitzen, dürfen sie Arzneimittel in unveränderter Form zur Abgabe unmittelbar an Verbraucher umfüllen, abpacken oder kennzeichnen. Dies bedeutet, dass der Einzelhändler Arzneimittel, die nicht der Apothekenpflicht unterliegen, also freiverkäuflich (Kap. 38.7.1) sind, bei pharmazeutischen Unternehmern oder im Großhandel in größeren Gebinden beziehen und dann in unveränderter Form in kleinere Behältnisse zur unmittelbaren Abgabe an den Verbraucher umfüllen, abpacken oder kennzeichnen darf, ohne hierzu eine Herstellungserlaubnis besitzen zu müssen. Der Einzelhändler darf solche Arzneimittel als pharmazeutischer Unternehmer auch unter seinem eigenen Namen in Verkehr bringen. Er kann also, immer unter der Voraussetzung der Freiverkäuflichkeit, Tabletten, Dragees, Tees (auch Mischungen, soweit sie als „Vorbeugungsmittel“ in den Verkehr gebracht werden (Kap. 38.7.1), Säfte oder Tropfen in größeren Gebinden bei einem pharmazeutischen Unternehmer einkaufen, in unveränderter Form in kleinere Portionen umfüllen und abpacken, mit seinem Namen (pharmazeutischer Unternehmer) versehen und mit der sonst erforderlichen Kennzeichnung gewissermaßen als „Eigenerzeugnis“ in den Verkehr bringen. Dies bezieht sich selbstverständlich auch auf Einzeldrogen wie Pfefferminztee, Kamillentee, Baldriantee o. ä.

Wichtig ist, dass das Recht des Einzelhändlers zum Umfüllen, Abpacken oder Kennzeichnen von Arzneimitteln daran geknüpft ist, dass er bereits ein „Arzneimittel“ bezogen hat. Er darf nicht eine „Chemikalie“ z. B. Ascorbinsäure (Vit. C) für analytische Zwecke beziehen und diese dann mit einer arzneilichen Zweckbestimmung, z. B. zur Vorbeugung von Erkältungskrankheiten, abgeben. Diese „Umwidmung“ hätte zur Folge, dass er hierzu eine Herstellungserlaubnis mit allen Konsequenzen benötigen würde.

Weiter ist das Recht des Einzelhändlers zum Umfüllen, Abpacken und Kennzeichnen von Arzneimitteln an deren Abgabe in „unveränderter Form“ und „unmittelbar an den Verbraucher“ gebunden. Das heißt, der Einzelhändler darf keinerlei Maßnahmen treffen, die den Zustand des gelieferten Arzneimittels verändern; hierzu gehört z. B. auch das Zerkleinern, Pulverisieren, Verdünnen, Mischen oder auch Ändern oder Ergänzen der arzneilichen Zweckbestimmung.

„Abgabe unmittelbar an den Verbraucher“ bedeutet, dass der Einzelhändler das Arzneimittel dem Kunden nur direkt – also nicht über Zwischenhändler – aushändigen darf, was aber auch durch Zusendung erfolgen kann.

Selbstverständlich kann der Einzelhändler auch auf das ihm im Arzneimittelgesetz eingeräumte Recht des Umfüllens, Abpackens oder Kennzeichnens verzichten und einen anderen, der die erforderliche Erlaubnis (§ 13 Abs. 1; Kap. 38.4.1) besitzt, beauftragen, für ihn freiverkäufliche Arzneimittel bis zur abgabefertigen Packung herzustellen (Auftragsherstellung). Es liegen dann Fertigarzneimittel vor (§ 4 Abs. 1). Der Einzelhändler bleibt in diesem Falle dennoch pharmazeutischer Unternehmer, weil er das Arzneimittel unter seinem Namen in den Verkehr bringt (Kap. 38.3.4).

Soweit der Einzelhändler als pharmazeutischer Unternehmer Fertigarzneimittel unter seinem Namen an Kunden abgibt, also in den Verkehr bringt, sind weitere Vorschriften über die Zulassung zu beachten (Kap. 38.5).

An dieser Stelle ist darauf hinzuweisen, dass der Einzelhändler bereits dann ein Fertigarzneimittel herstellt, wenn er z.B. gängige Teedrogen „im Voraus“ aus größeren Gebinden in abgabefertige Packungen umfüllt. Dies kann dadurch vermieden werden, dass Arzneimittel, wie z.B. Tees, nur auf direkten Wunsch des Kunden unmittelbar vor der Abgabe an diesen abgefüllt und gekennzeichnet werden.

Soweit der Einzelhändler Fertigarzneimittel unter seinem Namen abgibt, muss er als pharmazeutischer Unternehmer eine Versicherung abschließen, um ggf. Schäden, die durch die Anwendung seines Arzneimittels bei Menschen entstanden sind, ersetzen zu können (Haftung, Kap. 38.17).

38.4.2 Sachkundige Personen für die erlaubnispflichtige Herstellung von Arzneimitteln

Soweit die Herstellung von Arzneimitteln der im Normalfall erforderlichen Erlaubnispflicht (§ 13 Abs. 1; Kap. 38.4.1) unterliegt, sind der für die Erteilung der Erlaubnis zuständigen Behörde (Kap. 38.12) eine Reihe von Voraussetzungen nachzuweisen (§ 14). So ist eine für die Herstellung und Prüfung der Arzneimittel verantwortliche sachkundige Person zu benennen (Qualified Person). Diese sachkundige Person muss eine Sachkenntnis besitzen (§ 15), die in jedem Falle ein abgeschlossenes Hochschulstudium (Pharmazie, Chemie, Medizin, Biologie) voraussetzt und zusätzlich eine zweijährige praktische Tätigkeit in der Arzneimittelprüfung erforderlich macht.

Neben den vorgenannten personellen Voraussetzungen müssen geeignete Räume und Einrichtungen für die beabsichtigte Herstellung, Prüfung und Lagerung der Arzneimittel vorhanden sind.

Ausnahmen für die Herstellung bestimmter Tierarzneimittel (Heimtiere)

Soweit freiverkäufliche Arzneimittel hergestellt werden, die ausschließlich zur Anwendung bei Zierfischen, Zier- oder Singvögeln, Brieftauben, Terrarientieren, Kleinnagern, Frettchen oder nicht der Gewinnung von Lebensmitteln dienenden Kaninchen bestimmt sind, kann die zweijährige praktische Tätigkeit in der Arzneimittelprüfung entfallen (Kap. 38.10.3).

38.4.3 Weitere Voraussetzungen für die Arzneimittelherstellung

Für die jeweils durchgeführten Tätigkeiten, das heißt nicht nur für die Arzneimittelherstellung, sondern auch für die Prüfung und Lagerung der hergestellten Arzneimittel müssen geeignete Räume und Einrichtungen vorhanden sein (§ 14 Abs. 1 Nr. 6) sowie schriftliche Unterlagen geführt werden, die die jeweiligen Tätigkeiten dokumentieren. Die Prüfung der Arzneimittel kann auch in beauftragten Betrieben erfolgen, wenn bei diesen hierfür geeignete Räume und Einrichtungen vorhanden sind. Diese Regelungen gelten sinngemäß auch für eine Arzneimittelherstellung, die ohne Erlaubnis erfolgen darf (Kap. 38.4.1).

Für den Einzelhändler, der Arzneimittel umfüllt, abpackt oder kennzeichnet, bedeutet dies ggf., dass er hier nach Umfang dieser Tätigkeiten einen eigenen Raum, zumindest aber einen abgetrennten sauberen Arbeitsplatz sowie die geeignete Ausstattung für die Herstellung und Prüfung vorweisen können muss. Dies trifft vor allem dann zu, wenn er selbst abgepackte und gekennzeichnete Fertigarzneimittel in den Verkehr bringt.

Die schriftlichen Unterlagen sollen es sowohl dem Einzelhändler als auch der zuständigen Arzneimittelüberwachungsbehörde ermöglichen, bei eventuellen Beanstandungen oder Mängeln eindeutige Faktoren, wie etwa Zeitpunkt des Abfüllens oder Kennzeichnens, Menge des hergestellten Arzneimittels oder auch von wem und wann das Arzneimittel vor dem Abfüllen bezogen wurde, festzustellen und damit gegebenenfalls die im Interesse der Arzneimittelsicherheit erforderlichen Nachforschungen und Maßnahmen veranlassen zu können.

Der Umfang und die Art der Dokumentation ist jeweils vom Einzelfall abhängig, d. h. entscheidend ist der jeweilige Umfang und die Art des Umfüllens, Abpackens oder Kennzeichnens. Hier können ggf. auch Fragen über den Nachweis der Packmaterialien eine Rolle spielen.

Grundsätzlich sollte die Dokumentation vom Sinn und Zweck her auf die Arzneimittelsicherheit abgestellt sein. Hier können z. B. bereits vorhandene Unterlagen, wie Lieferscheine oder Rechnungen ausreichend sein.

Die Prüfung der Arzneimittel kann auch, soweit es sich um spezielle und aufwändige Untersuchungsmethoden handelt, außerhalb des eigenen Betriebes im Auftrag durchgeführt werden, wenn dort die geeigneten Räume und Einrichtungen zur Prüfung vorhanden sind. In diesem Falle unterliegt auch die Prüfungseinrichtung der Überwachung durch die zuständige Arzneimittelbehörde.

Die Prüfung der Arzneimittel durch den Einzelhändler beinhaltet, dass er, wenn er z. B. unter seinem Namen freiverkäufliche Tabletten, Dragees, Säfte o. ä. in Verkehr bringt, die erforderliche Qualität durch einen Arzneimittelsachverständigen feststellen lässt. In anderen Fällen oder bei Fertigarzneimitteln anderer pharmazeutischer Unternehmer muss der Einzelhändler die Prüfung im Rahmen seiner erworbenen Sachkenntnis (Kap. 38.7.8) durchführen.

Die zuständige Arzneimittelüberwachungsbehörde kann unter anderem die Herstellung und damit auch das Umfüllen, Abpacken oder Kennzeichnen eines Arzneimittels untersagen, wenn der Hersteller – also auch der Einzelhändler – die für die Herstellung und Prüfung erforderliche Dokumentation nicht vorlegt (§ 18 Abs. 2). Weist das hergestellte Arzneimittel nicht die nach den anerkannten pharmazeutischen Regeln (Kap. 38.9) angemessene Qualität auf, kann die zuständige Arzneimittelüberwachungsbehörde das Inverkehrbringen untersagen oder nachträglich den Rückruf anordnen (§ 69 Abs. 1; Kap. 38.12).

38.4.4 Übergangsvorschriften

Erlaubnispflichtige Arzneimittelherstellung

Eine Erlaubnis zur Herstellung von Arzneimitteln, die nach dem Arzneimittelgesetz 1961 erteilt worden ist, gilt nach Inkrafttreten des gültigen Arzneimittelgesetzes im Sinne des § 13 Abs. 1 (Kap. 38.4) im bisherigen Umfang fort (§ 100 Abs. 1).

Dies gilt auch für Einzelhändler, die eine Erlaubnis nach § 53 Abs. 1 Arzneimittelgesetz 1961 erhalten haben. Insoweit dürfen Einzelhändler auch nach dem geltenden Recht im bisherigen Umfang Arzneimittel herstellen (§ 100 Abs. 2). Hiervon sind in der Regel vor allem Drogisten betroffen.

Arzneimittelherstellung ohne Erlaubnis durch sachkundige Einzelhändler

Von diesen Bestimmungen unberührt bleibt das Recht des sachkundigen Einzelhändlers, Arzneimittel in unveränderter Form umzufüllen, abzupacken oder zu kennzeichnen, soweit es sich um Packungen handelt, die unmittelbar an den Verbraucher abgegeben werden sollen.

38.5 Zulassung und Registrierung von Arzneimitteln

Bevor Fertigarzneimittel in der Bundesrepublik Deutschland in den Verkehr gebracht werden dürfen, müssen sie von der zuständigen Bundesoberbehörde – Bundesinstitut für Arzneimittel und Medizinprodukte oder Paul-Ehrlich-Institut (Sera, Impfstoffe) – zugelassen sein (§ 21). Die Zulassung ist vom pharmazeutischen Unternehmer zu beantragen. Das gilt auch für Arzneimittel, die keine Fertigarzneimittel (§ 4 Abs. 1) und zur Anwendung bei Tieren bestimmt sind sofern sie nicht an pharmazeutische Unternehmer abgegeben werden sollen, die eine Erlaubnis zur Herstellung von Arzneimitteln besitzen, wie z. B. Tierärzte (Kap. 38.7.6). Zuständige Bundesoberbehörde für die Zulassung von Arzneimitteln zur Anwendung an Tieren ist das Bundesamt für Verbraucherschutz und Lebensmittelsicherheit.

38.5.1 Ausnahmen von der Zulassungspflicht

Von der Zulassungspflicht gibt es eine Reihe von Ausnahmen, die sich u. a. auf Arzneimittel beziehen, die auf häufige Verschreibung eines Arztes in Apotheken hergestellt werden oder zu klinischen Prüfungen bestimmt sind (§ 21 Abs. 2).

Auch auf freiverkäufliche Arzneimittel, die ausschließlich zur Anwendung bei Zierfischen, Zier- oder Singvögeln, Brieftauben, Terrarientieren, Kleinnagern, Frettchen oder nicht zur Gewinnung von Lebensmitteln dienenden Kaninchen bestimmt sind, finden die Vorschriften über die Zulassung keine Anwendung. Dies gilt auch, wenn derartige Arzneimittel als Fertigarzneimittel in den Verkehr gebracht werden (Kap. 38.10.3).

Ausgenommen sind auch Heilwässer, Bademoore oder andere Peloide, die nicht im Voraus hergestellt und nicht in einer zur Abgabe an den Verbraucher bestimmten Packung in den verkehr gebracht werden, oder die ausschließlich zur äußeren Anwendung oder zur Inhalation vor Ort bestimmt sind. Diese Regelung betrifft im Wesentlichen die Abläufe in Kurorten und Kurkliniken.

Eine Zulassung ist auch nicht erforderlich für Arzneimittel, die medizinische Gase sind und die für einzelne Personen aus in Deutschland zugelassenen Arzneimitteln durch Abfüllen und Kennzeichnen in Unternehmen hergestellt werden, die zum Einzelhandel mit freiverkäuflichen Arzneimitteln befugt sind (Kap. 38.7.8). Durch diese Regelung soll insbesondere die Vor-Ort-Versorgung von Patientinnen und Patienten verbessert werden, die auf Atemhilfe angewiesen sind.

38.5.2 Antragsteller für die Zulassung

Die Zulassung ist vom pharmazeutischen Unternehmer, das heißt also demjenigen, der das Fertigarzneimittel – bzw. bei Anwendung an Tieren ggf. auch Arzneimittel, die keine Fertigarzneimittel sind – unter seinem Namen in den Verkehr bringt, zu beantragen (§ 21 Abs. 3). Werden Fertigarzneimittel von einem Hersteller für mehrere Einzelhandelsbetriebe hergestellt, die diese Arzneimittel dann unter ihrem Namen und mit einer einheitlichen Bezeichnung an den Verbraucher abgeben, so muss die Zulassung durch den Hersteller beantragt werden (§ 21 Abs. 3 Satz 3). Dies träfe etwa zu, wenn ein Hersteller für Einzelhändler freiverkäufliche Arzneimittel als Tropfen, Tabletten oder Dragees bis zur abgabefertigen Packung herstellt (Auftragsherstellung), wobei jeder Einzelhändler diese dann unter seinem Namen in den Verkehr bringt. Voraussetzung ist jedoch, dass diese Fertigarzneimittel mit der gleichen Bezeichnung, entweder einem Fantasienamen oder als „Hustentropfen" oder „Halstabletten" oder ähnliches in den Verkehr gebracht werden.

Hiervon zu unterscheiden wäre jedoch, wenn ein Hersteller freiverkäufliche Arzneimittel wie Dragees, Tropfen oder Ähnliches herstellt, die dann in größeren Gebinden an mehrere Einzelhändler ausgeliefert und von diesen in unveränderter Form zur unmittelbaren Abgabe an den Verbraucher im Voraus abgepackt und in den Verkehr gebracht werden. In diesem Fall muss jeder Einzelhändler für das von ihm als Fertigarzneimittel abgepackte Arzneimittel selbst die Zulassung beantragen.

38.5.3 Zulassungsunterlagen

Die Zulassung setzt voraus, dass auf Antrag eines pharmazeutischen Unternehmers durch die Bundesoberbehörde ein direktes materielles Prüfverfahren in die Wege geleitet wurde. Hierzu sind eine Vielzahl von Unterlagen vom pharmazeutischen Unternehmer vorzulegen und von der Zulassungsbehörde zu bearbeiten. Der Antragsteller muss neben belegten Angaben, die sich weitgehend mit denen auf der Packungsbeilage decken, auch kurz gefasste Angaben über die Herstellung machen sowie die Kontrollmethoden vorlegen, anhand derer die Qualität des Arzneimittels festgestellt werden kann (§ 22 Abs. 1). Sehr wichtig ist, dass für eine Zulassung die Ergebnisse einer analytischen Prüfung, einer pharmakologisch-toxikologischen Prüfung sowie einer klinischen Prüfung (Kap. 38.6) vorgelegt werden müssen, um die Qualität, Unbedenklichkeit und therapeutische Wirksamkeit des zuzulassenden Fertigarzneimittels nachzuweisen (§ 22 Abs. 2).

Die analytische Prüfung umfasst physikalische, chemische, biologische oder mikrobiologische Versuche; im Rahmen der pharmakologisch-toxikologischen Prüfung werden unter anderem Tierversuche durchgeführt, anhand derer festgestellt werden kann, welche Auswirkungen das betreffende Arzneimittel auf den Tierorganismus hat. Die hier gewonnenen Erkenntnisse können in einem gewissen Rahmen auf den Menschen übertragen werden. Bereits in der Phase des Tierversuchs scheitern Arzneimittel sehr häufig aufgrund von Unverträglichkeiten. Die Arzneimittel, die sich im Tierversuch als unbedenklich erwiesen haben, werden anschließend unter strengster ärztlicher Aufsicht im Rahmen einer klinischen Prüfung am Menschen angewandt (Kap. 38.6).

Die pharmakologisch-toxikologische Prüfung sowie die klinische Prüfung dienen dazu, die Unbedenklichkeit, die Verträglichkeit und die therapeutische Wirksamkeit von Arzneimitteln festzustellen. Anstelle der Ergebnisse von Prüfungen am Tier (pharmakologisch-toxikologische Prüfung) oder am Menschen (klinische Prüfung) kann auch anderes wissenschaftliches Erkenntnismaterial nach näherer Bestimmung des Arzneimittelgesetzes (§ 22 Abs. 3) vorgelegt werden.

Soweit Arzneimittel zur Anwendung an Tieren bestimmt sind, die zu Lebensmitteln weiterverarbeitet werden, sind zusätzliche Untersuchungsergebnisse über die Wartezeit (§ 4 Abs. 12; Kap. 38.3.5) vorzulegen.

Die Ergebnisse der verschiedenen Prüfungen sind durch jeweilige Sachverständige gutachtlich zusammenzufassen und zu bewerten (§ 24).

An der Zulassung eines Arzneimittels sind auch Sachverständigenkommissionen beteiligt, die sich aus Vertretern der Heilberufe (Ärzte, Zahnärzte, Tierärzte, Apotheker, Heilpraktiker) und der pharmazeutischen Unternehmer zusammensetzen. In Abhängigkeit der jeweiligen Anwendungsgebiete, Stoffgruppen und verschiedenen Therapieeinrichtungen, wie z. B. der Phytotherapie, Homöopathie oder Anthroposophie, beruft das Bundesministerium für Gesundheit hierzu Sachverständige, die über jeweils entsprechende Kenntnisse und Erfahrungen verfügen.

Neben dem Bundesinstitut für Arzneimittel und Medizinprodukte in Bonn gibt es noch eine für Sera und Impfstoffe sowie andere Blutprodukte (z. B. Plasma) zuständige Bundesbehörde, das Bundesamt für Sera und Impfstoffe (Paul-Ehrlich-Institut) in Langen bei Frankfurt (§ 77 Abs. 2), das nach der Zulassung z. B. eines Serums oder eines Impfstoffes zusätzlich jede Charge derartiger Arzneimittel nach jeweiliger Prüfung einzeln freigeben muss, bevor sie vom pharmazeutischen Unternehmer in den Verkehr gebracht werden darf (§ 32).

Für die Zulassung von Arzneimitteln, die zur Anwendung an Tieren bestimmt sind, ist das Bundesamt für Verbraucherschutz und Lebensmittelsicherheit die zuständige Bundesoberbehörde.

38.5.4 Entscheidung über die Zulassung

Die Bundesoberbehörden haben die Möglichkeit, eine Zulassung abzulehnen (§ 25 Abs. 2), vor allem dann, wenn das zuzulassende Arzneimittel, orientiert an dem jeweiligen Stand der wissenschaftlichen Erkenntnisse nicht ausreichend geprüft wurde, oder wenn die Qualität nicht den anerkannten pharmazeutischen Regeln (Kap. 38.9) entspricht. Sehr wichtig ist auch, dass ein Ablehnungsgrund das Fehlen der angegebenen therapeutischen Wirksamkeit ist oder der begründete Verdacht, dass der bestimmungsgemäße Gebrauch des Arzneimittels schädliche Wirkungen (Kap. 38.3.1) hervorrufen kann. Letzteres jedoch mit der Einschränkung, dass diese schädlichen Wirkungen über ein nach den Erkenntnissen der medizinischen Wissenschaft vertretbares Maß hinausgehen. Diese Aussage muss richtig verstanden werden: Man weiß heute, dass wirksame Arzneimittel häufig – im Hinblick auf das zu behandelnde Krankheitsbild – unerwünschte Wirkungen und Nebenwirkungen haben können, die bei Patienten individuell unterschiedlich beobachtet werden können. Es ist jedoch selbstverständlich, dass in jedem Fall der therapeutische Nutzen höher sein muss als das mit der Einnahme des Arzneimittels verbundene Risiko, z. B. Nebenwirkungen.

38.5.5 Erlöschen der Zulassung

Eine Zulassung erlischt (§ 31), wenn von ihr innerhalb von drei Jahren nach Erteilung kein Gebrauch gemacht worden ist, das heißt, wenn das zugelassene Arzneimittel vom Inhaber der Zulassung innerhalb dieser Frist nicht in den Verkehr gebracht wurde. Grundsätzlich erlischt die Zulassung nach Ablauf von fünf Jahren, es sei denn, dass sie auf Antrag des Inhabers der Zulassung zuvor verlängert worden ist. In diesem Fall kann die zuständige Bundesoberbehörde verlangen, dass mit dem Verlängerungsantrag gegebenenfalls ergänzende Berichte zu den bereits eingereichten Zulassungsunterlagen vorgelegt werden.

38.5.6 Erweiterung und Freistellung von der Zulassung

Das Bundesministerium für Gesundheit wird durch das Arzneimittelgesetz ermächtigt, weitere Einzelheiten über das Zulassungsverfahren sowie sie staatliche Chargen-Prüfung (z.B. bei Sera und Impfstoffen) durch Verordnung zu regeln, das heißt, gegebenenfalls bei Bedarf die Vorschriften auch auf andere Arzneimittel (z.B. weitere Blutprodukte) auszudehnen (§ 35).

Es kann aber auch bestimmte Arzneimittel, Arzneimittelgruppen oder Arzneimittel in bestimmten Abgabeformen durch Verordnung von der Zulassungspflicht freistellen. Voraussetzung hierfür ist, dass eine gesundheitliche Unbedenklichkeit für Mensch und Tier besteht und zudem sichergestellt ist, dass das Arzneimittel hinsichtlich seiner Wirksamkeit und Qualität den Erfordernissen des Gesetzes und dem Stand der wissenschaftlichen Erkenntnisse entspricht (§ 36, Ermächtigung für Standardzulassungen).

Die Vorschrift über Standardzulassungen ist auch für den Einzelhandel mit Arzneimitteln außerhalb von Apotheken von Bedeutung: Ein sachkundiger Einzelhändler bezieht zum Beispiel ein großes Gebinde eines freiverkäuflichen Arzneimittels. In diesem Falle sind die Kriterien eines Fertigarzneimittels nicht erfüllt, da dieses Arzneimittel zwar im Voraus hergestellt, jedoch nicht in abgabefertiger Packung geliefert wird. Wird es beim Einzelhändler unverändert zur Abgabe unmittelbar an den Verbraucher im Voraus in kleine Packungseinheiten umgefüllt und gekennzeichnet, so liegt ein Fertigarzneimittel vor, das erst nach einer Zulassung in den Verkehr gebracht werden darf. Da dieser Vorgang bei gängigen Arzneimitteln wie Leinsamen oder Kamillenblüten nicht nur einmal, sondern bei jedem sachkundigen Einzelhändler vonstatten gehen kann, ist die Situation gegeben, dass Tausende von Einzelhändlern beim Bundesinstitut für Arzneimittel und Medizinprodukte eine Zulassung für das gleiche Arzneimittel beantragen. Um diese Arbeitsbelastung auszuschalten, besteht die Möglichkeit, dass der Verordnungsgeber bestimmte Arzneimittel als Fertigarzneimittel von der Pflicht der Einzelzulassung freistellt. Er erlässt hierzu produktbezogene Regelungen über die Qualität des Arzneimittels, die Verpackung, die Kennzeichnung und die Packungsbeilage in Form von sog. Monographien.

Soweit solche Arzneimittelformen freiverkäuflich sind, kann der Einzelhändler dann also, ohne eine eigene Zulassung zu besitzen, aus einem großen Gebinde in eine abgabefertige Packung im Voraus umfüllen, kennzeichnen und in den Verkehr bringen, wobei die Vorgaben der jeweiligen Monographie eingehalten werden müssen.

Selbstverständlich bezieht sich die Ermächtigung des § 36 nicht nur auf einzelne Drogen oder Stoffe, sondern auch auf Zubereitungen. Die Monographien z.B. folgender auch für den Einzelhandel außerhalb der Apotheken verfügbarer Arzneimittel sind in Kraft[7]:

Anis, Arnikablüten, Arnikatinktur, Baldriantinktur, Baldrianwurzel, Bärentraubenblätter, Beruhigungstee, Birkenblätter, Blasen- und Nierentee, Bohnenschalen, Brennnesselkraut, Brombeerblätter, Brusttee, Ei-

[7] Vgl. R. Braun, Standardzulassung. Texte und Kommentare, Deutscher Apotheker Verlag, Stuttgart (Loseblattsammlung auf aktuellem Stand).

bischblätter, Eibischwurzel, Eichenrinde, Enzianwurzel, Erkältungstee, Ethanol, Eucalyptusblätter, Eucalyptusöl, Fenchel, Franzbranntwein, Gänsefingerkraut, Gallentee, Hamamelisblätter, Hamamelisrinde, Hauhechelwurzel, Heidelbeeren, Holunderblüten, Hopfenzapfen, Huflattichblätter, Husten- und Bronchialtee, Isländisches Moos, Johanniskraut, Kamillenblüten, Kampferspiritus, Kohletabletten, Korianderfrüchte, Kreuzdornbeeren, Kümmel, Lavendelblüten, Leinsamen, Lindenblüten, Löwenzahn, Magentee, Magen- und Darmtee, Magnesiumsulfat, Magnesiumtrisilikat-Tabletten, Malvenblätter, Melissenblätter, Myrrhentinktur, Orthosiphonblätter, Pfefferminzblätter, Queckenwurzel, Ratanhiatinktur, Ratanhiawurzel, Ringelblumenblüten, Rosmarinblätter, Salbeiblätter, Schachtelhalmkraut, Schafgarbenkraut, Sonnenhutwurzel, Spitzwegerichkraut, Süßholzwurzel, Tannin-Eiweiß-Tabletten, Tausendgüldenkraut, Thymian, Verdünnte Wasserstoffperoxid-Lösung, Vitamin-C-Pulver, Vitamin-C-Tabletten, Wacholderbeeren, Weißdornblätter und -blüten, Weiße Taubnesselblüten, Wermutkraut, Zinksalbe.

Die zuständige Bundesoberbehörde, das Bundesinstitut für Arzneimittel und Medizinprodukte, hat die Monographien regelmäßig zu überprüfen und soweit erforderlich, an den jeweils gesicherten Stand der Wissenschaft und Technik anzupassen (Qualität, Wirksamkeit, Unbedenklichkeit, positives Nutzen-Risiko-Verhältnis).

Die Freistellung von Fertigarzneimitteln von der Pflicht zur Zulassung lässt die Gefährdungshaftung (§ 84 ff., Kap. 38.17) des pharmazeutischen Unternehmers, im obigen Fall also des Einzelhändlers, unberührt. Wer als pharmazeutischer Unternehmer ein auf der Grundlage einer Standardzulassung hergestelltes Arzneimittel in den Verkehr bringt, hat dies zuvor der zuständigen Bundesoberbehörde und der zuständigen (Landes-) Behörde anzuzeigen. Diese Anzeigepflicht gilt seit Januar 2010 auch für Arzneimittel, die für den Verkehr außerhalb der Apotheken freigegeben, also freiverkäuflich sind. Die zuständige Bundesoberbehörde ist verpflichtet, für die Nutzung der Standardmonographien Entgelte zu erheben (§ 33 Abs.5).

38.5.7 Registrierung

Neben der Zulassung gibt es für Fertigarzneimittel, die „homöopathische Arzneimittel“ sind, die Möglichkeit einer Registrierung (§§ 38, 39). In diesen Fällen sind ebenfalls alle Unterlagen vorzulegen, wie sie vergleichbar zur Zulassung erforderlich sind, jedoch mit der Ausnahme der Angaben über die Wirkung und Anwendungsgebiete sowie der Unterlagen und Gutachten über die pharmakologisch-toxikologische und klinische Prüfung.

In der Folge dürfen bei registrierten homöopathischen Fertigarzneimitteln keine Anwendungsgebiete angegeben werden. Außerdem müssen sie mit dem Hinweis „homöopathisches Arzneimittel“ gekennzeichnet sein (Kap. 38.3.5).

Entsprechendes gilt für die Packungsbeilage homöopathischer Arzneimittel (Kap. 38.3.6).

Die Herstellungs- und Prüfnormen für homöopathische Arzneimittel werden im Homöopathischen Arzneibuch festgelegt (Kap. 38.9).

Weiterhin besteht eine Registrierungsmöglichkeit für Fertigarzneimittel, die pflanzliche Arzneimittel sind und als traditionelle pflanzliche Arzneimittel in den Verkehr gebracht werden. Dies gilt auch für pflanzliche Arzneimittel, die Vitamine oder Mineralstoffe enthalten, sofern diese die Wirkung der traditionellen pflanzlichen Arzneimittel im Hinblick auf das Anwendungsgebiet oder die Anwendungsgebiete ergänzen (§§ 39a bis d).

38.6 Schutz des Menschen bei der klinischen Prüfung

Die Prüfung eines Arzneimittels am Menschen ist für die Arzneimittelsicherheit ein unerlässlicher Bestandteil der Maßnahmen, die vor einem allgemeinen Inverkehrbringen eines Arzneimittels erforderlich sind. Die klinische Prüfung erreichen nur solche Arzneimittel, bei denen bereits im Rahmen von pharmakologisch-toxikologischen Prüfungen (Kap. 38.5.3) die Erkenntnis gewonnen wurde, dass die Risiken für die betreffenden Patienten so gering wie möglich sind.

Zum Schutz des Menschen hat der Gesetzgeber Vorschriften erlassen, wann und wie Arzneimittel durch Anwendung am Menschen auf ihre Wirksamkeit und Verträglichkeit geprüft werden dürfen (§§ 40 bis 42a). Im Hinblick darauf, dass Nebenwirkungen mit schädlichen Folgen nicht absolut auszuschließen sind, hat der Gesetzgeber weitere Bestimmungen erlassen, die u. a. auch sicherstellen, dass den betroffenen Personen bei Schäden, oder gegebenenfalls bei Tod den Hinterbliebenen eine angemessene Entschädigung zusteht.

Die klinische Prüfung eines Arzneimittels gliedert sich in mehrere Phasen. Zunächst wird ein Arzneimittel unter strenger ärztlicher Überwachung an einer kleinen Zahl freiwilliger, gesunder Menschen (Probanden) auf seine Verträglichkeit geprüft. Daran schließt sich die Prüfung auf Wirksamkeit an, die ebenfalls nur eine kleine Zahl kranker Patienten einbezieht.

Erst dann setzt eine Prüfung an einer größeren Zahl von Patienten ein. Ist das betreffende Arzneimittel vom Bundesinstitut für Arzneimittel und Medizinprodukte zugelassen, wird die breite Prüfung fortgesetzt, indem die Beobachtungen die bei der Anwendung des Arzneimittels gemacht werden, weiterhin laufend gesammelt und ausgewertet werden. Diese letzte Phase stellt gewissermaßen eine Dauerbeobachtung dar, der das Arzneimittel solange unterworfen ist, wie es am Menschen angewandt wird bzw. im Verkehr ist.

Die klinische Prüfung eines Arzneimittels darf am Menschen nur durchgeführt werden, wenn sie zuvor von einer nach Landesrecht (Heilberufsgesetz) gebildeten unabhängigen Ethik-Kommission zustimmend bewertet worden ist und die zuständige Bundesoberbehörde diese genehmigt hat. Die Person, an der die klinische Prüfung durchgeführt werden soll, muss von einem Arzt über Wesen, Bedeutung, Risiken und Tragweite sowie über ihre Rechte aufgeklärt worden sein und ihre Einwilligung gegeben haben.

Die Einwilligung wird nur wirksam, wenn die Person geschäftsfähig ist und die Einwilligung schriftlich gegeben wurde. Selbstverständlich kann diese jederzeit widerrufen werden.

Die klinische Prüfung bei Minderjährigen darf sich nur auf solche Arzneimittel beziehen, die zum Erkennen oder zum Verhüten von Krankheiten bei Minderjährigen bestimmt sind. Voraussetzung hierfür ist jedoch, dass durch eine klinische Prüfung an Erwachsenen keine ausreichenden Ergebnisse zu erreichen sind. Die Einwilligung für eine Prüfung ist in diesen Fällen durch den gesetzlichen Vertreter oder Pfleger abzugeben.

Soweit kranke Personen in die klinische Prüfung einbezogen werden, ist Voraussetzung, dass das zu prüfende Arzneimittel das Leben des Kranken retten, seine Gesundheit wieder herstellen oder sein Leiden erleichtern kann. Im Falle einer kranken Person darf die klinische Prüfung auch dann durchgeführt werden, wenn diese nicht geschäftsfähig oder in der Geschäftsfähigkeit beschränkt ist. Für die klinische Prüfung ist in diesen Fällen die Einwilligung des gesetzlichen Vertreters oder Pflegers ausreichend.

Auch hier gilt die Aufklärungspflicht. Lediglich in besonders schweren Fällen, wenn zum Beispiel durch die Aufklärung ein Behandlungserfolg gefährdet wird, kann die Aufklärung und die Einwilligung des Kranken entfallen.

Die Durchführung einer klinischen Prüfung an Personen, die in Justizvollzugsanstalten einsitzen oder in Psychiatrischen Kliniken auf gerichtliche oder behördliche Anordnung untergebracht sind, ist verboten.

Eine klinische Prüfung von Arzneimitteln muss von einem Arzt geleitet werden, der eine mindestens zweijährige Erfahrung mit derartigen Prüfungen nachweisen muss.

Nähere Regelungen für das Verfahren bei der Ethik-Kommission sowie das Genehmigungsverfahren bei der Bundesoberbehörde werden in einer Rechtsverordnung über die ordnungsgemäße Durchführung klinischer Prüfungen getroffen (§ 42; Good Clinical Practice-Verordnung).

38.7 Abgabe von Arzneimitteln

Arzneimittel, auch fiktive Arzneimittel (Kap. 38.2), dürfen im Einzelhandel mit genau festgelegten Ausnahmen (Kap. 38.7.1) nur in Apotheken, von dort mit Erlaubnis der zuständigen Behörde auch im Wege des Versandes, in den Verkehr gebracht werden (§ 43 Abs. 1). Sie sind im Einzelhandel apothekenpflichtig (Kap. 38.3.5). Dieser Grundsatz gilt insbesondere für Arzneimittel, die auf Verschreibung eines Arztes, Zahnarztes oder Tierarztes abgegeben werden sollen (§ 43 Abs. 3). Eine Ausnahmeregelung besteht für Tierärzte, die apothekenpflichtige, also auch verschreibungspflichtige Arzneimittel und arzneimittelhaltige Gegenstände an Halter der von ihnen behandelten Tiere abgeben und zu diesem Zweck vorrätig halten dürfen (§ 43 Abs. 4).

38.7.1 Freiverkäuflichkeit

Nicht der Apothekenpflicht unterliegen die freiverkäuflichen Arzneimittel.

Sogenannte Vorbeugungsmittel

Mit der Einschränkung, dass sie nicht der Verschreibungspflicht unterliegen dürfen oder durch Rechtsverordnung (§ 46; s. Anhang 3, 2. Abschnitt) nicht vom Verkehr außerhalb von Apotheken ausgeschlossen sind, das heißt also, der Apothekenpflicht unterliegen – auch ohne verschreibungspflichtig zu sein –, sind generell solche Arzneimittel freiverkäuflich, die vom pharmazeutischen Unternehmer ausschließlich zu anderen Zwecken als zur Beseitigung oder Linderung von Krankheiten, Leiden, Körperschäden oder krankhaften Beschwerden in den Verkehr gebracht werden (§ 44 Abs. 1). Im Allgemeinen wird diese Gruppe von Arzneimitteln unter dem Begriff „Vorbeugungsmittel“ zusammengefasst. Hierzu gehören also solche Arzneimittel, die ausschließlich zur Vorbeugung oder Verhütung von Krankheiten bestimmt sind, die dazu dienen sollen, die Gesundheit und das Wohlbefinden zu erhalten oder zu steigern oder z.B. den Organismus und den Körper zu kräftigen.

Üblich sind in diesem Rahmen auch Begriffe wie „zur Vorbeugung von...“, „zur Stärkung oder Kräftigung“, „zur Besserung des Befindens“, zur Unterstützung der Organfunktion“, „mildwirkendes Arzneimittel“, „Verhütung von Darmträgheit oder Verstopfung“ oder „zur Darmpflege“, „zur Nervenpflege“ etc. (Kap. 38.3.7).

Man kann zusammenfassend sagen, dass die Zweckbestimmung dieser Arzneimittel alle – zutreffenden – gesundheitsbezogenen Aussagen machen darf, nur nicht solche, die auf eine Heilung oder Linderung oder Beseitigung einer Krankheit hindeuten.

Weitere Ausnahmen von der Apothekenpflicht

Neben der Gruppe der „Vorbeugungsmittel" oder auch „Nicht-Heilmittel" ist im Arzneimittelgesetz ausdrücklich eine Reihe von Arzneimitteln unabhängig davon, ob sie „Heilmittel" oder „Nicht-Heilmittel" sind, für den Verkehr außerhalb der Apotheken zugelassen (§ 44 Abs. 2). Es muss jedoch bei jedem der nachfolgenden Beispiele berücksichtigt werden, dass die Freiverkäuflichkeit nur unter der Voraussetzung gilt, dass die aufgeführten Arzneimittel keine verschreibungspflichtigen Stoffe bzw. keine Stoffe oder Zubereitungen von Stoffen enthalten, die durch den zweiten Abschnitt der Rechtsverordnung über apothekenpflichtige und freiverkäufliche Arzneimittel (§ 46; Kap. 38.7.3 und Anhang 3) vom Verkehr außerhalb der Apotheken ausgeschlossen sind.

Es handelt sich um: Natürliche Heilwässer sowie deren Salze, auch als Tabletten oder Pastillen. Dies gilt auch für künstliche Heilwässer sowie deren Salze, auch als Tabletten oder Pastillen, jedoch nur, wenn sie in ihrer Zusammensetzung natürlichen Heilwässern entsprechen (§ 44 Abs. 2 Nr. 1). Eine Definition für natürliche Heilwässer geben die Begriffsbestimmungen für die Prädikatisierung von Kurorten, Erholungsorten und Heilbrunnen des Deutschen Heilbäderverbandes und des Deutschen Tourismusverbandes. Hiernach werden natürliche Heilwässer aus einer oder mehreren Entnahmestellen (Heilquellen), die natürlich zutage treten oder künstlich erschlossen sind, gewonnen. Aufgrund ihrer chemischen Zusammensetzung, ihrer physikalischen Eigenschaften und/oder nach der balneologischen Erfahrung oder nach medizinischen Erkenntnissen haben sie nachweisbare therapeutische Wirkungen, die zur Prävention, kurativen Therapie und Rehabilitation genutzt werden. Hinsichtlich ihrer Zusammensetzung müssen sie mindestens 1 g pro kg gelöste feste Mineralstoffe enthalten.

Unabhängig von diesem Gesamtgehalt an Mineralstoffen können einzelne Wässer auch durch den Gehalt bestimmter wirksamer Bestandteile wie Eisen, Iod, Schwefel oder Kohlensäure hervortreten. Zu diesem Zweck sind im Einzelnen Grenzwerte festgesetzt, die erreicht werden müssen, damit die Heilwässer als „eisenhaltig", „iodhaltig", „schwefelhaltig" bzw. „Säuerlinge" in den Verkehr gebracht werden können.

Die Definition in den Begriffsbestimmungen für Kurorte, Erholungsorte und Heilbrunnen haben zwar keinen rechtsverbindlichen Charakter, da sie sich nur an die Verbandsmitglieder richten, sie bilden jedoch weitgehend die Grundlage für die staatliche Anerkennung von Heilquellen (Heilwasser), die nach Landeswasserrecht ausgesprochen wird.

Eine Zulassung von Heilwässern als Arzneimittel orientiert sich nicht an diesen Begriffsbestimmungen, sondern hier ist – wie für alle Arzneimittel – der Nachweis der Wirksamkeit anhand der nach dem Arzneimittelgesetz erforderlichen Zulassungsunterlagen notwendig.

Eine Definition für natürliche Mineralwässer, Sauerbrunnen und Säuerlinge gibt die Mineral- und Tafelwasserverordnung. Hier handelt es sich zwar um Lebensmittel, jedoch können diese Definitionen zur Interpretation im Rahmen des Arzneimittelgesetzes hilfsweise herangezogen werden.

Die Einstufung als Arzneimittel geschieht unabhängig davon, ob es sich um ein natürliches oder ein künstliches Heilwasser handelt. Die überwiegende Mehrzahl der im Verkehr befindlichen Heilwässer sind jedoch sicherlich natürliche Heilwässer.

Zu den Salzen, die in natürlicher oder (nachgemachter) künstlicher Form als Arzneimittel Verwendung finden, gehören z. B. Emser Salz oder Karlsbader Salz. Diese Salze dürfen auch als Tabletten oder Pastillen in den Verkehr gebracht werden. In anderen Darreichungsformen, zum Beispiel als Dragees, würden sie der Apothekenpflicht unterliegen.

Weiter gehören zu der Gruppe von Arzneimitteln, die für den Verkehr außerhalb der Apotheken freigegeben sind, Heilerde, Bademoore und andere Peloide, Zubereitungen zur Herstellung von Bädern sowie Seifen zum äußeren Gebrauch (§ 44 Abs. 2 Nr. 2).

Heilerden sind Zubereitungen aus Ton oder Lehm oder aus deren Mischungen, die sowohl äußerlich als auch innerlich angewandt werden können. Die innere Anwendung ist jedoch von § 44 Abs. 2 Nr. 2 nicht erfasst (Kap. 38.7.2).

Peloide sind Schlämme, die durch geologische oder geologische und biologische Vorgänge entstanden sind. Sie finden in der medizinischen Praxis in Form von schlamm- oder breiförmigen Bädern oder Packungen Verwendung.

Peloide können in der Natur sowohl wasserhaltig als auch trocken vorkommen. Zu ihnen gehören Torfe und Schlämme (sogenannte aquatische Peloide) oder Heilerden (sogenannte terrestre Peloide), die aus Ton, Lehm, Mergel, Löss oder vulkanischem Tuff bestehen können.

Bei den Zubereitungen, die zur Herstellung von Bädern bestimmt sind, muss der Arzneimittelcharakter im Vordergrund stehen. Hierzu gehören also z. B. Beruhigungsbäder oder Bäder zur Verbesserung der Durchblutung oder zur Unterstützung der Herz-Kreislauf-Funktion.

Bäder, die überwiegend zur Pflege oder Reinigung der Haut bestimmt sind, sind Kosmetika im Sinne des Lebensmittel- und Bedarfsgegenständegesetzes und fallen insofern nicht unter die arzneimittelrechtlichen Bestimmungen (Kap. 38.2.1).

Auch bei Seifen zum äußeren Gebrauch muss der Arzneimittelcharakter im Vordergrund stehen. Hier kommen etwa Teer- oder Schwefelseifen in Frage, die zum Beispiel bei Akne eingesetzt werden.

Seifen also, die eine schöne oder wohlriechende Haut bewirken sollen, gehören nicht zu dieser Gruppe, da sie Kosmetika sind.

Nicht der Apothekenpflicht unterliegen auch, soweit sie mit ihren verkehrsüblichen deutschen Namen bezeichnet sind, folgende Stoffe und Zubereitungen (§ 44 Abs. 2 Nr. 3):

1. Pflanzen- und Pflanzenteile als Monodroge, auch in zerkleinertem Zustand. Hierunter sind entweder ganze Pflanzen oder deren Wurzeln, Blätter, Blüten, Samen, Stängel oder Wurzelstöcke zu verstehen (Kap. 1.2). Dies unabhängig davon, ob z. B. die Blätter in ihrer ursprünglichen Form oder geschnitten, oder Wurzeln ganz oder zerkleinert in den Verkehr gebracht werden. Entsprechend der Vorgabe, dass die Freiverkäuflichkeit an einen verkehrsüblichen deutschen Namen geknüpft ist, muss die Bezeichnung lauten, z. B. „Kamillenblüten", „Pfefferminzblätter", „Leinsamen" oder „Kamillentee", „Pfefferminztee".

2. Auch Mischungen von geschnittenen Pflanzen oder Pflanzenteilen sind frei verkäuflich, jedoch nur als Fertigarzneimittel. Dies bedeutet, dass zu der Voraussetzung der verkehrsüblichen deutschen Namen der enthaltenen Bestandteile auch die Zulassungspflicht kommt. Unter den Mischungen sind im Allgemeinen Teemischungen zu verstehen, d. h., dass hierbei ein Herstellungs-

vorgang im Sinne des Arzneimittelgesetzes vorliegt. Dieser Herstellungsvorgang ist zwangsläufig an eine Erlaubnispflicht gebunden, deren Voraussetzungen der Einzelhändler aufgrund der hierzu erforderlichen Sachkunde im Allgemeinen nicht erfüllen kann. Der Einzelhändler darf also in keinem Fall einzelne Teedrogen miteinander mischen, sondern nur Teemischungen beziehen und diese allenfalls in unveränderter Form in kleinere Packungen abfüllen und kennzeichnen (Kap. 38.4.1). Diese müssen jedoch vom Bundesinstitut für Arzneimittel und Medizinprodukte zugelassen sein.

Vorbeugungsmittel sind freiverkäuflich, soweit sie keine verschreibungspflichtigen Bestandteile enthalten oder durch Rechtsverordnung vom Verkehr außerhalb der Apotheken ausgeschlossen sind (Kap. 38.7.1). Teemischungen sind demnach als Vorbeugungsmittel auch dann freiverkäuflich, wenn sie keine Fertigarzneimittel sind. Soweit Teemischungen jedoch als Heilmittel freiverkäuflich in den Verkehr gebracht werden, müssen sie Fertigarzneimittel sein und unterliegen als solche der Zulassungspflicht beim Bundesinstitut für Arzneimittel und Medizinprodukte. Teemischungen, die keine Fertigarzneimittel sind und als Heilmittel in den Verkehr gebracht werden, unterliegen der Apothekenpflicht.

Der übliche Weg wird der sein, dass der Einzelhändler Teemischungen in abgabefertigen Packungen von einem pharmazeutischen Unternehmer oder pharmazeutischen Großhändler bezieht. Die enthaltenen Bestandteile müssen mit ihrem deutschen Namen bezeichnet sein. Der Produktname der Mischung ist frei. Es empfiehlt sich jedoch auch diesen verständlich zu wählen, wie etwa Brusttee, Magentee, Herz-Kreislauf-Tee. Anderenfalls ist ebenfalls die Apothekenpflicht gegeben. Dies gilt ebenfalls nicht für Tees, die als Vorbeugungsmittel in den Verkehr gebracht werden (s. o.).

Es bleibt noch darauf hinzuweisen, dass Arzneimittel, die aus einzelnen abgepackten Teedrogen bestehen und gemäß Gebrauchsanweisung vor der Zubereitung eines Tees vom Verbraucher selbst gemischt werden sollen, als Mischung im Sinne dieser Vorschrift gelten. Dies bedeutet, dass derartige Arzneimittel nur als Fertigarzneimittel, also vom Bundesinstitut für Arzneimittel und Medizinprodukte zugelassen, freiverkäuflich sind. Die Bezeichnung muss selbstverständlich deutsch und verkehrsüblich sein.

3. Auch Destillate aus Pflanzen und Pflanzenteilen sind freiverkäuflich. Dies aber nur, wenn sie mit einem deutschen verkehrsüblichen Namen in den Verkehr gebracht werden.

Bei einer Destillation werden flüchtige Stoffe in einer geschlossenen Apparatur durch Erhitzen verdampft und der Dampf an einer anderen Stelle durch Abkühlen wieder verflüssigt (kondensiert). Der wiederverflüssigte Dampf ist das Destillat. Um die Ausbeute einer Destillation zu verbessern, werden im Allgemeinen Alkohol oder Wasser als Hilfsmittel eingesetzt.

Destillate aus Mischungen von Pflanzen und Pflanzenteilen sind gemäß dieser Vorschrift nicht freiverkäuflich (Kap. 38.7.1). Dies gilt gleichermaßen für Destillate aus Pflanzenbestandteilen, d. h. zum Beispiel Destillate isolierter ätherischer Öle.

Ausgenommen sind wiederum Vorbeugungsmittel, da diese unabhängig von der Bezeichnung und Zusammensetzung freiverkäuflich sind (Kap. 38.7.1, aber auch Kap. 38.7.2).

4. Ebenfalls frei verkäuflich sind Presssäfte aus frischen Pflanzen und Pflanzenteilen. Als Lösungsmittel ist lediglich Wasser zugelassen. Die Pflanzen oder Pflanzenteile müssen frisch sein. Das Auspressen getrockneter und anschließend wieder aufgeweichter Pflanzen oder Pflanzenteile ist im Hin-

blick auf die Freiverkäuflichkeit unzulässig. Dies gilt gleichermaßen für Alkoholzusatz. Presssäfte frischer Pflanzen bzw. Pflanzenteile gibt es z.B. als Selleriesaft, Weißkrautsaft, Karottensaft oder Rhabarbersaft. Für die Freiverkäuflichkeit als Arzneimittel ist zudem Voraussetzung, dass eine verkehrsübliche deutsche Bezeichnung vorliegt.

Die Mischung solcher Säfte hat die Apothekenpflicht zur Folge. Selbstverständlich kann eine Vielzahl von Presssäften aus frischen Pflanzen und Pflanzenteilen auch als Lebensmittel im Verkehr sein.

Die genannten Einschränkungen gelten nicht für Vorbeugungsmittel (s.o.).

5. Auch ausschließlich oder überwiegend zum äußeren Gebrauch bestimmte Desinfektionsmittel sowie Mund- und Rachendesinfektionsmittel sind frei verkäuflich.

Unter Desinfektion versteht man die Verminderung und das Unschädlichmachen von Krankheitserregern oder auch eine Entkeimung schlechthin. Hierzu zählen z.B. Iodtinktur oder iodfreie Desinfektionsmittel. Präparate zur Beseitigung von Parasiten am menschlichen oder tierischen Körper (Läuse, Zecken) und die im Arzneimittelverkehr außerhalb der Apotheken vertriebenen Hunde- und Katzenhalsbänder fallen nicht unter die Desinfektionsmittel. Letztere sind arzneimittelrechtlich als arzneimittelhaltige Gegenstände anzusehen.

Mund- und Rachendesinfektionsmittel werden im Menschen angewendet. Sie sind indirekt zur Beseitigung von Halsbeschwerden oder Heiserkeit bestimmt und befinden sich im Allgemeinen als Tabletten, Dragees oder Flüssigkeiten im Verkehr.

Es ist darauf hinzuweisen, dass zu den Mund- und Rachendesinfektionsmitteln im Allgemeinen nicht die Mundwässer gehören, da sie nicht überwiegend zur Mund- und Rachendesinfektion bestimmt sind, sondern zur Mund- und Rachenpflege dienen, und daher unter das Lebensmittel- und Bedarfsgegenständegesetz fallen. Dies gilt auch für eine Vielzahl gängiger „Hustenbonbons“, die nach der Rechtsprechung ebenfalls keine Arzneimittel, sondern (meist vitaminisierte) Lebensmittel sind. Sie müssen insoweit mit einem Herstellungsdatum gekennzeichnet sein.

38.7.2 Freiverkäufliche Heilmittel

Da die Aufzählung der Voraussetzungen für die Freiverkäuflichkeit im Arzneimittelgesetz selbst nicht in jedem Fall abschließend sein kann, hat das Bundesministerium für Gesundheit die Möglichkeit, weitere Arzneimittel als „Heilmittel“ (Arzneimittel, die teilweise oder ausschließlich zur Beseitigung oder Linderung von Krankheiten, Leiden, Körperschäden oder krankhaften Beschwerden bestimmt sind) zum Verkehr außerhalb der Apotheke zuzulassen.

Diese Ermächtigung zu weiteren Ausnahmen von der Apothekenpflicht (§ 45) ist als Teil (erster Abschnitt) der Verordnung über apothekenpflichtige und freiverkäufliche Arzneimittel (s. Anhang 3) ausgeschöpft. Es handelt sich hierbei gewissermaßen um eine „Positivliste“. Im Einzelnen ist genau festgelegt, in welcher Zusammensetzung, in welcher Darreichungsform und teilweise auch zu welchen Zwecken Arzneimittel als „Heilmittel“ freiverkäuflich sind.

Wichtig ist, dass ein Heilmittel auch dann vorliegt, wenn es nicht nur ausschließlich zur Beseitigung von Krankheiten bestimmt ist, sondern auch schon teilweise, d.h., es kann neben der Zweckbestimmung „zur Beseitigung von Krankheiten“ durchaus zur „Gesunderhaltung“ oder zur „Vorbeugung von Krankheiten“ bestimmt sein. Dabei ist es unerheblich, ob diese teilweise Zweckbestimmung überwiegenden Charakter hat. Sobald in eine Zweckbestimmung einfließt, dass das Arzneimittel z.B. zur Beseitigung einer Krankheit oder eines Leidens bestimmt ist, liegt ein „Heilmittel" vor.

Die Verordnung (s. Anhang 3) hat insgesamt 10 Anlagen (1 a bis 1 e, 2 a bis 2 c, 3 und 4). Mit Ausnahmen der Anlagen 1 b, 3 und 4, enthalten alle anderen Anlagen Stoffe und Zubereitungen aus Stoffen, die als „Heilmittel" zum Verkehr außerhalb der Apotheken zugelassen sind. Es handelt sich bei den Anlagen 1 a, 1 c, 1 d, 1 e, 2 a, 2 b und 2 c also um Positivlisten. Hinsichtlich verschiedener Darreichungsformen sei darauf hingewiesen, dass das Arzneibuch (Kap. 38.9) allgemeine Vorschriften (Monographien) über Extrakte, Sirupe, Tabletten und Tinkturen enthält.

Als Heilmittel freiverkäufliche Stoffe und Zubereitungen aus Stoffen

Die folgenden aufgeführten Stoffe und Zubereitungen aus Stoffen (Tab. 38.1, Anlage 1 a zu § 1 Abs. 1 Nr. 1) sind ausschließlich in der aufgeführten Form mit der Zweckbestimmung „Heilmittel" oder „teilweise Heilmittel" zum Verkehr außerhalb der Apotheken zugelassen. Ausschließlich heißt in diesem Fall, dass die einzelnen Stoffe und Zubereitungen aus Stoffen nur in der Form freiverkäuflich sind, in der sie in den einzelnen Positionen beschrieben sind. Sie dürfen also zum Beispiel miteinander oder mit anderen Stoffen nur gemischt werden, wenn dies ausdrücklich gestattet ist.

Tab. 38.1: Anlage 1a (zu § 1 Abs. 1 Nr. 1)

Stoff/Zubereitung	Bemerkung
Ethanol	Alkohol oder Weingeist oder Spiritus (siehe Arzneibuch: Ethanol 96 %); freiverkäuflich auch als Nicht-Fertigarzneimittel; Standardzulassung; Kap. 4.4
Ethanol-Ether-Gemisch im Verhältnis 3:1 (Hoffmannstropfen)	Drei Teile Alkohol, ein Teil Ether (insgesamt vier Teile).
Ethanol-Wasser-Gemische	Ethanol-Wasser-Gemische; siehe Arzneibuch; freiverkäuflich auch als Nicht-Fertigarzneimittel.
Aloeextrakta) zum äußeren Gebrauch als Zusatz in Fertigarzneimittelnb) zum inneren Gebrauch in einer Tagesdosis bis zu 20 mg als Bittermittel in wässrig alkoholischen Pflanzenauszügen als Fertigarzneimittel	Eingesteller Aloeextrakt: s. Arzneibuch; freiverkäuflich nur als Fertigarzneimittel; Kap. 4.3.2
Aluminiumacetattartrat-Lösung	Stabilisierte Essigsaure-Tonerde (siehe Arzneibuch); freiverkäuflich auch als Nicht-Fertigarzneimittel; Kap. 4.4
Aluminiumacetattartrat, als Tabletten auch mit Zusatz arzneilich nicht wirksamer Stoffe oder Zubereitungen als Fertigarzneimittel	Reinsubstanz; in Zubereitungen als Tabletten (Zusatz von Hilfsstoffen zulässig) freiverkäuflich nur als Fertigarzneimittel.
Aluminiumhydroxid, auch in Mischungen mit arzneilich nicht wirksamen Stoffen oder Zubereitungen als Fertigarzneimittel	Reinsubstanz; keine besondere Zubereitungsform vorgeschrieben; Zusatz von Hilfsstoffen zulässig, dann aber freiverkäuflich nur als Fertigarzneimittel; Kap. 4.4; Standardzulassung für Tabletten

Tab. 38.1: Anlage 1a (Fortsetzung)

Stoff/Zubereitung	Bemerkung
Aluminiumkaliumsulfat (Alaun), als blutstillende Stifte oder Steine auch mit Zusatz arzneilich nicht wirksamer Stoffe oder Zubereitungen	Reinsubstanz: siehe Arzneibuch: Kap. 4.4; in Zubereitungen als Stifte oder Steine (Zusatz von Hilfsstoffen zulässig); freiverkäuflich auch als Nicht-Fertigarzneimittel; Kap. 4.4
Aluminium-Magnesium-Silicat-Komplexe, als Tabletten auch mit Zusatz arzneilich nicht wirksamer Stoffe oder Zubereitungen als Fertigarzneimittel	In Zubereitungen als Tabletten (Zusatz von Hilfsstoffen zulässig) freiverkäuflich nur als Fertigarzneimittel
Aluminiumsilicate, als Tabletten auch mit Zusatz arzneilich nicht wirksamer Stoffe oder Zubereitungen als Fertigarzneimittel	Reinsubstanz; in Zubereitungen als Tabletten (Zusatz von Hilfsstoffen zulässig) freiverkäuflich nur als Fertigarzneimittel; Kap. 4.4
Ameisensäure bis 65 % ad us. vet. – zur Behandlung der Varroatose der Bienen -	
Ameisensäure-Ethanol-Wasser-Gemisch (Ameisenspiritus) mit einem Gehalt an Gesamtameisensäure bis zu 1,25 % mit mindestens 70 %igem Ethanol	
Ammoniaklösung bis 10 %ig	Ammoniak-Lösung 10 %; siehe Arzneibuch; Kap. 4.4
Ammoniak-Lavendel-Riechessenz	Riechstäbchen
Ammoniumchlorid	Siehe Arzneibuch; Kap. 4.4
Anisöl, ätherisches, auch als Kapseln, auch mit Zusatz arzneilich nicht wirksamer Stoffe oder Zubereitungen, als Fertigarzneimittel, jeweils bis zu einer maximalen Einzeldosis von 0,1 g pro Kapsel bzw. einer maximalen Tagesdosis von 0,3 g	Siehe Arzneibuch; Kap. 4.3.1; Darreichungsform als Kapsel zulässig auch mit Zusatz von Hilfsstoffen, freiverkäuflich nur als Fertigarzneimittel
Aniswasser	
Arnika und ihre Zubereitungen zum äußeren Gebrauch, auch mit Zusatz arzneilich nicht wirksamer Stoffe oder Zubereitungen	Siehe Arzneibuch; nur zum äußeren Gebrauch; freiverkäuflich auch als Nicht-Fertigarzneimittel; Standardzulassung für Blüten und Tinktur; Kap. 4.3.2
Ascorbinsäure (Vitamin C), auch als Tabletten, auch mit Zusatz arzneilich nicht wirksamer Stoffe oder Zubereitungen, als Fertigarzneimittel	Reinsubstanz (siehe Arzneibuch); neben Zubereitungen als Tabletten auch andere Zubereitungsformen zulässig; Zusatz von Hilfsstoffen zulässig; freiverkäuflich nur als Fertigarzneimittel; Standardzulassung für Tabletten und Pulver; Kap. 4.4
Baldrianextrakt, auch in Mischungen mit Hopfenextrakt und mit arzneilich nicht wirksamen Stoffen oder Zubereitungen als Fertigarzneimittel	Reinsubstanz; Zusatz von Hopfenextrakt und Hilfsstoffen zulässig; keine besondere Zubereitungsform vorgeschrieben; freiverkäuflich nur als Fertigarzneimittel; Kap. 4.2.2; 4.3.2; 19

Tab. 38.1: Anlage 1a (Fortsetzung)

Stoff/Zubereitung	Bemerkung
Baldriantinktur, auch ätherische, mit Ethanol-Ether-Gemischen im Verhältnis 1:5	Siehe Arzneibuch; Ätherische Baldriantinktur wird im Verhältnis 1 (Teil Baldrianwurzel) : 5 (Teilen Etherethanol) gewonnen. Das verwendete Etherethanol-Gemisch besteht aus 1 Teil Ether und 3 Teilen Ethanol (Hoffmannstropfen); Standardzulassung für Tinktur; Kap. 4.3.2
Baldrianwein als Fertigarzneimittel	Freiverkäuflich nur als Fertigarzneimittel; Kap. 4.3.2
Benediktiner Essenz als Fertigarzneimittel	Freiverkäuflich nur als Fertigarzneimittel
Benzoetinktur mit Ethanol 90 % im Verhältnis 1:5	Siehe Arzneibuch
Birkenteer zum äußeren Gebrauch bei Tieren	
Borsäure und ihre Salze zur Pufferung und/oder Isotonisierung in Benetzungslösungen oder Desinfektionslösungen für Kontaktlinsen	Reinsubstanz; Siehe Arzneibuch; Kontaktlinsen sind Medizinprodukte (Kap. 1.2); Kap. 4.4
Brausemagnesia	
Calciumcarbonat, als Tabletten auch mit Zusatz arzneilich nicht wirksamer Stoffe oder Zubereitungen als Fertigarzneimittel	Reinsubstanz; siehe Arzneibuch; Kap. 4,4, in Zubereitungen als Tabletten (Zusatz von Hilfsstoffen zulässig) freiverkäuflich nur als Fertigarzneimittel; Kap. 17
Calciumcitrat, Calciumlactat, Calciumphosphate, auch gemischt, als Tabletten und Mischungen auch mit Zusatz von Ascorbinsäure und arzneilich nicht wirksamen Stoffen oder Zubereitungen als Fertigarzneimittel	Reinsubstanzen einzeln oder gemischt; in Zubereitungen als Tabletten (Zusatz von Vitamin C und Hilfsstoffen zulässig) freiverkäuflich nur als Fertigarzneimittel; soweit Mischungen Hilfsstoffe und Vitamin C zugesetzt werden, ebenfalls nur freiverkäuflich als Fertigarzneimittel; Kap. 4.4
Calciumhydroxid ad us. vet.	
Calciumoxid ad us. vet.	
Campherliniment, flüchtiges	
Campheröl zum äußeren Gebrauch	Kap. 4.3.2
Camphersalbe, auch mit Zusatz von ätherischen Ölen, Menthol und Ethylglykolsäurementhylester	Salbengrundlage (siehe Arzneibuch); Zusatz von ätherischen Ölen (ohne Beschränkung), Menthol und Ethylglykolsäurementhylester zulässig; freiverkäuflich auch als Nicht-Fertigarzneimittel; Kap. 4.3.2
Campherspiritus	Siehe Arzneibuch; Standardzulassung; Kap. 4.3.2
Chinawein, auch mit Eisen, als Fertigarzneimittel	Freiverkäuflich nur als Fertigarzneimittel; Zusatz von Eisen zulässig; Kap. 4.3.2

Tab. 38.1: Anlage 1a (Fortsetzung)

Stoff/Zubereitung	Bemerkung
Citronenöl, ätherisches	Siehe Arzneibuch
Colloidale Silberchloridlösung, eiweißfrei, bis 0,5 % auch mit Zusatz arzneilich nicht wirksamer Stoffe oder Zubereitungen, als Nasendesinfektionsmittel, als Fertigarzneimittel	Freiverkäuflich nur als Fertigarzneimittel in Form einer eiweißfreien Lösung; Zusatz von Hilfsstoffen zulässig; nur zur Nasendesinfektion; Höchstkonzentrat 0,5 %
Eibischsirup als Fertigarzneimittel	Sirup: siehe Arzneibuch; freiverkäuflich nur als Fertigarzneimittel; Kap. 4.2.3, 4.3.2
Enziantinktur aus Enzianwurzel mit Ethanol 70 % im Verhältnis 1:5	Siehe Arzneibuch; Kap. 4.2.6, 4.3.2
2-(Ethylmercurithio)-benzoesäure, Natriumsalz (Thiomersal) bis zu 30 mg mit Zusatz arzneilich nicht wirksamer Stoffe oder Zubereitungen als Tabletten zur Bekämpfung der Nosemaseuche der Bienen als Fertigarzneimittel	Freiverkäuflich nur als Fertigarzneimittel
Eucalyptusöl, ätherisches, auch als Kapsel, auch mit Zusatz arzneilich nicht wirksamer Stoffe oder Zubereitungen, als Fertigarzneimittel, jeweils bis zu einer maximalen Einzeldosis von 0,2 g pro Kapsel bzw. einer maximalen Tagesdosis von 0,6 g	Siehe Arzneibuch; Kap. 4.3.1; Standardzulassung; Darreichungsform als Kapsel zulässig auch mit Zusatz von Hilfsstoffen, freiverkäuflich nur als Fertigarzneimittel
Eucalyptuswasser im Verhältnis 1:1000	
Fangokompressen und Schlickpackungen	Kap. 4.4
Feigensirup, auch mit Manna, als Fertigarzneimittel	Freiverkäuflich nur als Fertigarzneimittel; Zusatz von Manna zulässig; Kap. 4.2.1, Kap. 4.3.2
Fenchelhonig unter Verwendung von mindestens 50 % Honig, auch mit konzentrierten Lösungen von süß schmeckenden Mono-, Disacchariden und Glucosesirup, als Fertigarzneimittel, auch mit Zusatz des arzneilich nicht wirksamen Bestandteils „Phospholipide aus Sojabohnen (Lecithin)	Freiverkäuflich nur als Fertigarzneimittel; Honig: siehe Arzneibuch; Honiggehalt mindestens 50 %; Zusatz konzentrierter Zuckerlösung zulässig; Glucosesirup: siehe Arzneibuch; Kap. 4.3.2
Fenchelöl, ätherisches	Siehe Arzneibuch; Kap. 4.3.1
Fichtennadelöle, ätherische	Siehe Arzneibuch; Kap. 4.3.1
Fichtennadelspiritus mit mindestens 70 %igem Alkohol	Freiverkäuflich auch als Nicht-Fertigarzneimittel; Alkoholgehalt mindestens 70 %; Kap. 4.3.2

Tab. 38.1: Anlage 1a (Fortsetzung)

Stoff/Zubereitung	Bemerkung
Franzbranntwein, auch mit Kochsalz, Menthol, Campher, Fichtennadel- und Kiefernnadelöl bis zu 0,5 %, Geruchsstoffen oder Farbstoffen, mit mindestens 45 %igem Ethanol	Freiverkäuflich auch als Nicht-Fertigarzneimittel; Zusatz von Kochsalz, Menthol, Campher, Geruchsstoffen, Fichtennadelöl und Kiefernnadelöl bis 0,5 % oder Farbstoffen einzeln oder zusammen ist zulässig; Alkoholgehalt mindestens 45 %; Standardzulassung; Kap. 4.3.2
Frauenmantelkraut und Zubereitungen	
Fumagillin-1,1'-bicylohexyl-4-yl-amin-Salz (Bicylohexylammonium-fumagillin) mit Zusatz arzneilich nicht wirksamer Stoffe oder Zubereitungen zur Bekämpfung der Nosemaseuche der Bienen als Fertigarzneimittel	Freiverkäuflich nur als Fertigarzneimittel mit Zusatz von Hilfsstoffen und zur Bekämpfung der Nosemaseuche der Bienen
Galgantwurzelstock und Zubereitungen	Kap. 4.2.6
Germerwurzelstock (Nieswurzel) in Zubereitungen mit einem Gehalt bis zu 3 % als Schneeberger Schnupftabak	Höchstgehalt 3 %; freiverkäuflich nur unter der Bezeichnung „Schneeberger Schnupftabak" auch als Nicht-Fertigarzneimittel
Glycerol 85 % (Glyzerin), auch mit Zusatz von Wasser	Reinsubstanz (siehe Arzneibuch); Kap. 4.4; Zusatz von Wasser (siehe Arzneibuch) zulässig; freiverkäuflich auch als Nicht-Fertigarzneimittel; Kap. 4.4
Hartparaffin, auch mit Zusatz von Heilerde, Bademooren oder anderen Peloiden im Sinne des § 44 Abs. 2Nr. 2des Arzneimittelgesetzes oder von arzneilich nicht wirksamen Stoffen oder Zubereitungen, zum äußeren Gebrauch	Reinsubstanz (nur in fester Form); siehe Arzneibuch; Kap. 4.4; Zusatz von Heilerde, Bademooren oder anderen Poloiden oder von Hilfsstoffen zulässig; nur zur äußeren Anwendung; freiverkäuflich auch als Nicht-Fertigarzneimittel
Hefe, als Tabletten auch mit Zusatz arzneilich nicht wirksamer Stoffe oder Zubereitungen als Fertigarzneimittel	Reinsubstanz; in Zubereitungen als Tabletten (Zusatz von Hilfsstoffen zulässig); freiverkäuflich nur als Fertigarzneimittel; Kap. 4.3.2
Heidelbeersirup als Fertigarzneimittel	Freiverkäuflich nur als Fertigarzneimittel; Kap. 4.2.9
Heilerde zur inneren Anwendung, auch in Kapseln	Kap. 4.4
Heublumenkompressen	Kap. 4.3.2
Holundersirup als Fertigarzneimittel	Freiverkäuflich nur als Fertigarzneimittel; Kap. 4.2.3
Holzteer zum äußeren Gebrauch bei Tieren	Nur zum äußeren Gebrauch bei Tieren; freiverkäuflich auch als Nicht-Fertigarzneimittel
Johanniskraut oder Johanniskrautblüten, Auszüge mit Öl als Fertigarzneimittel	Freiverkäuflich nur als Fertigarzneimittel; Standardzulassung für Johanniskraut; Kap. 4.2.2, 4.2.8, 4.3.2.

Tab. 38.1: Anlage 1a (Fortsetzung)

Stoff/Zubereitung	Bemerkung
Kaliumcarbonat	Pottasche
Kaliumcitrat	Kap. 4.4
Kaliumdihydrogenphosphat	Siehe Arzneibuch
Kalium-(RR)-hydrogencarbonat (Weinstein)	
Kalium-Natrium-(RR)-tartrat	Kap. 4.4
Kaliumsulfat	
Kalmusöl, ätherisches	Kap. 4.3.1
Kamillenauszüge, flüssige auch mit Zusatz arzneilich nicht wirksamer Stoffe oder Zubereitungen, als Fertigarzneimittel.	Reinsubstanz (nur flüssig); Zusatz von Hilfsstoffen zulässig; freiverkäuflich nur als Fertigarzneimittel; Kap. 4.2.6, 4.3.2
Kamillenextrakt, auch mit Salbengrundlage, als Fertigarzneimittel	Extrakte: siehe Arzneibuch; Salben: siehe Arzneibuch; freiverkäuflich nur als Fertigarzneimittel; siehe Kap. 4.3.2
Kamillenöl	Kap. 4.3.1
Kamillenwasser	
Karmelitergeist als Fertigarzneimittel	Freiverkäuflich nur als Fertigarzneimittel; Kap. 4.3.2
Kiefernnadelöle, ätherische	Siehe Arzneibuch; Kap. 4.3.1
Knoblauch und seine Zubereitungen, auch mit Zusatz arzneilich nicht wirksamer Stoffe oder Zubereitungen	Reinsubstanz und Zubereitungen; Zusatz von Hilfsstoffen zulässig; keine besonderen Zubereitungsformen vorgeschrieben; freiverkäuflich auch als Nicht-Fertigarzneimittel; Kap. 4.3.2
Kohle, medizinische, als Tabletten oder Granulat auch mit Zusatz arzneilich nicht wirksamer Stoffe oder Zubereitungen als Fertigarzneimittel	Reinsubstanz (siehe Arzneibuch); in Zubereitungen als Tabletten oder Granulat (Zusatz von Hilfsstoffen zulässig); freiverkäuflich nur als Fertigarzneimittel; Standardzulassung für Kohletabletten; Kap. 4.4
Kondurangowein als Fertigarzneimittel	Freiverkäuflich nur als Fertigarzneimittel; Kap. 4.3.2
Korianderöl, ätherisches	Kap. 4.3.1
Krauseminzöl, ätherisches	Kap. 4.3.1
Kühlsalbe als Fertigarzneimittel	Siehe Arzneibuch; freiverkäuflich nur als Fertigarzneimittel; Kap. 4.5.4
Kümmelöl, ätherisches, auch in Mischungen mit anderen ätherischen Ölen (ausgenommen Terpentinöl) mit Glycerol, Leinöl, flüssigem Paraffin, fein verteiltem Schwefel oder Ethanol, für Tiere, als Fertigarzneimittel	Siehe Arzneibuch; Mischungen mit ätherischen Ölen (einzige Einschränkung: kein Terpentinöl) bei Zusatz von Glyzerin, Leinöl, flüssigem Paraffin, Schwefelblüte oder Weingeist; freiverkäuflich nur als Fertigarzneimittel zur Anwendung bei Tieren; Kap. 4.2.3

Tab. 38.1: Anlage 1a (Fortsetzung)

Stoff/Zubereitung	Bemerkung
Lactose (Milchzucker)	Siehe Arzneibuch; siehe Kap. 4.4
Lanolin	Salbengrundlage; siehe Arzneibuch; Kap. I, 4.4
Lärchenterpentin zum äußeren Gebrauch bei Tieren	Nur zur äußeren Anwendung bei Tieren; freiverkäuflich auch als Nicht-Fertigarzneimittel; Kap. 4.3.2
Lavendelöl, ätherisches	Siehe Arzneibuch; Kap. 4.3.1
Lavendelspiritus	
Lavendelwasser	
Lebertran in Kapseln als Fertigarzneimittel	Freiverkäuflich nur in Kapseln als Fertigarzneimittel (Lebertran s. Arzneibuch); Kap. 22
Lebertranemulsion, auch aromatisiert, als Fertigarzneimittel	In Zubereitungen als Emulsion; Zusatz von Hilfsstoffen (hier: Aromastoffe und Emulgatoren, Stabilisatoren) zulässig; freiverkäuflich nur als Fertigarzneimittel
Lecithin, auch mit Zusatz arzneilich nicht wirksamer Stoffe oder Zubereitungen als Fertigarzneimittel	Reinsubstanz; keine besonderen Zubereitungsformen vorgeschrieben; Zusatz von Hilfsstoffen zulässig, dann aber freiverkäuflich nur als Fertigarzneimittel; Kap. 4.3.2; 23
Leinkuchen	
Leinöl	Kap. 4.3.2
Leinöl, geschwefeltes, zum äußeren Gebrauch	Nur zur äußeren Anwendung; freiverkäuflich auch als Nicht-Fertigarzneimittel
Liniment, flüchtiges	Kap. 4.4
Lorbeeröl	Kap. 4.3.2
Magnesiumcarbonat, basisches, leichtes und schweres, als Tabletten auch mit Zusatz arzneilich nicht wirksamer Stoffe oder Zubereitungen als Fertigarzneimittel	Reinsubstanzen (siehe Arzneibuch); in Zubereitung als Tabletten (Zusatz von Hilfsstoffen zulässig) freiverkäuflich nur als Fertigarzneimittel
Magnesiumhydrogenphosphat	Siehe Arzneibuch
Magnesiumoxid, leichtes (Magnesia, gebrannte)	Siehe Arzneibuch; Kap. 4.4
Magnesiumperoxid, bis 15 %ig, als Tabletten auch mit Zusatz arzneilich nicht wirksamer Stoffe oder Zubereitungen als Fertigarzneimittel	Reinsubstanz (siehe Arzneibuch); in Zubereitungen als Tabletten (Zusatz von Hilfsstoffen zulässig) freiverkäuflich nur als Fertigarzneimittel; Höchstkonzentration 15 %; Kap. 4.4
Magnesiumsulfat · $7H_2O$ (Bittersalz)	Magnesiumsulfat nur als Reinsubstanz (siehe Arzneibuch); Kap. 4.4; freiverkäuflich auch als Nicht-Fertigarzneimittel; Standardzulassung

Tab. 38.1: Anlage 1a (Fortsetzung)

Stoff/Zubereitung	Bemerkung
Magnesiumtrisilicat, als Tabletten auch mit Zusatz arzneilich nicht wirksamer Stoffe oder Zubereitungen als Fertigarzneimittel	Reinsubstanz: siehe Arzneibuch; in Zubereitungen als Tabletten (Zusatz von Hilfsstoffen zulässig) freiverkäuflich nur als Fertigarzneimittel; Kap. 4.4; Standardzulassung
Mandelöl	Siehe Arzneibuch; Kap. 4.3.2
Mannasirup als Fertigarzneimittel	Freiverkäuflich nur als Fertigarzneimittel; Kap. 4.3.2
Melissengeist als Fertigarzneimittel	Freiverkäuflich nur als Fertigarzneimittel; Kap. 4.2.6, 4.3.2; 18
Melissenspiritus	Kap. 4.3.2
Melissenwasser	
Mentholstifte	Menthol: siehe Arzneibuch; Kap. 4.3.2, 4.4
Methenamin-Silbernitrat (Hexame-thylentetraminsilbernitrat) als Streupulver 2 %ig mit Zusatz arzneilich nicht wirksamer Stoffe oder Zubereitungen in Wochenbett-packungen als Fertigarzneimittel	Freiverkäuflich nur als Fertigarzneimittel; nur in Zubereitungsform als Pulver bis zu einem Gehalt von 2 % und einem Zusatz von Hilfsstoffen; nur in Wochenbettpackungen
Milchsäure bis 15 % ad us. vet. – zur Behandlung der Varroatose der Bienen -	Hierzu besteht eine Standardzulassung (siehe Kapitel 1.5.6.); Kap. 4.4
Minzöl, ätherisches	Kap. 4.3.1, 4.3.2
Mischungen aus Dichlordifluormethan und Trichlorfluormethan in Desinfektions-sprays zur Anwendung an der mensch-lichen Haut als Treib- und Lösungsmittel und in Mitteln zur äußeren Kälteanwendung bei Muskelschmerzen und Stauchungen, auch mit Zusatz von Latschenkiefernöl, Campher, Menthol und Arnikaauszügen oder Propan und Butan, als Fertigarzneimittel	Freiverkäuflich nur als Fertigarzneimittel, z. B. Kühl-/Kältespray; Kap. 4.4
Mischungen von Ethanol-Ether, Campherspiritus, Seifenspiritus und wässriger Ammoniaklösung oder von einzelnen dieser Flüssigkeiten für Tiere	Als Reinsubstanz einzeln oder in Mischungen nur zur Anwendung an Tieren; freiverkäuflich auch als Nicht-Fertigarzneimittel
Molkekonzentrat mit Zusatz arzneilich nicht wirksamer Stoffe oder Zubereitungen	Nur mit Zusatz von Hilfsstoffen; freiverkäuflich auch als Nicht-Fertigarzneimittel
Myrrhentinktur	Siehe Arzneibuch; Standardzulassung; Kap. 4.3.2
Natriumhydrogencarbonat, als Tabletten, Granulat oder in Kapseln auch mit Zusatz arzneilich nicht wirksamer Stoffe oder Zubereitungen als Fertigarzneimittel	Reinsubstanz; siehe Arzneibuch; in Zubereitungen als Tabletten, Granulat oder Kapseln (Zusatz von Hilfsstoffen zulässig) freiverkäuflich nur als Fertigarzneimittel; Kap. 4.4; 17

Tab. 38.1: Anlage 1a (Fortsetzung)

Stoff/Zubereitung	Bemerkung
Natriumchlorid ad us. vet.	
Natriummonohydrogenphosphat	Siehe Arzneibuch; Kap. 4.4
Natriumsulfat-Dekahydrat (Glaubersalz)	Natriumsulfat nur als Reinsubstanz (siehe Arzneibuch); Kap. 4.4; freiverkäuflich auch als Nicht-Fertigarzneimittel
Nelkenöl, ätherisches	Siehe Arzneibuch; Kap. 4.3.1
Nelkentinktur mit Ethanol 70 % im Verhältnis 1:5	Tinkturen; siehe Arzneibuch
Opodeldok, flüssig	Kap. 4.3.2
Pappelsalbe	
Pepsinwein als Fertigarzneimittel	Freiverkäuflich nur als Fertigarzneimittel; Pepsin: siehe Arzneibuch; Kap. 4.3.2; 12
Pfefferminzöl, ätherisches, in einer mittleren Tagesdosis bis zu 12 Tropfen oder als Kapsel, auch mit Zusatz arzneilich nicht wirksamer Stoffe oder Zubereitungen, als Fertigarzneimittel, jeweils bis zu einer Einzeldosis von 0,2 ml pro Kapsel bzw. einer maximalen Tagesdosis von 0,6 ml	Siehe Arzneibuch; Kap. 4.3.1; Standardzulassung; Darreichungsform als Tropfen und auch als Kapsel zulässig auch mit Zusatz von Hilfsstoffen, freiverkäuflich nur als Fertigarzneimittel
Pfefferminzsirup als Fertigarzneimittel	Freiverkäuflich nur als Fertigarzneimittel
Pfefferminzspiritus, aus Pfefferminzöl mit Ethanol 90 % im Verhältnis 1:10	
Pfefferminzwasser	
(3-sn-Phosphatidyl)cholin (Lecithin), auch mit Zusatz arzneilich nicht wirksamer Stoffe oder Zubereitungen als Fertigarzneimittel	Reinsubstanz; keine besonderen Zubereitungsformen vorgeschrieben; Zusatz von Hilfsstoffen zulässig, dann aber freiverkäuflich nur als Fertigarzneimittel; Kap. 4.3.2; 23
Pomeranzenblütenöl, ätherisches	Kap. 4.3.1
Pomeranzenschalenöl, ätherisches	Kap. 4.3.1
Pomeranzensirup, als Fertigarzneimittel	Freiverkäuflich nur als Fertigarzneimittel; Sirupe siehe Arzneibuch
Pyrethrum-Extrakt zur Anwendung bei Tieren mit Zusatz arzneilich nicht wirksamer Stoffe oder Zubereitungen als Fertigarzneimittel	Freiverkäuflich nur als Fertigarzneimittel; nur zur Anwendung bei Tieren; Kap. 4.3.2
Ratanhiatinktur	Siehe Arzneibuch; Standardzulassung; Kap. 4.3.2
Riechsalz	

Tab. 38.1: Anlage 1a (Fortsetzung)

Stoff/Zubereitung	Bemerkung
Rizinusöl, auch raffiniertes, auch in Kapseln	Reinsubstanz (siehe Arzneibuch); sonst nur in Kapseln; freiverkäuflich auch als Nicht-Fertigarzneimittel; Kap. 4.3.2; 20, Standardzulassung
Rosenhonig	Freiverkäuflich auch als Nicht-Fertigarzneimittel. (Zusatz von Borax nicht zulässig!); Kap. 4.3.2
Rosmarinblätter und ihre Zubereitungen, auch mit Zusatz arzneilich nicht wirksamer Stoffe und Zubereitungen als Fertigarzneimittel	Blätter; keine besondere Zubereitungsform vorgeschrieben; Zusatz von Hilfsstoffen zulässig; freiverkäuflich nur als Fertigarzneimittel; Standardzulassung; Kap. 4.2.4
Rosmarinöl, ätherisches	Siehe Arzneibuch; Kap. 4.3.1
Rosmarinspiritus	Kap. 4.3.2
Rutosid-Trihydrat in Fertigarzneimitteln bis zu einer maximalen Tagesdosis von 100 mg	Zum Gefäßschutz und zur Besserung des Befindens bei müden Beinen; freiverkäuflich nur als Fertigarzneimittel
Salbeiöl, ätherisches	Kap. 4.3.1
Salbeiwasser	
Salicyltalg	
Sauerstoff für medizinische Zwecke- auch zur Anwendung bei den in Anlage 3 genannten Krankheiten und Leiden -	Kap. 38.7.3, Verbot bestimmter Anwendungsgebiete; Kap. 4.4
Schwefel	Siehe Arzneibuch; Kap. 4.4
Schwefel, feinverteilter (Schwefelblüte), zum äußeren Gebrauch	Feinverteilter Schwefel: siehe Arzneibuch; nur zum äußeren Gebrauch
Seifenspiritus	
Silbernitratlösung, wässrige 1 %ig, in Ampullen in Wochenbettpackungen	Nur als 1 %ige Lösung in Ampullen (nicht zur Injektion!) in Wochenbettpackungen
Siliciumdioxid (Kieselsäure), als Streupulver auch mit Zusatz arzneilich nicht wirksamer Stoffe oder Zubereitungen als Fertigarzneimittel	Reinsubstanz: siehe Arzneibuch; in Zubereitungen als Streupulver (Zusatz von Hilfsstoffen zulässig) freiverkäuflich nur als Fertigarzneimittel; Kap. 4.4
Spitzwegerichauszug als Fertigarzneimittel	Freiverkäuflich nur als Fertigarzneimittel; Kap. 4.2.3, 4.3.2
Spitzwegerichsirup als Fertigarzneimittel	Freiverkäuflich nur als Fertigarzneimittel. Sirupe: siehe Arzneibuch; Kap. 4.2.3, 4.3.2
Talcum	Siehe Arzneibuch; Kap. 4.4
Tamponadestreifen, imprägniert mit weißem Vaselin	Tamponadebinden: siehe Arzneibuch; als Imprägnierung nur mit weißem Vaselin freiverkäuflich

Tab. 38.1: Anlage 1a (Fortsetzung)

Stoff/Zubereitung	Bemerkung
Tannin-Eiweiß-Tabletten als Fertigarzneimittel	Freiverkäuflich nur als Fertigarzneimittel in Zubereitungen als Tabletten; Standardzulassung
Thymianöl, ätherisches	Kap. 4.3.1
Ton, weißer	Siehe Arzneibuch; Kap. 4.4
Troxerutin bis zu einer maximalen Tagesdosis von 300 mg	Venentherapeuticum; freiverkäuflich ohne weitere Vorgaben
Vaselin, weißes oder gelbes	Weißes Vaselin: siehe Arzneibuch; Kap. 4.4.
Vaselinöl, weißes oder gelbes zum äußeren Gebrauch, als Fertigarzneimittel	Freiverkäuflich nur als Fertigarzneimittel; nur zur äußeren Anwendung; Kap. 4.4
Wacholderextrakt	Extrakte: siehe Arzneibuch; Kap. 4.3.2
Wacholdermus als Fertigarzneimittel	Freiverkäuflich nur als Fertigarzneimittel; Kap. 4.2.7, 4.3.2
Wacholdersirup als Fertigarzneimittel	Freiverkäuflich nur als Fertigarzneimittel; Sirupe: siehe Arzneibuch
Wacholderspiritus	Kap. 4.3.2
Watte, imprägniert mit Capsicumextrakt	Verbandwatte: siehe Arzneibuch; Kap. 4.4
Watte, imprägniert mit Eisen(III)-chlorid	Verbandwatte: siehe Arzneibuch; Kap. 4.4
Weinsäure	Siehe Arzneibuch; Kap. 4.4
Weißdornblüten und Zubereitungen, Weißdornblätter und Zubereitungen, Weißdornfrüchte und Zubereitungen	Kap. 4.2.4
Weizenkeimöl in Kapseln als Fertigarzneimittel, als Perlen auch mit Zusatz arzneilich nicht wirksamer Stoffe oder Zubereitungen als Fertigarzneimittel	In Kapseln oder in Zubereitung als Perlen; soweit Perlen Zusatz von Hilfsstoffen zulässig; freiverkäuflich nur als Fertigarzneimittel; Kap. 4.3.2
Zimtöl, ätherisches	Kap. 4.3.1
Zimtsirup als Fertigarzneimittel	Freiverkäuflich nur als Fertigarzneimittel; Sirupe: siehe Arzneibuch
Zinkoxid mit Zusatz arzneilich nicht wirksamer Stoffe oder Zubereitungen als Puder, auch mit Zusatz von Lebertran, als Fertigarzneimittel	Zinkoxid: siehe Arzneibuch; nur als Puder mit Zusatz von Hilfsstoffen; freiverkäuflich nur als Fertigarzneimittel
Zinksalbe, auch mit Zusatz von Lebertran, als Fertigarzneimittel	Zinksalbe: siehe Arzneibuch; Zusatz von Lebertran zulässig; freiverkäuflich nur als Fertigarzneimittel; Standardzulassung
Zitronellöl, ätherisches	Kap. 4.3.1

Heilmittel als Destillate

Auch Destillate(Anhang 3 §1 Abs.1 Nr.2), ausgenommen Trockendestillate, aus Mischungen von Pflanzen, Pflanzenteilen, ätherischen Ölen, Campher, Menthol, Balsamen oder Harzen sind als Fertigarzneimittel mit der Zweckbestimmung „Heilmittel" oder „teilweise Heilmittel" zum Verkehr außerhalb der Apotheken zugelassen.

Neben der Voraussetzung des Fertigarzneimittels, das bedeutet also Zulassungspflicht, gilt die Einschränkung, dass die Destillate nicht aus Pflanzen, deren Teilen oder Bestandteilen gewonnen sein dürfen, die in Anhang 3, Anlage 1b (Tab. 38.9, Verbot bestimmter Pflanzen) aufgeführt sind.

Beachtet werden muss, dass Trockendestillate als Heilmittel nicht freiverkäuflich sind. Dies bedeutet, dass ein Übertreiben nur mit Wärme ohne eine Trägerflüssigkeit wie Wasser oder Alkohol nicht zulässig ist. Dies gilt zumindest, soweit es sich um die Freiverkäuflichkeit handelt.

Beachtet werden muss weiterhin, dass ein nachträgliches Mischen von Destillaten die Apothekenpflicht zur Folge hat.

Heilmittel als Dragees, Kapseln oder Tabletten

Die im Folgenden aufgeführten Pflanzen und Pflanzenteile (Tab. 38.2) dürfen als freiverkäufliche Dragees, Kapseln oder Tabletten in den Verkehr gebracht werden (Anhang 3 §1 Abs.1 Nr.3). Bestimmte Anwendungsgebiete sind nicht vorgeschrieben (Kap. 38.7.3, Verbot bestimmter Anwendungsgebiete). Es gelten jedoch folgende Voraussetzungen:

- Das Arzneimittel muss zugelassen sein (Fertigarzneimittel).
- Es dürfen höchstens vier der genannten Pflanzen oder Pflanzenteile in dem Arzneimittel (Darreichungsformen: Dragees, Kapseln oder Tabletten) enthalten sein.
- Der Durchmesser der Tablette oder des Drageekerns muss mindestens 3 mm betragen (um aus einem Drageekern ein fertiges Dragee herzustellen, werden noch Zucker- und Farbschichten aufgetragen).

Der Zusatz arzneilich nicht wirksamer Stoffe ist zulässig. Hierunter sind im vorliegenden Fall auch sogenannte Tablettierhilfsmittel zu verstehen: Um aus Pflanzen und Pflanzenteilen, die unbearbeitet oder bearbeitet vorliegen, Zubereitungsformen wie Tabletten oder Dragees herzustellen, müssen noch Hilfsmittel eingesetzt werden, die den mechanischen Zusammenhalt der einzelnen Bestandteile bewirken (Festigkeit) oder auch den Zerfall der Tablette bzw. das Auflösen verbessern (Sprengmittel).

Tab. 38.2: Anlage 1c

Anlage 1c (zu § 1Abs. 1 Nr. 3)	
Alantwurzelstock	Helenii rhizoma
Anis	Anisi fructus
Arnikablüten und -wurzel	Arnicae flos et radix
Bärentraubenblätter	Uvae ursifolium
Baldrianwurzel	Valerianae radix
Bibernellwurzel	Pimpinellae radix
Birkenblätter	Betulae folium
Bitterkleeblätter	Trifolii fibrini folium
Bohnenhülsen	Phaseoli pericarpium
Brennnesselkraut	Urticae herba
Bruchkraut	Herniariae herba
Condurangorinde	Condurango cortex
Eibischwurzel	Althaeae radix
Enzianwurzel	Gentianae radix
Färberginsterkraut	Genistae tinctoriae herba

Tab. 38.2: Anlage 1c (Fortsetzung)

Fenchel	Foeniculi fructus	Mariendistelkraut	Cardui mariae herba
Gänsefingerkraut	Anserinae herba	Meisterwurz-wurzelstock	Imperatoriae rhizoma
Hagebutten	Cynosbati fructus cum semine	Melissenblätter	Melissae folium
Goldrutenkraut	Solidaginis herba	Mistelkraut	Visci herba
Hamamelisblätter	Hamamelidis folium	Orthosiphonblätter	Orthosiphonis folium
Hauhechelwurzel	Ononidis radix	Passionsblumenkraut	Passiflorae herba
Hirtentäschelkraut	Bursae pastoris herba	Petersilienfrüchte	Petroselini fructus
Holunderblüten	Sambuci flos	Petersilienkraut	Petroselini herba
Hopfendrüsen und -zapfen	Lupuli glandula et strobulus	Petersilienwurzel	Petroselini radix
Hopfendrüsen und -zapfen	Lupuli glandula et strobulus	Pfefferminzblätter	Menthae piperitae folium
Huflattichblätter – in Zubereitungen zum inneren Gebrauch, die in der Tagesdosis nicht mehr als 1 µg Pyrrolizidin-Alkaloide mit 1,2-ungesättigtem Necingerüst einschließlich ihrer N-Oxide enthalten –	Farfarae folium	Pomeranzenblätter	Aurantii folium
		Pomeranzenblüten	Aurantii flos
		Pomeranzenschalen	Aurantii pericarpium
		Queckenwurzelstock	Graminis rhizoma
Ingwerwurzelstock	Zingiberis rhizoma	Rettich	Raphani radix
Isländisches Moos	Lichen islandicus	Rosmarinblätter	Rosmarinus officinalis
Johanniskraut	Hyperici herba	Salbeiblätter	Salviae folium
Kalmuswurzelstock	Calami rhizoma	Schachtelhalmkraut	Equiseti herba
Kamillenblüten	Matricariae flos	Schafgarbenkraut	Millefolii herba
Knoblauchzwiebel	Allii sativi bulbus	Schlehdornblüten	Puni spinosae flos
Korianderfrüchte	Coriandri fructus	Seifenwurzel, rote	Saponariae radix rubra
Kreuzdornbeeren	Rhamni cathartici fructus	Sonnenhutwurzel	Echinaceae angustifoliae radix
Kümmel	Carvi fructus	Sonnentaukraut	Droserae herba
Liebstöckelwurzel	Levistici radix	Spitzwegerichkraut	Plantaginis lanceolatae herba
Löwenzahn-Ganzpflanze	Taraxaci radix cum herba	Steinkleekraut	Meliloti herba
Lungenkraut	Pulmonariae herba	Süßholzwurzel	Liquiritiae radix
Majorankraut	Majoranae herba	Tausendgüldenkraut	Centaurii herba

Tab. 38.2: Anlage 1c (Fortsetzung)

Thymian	Thymi herba
Vogelknöterichkraut	Polygoni avicularis herba
Wacholderbeeren	Juniperi fructus
Wacholderholz	Juniperi lignum
Walnussblätter	Juglandis folium
Wegwartenwurzel	Chichorii radix
Weidenrinde	Salicis cortex
Weißdornblätter	Crataegi folium
Weißdornblüten	Crataegi flores
Weißdornfrüchte	Crataegi fructus
Wermutkraut	Absinthii herba
Ysopkraut	Hyssopi herba
Zitwerwurzelstock	Zedoariae rhizoma

Heilmittel als lösliche Teeaufgusspulver

Aus den folgenden Pflanzen und Pflanzenteilen (Tab. 38.3, Tab. 38.4) dürfen zum Verkehr außerhalb der Apotheken lösliche Teeaufgusspulver als wässrige Gesamtauszüge hergestellt werden (s. Anhang 3 § 1 Abs. 2 Nr. 1 und 2). Die Freiverkäuflichkeit hängt davon ab, dass

1. jeweils nur eine Pflanze oder deren Teile zur Herstellung des Teeaufgusspulvers verwendet wurde und
2. das Arzneimittel beim Bundesinstitut für Arzneimittel und Medizinprodukte zugelassen ist (Fertigarzneimittel).

„Wässriger Gesamtauszug" bedeutet, dass die Pflanzen oder deren Teile nur mit Wasser extrahiert werden dürfen. Der wässrige Aufguss wird dann meist durch eine sogenannte Sprühtrocknung zu einem löslichen Teeaufgusspulver weiterverarbeitet.

Tab. 38.3: Anlage 1d

Anlage 1d (zu § 1Abs. 2 Nr. 1 und 2)	
Birkenblätter	Betulae folium
Baldrianwurzel	Valerianae radix
Eibischwurzel	Althaeae radix
Fenchel	Foeniculi fructus
Hagebutten	Cynosbati fructus cum semine
Holunderblüten	Sambuci flos
Hopfenzapfen	Lupuli strobulus
Huflattichblätter	Farfarae folium et flos
– in Zubereitungen zum inneren Gebrauch, die in der Tagesdosis nicht mehr als 10 µg Pyrroli-zidin-Alkaloide mit 1,2-ungesättigtem Necin-Gerüst einschließlich ihrer N-Oxide enthalten –	
Isländisches Moos	Lichen islandicus
Kamillenblüten	Matricariae flos
Lindenblüten	Tiliae flos
Mateblätter	Mate folium
Melissenblätter	Melissae folium
Orthosiphonblätter	Orthosiphonis folium
Pfefferminzblätter	Menthae piperitae folium
Salbeiblätter	Salviae folium
Schachtelhalmkraut	Equisetiherba
Schafgarbenkraut	Millefolii herba
Spitzwegerichkraut	Plantaginis lanceolatae herba
Tausendgüldenkraut	Centaurii herba
Weißdornblätter	Crataegi folium
Weißdornblüten	Crataegi flores
Weißdornfrüchte	Crataegi fructus

Aus den vorgenannten Pflanzen und Pflanzenteilen (Tab. 38.3, Anlage 1 d) sowie den im Folgenden aufgeführten Pflanzen und

Pflanzenteilen (Tab. 38.4) sind Mischungen aus höchstens sieben der genannten Pflanzen oder Pflanzenteile als Teeaufgusspulver zum Verkehr außerhalb der Apotheke zugelassen, wenn sie ausschließlich zur Anwendung als Hustentee, Brusttee, Husten- und Brusttee, Magentee, Darmtee, Magen- und Darmtee, Beruhigungstee oder harntreibender Tee in den Verkehr gebracht werden.

Auch hier ist für die Freiverkäuflichkeit Voraussetzung, dass der Tee beim Bundesinstitut für Arzneimittel und Medizinprodukte zugelassen ist (Fertigarzneimittel, siehe auch Kap. 38.5.6).

Es ist darauf hinzuweisen, dass z.B. die Anwendung als Hustentee nicht bedeutet, dass der Tee „Hustentee" heißen muss, die Namensbezeichnung kann frei gewählt werden. Lediglich das Anwendungsgebiet ist auf die Zweckbestimmung „gegen Husten" (Hustentee) festgelegt.

Soweit zu einem festgelegten Anwendungsgebiet andere Anwendungsgebiete hinzukommen, ergibt sich automatisch die Apothekenpflicht. Dies bedeutet jedoch nicht, dass z.B. eine teilweise Zweckbestimmung als „Vorbeugungsmittel" innerhalb der zulässigen Anwendungsgebiete auch die Apothekenpflicht zur Folge hätte.

Bei allen Teeaufgussstoffen dürfen arzneilich nicht wirksame Stoffe oder Zubereitungen aus Stoffen (Hilfsstoffe und deren Zubereitungen) zugesetzt werden. Dies ist notwendig, um z.B. die Rieselfähigkeit des Tees zu erhalten. Auch dürfen die bei der Herstellung der Aufgusspulver gegebenenfalls verloren gegangenen ätherischen Öle (leicht flüchtig) nach Art und Umfang des Verlustes ersetzt werden.

Entsprechend den eingangs genannten löslichen Teeaufgusspulvern ist für die Herstellung als Extraktionsmittel ebenfalls Wasser vorgeschrieben.

Lösliche Teeaufgusspulver sind einem „Instant-Tee" gleichzusetzen.

Tab. 38.4: Anlage 1e

Anlage 1 e (zu §1 Abs. 2 Nr. 2)	
Angelikawurzel	Angelicae radix
Anis	Anisi fructus
Bibernellwurzel	Pimpinellae radix
Brennnesselkraut	Urticae herba
Bruchkraut	Herniariae herba
Brunnenkressenkraut	Nasturtii herba
Condurangorinde	Condurango cortex
Curcumawurzelstock	Curcumae longae rhizoma
Enzianwurzel	Gentianae radix
Eucalyptusblätter	Eucalypti folium
Gänsefingerkraut	Anserinae herba
Goldrutenkraut	Solidaginis herba
Hamamelisrinde	Hamamelidis cortex
Hauhechelwurzel	Ononidis radix
Heidekraut	Callunae herba
Herzgespannkraut	Leonuri cardiiae herba
Javanische Gelbwurz	Curcumae xanthorizae rhizoma
Kalmuswurzelstock	Calami rhizoma
Korianderfrüchte	Coriandri fructus
Kümmel	Carvi fructus
Liebstöckelwurzel	Levistici radix
Löwenzahn	Taraxaci radix cum herba
Malvenblätter	Malvae folium
Mariendistelkraut	Cardui mariae herba
Paprika (Spanisch Pfefferfrüchte)	Capsici fructus
Primelwurzel	Primulae radix
Queckenwurzelstock	Graminis rhizoma
Quendelkraut	Serphylli herba
Sonnenhutwurzel	Echinaceae angustifoliae radix
Süßholzwurzel	Liquiritiae radix
Thymian	Thymi herba
Tormentillwurzelstock	Tormentillae rhizoma
Wacholderbeeren	Juniperi fructus
Weidenrinde	Salicis cortex
Wermutkraut	Absinthii herba

Tab. 38.5: Anlage 2 a

Anlage 2 a (zu § 2Abs. 1 Nr. 1)
Ätherische Öle, soweit sie in der Anlage 1 a genannt sind (Tab. 38.1)
Ammoniumchlorid
Anethol
Ascorbinsäure bis zu einer Einzeldosis von 20 mg und deren Calcium-, Kalium- und Natriumsalze
Benzylalkohol
Campher
Cetylpyridiniumchlorid
Cineol (Eucalyptol)
Citronensäure
α-Dodecyl-ω-hydroxypoly(oxethylen) (Oxypolyäthoxydodecan) bis zu einer Einzeldosis von 5 mg
Extrakte von Pflanzen und Pflanzenteilen, auch deren Mischungen, soweit sie nicht aus den in der Anlage 1 b (Tab. 38.9, Verbot bestimmter Pflanzen) bezeichneten Pflanzen oder deren Teilen gewonnen sind
Fenchelhonig
Menglytat (Ethylglykolsäurementhylester)
Menthol
Rosenhonig
Salze natürlicher Mineral-, Heil- und Meerwässer und die ihnen entsprechenden künstlichen Salze
Süßholzsaft
Thymol
Tolubalsam
Weinsäure

Heilmittel gegen Husten oder Heiserkeit

Soweit freiverkäufliche Arzneimittel bei Husten oder Heiserkeit angewendet werden sollen, dürfen sie nur die nachfolgend genannten Stoffe und Zubereitungen (Tab. 38.5) enthalten (s. Anhang 3 § 2 Abs. 1 Nr. 1). Die Arzneimittel müssen zugelassen sein (Fertigarzneimittel) und dürfen nur in Darreichungsformen zum Lutschen in den Verkehr gebracht werden. Arzneilich nicht wirksame Bestandteile in einer Darreichungsform „zum Lutschen" sind zulässig, was etwa durch Zusatz von Bonbongrundstoffen geschehen kann. Auch der Zusatz von Farbstoffen ist erlaubt.

Heilmittel als Abführmittel

Die im Folgenden genannten Stoffe (Tab. 38.6) dürfen in Arzneimitteln enthalten sein, die als Abführmittel außerhalb der Apotheke abgegeben werden sollen (s. Anhang 3 § 2 Abs. 1 Nr. 2). Auch hier ist Voraussetzung, dass die Arzneimittel keine anderen arzneilich wirksamen Bestandteile enthalten und dass eine Zulassung durch das Bundesinstitut für Arzneimittel und Medizinprodukte erfolgt ist (Fertigarzneimittel). Der Zusatz von Hilfsstoffen ist zulässig.

Tab. 38.6: Anlage 2 b

Anlage 2 b (zu § 2 Abs. 1 Nr. 2)
Agar
Feigen und deren Zubereitungen
Fenchel
Kümmel
Lactose
Leinsamen und deren Zubereitungen Manna
Paraffin, dick- und dünnflüssiges, bis zu einem Gehalt von 10 % in nichtflüssigen Zubereitungen
Pflaumen und deren Zubereitungen Rizinusöl, auch raffiniertes Tamarindenfrüchte und deren Zubereitungen
Tragant Weizenkleie

Heilmittel gegen Hühneraugen und Hornhaut

Die in der folgenden Anlage aufgeführten Stoffe und Zubereitungen aus Stoffen (Tab. 38.7) dürfen als arzneilich wirksame Bestandteile in freiverkäuflichen Arzneimitteln, die bei Hühneraugen und Hornhaut angewandt werden sollen, enthalten sein (s. Anhang 3 § 2 Abs. 1 Nr. 3). Diese Arzneimittel dürfen ebenfalls nur in den Verkehr gebracht werden, wenn sie beim Bundesinstitut für Arzneimittel und Medizinprodukte zugelassen sind (Fertigarzneimittel) und ausschließlich bei Hühneraugen und Hornhaut angewandt werden sollen.

Sobald sie z. B. zur Anwendung an Warzen bestimmt sind, unterliegen sie der Apothekenpflicht. Generell ist der Zusatz arzneilich nicht wirksamer Stoffe (Hilfsstoffe) zulässig.

Tab. 38.7: Anlage 2 c

Anlage 2 c (zu § 2Abs. 1 Nr. 3)
2-Aminoethanol
Benzalkoniumchlorid
Benzocain
Benzylbenzoat
2,4-Dihydroxybenzoesäure
2,6-Dihydroxybenzoesäure
3,5-Dihydroxybenzoesäure
α-Dodecyl-ω-hydroxypoly(oxyethylen)
Essigsäure
Lärchenterpentin
Menthol
Milchsäure bis 10 %ig
Salicylsäure bis 40 %ig

Heilmittel zur Anwendung bei Heimtieren

Soweit Arzneimittel oder deren einzelne Bestandteile nicht der Verschreibungspflicht unterliegen, dürfen sie außerhalb von Apotheken in Verkehr gebracht werden, wenn sie ausschließlich zur Beseitigung oder Linderung von Krankheiten der Zierfische, Zier- oder Singvögel, Brieftauben, Terrarientiere, Kleinnager, Frettchen oder nicht der Gewinnung von Lebensmitteln dienenden Kaninchen bestimmt sind (siehe auch Kap. 38.7.3, Verbot bestimmter Anwendungsgebiete). Derartige Arzneimittel dürfen also nicht zur Anwendung bei Tieren bestimmt sein, die der Gewinnung von Lebensmitteln dienen, oder auch nicht zur Anwendung an in der Aufzählung nicht genannten Haustieren wie z. B. Katzen oder Hunden, da sich sonst die Apothekenpflicht ergibt.

38.7.3 Einschränkungen für die Freiverkäuflichkeit von Heilmitteln

Verbot bestimmter Darreichungsformen

Unabhängig von den bisher genannten Bestimmungen über die Freiverkäuflichkeit ist es generell verboten, außerhalb der Apotheken Arzneimittel in Verkehr zu bringen, die folgende Darreichungsformen oder Anwendungsbestimmungen aufweisen (s. Anhang 3 § 3):

- Injektions- oder Infusionslösungen,
- rektale, vaginale oder intrauterine (in der Gebärmutter) Anwendung,
- intramammäre Anwendung bei Tieren (z. B. Anwendung im Kuheuter),
- Wundstäbchen,
- Implantate,
- Aerosole bis zu einer mittleren Teilchengröße von nicht mehr als 5 µm.

Verbot bestimmter Anwendungsgebiete

Gleichermaßen ist es unabhängig von bisherigen Bestimmungen grundsätzlich verboten, Arzneimittel außerhalb der Apotheken in Verkehr zu bringen, wenn sie teilweise oder ausschließlich zur Beseitigung oder Linderung der nachfolgend genannten Krankheiten oder Leiden bei Mensch oder

Tier bestimmt (Kap. 38.7.4, Tab. 38.10) sind. Dies gilt auch dann, wenn sie zur Verhütung dieser Krankheiten bestimmt sind (siehe Anhang 3 § 6).

Ausnahmen bestehen im Hinblick auf freiverkäufliche Arzneimittel, die ausschließlich zur Anwendung bei Heimtieren bestimmt sind (Kap. 38.7.2, Heilmittel zur Anwendung bei Heimtieren) und bei Sauerstoff für medizinische Zwecke (Tab. 38.1, Anlage 1a; weitere Ausnahmen von der Krankheitsliste Kap. 38.7.4).

Verbot bestimmter Pflanzen

Nachfolgend sind Pflanzen aufgeführt (Kap. 38.7.4, Tab. 38.9), die als solche und deren Teile oder Bestandteile in Destillaten, die als Heilmittel außerhalb der Apotheken abgegeben werden sollen, nicht enthalten sein dürfen (Anhang 3 § 1 Abs. 1 Nr. 2; Kap. 38.7.1, Destillate; siehe auch Kap. 38.7.2). Im Allgemeinen unterliegen diese Pflanzen beziehungsweise deren Teile oder Stoffwechselprodukte der Verschreibungspflicht (zum Beispiel Mutterkorn, Tollkirsche, Brechwurzel, Digitalis-Arten).

38.7.4 Ausschluss von der Freiverkäuflichkeit (Apothekenpflicht)

Wie bereits ausgeführt, sind grundsätzlich solche Arzneimittel freiverkäuflich, die vom pharmazeutischen Unternehmer, ausschließlich zu anderen Zwecken als nur Beseitigung oder Linderung von Krankheiten, Leiden, Körperschäden oder krankhaften Beschwerden („Vorbeugungsmittel") in Verkehr gebracht werden (Kap. 38.7.1). Es gilt jedoch die Einschränkung, dass diese Arzneimittel nicht der Verschreibungspflicht unterliegen dürfen oder durch den Zweiten Abschnitt der Rechtsverordnung über apothekenpflichtige und freiverkäufliche Arzneimittel (§ 46, s. Anhang 3 §§ 7 bis 10) vom Verkehr außerhalb der Apotheken ausgeschlossen sind. Diese Einschränkung gilt auch für die bereits genannten Arzneimittel, die im Arzneimittelgesetz ausdrücklich zum Verkehr außerhalb der Apotheken zugelassen sind, unabhängig davon, ob sie „Heilmittel" oder „Nichtheilmittel" sind (§ 44, Kap. 38.7.1).

Das Bundesministerium für Gesundheit ist ermächtigt, in dieser Rechtsverordnung Arzneimittel vom Verkehr außerhalb von Apotheken auszuschließen, soweit auch bei bestimmungsgemäßer oder gewohnheitsmäßiger Anwendung nach den Erkenntnissen der Wissenschaft eine Gefährdung der Gesundheit von Mensch oder Tier zu befürchten ist. Dies gilt nicht, wenn die Gefährdung nur in Folge besonderer Umstände des Einzelfalls besteht. Die dem Zweiten Teil der o.g. Rechtsverordnung (s. Anhang 3) zugeordneten Anlagen 1 b, 3 und 4 (Tab. 38.8, 38.9, 38.10) sind Negativlisten, das heißt, alle Pflanzen und deren Teile sowie Stoffe und Zubereitungen aus Stoffen, die in diesen Anlagen aufgeführt sind, dürfen nicht in Arzneimitteln enthalten sein, die außerhalb der Apotheken, also als freiverkäufliche Arzneimittel, abgegeben werden sollen. Freiverkäufliche Arzneimittel dürfen auch nicht gegen in Anlage 3 (Tab. 38.10) aufgeführte Krankheiten und Leiden bestimmt sein. Es bleibt jedoch darauf hinzuweisen, dass bei mehreren Positionen der 3 Anlagen 1b (Tab. 38.9) und 4 (Tab. 38.8) Ausnahmen zugelassen sind. Dies bedeutet, dass die ausgenommenen Stoffe und Zubereitungen aus Stoffen freiverkäuflich sind.

Die im Folgenden aufgeführten Stoffe und Zubereitungen aus Stoffen (Anlage 4 (Tab. 38.8) zu §§ 7 und 8) sowie Pflanzen, deren Teile und Zubereitungen daraus oder Presssäfte (Anlage 1b (Tab. 38.9) §§ 7 und 8) dürfen weder als solche noch in Form von Zubereitungen freiverkäufliche Arzneimittel oder

Bestandteile freiverkäuflicher Arzneimittel sein. Dies bezieht sich sowohl auf die Arzneimittel, die im Arzneimittelgesetz direkt aufgeführt sind (§ 44 Abs. 2, Kap. 38.7.1, Ausnahmen von der Apothekenpflicht), also auch auf solche, die ausschließlich zu anderen Zwecken als zur Beseitigung und Linderung von Krankheiten und Leiden (Nicht-Heilmittel, Vorbeugungsmittel) bestimmt sind (§ 44 Abs. 1, Kap. 38.7.1, Vorbeugungsmittel).

Tab. 38.8: Anlage 4

Anlage 4 (zu § 7 Abs. 1 Nr. 1 und § 8 Abs. 1 Nr. 1)
α-(Aminomethyl)benzyalkohol (Phenylaminoethan), dessen Abkömmlinge und Salze
p-Aminophenol, dessen Abkömmlinge und deren Salze
2-Amino-2-phenylpropanol (Phenylaminopropanol), dessen Abkömmlinge und Salze
Anthrachinon, dessen Abkömmlinge und deren Salze
Antimonverbindungen
Bisacodyl
Bleiverbindungen
Borsäure und ihre Salze, ausgenommen zur Pufferung und/oder Isotonisierung in Benetzungslösungen oder Desinfektionslösungen für Kontaktlinsen
Bromverbindungen, ausgenommen Invertseifen, ferner in Arzneimitteln, die dazu bestimmt sind, die Beschaffenheit, den Zustand oder die Funktionen des Körpers oder seelische Zustände erkennen zu lassen sowie in ausschließlich zum äußeren Gebrauch bestimmten Desinfektionsmitteln, Mund- und Rachendesinfektionsmitteln
Carbamidsäure-Abkömmlinge
Carbamidsäure-Ester und -Amide mit insektizider, akarizider oder fungizider Wirkung, ausgenommen in Fertigarzneimitteln zur äußeren Anwendung bei Hunden und Katzen
Chinin und dessen Salze, ausgenommen Chinin-Triquecksilber(II)-dioxid-sulfat in Zubereitungen bis zu 2,75 % zur Verhütung von Geschlechtskrankheiten, als Fertigarzneimittel

Tab. 38.8: Anlage 4 (Fortsetzung)

Chinolinabkömmlinge, ausgenommen in Zubereitungen zum äußeren Gebrauch, zur Mund- und Rachendesinfektion sowie in Zubereitungen bis zu 3 % zur Empfängnisverhütung als Fertigarzneimittel; die Ausnahme gilt nicht für halogenierte Hydroxychinoline
Chlorierte Kohlenwasserstoffe
6-Chlorthymol, ausgenommen zum äußeren Gebrauch
Dantron
2-Dimethylaminoethyl-benzilat (Benzilsäure-2-dimethylamino-ethylester)
Fluoride, lösliche, ausgenommen in Zubereitungen, sofern auf Behältnissen und äußeren Umhüllungen eine Tagesdosis angegeben ist, die einem Fluorgehalt bis zu 2 mg entspricht
Formaldehyd
Goldverbindungen
Heilbuttleberöl, ausgenommen zur Anwendung bei Menschen in Zubereitungen mit einer Tagesdosis von nicht mehr als 6 000 I. E. Vitamin A und 400 I. E. Vitamin D sowie ausgenommen zur Anwendung bei Tieren in Zubereitungen mit einer Tagesdosis von nicht mehr als 4000 i. E. Vitamin A und 250 I. E. Vitamin D
Heilwässer, die 0,04 mg/l Arsen entsprechend 0,075 mg/l Hydrogenarsenat oder mehr enthalten
Heilwässer, natürliche, die mehr als 10-7 mg Radium 226 oder 370 Millibecquerel Radon 222 je Liter enthalten
Herzwirksame Glykoside
Iod, ausgenommen in Zubereitungen mit einem Gehalt von nicht mehr als 5 % Iod und in Arzneimitteln nach § 44 Abs. 2 Nr. 1 a und b des Arzneimittelgesetzes
Iodverbindungen, ausgenommen in Arzneimitteln, die dazu bestimmt sind, die Beschaffenheit, den Zustand oder die Funktionen des Körpers oder seelische Zustände erkennen zu lassen, ferner in ausschließlich zum äußeren Gebrauch bestimmten Desinfektionsmitteln und in Arzneimitteln nach §44 Abs. 2 Nr. 1a und b des Arzneimittelgesetzes, ferner in Zubereitungen zur Herstellung von Bädern und Seifen, auch unter Verwendung von Iod, zum äußeren Gebrauch als Fertigarzneimittel

Tab. 38.8: Anlage 4 (Fortsetzung)

Oxazin und seine Hydrierungsprodukte, ihre Salze, ihre Abkömmlinge sowie deren Salze
Paraffin, dick- und dünnflüssiges, ausgenommen zum äußeren Gebrauch oder bis zu einem Gehalt von 10 % in nichtflüssigen Zubereitungen
Paraformaldehyd
Pentetrazol
Phenethylamin, dessen Abkömmlinge und Salze
Phenolphthalein
Phosphorsäure-, Polyphosphorsäure-, substituierte Phosphorsäure- (z. B. Thiophosphorsäure-)Ester und -Amide, einschließlich der Ester mit Nitrophenol und Methylhydroxycumarin mit insektizider, akarizider oder fungizider Wirkung, ausgenommen in Fertigarzneimitteln zur äußeren Anwendung bei Hunden oder Katzen
Procain und seine Salze zur oralen Anwendung
Pyrazol und seine Hydrierungsprodukte, ihre Salze, ihre Abkömmlinge sowie deren Salze
Resorcin
Salicylsäure, ihre Abkömmlinge und deren Salze, ausgenommen Zubereitungen zum äußeren Gebrauch, ferner Salicylsäureester in ausschließlich oder überwiegend zum äußeren Gebrauch bestimmten Desinfektionsmitteln, Mund- und Rachendesinfektionsmitteln
Senföle
Vitamin A, ausgenommen Zubereitungen mit einer Tagesdosis von nicht mehr als 5 000 I. E. und einer Einzeldosis von nicht mehr als 3 000 I. E., auch unter Zusatz von Vitamin D mit einer Tagesdosis von nicht mehr als 400 I. E., als Fertigarzneimittel für Menschen, sowie ausgenommen Zubereitungen mit einer Tagesdosis von nicht mehr als 4 000 I. E., auch unter Zusatz von Vitamin D mit einer Tagesdosis von nicht mehr als 250 I. E. als Arzneimittel für Tiere
Vitamin D, ausgenommen Zubereitungen mit einer Tagesdosis von nicht mehr als 400 I. E. als Fertigarzneimittel für Menschen, sowie ausgenommen Zubereitungen mit einer Tagesdosis von nicht mehr als 250 I. E. als Arzneimittel für Tiere

Hinsichtlich chemischer Verbindungen und Elemente bezieht sich das Verbot teilweise auch auf die Abkömmlinge und deren Salze. Teilweise sind auch Ausnahmen bis zu einer bestimmten Prozentgrenze zugelassen. Eine Definition für Abkömmlinge, Salze und Verbindungen gibt die amtliche Begründung der Rechtsverordnung: „Als Abkömmlinge im Sinne dieser Verordnung gelten alle Verbindungen, die aus den bezeichneten Stoffen dadurch entstehen, dass eine oder mehrere funktionelle Gruppen mit einem organischen oder anorganischen Stoff unter Beibehaltung der Oxidationsstufe der funktionellen Gruppe reagiert haben oder dass unter Beibehaltung des Grundgerüstes Wasserstoffatome durch Fluor, Chlor, Brom, Iod, Sauerstoff, Schwefel, Stickstoff oder durch Molekülreste substituiert worden sind, soweit es sich nicht um Salze handelt".

Salze entstehen bei der Vereinigung von Metallen, Metalloxiden oder Metallhydroxiden mit Säuren oder Säureanhydriden. Bei der Auflösung in Wasser spalten sich Salze in positiv geladene (bei Anlegen einer Spannung zur Kathode wandernde) Metall-Ionen (Kationen) und in negativ geladene (bei Anlegung einer Spannung zur Anode wandernde) Säurerestionen (Anionen). Man unterscheidet zwischen neutralen („normalen"), sauren und basischen Salzen.

Verbindungen bilden sich durch die Vereinigung von zwei oder mehreren verschiedenen chemischen Elementen unter Abgabe oder Aufnahme von Energie (meist Wärme) nach meist einfachen stöchiometrischen Zahlenverhältnissen zu einem neuen Stoff mit neuen Eigenschaften. Zu den Verbindungen sind u. a. auch Salze zu zählen.

Tab. 38.9: Anlage 1b

Anlage 1b (zu § 1 Abs.1 Nr.2, § 7 Abs. 1 Nr. 2 und § 8 Abs. 1 Nr. 2)	
Adonisröschen	Adonis vernalis
Aloe-Arten	
Alraune	Mandragora officinarum
Aristolochia-Arten	
Bärlappkraut	
Beinwell	Symphytum officinale
– ausgenommen Zubereitungen zum äußeren Gebrauch, die in der Tagesdosis nicht mehr als 100 µg Pyrrolizidin-Alkaloide mit 1,2-ungesättigtem Necin-Gerüst einschließlich ihrer N-Oxide enthalten –	
Besenginster	Cytisus scoparius
Blasentang	Fucus vesiculosus
Cascararinde (Sagradarinde)	Rhamnus purshiana
Digitalis-Arten	
Eisenhut	Aconitum napellus
Ephedra, Ephedra-Arten	Ephedra distachya
Farnkraut-Arten	
Faulbaumrinde	Rhamnus frangula
Fleckenschierling	Conium maculatum
Flussblatt-Arten	Podophyllum peltatum
	Podophyllum hexandrum
Gartenrautenblätter	Ruta graveolens
Gelsemium (Gelber Jasmin)	Gelsemium sempervirens
Giftlattich	Lactuca virosa
Giftsumach	Toxicodendron quercifolium
Goldregen	Laburnum anagyroides
Herbstzeitlose	Colchicum autumnale
Huflattich	Tussilago farfara
(ausgenommen Zubereitungen aus Huflattichblättern zum inneren Gebrauch, die in der Tagesdosis als Frischpflanzensaft oder Extrakt nicht mehr als 1 µg und als Teeaufguss nicht mehr als 10 µg Pyrrolizidin-Alkaloide mit 1,2-ungesättigtem Necingerüst einschließlich ihrer N-Oxide enthalten)	
Hydrastis (Canadische Gelbwurz)	Hydrastis canadensis
Hyoscyamus-Arten	
Ignatiusbohne	Strychnos ignatii
Immergrün-Arten (Vinca)	

Tab. 38.9: Anlage 1b (Forsetzung)

Ipecacuanha (Brechwurzel)	Cephaelis ipecacuanha
	Cephaelis acuminata
Jakobskraut	Senecio jacobaea
Jalape	Ipomoea purga
Johanniskraut und seine Zubereitungen	Orale Darreichungsformen z. B. Tee, Frischpflanzensaft oder zur äußerlichen Anwendung als Öl
– ausgenommen in einer Tagesdosis bis zu 1 g Drogenequivalent und bis zu 1 mg Hyperforin sowie als Tee, Frischpflanzensaft oder ölige Zubereitungen zur äußeren Anwendung –	
Kaskarillabaum (Granatill)	Croton cascarilla
	Croton eluteria
Koloquinte	Citrullus colocynthis
Kreuzdornbeeren und seine Zubereitungen	
Krotonölbaum (Granatill)	Croton tiglium
Küchenschelle	Pulsatilla pratensis
Pulsatilla vulgaris	
Lebensbaum	Thuja occidentalis
Lobelien-Arten	
Maiglöckchen	Convallaria majalis
Meerzwiebel, weiße und rote	Urginea maritima
Mutterkorn	Secale cornutum
Nachtschatten, bittersüßer	Solanum dulcamara
Nieswurz, grüne	Helleborus viridis
Nieswurz, schwarze (Christrose)	Helleborus niger
Oleander	Nerium oleander
Pestwurz	Petasites
– ausgenommen Zubereitungen aus Pestwurzwurzelstock zum inneren Gebrauch, die in der Tagesdosis nicht mehr als 1 µg Pyrrolizidin-Alkaloide mit 1,2-ungesättigtem Necingerüst einschließlich ihrer N-Oxide enthalten –	
Physostigma-Arten	
Pilocarpus-Arten	
Rainfarn	Chrysanthemum vulgare
Rauwolfia	Rauvolfia serpentina
	Rauvolfia tetraphylla
	Rauvolfia vomitoria

Tab. 38.9: Anlage 1b (Fortsetzung)

Rhabarber	Rheum palmatum
	Rheum officinale
Sadebaum	Juniperus sabina
Scammonia	Convolvulus scammonia
Schlafmohn	Papaver somniferum
Schöllkraut	Chelidonium majus
Senna	Cassia angustifolia
	Cassia senna
Stechapfel-Arten (Datura)	
Stephansrittersporn	Delphinium staphisagria
Strophantus-Arten	
Strychnos-Arten	
Tollkirsche	Atropa bella-donna
Tollkraut-Arten (Scopolia)	
Wasserschierling	Cicuta virosa
Yohimbebaum	Pausinystalia yohimba

Zusätzlich dürfen die genannten Arzneimittel (Kap. 38.7.1) weder teilweise noch ausschließlich zur Beseitigung, Linderung oder Verhütung der im Folgenden genannten Krankheiten oder Leiden beim Menschen oder Tier bestimmt sein:

Tab. 38.10: Anlage 3

Anlage 3 (zu §§ 6, 7 Abs.1 Nr.4, Abs.2 Nr.1 und §8 Abs.1 Nr.4)	
A. Krankheiten und Leiden beim Menschen	B. Krankheiten und Leiden beim Tier
1. Im Infektionsschutzgesetz vom 20. Juli 2000 (BGBl. I S. 1045) aufgeführte, durch Krankheitserreger verursachte Krankheiten 2. Geschwulstkrankheiten 3. Krankheiten des Stoffwechsels und der inneren Sekretion, ausgenommen Vitamin und Mineralstoffmangel und alimentäre Fettsucht 4. Krankheiten des Blutes und der blutbildenden Organe, ausgenommen Eisenmangelanämie 5. organische Krankheiten a) des Nervensystems b) der Augen und der Ohren, ausgenommen Blenorrhoe-Prophylaxe c) des Herzens und der Gefäße, ausgenommen allgemeine Arteriosklerose und Frostbeulen d) der Leber und des Pankreas e) der Harn- und Geschlechtsorgane 6. Geschwüre des Magens und des Darms 7. Epilepsie 8. Geisteskrankheiten, Psychosen, Neurosen 9. Trunksucht 10. Komplikationen der Schwangerschaft, der Entbindung und des Wochenbetts 11. Krankheiten des Lungenparenchyms 12. Wurmkrankheiten 13. Krankhafte Veränderungen des Blutdrucks 14. Ernährungskrankheiten des Säuglings 15. Ekzeme, Schuppenflechte, infektiöse Hautkrankheiten	1. Übertragbare Krankheiten der Tiere, ausgenommen nach Viehseuchen rechtlichen Vorschriften nicht anzeigepflichtige ektoparasitäre und dermatomykotische Krankheiten 2. Euterkrankheiten bei Kühen, Ziegen und Schafen, ausgenommen die Verhütung der Übertragung von Euterkrankheiten durch Arzneimittel, die zum äußeren Gebrauch bestimmt sind und deren Wirkung nicht auf der Resorption der wirksamen Bestandteile beruht 3. Kolik bei Pferden und Rindern 4. Stoffwechselkrankheiten und Krankheiten der inneren Sekretionsorgane, ausgenommen Vitamin- und Mineralstoffmangel 5. Krankheiten des Blutes und der blutbildenden Organe 6. Geschwulstkrankheiten 7. Fruchtbarkeitsstörungen bei Pferden, Rindern, Schweinen, Schafen und Ziegen

Ausnahmen von der Krankheitsliste

Heilwässer, die teilweise oder ausschließlich zur Beseitigung, Linderung oder Verhütung von Krankheiten des Stoffwechsels und der inneren Sekretion sowie organischer Krankheiten der Leber und des Pankreas sowie der Harn- und Geschlechtsorgane bestimmt sind, dürfen unabhängig von den entsprechenden o.a. Krankheitsverboten außerhalb der Apotheken abgegeben werden (Anhang 3 § 7 Abs. 2 und § 8 Abs. 2).

Grundsätzlich gilt dieses Krankheitsverbot auch nicht für Heilerden, Bademoore, andere Peloide und Zubereitungen zur Herstellung von Bädern, wobei Voraussetzung ist, dass sie nicht im Reisegewerbe oder in Kleinpackungen im Einzelhandel in den Verkehr gebracht werden. Dies bedeutet, dass z.B. Badeeinrichtungen in Kurorten derartige „Kuren“ anbieten können, ohne gegen die Apothekenpflicht zu verstoßen. Dem Einzelhandel bleibt der Vertrieb derartiger Heilerden, Bademoore etc. grundsätzlich verwehrt.

Weiterhin gilt das Krankheitsverbot nicht für ausschließlich oder überwiegend zum äußeren Gebrauch bestimmte Desinfektionsmittel sowie Mund- und Rachendesinfektionsmittel.

Letztlich gilt der Krankheitskatalog auch nicht für Arzneimittel, die zur Verhütung von Krankheiten der Zierfische, Zier- oder Singvögel, Brieftauben, Terrarientiere, Kleinnagern, Frettchen oder nicht zur Gewinnung von Lebensmitteln dienenden Kaninchen bestimmt sind (Anhang 3 § 8 Abs. 2; s. auch Kap. 38.7.2, Heilmittel zur Anwendung bei Heimtieren und 38.7.3, Verbot bestimmter Anwendungsgebiete).

Apothekenpflicht bei bestimmten Arzneimittelwirkungen

Generell sind Arzneimittel, die teilweise oder ausschließlich zur Beseitigung oder Verhütung von Krankheiten oder Leiden bestimmt sind (§ 44 Abs. 1) sowie in § 44 Abs. 2 (Kap. 38.7.1, weitere Ausnahmen von der Apothekenpflicht) aufgeführt sind vom Verkehr außerhalb von Apotheken ausgeschlossen, wenn sie chemische Verbindungen sind, denen nach den Erkenntnissen der medizinischen Wissenschaft eine antibiotische, blutgerinnungsverzögernde, histaminwidrige, hormonartige, cholinergische oder adrenergische Wirkung auf den menschlichen oder tierischen Körper zukommt. Dies gilt gleichermaßen auch für Arzneimittel, denen solche chemische Verbindungen zugesetzt sind.

Apothekenpflicht bei bestimmten Darreichungsformen

Das Verbot der Freiverkäuflichkeit gilt ebenfalls für Arzneimittel, die als Injektions- oder Infusionslösungen, zur rektalen oder intrauterinen Anwendung, zur intramammären oder vaginalen Anwendung bei Tieren, als Implantate oder als Aerosole bis zu einer mittleren Teilchengröße von nicht mehr als 5 µm in den Verkehr gebracht werden.

38.7.5 Abgrenzung Freiverkäuflichkeit und Apothekenpflicht

Für die Entscheidung, welche Arzneimittel von der Apothekenpflicht befreit bzw. der Apothekenpflicht unterstellt werden, steht dem Bundesministerium für Gesundheit ein Sachverständigenausschuss zur Verfügung, der sich u.a. aus Vertretern der medizinischen und pharmazeutischen Wissenschaft sowie den beteiligten Wirtschaftskreisen, d.h. also auch Vertretern des Einzelhandels, zusammensetzt (§ 53).

38.7.6 Vertriebswege

Die mit den beschriebenen Ausnahmen (Kap. 38.7.1 und 38.7.2) für Arzneimittel im Einzelhandel generell geltende Abgabepflicht in Apotheken kann aus organisatorischen wie aus fachlichen Gründen nicht immer eingehalten werden. Würde der Vertriebsweg über die Apotheke in allen Fällen greifen, könnte z.B. ein pharmazeutischer Unternehmer seine Arzneimittel nicht an einen Großhändler liefern, der als wichtiger Verteilungspunkt dann die Apotheken oder auch sonstige Einzelhandelsgeschäfte versorgt. Aus diesem Grunde ist es in den folgenden Fällen ausdrücklich zugelassen, Arzneimittel ohne Beteiligung einer Apotheke direkt zu liefern, ohne dass hierdurch die Apothekenpflicht aufgehoben ist.

So dürfen pharmazeutische Unternehmer und Großhändler Arzneimittel auch an andere pharmazeutische Unternehmer und Großhändler abgeben (§ 47 Abs. 1 Nr. 1). Zudem dürfen pharmazeutische Unternehmer und Großhändler auch Krankenhäuser und Ärzte direkt beliefern, soweit es sich z. B. um Blutzubereitungen oder auch um Gewebezubereitungen oder tierisches Gewebe handelt. Mit dieser Regelung wird vermieden, dass diese sehr empfindlichen Produkte durch einen zu langen Lieferweg in ihrer Funktionsfähigkeit beeinträchtigt werden, zumal der Transport im gekühlten Zustand erfolgen muss.

Auch Infusionslösungen in Behältnissen ab 500 ml können vom pharmazeutischen Unternehmer z. B. direkt an Krankenhäuser geliefert werden. Dies hat ebenfalls praktische Gründe, da im Allgemeinen Infusionslösungen in Mengen angeliefert werden, die die räumlichen und organisatorischen Möglichkeiten einer Apotheke übersteigen (§ 47 Abs. 1 Nr. 2).

Weiterhin dürfen z. B. Krankenhäuser, Gesundheitsämter und Ärzte Impfstoffe, die für unentgeltliche und amtlich empfohlene Schutzimpfungen verwendet werden sollen, direkt vom Hersteller beziehen, was auch dann gilt, wenn z. B. Lebensgefahr besteht oder Akutmaßnahmen gegen eine Seuche ergriffen werden müssen (§ 47 Abs. 1 Nr. 3).

Da auch Tierärzte Hausapotheken betreiben und Arzneimittel an Halter der von ihnen behandelten Tiere direkt abgeben dürfen, ist es konsequenterweise gestattet, dass der pharmazeutische Unternehmer oder Großhändler Tierärzte auch direkt beliefern darf. Die Apotheke spielt dadurch im Bereich der apothekenpflichtigen Tierarzneimittel nicht die Rolle, wie bei Arzneimitteln zur Behandlung von Menschen (§ 47 Abs. 1 Nr. 6).

Gesundheitspolitisch ist wichtig, dass pharmazeutische Unternehmer Muster von Fertigarzneimitteln (Ärztemuster) nur auf schriftliche Anforderung zur Erprobung an Ärzte, Zahnärzte oder Tierärzte und nur bis zu zwei Stück der kleinsten Packungsgröße abgeben dürfen. Soweit es sich um nicht verschreibungspflichtige Arzneimittel handelt, dürfen Muster hiervon z. B. auch an Heilpraktiker oder Tierheilpraktiker abgegeben werden (§ 47 Abs. 3), jedoch auch nur auf schriftliche Anforderung. Pharmazeutische Unternehmer dürfen auch Pharmaberater (s. Kap. 38.15) beauftragen, Ärztemuster abzugeben. Ärztemuster müssen den Hinweis „unverkäufliches Muster“ tragen (Kap. 38.3.5; s. auch Kap. 39.6).

38.7.7 Verschreibungspflicht

Zum Schutz der Gesundheit von Mensch und Tier besteht für bestimmte Arzneimittel die Verschreibungspflicht. Dies bedeutet, dass die betreffenden Arzneimittel nur auf Vorlage einer Verschreibung eines Arztes, Zahnarztes oder Tierarztes in Apotheken abgegeben werden dürfen (§ 48).

Die Verschreibungspflicht ist eine Maßnahme des Gesetzgebers, die der Tatsache Rechnung trägt, dass vor allem stark wirksame Arzneimittel in ihrer ganzen Wirkungsbreite erst nach langer intensiver Überwachung erkannt werden können, wobei der Mitwirkung des Arztes, Zahnarztes oder Tierarztes eine besondere Bedeutung zukommt.

Für die Einführung der Verschreibungspflicht legt der Gesetzgeber eine Reihe von Voraussetzungen fest, (§ 48, Abs. 2), unter anderem Folgende:

Die Verschreibungspflicht gilt für alle solche Stoffe und Zubereitungen aus Stoffen, die hinsichtlich ihrer Wirkung in der medizinischen Wissenschaft nicht allgemein bekannt sind. Die Verschreibungspflicht wird also überall dort greifen, wo neue Wirkstoffe oder neue Gemische auch bekannter Wirkstoffe, als Arzneimittel in den Verkehr gebracht werden. Ausgenommen sind insoweit jedoch Zubereitungen aus Stoffen mit bekannten Wirkungen, soweit diese außerhalb der Apotheken abgegeben werden dürfen, also freiverkäuflich sind.

Ein Arzneimittel wird auch dann der Verschreibungspflicht unterstellt, wenn die Gefahr besteht, dass die Gesundheit von Mensch oder Tier auch bei bestimmungsgemäßem Gebrauch gefährdet werden kann, (§ 48, Abs. 2) was im Allgemeinen nicht von vornherein grundsätzlich auszuschließen ist. Mit zunehmender Anwendungsdauer eines Arzneimittels, d.h. mit immer größer werdender Zahl der Patienten und verschreibenden Ärzte werden die Erkenntnisse über die Eigenschaften des Arzneimittels immer besser und umfangreicher, so dass selbst nach langen Zeiten der Anwendung noch neue wichtige Erkenntnisse z.B. über unerwünschte Arzneimittelwirkungen, Gegenanzeigen oder Wechselwirkungen mit anderen Mitteln gewonnen werden können.

Eine weitere Möglichkeit, Arzneimittel der Verschreibungspflicht zu unterstellen, ist dann gegeben, wenn erkannt wird, dass bestimmte Arzneimittel häufig und erheblich missbräuchlich verwendet werden und dadurch die Gesundheit von Mensch oder Tier gefährdet werden kann. So wird immer wieder bekannt, dass apothekenpflichtige Arzneimittel, die bisher ohne ärztliche Verschreibung im Rahmen der Selbstmedikation erworben werden können, z.B. Schmerzmittel, missbräuchlich, auch in Verbindung mit Alkohol, eingenommen werden. Hier besteht also die Möglichkeit, die Verschreibungspflicht, d.h. die Kontrolle durch den Arzt einzuführen und damit auch die freie Verfügung durch Selbstmedikation zu beschränken.

Die Verschreibungspflicht für Arzneimittel kann auch wieder aufgehoben werden, wenn aufgrund der bei der Anwendung des Arzneimittels gemachten Erfahrungen die vorgenannten Voraussetzungen, wie z.B. Gefährdung der Gesundheit bei bestimmungsgemäßem Gebrauch oder missbräuchliche Verwendung in erheblichem Umfang, nicht mehr vorliegen.

Die Rechtsverordnung über die Verschreibungspflicht wird vom Bundesministerium für Gesundheit nach Anhörung von Sachverständigen erlassen (§ 53 Abs. 2).

38.7.8 Einzelhandel mit freiverkäuflichen Arzneimitteln (mit Sachkenntnis)

Jeder Einzelhändler, der mit freiverkäuflichen Arzneimitteln handeln will, muss entweder selbst einen Sachkenntnisnachweis erbringen oder eine beauftragte sachkundige Person nachweisen. Es können also nur solche Personen, die die erforderliche Sachkenntnis besitzen, für den Einzelhandel mit freiverkäuflichen Arzneimitteln außerhalb der Apotheken verantwortlich sein. Für Unternehmen, die mehrere Verkaufsstellen besitzen, also z.B. Ladenketten, bedeutet dies, dass in jeder Verkaufsstelle eine sachkundige Person vorhanden sein muss (§ 50 Abs. 1).

Die erforderliche Sachkenntnis besitzen solche Personen, die praktische und theoretische Kenntnisse über das ordnungsgemäße Abfüllen, Abpacken, Kennzeichnen, Lagern und Inverkehrbringen von freiverkäuflichen Arzneimitteln nachweisen (§ 50 Abs. 2).

Das Bundesministerium für Gesundheit hat hierzu eine Rechtsverordnung (s. Anhang 2) erlassen, in der im Einzelnen festgelegt ist, welchen Umfang die Sachkenntnis haben muss, was also unter „erforderlicher Sachkenntnis" zu verstehen ist.

Die erforderliche Sachkenntnis muss im Rahmen einer Prüfung nachgewiesen werden. Die Abnahme der Prüfungen obliegt in fast allen Bundesländern den Industrie- und Handelskammern.

Entsprechend der genannten Verordnung (Verordnung über den Nachweis der Sachkenntnis im Einzelhandel mit freiverkäuflichen Arzneimitteln) werden folgende Prüfungszeugnisse über eine abgeleistete berufliche Ausbildung als Nachweis der erforderlichen Sachkenntnis im Einzelhandel mit freiverkäuflichen Arzneimitteln anerkannt:

1. Zeugnis über ein abgeschlossenes Hochschulstudium der Pharmazie sowie der Chemie, Biologie, Human- oder Veterinärmedizin in Verbindung mit Nachweisen nach § 15 Abs. 2 AMG (Kap. 38.4.2),
2. Zeugnis über eine nach abgeschlossenem Hochschulstudium der Veterinärmedizin abgelegte Prüfung, soweit es sich um – freiverkäufliche – Tierarzneimittel handelt,
3. Zeugnis über die bestandene pharmazeutische Vorprüfung (Apothekerassistent),
4. Zeugnis über die bestandene Prüfung für den Beruf des pharmazeutisch-technischen Assistenten oder den Nachweis eines entsprechenden Ausbildungsstandes,
5. Zeugnis zum staatlich anerkannten Ausbildungsberuf als Drogist,
6. Zeugnis über die Abschlussprüfung für den Beruf des Apothekenhelfers.
7. Erlaubnisse als Pharmazieingenieur, Apothekenassistent, Pharmazeutischer Assistent oder Apothekenfacharbeiter, die nach den Vorschriften der ehemaligen Deutschen Demokratischen Republik erteilt worden sind (s. Anhang 2 § 10 Satz 2)

Den Nachweis der Sachkenntnis im Einzelhandel mit freiverkäuflichen Arzneimitteln hat auch erbracht, wer nachweist, dass er bis zum 1. 1. 1978 die Voraussetzungen der Sachkunde für den Einzelhandel mit Arzneimitteln nach den Vorschriften des Einzelhandelsgesetzes und der Verordnung über den Nachweis der Sachkunde für den Einzelhandel erfüllt hat (Kap. 38.4.4).

Dies bedeutet, dass z.B. nicht nur solche Personen, die die erforderliche Sachkunde im Zusammenhang mit einer Erlaubnis nach § 3 Abs. 3 Einzelhandelsgesetz nachgewiesen haben, als sachkundig zum Einzelhandel mit freiverkäuflichen Arzneimitteln auch im Sinne des Arzneimittelgesetzes gelten (Besitzstandswahrung), sondern auch solche Personen, die zwar keine Erlaubnis nach § 3 Abs. 3 Einzelhandelsgesetz besaßen, jedoch am 1. 1. 1978 die Voraussetzungen hierfür erfüllt haben, wie z.B. Angestellte.

Nach Auffassung des Deutschen Industrie- und Handelstages (DIHT), die seitens der Aufsichtsbehörde nicht unumstritten ist, hat den Nachweis der Sachkenntnis zum Einzelhandel mit freiverkäuflichen Arzneimitteln erbracht, wer am 1. 1. 1978

a) nach Ablegung der Kaufmannsgehilfenprüfung (Abschlussprüfung als Kaufmann, – z.B. Einzelhandelskaufmann –, Industriekaufmann, Abschlussprüfung als Verkäufer/Verkäuferin im Einzelhandel) eine praktische Tätigkeit von mindestens drei Jahren in einem Handelsbetrieb des entsprechenden Warenzweiges (freiverkäufliche Arzneimittel) ausgeübt hat oder
b) eine für den Handel in dem entsprechenden Warenzweig (freiverkäufliche Arzneimittel) anerkannte Prüfung abgelegt und danach eine praktische Tätigkeit von mindestens zwei Jahren in einem Handelsbetrieb des entsprechenden Warenzweiges (freiverkäufliche Arzneimittel) ausgeübt hat oder
c) nach Ablegen der Meisterprüfung in einem Handwerk oder der Baumeisterprüfung oder der Prüfung des Gewerbeleh-

rers oder des Landwirtschaftslehrers eine kaufmännische Tätigkeit von mindestens zwei Jahren in einem Betrieb des entsprechenden Warenzweiges (freiverkäufliche Arzneimittel) nachweist oder

d) eine mindestens fünfjährige kaufmännische Tätigkeit in einem Betrieb des entsprechenden Warenzweiges (freiverkäufliche Arzneimittel), davon eine zweijährige leitende Tätigkeit, nachweisen kann, als leitende Tätigkeit ist anzusehen
   - die Tätigkeit des Leiters eines gewerblichen Unternehmens oder seines Stellvertreters oder
   - die Tätigkeit des Leiters eines gewerblichen Unternehmens oder seines Unternehmens oder seines Stellvertreters oder
   - die Tätigkeit des Leiters einer Zweigniederlassung oder einer unselbständigen Zweigstelle eines gewerblichen Unternehmens oder seines Stellvertreters oder
   - eine Tätigkeit, die einer der vorgenannten Tätigkeiten an kaufmännischer und wirtschaftlicher Verantwortung entspricht) oder

e) die Sachkunde für den Einzelhandel mit freiverkäuflichen Arzneimitteln in einer besonderen Prüfung vor der von der höheren Verwaltungsbehörde errichteten und ihrer Aufsicht unterstehenden Stelle nachgewiesen hat (Prüfung vor der Industrie- und Handelskammer) oder

f) die Prüfungen des
   - Diplom-Volkswirtes,
   - Diplom-Kaufmannes (Diplom-Betriebswirts),
   - Diplom-Handelslehrers,
   - Wirtschaftsprüfers,
   - vereidigten Buchprüfers (Bücherrevisors),
   - Steuerberaters,
   - Helfers in Steuersachen

nachweist und eine kaufmännische Tätigkeit in einem Handelsbetrieb mit freiverkäuflichen Arzneimitteln ausübt oder mindestens zwei Jahre ausgeübt hat.

Auch Personen, die bis zum 1. 1. 1978 ein Zeugnis über ein abgeschlossenes Hochschulstudium der Chemie, Biologie, Medizin, Zahnmedizin oder Tiermedizin in Verbindung mit einer mindestens zweijährigen praktischen Tätigkeit in der Arzneimittelherstellung nachweisen können, haben die Sachkenntnis im Einzelhandel mit freiverkäuflichen Arzneimitteln erbracht.

Der Einzelhandel mit freiverkäuflichen Arzneimitteln ist vor Aufnahme dieser Tätigkeit bei der zuständigen Behörde anzuzeigen. Soweit Einzelhändler freiverkäufliche Arzneimittel zur unmittelbaren Abgabe an den Verbraucher in unveränderter Form umfüllen, abfüllen oder kennzeichnen, müssen sie die Bezeichnung und Zusammensetzung der Arzneimittel angeben. Nachträgliche Änderungen sind ebenfalls anzuzeigen (Kap. 38.7.11, 38.13).

38.7.9 Einzelhandel mit freiverkäuflichen Arzneimitteln (ohne Sachkenntnis)

Eine Sachkenntnis ist jedoch nicht erforderlich, wenn ein Einzelhändler außerhalb der Apotheken Fertigarzneimittel abgibt, die im Reisegewerbe (§ 51, Kap. 38.7.9) abgegeben werden dürfen. Dies gilt auch für ausschließlich zum äußeren Gebrauch bestimmte Desinfektionsmittel und Sauerstoff, ebenfalls jeweils als Fertigarzneimittel.

Ebenfalls keine Sachkenntnis ist erforderlich für die Abgabe von freiverkäuflichen Fertigarzneimitteln zur Verhütung von Schwangerschaften oder von Geschlechtskrankheiten beim Menschen. Hier kommen hauptsächlich Empfängnisverhütungsmittel in Frage, die als Gel, Schaum, Vaginal-Tabletten oder Vaginal-Zäpfchen in den Verkehr gebracht werden (§ 50 Abs. 3). Präservative fallen nicht unter das Arzneimittelgesetz; sie sind Medizinprodukte (Kap. 38.2.2).

Gleichfalls ohne Sachkenntnis dürfen freiverkäufliche Arzneimittel abgegeben werden, die ausschließlich zur Anwendung bei Zierfischen, Zier- oder Singvögeln, Brieftauben, Terrarientieren, Kleinnagern, Frettchen oder nicht der Gewinnung von Lebensmitteln dienenden Kaninchen bestimmt sind (§ 60 Abs. 1, Kap. 38.10.3).

38.7.10 Abgabe im Reisegewerbe

Außerhalb der Apotheke dürfen Arzneimittel nicht nur im Einzelhandel sondern, wie bereits erwähnt, auch im Reisegewerbe (§ 51) abgegeben werden. Während im Hinblick auf die Freiverkäuflichkeit von Arzneimitteln im Einzelhandel eine breite Palette besteht, erfährt die Abgabe von Arzneimitteln im Reisegewerbe aus verständlichen Gründen des Gesundheitsschutzes eine sehr enge Begrenzung.

Reisegewerbe ist das Feilbieten von Waren – hier Fertigarzneimittel – oder das Aufsuchen von Warenbestellungen außerhalb einer gewerblichen Niederlassung. Zum Reisegewerbe gehört der Verkauf an der Haustür (Aufsuchen von Bestellungen). Reisegewerbe kann auch im Rahmen von Jahrmärkten, Wochenmärkten und Volksfesten (Feilbieten) ausgeübt werden (Kap. 38.3.1).

Es dürfen nur folgende und soweit freiverkäufliche Fertigarzneimittel abgegeben werden: Pflanzen und Pflanzenteile – aber nicht als Mischungen – oder Presssäfte aus frischen Pflanzen oder Pflanzenteilen, wobei für die Gewinnung der Presssäfte nur Wasser als Lösungsmittel verwendet werden darf. Zudem dürfen diese Fertigarzneimittel nur mit den verkehrsüblichen deutschen Namen bezeichnet sein (z.B. Baldrianwurzel, Salbeiblätter, Leinsamen, Kamillenblüten, Krautsaft oder ähnliches; kein lateinischer Namen, keine Fantasiebezeichnungen!) und ihre Wirkungen müssen allgemein, d.h. nicht nur beim Arzt oder Apotheker, sondern auch bei jedermann bekannt sein (§ 51 Abs. 1 Nr. 1).

Weiterhin dürfen im Reisegewerbe vertrieben werden Heilwässer und deren Salze in ihren natürlichen Mischungsverhältnissen oder als Nachbildungen, d.h. künstlich hergestellt. Auch diese müssen als Fertigarzneimittel vorliegen, also im Voraus abgefüllt und beim Bundesinstitut für Arzneimittel und Medizinprodukte zugelassen sein (§ 51 Abs. 1 Nr. 2).

Es ist darauf hinzuweisen, dass die Tätigkeit eines Vertreters, der im Auftrag eines pharmazeutischen Unternehmers Einzelhändler zu Verkaufsgesprächen aufsucht, kein Reisegewerbe im Sinne dieser Bestimmung, auch wenn er die Ware sofort aushändigt.

38.7.11 Selbstbedienung mit Arzneimitteln

Eine heute in fast allen Bereichen des Einzelhandels übliche Verkaufsform von Waren ist die Selbstbedienung. Für Arzneimittel sind hierfür Regelungen getroffen (§ 52). Im Interesse der Arzneimittelsicherheit und der Gesundheit der Bevölkerung sind Arzneimittel als Waren besonderer Art jedoch nicht generell zur Selbstbedienung freigegeben.

Allgemein zur Selbstbedienung, also auch zum Automatenverkauf freigegeben sind Fertigarzneimittel, die im Reisegewerbe abgegeben werden dürfen, sowie freiverkäufliche Fertigarzneimittel, die ausschließlich als äußerlich anzuwendende Desinfektionsmittel im Verkehr sind, freiverkäufliche Arzneimittel zur Verhütung der Schwangerschaft oder von Geschlechtskrankheiten beim Menschen sowie Sauerstoff ebenfalls als Fertigarzneimittel (§ 52 Abs. 2 i.V. mit Abs. 1; Kap. 38.7.8).

Im Ergebnis sind auch zur Selbstbedienung – nicht aber zum Automatenverkauf – freiverkäufliche Arzneimittel zugelassen, die ausschließlich zur Anwendung bei Zierfischen, Zier- oder Singvögeln, Brieftauben, Terrarientieren, Kleinnagern, Frettchen oder nicht der Gewinnung von Lebensmitteln dienenden Kaninchen bestimmt sind (§ 60 Abs. 1 i. V. § 52 Abs. 3).

Für alle anderen Arzneimittel ist die Selbstbedienung in Einzelhandelsgeschäften nur dann zulässig, wenn dort eine Person mit der Sachkunde für den Einzelhandel mit freiverkäuflichen Arzneimitteln zur Verfügung steht (§ 52 Abs. 3). Zur Verfügung stehen bedeutet, dass eine sachkundige Person erreichbar ist, wenn ein Kunde hinsichtlich eines Arzneimittels, das er kaufen möchte, beraten werden will.

Für Filialbetriebe, die nach dem 1. 1. 1978 eröffnet wurden, muss jeweils eine sachkundige Person vorhanden sein (§ 50 Abs. 1).

Die Selbstbedienung mit freiverkäuflichen Arzneimitteln in den Betriebsräumen einer Apotheke ist ebenfalls zulässig (§ 52 Abs. 3).

Großhandel mit Arzneimitteln

Großhändler, die mit Arzneimitteln handeln, benötigen hierfür eine Erlaubnis. Dies betrifft alle Arzneimittelgroßhändler, Zwischenhändler und Importeure. Auch Einzelhändler benötigen eine Erlaubnis, wenn sie ggf. auch nur gelegentlich, Großhandel mit Arzneimittel betreiben.

Großhandel mit Arzneimitteln ist jede berufs- oder gewerbsmäßige zum Zwecke des Handeltreibens ausgeübte Tätigkeit, die in der Beschaffung, der Lagerung, der Abgabe oder Ausfuhr von Arzneimitteln besteht, mit Ausnahme der Abgabe von Arzneimitteln an andere Verbraucher als Ärzte, Tierärzte oder Krankenhäuser (§ 52a).

Einer Erlaubnis bedarf es nicht, wenn ein Großhandel mit Gasen für medizinische Zwecke oder Arzneimitteln betrieben wird, die im Reisegewerbe abgegeben werden dürfen (s. Kap. 38.7.9).

Erlaubnisbehörde ist die für den Sitz des Großhändlers zuständige Aufsichtsbehörde für das Arzneimittelgesetz.

38.8 Sicherung und Kontrolle der Qualität

38.8.1 Betriebsverordnungen

Die Arzneimittelsicherheit und damit auch die Qualität von Arzneimitteln wird von einer Vielzahl einzelner Faktoren maßgeblich beeinflusst. Hierzu gehören nicht nur eine ordnungsgemäße Herstellung und Prüfung von Arzneimitteln, sondern gleichermaßen auch eine sachgerechte Verpackung und Lagerung.

Das Bundesministerium für Gesundheit kann daher für Betriebe, in denen Arzneimittel entwickelt, hergestellt, geprüft, gelagert oder verpackt oder in den Verkehr gebracht werden, „Betriebsordnungen" erlassen (§ 54). Hierin können neben Anforderungen an die Arzneimittel selbst, auch Vorschriften über die Herstellung, Prüfung, Lagerung, Verpackung, Qualitätssicherung, den Erwerb, die Bereitstellung, die Bevorratung, das Inverkehrbringen und gleichermaßen auch über die Beschaffenheit, Größe und Einrichtung von Räumen erlassen werden. Es ist möglich, Hygieneanforderungen festzulegen. Auch die Beschaffenheit von Behältnissen, in denen Arzneimittel aufbewahrt werden, sowie deren Kennzeichnung, die Absonderung oder Vernichtung nicht verkehrsfähiger Arzneimittel können im Rahmen dieser Betriebsordnungen geregelt werden.

Ein besonderer Schwerpunkt der Betriebsordnungen ist die Übertragung der „Grundregeln der Weltgesundheitsorganisation für die Herstellung von Arzneimitteln und Sicherung ihrer Qualität" und entsprechender Regelwerke der Europäischen Union. Diese „Good Manufacturing Practices" (GMP) sollen bewirken, dass bei der Herstellung von Arzneimitteln bis zur Abgabe an den Verbraucher jede Tätigkeit in der Herstellung einschließlich der Umfüllung, des Abpackens und Kennzeichnens, wozu auch das Etikettieren gehört, mit der nötigen Sorgfalt durchgeführt wird. Im Rahmen dieser Zielsetzung werden in den GMP-Regeln Anforderungen an die Räume, die technische Ausrüstung, die Hygiene, die bei der Herstellung eingesetzten Stoffe und Materialien, die Herstellungsvorgänge selbst, die Prüfung der hergestellten Arzneimittel sowie deren Verpackung und Etikettierung gestellt.

Eine Betriebsordnung für Arzneimittelhersteller ist 2006 neu erlassen worden (Arzneimittel- und Wirkstoffherstellungsverordnung), eine weitere für Arzneimittelgroßhandelsbetriebe 1987. Es ist selbstverständlich, dass erforderlichenfalls auch für den Einzelhandel mit Arzneimitteln außerhalb der Apotheke über eine Betriebsordnung fachliche Regelungen getroffen werden können.

38.9 Arzneibuch

Das „Arzneibuch" ist eine Sammlung anerkannter pharmazeutischer Regeln über die Qualität, Prüfung, Lagerung, Abgabe und Bezeichnung von Arzneimitteln (§ 55). Es besteht aus einem „Deutschen Arzneibuch" (DAB), einem „Europäischen Arzneibuch" (Ph. Eur.) und einem Homöopathischen Arzneibuch (HAB)" und enthält auch Regeln für die Beschaffenheit von Behältnissen und Umhüllungen. Das „Arzneibuch" wird von den zuständigen Bundesoberbehörden (Bundesinstitut für Arzneimittel und Medizinprodukte, Paul-Ehrlich-Institut, Bundesamt für Lebensmittelsicherheit und Verbraucherschutz) im Bundesanzeiger bekannt gemacht.

Die Regeln des Arzneibuchs werden von der Deutschen Arzneibuch-Kommission oder der Europäischen Arzneibuch-Kommission beschlossen. Entsprechendes gilt für homöopathische Arzneimittel, für die die Deutsche Homöopathische Arzneibuch-Kommission die anerkannten pharmazeutischen Regeln beschließt. Beide Kommissionen sind beim Bundesinstitut für Arzneimittel und Medizinprodukte gebildet. Die Europäische Arzneibuchkommission hat ihren Sitz beim Europarat in Straßburg.

Grundsätzlich dürfen Arzneimittel nur hergestellt und abgegeben werden, wenn sie den für sie geltenden Regeln des Arzneibuches entsprechen. Also auch der Einzelhändler, der freiverkäufliche Arzneimittel abgibt, ist an die Vorschriften des Arzneibuches gebunden.

38.10 Sondervorschriften für Tierarzneimittel

Es liegt im Interesse des Verbrauchers, dass der Gesetzgeber zwischen Arzneimitteln unterscheidet, die bei Tieren zur Anwendung kommen, die nicht zur Gewinnung von Lebensmitteln dienen und solchen, die bei Tieren zur Anwendung kommen, die zu Lebensmitteln weiterverarbeitet werden oder die Lebensmittel produzieren. Hierzu zählen Rinder, Schweine, Schafe, Geflügel, essbares Wild und z.B. Hühner (Eier), Bienen (Honig), Kühe (Milch).

38.10.1 Fütterungsarzneimittel

Eine besondere Form von Arzneimitteln, die zur Anwendung bei Tieren bestimmt sind, sind die sogenannten „Fütterungsarzneimittel“ (§ 56). Fütterungsarzneimittel (§ 4 Abs. 10) sind definiert als Arzneimittel in verfütterungsfertiger Form, die aus Arzneimittel-Vormischungen und Mischfuttermitteln hergestellt werden und die dazu bestimmt sind, zur Anwendung bei Tieren in den Verkehr gebracht zu werden. Sie setzen sich zusammen aus einer sogenannten „Vormischung“ (§ 4 Abs. 11 – Arzneimittel, das dazu bestimmt ist, zur Herstellung von Fütterungsarzneimitteln verwendet zu werden) und einem „Mischfuttermittel“, in das die „Vormischung“ eingearbeitet wird. Die Einarbeitung erfolgt auf Verschreibung eines Tierarztes, wobei dies in der Regel bei einem Mischfuttermittelhersteller erfolgt. Dieser Betrieb benötigt eine Herstellungserlaubnis (§ 13) und trägt als pharmazeutischer Unternehmer die arzneimittelrechtliche Verantwortung.

Die Vormischung und das Mischfuttermittel müssen füreinander bestimmt sein, d.h. es ist im Einzelnen bei der Zulassung der Vormischung festgelegt, in welche Mischfuttermittel es eingearbeitet werden darf.

38.10.2 Erwerb apothekenpflichtiger Tierarzneimittel

Ein Tierhalter darf nicht freiverkäufliche, d.h. apothekenpflichtige, Arzneimittel zur Anwendung bei Tieren in der Apotheke und bei dem den Tierbestand behandelnden Tierarzt erwerben.

Auch sogenannte Tierheilpraktiker unterliegen dieser Vorschrift. Sie dürfen nicht freiverkäufliche Arzneimittel zur Anwendung an Tieren ebenfalls nur in Apotheken erwerben (§ 57). Der Erwerb bei Tierärzten scheidet aus, da Tierärzte nicht freiverkäufliche Arzneimittel nur an Halter der von ihnen behandelten Tiere abgeben dürfen.

Soweit Arzneimittel bei Tieren angewandt werden, die der Gewinnung von Lebensmitteln dienen, müssen sie für die Anwendung bei solchen Tieren besonders zugelassen sein (§ 58).

38.10.3 Ausnahmeregelungen für Arzneimittel zur Anwendung bei Heimtieren

Es sei in diesem Zusammenhang nochmals darauf hingewiesen, dass Arzneimittel ausschließlich zur Anwendung bei Zierfischen, Zier- oder Singvögeln, Brieftauben, Terrarientieren, Kleinnagern, Frettchen oder nicht zur Gewinnung von Lebensmitteln dienenden Kaninchen soweit sie keine verschreibungspflichtigen Bestandteile enthalten, freiverkäuflich sind (Kap. 38.7.2) und im Einzelhandel auch ohne den Sachkundennachweis für den Einzelhandel mit freiverkäuflichen Arzneimitteln abgegeben werden dürfen. Auch die Abgabe dieser Arzneimittel in Form der Selbstbedienung ist zulässig, ohne dass eine sachkundige Person zur Verfügung steht (Kap. 38.7.9). Der Verkauf mittels Automaten ist jedoch verboten. Zusätzlich bedürfen derartige Arzneimittel auch dann keiner Zulassung durch das Bundesinstitut für Arzneimittel und Medizinprodukte, wenn sie als Fertigarzneimittel in den Verkehr gebracht werden (§ 60 Abs. 1).

Der Gesetzgeber hat sich jedoch die Möglichkeit vorbehalten, derartige Arzneimittel der Zulassungspflicht zu unterstellen, soweit eine Gesundheitsgefährdung zu befürchten ist.

Die Herstellung dieser Arzneimittel kann ebenfalls unter erleichterten Bedingungen erfolgen: Für die verantwortliche Person ist eine zweijährige praktische Tätigkeit in der Arzneimittelprüfung nicht erforderlich (§ 60 Abs. 2, s. auch Kap. 38.4.2).

38.11 Beobachtung, Sammlung und Auswertung von Arzneimittelrisiken

Da mit einer immer längeren und breiteren Anwendung von Arzneimitteln bei Mensch und Tier zunehmend neue Erfahrungen verbunden sind, die auch zu Erkenntnissen über zum Teil bis dahin unbekannte Risiken, wie Nebenwirkungen oder Wechselwirkungen mit anderen Mitteln (Arzneimittel und Lebensmittel) führen können, hat das Bundesinstitut für Arzneimittel und Medizinprodukte in Bonn die Aufgabe, alle mit Arzneimitteln verbundenen Risiken zentral zu erfassen, auszuwerten und die gegebenenfalls erforderlichen Maßnahmen zu koordinieren.

Das Bundesinstitut für Arzneimittel und Medizinprodukte hat dabei die Aufgabe, mit Einrichtungen der Weltgesundheitsorganisation (WHO), den Arzneimittelbehörden anderer Länder, mit den Gesundheits- und Veterinärbehörden in Deutschland, den Arzneimittelkommissionen der Kammern der Heilberufe sowie sonstigen Stellen, die Arzneimittelrisiken erfassen, zusammenzuarbeiten (§ 62).

Arzneimittelkommissionen der Heilberufe, die sich mit der Erfassung von Arzneimittelrisiken befassen, bestehen bei den Ärzten, Zahnärzten, Tierärzten, Apothekern und Heilpraktikern.

Zu den sonstigen Stellen, die sich mit der Erfassung von Arzneimittelrisiken befassen, ist z. B. die Arzneimittelkommission zu zählen, die die Verbände der Pharmazeutischen Industrie eingerichtet haben.

Eine bundeseinheitliche Verwaltungsvorschrift (Stufenplan) regelt die Zusammenarbeit aller beteiligten Behörden und Institutionen. Es werden für verschiedene Gefahrenstufen jeweils die zu ergreifenden Maßnahmen näher festgelegt (§ 63).

Eine Gefahrenstufe richtet sich nach Art und Umfang des festgestellten Arzneimittelrisikos. Werden etwa Arzneimittelnebenwirkungen festgestellt, die zu einer Beeinträchtigung der Gesundheit führen können, sind andere Maßnahmen zu veranlassen, als z. B. bei einer Arzneimittelverwechslung bei einem Hersteller, der die Charge eines Arzneimittels mit falscher Beschriftung versehen hat. Die hier zu veranlassenden Maßnahmen unterscheiden sich wiederum von denen, die zu ergreifen sind, wenn etwa ein Einzelhändler einem Verbraucher ein falsches Arzneimittel abgibt.

Pharmazeutische Unternehmer (Kap. 38.3.4) haben gegenüber der Aufsichtsbehörde (Kap. 38.12) eine Person zu benennen, die für die Sammlung und Bewertung von Arzneimittelrisiken sowie deren Meldung an das Bundesinstitut für Arzneimittel und Medizinprodukte verantwortlich ist (Stufenplanbeauftragter, § 63 a). Soweit Einzelhändler Arzneimittel ohne Erlaubnis herstellen dürfen (Kap. 38.4.1), unter ihrem Namen in den Verkehr bringen, ist ein Stufenplanbeauftragter nicht zu benennen (§ 63 a Abs. 1).

38.12 Überwachung des Arzneimittelverkehrs

Wenn der Gesetzgeber eine Vielfalt von Anforderungen stellt, so muss er auch dafür Sorge tragen, dass die Einhaltung dieser Anforderungen überwacht wird. Die Überwachung der Durchführung der arzneimittelrechtlichen Vorschriften obliegt den Ländern, in denen in der Regel jeweils die mittlere Verwaltungsebene (Bezirksregierung, Regierungspräsidien), in den Stadtstaaten die Gesundheitssenatoren und im Saarland das Gesundheitsministerium, die für die Überwachung zuständigen Behörden sind. In Nordrhein-Westfalen liegt die Zuständigkeit für die Überwachung des Einzelhandels mit freiverkäuflichen Arzneimitteln bei den Gesundheitsämtern (Amtsapotheker), in Schleswig-Holstein bei den Landräten oder Bürgermeistern der kreisfreien Städte als Kreisgesundheitsbehörde. In Rheinland-Pfalz ist das Landesamt für Jugend und Soziales die zuständige Überwachungsbehörde; geplant ist eine Zuständigkeitsverlagerung auf die Landkreise und kreisfreien Städte.

Der Überwachung unterliegen alle Betriebe und Einrichtungen, in denen Arzneimittel hergestellt, geprüft, gelagert, verpackt, in den Verkehr gebracht werden oder in denen sonst Arzneimittelhandel (z. B. Handelsagenturen) betrieben wird (§ 64 Abs. 1). Dies bedeutet, dass nicht nur pharmazeutische Unternehmer, der Arzneimittelhersteller oder ein Kontrolllabor für Arzneimittel der Überwachung unterliegen, sondern auch der pharmazeutische Großhändler und der Einzelhändler. Dies wiederum bezieht sich sowohl auf die Apotheke als auch auf die Drogerie, das Reformhaus, das Zoofachgeschäft so-wie den sonstigen Einzelhandel mit Arzneimitteln, z. B. in Lebensmittelgeschäften oder Großmärkten.

Die Herstellung, Prüfung, Lagerung, Verpackung oder das Inverkehrbringen von Wirkstoffen sowie die Entwicklung von Wirkstoffen (§ 4 Abs. 19) unterliegen der Überwachung, soweit sie durch Rechtsverordnung nach § 54 (Kap. 38.8) geregelt ist.

Die zuständige Behörde hat nicht nur auf die Einhaltung der Vorschriften des Arzneimittelgesetzes zu achten, sondern auch die Werbung auf dem Gebiet des Heilwesens zu überprüfen (§ 64 Abs. 3).

Zur Wahrnehmung der Überwachungsaufgaben werden Besichtigungen (s. Anhang 5) durchgeführt, die in der Regel alle zwei Jahre vorgenommen werden sollen. Hierbei können die mit der Überwachung beauftragten Personen – im Allgemeinen der pharmazeutische Referent der zuständigen Behörde – im Rahmen ihrer Tätigkeit zu den üblichen Geschäftszeiten die Geschäfts- und Betriebsräume und, falls Gefahr im Verzug ist, auch die Wohnräume betreten. Insoweit wird das Grundrecht auf Unverletzlichkeit der Wohnung eingeschränkt (§ 64 Abs. 4 Nr. 1).

Bei Besichtigungen können Unterlagen über die Herstellung, Prüfung, den Erwerb, die Lagerung und das Inverkehrbringen eingesehen werden. Dies bezieht sich auch auf das im Verkehr befindliche Werbematerial (§ 64 Abs. 4 Nr. 2). Soweit der zur Auskunft Verpflichtete sich selbst durch Aussagen belasten muss, kann er die Beantwortung von Fragen verweigern (§ 64 Abs. 5).

Im Rahmen der von der Aufsichtsbehörde durchgeführten Besichtigungen kann der Überwachungsbeamte gegen Empfangsbescheinigung auch Proben zum Zwecke der Untersuchung entnehmen (§ 65). Die Proben können zum einen als Verdachtsproben entnommen werden, d.h. wenn sie den Anschein erwecken, dass sie gegebenenfalls in ihrer pharmazeutischen Qualität beeinträchtigt und dadurch nicht mehr verkehrsfähig sind (siehe Kap. 38.3.3) oder als Planproben, d.h. Routineproben entnommen werden. Die analytische Überprüfung dieser Arzneimittelproben wird in den Arzneimittelprüfstellen der Länder, die sich überwiegend in einem chemischen Untersuchungsamt eines Bundeslandes befinden, durchgeführt. Teilweise sind mehrere Bundesländer Träger einer gemeinsamen Prüfstelle.

Soweit eine Arzneimittelprobe bei einem pharmazeutischen Unternehmer entnommen wird, ist diesem, es sei denn, er verzichtet ausdrücklich darauf, ein Teil der Probe amtlich verschlossen zurückzulassen (§ 65 Abs. 1). Dies hat den Grund, dass im Falle einer Beanstandung der pharmazeutische Unternehmer diese „Gegenprobe" durch einen privaten Sachverständigen, der behördlich bestellt sein muss (§ 65 Abs. 4), begutachten lassen kann. Soweit ein Einzelhändler freiverkäufliche Arzneimittel unter seinem Namen in den Verkehr bringt, ist er pharmazeutischer Unternehmer (Kap. 38.3.4, 38.4.1).

Wird bei einem Einzelhändler ein Fertigarzneimittel eines anderen pharmazeutischen Unternehmers als Probe entnommen – dies ist im Einzelhandel der Regelfall – ist durch diesen pharmazeutischen Unternehmer eine angemessene Entschädigung zu leisten, soweit der Einzelhändler nicht ausdrücklich darauf verzichtet hat (§ 65 Abs. 3). Wichtig ist der Hinweis, dass derjenige, der der Überwachung nach dem Arzneimittelgesetz durch die zuständige Behörde unterliegt, verpflichtet ist, die Besichtigung als solche nicht nur zu dulden, sondern die in der Überwachung tätigen Personen bei ihrer Tätigkeit zu unterstützen (§ 66). Dies bezieht sich vor allem darauf, dass das Betreten der Geschäftsräume ermöglicht wird, dass Behältnisse geöffnet und Auskünfte erteilt werden sowie die Entnahme von Proben ermöglicht wird.

Über eine Besichtigung wird eine Niederschrift erstellt, in der evtl. auch Beanstandungen festgehalten werden.

Werden bei der Besichtigung der Betriebsräume oder bei der Untersuchung der entnommenen Arzneimittelprobe Beanstandungen festgestellt, so kann die zuständige Behörde zur Beseitigung der festgestellten Verstöße und zur Verhütung künftiger Verstöße die notwendigen Anordnungen treffen (§ 69).

So kann z.B. das Inverkehrbringen eines Arzneimittels untersagt werden, wenn die erforderlichen Qualitätskontrollen nicht durchgeführt worden sind (§ 69 Abs. 1, Nr. 5). Dies kann solche Einzelhändler betreffen, die als pharmazeutische Unternehmer Arzneimittel unter ihrem Namen in den Verkehr bringen. Hierzu zählen vor allem solche Personen, die eine Erlaubnis zur Herstellung von Arzneimitteln nach § 53 Arzneimittelgesetz 1961 (z.B. Drogisten) besaßen und im Rahmen der Besitzstandswahrung auch nach dem jetzt gültigen Arzneimittelgesetz bis auf weiteres im bisherigen Umfang Arzneimittel herstellen dürfen (Kap. 38.4.4).

Neben anderen Maßnahmen können die zuständigen Behörden auch Werbematerial, das den Vorschriften über den Verkehr mit Arzneimittel und über die Werbung auf dem Gebiet des Heilwesens (Kap. 2 und Anhang 4) nicht entspricht, sicherstellen (§ 69 Abs. 3).

38.13 Anzeigepflicht für Einzelhändler

Betriebe, die Arzneimittel herstellen, prüfen, lagern, verpacken oder in den Verkehr bringen, also auch Einzelhandelsgeschäfte, haben ihre Tätigkeit der zuständigen Überwachungsbehörde (Kap. 38.12) anzuzeigen. Dies hat vor Aufnahme der Tätigkeit zu erfolgen. Bei der Anzeige ist anzugeben, um welche Art der Tätigkeit es sich handelt, ob z. B. Arzneimittel hergestellt oder umgefüllt und abgepackt werden oder ob sie nur abgegeben werden, sowie die Betriebsstätte, also etwa die Geschäftsräume des Einzelhandels.

Einzelhändler, die beabsichtigen, Arzneimittel in unveränderter Form zur unmittelbaren Abgabe an den Verbraucher umzufüllen, abzupacken oder zu kennzeichnen, haben hierbei die Arzneimittel mit ihrer Bezeichnung und Zusammensetzung anzugeben.

Selbstverständlich sind im Nachgang zu dieser Tätigkeitsanzeige auch Änderungen bekannt zu geben, so z. B., wenn ein sachkundiger Einzelhändler das Arzneimittelsortiment, das von ihm in unveränderter Form zur unmittelbaren Abgabe an den Verbraucher umgefüllt, abgepackt oder gekennzeichnet wird, erweitert.

Der Anzeigepflicht unterliegt auch die Arzneimittelabgabe im Reisegewerbe, der Großhandel mit Arzneimitteln sowie das Sammeln von Arzneimitteln, z. B. durch gemeinnützige Organisationen.

Nicht anzeigepflichtig sind Apotheken – ausgenommen tierärztliche Hausapotheken – und Inhaber einer Erlaubnis zur Herstellung von Arzneimitteln (Kap. 38.7.11).

▶ **Hinweis**

Zu beachten ist die zusätzliche Anzeigepflicht gegenüber dem Bundesinstitut für Arzneimittel und Medizinprodukte bei Nutzung einer Standardmonographie (s. Kap. 38.5.6).

38.14 Einfuhr von Arzneimitteln

Das Arzneimittelgesetz regelt nicht nur den Verkehr mit den Arzneimitteln, die im Geltungsbereich des Gesetzes, also in Deutschland, hergestellt und in den Verkehr gebracht werden, sondern auch die Einfuhr von Arzneimitteln aus dem Ausland (§§ 72–74). Aufgrund der Zugehörigkeit von Deutschland zur Europäischen Union, innerhalb der durch entsprechende Richtlinien einheitliche Voraussetzungen gegeben sind, wird hierbei zwischen Arzneimitteln, die aus EU-Staaten kommen, und solchen, die aus Nicht-EU-Staaten, den sogenannten Drittländern eingeführt werden, unterschieden.

Soweit Fertigarzneimittel aus Drittländern eingeführt werden sollen, muss der Importeur hierzu eine Erlaubnis beantragen (§ 72 Abs. 1), die von ähnlichen Voraussetzungen abhängig ist wie bei der Arzneimittelherstellung (Kap. 38.4). Zudem muss sichergestellt sein, dass Arzneimittel entsprechend anerkannten Grundregeln für die Herstellung von Arzneimitteln und die Sicherung ihrer Qualität, insbesondere der Europäischen Gemeinschaften und der Weltgesundheitsorganisation, hergestellt worden sind (§ 72 a). Soweit Arzneimittel aus Mitgliedstaaten der Europäischen Union verbracht werden, ist ein Nachweis hierfür nicht erforderlich.

Bei der Herkunft von Arzneimitteln aus EU-Staaten muss der Empfänger pharmazeutischer Unternehmer, Großhändler oder Tierarzt sein oder eine Apotheke betreiben (§ 73 Abs. 1).

Zusätzlich muss grundsätzlich sichergestellt sein, dass die importierten Arzneimittel, soweit sie der Pflicht zur Zulassung oder Registrierung unterliegen, zum Verkehr in der Bundesrepublik Deutschland zugelassen bzw. registriert (homöopathische Arzneimittel, traditionelle pflanzliche Arzneimittel) sind.

Der Einzelhändler kann demnach nur dann Arzneimittel aus einem Nicht-EU-Staat (Drittland) direkt einführen, wenn er die o.g. Erlaubnis besitzt oder – bei EU-Importen – selbst pharmazeutischer Unternehmer ist, also Arzneimittel unter seinem Namen in den Verkehr bringt.

Von den einschränkenden Bestimmungen über die Einfuhr von Arzneimitteln ausgenommen sind solche Arzneimittel, die im Einzelfall in geringen Mengen zur Arzneimittelversorgung von Tieren, z.B. bei Tierschauen oder Turnieren, bestimmt sind, sowie solche Arzneimittel, die bei der Einreise zum persönlichen Bedarf mitgeführt werden. Auch dürfen Arzneimittel, die in einem EU-Mitgliedstaat zum Verkehr zugelassen sind, aus diesem Staat in einer dem üblichen persönlichen Bedarf entsprechenden Menge bezogen werden (§ 73 Abs. 2).

Hinweis

Verboten ist, gefälschte Arzneimittel oder gefälschte Wirkstoffe nach Deutschland einzuführen (§ 73 Abs. 1b; s. auch Kap. 38.3.3).

Die Einfuhr nicht zugelassener Fertigarzneimitteln darf nur über Apotheken auf ärztliche Verschreibung und besondere Bestellung in geringen Mengen für einzelne Personen erfolgen (§ 73 Abs. 3). Soweit ausländische Ärzte und Tierärzte ihren Beruf im kleinen Grenzverkehr in der Bundesrepublik Deutschland ausüben, dürfen sie nur solche Arzneimittel mitführen, d.h. einführen, die zum Verkehr in der Bundesrepublik Deutschland zugelassen sind (§ 73 Abs. 5).

Bei der Einfuhr von Arzneimitteln haben die Zolldienststellen mitzuwirken. Sie können im Interesse der Arzneimittelsicherheit bei Verdacht von Verstößen gegen Verbote und Beschränkungen des Arzneimittelgesetzes Sendungen anhalten und veranlassen, dass diese den zuständigen Behörden (in der Regel Bezirksregierungen, Regierungspräsidien; s. auch Kap. 38.12) vorgeführt werden (§ 74).

Hinweis

Zu beachten ist in allen Fällen das Verbot, gefälschte Arzneimittel oder gefälschte Wirkstoffe nach Deutschland zu verbringen (§ 73 Abs. 1b).

38.15 Informationsbeauftragter, Pharmaberater

Pharmazeutische Unternehmer (Kap. 38.3.4) haben gegenüber der Aufsichtsbehörde eine Person zu benennen, die für die wissenschaftliche Information über die in den Verkehr gebrachten Fertigarzneimittel verantwortlich ist (Informationsbeauftragter, § 74 a). Der Informationsbeauftragte ist insbesondere dafür verantwortlich, dass das Verbot der Irreführung (Verbote zum Schutz vor Täuschung, Kap. 38.3.3) beachtet wird und die Kennzeichnung (Kap. 38.3.5), die Packungsbeilage (Kap. 38.3.6), die Fachinformation (Kap. 38.3.7) und die Werbung (Kap. 39 und Anhang 4) mit dem Inhalt der Zulassung (Kap. 38.3.4) oder Registrierung (Kap. 38.5.7) übereinstimmen.

Im Arzneimittelgesetz sind auch die Tätigkeit des Pharmaberaters und dessen Berufspflichten geregelt (§§ 75, 76).

Der Pharmaberater (Ärztebesucher) hat zunächst die Aufgabe, Angehörige der Heilberufe, das sind Ärzte, Zahnärzte, Tierärzte, Heilpraktiker und Apotheker, über Arzneimittel zu informieren. Selbstverständlich geschieht diese Arzneimittelinformation primär in Bezug auf Produkte des pharmazeutischen Unternehmers, für den der Pharmaberater tätig ist.

Neben dieser Funktion der Information, zu der auch die Aushändigung der Fachinformation (Kap. 38.3.7) gehört, hat der Pharmaberater die sehr wichtige Aufgabe, Mitteilungen über Nebenwirkungen und Gegenanzeigen oder sonstige Risiken bei Arzneimitteln, über die er bei seinem Informationsgespräch Kenntnis erlangt, schriftlich aufzunehmen und seinem pharmazeutischen Unternehmer mitzuteilen (§ 76 Abs. 1). Zudem kann der Pharmaberater im Auftrag des pharmazeutischen Unternehmers auf schriftliche Anforderung an den genannten Personenkreis Muster von Arzneimitteln zur Erprobung abgeben (Kap. 38.7.5).

Über Art, Umfang und Zeitpunkt der Abgabe von Ärztemustern hat der Pharmaberater Nachweise zu führen und diese auf Verlangen der zuständigen Behörde vorzulegen (§ 76 Abs. 2).

Die Tätigkeit als Pharmaberater ist – entsprechend der des Einzelhändlers – ebenfalls an eine Sachkenntnis gebunden (§ 75). Diese besitzen Personen, die ein Hochschulstudium abgeschlossen haben (Pharmazie, Chemie, Biologie, Medizin) sowie Personen mit einer Ausbildung als technische Assistenten in den Heilberufen. Daneben können Personen mit einer naturwissenschaftlichen, medizinischen oder einschlägigen kaufmännischen Ausbildung über eine spezielle Fortbildung den Beruf des „Geprüften Pharmareferenten“ erlernen und mit dieser geschützten Berufsbezeichnung als Pharmaberater tätig sein. Schließlich kann die zuständige Behörde (Kap. 38.12) eine abgelegte Prüfung oder abgeschlossene Ausbildung als ausreichend anerkennen, die einer der vorgenannten Ausbildungen mindestens gleichwertig ist.

38.16 Preisgestaltung

Die Abgabepreise von apothekenpflichtigen Arzneimitteln sind für Apotheken, Großhandlungen und Tierärzte in der Arzneimittelpreisverordnung festgelegt (§ 78).

Demgegenüber unterliegen Arzneimittel, die auch außerhalb der Apotheken abgegeben werden können, also solche, die freiverkäuflich sind, keiner Preisregelung. In allen Einzelhandelsgeschäften, Drogerien und Großmärkten – und auch Apotheken – können die Preise insoweit frei kalkuliert werden. Dies führt ohne Zweifel dazu, dass derjenige, der Arzneimittel in großen Mengen umsetzt, dem Endverbraucher günstigere Konditionen einräumen kann als derjenige, der sich auf kleine Abgabemengen beschränken muss. Eine gesetzliche Regelung ist ebenfalls nicht getroffen für die Preise, die der pharmazeutische Unternehmer bei der Abgabe z. B. an Großhändler oder Apotheken erhebt.

38.17 Haftung für Arzneimittelschäden

Für Arzneimittel, die der Zulassungspflicht unterliegen oder von dieser durch Rechtsverordnung befreit wurden, besteht eine sogenannte Gefährdungshaftung (§ 84 ff.). Schon länger besteht eine Gefährdungshaftung bereits im Bahn-, Bus- und Flugverkehr, d.h., der Betreiber dieser Verkehrsmittel muss im Interesse der Benutzer eine Versicherung abschließen, die bei Unglücksfällen den betroffenen Insassen bzw. deren Angehörigen zugute kommt und zwar unabhängig davon, ob der Betreiber schuldhaft gehandelt hat oder nicht. Auch ein pharmazeutischer Unternehmer, der Fertigarzneimittel in den Verkehr bringt, haftet für Schäden, die bei bestimmungsgemäßem Gebrauch seiner Arzneimittel beim Menschen entstehen. Dies gilt selbstverständlich auch dann, wenn ein Mensch durch ein Arzneimittel zu Tode kommt.

Die Ersatzpflicht besteht, wenn die Schädigung bei bestimmungsgemäßem Gebrauch des Arzneimittels ein nach den Erkenntnissen der medizinischen Wissenschaft vertretbares Maß überschreitet oder wenn die Schädigung in Folge einer nicht den Erkenntnissen der medizinischen Wissenschaft entsprechenden Kennzeichnung, Fachinformation oder Gebrauchsinformation eingetreten ist (§ 84 Abs. 1).

Wenn also die Schädigung eines Menschen durch missbräuchliche Anwendung des Arzneimittels entsteht, haftet der pharmazeutische Unternehmer nicht.

Der Ersatzpflichtige haftet in dem Fall, dass ein Mensch verletzt oder getötet wird bis zu einem Kapitalbetrag von 600 000 Euro oder bis zu einem Rentenbetrag von jährlich 36 000,– Euro (§ 88 Nr. 1). Werden mehrere Menschen verletzt oder getötet, haftet der Ersatzpflichtige bis zu einem Kapitalbetrag von 120 Mio. Euro oder bis zu einem Rentenbetrag von jährlich 7,2 Mio. Euro (§ 88 Nr. 2).

Um seiner Verpflichtung nachzukommen, muss der pharmazeutische Unternehmer eine Haftpflichtversicherung bei einem in Deutschland zum Geschäftsbetrieb befugten Versicherungsunternehmen abschließen oder eine Freistellungs- oder Gewährleistungsverpflichtung eines inländischen Kreditinstituts oder eines Kreditinstituts eines anderen EU-Mitgliedsstaates beibringen (§ 94).

Jeder Einzelhändler, der – sachkundig – z.B. im Voraus Arzneimittel in unveränderter Form zur unmittelbaren Abgabe an den Verbraucher umfüllt, abpackt oder kennzeichnet und diese dann unter seinem Namen in den Verkehr bringt, unterliegt dieser Haftungsregelung. Dies gilt gleichermaßen, z.B. für Baldriantropfen, Pfefferminztee, Franzbranntwein oder Ähnliches wie für freiverkäufliche Fertigarzneimittel, die durch einen Auftragshersteller (Lohnhersteller) für einen Einzelhändler hergestellt werden.

Freiverkäufliche Arzneimittel, die der Einzelhändler nicht als Fertigarzneimittel vorrätig hält, sondern erst auf Wunsch dem Kunden abfüllt – z.B. Kamillenblüten, Leinsamen, Baldriantropfen, Franzbranntwein – unterliegen nicht dieser Haftungsregelung. Da keine Fertigarzneimittel vorliegen, besteht somit auch keine Zulassungspflicht.

Die Höhe der Versicherungsprämie wird im Einzelnen, auf den jeweiligen Fall bezogen, vom Versicherer festgelegt. Sie wird sich nach dem Umsatz und der Art des Arzneimittels richten. Auf die Prämiengestaltung wirkt sich damit auch das Risiko aus, das mit einem Arzneimittel verbunden sein kann. Bei frei verkäuflichen Arzneimitteln ist dies im Allgemeinen bei bestimmungsgemäßem Gebrauch geringer als z.B. bei verschreibungspflichtigen Arzneimitteln.

38.18 Straf- und Bußgeldvorschriften

Zuwiderhandlungen gegen das Arzneimittelgesetz können je nach Art und Umfang sowohl Straftatbestände (§§ 95, 96) oder auch Ordnungswidrigkeiten (§ 97) sein.

Straftatbestände werden zur Durchführung des Ermittlungsverfahrens durch die feststellende Behörde (im Allgemeinen die zuständige Überwachungsbehörde) an die zuständige Staatsanwaltschaft übergeben. Diese kann nach pflichtgemäßem Ermessen das Ermittlungsverfahren einstellen, z. B. wegen Geringfügigkeit, oder Klage erheben.

Straftatbestände können sich sowohl aus vorsätzlichen als auch fahrlässig verletzten Rechtsvorschriften des Arzneimittelgesetzes ergeben, wobei teilweise bereits der Versuch strafbar ist. Straftaten können mit Freiheitsentzug bis zu 3 Jahren oder mit Geldstrafe geahndet werden.

Ordnungswidrigkeiten werden in der Regel nicht von der Staatsanwaltschaft verfolgt, sondern von der feststellenden Behörde selbst. Sie beziehen sich ebenfalls auf vorsätzlich oder fahrlässig begangene Handlungen gegen das Arzneimittelgesetz, wobei ein Teil der begangenen Straftatbestände (§ 96) bei Fahrlässigkeit als Ordnungswidrigkeit geahndet wird (§ 97). Die zuständige Behörde ist verpflichtet, dem Betroffenen eine Anhörung einzuräumen. Danach wird das Bußgeld festgesetzt. Gegen den Bußgeldbescheid kann innerhalb einer Woche Einspruch erhoben werden. Über den Einspruch entscheidet das Amtsgericht.

Ordnungswidrigkeiten können mit einer Geldbuße bis zu 25 000,– Euro geahndet werden.

Insbesondere die nachfolgenden Straftatbestände und Ordnungswidrigkeiten, sind für den Einzelhandel mit freiverkäuflichen Arzneimitteln außerhalb der Apotheken beispielhaft:

Strafbar handelt, wer entgegen

- § 5 bedenkliche Arzneimittel in den Verkehr bringt oder bei anderen anwendet (§ 95 Abs. 1 Nr. 1; s. auch Kap. 38.3.1),
- § 6a Abs. 1 Arzneimittel zu Dopingzwecken im Sport in den Verkehr bringt, verschreibt oder bei anderen anwendet (§ 95 Abs. 1 Nr. 2a; siehe auch Kap. 38.3.2),
- § 8 Abs. 1 Nr. 1 oder 1a Arzneimittel oder Wirkstoffe herstellt oder in den Verkehr bringt (§ 95 Abs. 1 Nr. 3a; siehe auch Kap. 38.3.3),
- § 43 Abs. 3 verschreibungspflichtige Arzneimittel im Einzelhandel außerhalb einer Apotheke in den Verkehr bringt (§ 95 Abs. 1 Nr. 4; s. auch Kap. 38.7),

Strafbar handelt ebenfalls, wer entgegen

- § 8 Abs. 1 Nr. 2 Arzneimittel herstellt oder in den Verkehr bringt, die mit irreführender Angabe, Bezeichnungen und Aufmachungen versehen sind (§ 96 Nr. 3; s. auch Kap. 38.3.3),
- § 13 Abs. 1 Arzneimittel ohne Erlaubnis herstellt (§ 96 Nr. 4; s. auch Kap. 38.4.1),
- § 21 Abs. 1 Fertigarzneimittel ohne Zulassung in den Verkehr bringt (§ 96 Nr. 5; s. auch Kap. 38.5),
- § 73 Abs. 1b Satz 1 ein gefälschtes Arzneimittel oder einen gefälschten Wirkstoff nach Deutschland verbringt (§ 96 Nr. 18c; s. auch Kap. 38.14).

Soweit eine der in § 96 bezeichneten Handlungen fahrlässig begangen wird, liegt eine Ordnungswidrigkeit vor. Ordnungswidrig handelt außerdem, wer entgegen

- § 8 Abs. 2 Arzneimittel in den Verkehr bringt, deren Verfalldatum abgelaufen ist (§ 97 Abs. 2 Nr. 1; s. auch Kap. 38.3.3),
- § 9 Abs. 1 Arzneimittel in den Verkehr bringt, die nicht den Namen des pharma-

zeutischen Unternehmers tragen (§ 97 Abs. 2 Nr. 2; s. auch Kap. 38.3.4),

- § 10 Arzneimittel ohne die vorgeschriebene Kennzeichnung in den Verkehr bringt (§ 97 Abs. 2 Nr. 4; s. auch Kap. 38.3.5),
- § 11 Arzneimittel ohne die vorgeschriebene Packungsbeilage in den Verkehr bringt (§ 97 Abs. 2 Nr. 5; s. auch Kap. 38.3.6),
- § 43 Abs. 1 apothekenpflichtige Arzneimittel im Einzelhandel außerhalb einer Apotheke in den Verkehr bringt (§ 97 Abs. 2 Nr. 10; s. auch Kap. 38.7),
- § 50 Abs. 1 Einzelhandel mit Arzneimitteln betreibt (§ 97 Abs. 2 Nr. 14; s. auch Kap. 38.7.8),
- § 51 Abs. 1 Arzneimittel im Reisegewerbe feilbietet oder Bestellungen darauf aufsucht (§ 97 Abs. 2 Nr. 15; auch Kap. 38.7.10),
- § 52 Abs. 1 Arzneimittel im Wege der Selbstbedienung in den Verkehr bringt (§ 97 Abs. 2 Nr. 16; s. auch Kap. 38.7.11) oder
- einer Duldungs- oder Mitwirkungspflicht nach § 66 zuwiderhandelt (§ 97 Abs. 2 Nr. 26; s. auch Kap. 38.12),

eine Anzeige nach § 67 nicht, nicht richtig, nicht vollständig oder nicht rechtzeitig erstattet (§ 97 Abs. 2 Nr. 7; s. auch Kap. 38.13).

39 Heilmittelwerbegesetz

39.1 Einleitung

Das Gesetz über die Werbung auf dem Gebiet des Heilwesens (Heilmittelwerbegesetz; s. Anhang 4) regelt die Werbung für Arzneimittel, Medizinprodukte und auch für andere Mittel (z.B. kosmetische Mittel), Verfahren, Behandlungen und Gegenstände, soweit sie mit Aussagen beworben werden, die sich auf die Erkennung, Beseitigung oder Linderung von Krankheiten, Leiden, Körperschäden oder krankhafte Beschwerden bei Mensch oder Tier beziehen. Mit der Änderung vom August 2005 ist der Anwendungsbereich des Gesetzes auf plastisch-chirurgische Operationen erweitert worden, soweit sich die Werbeaussage auf die Veränderung des menschlichen Körpers ohne medizinische Notwendigkeit bezieht.

Das Heilmittelwerbegesetz hat in gleicher Weise wie das Arzneimittelgesetz vor allem den Zweck, im Interesse einer ordnungsgemäßen Arzneimittelversorgung von Mensch und Tier für die Sicherheit im Arzneimittelverkehr zu sorgen. Es dient der Gefahrenabwehr und spricht daher eine Vielzahl von Verboten aus, stellt aber auch – soweit es sich um die Sicherstellung der Information handelt – Gebote auf. Die Grundphilosophie des Heilmittelwerbegesetzes lässt sich in Bezug auf Arzneimittel wie folgt darstellen:

Werbung im Sinne des Heilmittelgesetzes ist Wirtschaftswerbung. Sie umfasst Werbemaßnahmen und Informationen, durch die der Absatz sowie der sinnvolle Einsatz wirtschaftlicher Güter gefördert werden soll. Pharmazeutische Unternehmer haben, wie die Inverkehrbringer anderer Waren, ein selbstverständliches Interesse daran, den Verbraucher über ihre Produkte zu informieren und auch für den Verkauf zu werben.

Auf der anderen Seite hat jeder Bürger das Recht, sich im Krankheitsfalle im Rahmen einer Selbstmedikation zu behandeln. Hier besteht das berechtigte Interesse des Verbrauchers, einen Überblick über die Arzneimittel zu erhalten, die auf dem Markt verfügbar sind. Darüber hinaus möchte der Verbraucher auch informiert werden, in welchen Krankheitsfällen die Arzneimittel eingesetzt werden können.

Die beworbene Ware aber, das Arzneimittel, ist nach allgemeiner Verkehrsauffassung eine Ware besonderer Art, bei deren Anwendung Risiken nicht ausgeschlossen werden können. Die bestehenden Risiken haben zur Folge, dass das Recht des Inverkehrbringers, für den Absatz zu werben, nicht uneingeschränkt bestehen bleiben kann. Nicht wenige Arzneimittel enthalten Wirkstoffe, deren erwünschte oder unerwünschte Wirkungen durch den Verbraucher nicht beurteilt oder abgeschätzt werden können. Diese Arzneimittel, die dennoch nicht in jedem Fall der Verschreibungspflicht unterliegen müssen, dürfen im Interesse der Gesundheit der Bevölkerung nicht uneingeschränkt beworben werden. Andernfalls könnte der Verbraucher veranlasst werden, solche Arzneimittel ohne den Rat eines Arztes in der Selbstmedikation anzuwenden.

Darüber hinaus gibt es eine Reihe von Krankheiten, bei denen eine Behandlung im Rahmen der Selbstmedikation, auch wenn sie mit erfahrungsgemäß harmlosen Arzneimitteln erfolgt, aus ärztlicher Sicht unerwünscht ist. Sie kann sogar für den einzelnen Betroffenen gefährliche Folgen haben.

In diesen Fällen muss der pharmazeutische Unternehmer eine Beschränkung der Werbungs- und Verkaufsförderungsmaßnahmen in Kauf nehmen, da hier das öffentliche Interesse, nämlich die Gesundheit der Bevölkerung, schwerer wiegt. Konsequenter Weise ist eine Werbung bei den Verbrauchern nur mit Einschränkungen zugelassen oder sie ist verboten. So darf zum Beispiel für Arzneimittel, die der Verschreibungspflicht unterliegen, nicht in der Laienpresse geworben werden; für Arzneimittel, deren Anwendung bei bestimmten Krankheiten erfolgen soll, darf ebenfalls keine Laienwerbung betrieben werden. In beiden Fällen ist nur Werbung in Fachkreisen zulässig.

Das Heilmittelwerbegesetz kann in drei große Abschnitte gegliedert werden:

- Allgemeine Vorschriften, die bei jeder Werbung zu beachten sind,
- Sondervorschriften, die die Fachwerbung betreffen,
- Sondervorschriften, die die Publikumswerbung regeln.

Die Gebote und Verbote des Heilmittelwerbegesetzes lassen sich in den nachfolgend genannten drei Grundprinzipien zusammenfassen:

- Für die Publikumswerbung und die Fachwerbung gibt es gleichermaßen keine Präventivkontrolle.
- Es besteht das Verbot einer irreführenden Werbung. Irreführend ist insbesondere die Überbetonung von Wirksamkeiten oder das Nichterwähnen von Nebenwirkungen bzw. Risiken allgemein.
- Es muss Übereinstimmung eines Mindestinformationsblockes mit den im Arzneimittelgesetz für die Packungsbeilage vorgeschriebenen Angaben bestehen. Dies gilt insbesondere für die Heilanzeigen, Gegenanzeigen, Nebenwirkungen und Warnhinweise.

Der konkrete Auftrag, die Einhaltung der Vorschriften des Heilmittelwerbegesetzes zu kontrollieren, ist durch das Arzneimittelgesetz geregelt (s. dort § 64). Die Überwachung erfolgt durch die Behörden der Länder, die gemäß Grundgesetz die Bundesgesetze als eigene Angelegenheit ausführen.

39.2 Geltungsbereich

Die Vorschriften des Heilmittelgesetzes finden nach § 1 Anwendung auf

- Arzneimittel (Kap. 38.2),
- Medizinprodukte (Kap. 38.2.2),
- andere Mittel, Verfahren, Behandlungen und Gegenstände, soweit sich die Werbeaussagen auf die Erkennung, Beseitigung oder Linderung von Krankheiten, Leiden, Körperschäden oder krankhafte Beschwerden bei Mensch und Tier beziehen,
- operative plastisch-chirurgische Operationen, soweit sich die Werbeaussage auf die Veränderung des menschlichen Körpers ohne medizinische Notwendigkeit bezieht, z.B. rein kosmetische Operationen.

Unter anderen Mitteln werden kosmetische Mittel (Kap. 38.2.1) verstanden.

Das Heilmittelwerbegesetz gilt in der Regel z.B. nicht für Zahnpasten. Diese sind zwar Kosmetika - sie sind zur Pflege der Mundhöhle bestimmt -, sie sind jedoch zusätzlich nicht zur Erkennung, Beseitigung oder Linderung von Krankheiten (Parodontose, d.h. Zahnfleischschwund; Karies, d.h. Zahnfäule) bestimmt, sondern zu deren Verhütung. Entsprechendes gilt für Mundwässer. Auch Seifen oder Haarwässer sind meist nicht vom Heilmittelwerbegesetz erfasst.

Sind Zahnpasten jedoch zur Beseitigung von Parodontose oder Karies bestimmt oder Haarwässer gegen Haarausfall, so fallen sie unter das Heilmittelwerbegesetz.

Soweit Kosmetika hinsichtlich der Werbeaussagen nicht unter das Heilmittelwerbegesetz fallen, enthält das Lebensmittel- und Futtermittelgesetzbuch entsprechende Bestimmungen:

- Verbote zum Schutz der Gesundheit,
- Vorschriften zum Schutz vor Täuschungen,
- Ermächtigungen zum Schutz der Gesundheit.

Die Werbung für Lebensmittel wird im Lebens- und Bedarfsgegenständegesetz geregelt.

39.3 Abgrenzung Fachwerbung – Laienwerbung

Das Heilmittelwerbegesetz unterscheidet zwischen einer Werbung für Fachkreise und einer Werbung außerhalb der Fachkreise, der sog. Publikums- oder Laienwerbung (§ 2).

Fachkreise sind Angehörige der Heilberufe (Ärzte, Zahnärzte, Tierärzte, Apotheker, Psychotherapeuten, Heilpraktiker), die Fachberufe des Gesundheitswesens (u.a. Krankenschwestern, Masseure), Einrichtungen, die der Gesundheit dienen (Krankenhäuser, Sanatorien) und Personen, soweit sie z.B. mit Arzneimitteln, Medizinprodukten oder anderen Mitteln im Sinne des Heilmittelwerbegesetzes erlaubterweise Handel treiben oder sie in Ausübung ihres Berufes anwenden.

Der Einzelhändler, der die Voraussetzungen des Arzneimittelgesetzes zum Einzelhandel mit freiverkäuflichen Arzneimitteln erfüllt (Kap. 38.7.8), gehört insoweit zu den Fachkreisen. Personen, die in Ausübung ihres Berufes Arzneimittel anwenden, sind neben Ärzten nach herrschender Meinung u.a. auch die beruflichen Tierhalter, wie z.B. Landwirte oder Tierzüchter. Bei diesen darf jedoch nicht für verschreibungspflichtige Arzneimittel geworben werden (s. § 10 Abs. 1).

39.4 Irreführende Werbung

Das Heilmittelwerbegesetz verbietet eine irreführende Werbung (§ 3). Die Verbotsnormen für Arzneimittel stimmen weitgehend mit denen des § 8 Arzneimittelgesetz (Kap. 38.3.3) überein. Sie sind entsprechend dem Geltungsbereich des Heilmittelwerbegesetzes auf Medizinprodukte und andere Mittel, Verfahren, Behandlungen und Gegenstände erweitert:

- Es darf also nicht für eine therapeutische Wirksamkeit oder Wirkungen geworben werden, die nicht vorhanden sind.
- Es darf nicht fälschlich der Eindruck erweckt werden, dass ein Erfolg mit Sicherheit erwartet werden kann und bei bestimmungsgemäßem oder längerem Gebrauch keine schädlichen Wirkungen eintreten.

Zu den Irreführungen im Sinne des Heilmittelwerbegesetzes gehören auch unwahre oder zur Täuschung geeignete Angaben über Arzneimittel, Medizinprodukte, andere Mittel, Verfahren etc. oder über besondere Befähigungen oder Erfolge des Herstellers oder von Personen, die für diesen tätig (gewesen) sind.

Unzulässig ist auch eine Werbung für zulassungspflichtige Arzneimittel, wenn diese nicht zugelassen sind (§ 3a). Entsprechendes gilt auch für nicht von einer Zulassung erfasste Anwendungsgebiete oder Darreichungsformen.

39.5 Mindestinformationen

Speziell für die Arzneimittelwerbung schreibt das Heilmittelwerbegesetz eine Mindestinformation vor (§ 4). Angegeben werden müssen insbesondere

- Name des pharmazeutischen Unternehmens,
- Bezeichnung des Arzneimittels,
- Zusammensetzung des Arzneimittels,
- Anwendungsgebiete,
- Gegenanzeigen,
- Nebenwirkungen,
- Warnhinweise, soweit sie für die Kennzeichnung vorgeschrieben sind,
- Wartezeit bei Arzneimitteln, soweit diese bei Tieren angewandt werden sollen, die der Gewinnung von Lebensmitteln dienen.

Die vorstehenden Angaben müssen mit denen übereinstimmen, die in der Gebrauchsinformation des Arzneimittels gemacht werden (Kap. 38.3.6). Verpflichtend ist für die Publikumswerbung die Angabe „Zu Risiken und Nebenwirkungen lesen Sie die Packungsbeilage und fragen Sie Ihren Arzt oder Apotheker". Bei freiverkäuflichen Arzneimitteln kann diese Angabe entfallen, es sei denn, dass in der Packungsbeilage oder auf dem Behältnis Nebenwirkungen oder sonstige Risiken angegeben sind.

Angaben über die Zusammensetzung, Gegenanzeigen und Nebenwirkungen des Arzneimittels können in der Publikumswerbung entfallen.

Sonderbestimmungen bestehen für die sog. Erinnerungswerbung. Diese liegt vor, wenn ausschließlich mit der Bezeichnung eines Arzneimittels oder zusätzlich mit dem Namen der Firma oder der Marke des pharmazeutischen Unternehmers geworben wird. In diesem Zusammenhang ist die Angabe eines Verkaufspreises und der Packungsgröße unerheblich. Der Einzelhändler kann also ein freiverkäufliches Arzneimittel auch mit Angabe des Verkaufspreises und der Packungsgröße bewerben, ohne dass Angaben über die Anwendungsgebiete, Gegenanzeigen oder Nebenwirkungen gemacht werden müssen (s. o. – Mindestinformation).

39.6 Unzulässige Werbung

In der Publikumswerbung – dieses Verbot gilt also nicht für die Fachwerbung – darf nicht für Arzneimittel, andere Mittel, Verfahren und Behandlungen geworben werden (§ 11)

- mit wissenschaftlichen Gutachten,
- mit dem Hinweis, dass z. B. eine ärztliche Empfehlung vorliegt,
- mit der Wiedergabe von Krankengeschichten,
- mit der bildlichen Darstellung von Angehörigen der Heilberufe in Berufskleidung oder bei Ausübung ihres Berufes,
- mit vergleichenden Darstellungen des Körpers vor und nach einer Behandlung bzw. Anwendung,
- mit Werbeaussagen, die geeignet sind Angstgefühle hervorzurufen, z. B. durch Angaben, die auf besorgniserregende Zustände hinweisen,
- mit Werbemaßnahmen, die sich ausschließlich oder überwiegend an Jugendliche unter 14 Jahren richten,
- mit Dank-, Anerkennungs- oder Empfehlungsschreiben,
- mit Preisausschreiben oder Verlosungen, deren Ergebnis vom Zufall abhängig ist.

Arzneimittelproben dürfen nicht abgegeben werden. Dieses Verbot betrifft auch den Einzelhandel mit freiverkäuflichen Arzneimitteln. Arzneimittelproben sind keine unverkäuflichen Muster im Sinne des Arzneimittelgesetzes, die auf Anforderung an Ärzte abgegeben werden dürfen (Kap. 38.3.5, 38.7.6). Eine unzulässige Werbung ist auch die nicht verlangte Abgabe von Mustern oder Proben oder Gutscheinen für andere Mittel oder Gegenstände.

Nicht zulässig ist auch eine Publikumswerbung für Arzneimittel zur Anwendung bei Menschen, die nahe legt, dass die Wirkung der Arzneimittel einem anderen Arzneimittel oder einer anderen Behandlung entspricht oder überlegen ist. Ebenfalls unzulässig sind Werbemaßnahmen, die sich ausschließlich oder überwiegend an Kinder unter 14 Jahren richten.

Sowohl in der Fach- als auch in der Laienwerbung darf nicht für einen Bezug von Arzneimitteln im Wege des Teleshoppings (§ 8) oder für eine Fernbehandlung geworben werden (§ 9). Ebenfalls unzulässig ist das Angebot von Werbegaben, die nicht von geringem Wert sind (§ 7). Hierdurch soll die Beeinflussung des Käufers verhindert werden. Von diesem Verbot nicht betroffen sind also Werbegeschenke von geringem Wert, wie etwa Kundenzeitschriften, Kalender, kleine Bälle, Luftballons. Zu beachten bleibt, dass Proben von „anderen Mitteln oder Gegenständen" als Werbegeschenke nur auf Verlangen des Kunden abgegeben werden dürfen (s. o.).

Für verschreibungspflichtige Arzneimittel (Kap. 38.7.7) darf nur bei Ärzten, Zahnärzten, Tierärzten, Apothekern sowie anderen Personen geworben werden, die hiermit erlaubterweise Handel treiben, z. B. Großhändler (§ 10). Der vorgenannte Personenkreis ist kleiner als der Fachkreis im Sinne des Gesetzes (Kap. 39.3 – Fachkreise). Publikumswerbung sowie Werbung im Einzelhandel außerhalb der Apotheke scheidet grundsätzlich aus.

Entsprechendes gilt auch für Arzneimittel, die dazu bestimmt sind, beim Menschen die Schlaflosigkeit zu beseitigen. Das Verbot betrifft jegliche Publikumswerbung. Nach höchstrichterlicher Rechtsprechung sind Arzneimittel, die dazu bestimmt sind, beim Menschen die Schlaflosigkeit zu beseitigen, Schlafmittel im pharmakologischen Sinn. Stoffe, die nur eine gewisse beruhigende Wirkung auszuüben vermögen, wie Hopfen und Baldrian, sollen durch diese Bestimmung nicht erfasst werden. Sie sind im Allgemeinen richtigerweise als „Einschlafhilfe" oder „zur Beruhigung" bestimmt. Wird jedoch auf die Beseitigung der Schlaflosigkeit hingewiesen, greift das Verbot der Publikumswerbung.

39.7 Krankheitskatalog

In der Anlage zum Heilmittelwerbegesetz sind Krankheiten und Leiden beim Menschen (Abschnitt A) und beim Tier (Abschnitt B) aufgeführt, für deren Behandlung mit Arzneimitteln oder Medizinprodukten außerhalb der Fachkreise nicht geworben werden darf (§ 12). Das Werbeverbot bezieht sich nicht nur auf die Erkennung, Beseitigung oder Linderung der aufgeführten Krankheiten oder Leiden, sondern auch auf deren Verhütung. Die Anlage ist nicht so umfangreich wie die Krankheitskataloge zu den Rechtsverordnungen nach §§ 45 und 46 des Arzneimittelgesetzes (s. Anhang 3, dort Anlage 3).

Das Verbot gilt auch für die Werbung für andere Mittel, Verfahren und Behandlungen oder Gegenstände, es sei denn, es handelt sich um eine Werbung für Verfahren oder Behandlungen in Heilbädern, Kurorten und Kuranstalten. Abschnitt A Nr. 2 der Anlage findet keine Anwendung auf die Werbung für Medizinprodukte.

39.8 Residenzpflicht

Eine Werbung im Sinne des Heilmittelgesetzes ist nur zulässig, wenn hierfür im Geltungsbereich des Gesetzes oder in einem anderen Mitgliedstaat der Europäischen Gemeinschaften oder in einem anderen Vertragsstaat des Abkommens über den Europäischen Wirtschaftsraum eine Person oder ein Unternehmen verantwortlich zeichnet (§ 13). Diese Bestimmung steht in Übereinstimmung mit § 9 des Arzneimittelgesetzes (Kap. 38.3.4).

Dennoch ist die häufig zu beobachtende Werbung in deutschen Zeitschriften oder im Internet, die von Firmen mit Sitz außerhalb der Bundesrepublik Deutschland veranlasst wird, vielfach rechtswidrig, ohne dass dagegen erfolgreich vorgegangen werden kann.

39.9 Überwachung

Die Überwachung der Vorschriften des Heilmittelwerbegesetzes ist in § 64 Arzneimittelgesetz geregelt (Kap. 38.12). Danach haben die zuständigen Behörden sich u.a. auch davon zu überzeugen, dass die Vorschriften über die Werbung auf dem Gebiet des Heilwesens beachtet werden.

Die Behörden können Werbematerialien auch zur Begutachtung entnehmen. Soweit die Werbematerialien nicht den Vorschriften des Heilmittelwerbegesetzes entsprechen, können sie von den zuständigen Behörden sichergestellt werden.

39.10 Zuwiderhandlungen

Strafbar macht sich, wer dem Verbot der irreführenden Werbung (§ 3) zuwiderhandelt (§ 14). Ein Verstoß kann mit einer Freiheitsstrafe bis zu einem Jahr oder mit Geldstrafe bestraft werden. Liegt insoweit fahrlässiges Verhalten vor, kann dies mit einer Geldbuße bis zu 50 000,– € geahndet werden (§ 15).

Alle sonstigen Zuwiderhandlungen gegen die Bestimmungen des Heilmittelwerbegesetzes sind Ordnungswidrigkeiten (§ 15); dies unabhängig davon, ob Vorsätzlichkeit oder Fahrlässigkeit vorliegt. Es können Geldbußen bis zu 20 000,– € verhängt werden.

Fragen und Antworten zur Sachkenntnisprüfung

Teil A Gesetzliche Bestimmungen

1. **Welches Erzeugnis ist kein diätetisches Lebensmittel?**

A) Fruchtzucker
B) Bullrich® Salz Tabletten
C) Iodiertes Speisesalz
D) Diabetiker-Schokolade

▶ **Lösung**
B

▶ **Kommentar**
Diätetische Lebensmittel dienen besonderen Ernährungsanforderungen, z. B. Zuckerersatz- und Zuckeraustauschstoffe für Diabetiker oder Kochsalz mit Iodid. Arzneimittel sind Produkte, die mit arzneilicher Zweckbestimmung (Bsp. Bullrich® Salz gegen Magenübersäuerung) in den Verkehr kommen. Diese Zweckbestimmung steht auf der Packung.

2. **An welcher Aufschrift auf der Packung können Sie erkennen, dass es sich um ein Arzneimittel und nicht um ein Nahrungsergänzungsmittel handelt?**

A) Zutaten
B) Mind. haltbar bis
C) Verwendbar bis
D) Kühl lagern

▶ **Lösung**
C

▶ **Kommentar**

Bei zusammengesetzten Lebensmitteln ist die Angabe des Zutatenverzeichnisses vorgeschrieben. Dieses beginnt mit „Zutaten:" ohne exakte Mengenangaben. Bei Arzneimitteln muss der Wirkstoff mit Art und Menge angegeben werden. Die Angaben zur Haltbarkeit sind für Lebensmittel und Arzneimittel im Wortlaut in den Gesetzen vorgeschrieben.

3. **Welches Produkt ist ein diätetisches Lebensmittel?**

A) Knoblauchkapseln
B) Franzbranntwein
C) Süßstofftabletten
D) Echinacea Tropfen

▶ **Lösung**

C

▶ **Kommentar**

Besonderen Ernährungsanforderungen entspricht der Süßstoff, der statt Zucker im Lebensmittelbereich verwendet wird, um Kalorien einzusparen oder die Zuckeraufnahme zu begrenzen. Knoblauchkapseln und Echinacea Tropfen dienen zur Vorbeugung vor Arteriosklerose bzw. zur Abwehrsteigerung. Franzbranntwein ist ein Arzneimittel zur äußerlichen Anwendung.

4. **Welche Flüssigkeit wird zur Wunddesinfektion verwendet?**

A) Tinktur mit Salicylsäure
B) Iodtinktur
C) Arnikatinktur
D) Myrrhentinktur

▶ **Lösung**

B

▶ **Kommentar**

Iodtinktur (maximal 5 % Iod) dient zur Desinfektion kleiner Wunden. Salicylsäuretinktur ist eine Hühneraugentinktur, Arnikatinktur nimmt man verdünnt zu Umschlägen bei Verzerrungen, Verstauchungen. Myrrhentinktur ist zum Betupfen von entzündetem Zahnfleisch.

5. **Welches Erzeugnis enthält Arzneimittelzusätze?**

A) Rheumapflaster
B) Nabelbinde
C) Hansaplast Wundschnellverband
D) Sterile Mullkompresse

▶ **Lösung**
A

▶ **Kommentar**
Bei Nabelbinden, Hansaplast und Mullkompressen handelt es sich um Medizinprodukte, denen keine arzneiliche Zusätze beigefügt sind. In Rheumapflastern sind arzneilich wirksame Bestandteile enthalten, die zur Steigerung der Durchblutung führen.

6. **Welches Produkt ist ein kosmetisches Erzeugnis?**

A) Franzbranntwein
B) Shampoo gegen Läuse
C) Zahnpasta
D) Creme gegen Fußpilz

▶ **Lösung**
C

▶ **Kommentar**
Kosmetische Mittel dienen der Reinigung, Pflege und Geruchsbeeinflussung. Dazu gehören auch Mittel, die zur Reinigung in der Mundhöhe verwendet werden. Franzbranntwein ist Arzneimittel zum Einreiben bei Verstauchungen. Mittel zur Abtötung von Läusen oder zur Bekämpfung von Pilzerkrankungen sind wegen dieser Zweckbestimmung Arzneimittel.

7. **Welches Produkt ist kein kosmetisches Erzeugnis?**

A) Alaun-Stift
B) Enthaarungscreme
C) Penaten® Creme
D) Deo-Stift gegen übermäßiges Schwitzen

▶ **Lösung**
A

▶ **Kommentar**

Beim Alaun-Stift handelt es sich um Aluminiumkaliumsulfat, welches zur Blutstillung verwendet wird. Mittel zur Enthaarung oder gegen übermäßiges Schwitzen behandeln keine krankhaften Beschwerden und erfüllen wie die Penaten® Creme die Begriffsbestimmung für kosmetische Mittel.

8. **Welche Zweckbestimmung haben kosmetische Mittel?**

A) Behandlung der Akne
B) Beeinflussung des Körpergeruchs
C) Verminderung von Juckreiz
D) Linderung von Entzündungen

▶ **Lösung**

B

▶ **Kommentar**

Kosmetische Mittel sind Stoffe oder Zubereitungen aus Stoffen, die ausschließlich oder überwiegend dazu bestimmt sind, äußerlich am Körper des Menschen oder in seiner Mundhöhle zur Reinigung, zum Schutz, zur Erhaltung eines guten Zustandes, zur Parfümierung, zur Veränderung des Aussehens oder dazu angewendet zu werden, den Körpergeruch zu beeinflussen. Akne ist eine Erkrankung, und die Behandlung von Juckreiz und Entzündung ist die Zweckbestimmung eines Arzneimittels.

9. **Welche Kontraindikation haben Arzneimittel zum Einnehmen mit höherem Alkoholgehalt?**

A) Herzrhythmusstörung
B) Hautpilz
C) Migräne
D) Leberschaden

▶ **Lösung**

D

▶ **Kommentar**

Der Alkoholgehalt von Arzneimitteln zum Einnehmen muss nach der Alkohol-Warnhinweisverordnung deklariert werden. Alkohol schädigt die Leber und darf bei Patienten mit vorgeschädigter Leber nicht eingenommen werden.

10. Was versteht man unter einer Nebenwirkung?

A) Unerwünschte Begleiterscheinung
B) Gegenanzeige
C) Warnhinweis
D) Wirkung innerhalb des Anwendungsgebiets

▶ **Lösung**
A

▶ **Kommentar**
Eine Nebenwirkung ist nach § 4 Abs. 13 AMG eine unerwünschte Begleiterscheinung, die bei bestimmungsgemäßem Gebrauch auftreten kann. Eine Gegenanzeige (Kontraindikation) ist, wenn das Arzneimittel nicht angewendet werden darf.

11. Welche Droge ist keine Bitterstoffdroge?

A) Tausendgüldenkraut
B) Wermutkraut
C) Eibischwurzel
D) Enzianwurzel

▶ **Lösung**
C

▶ **Kommentar**
Tausendgüldenkraut, Wermutkraut und Enzianwurzel sind typische Bitterstoffdrogen und dienen der Anregung des Appetits. Bitterstoffe sind hitzeempfindlich. Die Eibischwurzel gehört zu den Schleimdrogen und wird als Zubereitung bei Reizhusten verwendet.

12. Welche Aussage zu den freiverkäuflichen Arzneimitteln ist richtig?

A) Sie haben keine Nebenwirkungen.
B) Sie sind auch in der Apotheke erhältlich.
C) Zum Verkauf wird immer eine sachkundige Person benötigt.
D) Sie dürfen im Lebensmittelhandel nicht in den Verkehr gebracht werden.

▶ **Lösung**
B

> ▶ **Kommentar**
> Freiverkäufliche Arzneimittel haben, wie alle Arzneimittel, Nebenwirkungen. Sie dürfen auch in Apotheken verkauft werden. Einige freiverkäufliche Arzneimittel benötigen allerdings keine sachkundige Person, z.B. Heilwässer und Frischpflanzenpresssäfte. Wenn die Voraussetzungen vorliegen, dürfen auch Lebensmittelbetriebe freiverkäufliche Arzneimittel in den Verkehr bringen.

13. Wofür dürfen freiverkäufliche Arzneimittel eingesetzt werden?

A) Vorbeugung vor Grippe
B) Heilung von Magengeschwüren
C) Behandlung einer Gallenkolik
D) Behandlung von Vitaminmangelerkrankungen

▶ **Lösung**
D

> ▶ **Kommentar**
> Die Antwort gibt die Anlage 3 (Tab. 38.10) der Verordnung. Unter Grippe ersteht man die Influenza („echte Grippe"), die im Infektionsschutzgesetz aufgeführt ist. Organische Krankheiten des Magens und der Galle dürfen bei Anwendungsgebieten freiverkäuflicher Arzneimittel nicht genannt werden. Die Behandlung von Vitaminmangelerkrankungen ist unter Ziffer 3 vom Verbot ausgenommen, also zulässig.

14. Welche Droge bewirkt eine Steigerung der Gallensekretion?

A) Artischockenblätter
B) Ginsengwurzel
C) Sonnenhutwurzel
D) Hopfenzapfen

▶ **Lösung**
A

> ▶ **Kommentar**
> Zubereitungen aus der Artischocke regen den Gallenfluss an und verbessern die Fettverdauung. Ginseng wirkt als Tonikum bei Überforderungs- und Erschöpfungssyndrom, Sonnenhutwurzel (Echinacea-Präparate) soll vor Erkältung schützen und die Hopfenzapfen wirken beruhigend.

15. Welche Darreichungsform darf sich nicht in Ihrem Sortiment befinden?

A) Brausetabletten
B) Paste
C) Zäpfchen
D) Destillat

▶ **Lösung**
C

▶ **Kommentar**
Die nicht zulässigen Darreichungsformen sind in § 3 der Verordnung aufgeführt: Zäpfchen sind dabei. Brausetabletten, Pasten und Destillate sind zulässige Formen für freiverkäufliche Arzneimittel.

16. Was ist ein Stoff im Sinne des Arzneimittelgesetzes?

A) Rizinusöl
B) Franzbranntwein
C) Iodtinktur
D) Cetylpyridiniumchlorid

▶ **Lösung**
D

▶ **Kommentar**
Stoffe sind in § 3 AMG definiert. Franzbranntwein und Iodtinktur sind Zubereitungen aus Stoffen, Rizinusöl ist ein Bestandteil der Rizinusfrucht. Cetylpyridiniumchlorid ist eine chemische Verbindung und findet sich in Halsschmerztabletten, siehe Anlage 2a (Tab. 38.5).

17. Welches Arzneimittel darf auch ohne eine sachkundige Person verkauft werden?

A) Klosterfrau Melissengeist
B) Adelheidquelle Heilwasser
C) Tetesept Rheumabad
D) Hühneraugenpflaster

▶ **Lösung**
B

> ▶ **Kommentar**
> Heilwässer und ihre Salze dürfen im Reisegewerbe in den Verkehr kommen. Bei allen Arzneimitteln, die man im Reisegewerbe anbieten darf, benötigt der Betrieb keine sachkundige Person. Auch Frischpflanzenpresssäfte und zum äußerlichen Gebrauch bestimmte Desinfektionsmittel sowie Sauerstoff benötigen keine sachkundige Person.

18. Für welches Arzneimittel benötigt der Betrieb eine sachkundige Person zum Verkauf?

A) Salbeitee
B) Thymian-Frischpflanzen-Presssaft gegen Husten
C) Salicylsäurehaltige Tinktur gegen Hühneraugen
D) Staatl. Fachingen Heilwasser

▶ **Lösung**
C

> ▶ **Kommentar**
> § 50 Abs. 3 und § 51 AMG regeln, welche Arzneimittel auch ohne sachkundige Person in den Verkehr gebracht werden dürfen. In allgemein üblicher deutscher Bezeichnung gekennzeichnete einzelne Teedrogen mit allgemein bekannter Wirkung, Frischpflanzenpresssäfte und Heilwässer zählen dazu. Für den Verkauf einer Hühneraugentinktur braucht man eine Person mit Sachkenntnis.

19. Welche Arzneimittel dürfen im Reisegewerbe abgegeben werden?

A) Heilwässer und deren Salze
B) Melissengeist
C) Franzbranntwein
D) Destillate aus Pflanzenteilen

▶ **Lösung**
A

> ▶ **Kommentar**
> Dies regelt § 51 AMG. Neben einzelnen deutsch gekennzeichneten und in ihrer Wirkung allgemein bekannten deutsch bezeichneten Drogen sowie Frischpflanzensäften, beide zugelassen, dürfen Heilwässer im Reisegewerbe angeboten werden. Für den Verkauf von Reisegewerbearzneimittel braucht man keine Sachkenntnis.

20. Welches Arzneimittel ist freiverkäuflich?

A) Warzentinktur mit Salicylsäure
B) Artischocken-Frischpflanzen-Presssaft
C) Lebertran
D) Fenchelhonig mit weniger als 50 % Honig

▶ **Lösung**

B

▶ **Kommentar**

Frischpflanzenpresssäfte, wie der gallenfördernde Artischocken-Presssaft, sind auch ohne Sachkenntnis frei verkäuflich. Die anderen Arzneimittel sind aufgrund der Regelungen in Anlage 1 (Tab. 38.1, Lebertran, Fenchelhonig) und Anlage 3 (Tab. 38.10, Warzen als Viruserkrankung) apothekenpflichtig.

21. Welches Arzneimittel dürfen Sie nicht auf Wunsch des Kunden abfüllen?

A) Myrrhentinktur
B) Baldriantinktur
C) Arnikatinktur
D) Baldrianwein

▶ **Lösung**

D

▶ **Kommentar**

Da in der Anlage 1 (Tab. 38.1) „als Fertigarzneimittel" bei Baldrianwein steht, darf dieser nicht offen abgegeben werden. Alle anderen, hier sind es Tinkturen, dürfen umgefüllt, abgefüllt und gekennzeichnet werden. Dort ist es nicht erforderlich, dass ein Fertigarzneimittel vorliegt.

22. Welches Arzneimittel dürfen Sie auf Wunsch des Kunden abfüllen?

A) Lebertran
B) Zinksalbe
C) Fichtennadelspiritus mit über 70 % Alkohol
D) Fenchelhonig mit über 50 % Honig

▶ **Lösung**

C

▶ **Kommentar**

Dies regelt die Anlage 1 (Tab. 38.1). Lose vorrätig und auf Wunsch des Kunden darf nur abgefüllt werden, was nicht Fertigarzneimittel sein muss. Dies trifft nur bei Fichtennadelspiritus zu. Alle anderen müssen zugelassene Fertigarzneimittel sein.

23. Welches Arzneimittel dürfen Sie zur unmittelbaren Abgabe an den Verbraucher nicht abfüllen?

A) Zinksalbe mit Lebertran
B) Magnesiumsulfat (Bittersalz)
C) Salmiakgeist bis 10 %
D) Äthanol-Wasser-Gemische

▶ **Lösung**
A

▶ **Kommentar**
Dies regelt die Anlage 1 (Tab. 38.1). Salmiakgeist ist ein anderes Wort für Ammoniaklösung. Deshalb ist diese bis 10 %ige Lösung, wie auch Bittersalz und die Alkohollösungen auch als Nicht-Fertigarzneimittel freiverkäuflich. Sie dürfen abgefüllt werden. Zinksalbe ist nur als Fertigarzneimittel freiverkäuflich.

24. Für welches Anwendungsgebiet dürfen Sie Arzneimittel abgeben?

A) Bindehautentzündung
B) Störungen des Zuckerstoffwechsels
C) Bluthochdruck
D) Frostbeulen

▶ **Lösung**
D

▶ **Kommentar**
Dies regelt die Anlage 3 (Tab. 38.10). Arzneimittel zur Behandlung der Frostbeulen sind vom Verbot ausgenommen, also zulässig. Die Abgabe von Arzneimitteln gegen die anderen Erkrankungen sind verboten (organische Krankheiten des Auges, Krankheiten des Stoffwechsels, krankhafte Veränderungen des Blutdrucks).

25. Gegen welche Erkrankung dürfen Sie keine Arzneimittel abgeben?

A) Durchfall
B) Verstopfung
C) Halsschmerzen
D) Entzündung der Venen

▶ **Lösung**
D

▶ **Kommentar**
Dies regelt die Anlage 1 (Tab. 38.10). Durchfall und Verstopfung kommen in Anlage 3 nicht vor; diese Anwendungsgebiete sind möglich. Arzneimittel zum Lutschen gegen Husten und Heiserkeit sind in der Anlage 2a (Tab. 38.5) mit den wirksamen Bestandteilen genannt. Organische Krankheiten der Gefäße sind in Anlage 3 (Tab. 38.10) genannt und folglich nicht zulässig.

26. **Welche Aussage zu Arzneimitteln für Krankheiten von Hunden und Katzen ist richtig?**

A) Sie dürfen ohne Sachkenntnis verkauft werden.
B) Sie benötigen eine Zulassung als Fertigarzneimittel.
C) Sie dürfen nur in Zoogeschäften ohne eine Person mit Sachkenntnis verkauft werden.
D) Sie dürfen im Reisegewerbe vertrieben werden.

▶ **Lösung**
B

▶ **Kommentar**
Hunde und Katzen zählen nicht zu den Heimtieren des § 60 AMG. Folglich brauchen Arzneimittel für diese Tiere eine Zulassung, zum Verkauf eine sachkundige Person und sie dürfen auch nicht im Reisegewerbe vertrieben werden. Für Zoogeschäfte gibt es keine besonderen Regelungen.

27. **Welche Angabe muss nicht auf der äußeren Umhüllung eines Fertigarzneimittels angebracht sein?**

A) Anwendungsgebiet
B) Chargenbezeichnung
C) Lagerungshinweis
D) Art der Anwendung

▶ **Lösung**
A

▶ **Kommentar**
Dies regelt § 10 AMG. Die Anwendungsgebiete dürfen, müssen aber nicht auf dem Umkarton stehen. Alle anderen Kennzeichnungselemente sind auf den äußeren Umhüllungen vorgeschrieben und dienen dem richtigen Umgang und der Sicherheit.

28. Welche Angabe muss auf der äußeren Umhüllung von Fertigarzneimitteln angebracht sein?

A) Zulassungsnummer
B) Gegenanzeigen
C) Einzel- und Tagesgabe
D) Art der Anwendung

▶ **Lösung**
A

▶ **Kommentar**
Dies ist in § 10 AMG geregelt. Gegenzeigen, Wechselwirkungen und Nebenwirkungen gehören in die Packungsbeilage nach § 11 AMG, ebenso wie detaillierte Angaben zur Einnahme und Verwendung. Die Zulassungsnummer muss außen deutlich ersichtlich sein.

29. Welche Angabe muss auf der äußeren Umhüllung von Fertigarzneimitteln angebracht sein?

A) Auflistung der Hilfsstoffe
B) Warnhinweis bei alkoholhaltigen Arzneimitteln
C) Gegenanzeigen
D) Forschungsergebnisse

▶ **Lösung**
B

▶ **Kommentar**
Dies regelt § 10 AMG. Die Alkoholwarnhinweise gehören sichtbar auf die äußere Umhüllung, ebenso wie Hinweise für die Lagertemperatur. Die Hilfsstoffe müssen nur ihrer Art nach in der Gebrauchsinformation genannt werden. Forschungsergebnisse, auch von klinischen Prüfungen, sind kein vorgeschriebener Bestandteil der Kennzeichnung.

30. Dürfen Sie mit Sachkenntnis einen Hustentee aus Thymiankraut und Primelwurzel mischen?

A) Ja, wenn die beiden Drogen dem Arzneibuch entsprechen
B) Ja, wenn es hierzu eine Standardzulassung gibt
C) Nein, auf keinen Fall
D) Ja, aber nur auf Wunsch eines Kunden

▶ **Lösung**
C

> ▶ **Kommentar**
> Die Lösung gibt § 13 AMG. Mit Sachkenntnis darf man Arzneimittel umfüllen, abpacken und kennzeichnen, nicht aber mischen.

31. Aus wie vielen Pflanzen darf eine Teemischung als Fertigarzneimittel mit Heilangaben nach AMG bestehen?

A) Maximal 3
B) Maximal 5
C) Maximal 7
D) Beliebig viele

▶ **Lösung**
D

> ▶ **Kommentar**
> Es ist in § 44 Abs. 2 Nr. 3 b AMG nicht bestimmt, aus wie vielen Bestandteilen ein solcher Tee bestehen darf.

32. Welche Droge dürfen Sie verkaufen?

A) Blasentang
B) Goldrutenkraut
C) Goldregen
D) Schöllkraut

▶ **Lösung**
B

> ▶ **Kommentar**
> Von diesen Drogen ist nur das Goldrutenkraut freiverkäuflich. Blasentang enthält schilddrüsenwirksames Iod, Goldregen und Schöllkraut sind in der Anlage 1b (Tab. 38.9) gelistet. Goldrutenkraut wird in Harntees verwendet.

33. Wann sind Arzneimittel als bedenklich im Sinne § 5 AMG anzusehen?

A) Wenn bei bestimmungsgemäßem Gebrauch schädliche Wirkungen bestehen, die über ein nach den Erkenntnissen der medizinischen Wissenschaft vertretbares Maß hinausgehen
B) Wenn der Kunde von einer Nebenwirkung berichtet, die in der Gebrauchsinformation nicht genannt ist
C) Wenn es erheblich in der Qualität gemindert ist
D) Wenn das Verfalldatum abgelaufen ist

▶ **Lösung**
A

> **Kommentar**
> Bei bedenklichen Arzneimitteln ist der Schaden größer als der Nutzen. Qualitätsgeminderte Arzneimittel dürfen zwar nicht in den Verkehr gebracht werden, sind aber nicht von vorne herein bedenklich. Verfallene Arzneimittel sind zwar nicht verkehrsfähig, sie sind aber nicht bedenklich.

34. Wie dürfen Sie Pfefferminzblätter als Arzneimittel anpreisen?

A) Gegen Gallenstau wirksam
B) Hilfreich gegen Grippe
C) Bei leichten Magen- und Darmbeschwerden
D) Auswurffördernd bei Husten

Lösung
C

> **Kommentar**
> Anpreisen ist nach § 4 AMG Inverkehrbringen. Daher ist die Anlage 3 (Tab. 38.10) zu beachten. Es dürfen nur für die Droge zutreffende Anwendungsgebiete genannt werden.

35. Es gibt freiverkäufliche Flohhalsbänder für Katzen. Was sollten Sie dem Kunden beim Verkauf eines solchen Arzneimittels sagen?

A) Das Halsband ist ungefährlich und von der Zulassungsbehörde zugelassen.
B) Die Dauer der Anwendung beträgt mindestens vier Wochen.
C) Kinder sind von dem Halsband und von Tieren, die solche Halsbänder tragen, möglichst fernzuhalten.
D) Solche Halsbänder sind Medizinprodukte.

Lösung
C

> **Kommentar**
> Diese Halsbänder sind Arzneimittel und enthalten insektizid wirkende Stoffe, die auch beim Menschen wirken. Besonders kleine Kinder sollte man diesen Stoffen nicht aussetzen. Nach einem Körperkontakt sollte die Haut gewaschen werden. Kunden sollten darauf hingewiesen werden, die Gebrauchsinformation sorgfältig zu lesen.

36. Was ist Inverkehrbringen nach dem AMG?

A) Herstellen
B) Vorrätig halten zum Verkauf
C) Kennzeichnen von Arzneimitteln
D) Anbauen von Arzneipflanzen

Lösung
B

Kommentar
Der Begriff wird in § 4 Abs. 17 AMG definiert. Herstellen ist in § 4 Abs. 14 AMG erläutert.

37. Wer haftet, wenn ein Fertigarzneimittel bei bestimmungsgemäßem Gebrauch einen Körperschaden verursacht?

A) Der Staat haftet, da Fertigarzneimittel eine Zulassung der Bundesoberbehörde haben.
B) Der Betriebsinhaber des Einzelhandels haftet, bei dem das Arzneimittel gekauft wurde.
C) Die sachkundige Person haftet.
D) Der pharmazeutische Unternehmer haftet.

Lösung
D

Kommentar
Für ein Arzneimittel ist nach § 9 AMG immer der pharmazeutische Unternehmer verantwortlich. Das gilt nur für Schäden bei bestimmungsgemäßem Gebrauch. Hierfür besteht eine Versicherungspflicht für den Unternehmer (Haftpflichtversicherung, Deckungsvorsorge, Gefährdungshaftung § 84 AMG).

38. Welche Tätigkeit ist mit bestandener Sachkenntnisprüfung erlaubt?

A) Zwei Arzneidrogen zu einem Arzneitee mischen
B) Mehrere Arzneidrogen einzeln abwiegen und dem Kunden einzeln abgeben
C) Leinsamen zur Behandlung einer Verstopfung schroten
D) Keine Arzneitees abfüllen, da nur Tees nur als Fertigarzneimittel erlaubt sind

Lösung
B

Kommentar
Das Mischen von Drogen ist dem Einzelhändler mit Sachkenntnis nach § 50 AMG aufgrund § 13 Abs. 2 Nr. 5 AMG verwehrt. Er darf aber einzelne Teedrogen umfüllen, abpacken und kennzeichnen. Leinsamenschrot, der z. B. für Lebensmittelzwecke gebraucht wird (Brot), fällt nicht unter das Arzneimittelrecht. Leinsamen mit arzneilicher Zweckbestimmung schon.

39. Dürfen Sie Arzneimittelmuster abgeben?

A) Die Abgabe von Arzneimittelmustern ist verboten
B) Ja, wenn es freiverkäufliche Arzneimittel sind
C) Ja, wenn der Kunde danach fragt
D) Ja, wenn diese Arzneimittel auch im Reisegewerbe abgegeben werden dürfen

▸ **Lösung**
A

▸ **Kommentar**
Die Abgabe von Arzneimittelmustern ist nach § 11 Heilmittelwerbegesetz verboten. Gleichgültig, um welche Arzneimittel es sich handelt. Achtung: zu unterscheiden sind Zugaben, die verschenkt werden dürfen, z. B. Bonbons, Kundenzeitschriften usw.

40. Welche Kenntnisse müssen Sie bei der Sachkenntnisprüfung nicht nachweisen?

A) Kenntnisse über die üblichen Arzneidrogen
B) Kenntnisse der wichtigsten gesetzlichen Bestimmungen
C) Kenntnisse über die ordnungsgemäße Lagerung
D) Kenntnisse über die Anwendungsgebiete freiverkäuflicher Arzneimittel

▸ **Lösung**
D

▸ **Kommentar**
Dies regelt die Verordnung über den Nachweis der Sachkenntnis. Hier sind die Prüfungsanforderungen numerisch genannt. Die Kenntnis über Anwenungsgebiete freiverkäuflicher Arzneimittel ist nicht dabei. Das würde bei allen möglichen freiverkäuflichen Arzneimitteln den Einzelhändler auch überfordern.

41. Welche Kenntnisse müssen Sie bei der Sachkenntnisprüfung nicht nachweisen?

A) Kenntnisse über Verfälschungen der wichtigsten Arzneidrogen
B) Kenntnisse über die Kennzeichnung von Arzneimitteln
C) Kenntnisse über den Nachweis von Pflanzeninhaltsstoffen
D) Kenntnisse über die in freiverkäuflichen Arzneimitteln vorkommenden Drogen und Chemikalien

▸ **Lösung**
C

▸ **Kommentar**
Dies regelt eine Verordnung über den Nachweis der Sachkenntnis. Kenntnisse über den Nachweis von Drogeninhaltsstoffen (z. B. Bitterstoffe, Schleim) im Sinne, wie bei einer Analyse vorgegangen werden muss, sind für den Einzelhändler nicht erforderlich.

42. Wo stehen die allgemeinen pharmazeutischen Regeln über die Qualität von Arzneimitteln?

A) Im Arzneimittelgesetz
B) In der Freiverkäuflichkeitsverordnung
C) In Broschüren der IHK
D) Im Arzneibuch

▶ **Lösung**
D

▶ **Kommentar**
Die anerkannten pharmazeutischen Regeln (die zugehörige Wissenschaft ist die Pharmazie) stehen im Arzneibuch. Unter diesem Begriff versteht man das Europäische Arzneibuch (Ph. Eur.), das Deutsche Arzneibuch (DAB) und das für freiverkäufliche Arzneimittel eher unwichtige Homöopathische Arzneibuch (HAB). Die Werke müssen laut Apothekenbetriebsordnung in Apotheken vorhanden sein.

43. Welche Aufgabe haben Sie als sachkundige Person?

A) Sie müssen nur gelegentlich anwesend sein.
B) Sie können mehrere Filialen betreuen.
C) Sie müssen das Sortiment regelmäßig auf Verfalldaten prüfen.
D) Sie müssen freiverkäufliche Arzneimittel persönlich abgeben.

▶ **Lösung**
C

▶ **Kommentar**
Ihre Aufgabe als sachkundige Person wird es sein, das für die Prüfung Gelernte anzuwenden. Dazu gehört auch auf Verfalldaten zu prüfen. Sie können dabei nicht mehrere Filialen betreuen. Es ist nicht nötig, dass Sie die Arzneimittel persönlich abgeben. Es ist ausreichend, wenn Sie anwesend sind. Siehe § 52 Abs. 3 AMG.

44. Bei der Kontrolle durch das Regierungspräsidium (in manchen Bundesländern das Gesundheitsamt) darf die Amtsperson:

A) Außerhalb der Geschäftszeiten prüfen
B) Ihren Umsatz in der Buchführung prüfen
C) Gehaltszettel prüfen
D) Amtliche Proben nehmen und die Herkunft über Lieferscheine nachvollziehen

▶ **Lösung**
D

> **Kommentar**
> In § 64 AMG ist geregelt, was die Arzneimittelüberwachung leisten soll. Sie darf nur das prüfen, was mit dem Arzneimittelverkehr zu tun hat, und das nur während der üblichen Geschäftszeiten. Dann aber ist alles offen zu legen und die Arbeit zu unterstützen.

45. Für welches Anwendungsgebiet gibt es freiverkäufliche Arzneimittel?

A) Durch Viren verursachte Erkältungskrankheiten
B) Bindehautentzündung des Auges
C) Magengeschwüre
D) Grippe

Lösung
A

> **Kommentar**
> Die Anlage 3 (Tab. 38.10) klärt die Frage. Apothekenpflichtig sind Arzneimittel gegen organische Erkrankungen des Auges, gegen Geschwüre von Magen und Darm und gegen Infektionskrankheiten, die durch echte Grippeviren (Krankheit heißt Influenza). Banalen Erkältungen liegt in der Regel eine Infektion durch eine Vielzahl anderer Viren zugrunde.

46. Welche Bezeichnung ist für freiverkäufliche Teeaufgusspulver nicht zulässig?

A) Husten- und Brusttee
B) Schlaf- und Beruhigungstee
C) Magen- und Darmtee
D) Harntreibender Tee

Lösung
B

> **Kommentar**
> Die Antwort gibt § 1 Abs. 2 der Freiverkäuflichkeitsverordnung. Hier sind die Bezeichnungen aufgeführt, die lösliche Teeaufgusspulver tragen dürfen. Bitte beachten: „Harntreibender Tee" ist zulässig, „Schlaf- und Beruhigungstee" ist nicht erlaubt.

47. Welche Darreichungsform macht ein Arzneimittel apothekenpflichtig?

A) Filmtablette
B) Emulsion
C) Weichgelatinekapsel, gehärtet
D) Zäpfchen

Lösung
D

> **Kommentar**
> Die außerhalb der Apotheke nicht zulässigen Darreichungsformen finden wir in § 3 der Freiverkäuflichkeitsverordnung. Dazu gehören insbesondere Formen zur Injektion, Implantate und Zäpfchen.

48. Welche Produkte sind nach dem Arzneimittelgesetz freiverkäuflich?

A) Teemischungen als Fertigarzneimittel
B) Salmiakgeist 30 %
C) Presssäfte mit Alkohol hergestellt
D) Tee mit Sennesblättern

Lösung
A

> **Kommentar**
> Dies ist in § 44 AMG und in der Anlage 1 geregelt. Daher sind zugelassene Teemischungen mit Heilangaben freiverkäuflich. Presssäfte dürfen nur mit Wasser hergestellt werden, Ammoniaklösung über 10 % ist apothekenpflichtig. Sennesblätter wirken stark abführend und sind nicht in der Anlage 2 b (Tab. 38.6) genannt.

Teil B Freiverkäufliche und apotheken-pflichtige Arzneimittel

1. **Welche Aufschrift ist bei Arzneimitteln nicht zulässig?**

A) Verschreibungspflichtig
B) Reformhausüblich
C) Apothekenpflichtig
D) Kühl lagern

▶ **Lösung**

B

▶ **Kommentar**

Es gibt in Deutschland nach §§ 44 und 48 AMG freiverkäufliche, apothekenpflichtige und verschreibungspflichtige Arzneimittel. Wenn zutreffend, muss „apothekenpflichtig" oder „verschreibungspflichtig" auf der äußeren Umhüllung stehen. Reformhausübliche Arzneimittel gibt es nicht.

2. **Gegen welche Erkrankung dürfen Sie kein Arzneimittel anbieten?**

A) Durchfall
B) Frostbeulen
C) Eisenmangelanämie
D) Schuppenflechte

▶ **Lösung**

D

▶ **Kommentar**
Antwort gibt Anlage 3 (Tab. 38.10). Die Behandlung der Schuppenflechte (Hauterkrankung, auch Psoriasis genannt) braucht immer den fachkundigen Rat eines Arztes oder Apothekers.

3. Was bedeutet der Begriff Charge?

A) Die Nummer der Zulassung
B) Die in einem bestimmten Zeitraum erzeugte Menge eines Arzneimittels
C) Eine Wareneingangsnummer
D) Bei freiverkäuflichen Arzneimitteln unzulässig

▶ **Lösung**
B

▶ **Kommentar**
Der Begriff der Charge wird in § 4 Abs. 16 AMG erklärt. Die Chargenbezeichnung ist mit Ch.-B. abzukürzen und immer anzugeben.

4. Für welches Anwendungsgebiet sind freiverkäufliche Kamillenblüten oder Zubereitungen nicht erlaubt?

A) Zur Inhalation bei Schnupfen
B) Zur Anregung der Wundheilung
C) Bei einem Gerstenkorn am Auge
D) Bei leichten Magenschmerzen

▶ **Lösung**
C

▶ **Kommentar**
Hier ist der Anlage 3 (Tab. 38.10) zuständig. Organische Erkrankungen des Auges, wie die bakterielle Entzündung des Augenlids, genannt Gerstenkorn, bedingen ein apothekenpflichtiges Arzneimittel. Die anderen Anwendungsgebiete sind zulässig.

5. Welches Präparat ist nicht apothekenpflichtig?

A) Franzbranntwein mit 35 % Alkohol
B) Iodtinktur mit 10 % Iod
C) Zinkpaste
D) Emser Salz

▶ **Lösung**
D

Kommentar

Hier ist die Anlage 1 (Tab. 38.1) heranzuziehen. Während Zinksalbe freiverkäuflich ist, ist Zinkpaste apothekenpflichtig. Emser Salz ist ein Medizinprodukt und kein Arzneimittel. Franzbranntwein ist apothekenpflichtig. Bei einem Alkoholgehalt von 45 % oder mehr handelt es sich um ein nichtapothekenpflichtiges Arzneimittel.

6. Welches Produkt ist nicht freiverkäuflich?

A) Cortisonsalbe
B) Shampoo gegen Läuse für Hunde
C) Abführmittel mit Tamarindenmus
D) Glaubersalz

Lösung

A

Kommentar

Die Antwort gibt die Freiverkäuflichkeitsverordnung. Cortison ist ein Hormon und daher ist die Cortisonsalbe apothekenpflichtig. Tamarindenmus ist in Anlage 2 b (Tab. 38.6) als zulässiger Bestandteil von Abführmitteln genannt, Glaubersalz ist Natriumsulfat und ein salinisches Abführmittel.

7. Welches Arzneimittel darf sich nicht in Ihrem Sortiment befinden?

A) Reiner Fruchtzucker
B) Aloetinktur
C) Heilerde in Kapseln
D) Mischungen von Pflanzenteilen (Teemischung)

Lösung

B

Kommentar

Aloe ist, wie Sennesblätter und -schoten, Faulbaum- und Rhabarberwurzel apothekenpflichtig. Das gilt auch für die Zubereitungen daraus. Fruchtzucker ist ein diätetisches Lebensmittel für Diabetiker, Heilerde ist freiverkäuflich nach § 44 Abs. 2 Nr. 2 AMG. Teemischungen dürfen Sie in Ihrem Sortiment führen, aber nicht selbst mischen.

8. Welches Arzneimittel ist nicht freiverkäuflich?

A) Brombeerblättertee
B) Arnikatinktur äußerlich
C) Sennesschoten
D) Bullrich® Salz Tabletten

Lösung

C

> ▶ **Kommentar**
> In der Freiverkäuflichkeitsverordnung ist mehrmals erwähnt, dass Sennesblätter, Sennesschoten (= Sennesfrüchte) und Zubereitungen daraus apothekenpflichtig sind. Brombeerblätter sind harmlos, Arnikatinktur ist äußerlich, aber nicht innerlich, erlaubt. Bullrich® Salz ist Natriumhydrogencarbonat = Natron.

9. Für welches Fertigarzneimittel benötigen Sie eine Sachkenntnis zum Verkauf?

A) Medizinischer Sauerstoff
B) Frischpflanzen-Presssaft
C) Salbeiblätter-Tee
D) Franzbranntwein mit mind. 45 % Alkohol

▶ **Lösung**
D

> ▶ **Kommentar**
> Dies regeln §§ 50 und 52 AMG. Danach brauchen Arzneimittel, die man im Reisegewerbe ohne Sachkenntnis abgeben darf, auch im üblichen Einzelhandel keine Sachkenntnis, so beispielsweise Frischpflanzen-Presssäfte, Heilwasser oder in ihren Wirkungen allgemein bekannte deutsch bezeichnete Teedrogen.

10. Welches Abführmittel ist freiverkäuflich?

A) Sennesblätter
B) Rizinusöl
C) Faulbaumrinde
D) Rhabarberwurzel

▶ **Lösung**
B

> ▶ **Kommentar**
> Hier gibt die Anlage 2 b (Tab. 38.6) Auskunft, was in Abführmitteln zulässig ist. Die Anlage 1 b (Tab. 38.9) führt u. a. Aloe, Sennesblätter und -schoten, Faulbaumrinde und Rhabarberwurzel auf. Diese Drogen haben eine stark abführende Wirkung, und dürfen in freiverkäuflichen Arzneimitteln nicht enthalten sein.

11. Welches Arzneimittel dürfen Sie nicht verkaufen?

A) Borsalbe
B) Hoffmannstropfen
C) Campherspiritus
D) Lactose

▶ **Lösung**
A

▸ **Kommentar**
Hier hilft die Anlage 1 (Tab. 38.1). Dort stehen Arzneimittel, die mit Heilangaben freiverkäuflich sind. Borsalbe ist mit Vaseline verriebene Borsäure. Der Arzneistoff ist in Anlage 4 (Tab. 38.8) gelistet und daher nicht erlaubt.

12. Gegen welche Krankheit dürfen Sie Arzneimittel verkaufen?

A) Allgemeine Unruhezustände
B) Wurmkrankheit
C) Venenentzündung
D) Bluthochdruck

▸ **Lösung**
A

▸ **Kommentar**
Die Anlage 3 (Tab. 38.10) gibt Auskunft. Unruhezustände zu behandeln ist nicht verboten, sofern man dabei nicht Schlafstörungen erwähnt.

13. Welches Arzneimittel ist nicht freiverkäuflich?

A) Franzbranntwein mit mindestens 45 % Alkohol
B) Ammoniaklösung 5 %
C) Alkohol (Weingeist) 70 %
D) Iodtinktur mit 10 % Iod

▸ **Lösung**
D

▸ **Kommentar**
In der Anlage 1 (Tab. 38.1) sind die zulässigen freiverkäuflichen Heilmittel aufgeführt. Dabei sind die vorgeschriebenen Prozentgehalte zu beachten. Iod findet man in der Anlage 4 (Tab. 38.8) mit Prozentangabe: daher ist Iodtinktur mit max. 5 % Iod als äußerliches Desinfektionsmittel freiverkäuflich.

14. Welche Salbe ist freiverkäuflich?

A) Pappelsalbe
B) Cortisonsalbe
C) Zinkpaste
D) Schuppenflechtensalbe

▸ **Lösung**
A

Kommentar
Hier gibt die Anlage 1a (Tab. 38.1) Auskunft. Dort findet man die Pappelsalbe, also ist sie als Heilmittel freiverkäuflich. Cortison ist ein Hormon und daher apothekenpflichtig. Während Zinksalbe freiverkäuflich ist, ist dies Zinkpaste nicht. Schuppenflechte ist Anlage 3 Nr. 15 (Tab. 38.10) genannt, demnach sich Arzneimittel hierfür apothekenpflichtig.

15. Welches Produkt ist ein Fertigarzneimittel?

A) Babypuder
B) Hühneraugenpflaster
C) Sauna-Aufgussöl fertig abgepackt
D) Weizenkleie in abgabefertiger Verpackung

Lösung
B

Kommentar
Babypuder ist ein Kosmetikum, Sauna-Aufguss ein Bedarfsgegenstand und Weizenkleie ein Lebensmittel.

16. Welche der folgenden Drogen ist nicht freiverkäuflich?

A) Hopfenzapfen
B) Eibischwurzel
C) Kap-Aloe
D) Sonnenhutkraut
E) Wermutkraut

Lösung
C

Kommentar
Nach § 44 Abs. 2 Nr. 3 AMG sind zwar Drogen, bezeichnet mit ihren verkehrsüblichen deutschen Namen freiverkäuflich. Dies wird aber eingeschränkt durch die Anlage 1 b (Tab. 38.9) der Freiverkäuflichkeits-Verordnung, in der Aloe genannt ist.

17. Welche Aussage ist falsch?

A) Kräutertee-Feinschnitte mit Ätherischöl-Drogen (z. B. Husten, Leber- und Galle, Magentees) sollen nicht über 25 °C gelagert werden.
B) Anthranoidhaltige Arzneimittel (z. B. Rhabarber oder Sennesblätter) sind freiverkäufliche Arzneimittel, die bei Obstipation angewendet werden können.
C) Mistelkraut, als Tee oder Kaltansatz ist freiverkäuflich.
D) Nahrungsergänzungsmittel gehören zu den Lebensmitteln.

Lösung
B

▶ **Kommentar**
Aloe und die anderen Anthranoid-Drogen sind stark wirkende Abführmittel und daher nicht freiverkäuflich. Sie sind nicht in Anlage 2 b (Tab. 38.6) für zulässige freiverkäufliche Abführmittel genannt.

18. Welche Aussage ist falsch?

A) Arnikatinktur muss zwingend mindestens 1:3 vor der äußerlichen Anwendung verdünnt werden, da sie sonst zu schweren toxischen Reaktionen der Haut führen kann.
B) Ätherisches Kamillenöl, gewonnen durch Destillation ist intensiv blau gefärbt.
C) Salicylsäure, enthalten in Hühneraugenpflaster, ist zur innerlichen Anwendung nicht freiverkäuflich.
D) Misteltee darf als freiverkäufliches Arzneimittel gegen Bluthochdruck angewendet werden.
E) Primelwurzel, und -blüten, Süßholzwurzel und Wollblumen werden zum erleichternden Abhusten eingesetzt.

▶ **Lösung**
D

▶ **Kommentar**
Gegen Bluthochdruck darf kein freiverkäufliches Arzneimittel angewandt werden. Die Behandlung des Blutdrucks gehört zu den für die Freiverkäuflichkeit ausgeschlossenen Krankheiten der Anlage 3 (Tab. 38.10). Hinzu kommt, dass Misteltee keine blutdrucksenkende Wirksamkeit besitzt.

19. Welche Angaben muss ein Arzneimittel nach §§10 und 11 des AMG 76 nicht aufweisen?

A) Darreichungsform
B) Zulassungsnummer
C) Anwendungsgebiet
D) Unverbindliche Preisempfehlung
E) Name oder Firma und Anschrift des Einzelhändlers bzw. pharmazeutischen Unternehmens

▶ **Lösung**
D

20. Welches lösliche Aufgusspulver ist nicht freiverkäuflich?

A) Harntreibender Tee
B) Magen- und Darmtee
C) Husten- und Brusttee
D) Leber- und Gallentee
E) Beruhigungstee

▶ **Lösung**
D

> **Kommentar**
> Leber und Gallen-Tee ist nicht in der Aufzählung des §1 Abs. 2 der Freiverkäuflichkeits-Verordnung genannt. Hier sind alle Indikationen für freiverkäufliche Aufgusspulver-Tees aufgeführt.

21. Welches Anwendungsgebiet hat Fenchelhonig?

A) Abführmittel
B) Kreislaufmittel
C) Magenmittel
D) Hustenmittel
E) Lebermittel

Lösung
D

22. Nennen Sie drei harntreibende Heilpflanzen.

Lösung
Beispiele: Birkenblätter, Goldrutenkraut, Hauhechelwurzel, Orthosiphonblätter, Brennnesselblätter

23. Nennen sie drei ätherische Öle bzw. deren Bestandteile, die bei Atemweginfekten angewandt werden können.

Lösung
Beispiele: Anisöl, Eucalyptusöl, Campher (Vorsicht: Säuglinge, Kleinkinder; nicht in oder unter der Nase anwenden!), Menthol, Thymol, Cineol

24. Welches Arzneimittel ist ein freiverkäufliches Fertigarzneimittel?

A) Iodtinktur 10 %
B) Blasentang-Dragees gegen Fettsucht
C) Mischung geschnittener Pflanzenteile in abgabefertiger Packung
D) Karlsbader Salz-Dragees
E) Warzenmittel

Lösung
C

> **Kommentar**
> Iodtinktur ist nur bis 5 % freiverkäuflich, Blasentang ist durch Anlage 1 b (Tab. 38.9) ausgeschlossen, natürliche Heilwässer und Salze sind auch als Tabletten aber nicht als Drg. freiverkäuflich (weil Dragees in §44 AMG nicht genannt ist). Warzenmittel sind nicht freiverkäuflich.

25. Welches Arzneimittel ist ein freiverkäufliches Fertigarzneimittel?

A) Peloid für Bäder und Packungen
B) Zinkpaste
C) Abführzäpfchen

▶ **Lösung**
A

▶ **Kommentar**
Peloide sind nach § 44 Abs. 2 von der Apothekenpflicht ausgenommen, Zinksalbe ist freiverkäuflich aber nicht Zinkpaste, Zäpfchen als Darreichungsform sind niemals freiverkäuflich.

26. Gegen welche Krankheiten dürfen Sie freiverkäufliche Arzneimittel verkaufen?

A) Wurmkrankheiten
B) Venenentzündung
C) Unruhezustände
D) Krankheiten des Nervensystems
E) Ernährungskrankheiten von Säuglingen

▶ **Lösung**
C

▶ **Kommentar**
Krankheiten sind nach Anlage 3 (Tab. 38.10) der Freiverkäuflichkeits-Verordnung ausgeschlossen, darunter auch organische Krankheiten der Nerven. Unruhezustände sind keine organische Krankheit der Nerven, sondern eine Befindlichkeitsstörung.

27. Gegen welche Krankheiten dürfen Sie freiverkäufliche Arzneimittel verkaufen?

A) Allgemeine Arteriosklerose
B) Gerstenkorn
C) Bluthochdruck
D) Fettstoffwechselstörung

▶ **Lösung**
A

▶ **Kommentar**
Allgemeine Arteriosklerose ist eine Ausnahme in der Verbotsliste für Krankheiten Anlage 3 (Tab. 38.10).

28. Bei welchem Anwendungsgebiet sind Bäderzubereitungen nicht freiverkäuflich?

A) Kreislaufanregung
B) Infektiöse Hautkrankheiten
C) Erkältungskrankheiten
D) Schlafstörungen

▶ **Lösung**
B

▶ **Kommentar**
Infektiöse Hautkrankheiten sind in der Anlage 3 (Tab. 38.10) der Freiverkäuflichkeits-Verordnung zum Ausschluss von der Freiverkäuflichkeit genannt.

29. Welches Arzneimittel darf ohne Sachkundenachweis verkauft werden?

A) Darmfrei-Tabletten für Hunde
B) Arzneimittel gegen Parasiten bei Zierfischen
C) Franzbranntwein
D) Ginseng-Tonikum
E) Hühneraugentropfen

▶ **Lösung**
B

▶ **Kommentar**
Zoogeschäfte müssten sonst eine sachkundige Person beschäftigen. Nach §4 Freiverkäuflichkeits-Verordnung sind Arzneimittel für Zierfische, Terrarientiere usw. freiverkäuflich ohne Sachkundenachweis.

30. Welche Aussage ist falsch?

A) Condurango ist eine Blattdroge
B) Kamille ist eine Blütendroge
C) Senf ist eine Samendroge
D) Eibisch ist eine Wurzeldroge
E) Schafgarbe ist eine Krautdroge

▶ **Lösung**
A

▶ **Kommentar**
Condurango ist eine Rindendroge.

31. Nennen Sie zwei Angaben auf der Verpackung, an denen Sie ein Arzneimittel von einem Nahrungsergänzungsmittel unterscheiden können.

▶ **Lösung**

Bei Nahrungsergänzungsmitteln gibt es keine Angaben zum Verwendungszweck und keine Wirkstoffe. Die Inhaltsstoffe müssen mit „Zutaten" deklariert werden, Angaben zur Dosierung heißen „Verzehrsempfehlung" und die Angabe zur Haltbarkeit ist gekennzeichnet durch „Mindestens haltbar bis".

Bei Arzneimitteln muss das Anwendungsgebiet und die Wirkstoffe nach und Menge angegeben sein, außerdem die Dosierung und die Art der Anwendung. Die Angabe zur Haltbarkeit heißt „Verwendbar bis".

▶ **Kommentar**

Arzneimittel

- ▶ Deklaration des Anwendungsgebiets: „Anwendungsgebiet:" inhaltlich: Vorbeugung oder Heilung von Krankheiten.
- ▶ Arzneimittel sind dazu bestimmt, Krankheiten, Leiden, Körperschäden oder krankhafte Beschwerden zu heilen, zu lindern, zu verhüten oder zu erkennen, vom menschlichen oder tierischen Körper erzeugte Wirkstoffe zu ersetzen oder die Beschaffenheit, den Zustand oder die Funktion des Körpers oder seelische Zustände zu beeinflussen.
- ▶ „verwendbar bis".
- ▶ Kommentar: Arzneimittel dürfen nicht über ihr Verfalldatum hinaus angewendet werden.
- ▶ Zulassungsnummer oder Registrierungs-Nummer auf Verpackung.
- ▶ Arzneimittel bedürfen der Zulassung oder Registrierung durch die Arzneimittel-Zulassungsbehörde.
- ▶ Chargenbezeichnung.
- ▶ Kennzeichnung "Arzneimittel. Für Kinder unzugänglich aufbewahren."

Nahrungsergänzungsmittel (NEM)

- ▶ Lebensmitteltypische Wortwahl, wie z. B.: „Zutaten".
- ▶ „mindestens haltbar bis".
- ▶ Kommentar: Wie andere Lebensmittel auch, tragen NEM ein Mindesthaltbarkeitsdatum. Ist dieses abgelaufen, muss das Lebensmittel nicht zwangsläufig verdorben sein, es darf aber nicht mehr verkauft werden.
- ▶ Nahrungsergänzungsmittel werden mit Gesundheits- anstelle von krankheitsbezogenen Aussagen ausgelobt.
- ▶ Kommentar: Sie dürfen nicht mit krankheitsbezogenen Aussagen beworben werden, wobei Aussagen zur Verringerung eines Krankheitsrisikos zulässig sind. Diese müssen jedoch behördlich geprüft und zugelassen werden.

Teil C Begriffsbestimmungen und Darreichungsformen

1. Welche Droge enthält überwiegend Schleimstoffe?

A) Holunderblüten
B) Birkenblätter
C) Brennnesselkraut
D) Eibischwurzel
E) Süßholzwurzel

Lösung
D

2. Welcher Stoff gehört nicht zu den fettlöslichen Vitaminen?

A) Vitamin A
B) Vitamin E
C) Vitamin D
D) Retinol
E) Folsäure

Lösung
E

Kommentar
Folsäure ist gut wasserlöslich und gehört zur Gruppe der B-Vitamine.

3. Welche der folgenden Aussagen ist falsch?

A) Unter Arzneimittel-Herstellung versteht das AMG z. B. Abfüllen von Lindenblüten aus einem größeren Gebinde in kleinere Tüten.
B) Dem sachkundigen Einzelhändler ist das Zerkleinern, z. B. das Schroten von Leinsamen, wenn dieser zur Beseitigung der Darmträgheit angeboten wird, gestattet.
C) Die Herstellung von Arzneimitteln bedarf ganz allgemein einer Herstellungserlaubnis die in §13 bis 20 im AMG geregelt ist.
D) Dem sachkundigen Einzelhändler ist nach einer Sonderregelung eine „Herstellung" ohne Herstellungserlaubnis gestattet, wenn er Arzneimittel in unveränderter Form umfüllt, abpackt und kennzeichnet.
E) Wegen der Gefahr einer „Cross-Kontamination" dürfen nicht mehrere Arzneimittel gleichzeitig abgefüllt werden

▸ **Lösung**
B

4. Nennen Sie den wichtigsten Inhaltsstoff und den Verwendungszweck der Fenchelfrüchte.

▸ **Lösung**
Ätherisches Öl mit Fenchon als Hauptinhaltsstoff.
Schleimlösend, Blähungen und krampfartige Beschwerden im Magen- und Darmkanal

5. Nennen sie den wichtigsten Inhaltsstoff und den Verwendungszweck von Flohsamen.

▸ **Lösung**
Unverdaulichen Schleim.
Quellstoffabführmittel, Verstopfung, bei Hämorrhoiden zur Stuhlerweichung

6. Nennen Sie die wichtigsten Inhaltsstoffe und den Verwendungszweck der Kürbissamen.

▸ **Lösung**
Phytosterine, Vitamin E, fettes Öl mit ungesättigten Fettsäuren.
Stärkung der Blasenfunktion

7. Nennen Sie den wichtigsten Inhaltsstoff und den Verwendungszweck der Lindenblüten.

▸ **Lösung**
Schleim.
Reizlinderung bei Erkrankungen der oberen Luftwege, fieberhafte Erkältungskrankheiten, schweißtreibend zur Fiebersenkung bei banalen Erkältungsinfekten

8. Nennen Sie die wichtigsten Inhaltsstoffe und den Verwendungszweck der Löwenzahnwurzel mit Kraut.

▶ **Lösung**

Bitterstoffe, Flavonoide.
Störungen des Gallenabflusses, Magen- und Darmstörungen, Völlegefühl, mild harntreibend

9. Nennen Sie die wichtigsten Inhaltsstoffe und den Verwendungszweck der Ringelblumenblüten.

▶ **Lösung**

Triterpen-Saponine, Flavonoide, Carotinoide.
Äußerlich bei Entzündungen von Haut und Schleimhäuten, Quetsch- und Brandwunden

10. Nennen Sie die wichtigsten Inhaltsstoffe und den Verwendungszweck der Rosmarinblätter.

▶ **Lösung**

Ätherisches Öl, Gerbstoffe.
Blähungen, Völlegefühl, krampfartige Magen- und Darmbeschwerden, zu Bädern bei Kreislaufstörungen, insbesondere bei niedrigem Blutdruck (Hypotonie)

11. Nennen Sie die wichtigsten Inhaltsstoffe und den Verwendungszweck der Salbeiblätter.

▶ **Lösung**

Ätherisches Öl, Gerbstoffe.
Entzündungen von Zahnfleisch, Mund- und Rachenschleimhaut, Magen- und Darmbeschwerden

12. Nennen Sie für vier unterschiedlicher Darreichungsformen die Anzeichen und Gründe die auf verdorbene Arzneimittel hinweisen.

▶ **Lösung**

Dragees: gerissene Drageedecke bei längerer Lagerung oder bedingt durch Herstellungsmängel; Verfärbung bzw. punkt- oder fleckige Veränderungen der Drageehülle bei längerer oder zu feuchter Lagerung oder „Durchbluten" von Inhaltsstoffen des Drageekerns, platzen der Drageedecke in zwei Hälften = Deckeln, wenn der Kern zu feucht dragiert wurde, Ablösen der Drageedecken durch Herstellungsmängel oder unsachgemäße Lagerung.
Weichgelatinekapseln: Formveränderungen und Zusammenkleben bei zu hoher Lagerungstemperatur; Undichtigkeit an der Verschweißnaht durch Herstellungsmängel, Härtung und Überlagerung.
Pflanzenpresssäfte: Schimmel; Ausflockung, übermäßige Trübung, Gärungserscheinungen.

Liquida: Gärungserscheinungen, übermäßiger Bodensatz zur Trübung der gesamten Flüssigkeit; Phasentrennung bei Emulsionen, Klumpenbildung bei Suspensionen, Ausfällung, Auskristallisation.
Tabletten: fleckige Veränderungen, Bruch, Risse, Zerfallen, verkleben bei zu hoher Luftfeuchtigkeit oder zu warmer Lagerung (Brausetabletten!), fehlende Dichtigkeit der Primärverpackung.
Pulverpräparate: Verklumpung, Verfestigung bei feuchter Lagerung.
Einzeldrogen und Kräuterteemischungen: Befall mit Ungeziefer, bzw. das Vorhandensein der einzelnen Entwicklungsstadien der Drogenschädlinge, ferner Schimmelbefall.
Salben und Gele: Phasentrennung, mikrobielle Zersetzung, Ranzigwerden.

13. Was ist ein Heilwasser?

A) Ein natürlich vorkommendes Gemisch von chemischen Elementen oder chemischen Verbindungen
B) Ein chemisches Element
C) Eine chemische Verbindung
D) Eine natürlich vorkommende Lösung
E) Ein künstlich hergestelltes Gemisch von chemischen Elementen oder chemischen Verbindungen

▶ **Lösung**
D

14. Was ist ein Peloid?

A) Eine künstlich hergestellte Mischung von Erden unter Zusatz arzneilich wirksamer Bestandteile
B) Eine Mischung natürlicher Mineralien
C) Eine Mischung von Mineralien unter Zusatz pflanzlicher Bestandteile
D) Eine Lösung natürlicher Mineralien in Wasser
E) Natürliche Schlämme und Moore, die zu Bädern und Packungen verwendet werden und sich durch hohes Wasserbindungsvermögen auszeichnen

▶ **Lösung**
E

15. Was ist eine chemische Verbindung im Sinne des Arzneimittelgesetzes?

A) Honig
B) Lebertran
C) Wasser
D) Sonnenblumenöl
E) Ameisenspiritus

▶ **Lösung**
C

16. Welches Produkt ist eine Zubereitung aus Stoffen?

A) Baldrianwurzel
B) Schafgarbenkraut in Aufgussbeuteln
C) Schwefelpulver
D) Karlsbader Salz, echt
E) Vitamin C Brausetabletten

▶ **Lösung**
E

17. Welche Droge enthält als Hauptbestandteil ätherisches Öl?

A) Seifenwurzel
B) Eibischblätter
C) Pomeranzenblüten
D) Rosskastanien
E) Holunderblüten

▶ **Lösung**
C

18. Welche Droge enthält als Hauptbestandteil ätherisches Öl?

A) Malvenblüten
B) Thymiankraut
C) Wollblumen
D) Tausendgüldenkraut
E) Leinsamen

▶ **Lösung**
B

19. Welche Droge enthält als Hauptbestandteil ätherisches Öl?

A) Eibischwurzel
B) Brennnesselkraut
C) Wermutkraut
D) Salbeiblätter
E) Heidelbeeren

▶ **Lösung**
D

20. Welche Droge enthält als Hauptbestandteil Bitterstoffe?

A) Sennesblätter
B) Tormentillwurzelstock
C) Ginsengwurzel
D) Tausendgüldenkraut
E) Eicherinde

► **Lösung**
D

21. Welche Anwendungsgebiete haben Bitterstoffe?

► **Lösung**
Verdauungsbeschwerden

22. Nennen Sie die Hauptwirkungen der ätherischen Öle.

► **Lösung**
Beispiele: entzündungshemmende, antibakterielle oder krampflösende Wirkung.

23. Welches Öl ist ein fettes Öl?

A) Kamillenblütenöl
B) Latschenkiefernöl
C) Pfefferminzöl
D) Leinöl
E) Eucalyptusöl

► **Lösung**
D

24. Welches Öl ist ein fettes Öl?

A) Eucalyptusöl
B) Sesamöl
C) Pfefferminzöl
D) Latschkiefernöl
E) Chinaöl

► **Lösung**
B

25. Wodurch unterscheiden sich fette Öle von ätherischen Ölen?

▶ **Lösung**

Ätherische Öle verdunsten sehr leicht, d.h. ein ursprünglicher fettartiger Fleck verschwindet nach ca. 20–30 Minuten (= Filterpapierprüfmethode).
Fette Öle verdunsten nicht.

▶ **Kommentar**

Den Unterschied kann man leicht feststellen, wenn man einen Tropfen Öl auf ein Blatt Papier aufträgt. Nach 20–30 Minuten, aber spätestens nach einem Tag ist der transparente Fleck (Fettfleck) im Falle des ätherischen Öls verschwunden, beim fetten Öl bleibt der Fleck auf Dauer.
Die meisten ätherischen und viele fette Öle sind oxidationsempfindlich, weshalb sie beide möglichst kühl und immer vor Luft und Sauerstoff geschützt, d.h. in gut verschlossenen Gefäßen gelagert werden sollen. Ein Lichtschutz ist ebenfalls von Vorteil, da viele Oxidationsreaktionen durch Licht gefördert werden und manche Umsetzungen sogar alleine durch Licht schon erfolgen. Wenn die Gefäße möglichst gut gefüllt sind, befindet sich wenig Luft im Gefäß, weshalb in randvoll gefüllten Flaschen die Haltbarkeit besser ist als in halb oder fast leeren.

26. Welches Arzneimittel ist ein Destillat?

A) Baldriantropfen
B) Kräutertinktur
C) Melissengeist
D) Iodtinktur
E) Lebertran

▶ **Lösung**

C

27. Nennen Sie eine Wirkung der Gerbstoffe.

▶ **Lösung**

Zusammenziehend (adstringierend),
antibakteriell, antiviral,
eiweißfällend, Wunden verschließend.

28. Welche Droge enthält Gerbstoffe als Hauptbestandteil?

A) Heidelbeeren
B) Tausendgüldenkraut
C) Wollblumen
D) Eibischwurzel
E) Isländisches Moos

▶ **Lösung**

A

29. Was versteht man unter Teeaufgusspulver (Instanttee)?

A) Alkohollösliche Kräutertee-Trockenextrakte
B) Pulverförmige wasserlösliche Kräutertee-Trockenextrakte
C) Mikroverkapselte Pflanzenteile
D) Kräutertee-Aufgussbeutel
E) Feingemahlene Kräuter

▶ **Lösung**
B

30. Nach welcher Methode wird ein freiverkäuflicher Presssaft hergestellt?

A) Auspressen frischer Pflanzen oder Pflanzenteile
B) Ansetzen von Pflanzenteilen mit Alkohol und anschließendes Auspressen
C) Auspressen, nachdem man die getrockneten Pflanzenteile mit Wasser übergossen hat
D) Auspressen von Pflanzenteilen bei gleichzeitiger Erhitzung
E) Auspressen getrockneter Pflanzenteile

▶ **Lösung**
A

31. Dürfen Sie Knoblauchkapseln neben Sionon® Fruchtzucker lagern?

A) Nein, Arzneimittel müssen deutlich getrennt von anderen Waren lagern.
B) Ja, da es sich bei beiden um diätetische Lebensmittel handelt.
C) Ja, es handelt sich bei beiden um freiverkäufliche Fertigarzneimittel.
D) Ja, Arzneimittel dürfen neben diätetischen Lebensmitteln gelagert werden.
E) Ja, das Arzneimittelgesetz erlaubt es.

▶ **Lösung**
A

32. Welche Arzneimittel müssen ein Verfalldatum tragen?

A) Arzneimittel die kürzer als drei Jahre wirksam sind
B) Nur Vorratspackungen
C) Alle Arzneimittel
D) Arzneimittel die kürzer als ein Jahr wirksam sind
E) Nur bestimmte Arzneistoffe z. B. Impfstoffe

▶ **Lösung**
C

33. Unter welcher Bedingung darf ätherisches Kamillenöl wegen möglicher Wirkstoffverluste nicht gelagert werden?

A) Unter Lichtschutz
B) Unter 20 °C
C) Unter Luftabschluss
D) In Flaschen aus braunem Glas
E) In Flaschen aus weißem Glas

▶ **Lösung**
E

34. Welches Anzeichen weist nicht auf eine verdorbene Ware hin?

A) Verklumptes Pulver
B) Entmischte Emulsionen
C) Beschädigter Umkarton
D) Aufgeplatzte oder verfärbte Dragees
E) Zerbrochene, zerfallene oder verfärbte Tabletten

▶ **Lösung**
C

35. Ordnen Sie den Arzneistoffen A–E, jeweils einen Verwendungszweck 1–5 zu.

A) Saccharin
B) Alaun
C) Ascorbinsäure
D) Heilerde
E) Fangokompressen

1. Innerlich gegen Magenübersäuerung und Gärungs- bzw. Fäulniserscheinungen im Darm
2. Innerlich zur Steigerung der körpereigenen Abwehr bei Infektionen
3. Äußerlich in Form von Steinen als Ätzmittel z. B. zur Blutstillung (Rasierstift)
4. Äußerlich zur Wärmebehandlung z. B. bei Rheuma und Prellungen
5. Süßstoff

▶ **Lösung**
A5, B3, C2, D1, E4

Teil D Lagerung und Abgabe

1. Wie oft sollte der Einzelhändler den Lagerbestand an Arzneimitteln auf verfallene Ware kontrollieren?

A) Jede Woche den gesamten Lagerbestand
B) Jeden Monat den gesamten Lagerbestand
C) Jedes Quartal den gesamten Lagerbestand
D) Durch regelmäßige Kontrollen
E) Eine solche Kontrolle ist nicht notwendig

▶ **Lösung**
D

2. Welche Aussage ist richtig?

A) Stoffe und Zubereitungen, die apothekenpflichtig sind, sind in einer sog. Positivliste genannt.
B) Pflanzliche Arzneimittel sind Arzneimittel, die neben chemisch, synthetischen Wirkstoffen auch pflanzliche Wirkstoffe oder pflanzliche Zubereitungen enthalten.
C) Bei der Abgabe von Leinsamen zur Behebung einer Darmträgheit ist der Einzelhändler nicht an die Qualitätsprüfung nach dem Europäischen Arzneibuch gebunden.
D) Verfallene Arzneimittel dürfen nicht in irgendeinem Geschäftsraum gelagert werden.
E) Alle in §44 AMG 76 (Ausnahme aus der Apothekenpflicht) aufgeführten Arzneimittelgruppen (wie Pflanzen-Presssäfte, Teemischungen) sind freiverkäuflich.

▶ **Lösung**
D

3. **Was ist beim Verkauf von Melissengeist und Medizinalweinen zu beachten?**

▸ **Lösung**

Keine Abgabe an Kinder und Jugendliche wegen der Gefahr einer missbräuchlichen Verwendung.

Kontraindiziert bei Säuglingen und Kleinkindern bis etwa zum 8. Monat, da ihnen ein Enzym (Alkoholdehydrogenase) fehlt, das für den Abbau von Alkohol notwendig ist.

Teil E Pharmakologie

1. Für welchen Personenkreis gibt es Einschränkungen beim Kochsalzverbrauch (Natriumchlorid)?

A) Diabetiker
B) Bluthochdruckpatienten
C) Personen mit Magenschleimhautentzündung
D) Gichtkranke

▶ **Lösung**
B

▶ **Kommentar**
Natriumchlorid soll bei Hochdruckkranken eingeschränkt werden, was zur Senkung des erhöhten Blutdrucks beitragen kann.
Diabetiker müssen mit Zucker aufpassen, Menschen mit Gastritis sollen Alkohol meiden und Gichtkranke sollen hinsichtlich der Eiweißzufuhr Diät halten.

2. Bei welchen Erkrankungen dürfen Arzneimittel mit einem hohen Alkoholgehalt nicht gegeben werden?

A) Haarausfall
B) Leberschaden
C) Erkältung
D) Rheuma

▶ **Lösung**
B

Kommentar
Alkohol schädigt, besonders in höheren Dosen und über längere Zeit, die Leber. Wer schon einen Leberschaden hat, dazu gehört auch die Leberentzündung (Hepatitis), muss Alkohol meiden. Trockene Alkoholiker dürfen Arzneimittel die Alkohol enthalten, nicht bekommen. Vorsicht besonders bei hochprozentigen Arzneimitteln, wie z.B. Melissengeist. Der Alkoholgehalt muss angegeben sein.

3. **Was sind Nebenwirkungen?**

A) Unerwünschte Begleiterscheinungen
B) Kontraindikationen
C) Warnhinweise
D) Wechselwirkungen

Lösung
A

Kommentar
Nebenwirkungen sind in §4 Abs. 13 AMG definiert. In der Gebrauchsinformation müssen Nebenwirkungen, Gegenanzeigen (= Kontraindikationen) und Wechselwirkungen angegeben werden.

4. **Was versteht man unter Gegenanzeigen?**

A) Nebenwirkungen
B) Umstände, bei denen man das Arzneimittel nicht nehmen darf
C) Beeinflussungen durch andere Arzneimittel
D) Notwendige Vorsichtsmaßnahmen

Lösung
B

Kommentar
Wenn ein Arzneimittel nicht genommen werden darf, steht dies in der Gebrauchsinformation unter Gegenanzeigen. Eine Missachtung kann Schäden verursachen. Beispiel: „Nicht einnehmen in den ersten drei Monaten einer Schwangerschaft". Eine gegenseitige Beeinflussung einer Arzneimittelwirkung mit anderen Arzneimitteln oder Lebensmitteln ist die Wechselwirkung.

5. Bei welchen Arzneimitteln können Nebenwirkungen auftreten?

A) Nur bei verschreibungspflichtigen Arzneimitteln
B) Nur bei apothekenpflichtigen Arzneimitteln
C) Bei freiverkäuflichen Arzneimitteln
D) Bei allen Arzneimitteln, die eine Wirkung haben
1. Nur A ist richtig
2. Nur A und B sind richtig
3. Nur A und B und C sind richtig
4. D ist richtig

▶ **Lösung**

4

▶ **Kommentar**

Beim Auftreten von Nebenwirkungen ist die Verkaufseinschränkung nicht von Bedeutung: sie sind grundsätzlich immer möglich. Wenn Arzneimittel eine Wirkung haben, können sie immer auch eine oder mehrere Nebenwirkungen haben.

6. Welche Aussage zu Abführmitteln ist richtig?

A) Sie dürfen auch ununterbrochen über einen längeren Zeit genommen werden
B) Leinsamen zählt dazu
C) Sie helfen zu verdauen
D) Sie helfen das Gewicht zu reduzieren

▶ **Lösung**

B

▶ **Kommentar**

Abführmittel wirken, außer Rizinusöl, am Enddarm. Ihre Wirkung hat mit Verdauung oder Gewichtsabnahme nichts zu tun. Abführmittel sollten nicht chronisch genommen werden. Die Peristaltikanregung durch Leinsamen geschieht durch den sog. physiologischen Dehnungsreiz.

7. Arnikatinktur ist nicht freiverkäuflich, wenn sie angewendet wird:

A) Innerlich bei Magenbeschwerden
B) Äußerlich bei Prellungen
C) Äußerlich bei Verstauchungen
D) Äußerlich bei Muskelzerrungen

▶ **Lösung**

A

> ▶ **Kommentar**
> Arnikatinktur ist nur zur äußerlichen Anwendung freiverkäuflich. Man nimmt sie verdünnt zu Umschlägen bei Prellungen, Zerrungen, Verstauchungen. Vorsicht: immer richtig verdünnen und darauf achten, dass es auch Personen gibt, die gegen Arnika allergisch sind.

8. **Welches Arzneimittel wird zur Vorbeugung der Arteriosklerose angeboten?**

A) Melissengeist
B) Karmelitergeist
C) Echinacea-Tropfen
D) Knoblauchkapseln

▶ **Lösung**
D

> ▶ **Kommentar**
> Knoblauch wird vor allem in festen Darreichungsformen zur Vorbeugung vor Arteriosklerose angeboten. Eine Wirksamkeit ist aber erst bei mehr als 4 g frischen Knoblauch oder 600–900 mg gefriergetrocknetem Knoblauchpulver pro Tag zu erwarten. Auch geruchsfreie Dragees oder Kapseln führen zu Ausdünstungen durch die Haut und den Atem. Echinacea-Tropfen nimmt man vorbeugend vor Erkältung. Vorsicht bei den Alkoholgehalten der Destillate Melissengeist und Karmelitergeist!

9. **Welche Aussage zu Abführmitteln ist nicht richtig?**

A) Bittersalz und Glaubersalz sind salinische (salzartige) Abführmittel.
B) Abführmittel, die Quellmittel sind, müssen mit viel Wasser eingenommen werden.
C) Kurzfristig und richtig angewandt haben Abführmittel mit Quellstoffen selten Nebenwirkungen.
D) Leinsamen kann vor der Abgabe an den Kunden geschrotet werden.

▶ **Lösung**
D

> ▶ **Kommentar**
> Magnesiumsulfat und Natriumsulfat sind Salze und müssen, wie Quellstoffe auch, mit einer ausreichenden Menge Wasser eingenommen werden. Leinsamen ist zwar ein Abführmittel, das Schroten ist aber unzulässig, da Sie nach § 13 AMG nur umfüllen, abfüllen, abpacken und kennzeichnen dürfen. Als Lebensmittel darf Leinsamen geschrotet werden.

10. Was trifft für Cyanocobalamin (Vitamin B_{12}) nicht zu?

A) Es kommt in Fleisch und Fleischerzeugnissen mit Restblut (z.B. Wurst) vor.
B) Vegetarier nehmen reichlich davon mit dem Essen zu sich.
C) Es ist wasserlöslich.
D) Es ist für ein gesundes Blut unbedingt erforderlich.

▶ **Lösung**
B

▶ **Kommentar**
Vitamin B_{12} ist wasserlöslich und kann vom Menschen nicht selbst gebildet werden. Daher ist eine Zufuhr über die Nahrung erforderlich. In tierischer Nahrung kommt es vor allem in der Leber, aber auch in Fleisch, Fisch, Milch und Eiern vor. Bei rein vegetarischer Ernährung kommt es deswegen häufiger zu einem Vitamin-B_{12}-Mangel, der sich u.a. in Störungen der Blutbildung mit Leistungsverlust, Müdigkeit und Herzklopfen zeigt.

11. Woraus besteht ein Blutstillstift?

A) Aluminiummagnesiumsilikat
B) Aluminiumacetattartrat
C) Aluminiumkaliumsulfat (Alaun)
D) Ascorbinsäure

▶ **Lösung**
C

▶ **Kommentar**
Aluminiumkaliumsulfat ist der chemische Name für den Alaunstift, den man zur Blutstillung beim Rasieren etc. verwendet. Aluminiumacetattartrat ist der Wirkstoff der essigsauren Tonerdelösung für Umschläge bei Prellungen, und Aluminiummagnesiumsilikate werden bei Sodbrennen eingenommen. Ascorbinsäure ist Vitamin C.

12. Welche Droge ist keine Bitterstoffdroge?

A) Tausendgüldenkraut
B) Wermutkraut
C) Isländisches Moos
D) Artischockenblätter

▶ **Lösung**
C

▶ **Kommentar**
Tausendgüldenkraut und Wermutkraut sind klassische Bitterstoffdrogen zur Appetitanregung. Auch Artischockenblätter enthalten Bitterstoffe, werden vor allem zu Anregung des Gallenflusses und der Fettverdauung verwendet. Isländisches Moos als Schleimdroge wird bei Halsschmerzen eingesetzt.

13. **Welche Teemischung ist ein Hustentee?**

A) Thymiankraut, Eibischwurzel, Primelwurzel
B) Wacholderbeeren, Orthosiphonblätter, Birkenblätter
C) Wermutkraut, Enzianwurzel, Fenchel
D) Kamillenblüten, Pfefferminze, Zitronenmelisse

▶ **Lösung**
A

▶ **Kommentar**
Bei Husten nimmt man häufig Drogen die ätherische Öle, Schleimstoffe oder Saponine enthalten. Die Teemischung mit Wacholderbeeren wirkt harntreibend, die Mischung mit Wermut hat viele Bitterstoffe und die Teemischung mit Kamille tut dem Magen gut.

14. **Welche Droge wird zum Gurgeln gegen Halsschmerzen verwendet?**

A) Lindenblüten
B) Salbeiblätter
C) Lakritze
D) Anisfrüchte

▶ **Lösung**
B

▶ **Kommentar**
Lindenblüten enthalten Flavonoide und Schleimstoffe und sind bei Halsschmerzen, ebenso wie Anisfrüchte mit ätherischem Öl nicht herausragend wirksam. Hierfür wird in der Volksmedizin seit langer Zeit Salbei verwendet. Lakritze ist der eingedickte Süßholzsaft, er hat schleimlösende Eigenschaften und wird bei Husten mit zähflüssigem Schleim empfohlen.

15. **Welches Anwendungsgebiet hat Vitamin A?**

A) Nervenschmerzen
B) Rachitisvorbeugung
C) Abwehrsteigerung
D) Nachtblindheit

▶ **Lösung**
D

> **Kommentar**
> Vitamin A ist fettlöslich und hat eine Bedeutung für das Sehen und besonders für das Nachtsehen. Rachitisvorbeugung geschieht mit Vitamin D, zur Abwehrsteigerung wird Vitamin C empfohlen und die Vitamin-B-Reihe war – zumindest früher – als „Nervenvitamine" angepriesen.

16. Welche Krankheit ist eine Vitamin-C-Mangelerkrankung?

A) Rachitis
B) Skorbut
C) Anämie
D) Blennorrhö

Lösung
B

> **Kommentar**
> Die Mangelerkrankung heißt Skorbut. Kolumbus soll bei der Entdeckung Amerikas daran erkrankt sein, denn der Mensch muss dieses Vitamin mit der Nahrung zuführen. Rachitis bekommt man bei Vitamin-D-Mangel, Blennorrhö kommt in der Anlage 3 (Tab. 38.10) vor und ist eine Erkrankung der Augenbindehaut.

17. Welche Aussage für Vitamin E ist zutreffend?

A) Vitamin E ist wasserlöslich
B) Kann aus Lebertran gewonnen werden
C) Kommt in Pflanzenölen vor
D) Gilt als Augenvitamin

Lösung
C

> **Kommentar**
> Vitamin-E-Träger sind vorwiegend Pflanzenöle, Getreide und Nüsse. Vitamin E gehört zu den fettlöslichen Vitaminen. In Lebertran befinden sich die Vitamine A und D. Das Augenvitamin ist das Vitamin A.

18. Welche Aussage trifft für Hände-Desinfektionsmittel nicht zu?

A) Sie machen die Hände keimfrei.
B) Die Einwirkungszeit ist für die desinfizierende Wirkung entscheidend.
C) Die Wirkstoffe sind chemische Verbindungen.
D) Sie wirken bakterizid, viruzid, fungizid und sporizid.

Lösung
A

> **Kommentar**
> Flüssige Desinfektionsmittel enthalten meist Alkohole und Aldehyde. Sie machen Hände oder Flächen nicht keimfrei, sondern bewirken, dass diese nicht mehr infizieren können. Entscheidend für die Wirkung ist, dass sie ausreichend lange einwirken können. Die Einwirkungszeit ist auf der Packung angegeben. Desinfektionsmittel wirken üblicherweise gegen Bakterien, Viren, Pilze und Sporen.

19. Ordnen Sie die Arzneimittel den Anwendungsgebieten zu.

A) Vitamin D
B) Arnikatinktur
C) Milchzucker
D) Primelwurzel
1. Prellungen
2. Abführmittel für Säuglinge
3. Rachitis-Vorbeugung
4. Gegen verschleimten Husten

Lösung
A3, B1, C2 und D4

20. Welcher Wirkstoff hat keine abführende Wirkung?

A) Glaubersalz
B) Magnesiumsulfat
C) Tamarindenmus
D) Ammoniumchlorid

Lösung
D

> **Kommentar**
> Glaubersalz ist Natriumsulfat, Magnesiumsulfat ist Bittersalz. Beide sind Abführmittel. Tamarindenmus wird aus Tamarindenfrüchten hergestellt. Dieses Mus wirkt leicht abführend. Ammoniumchlorid wird auch Salmiak genannt und wirkt schleimlösend im Bronchialbereich.

21. Welcher Wirkstoff ist kein Backtriebmittel?

A) Hirschhornsalz
B) Natriumchlorid
C) Pottasche
D) Natriumhydrogencarbonat (Natron)

Lösung
B

> **Kommentar**
> Backtriebmittel zeichnen sich dadurch aus, dass sie im Teig Kohlendioxid entwickeln, damit der Teig aufgeht. Je nach Teigart nimmt man unterschiedliche Backtriebmittel. Natriumchlorid ist Kochsalz.

22. Welche Droge wirkt stärkend auf Herz und Kreislauf?

A) Weißdornblätter mit -blüten
B) Salbeiblätter
C) Melissenblätter
D) Brennnesselkraut

Lösung
A

> **Kommentar**
> Bei leichten Herzbeschwerden hat sich Weißdorn bewährt. Salbei nimmt man zum Gurgeln bei Halsschmerzen, Melisse wirkt beruhigend auf Magen und Darm, und Brennnesselkraut nimmt man zur Durchspülung, volkstümlich auch „Entschlackung" genannt.

23. Welche Droge hat keine harntreibende Wirkung als Tee?

A) Hauhechelwurzel
B) Birkenblätter
C) Brennnesselblätter
D) Süßholzwurzel

Lösung
D

> **Kommentar**
> Alle Drogen wirken harntreibend, bis auf die Süßholzwurzel. Diese verwendet man gelegentlich in Hustentees. Der eingedickte Saft heißt Lakritze.

24. Welche Droge wirkt nicht abführend?

A) Feigen
B) Manna
C) Schafgarbenkraut
D) Tamarindenfrüchte

Lösung
C

▶ **Kommentar**
Feigen und Tamarindenfrüchte wirken insbesondere wegen ihrer Fruchtsäuren und dem damit verbundenen osmotischen Wirkmechanismus leicht abführend. Manna ist der eingedickte Saft aus bestimmten Eschen und wird wegen seines süßen Geschmacks bei Kindern verwendet. Schafgarbenkraut enthält Bitterstoffe.

25. **Was verwendet der Diabetiker als Zuckeraustauschstoff?**

A) Magnesiumtrisilikat
B) Glycerin
C) Rohrzucker
D) Fructose (= Fruchtzucker)

▶ **Lösung**
D

▶ **Kommentar**
Der handelsübliche Zucker ist Rohrzucker. Diabetiker dürfen davon nur eine bestimmte Menge am Tag zu sich nehmen. Glycerin findet sich in Hautsalben für geschmeidige Hände. Magnesiumtrisilikat ist ein Wirkstoff in Tabletten gegen Sodbrennen.

26. **Welche Droge wird für kreislaufanregende Bäder bevorzugt verwendet?**

A) Lavendel
B) Rosmarin
C) Agar-Agar
D) Lindenblüten

▶ **Lösung**
B

▶ **Kommentar**
Anregend wirkt das ätherische Öl des Rosmarins in warmen Bädern. Lavendel wird wegen seines intensiven Geruchs des ätherischen Öls geschätzt. Agar-Agar ist ein Quellmittel und findet sich in Abführmitteln, aber auch als erlaubte Zutat in industriell hergestelltem Pudding.

27. **Welcher Wirkstoff darf sich nicht in einer Hühneraugentinktur befinden?**

A) Salzsäure
B) Salicylsäure
C) Milchsäure
D) Essigsäure

▶ **Lösung**
A

> **Kommentar**
> Der wirksamste Inhaltsstoff in Hühneraugenmitteln ist die Salicylsäure. Sie darf bis zu 40 % enthalten sein. Ebenfalls denaturierend wirken Essigsäure und Milchsäure; diese haben aber eher geringe Bedeutung. Salzsäure als Wirkstoff ist nach der Anlage 2 c (Tab. 38.7) nicht erlaubt.

28. Welche Droge wird nicht in freiverkäuflichen Arzneimitteln zur Beeinflussung der psychischen Stimmungslage verwendet?

A) Hopfen
B) Baldrian
C) Melissenblätter
D) Johanniskraut
E) Pfefferminzblätter

Lösung
E

29. Welche Probleme können sich aus der überdosierten Einnahme von Bullrich® Salz ergeben?

Lösung
Natriumhydrogencarbonat reagiert mit der Salzsäure im Magen unter Entwicklung von CO_2, dadurch entstehen Gase die Blähungen verursachen können.
Bei hochdosierter Einnahme kann es wegen der starken Neutralisation der Magensäure zu einer Gegenregulation des Körpers kommen. Der Magen versucht, denen standen Säuremangel durch Säureproduktion auszugleichen (reaktive Säureproduktion), sodass die Gefahr besteht, dass sich das Grundleiden verschlimmert.

30. Welche Wirkstoffe können in freiverkäuflichen Zubereitungen gegen Hühneraugen und Hornhaut enthalten sein? Nennen Sie Hinweise zur Anwenung.

Lösung
Milchsäure und Salicylsäure.
Hornhaut lösende und Hornhaut erweichende Mittel nicht auf die gesunde Haut aufbringen, umliegenden, gesunden Hautareale evtl. mit Vaseline schützen.
Tinkturen immer gut verschließen, da sie leicht eintrocknen.
Auf enges Schuhwerk verzichten, damit Druckstellen nicht zu Hühneraugen werden.

31. Ordnen Sie die aufgeführten Mineralstoffe und Spurenelementen A–D jeweils einer unter 1–5 genannten Funktion zu.

A) Calcium
B) Eisen
C) Fluor
D) Iod

1. Wichtig zur Verhütung von Karies und notwendig für den Aufbau des Zahnschmelzes
2. Bestandteil von Schilddrüsenhormonen
3. Wichtiger Baustein in Enzymen, Baustein des Blutfarbstoffs Hämoglobin (verantwortlich für den Sauerstofftransport)
4. Baustein des Skeletts und der Zähne, Aktivierung von Nerven und Muskeln

▶ **Lösung**

A4, B3, C1, D2

Teil F Werbung

1. Welche der Angabe darf bei einer Erinnerungswerbung nicht genannt werden?

A) Anwendungsgebiet
B) Hersteller
C) Ort des Herstellers
D) Bezeichnung des Arzneimittels

▶ **Lösung**
A

▶ **Kommentar**
Eine Erinnerungswerbung nach § 4 Abs. 6 HWG liegt vor, wenn ausschließlich mit der Bezeichnung des Arzneimittels geworben wird. Zusätzlich ist noch die Angabe der Firma möglich. Weitergehende Angaben, wie zu Anwendungsgebieten oder arzneibezogene Aussagen sind nicht möglich.

2. Mit welcher Aussage darf außerhalb der Fachkreise geworben werden?

A) Gegen Grippe
B) Gegen Kopfschmerzen
C) Schützt vor Herzinfarkt
D) Gegen Magengeschwüre

▶ **Lösung**
B

▶ **Kommentar**
Die Anlage zum HWG klärt, was in der Laienwerbung zulässig bzw. verboten ist. Werbung mit Aussagen zu Grippe (echte Influenza), organische Krankheiten des Herzens, Geschwüre von Magen und Darm, darf nur bei Fachkreisen geschehen. Kopfschmerzen sind in der Anlage nicht enthalten.

3. Welche Werbung für ein freiverkäufliches, Vitamin E enthaltendes Arzneimittel ist nicht zulässig?

A) Vitamin E schützt vor Radikalen
B) Vitamin E hilft dem Zellstoffwechsel
C) Vitamin E kommt in Getreide vor
D) Vitamin E schützt vor Krebs

▶ **Lösung**
D

▶ **Kommentar**
Immer unzulässig sind falsche und irreführende Aussagen. Vitamin E schützt nicht vor Krebs, daher ist diese Aussage in einer Werbung nach § 3 HWG nicht zulässig.

4. Mit welcherAussage darf außerhalb der Fachkreise nicht geworben werden?

A) Bei Eisenmangelanämie
B) Reguliert den Blutdruck
C) Gegen Schlaflosigkeit
D) Schützt vor Reiseübelkeit

▶ **Lösung**
C

▶ **Kommentar**
Dies ist in § 10 HWG geregelt: gegen Schlaflosigkeit und psychische Krankheiten darf nur in Fachkreisen geworben werden. Während mit „gegen zu hohen Blutdruck" nicht geworben werden darf, sind Angaben zur Funktion oder andere allgemeine Aussagen zulässig. Reiseübelkeit ist nicht in der Anlage zum HWG enthalten.

5. Was ist bei der Laienwerbung für Arzneimittel erlaubt?

A) Abgabe von Mustern von Arzneimitteln
B) Dank- und Anerkennungsschreiben
C) Bezug im Versandhandel
D) Mit der Aussage „klinisch geprüft"

▶ **Lösung**
C

> **Kommentar**
> Freiverkäufliche Arzneimittel dürfen im Einzelhandel auch im Versandhandel vertrieben werden. Muster sind verboten, desgleichen die Werbung mit Dank- und Anerkennungsschreiben und mit Aussagen wie „ärztlich empfohlen" oder „klinisch geprüft". So steht es in § 11 HWG.

6. **Welche Werbung ist erlaubt?**

A) Mit einer Postwurfsendung und mit Angabe des Arzneimittelpreises
B) Mit Gutachten von Ärzten
C) Mit der Angabe „wirkt garantiert"
D) Mit der Abgabe von Mustern nach Aufforderung

Lösung
A

> **Kommentar**
> Mit ärztlichen Gutachten zu werben und mit Aussagen, dass eine Wirkung mit Sicherheit erwartet werden kann, ist verboten. Desgleichen dürfen Muster von Arzneimitteln (nicht zu verwechseln mit Ärztemustern) weder angeboten noch abgegeben werden. So steht es in §§ 7 und 11 HWG.

7. **Mit welchen Aussagen darf man außerhalb der Fachkreise nicht werben?**

A) Verhütung eines grippalen Infekts
B) Zur Vorbeugung vor Übelkeit beim Autofahren
C) Gegen Durchschlafstörungen
D) Mit Aussagen zur Zusammensetzung

Lösung
C

> **Kommentar**
> Das regelt die Anlage zum HWG und § 10 HWG. Werbung zur Vorbeugung vor Grippe wäre verboten, da das Infektionsschutzgesetz für die Grippe (echte Influenza) gilt. Mit dem Anwendungsgebiet Durchschlafstörungen darf nur in Fachkreisen geworben werden. Die Angabe der Zusammensetzung ist zwar nicht vorgeschrieben, das ist aber auch nicht verboten.

8. Welche Vorgehensweise ist nach der Verbotsliste für Werbung außerhalb der Fachkreise nicht untersagt?

A) Abgabe von Arzneimittelproben
B) Werbung für freiverkäufliche Mittel gegen Schlaflosigkeit
C) Mit Aussagen, die Angstgefühl hervorrufen können
D) Werbung mit bildlicher Darstellung von Personen im weißen Berufskittel
E) Werbung für Hausmittel gegen Darmträgheit und Entzündungen im Magen-Darm-Bereich

▸ **Lösung**

E

9. Für welche Arzneimittel darf nicht in Publikumszeitschriften geworben werden?

A) Arzneimittel zum Beheben von Vitamin- und Mineralstoffmangel
B) Arzneimittel zum Beseitigen von Eisenmangelanämie
C) Arzneimittel zum Vorbeugen von Krampfadern
D) Arzneimittel gegen Herzmuskelschwäche
E) Arzneimittel gegen Kopfschmerzen

▸ **Lösung**

D

10. Welche Angabe muss bei der Werbung für ein Arzneimittel gemacht werden?

A) Verfalldatum
B) Chargennummer
C) Zulassungsnummer
D) Art der Anwendung
E) Bezeichnung des Arzneimittels

▸ **Lösung**

E

11. Welche Werbemethode für Arzneimittel ist bei der Laienwerbung nicht erlaubt?

A) Werbung in der Fernsehzeitung
B) Werbung auf Kaffeefahrten
C) Fernsehwerbung
D) Werbung auf Werbezetteln

▸ **Lösung**

B

▸ **Kommentar**
Das Heilmittelwerbegesetz verbietet in § 11 Abs, 1 Nr. 8 eine Werbung mit Vorträgen, mit denen ein Feilbieten von Arzneimitteln oder eine Entgegennahme von Anschriften verbunden ist. Dies aber geschieht üblicherweise bei den sogenannten Kaffeefahrten.

Anhang

Anhang 1
Gesetz über den Verkehr mit Arzneimitteln (Arzneimittelgesetz – AMG)

i. d. F. der Bekanntmachung der Neufassung des Arzneimittelgesetzes vom 12. Dezember 2005 (BGBl. I S. 3394), zuletzt geändert durch Art. 1 der Dopingmittel-Verordnung vom 28. September 2009 (BGBl. I S. 3172)

– Auszug –

Erster Abschnitt
Zweck des Gesetzes und Begriffsbestimmungen, Anwendungsbereich

§ 1 Zweck des Gesetzes

Es ist der Zweck dieses Gesetzes, im Interesse einer ordnungsgemäßen Arzneimittelversorgung von Mensch und Tier für die Sicherheit im Verkehr mit Arzneimitteln, insbesondere für die Qualität, Wirksamkeit und Unbedenklichkeit der Arzneimittel nach Maßgabe der folgenden Vorschriften zu sorgen.

§ 2 Arzneimittelbegriff

(1) Arzneimittel sind Stoffe oder Zubereitungen aus Stoffen,

1. Die zur Anwendung im oder am menschlichen oder tierischen Körper bestimmt sind und als Mittel mit Eigenschaften zur Heilung oder Linderung oder zur Verhütung menschlicher oder tierischer Krankheiten oder krankhafter Beschwerden bestimmt sind oder
2. die im oder am menschlichen oder tierischen Körper angewendet oder einem Menschen oder einem Tier verabreicht werden können, um entweder
   a) die physiologischen Funktionen durch eine pharmakologische, immunologische oder metabolische Wirkung wiederherzustellen, zu korrigieren oder zu beeinflussen, oder
   b) eine medizinische Diagnose zu erstellen.

(2) Als Arzneimittel gelten

1. Gegenstände, die ein Arzneimittel nach Absatz 1 enthalten oder auf die ein Arzneimittel nach Absatz 1 aufgebracht ist und die dazu bestimmt sind, dauernd oder vorübergehend mit dem menschlichen oder tierischen Körper in Berührung gebracht zu werden,

1a. tierärztliche Instrumente, soweit sie zur einmaligen Anwendung bestimmt sind und aus der Kennzeichnung hervorgeht, daß sie einem Verfahren zur Verminderung der Keimzahl unterzogen worden sind,

2. Gegenstände, die, ohne Gegenstände nach Nummer 1 oder 1a zu sein, dazu bestimmt sind, zu den in Absatz 1 bezeichneten Zwecken in den tierischen Körper dauernd oder vorübergehend eingebracht zu werden, ausgenommen tierärztliche Instrumente,

3. Verbandstoffe und chirurgische Nahtmaterialien, soweit sie zur Anwendung am oder im tierischen Körper bestimmt und nicht Gegenstände der Nummer 1, 1a oder 2 sind,

4. Stoffe und Zubereitungen aus Stoffen, die, auch im Zusammenwirken mit anderen Stoffen oder Zubereitungen aus Stoffen, dazu bestimmt sind, ohne am oder im tierischen Körper angewendet zu werden, die Beschaffenheit, den Zustand oder die Funktion des tierischen Körpers erkennen zu lassen oder der Erkennung von Krankheitserregern bei Tieren zu dienen.

(3) Arzneimittel sind nicht

1. Lebensmittel im Sinne des § 2 Abs. 2 des Lebensmittel- und Futtermittelgesetzbuches,

2. kosmetische Mittel im Sinne des § 2 Abs. 5 des Lebensmittel- und Futtermittelgesetzbuches,

3. Tabakerzeugnisse im Sinne des § 3 des Vorläufigen Tabakgesetzes,

4. Stoffe oder Zubereitungen aus Stoffen, die ausschließlich dazu bestimmt sind, äußerlich am Tier zur Reinigung oder Pflege oder zur Beeinflussung des Aussehens oder des Körpergeruchs angewendet zu werden, soweit ihnen keine Stoffe oder Zubereitungen aus Stoffen zugesetzt sind, die vom Verkehr außerhalb der Apotheke ausgeschlossen sind,

5. Biozid-Produkte nach §3b des Chemikaliengesetzes,

6. Futtermittel im Sinne des § 3 Nr. 11 bis 15 des Lebensmittel- und Futtermittelgesetzbuches,

7. Medizinprodukte und Zubehör für Medizinprodukte im Sinne des § 3 des Medizinproduktegesetzes, es sei denn, es handelt sich um Arzneimittel im Sinne des § 2 Abs. 1 Nr. 2,

8. Organe im Sinne des §1a Nr. 1 des Transplantationsgesetzes, wenn sie zur Übertragung auf menschliche Empfänger bestimmt sind.

(3a) Arzneimittel sind auch Erzeugnisse die Stoffe oder Zubereitungen aus Stoffen sind oder enthalten, die unter Berücksichtigung aller Eigenschaften des Erzeugnisses unter die Begriffsbestimmung des Absatzes 1 fallen und zugleich die Begriffsbestimmung eines Erzeugnisses fallen können.

(4) Solange ein Mittel nach diesem Gesetz als Arzneimittel zugelassen oder registriert oder durch Rechtsverordnung von der Zulassung oder Registrierung freigestellt ist, gilt es als Arzneimittel. Hat die zuständige Bundesoberbehörde die Zulassung oder Registrierung eines Mittels mit der Begründung abgelehnt, dass es sich um kein Arzneimittel handelt, so gilt es nicht als Arzneimittel.

§ 3 Stoffbegriff

Stoffe im Sinne dieses Gesetzes sind
1. chemische Elemente und chemische Verbindungen sowie deren natürlich vorkommende Gemische und Lösungen,
2. Pflanzen, Pflanzenteile, Pflanzenbestandteile, Algen, Pilze und Flechten in bearbeitetem oder unbearbeitetem Zustand,
3. Tierkörper, auch lebender Tiere, sowie Körperteile, -bestandteile und Stoffwechselprodukte von Mensch oder Tier in bearbeitetem oder unbearbeitetem Zustand,
4. Mikroorganismen einschließlich Viren sowie deren Bestandteile oder Stoffwechselprodukte.

§ 4 Sonstige Begriffsbestimmungen

(1) Fertigarzneimittel sind Arzneimittel, die im Voraus hergestellt und in einer zur Abgabe an den Verbraucher bestimmten Packung in den Verkehr gebracht werden oder andere zur Abgabe an Verbraucher bestimmte Arzneimittel, bei deren Zubereitung in sonstiger Weise ein industrielles Verfahren zur Anwendung kommt oder die, ausgenommen in Apotheken, gewerblich hergestellt werden. Fertigarzneimittel sind nicht Zwischenprodukte, die für eine weitere Verarbeitung durch einen Hersteller bestimmt sind.

...

(10) Fütterungsarzneimittel sind Arzneimittel in verfütterungsfertiger Form, die aus Arzneimittel-Vormischungen und Mischfuttermitteln hergestellt werden und die dazu bestimmt sind, zur Anwendung bei Tieren in den Verkehr gebracht zu werden.

(11) Arzneimittel-Vormischungen sind Arzneimittel, die ausschließlich dazu bestimmt sind, zur Herstellung von Fütterungsarzneimitteln verwendet zu werden. Sie gelten als Fertigarzneimittel.

(12) Die Wartezeit ist die Zeit, die bei bestimmungsgemäßer Anwendung des Arzneimittels nach der letzten Anwendung des Arzneimittels bei einem Tier bis zur Gewinnung von Lebensmitteln, die von diesem Tier stammen, zum Schutz der öffentlichen Gesundheit einzuhalten ist und die sicherstellt, dass Rückstände in diesen Lebensmitteln die gemäß der Verordnung (EWG) Nr. 2377/90 des Rates vom 26. Juni 1990 zur Schaffung eines Gemeinschaftsverfahrens für die Festsetzung von Höchstmengen für Tierarzneimittelrückstände in Nahrungsmitteln tierischen Ursprungs (ABl. EG Nr. L 224 S. 1) festgelegten zulässigen Höchstmengen für pharmakologisch wirksame Stoffe nicht überschreiten.

(13) Nebenwirkungen sind die beim bestimmungsgemäßen Gebrauch eines Arzneimittels auftretenden schädlichen unbeabsichtigten Reaktionen. Schwerwiegende Nebenwirkungen sind Nebenwirkungen, die tödlich oder lebensbedrohend sind, eine stationäre Behandlung oder Verlängerung einer stationären Behandlung erforderlich machen, zu bleibender oder schwerwiegender Behinderung, Invalidität, kongenitalen Anomalien oder Geburtsfehlern führen; für Arzneimittel, die zur Anwendung bei Tieren bestimmt sind, sind schwerwiegend auch Nebenwirkungen, die ständig auftretende oder lang anhaltende Symptome hervorrufen. Unerwartete Nebenwirkungen sind Nebenwirkungen, deren Art, Ausmaß oder Ausgang von der Packungsbeilage des Arzneimittels abweichen. Die Sätze 1 bis 3 gelten auch für die als Folge von Wechselwirkungen auftretenden Nebenwirkungen.

(14) Herstellen ist das Gewinnen, das Anfertigen, das Zubereiten, das Be- oder Verarbeiten, das Umfüllen einschließlich Abfüllen, das Abpacken, das Kennzeichnen und die Freigabe.

(15) Qualität ist die Beschaffenheit eines Arzneimittels, die nach Identität, Gehalt,

Reinheit, sonstigen chemischen, physikalischen, biologischen Eigenschaften oder durch das Herstellungsverfahren bestimmt wird.

(16) Eine Charge ist die jeweils aus derselben Ausgangsmenge in einem einheitlichen Herstellungsvorgang oder bei einem kontinuierlichen Herstellungsverfahren in einem bestimmten Zeitraum erzeugte Menge eines Arzneimittels.

(17) Inverkehrbringen ist das Vorrätighalten zum Verkauf oder zu sonstiger Abgabe, das Feilhalten, das Feilbieten und die Abgabe an andere.

(18) Der pharmazeutische Unternehmer ist bei zulassungs- oder registrierungspflichtigen Arzneimitteln der Inhaber der Zulassung oder Registrierung. Pharmazeutischer Unternehmer ist auch, wer Arzneimittel unter seinem Namen in den Verkehr bringt, außer in den Fällen des § 9 Abs. 1 Satz 2.

(19) Wirkstoffe sind Stoffe, die dazu bestimmt sind, bei der Herstellung von Arzneimitteln als arzneilich wirksame Bestandteile verwendet zu werden oder bei ihrer Verwendung in der Arzneimittelherstellung zu arzneilich wirksamen Bestandteilen der Arzneimittel zu werden.

...

(29) Pflanzliche Arzneimittel sind Arzneimittel, die als Wirkstoff ausschließlich einen oder mehrere pflanzliche Stoffe oder eine oder mehrere pflanzliche Zubereitungen oder eine oder mehrere solcher pflanzlichen Stoffe in Kombination mit einer oder mehreren solcher pflanzlichen Zubereitungen enthalten.

...

§ 4a Ausnahmen vom Anwendungsbereich

...

§ 4b Sondervorschriften für Arzneimittel für neuartige Therapien

...

Zweiter Abschnitt Anforderungen an die Arzneimittel

§ 5 Verbot bedenklicher Arzneimittel

(1) Es ist verboten, bedenkliche Arzneimittel in den Verkehr zu bringen oder bei einem anderen Menschen anzuwenden.

(2) Bedenklich sind Arzneimittel, bei denen nach dem jeweiligen Stand der wissenschaftlichen Erkenntnisse der begründete Verdacht besteht, dass sie bei bestimmungsgemäßem Gebrauch schädliche Wirkungen haben, die über ein nach den Erkenntnissen der medizinischen Wissenschaft vertretbares Maß hinausgehen.

§ 6 Ermächtigung zum Schutz der Gesundheit

...

§ 6a Verbot von Arzneimitteln zu Dopingzwecken im Sport

(1) Es ist verboten, Arzneimittel zu Dopingzwecken im Sport in den Verkehr zu bringen, zu verschreiben oder bei anderen anzuwenden.

...

§ 7 Radioaktive und mit ionisierenden Strahlen behandelte Arzneimittel

(1) Es ist verboten, radioaktive Arzneimittel oder Arzneimittel, bei deren Herstellung ionisierende Strahlen verwendet worden sind, in den Verkehr zu bringen, es sei denn, dass dies durch Rechtsverordnung nach Absatz 2 zugelassen ist.

...

§ 8 Verbote zum Schutz vor Täuschung

(1) Es ist verboten, Arzneimittel oder Wirkstoffe herzustellen oder in den Verkehr zu bringen, die

1. durch Abweichung von den anerkannten pharmazeutischen Regeln in ihrer Qualität nicht unerheblich gemindert sind,

1a. hinsichtlich ihrer Identität oder Herkunft falsch gekennzeichnet sind (gefälschte Arzneimittel, gefälschte Wirkstoffe) oder

2. in anderer Weise mit irreführender Bezeichnung, Angabe oder Aufmachung versehen sind. Eine Irreführung liegt insbesondere dann vor, wenn
   a) Arzneimitteln eine therapeutische Wirksamkeit oder Wirkungen oder Wirkstoffen einer Aktivität beigelegt werden, die sie nicht haben,
   b) fälschlich der Eindruck erweckt wird, dass ein Erfolg mit Sicherheit erwartet werden kann oder dass nach bestimmungsgemäßem oder längerem Gebrauch keine schädlichen Wirkungen eintreten,
   c) zur Täuschung über die Qualität geeignete Bezeichnungen, Angaben oder Aufmachungen verwendet werden, die für die Bewertung des Arzneimittels oder Wirkstoffs mitbestimmend sind.

(2) Es ist verboten, Arzneimittel in den Verkehr zu bringen, deren Verfalldatum abgelaufen ist.

§ 9 Der Verantwortliche für das Inverkehrbringen

(1) Arzneimittel, die im Geltungsbereich dieses Gesetzes in den Verkehr gebracht werden, müssen den Namen oder die Firma und die Anschrift des pharmazeutischen Unternehmers tragen. Dies gilt nicht für Arzneimittel, die zur klinischen Prüfung bei Menschen bestimmt sind.
(2) Arzneimittel dürfen im Geltungsbereich dieses Gesetzes nur durch einen pharmazeutischen Unternehmer in den Verkehr gebracht werden, der seinen Sitz im Geltungsbereich dieses Gesetzes, in einem anderen Mitgliedstaat der Europäischen Union oder in einem anderen Vertragsstaat des Abkommens über den Europäischen Wirtschaftsraum hat. Bestellt der pharmazeutische Unternehmer einen örtlichen Vertreter, entbindet ihn dies nicht von seiner rechtlichen Verantwortung.

§ 10 Kennzeichnung

(1) Fertigarzneimittel, die Arzneimittel im Sinne des § 2 Abs. 1 oder Abs. 2 Nr. 1 und nicht zur klinischen Prüfung bei Menschen bestimmt oder nach § 21 Abs. 2 Nr. 1a oder 1b von der Zulassungspflicht freigestellt sind, dürfen im Geltungsbereich dieses Gesetzes nur in den Verkehr gebracht werden, wenn auf den Behältnissen und, soweit verwendet, auf den äußeren Umhüllungen in gut lesbarer Schrift, allgemein verständlich in deutscher Sprache und auf dauerhafte Weise und in Übereinstimmung mit den Angaben nach § 11a angegeben sind

1. der Name oder die Firma und die Anschrift des pharmazeutischen Unternehmers und, soweit vorhanden, der Name des von ihm benannten örtlichen Vertreters,

2. die Bezeichnung des Arzneimittels, gefolgt von der Angabe der Stärke und der Darreichungsform, und soweit zutreffend, dem Hinweis, dass es zur Anwendung für Säuglinge, Kinder oder Erwachsene bestimmt ist, es sei denn, dass diese Angaben bereits in der Bezeichnung enthalten sind,
3. die Zulassungsnummer mit der Abkürzung „Zul.-Nr.",
4. die Chargenbezeichnung, soweit das Arzneimittel in Chargen in den Verkehr gebracht wird, mit der Abkürzung „Ch.-B.", soweit es nicht in Chargen in den Verkehr gebracht werden kann, das Herstellungsdatum,
5. die Darreichungsform,
6. der Inhalt nach Gewicht, Rauminhalt oder Stückzahl,
7. die Art der Anwendung,
8. die Wirkstoffe nach Art und Menge und sonstige Bestandteile nach der Art, soweit dies durch Auflage der zuständigen Bundesoberbehörde nach § 28 Abs. 2 Nr. 1 angeordnet oder durch Rechtsverordnung nach § 12 Abs. 1 Nr. 4, auch in Verbindung mit Abs.2, oder nach § 36 Abs. 1 vorgeschrieben ist; bei Arzneimitteln zur parenteralen oder zur topischen Anwendung, einschließlich der Anwendung am Auge, alle Bestandteile nach der Art,

...

9. das Verfalldatum mit dem Hinweis „verwendbar bis",
10. bei Arzneimitteln, die nur auf ärztliche, zahnärztliche oder tierärztliche Verschreibung abgegeben werden dürfen, der Hinweis „Verschreibungspflichtig", bei sonstigen Arzneimitteln, die nur in Apotheken an Verbraucher abgegeben werden dürfen, der Hinweis „Apothekenpflichtig",
11. bei Mustern der Hinweis „Unverkäufliches Muster",
12. der Hinweis, dass Arzneimittel unzugänglich für Kinder aufbewahrt werden sollen, es sei denn, es handelt sich um Heilwässer,
13. soweit erforderlich besondere Vorsichtsmaßnahmen für die Beseitigung von nicht verwendeten Arzneimitteln oder sonstige besondere Vorsichtsmaßnahmen, um Gefahren für die Umwelt zu vermeiden,
14. Verwendungszweck bei nicht verschreibungspflichtigen Arzneimitteln.

...

Weitere Angaben ... sind zulässig, soweit sie mit der Anwendung des Arzneimittels in Zusammenhang stehen, für die gesundheitliche Aufklärung der Patienten wichtig sind und den Angaben nach § 11a nicht widersprechen.

(1a) Bei Arzneimitteln, die nicht mehr als drei Wirkstoffe enthalten, muss die internationale Kurzbezeichnung der Weltgesundheitsorganisation angegeben werden oder, soweit eine solche nicht vorhanden ist, die gebräuchliche Kurzbezeichnung; dies gilt nicht, wenn in der Angabe nach Absatz 1 Satz 1 Nr. 2 die Bezeichnung des Wirkstoffs nach Absatz 1 Satz 1 Nr. 8 enthalten ist.

(1b) Bei Arzneimitteln, die zur Anwendung bei Menschen bestimmt sind, ist die Bezeichnung des Arzneimittels auf den äußeren Umhüllungen auch in Blindenschrift anzugeben. Die in Absatz 1 Satz 1 Nr. 2 genannten sonstigen Angaben zur Darreichungsform und zu der Personengruppe, für die das Arzneimittel bestimmt ist, müssen nicht in Blindenschrift aufgeführt werden; dies gilt auch dann, wenn diese Angaben in der Bezeichnung enthalten sind. Satz 1 gilt nicht für Arzneimittel,

1. die dazu bestimmt sind, ausschließlich durch Angehörige der Heilberufe angewendet zu werden oder
2. die in Behältnissen von nicht mehr als 20 Milliliter Rauminhalt oder einer Inhalts-

menge von nicht mehr als 20 Gramm in Verkehr gebracht werden.

(2) Es sind ferner Warnhinweise, für die Verbraucher bestimmte Aufbewahrungshinweise und für die Fachkreise bestimmte Lagerhinweise anzugeben, soweit dies nach dem jeweiligen Stand der wissenschaftlichen Erkenntnisse erforderlich oder durch Auflagen der zuständigen Bundesoberbehörde nach § 28 Abs. 2 Nr. 1 angeordnet oder durch Rechtsverordnung vorgeschrieben ist.

...

(4a) Bei traditionellen pflanzlichen Arzneimitteln nach § 39a müssen zusätzlich zu den Angaben in Absatz 1 folgende Hinweise aufgenommen werden:

1. Das Arzneimittel ist ein traditionelles Arzneimittel, das ausschließlich auf Grund langjähriger Anwendung für das Anwendungsgebiet registriert ist, und
2. der Anwender sollte bei fortdauernden Krankheitssymptomen oder beim Auftreten anderer als der in der Packungsbeilage erwähnten Nebenwirkungen einen Arzt oder eine andere in einem Heilberuf tätige qualifizierte Person konsultieren.

An die Stelle der Angabe nach Absatz 1 Satz 1 Nr. 3 tritt die Registrierungsnummer mit der Abkürzung „Reg.-Nr."

...

(6) Für die Bezeichnung der Bestandteile gilt folgendes:

1. Zur Bezeichnung der Art sind die internationalen Kurzbezeichnungen der Weltgesundheitsorganisation oder, soweit solche nicht vorhanden sind, gebräuchliche wissenschaftliche Bezeichnungen zu verwenden, das Bundesinstitut für Arzneimittel und Medizinprodukte bestimmt im Einvernehmen mit dem Paul-Ehrlich-Institut und dem Bundesamt für Verbraucherschutz und Lebensmittelsicherheit die zu verwendenden Bezeichnungen und veröffentlicht diese in der Datenbank nach §67a;
2. Zur Bezeichnung der Menge sind Maßeinheiten zu verwenden; sind biologische Einheiten oder andere Angaben zur Wertigkeit wissenschaftlich gebräuchlich, so sind diese zu verwenden.

(7) Das Verfalldatum ist mit Monat und Jahr anzugeben.

(8) Durchdrückpackungen sind mit dem Namen oder der Firma des pharmazeutischen Unternehmers, der Bezeichnung des Arzneimittels, der Chargenbezeichnung und dem Verfalldatum zu versehen. ...

(9) Bei den Angaben nach den Absätzen 1 bis 5 dürfen im Verkehr mit Arzneimitteln übliche Abkürzungen verwendet werden. Die Firma nach Absatz 1 Nr. 1 darf abgekürzt werden, sofern das Unternehmen aus der Abkürzung allgemein erkennbar ist.

...

§ 11 Packungsbeilage

(1) Fertigarzneimittel, die Arzneimittel im Sinne des § 2 Abs. 1 oder Abs. 2 Nr. 1 sind und die nicht zur klinischen Prüfung oder Rückstandsprüfung bestimmt oder nach § 21 Abs. 2 Nr. 1a oder Nr. 1b von der Zulassungspflicht freigestellt sind, dürfen im Geltungsbereich dieses Gesetzes nur mit einer Packungsbeilage in den Verkehr gebracht werden, die die Überschrift „Gebrauchsinformation" trägt sowie folgende Angaben in der nachstehenden Reihenfolge allgemeinverständlich in deutscher Sprache, in gut lesbarer Schrift und in Übereinstimmung mit den Angaben nach § 11a enthalten muss:

1. zur Identifizierung des Arzneimittels:
   a) die Bezeichnung des Arzneimittels, § 10 Abs. 1 Satz 1 Nr. 2 und Abs. 1a finden entsprechende Anwendung,
   b) die Stoff- oder Indikationsgruppe oder die Wirkungsweise;

2. die Anwendungsgebiete;
3. eine Aufzählung von Informationen, die vor der Einnahme des Arzneimittels bekannt sein müssen:
   a) Gegenanzeigen,
   b) entsprechende Vorsichtsmaßnahmen für die Anwendung,
   c) Wechselwirkungen mit anderen Arzneimitteln oder anderen Mitteln, soweit sie die Wirkung des Arzneimittels beeinflussen können,
   d) Warnhinweise, insbesondere soweit dies durch Auflage der zuständigen Bundesoberbehörde nach § 28 Abs. 2 Nr. 2 angeordnet oder durch Rechtsverordnung nach § 12 Abs. 1 Nr. 3 vorgeschrieben ist;
4. die für eine ordnungsgemäße Anwendung erforderlichen Anleitungen über
   a) Dosierung,
   b) Art der Anwendung,
   c) Häufigkeit der Verabreichung, erforderlichenfalls mit Angabe des genauen Zeitpunkts, zu dem das Arzneimittel verabreicht werden kann oder muss, sowie, soweit erforderlich und je nach Art des Arzneimittels:
   d) Dauer der Behandlung, falls diese festgelegt werden soll,
   e) Hinweise für den Fall der Überdosierung, der unterlassenen Einnahme oder Hinweise auf die Gefahr von unerwünschten Folgen des Absetzens,
   f) die ausdrückliche Empfehlung, bei Fragen zur Klärung der Anwendung den Arzt oder Apotheker zu befragen;
5. die Nebenwirkungen; zu ergreifende Gegenmaßnahmen sind, soweit dies nach dem jeweiligen Stand der wissenschaftlichen Erkenntnisse erforderlich ist, anzugeben; den Hinweis, dass der Patient aufgefordert werden soll, dem Arzt oder Apotheker jede Nebenwirkung mitzuteilen, die in der Packungsbeilage nicht aufgeführt ist;
6. einen Hinweis auf das auf der Verpackung angegebene Verfalldatum sowie
   a) Warnung davor, das Arzneimittel nach Ablauf dieses Datums anzuwenden,
   b) soweit erforderlich besondere Vorsichtsmaßnahmen für die Aufbewahrung und die Angabe der Haltbarkeit nach Öffnung des Behältnisses oder nach Herstellung der gebrauchsfertigen Zubereitung durch den Anwender,
   c) soweit erforderlich Warnung vor bestimmten sichtbaren Anzeichen dafür, dass das Arzneimittel nicht mehr zu verwenden ist,
   d) vollständige qualitative Zusammensetzung nach Wirkstoffen und sonstigen Bestandteilen sowie quantitative Zusammensetzung nach Wirkstoffen unter Verwendung gebräuchlicher Bezeichnungen für jede Darreichungsform des Arzneimittels, § 10 Abs. 6 findet Anwendung,
   e) Darreichungsform und Inhalt nach Gewicht, Rauminhalt oder Stückzahl für jede Darreichungsform des Arzneimittels,
   f) Name und Anschrift des pharmazeutischen Unternehmers und, soweit vorhanden, seines örtlichen Vertreters,
   g) Name und Anschrift des Herstellers oder des Einführers, der das Fertigarzneimittel für das Inverkehrbringen freigegeben hat;

…

8. das Datum der letzten Überarbeitung der Packungsbeilage.

Erläuternde Angaben zu den in Satz 1 genannten Begriffen sind zulässig. Sofern die Angaben nach Satz 1 in der Packungsbeilage zusätzlich in einer anderen Sprache wiedergegeben werden, müssen in dieser Sprache die gleichen Angaben gemacht werden. Satz 1 gilt nicht für Arzneimittel, die nach § 21

Abs. 2 Nr. 1 einer Zulassung nicht bedürfen. Weitere Angaben, die nicht durch eine Verordnung der Europäischen Gemeinschaft vorgeschrieben oder bereits nach einer solchen Verordnung zulässig sind, sind zulässig, soweit sie mit der Anwendung des Arzneimittels in Zusammenhang stehen, für die gesundheitliche Aufklärung der Patienten wichtig sind und den Angaben nach § 11a nicht widersprechen. Bei den Angaben nach Satz 1 Nr. 3 Buchstabe a bis d ist, soweit dies nach dem jeweiligen Stand der wissenschaftlichen Erkenntnisse erforderlich ist, auf die besondere Situation bestimmter Personengruppen, wie Kinder, Schwangere oder stillende Frauen, ältere Menschen oder Personen mit spezifischen Erkrankungen einzugehen; ferner sind, soweit erforderlich, mögliche Auswirkungen der Anwendung auf die Fahrtüchtigkeit oder die Fähigkeit zur Bedienung bestimmter Maschinen anzugeben.

(1a) Ein Muster der Packungsbeilage und geänderter Fassungen ist der zuständigen Bundesoberbehörde unverzüglich zu übersenden, soweit nicht das Arzneimittel von der Zulassung oder Registrierung freigestellt ist.

(2) Es sind ferner in der Packungsbeilage Hinweise auf Bestandteile, deren Kenntnis für eine wirksame und unbedenkliche Anwendung des Arzneimittels erforderlich ist, und für die Verbraucher bestimmte Aufbewahrungshinweise anzugeben, soweit dies nach dem jeweiligen Stand der wissenschaftlichen Erkenntnisse erforderlich oder durch Auflage der zuständigen Bundesoberbehörde nach § 28 Abs. 2 Nr. 2 angeordnet oder durch Rechtsverordnung vorgeschrieben ist.

...

(3b) Bei traditionellen pflanzlichen Arzneimitteln nach § 39a gilt Absatz 1 entsprechend mit der Maßgabe, dass bei den Angaben nach Absatz 1 Satz 1 Nr. 2 anzugeben ist, dass das Arzneimittel ein traditionelles Arzneimittel ist, das ausschließlich auf Grund langjähriger Anwendung für das Anwendungsgebiet registriert ist. Zusätzlich ist in die Packungsbeilage der Hinweis nach § 10 Abs. 4a Satz 1 Nr. 2 aufzunehmen.

(3c) Der Inhaber der Zulassung hat dafür zu sorgen, dass die Packungsbeilage auf Ersuchen von Patientenorganisationen bei Arzneimitteln, die zur Anwendung bei Menschen bestimmt sind, in Formaten verfügbar ist, die für blinde und sehbehinderte Personen geeignet sind.

(3d) Bei Heilwässern können unbeschadet der Verpflichtungen nach Absatz 2 die Angaben nach Absatz 1 Satz 1 Nr. 3 Buchstabe b, Nr. 4 Buchstabe e und f, Nr. 5, soweit der dort angegebene Hinweis vorgeschrieben ist, und Nr. 6 Buchstabe c entfallen. Ferner kann bei Heilwässern von der in Absatz 1 vorgeschriebenen Reihenfolge abgewichen werden.

...

(5) Können die nach Absatz 1 Satz 1 Nr. 3 Buchstabe a und c sowie Nr. 5 vorgeschriebenen Angaben nicht gemacht werden, so ist der Hinweis „keine bekannt" zu verwenden. Werden auf der Packungsbeilage weitere Angaben gemacht, so müssen sie von den Angaben nach den Absätzen 1 bis 4 deutlich abgesetzt und abgegrenzt sein.

(6) Die Packungsbeilage kann entfallen, wenn die nach den Absätzen 1 bis 4 vorgeschriebenen Angaben auf dem Behältnis oder auf der äußeren Umhüllung stehen. Absatz 5 findet entsprechende Anwendung.

...

§ 11a Fachinformation

(1) Der pharmazeutische Unternehmer ist verpflichtet, Ärzten, Zahnärzten, Tierärzten, Apothekern und, soweit es sich nicht um verschreibungspflichtige Arzneimittel handelt, anderen Personen, die die Heilkunde oder Zahnheilkunde berufsmäßig ausüben, für Fertigarzneimittel, die der Zulassungs-

pflicht unterliegen oder von der Zulassung freigestellt sind, Arzneimittel im Sinne des § 2 Abs. 1 oder Abs. 2 Nr. 1 und für den Verkehr außerhalb der Apotheken nicht freigegeben sind, auf Anforderung eine Gebrauchsinformation für Fachkreise (Fachinformation) zur Verfügung zu stellen. Diese muss die Überschrift „Fachinformation" tragen und folgende Angaben in gut lesbarer Schrift in Übereinstimmung mit der im Rahmen der Zulassung genehmigten Zusammenfassung der Merkmale des Arzneimittels und in der nachstehenden Reihenfolge enthalten:

1. die Bezeichnung des Arzneimittels, gefolgt von der Stärke und der Darreichungsform;
2. qualitative und quantitative Zusammensetzung nach Wirkstoffen und den sonstigen Bestandteilen, deren Kenntnis für eine zweckgemäße Verabreichung des Mittels erforderlich ist, unter Angabe der gebräuchlichen oder chemischen Bezeichnung; § 10 Abs. 6 findet Anwendung;
3. Darreichungsform;
4. Klinische Angaben:
   a) Anwendungsgebiete,
   b) Dosierung und Art der Anwendung bei Erwachsenen und, soweit das Arzneimittel zur Anwendung bei Kindern bestimmt ist, bei Kindern,
   c) Gegenanzeigen,
   d) besondere Warn- und Vorsichtshinweise für die Anwendung und bei immunologischen Arzneimitteln alle besonderen Vorsichtsmaßnahmen, die von Personen, die mit immunologischen Arzneimitteln in Berührung kommen und von Personen, die diese Arzneimittel Patienten verabreichen, zu treffen sind, sowie von dem Patienten zu treffenden Vorsichtsmaßnahmen, soweit dies durch Auflagen der zuständigen Bundesoberbehörde nach § 28 Abs. 2 Nr. 1 Buchstabe a angeordnet oder durch Rechtsverordnung vorgeschrieben ist,
   e) Wechselwirkungen mit anderen Arzneimitteln oder anderen Mitteln, soweit sie die Wirkung des Arzneimittels beeinflussen können,
   f) Verwendung bei Schwangerschaft und Stillzeit,
   g) Auswirkungen auf die Fähigkeit zur Bedienung von Maschinen und zum Führen von Kraftfahrzeugen,
   h) Nebenwirkungen,
   i) Überdosierung: Symptome, Notfallmaßnahmen, Gegenmittel;
5. Pharmakologische Eigenschaften:
   a) pharmakodynamische Eigenschaften,
   b) pharmakokinetische Eigenschaften,
   c) vorklinische Sicherheitsdaten;
6. Pharmazeutische Angaben:
   a) Liste der sonstigen Bestandteile,
   b) Hauptinkompatibilitäten,
   c) Dauer der Haltbarkeit und, soweit erforderlich, die Haltbarkeit bei Herstellung einer gebrauchsfertigen Zubereitung des Arzneimittels oder bei erstmaliger Öffnung des Behältnisses,
   d) besondere Vorsichtsmaßnahmen für die Aufbewahrung,
   e) Art und Inhalt des Behältnisses,
   f) besondere Vorsichtsmaßnahmen für die Beseitigung von angebrochenen Arzneimitteln oder der davon stammenden Abfallmaterialien, um Gefahren für die Umwelt zu vermeiden;
7. Inhaber der Zulassung;
8. Zulassungsnummer;
9. Datum der Erteilung der Zulassung oder der Verlängerung der Zulassung;
10. Datum der Überarbeitung der Fachinformation.

Weitere Angaben, die nicht durch eine Verordnung der Europäischen Gemeinschaft vorgeschrieben oder bereits nach dieser Verordnung zulässig sind, sind zulässig, wenn sie mit der Anwendung des Arzneimittels im Zusammenhang stehen und den Angaben nach Satz 2 nicht widersprechen; sie müssen von den Angaben nach Satz 2 deutlich abgesetzt und abgegrenzt sein. Satz 1 gilt nicht für Arzneimittel, die nach § 21 Abs. 2 einer Zulassung nicht bedürfen oder nach einer homöopathischen Verfahrenstechnik hergestellt sind.

...

(1d) Bei Arzneimitteln, die nur auf ärztliche, zahnärztliche oder tierärztliche Verschreibung abgegeben werden dürfen, ist auch der Hinweis „Verschreibungspflichtig", bei Betäubungsmitteln der Hinweis „Betäubungsmittel", bei sonstigen Arzneimitteln, die nur in Apotheken an Verbraucher abgegeben werden dürfen, der Hinweis „Apothekenpflichtig" anzugeben; bei Arzneimitteln, die einen Stoff oder eine Zubereitung nach § 48 Abs. 1 Nr. 3 enthalten, ist eine entsprechende Angabe zu machen.

...

(2) Der pharmazeutische Unternehmer ist verpflichtet, die Änderungen der Fachinformation, die für die Therapie relevant sind, den Fachkreisen in geeigneter Form zugänglich zu machen. Die zuständige Bundesoberbehörde kann soweit erforderlich, durch Auflage bestimmen, in welcher Form die Änderungen allen oder bestimmten Fachkreisen zugänglich zu machen sind.

(3) Ein Muster der Fachinformation und geänderter Fassungen ist der zuständigen Bundesoberbehörde unverzüglich zu übersenden, soweit nicht das Arzneimittel von der Zulassung freigestellt ist.

...

§ 12 Ermächtigung für die Kennzeichnung, die Packungsbeilage und die Packungsgrößen

(1) Das Bundesministerium wird ermächtigt, im Einvernehmen mit dem Bundesministerium für Wirtschaft und Arbeit durch Rechtsverordnung mit Zustimmung des Bundesrates

1. die Vorschriften der §§ 10 bis 11a auf andere Arzneimittel und den Umfang der Fachinformation auf weitere Angaben auszudehnen,
2. vorzuschreiben, dass die in den §§ 10 und 11 genannten Angaben dem Verbraucher auf andere Weise übermittelt werden,
3. für bestimmte Arzneimittel oder Arzneimittelgruppen vorzuschreiben, dass Warnhinweise, Warnzeichen oder Erkennungszeichen auf
   a) den Behältnissen, den äußeren Umhüllungen, der Packungsbeilage oder
   b) der Fachinformation anzubringen sind,
4. vorzuschreiben, dass bestimmte Bestandteile nach der Art auf den Behältnissen und den äußeren Umhüllungen anzugeben sind oder auf sie in der Packungsbeilage hinzuweisen ist,
5. soweit es geboten ist, um einen ordnungsgemäßen Umgang mit Arzneimitteln und deren sachgerechte Anwendung im Geltungsbereich dieses Gesetzes sicherzustellen und um eine unmittelbare oder mittelbare Gefährdung der Gesundheit von Mensch oder Tier zu verhüten, die infolge mangelnder Unterrichtung eintreten könnte.

...

Dritter Abschnitt
Herstellung von Arzneimitteln

§ 13 Herstellungserlaubnis

(1) Wer
1. Arzneimittel im Sinne des § 2 Abs. 1 oder Abs. 2 Nr. 1,
2. Testsera oder Testantigene,
3. Wirkstoffe, die menschlicher, tierischer oder mikrobieller Herkunft sind oder auf gentechnischem Wege hergestellt werden, oder
4. andere zur Arzneimittelherstellung bestimmte Stoffe menschlicher Herkunft

gewerbs- oder berufsmäßig herstellt, bedarf einer Erlaubnis der zuständigen Behörde. Das gleiche gilt für juristische Personen, nicht rechtsfähige Vereine und Gesellschaften des bürgerlichen Rechts, die Arzneimittel zum Zwecke der Abgabe an ihre Mitglieder herstellen. Satz 1 findet auf eine Prüfung, auf deren Grundlage die Freigabe des Arzneimittels für das Inverkehrbringen erklärt wird, entsprechende Anwendung. § 14 Abs. 4 bleibt unberührt.

...

(2) Einer Erlaubnis nach Absatz 1 bedarf nicht
1. der Inhaber einer Apotheke für die Herstellung von Arzneimitteln im Rahmen des üblichen Apothekenbetriebs...,
2. der Träger eines Krankenhauses, soweit er nach dem Gesetz über das Apothekenwesen Arzneimittel abgeben darf...,
3. der Tierarzt im Rahmen des Betriebes einer tierärztlichen Hausapotheke für
   a) das Umfüllen, Abpacken oder Kennzeichnen von Arzneimitteln in unveränderter Form,
   b) die Herstellung von Arzneimitteln, die ausschließlich für den Verkehr außerhalb der Apotheken freigegebene Stoffe oder Zubereitungen aus solchen Stoffen enthalten,

   ...

   d) das Zubereiten von Arzneimitteln aus einem Fertigarzneimittel und arzneilich nicht wirksamen Bestandteilen,
   e) das Mischen von Fertigarzneimitteln für die Immobilisation von Zoo-, Wild- und Gehegetieren,

soweit diese Tätigkeiten für die von ihm behandelten Tiere erfolgen,
4. der Großhändler für das Umfüllen, Abpacken oder Kennzeichnen von Arzneimitteln in unveränderter Form, soweit es sich nicht um zur Abgabe an den Verbraucher bestimmte Packungen handelt,
5. der Einzelhändler, der die Sachkenntnis nach § 50 besitzt, für das Umfüllen, Abpacken oder Kennzeichnen von Arzneimitteln zur Abgabe in unveränderter Form unmittelbar an den Verbraucher,

...

(3) Eine nach Absatz 1 für das Umfüllen von verflüssigten medizinischen Gasen in das Lieferbehältnis eines Tankfahrzeuges erteilte Erlaubnis umfasst auch das Umfüllen der verflüssigten medizinischen Gase in unveränderter Form aus dem Lieferbehältnis eines Tankfahrzeuges in Behältnisse, die bei einem Krankenhaus oder anderen Verbrauchern aufgestellt sind.

...

§ 14 Entscheidung über die Herstellungserlaubnis

(1) Die Erlaubnis darf nur versagt werden, wenn

1. nicht mindestens eine Person mit der nach § 15 erforderlichen Sachkenntnis (sachkundige Person nach § 14) vorhanden ist, die für die in § 19 genannten Tätigkeiten verantwortlich ist,

...

3. die sachkundige Person nach Nr. 1 oder der Antragsteller die zur Ausübung ihrer Tätigkeit erforderliche Zulässigkeit nicht besitzt,
4. die sachkundige Person nach Nr. 1 die ihr obliegenden Verpflichtungen nicht ständig erfüllen kann,

...

6. geeignete Räume und Einrichtungen für die beabsichtigte Herstellung, Prüfung und Lagerung der Arzneimittel nicht vorhanden sind oder

...

§ 15 Sachkenntnis

(1) der Nachweis der erforderlichen Sachkenntnis als sachkundige Person nach § 14 wird erbracht durch
1. die Approbation als Apotheker oder
2. das Zeugnis über eine nach abgeschlossenem Hochschulstudium der Pharmazie, der Chemie, der Biologie, der Human- oder der Veterinärmedizin abgelegte Prüfung

sowie eine mindestens 2-jährige Tätigkeit auf dem Gebiet der qualitativen und quantitativen Analyse sowie sonstiger Qualitätsprüfungen von Arzneimitteln.

...

§ 16 Begrenzung der Herstellungserlaubnis

Die Erlaubnis wird dem Antragsteller für eine bestimmte Betriebsstätte und für bestimmte Arzneimittel und Darreichungsformen erteilt,...

§ 17 Fristen für die Erteilung

...

§ 18 Rücknahme, Widerruf, Ruhen

...

(2) Die zuständige Behörde kann vorläufig anordnen, dass die Herstellung eines Arzneimittels eingestellt wird, wenn der Hersteller die für die Herstellung und Prüfung zu führenden Nachweise nicht vorlegt. Die vorläufige Anordnung kann auf eine Charge beschränkt werden.

§ 19 Verantwortungsbereiche

Die sachkundige Person nach § 14 ist dafür verantwortlich, dass jede Charge des Arzneimittels entsprechend den Vorschriften über den Verkehr mit Arzneimitteln hergestellt und geprüft wurde. Sie hat die Einhaltung dieser Vorschriften für jede Arzneimittelcharge in einem fortlaufenden Register oder einem vergleichbaren Dokument vor deren Inverkehrbringen zu bescheinigen.

§ 20 Anzeigepflichten

Der Inhaber der Erlaubnis hat jede Änderung einer der in § 14 Abs. 1 genannten Angaben unter Vorlage der Nachweise der zuständigen Behörde vorher anzuzeigen. Bei einem unvorhergesehenen Wechsel der sachkundigen Person nach § 14 hat die Anzeige unverzüglich zu erfolgen.

§ 20a Geltung für Wirkstoffe und andere Stoffe

…

§ 20b Erlaubnis für die Gewinnung von Gewebe und die Laboruntersuchungen

…

§ 20c Erlaubnis für die Be- oder Verarbeitung, Konservierung, Prüfung, Lagerung oder das Inverkehrbringen von Gewebe oder Gewebezubereitungen

…

§ 20d Ausnahme von der Erlaubnispflicht für Gewebe und Gewebezubereitungen

…

Vierter Abschnitt
Zulassung der Arzneimittel

§ 21 Zulassungspflicht

(1) Fertigarzneimittel, die Arzneimittel im Sinne des § 2 Abs. 1 oder Abs. 2 Nr. 1 sind, dürfen im Geltungsbereich dieses Gesetzes nur in den Verkehr gebracht werden, wenn sie durch die zuständige Bundesoberbehörde zugelassen sind oder wenn für sie die Kommission der Europäischen Gemeinschaften oder der Rat der Europäischen Union eine Genehmigung für das Inverkehrbringen gemäß Artikel 3 Abs. 1 oder 2 der Verordnung (EG) Nr. 726/2004 des Europäischen Parlaments und des Rates vom 31. März 2004 zur Festlegung von Gemeinschaftsverfahren für die Genehmigung und Überwachung von Human- und Tierarzneimitteln und zur Errichtung einer Europäischen Arzneimittel-Agentur (ABl. EU Nr. L 136 S. 1) auch in Verbindung mit der Verordnung (EG) Nr. 1901/2006 des Europäischen Parlaments und des Rates vom 12. Dezember 2006 über Kinderarzneimittel und zur Änderung der Verordnung (EWG) Nr. 1768/92, der Richtlinien 2001/20/EG und 2001/83/EG sowie der Verordnung (EG) Nr. 726/2004 (ABl. L. 378 vom 27. 12. 2006, S1) oder der Verordnung EG) Nr. 1394/2007 erteilt hat. Das gilt auch für Arzneimittel, die keine Fertigarzneimittel und zur Anwendung bei Tieren bestimmt sind, sofern sie nicht an pharmazeutische Unternehmer abgegeben werden sollen, die eine Erlaubnis zur Herstellung von Arzneimitteln besitzen.

(2) Einer Zulassung bedarf es nicht für Arzneimittel, die

…

1e. Heilwässer, Bademoore oder andere Peloide sind, die nicht im Voraus hergestellt und nicht in einer zur Abgabe an den Verbraucher bestimmte Verpackung in den Verkehr gebracht werden, oder die ausschließlich zur äußeren Anwendung oder zu Inhalation vor Ort bestimmt sind.

1f. Medizinische Gase sind und die für einzelne Personen aus im Geltungsbereich dieses Gesetzes zugelassenen Arzneimitteln durch Abfüllen und Kennzeichnen in Unternehmen, die nach § 50 zum Einzelhandel mit Arzneimitteln außerhalb von Apotheken befugt sind, hergestellt werden,

…

§ 21a Genehmigung von Gewebezubereitungen

...

§ 22 Zulassungsunterlagen

...

§ 23 Besondere Unterlagen bei Arzneimitteln für Tiere

...

§ 24 Sachverständigengutachten

...

§ 24a Verwendung von Unterlagen eines Vorantragstellers

...

§ 24b Zulassung eines Generikums, Unterlagenschutz

...

§ 24c Nachforderungen

...

§ 24d Allgemeine Verwertungsbefugnis

...

§ 25 Entscheidung über die Zulassung

...

§ 25a Vorprüfung

...

§ 25b Verfahren der gegenseitigen Anerkennung und dezentralisiertes Verfahren

...

§ 25c Maßnahmen der zuständigen Bundesoberbehörde zu Entscheidungen der Europäischen Kommission oder des Rates der Europäischen Union

...

§ 26 Arzneimittelprüfrichtlinien

...

§ 27 Fristen für die Erteilung

...

§ 28 Auflagenbefugnis

(1) Die zuständige Bundesoberbehörde kann die Zulassung mit Auflagen verbinden. Bei Auflagen nach den Absätzen 2 bis 3d zum Schutz der Umwelt, entscheidet die zuständige Bundesoberbehörde im Einvernehmen mit dem Umweltbundesamt, soweit Auswirkungen auf die Umwelt zu bewerten sind. Hierzu übermittelt die zuständige Bundesoberbehörde dem Umweltbundesamt die zur Beurteilung der Auswirkungen auf die Umwelt erforderlichen Angaben und Unterlagen. Auflagen können auch nachträglich angeordnet werden.

(2) Auflagen nach Absatz 1 können angeordnet werden, um sicherzustellen, dass

1. die Kennzeichnung der Behältnisse und äußeren Umhüllungen den Vorschriften des § 10 entspricht; dabei kann angeordnet werden, dass angegeben werden müssen
   a) Hinweise oder Warnhinweise, soweit sie erforderlich sind, um bei der Anwendung des Arzneimittels eine unmittelbare oder mittelbare Gefährdung der Gesundheit von Mensch oder Tier zu verhüten,
   b) Aufbewahrungshinweise für den Verbraucher und Lagerhinweise für die Fachkreise, soweit sie geboten sind, um die erforderliche Qualität des Arzneimittels zu erhalten,
2. die Packungsbeilage den Vorschriften des § 11 entspricht; dabei kann angeordnet werden, dass angegeben werden müssen
   a) die in der Nummer 1 Buchstabe a genannten Hinweise oder Warnhinweise,
   b) die Aufbewahrungshinweise für den Verbraucher, soweit sie geboten sind, um die erforderliche Qualität des Arzneimittels zu erhalten,

2a. die Fachinformation den Vorschriften des § 11a entspricht; dabei kann angeordnet werden, dass angegeben werden müssen
   a) die in Nummer 1 Buchstabe a genannten Hinweise oder Warnhinweise,
   b) besondere Lager- und Aufbewahrungshinweise, soweit sie geboten sind, um die erforderliche Qualität des Arzneimittels zu erhalten,
   c) Hinweise auf Auflagen nach Absatz 3,

3. die Angaben nach den §§ 10, 11 und 11a den für die Zulassung eingereichten Unterlagen entsprechen und dabei einheitliche und allgemeinverständliche Begriffe und ein einheitlicher Wortlaut verwendet werden, wobei die Angabe weiterer Gegenanzeigen, Nebenwirkungen und Wechselwirkungen zulässig bleibt; von dieser Befugnis kann die zuständige Bundesoberbehörde allgemein aus Gründen der Arzneimittelsicherheit, der Transparenz oder der rationellen Arbeitsweise Gebrauch machen; dabei kann angeordnet werden, dass bei verschreibungspflichtigen Arzneimitteln bestimmte Anwendungsgebiete entfallen, wenn zu befürchten ist, dass durch deren Angabe der therapeutische Zweck gefährdet wird,
4. das Arzneimittel in Packungsgrößen in den Verkehr gebracht wird, die den Anwendungsgebieten und der vorgesehenen Dauer der Anwendung angemessen sind,
5. das Arzneimittel in einem Behältnis mit bestimmter Form, bestimmtem Verschluß oder sonstiger Sicherheitsvorkehrung in den Verkehr gebracht wird, soweit es geboten ist, um die Einhaltung der Dosierungsanleitung zu gewährleisten oder um die Gefahr des Mißbrauchs durch Kinder zu verhüten.

...

(3) Die zuständige Bundesoberbehörde kann durch Auflagen ferner anordnen, dass weitere analytische, pharmakologisch-toxikologische oder klinische Prüfungen durchgeführt werden und über die Ergebnisse berichtet wird, wenn hinreichende Anhaltspunkte dafür vorliegen, dass das Arzneimittel einen großen therapeutischen Wert haben kann und deshalb ein öffentliches Interesse an seinem unverzüglichen Inverkehrbringen besteht, jedoch für die umfassende Beurteilung des Arzneimittels weitere wichtige Angaben erforderlich sind. Satz 1 gilt entsprechend für Unterlagen über das Rückstandsnachweisverfahren nach § 23 Abs. 1 Nr. 2.

(3a) Die zuständige Bundesoberbehörde kann, wenn dies im Interesse der Arzneimittelsicherheit erforderlich ist, durch Auflagen ferner anordnen, dass nach der Zulassung ein Risikomanagement eingeführt wird, das die Zusammenstellung von Tätigkeiten und Maßnahmen im Bereich der Pharmakovigilanz beschreibt, einschließlich der Bewertung der Effizienz derartiger Maßnahmen, und dass nach der Zulassung Erkenntnisse bei der Anwendung des Arzneimittels systematisch gesammelt, dokumentiert und ausgewertet werden und ihr über die Ergebnisse dieser Untersuchung innerhalb einer bestimmten Frist berichtet wird.

...

§ 29 Anzeigepflicht, Neuzulassung

(1) Der Antragsteller hat der zuständigen Bundesoberbehörde unter Beifügung entsprechender Unterlagen unverzüglich Anzeige zu erstatten, wenn sich Änderungen in den Angaben und Unterlagen nach den §§ 22 bis 24a und 25b ergeben. Die Verpflichtung nach Satz 1 hat nach Erteilung der Zulassung der Inhaber der Zulassung zu erfüllen.

(1a) Der Inhaber der Zulassung hat der zuständigen Bundesoberbehörde zusätzlich zu den Verpflichtungen nach Absatz 1 und § 63b unverzüglich alle Verbote oder Beschränkungen durch die zuständigen Behörden jedes Landes, in dem das betreffende Arzneimittel in Verkehr gebracht wird, sowie alle anderen neuen Informationen mitzuteilen, die die Beurteilung des Nutzens und der Risiken des betreffenden Arzneimittels beeinflussen könnten. Er hat auf Verlangen der zuständigen Bundesoberbehörde auch alle Angaben und Unterlagen vorzulegen, die belegen, dass das Nutzen-Risiko-Verhältnis weiterhin günstig zu bewerten ist. Die Sätze 1 und 2 gelten nicht für einen Parallelimporteur.

(1b) Der Inhaber der Zulassung hat der zuständigen Bundesoberbehörde den Zeitpunkt für das Inverkehrbringen des Arzneimittels unter Berücksichtigung der unterschiedlichen zugelassenen Darreichungsformen und Stärken unverzüglich mitzuteilen.

(1c) Der Inhaber der Zulassung hat der zuständigen Bundesoberbehörde nach Maßgabe des Satzes 2 anzuzeigen, wenn das Inverkehrbringen des Arzneimittels vorübergehend oder endgültig eingestellt wird. Die Anzeige hat spätestens zwei Monate vor der Einstellung des Inverkehrbringens zu erfolgen. Dies gilt nicht, wenn Umstände vorliegen, die der Inhaber der Zulassung nicht zu vertreten hat.

...

(2) Bei einer Änderung der Bezeichnung des Arzneimittels ist der Zulassungsbescheid entsprechend zu ändern. Das Arzneimittel darf unter der alten Bezeichnung vom pharmazeutischen Unternehmer noch ein Jahr, von den Groß- und Einzelhändlern noch zwei Jahre, beginnend mit dem auf die Bekanntmachung der Änderung im Bundesanzeiger folgenden 1. Januar oder 1. Juli, in den Verkehr gebracht werden.

(2a) Eine Änderung

1. der Angaben nach den §§ 10, 11 und 11a über die Dosierung, die Art oder die Dauer der Anwendung, die Anwendungsgebiete, soweit es sich nicht um die Zufügung einer oder Veränderung in eine Indikation handelt, die einem anderen Therapiegebiet zuzuordnen ist, eine Einschränkung der Gegenanzeigen, Nebenwirkungen oder Wechselwirkungen mit anderen Mitteln,
2. der wirksamen Bestandteile, ausgenommen der arzneilich wirksamen Bestandteile,
3. in eine mit der zugelassenen vergleichbaren Darreichungsform,

   ...

5. der Packungsgröße und

   ...

darf erst vollzogen werden, wenn die zuständige Bundesoberbehörde zugestimmt hat. ...

Die Zustimmung gilt als erteilt, wenn der Änderung nicht innerhalb einer Frist von drei Monaten widersprochen worden ist.

§ 30 Rücknahme, Widerruf, Ruhen

...

§ 31 Erlöschen, Verlängerung

(1) Die Zulassung erlischt

1. wenn das zugelassene Arzneimittel innerhalb von drei Jahren nach Erteilung der Zulassung nicht in den Verkehr gebracht wird, oder wenn sich das zugelassene Arzneimittel, das nach der Zulassung in den Verkehr gebracht wurde, in drei aufeinander folgenden Jahren nicht mehr im Verkehr befindet,
2. durch schriftlichen Verzicht,
3. nach Ablauf von fünf Jahren seit ihrer Erteilung, es sei denn, dass spätestens sechs Monate vor Ablauf der Frist ein Antrag auf Verlängerung gestellt wird,

   ...

§ 32 Staatliche Chargenprüfung

...

§ 33 Kosten

...

(5) für die Nutzung von Monographien für Arzneimittel, die nach § 36 von der Pflicht zur Zulassung freigestellt sind, verlangt das Bundesinstitut für Arzneimittel und Medizinprodukte Entgelte. Dabei können pauschale Entgeltvereinbarungen mit den Verbänden, denen die Nutzer angehören, getroffen werden....

§ 34 Information der Öffentlichkeit

...

§ 35 Ermächtigungen zur Zulassung und Freistellung

...

§ 36 Ermächtigung für Standardzulassungen

(1) Das Bundesministerium wird ermächtigt, nach Anhörung von Sachverständigen durch Rechtsverordnung mit Zustimmung des Bundesrates bestimmte Arzneimittel oder Arzneimittelgruppen oder Arzneimittel in bestimmten Abgabeformen von der Pflicht zur Zulassung freizustellen, soweit eine unmittelbare oder mittelbare Gefährdung der Gesundheit von Mensch oder Tier nicht zu befürchten ist, weil die Anforderungen an die erforderliche Qualität, Wirksamkeit und Unbedenklichkeit erwiesen sind. Die Freistellung kann zum Schutz der Gesundheit von Mensch oder Tier von einer bestimmten Herstellung, Zusammensetzung, Kennzeichnung, Packungsbeilage, Fachinformation oder Darreichungsform abhängig gemacht sowie auf bestimmte Anwendungsarten, Anwendungsgebiete oder Anwendungsbereiche beschränkt werden. Die Angabe weiterer Gegenanzeigen, Nebenwirkungen und Wechselwirkungen durch den pharmazeutischen Unternehmer ist zulässig.
(2) Bei der Auswahl der Arzneimittel, die von der Pflicht zur Zulassung freigestellt werden, muß den berechtigten Interessen der Arzneimittelverbraucher, der Heilberufe und der pharmazeutischen Industrie Rechnung getragen werden. In der Wahl der Bezeichnung des Arzneimittels ist der pharmazeutische Unternehmer frei.

(3) Die Rechtsverordnung nach Absatz 1 ergeht im Einvernehmen mit dem Bundesministerium für Wirtschaft und Technologie und, soweit es sich um radioaktive Arzneimittel und um Arzneimittel handelt, bei deren Herstellung ionisierende Strahlen verwendet werden, im Einvernehmen mit dem Bundesministerium für Umwelt, Naturschutz und Reaktorsicherheit und, soweit es sich um Arzneimittel handelt, die zur Anwendung bei Tieren bestimmt sind, im Einvernehmen mit dem Bundesministerium für, Ernährung, Landwirtschaft und Verbraucherschutz.

(4) Vor Erlass der Rechtsverordnung nach Absatz 1 bedarf es nicht der Anhörung von Sachverständigen und der Zustimmung des Bundesrates, soweit dies erforderlich ist, um Angaben zu Gegenanzeigen, Nebenwirkungen und Wechselwirkungen unverzüglich zu ändern und die Geltungsdauer der Rechtsverordnung auf längstens ein Jahr befristet ist. Die Frist kann bis zu einem weiteren Jahr einmal verlängert werden, wenn das Verfahren nach Absatz 1 innerhalb der Jahresfrist nicht abgeschlossen werden kann.

(5) die der Rechtsverordnung nach Absatz 1 zugrunde liegenden Monographien sind von der zuständigen Bundesoberbehörde regelmäßig zu überprüfen und soweit erforderlich an den jeweils gesicherten Stand der Wissenschaft und Technik anzupassen. Dabei sind die Monographien darauf hin zu prüfen, ob die Anforderungen an die erforderliche Qualität, Wirksamkeit und Unbedenklichkeit einschließlich eines positiven Nutzen-Risiko-Verhältnisses, für die von der Pflicht zur Zulassung freigestellten Arzneimittel, weiterhin als erwiesen gelten können.

§ 37 Genehmigung der Kommission der Europäischen Gemeinschaften oder des Rates der Europäischen Union für das Inverkehrbringen, Zulassungen von Arzneimitteln aus anderen Staaten

...

Fünfter Abschnitt
Registrierung von Arzneimitteln

§ 38 Registrierung homöopathischer Arzneimittel

...

§ 39 Entscheidung über die Registrierung homöopathischer Arzneimittel

...

§ 39a Registrierung traditioneller pflanzlicher Arzneimittel

Fertigarzneimittel, die pflanzliche Arzneimittel und Arzneimittel im Sinne des § 2 Abs. 1 sind, dürfen als traditionelle pflanzliche Arzneimittel nur in den Verkehr gebracht werden, wenn sie durch die zuständige Bundesoberbehörde registriert sind. Dies gilt auch für pflanzliche Arzneimittel, die Vitamine oder Mineralstoffe enthalten, sofern die Vitamine oder Mineralstoffe die Wirkung der traditionellen pflanzlichen Arzneimittel im Hinblick auf das Anwendungsgebiet oder die Anwendungsgebiete ergänzen.

§ 39b Registrierungsunterlagen für traditionelle pflanzliche Arzneimittel

(1) Dem Antrag auf Registrierung müssen vom Antragsteller folgende Angaben und Unterlagen beigefügt werden:
...

§ 39c Entscheidung über die Registrierung traditioneller pflanzlicher Arzneimittel

...

§ 39d Sonstige Verfahrensvorschriften für traditionelle pflanzliche Arzneimittel

...

Sechster Abschnitt
Schutz des Menschen bei der Klinischen Prüfung

§ 40 Allgemeine Voraussetzungen der klinischen Prüfung

...

§ 41 Besondere Voraussetzungen der klinischen Prüfung

...

§ 42 Verfahren bei der Ethik-Kommission, Genehmigungsverfahren bei der Bundesoberbehörde

...

§ 42a Rücknahme, Widerruf und Ruhen der Genehmigung oder der zustimmenden Bewertung

...

Siebenter Abschnitt
Abgabe von Arzneimitteln

§ 43 Apothekenpflicht, Inverkehrbringen durch Tierärzte

(1) Arzneimittel im Sinne des § 2 Abs. 1 oder Abs. 2 Nr. 1, die nicht durch die Vorschriften des § 44 oder der nach § 45 Abs. 1 erlassenen Rechtsverordnung für den Verkehr außerhalb der Apotheken freigegeben sind, dürfen außer in den Fällen des § 47 berufs- oder gewerbsmäßig für den Endverbrauch nur in Apotheken und ohne behördliche Erlaubnis nicht im Wege des Versandes in den Verkehr gebracht werden; das Nähere regelt das Apothekengesetz. Außerhalb der Apotheken darf außer in den Fällen des Absatzes 4 und des § 47 Abs. 1 mit den nach Satz 1 den Apotheken vorbehaltenen Arzneimitteln kein Handel getrieben werden. Die Angaben über die Ausstellung oder Änderung einer Erlaubnis zum Versand von Arzneimitteln nach Satz 1 sind in der Datenbank nach § 67 a einzugeben.
...
(3) Auf Verschreibung dürfen Arzneimittel im Sinne des § 2 Abs. 1 oder Abs. 2 Nr. 1 nur von Apotheken abgegeben werden. § 56 Abs. 1 bleibt unberührt.

(4) Arzneimittel im Sinne des § 2 Abs. 1 oder Abs. 2 Nr. 1 dürfen ferner im Rahmen des Betriebes einer tierärztlichen Hausapotheke durch Tierärzte an Halter der von ihnen behandelten Tiere abgegeben und zu diesem Zweck vorrätig gehalten werden....

...

§ 44 Ausnahme von der Apothekenpflicht

(1) Arzneimittel, die von dem pharmazeutischen Unternehmer ausschließlich zu anderen Zwecken als zur Beseitigung oder Linderung von Krankheiten, Leiden, Körperschäden oder krankhaften Beschwerden zu dienen bestimmt sind, sind für den Verkehr außerhalb der Apotheken freigegeben.

(2) Ferner sind für den Verkehr außerhalb der Apotheken freigegeben:

1. a) natürliche Heilwässer sowie deren Salze, auch als Tabletten oder Pastillen,
   b) künstliche Heilwässer sowie deren Salze, auch als Tabletten oder Pastillen, jedoch nur, wenn sie in ihrer Zusammensetzung natürlichen Heilwässern entsprechen,
2. Heilerde, Bademoore und andere Peloide, Zubereitungen zur Herstellung von Bädern, Seifen zum äußeren Gebrauch,
3. mit ihren verkehrsüblichen deutschen Namen bezeichnete
   a) Pflanzen und Pflanzenteile, auch zerkleinert,
   b) Mischungen aus ganzen oder geschnittenen Pflanzen oder Pflanzenteilen als Fertigarzneimittel,
   c) Destillate aus Pflanzen und Pflanzenteilen,
   d) Presssäfte aus frischen Pflanzen und Pflanzenteilen, sofern sie ohne Lösungsmittel mit Ausnahme von Wasser hergestellt sind,
4. Pflaster,
5. ausschließlich oder überwiegend zum äußeren Gebrauch bestimmte Desinfektionsmittel sowie Mund- und Rachendesinfektionsmittel.

(3) Die Absätze 1 und 2 gelten nicht für Arzneimittel, die

1. nur auf ärztliche, zahnärztliche oder tierärztliche Verschreibung abgegeben werden dürfen oder
2. durch Rechtsverordnung nach § 46 vom Verkehr außerhalb der Apotheken ausgeschlossen sind.

§ 45 Ermächtigung zu weiteren Ausnahmen von der Apothekenpflicht

(1) Das Bundesministerium wird ermächtigt, im Einvernehmen mit dem Bundesministerium für Wirtschaft und Technologie nach Anhörung von Sachverständigen durch Rechtsverordnung mit Zustimmung des Bundesrates Stoffe, Zubereitungen aus Stoffen oder Gegenstände, die dazu bestimmt sind, teilweise oder ausschließlich zur Beseitigung oder Linderung von Krankheiten, Leiden, Körperschäden oder krankhaften Beschwerden zu dienen, für den Verkehr außerhalb der Apotheken freizugeben,

1. soweit sie nicht nur auf ärztliche, zahnärztliche oder tierärztliche Verschreibung abgegeben werden dürfen,
2. soweit sie nicht wegen ihrer Zusammensetzung oder Wirkung die Prüfung, Aufbewahrung und Abgabe durch eine Apotheke erfordern,
3. soweit nicht durch ihre Freigabe eine unmittelbare oder mittelbare Gefährdung der Gesundheit von Mensch oder Tier, insbesondere durch unsachgemäße Behandlung, zu befürchten ist oder
4. soweit nicht durch ihre Freigabe die ordnungsgemäße Arzneimittelversorgung gefährdet wird.

Die Rechtsverordnung wird vom Bundesministerium für, Ernährung, Landwirtschaft und Verbraucherschutz im Einvernehmen mit dem Bundesministerium und dem Bundesministerium für Wirtschaft und Technologie erlassen, soweit es sich um Arzneimittel handelt, die zur Anwendung bei Tieren bestimmt sind.
(2) Die Freigabe kann auf Fertigarzneimittel, auf bestimmte Dosierungen, Anwendungsgebiete oder Darreichungsformen beschränkt werden.
(3) Die Rechtsverordnung ergeht im Einvernehmen mit dem Bundesministerium für Umwelt, Naturschutz und Reaktorsicherheit, soweit es sich um radioaktive Arzneimittel und um Arzneimittel handelt, bei deren Herstellung ionisierende Strahlen verwendet werden.

§ 46 Ermächtigung zur Ausweitung der Apothekenpflicht

(1) Das Bundesministerium wird ermächtigt, im Einvernehmen mit dem Bundesministerium für Wirtschaft und Technologie nach Anhörung von Sachverständigen durch Rechtsverordnung mit Zustimmung des Bundesrates Arzneimittel im Sinne des § 44 vom Verkehr außerhalb der Apotheken auszuschließen, soweit auch bei bestimmungsgemäßem oder bei gewohnheitsmäßigem Gebrauch eine unmittelbare oder mittelbare Gefährdung der Gesundheit von Mensch oder Tier zu befürchten ist. Die Rechtsverordnung wird vom Bundesministerium für, Ernährung ,Landwirtschaft und Verbraucherschutz im Einvernehmen mit dem Bundesministerium und dem Bundesministerium für Wirtschaft und Technologie erlassen, soweit es sich um Arzneimittel handelt, die zur Anwendung bei Tieren bestimmt sind.
(2) Die Rechtsverordnung nach Absatz 1 kann auf bestimmte Dosierungen, Anwendungsgebiete oder Darreichungsformen beschränkt werden.
(3) Die Rechtsverordnung ergeht im Einvernehmen mit dem Bundesministerium für Umwelt, Naturschutz und Reaktorsicherheit, soweit es sich um radioaktive Arzneimittel und um Arzneimittel handelt, bei deren Herstellung ionisierende Strahlen verwendet werden.

§ 47 Vertriebsweg

...

§ 47a Sondervertriebsweg, Nachweispflichten

...

§ 47b Sondervertriebsweg, Diamorphin

...

§ 48 Verschreibungspflicht

(1) Arzneimittel, die
1. durch Rechtsverordnung nach Absatz 2, auch in Verbindung mit den Absätzen 4 und 5, bestimmte Stoffe, Zubereitungen aus Stoffen oder Gegenstände sind oder denen solche Stoffe oder Zubereitungen aus Stoffen zugesetzt sind,
2. nicht unter Nummer 1 fallen und zur Anwendung bei Tieren, die der Gewinnung von Lebensmitteln dienen, bestimmt sind, oder
3. Arzneimittel im Sinne des § 2 Abs. 1 oder Abs. 2 Nr. 1 sind, die Stoffe mit in der medizinischen Wissenschaft nicht allgemein bekannten Wirkungen oder Zubereitungen solcher Stoffe enthalten,

dürfen nur bei Vorliegen einer ärztlichen, zahnärztlichen oder tierärztlichen Verschreibung an Verbraucher abgegeben werden. Satz 1 Nr. 1 gilt nicht für die Abgabe zur Ausstattung von Kauffahrteischiffen durch Apotheken nach Maßgabe der hierfür geltenden gesetzlichen Vorschriften. Satz 1 Nr. 3 gilt auch für Arzneimittel, die Zubereitungen aus in ihren Wirkungen allgemein bekannten Stoffen sind, wenn die Wirkungen dieser Zubereitungen in der medizinischen Wissenschaft nicht allgemein bekannt sind, es sei denn, dass die Wirkungen nach Zusammensetzungen, Dosierung, Darreichungsform oder Anwendungsgebiet der Zubereitung bestimmbar sind. Satz 1 Nr. 3 gilt nicht für Arzneimittel, die Zubereitungen aus Stoffen bekannter Wirkungen sind, soweit diese außerhalb der Apotheken abgegeben werden dürfen. An die Stelle der Verschreibungspflicht nach Satz 1 Nr. 3 tritt mit Aufnahme des betreffenden Stoffes oder betreffenden Zubereitung in die Rechtsverordnung nach Abs. 2 Nr. 1 die Verschreibungspflicht nach der Rechtsverordnung.

(2) Das Bundesministerium wird ermächtigt, im Einvernehmen mit dem Bundesministerium für Wirtschaft und Technologie durch Rechtsverordnung mit Zustimmung des Bundesrates

...

2. Stoffe, Zubereitungen aus Stoffen oder Gegenstände zu bestimmen,
   a) die die Gesundheit des Menschen oder, sofern sie zur Anwendung bei Tieren bestimmt sind die Gesundheit des Tieres, des Anwenders oder die Umwelt auch bei bestimmungsgemäßem Gebrauch unmittelbar oder mittelbar gefährden können, wenn sie ohne ärztliche, zahnärztliche oder tierärztliche Überwachung angewendet werden,
   b) die häufig in erheblichem Umfang nicht bestimmungsgemäß gebraucht werden, wenn dadurch die Gesundheit von Mensch oder Tier unmittelbar oder mittelbar gefährdet werden kann, oder
   c) sofern sie zur Anwendung bei Tieren bestimmt sind, deren Anwendung eine vorherige tierärztliche Diagnose erfordert oder Auswirkungen haben kann, die die späteren diagnostischen oder therapeutischen Maßnahmen erschweren oder überlagern,
3. die Verschreibungspflicht für Arzneimittel aufzuheben, wenn auf Grund der bei der Anwendung des Arzneimittels gemachten Erfahrungen die Voraussetzungen nach Nummer 2 nicht oder nicht mehr vorliegen, bei Arzneimitteln nach Nummer 1 kann frühestens drei Jahre nach Inkrafttreten der zugrunde liegenden Rechtsverordnung die Verschreibungspflicht aufgehoben werden,
4. für Stoffe oder Zubereitungen aus Stoffen vorzuschreiben, dass sie nur abgegeben werden dürfen, wenn in der Verschreibung bestimmte Höchstmengen für den Einzel- und Tagesgebrauch nicht überschritten werden oder wenn die Überschreitung vom Verschreibenden ausdrücklich kenntlich gemacht worden ist,
5. zu bestimmen, dass ein Arzneimittel auf eine Verschreibung nicht wiederholt abgegeben werden darf,
6. vorzuschreiben, dass ein Arzneimittel nur auf eine Verschreibung von Ärzten eines bestimmten Fachgebietes oder zur Anwendung in für die Behandlung mit dem Arzneimittel zugelassenen Einrichtungen abgegeben werden darf oder über die Verschreibung, Abgabe und Anwendung Nachweise geführt werden müssen,
7. Vorschriften über die Form und den Inhalt der Verschreibung, einschließlich der Verschreibung in elektronischer Form, zu erlassen.

...

(3) Die Rechtsverordnung nach Absatz 2, auch in Verbindung mit den Absätzen 4 und 5, kann auf bestimmte Dosierungen, Potenzierungen, Darreichungsformen, Fertigarzneimittel oder Anwendungsbereiche beschränkt werden. Ebenso kann eine Ausnahme von der Verschreibungspflicht für die Abgabe an Hebammen und Entbindungspfleger vorgesehen werden, soweit dies für eine ordnungsgemäße Berufsausübung erforderlich ist. Die Beschränkung auf bestimmte Fertigarzneimittel zur Anwendung am Menschen nach Satz 1 erfolgt, wenn gemäß Artikel 74a der Richtlinie 2001/83/EG die Aufhebung der Verschreibungspflicht auf Grund signifikanter vorklinischer oder klinischer Versuche erfolgt ist; dabei ist der nach Artikel 74a vorgesehene Zeitraum von einem Jahr zu beachten.

...

§ 49

(weggefallen)

§ 50 Einzelhandel mit freiverkäuflichen Arzneimitteln

(1) Einzelhandel außerhalb von Apotheken mit Arzneimitteln im Sinne des § 2 Abs. 1 oder Abs. 2 Nr. 1, die zum Verkehr außerhalb der Apotheken freigegeben sind, darf nur betrieben werden, wenn der Unternehmer, eine zur Vertretung des Unternehmens gesetzlich berufene oder eine von dem Unternehmer mit der Leitung des Unternehmens oder mit dem Verkauf beauftragte Person die erforderliche Sachkenntnis besitzt. Bei Unternehmen mit mehreren Betriebsstellen muss für jede Betriebsstelle eine Person vorhanden sein, die die erforderliche Sachkenntnis besitzt.

(2) Die erforderliche Sachkenntnis besitzt, wer Kenntnisse und Fertigkeiten über das ordnungsgemäße Abfüllen, Abpacken, Kennzeichnen, Lagern und Inverkehrbringen von Arzneimitteln, die zum Verkehr außerhalb der Apotheken freigegeben sind, sowie Kenntnisse über die für diese Arzneimittel geltenden Vorschriften nachweist. Das Bundesministerium wird ermächtigt, im Einvernehmen mit dem Bundesministerium für Wirtschaft und Technologie und dem Bundesministerium für Bildung und Forschung durch Rechtsverordnung mit Zustimmung des Bundesrates Vorschriften darüber zu erlassen, wie der Nachweis der erforderlichen Sachkenntnis zu erbringen ist, um einen ordnungsgemäßen Verkehr mit Arzneimitteln zu gewährleisten. Es kann dabei Prüfungszeugnisse über eine abgeleistete berufliche Aus- oder Fortbildung als Nachweis anerkennen. Es kann ferner bestimmen, dass die Sachkenntnis durch eine Prüfung vor der zuständigen Behörde oder einer von ihr bestimmten Stelle nachgewiesen wird und das Nähere über die Prüfungsanforderungen und das Prüfungsverfahren regeln. Die Rechtsverordnung wird, soweit es sich um Arzneimittel handelt, die zur Anwendung bei Tieren bestimmt sind, vom Bundesministerium für Ernährung, Landwirtschaft und Verbraucherschutz im Einvernehmen mit dem Bundesministerium, dem Bundesministerium für Wirtschaft und Technologie und dem Bundesministerium für Bildung und Forschung erlassen.

(3) Einer Sachkenntnis nach Absatz 1 bedarf nicht, wer Fertigarzneimittel im Einzelhandel in den Verkehr bringt, die

1. im Reisegewerbe abgegeben werden dürfen,
2. zur Verhütung der Schwangerschaft oder von Geschlechtskrankheiten beim Menschen bestimmt sind,
3. (weggefallen)
4. ausschließlich zum äußeren Gebrauch bestimmte Desinfektionsmittel oder
5. Sauerstoff sind.

§ 51 Abgabe im Reisegewerbe

(1) Das Feilbieten von Arzneimitteln und das Aufsuchen von Bestellungen auf Arzneimittel im Reisegewerbe sind verboten; ausgenommen von dem Verbot sind für den Verkehr außerhalb der Apotheken freigegebene Fertigarzneimittel, die

1. mit ihren verkehrsüblichen deutschen Namen bezeichnete, in ihren Wirkungen allgemein bekannte Pflanzen oder Pflanzenteile oder Presssäfte aus frischen Pflanzen oder Pflanzenteilen sind, sofern diese mit keinem anderen Lösungsmittel als Wasser hergestellt wurden, oder
2. Heilwässer und deren Salze in ihrem natürlichen Mischungsverhältnis oder ihre Nachbildungen sind.

(2) Das Verbot des Absatzes 1 erster Halbsatz findet keine Anwendung, soweit der Gewerbetreibende andere Personen im Rahmen ihres Geschäftsbetriebes aufsucht, es sei denn, dass es sich um Arzneimittel handelt, die für die Anwendung bei Tieren in land- und forstwirtschaftlichen Betrieben, in gewerblichen Tierhaltungen sowie in Betrieben des Gemüse-, Obst-, Garten- und Weinbaus, der Imkerei und der Fischerei feilgeboten oder dass bei diesen Betrieben Bestellungen auf Arzneimittel, deren Abgabe den Apotheken vorbehalten ist, aufgesucht werden. Dies gilt auch für Handlungsreisende und andere Personen, die im Auftrag und im Namen eines Gewerbetreibenden tätig werden.

§ 52 Verbot der Selbstbedienung

(1) Arzneimittel im Sinne des § 2 Abs. 1 oder Abs. 2 Nr. 1 dürfen

1. nicht durch Automaten und
2. nicht durch andere Formen der Selbstbedienung in den Verkehr gebracht werden.

(2) Absatz 1 gilt nicht für Fertigarzneimittel, die

1. im Reisegewerbe abgegeben werden dürfen,
2. zur Verhütung der Schwangerschaft oder von Geschlechtskrankheiten beim Menschen bestimmt und zum Verkehr außerhalb der Apotheken freigegeben sind,
3. (weggefallen)
4. ausschließlich zum äußeren Gebrauch bestimmte Desinfektionsmittel oder
5. Sauerstoff sind.

(3) Absatz 1 Nr. 2 gilt ferner nicht für Arzneimittel, die für den Verkehr außerhalb der Apotheken freigegeben sind, wenn eine Person, die die Sachkenntnis nach § 50 besitzt, zur Verfügung steht.

§ 52a Großhandel mit Arzneimitteln

...

§ 52b Bereitstellung von Arzneimitteln

...

§ 53 Anhörung von Sachverständigen

...

Achter Abschnitt
Sicherung und Kontrolle der Qualität

§ 54 Betriebsverordnungen

(1) Das Bundesministerium wird ermächtigt, im Einvernehmen mit dem Bundesministerium für Wirtschaft und Technologie durch Rechtsverordnung mit Zustimmung des Bundesrates Betriebsverordnungen für Betriebe oder Einrichtungen zu erlassen, die Arzneimittel in den Geltungsbereich dieses Gesetzes verbringen oder in denen Arzneimittel entwickelt, hergestellt, geprüft, gelagert, verpackt oder in den Verkehr gebracht werden, soweit es geboten ist, um einen ordnungsgemäßen Betrieb und die erforderliche Qualität der Arzneimittel sicherzustellen; dies gilt entsprechend für Wirkstoffe und andere zur Arzneimittelherstellung bestimmte Stoffe sowie für Gewebe.

...

(2) In der Rechtsverordnung nach Absatz 1 können insbesondere Regelungen getroffen werden über die

1. Entwicklung, Herstellung, Prüfung, Lagerung, Verpackung, Qualitätssicherung, den Erwerb, die Bereitstellung, die Bevorratung und das Inverkehrbringen,
2. Führung und Aufbewahrung von Nachweisen über die in der Nummer 1 genannten Betriebsvorgänge,
3. Haltung und Kontrolle der bei der Herstellung und Prüfung der Arzneimittel verwendeten Tiere und die Nachweise darüber,
4. Anforderungen an das Personal,
5. Beschaffenheit, Größe und Einrichtung der Räume,
6. Anforderungen an die Hygiene,
7. Beschaffenheit der Behältnisse,
8. Kennzeichnung der Behältnisse, in denen Arzneimittel und deren Ausgangsstoffe vorrätig gehalten werden,
9. Dienstbereitschaft für Arzneimittelgroßhandelsbetriebe,
10. Zurückstellung von Chargenproben sowie deren Umfang und Lagerungsdauer,
11. Kennzeichnung, Absonderung oder Vernichtung nicht verkehrsfähiger Arzneimittel,
12. Voraussetzungen für und die Anforderungen an die in Nummer 1 bezeichneten Tätigkeiten durch den Tierarzt (Betrieb einer tierärztlichen Hausapotheke) sowie die Anforderungen an die Anwendung von Arzneimitteln durch den Tierarzt an den von ihm behandelten Tieren.

...

§ 55 Arzneibuch

(1) Das Arzneibuch ist eine vom Bundesinstitut für Arzneimittel und Medizinprodukte im Einvernehmen mit dem Paul-Ehrlich-Institut und dem Bundesamt für Verbraucherschutz und Lebensmittelsicherheit bekanntgemachte Sammlung anerkannter pharmazeutischer Regeln über die Qualität, Prüfung, Lagerung, Abgabe und Bezeichnung von Arzneimitteln und den bei ihrer Herstellung verwendeten Stoffen. Das Arzneibuch enthält auch Regeln für die Beschaffenheit von Behältnissen und Umhüllungen.

...

(8) Bei der Herstellung von Arzneimitteln dürfen nur solche Stoffe und die Behältnisse und Umhüllungen, soweit sie mit den Arzneimitteln in Berührung kommen, verwendet werden und nur Darreichungsformen angefertigt werden, die den anerkannten pharmazeutischen Regeln entsprechen. ...

...

§ 55a Amtliche Sammlung von Untersuchungsverfahren

...

Neunter Abschnitt Sondervorschriften für Arzneimittel, die bei Tieren angewendet werden

§ 56 Fütterungsarzneimittel

...

§ 56a Verschreibung, Abgabe und Anwendung von Arzneimitteln durch Tierärzte

...

§ 56b Ausnahmen

...

§ 57 Erwerb und Besitz durch Tierhalter, Nachweise

(1) Der Tierhalter darf Arzneimittel, die zum Verkehr außerhalb der Apotheken nicht freigegeben sind, zur Anwendung bei Tieren nur in Apotheken, bei dem den Tierbestand behandelnden Tierarzt oder in den Fällen des § 56 Abs. 1 bei Herstellern erwerben. Andere Personen, die in § 47 Abs. 1 nicht genannt sind, dürfen solche Arzneimittel nur in Apotheken erwerben.
...

§ 58 Anwendung bei Tieren, die der Gewinnung von Lebensmitteln dienen

...

§ 59 Klinische Prüfung und Rückstandsprüfung bei Tieren, die der Lebensmittelgewinnung dienen

...

§ 59a Verkehr mit Stoffen und Zubereitungen aus Stoffen

...

§ 59b Stoffe zur Durchführung von Rückstandskontrollen

...

§ 59c Nachweispflichten für Stoffe, die als Tierarzneimittel verwendet werden können

...

§ 60 Heimtiere

(1) Auf Arzneimittel, die ausschließlich zur Anwendung bei Zierfischen, Zier- oder Singvögeln, Brieftauben, Terrarientieren, Kleinnagern, Frettchen oder nicht der Gewinnung von Lebensmitteln dienenden Kaninchen bestimmt und für den Verkehr außerhalb der Apotheken zugelassen sind, finden die Vorschriften der §§ 21 bis 39d und 50 keine Anwendung.
(2) Die Vorschriften über die Herstellung von Arzneimitteln finden mit der Maßgabe Anwendung, dass der Nachweis einer zweijährigen praktischen Tätigkeit nach § 15 Abs. 1 entfällt.
(3) Das Bundesministerium für Ernährung, Landwirtschaft und Verbraucherschutz wird ermächtigt, im Einvernehmen mit dem Bundesministerium für Wirtschaft und Technologie und dem Bundesministerium durch

Rechtsverordnung mit Zustimmung des Bundesrates die Vorschriften über die Zulassung auf Arzneimittel für die in Absatz 1 genannten Tiere auszudehnen, soweit es geboten ist, um eine unmittelbare oder mittelbare Gefährdung der Gesundheit von Mensch oder Tier zu verhüten.

(4) Die zuständige Behörde kann Ausnahmen von § 43 Abs. 5 Satz 1 zulassen, soweit es sich um die Arzneimittelversorgung der in Absatz 1 genannten Tiere handelt.

§ 61 Befugnisse tierärztlicher Bildungsstätten

...

Zehnter Abschnitt Beobachtung, Sammlung und Auswertung von Arzneimittelrisiken

§ 62 Organisation

Die zuständige Bundesoberbehörde hat zur Verhütung einer unmittelbaren oder mittelbaren Gefährdung der Gesundheit von Mensch oder Tier die bei der Anwendung von Arzneimitteln auftretenden Risiken, insbesondere Nebenwirkungen, Wechselwirkungen mit anderen Mitteln, Verfälschungen sowie potenzielle Risiken für die Umwelt auf Grund der Anwendung eines Tierarzneimittels, zentral zu erfassen, auszuwerten und die nach diesem Gesetz zu ergreifenden Maßnahmen zu koordinieren. Sie wirkt dabei mit den Dienststellen der Weltgesundheitsorganisation, der Europäischen Arzneimittel-Agentur, den Arzneimittelbehörden anderer Länder, den Gesundheits- und Veterinärbehörden der Bundesländer, den Arzneimittelkommissionen der Kammern der Heilberufe, nationalen Pharmakovigilanzzentren sowie mit anderen Stellen zusammen, die bei der Durchführung ihrer Aufgaben Arzneimittelrisiken erfassen. Die zuständige Bundesoberbehörde kann die Öffentlichkeit über Arzneimittelrisiken und beabsichtigte Maßnahmen informieren.

§ 63 Stufenplan

Die Bundesregierung erstellt durch allgemeine Verwaltungsvorschrift mit Zustimmung des Bundesrates zur Durchführung der Aufgaben nach § 62 einen Stufenplan. In diesem werden die Zusammenarbeit der beteiligten Behörden und Stellen auf den verschiedenen Gefahrenstufen, die Einschaltung der pharmazeutischen Unternehmer sowie die Beteiligung der oder des Beauftragten der Bundesregierung für die Belange der Patientinnen und Patienten näher geregelt und die jeweils nach den Vorschriften dieses Gesetzes zu ergreifenden Maßnahmen bestimmt. In dem Stufenplan können ferner Informationsmittel und -wege bestimmt werden.

§ 63a Stufenplanbeauftragter

(1) Wer als pharmazeutischer Unternehmer Fertigarzneimittel, die Arzneimittel im Sinne des § 2 Abs. 1 oder Abs. 2 Nr. 1 sind, in den Verkehr bringt, hat eine in einem Mitgliedstaat der Europäischen Union ansässige qualifizierte Person mit der erforderlichen Sachkenntnis und der zur Ausübung ihrer

Tätigkeit erforderlichen Zuverlässigkeit (Stufenplanbeauftragter) zu beauftragen, ein Pharmakovigilanzsystem einzurichten, zu führen und bekannt gewordene Meldungen über Arzneimittelrisiken zu sammeln, zu bewerten und die notwendigen Maßnahmen zu koordinieren. Satz 1 gilt nicht für Personen, soweit sie nach § 13 Abs. 2 Satz 1 Nr. 1, 2, 3, 5 oder Abs. 2b keiner Herstellungserlaubnis bedürfen. Der Stufenplanbeauftragte ist für die Erfüllung von Anzeigepflichten verantwortlich, soweit sie Arzneimittelrisiken betreffen. Er hat ferner sicherzustellen, dass auf Verlangen der zuständigen Bundesoberbehörde weitere Informationen für die Beurteilung des Nutzen-Risiko-Verhältnisses eines Arzneimittels, einschließlich eigener Bewertungen, unverzüglich und vollständig übermittelt werden. Das Nähere regelt die Arzneimittel- und Wirkstoffherstellungsverordnung. Andere Personen als in Satz 1 bezeichnet dürfen eine Tätigkeit als Stufenplanbeauftragter nicht ausüben.

...

§ 63b Dokumentations- und Meldepflichten

...

§ 63c Besondere Dokumentations- und Meldepflichten bei Blut- und Gewebezubereitungen

...

Elfter Abschnitt Überwachung

§ 64 Durchführung der Überwachung

(1) Betriebe und Einrichtungen, in denen Arzneimittel hergestellt, geprüft, gelagert, verpackt oder in den Verkehr gebracht werden oder in denen sonst mit ihnen Handel getrieben wird, unterliegen insoweit der Überwachung durch die zuständige Behörde; das gleiche gilt für Betriebe und Einrichtungen, die Arzneimittel entwickeln, klinisch prüfen, einer Rückstandsprüfung unterziehen oder Arzneimittel nach § 47a Abs. 1 Satz 1 oder zur Anwendung bei Tieren bestimmte Arzneimittel erwerben oder anwenden. Die Entwicklung, Herstellung, Prüfung, Lagerung, Verpackung und das Inverkehrbringen von Wirkstoffen und anderen zur Arzneimittelherstellung bestimmten Stoffen und von Gewebe sowie der sonstige Handel mit diesen Wirkstoffen und Stoffen unterliegen der Überwachung, soweit sie durch eine Rechtsverordnung nach § 54, nach § 12 des Transfusionsgesetzes oder nach § 16a des Transplantationsgesetzes geregelt sind. Im Falle des §14 Abs. 4 Nr. 4 und des §20b Abs. 2 unterliegen die Entnahmeeinrichtungen und die Labore der Überwachung durch die für sie örtlich zuständige Behörde. Satz 1 gilt auch für Personen, die diese Tätigkeiten berufsmäßig ausüben oder Arzneimittel nicht ausschließlich für den Eigenbedarf mit sich führen, für den Sponsor einer klinischen Prüfung oder seinen Vertreter nach § 40 Abs. 1 Satz 3 Nr. 1 sowie für Personen oder Personenvereinigungen, die Arzneimittel für andere sammeln....

(2) Die mit der Überwachung beauftragten Personen müssen diese Tätigkeit hauptberuflich ausüben. Die zuständige Behörde kann Sachverständige beiziehen. Sie soll Angehörige der zuständigen Bundesoberbehörde als Sachverständige beteiligen, soweit

es sich um Blutzubereitungen, Gewebe und Gewebezubereitungen, radioaktive Arzneimittel, gentechnisch hergestellte Arzneimittel, Sera, Impfstoffe, Allergene, Arzneimittel für neuartige Therapien, xenogene Arzneimittel oder um Wirkstoffe oder andere Stoffe, die menschlicher, tierischer oder mikrobieller Herkunft sind oder die auf gentechnischem Wege hergestellt werden, handelt. Bei Apotheken, die keine Krankenhausapotheken sind oder die einer Erlaubnis nach § 13 nicht bedürfen, kann die zuständige Behörde Sachverständige mit der Überwachung beauftragen.

(3) Die zuständige Behörde hat sich davon zu überzeugen, dass die Vorschriften über den Verkehr mit Arzneimitteln, über die Werbung auf dem Gebiete des Heilwesens, des 2. Abschnitts des Transfusionsgesetzes, der Abschnitte 2, 3 und 3a des Transplantationsgesetzes und über das Apothekenwesen beachtet werden. Sie hat regelmäßig in angemessenem Umfang unter besonderer Berücksichtigung möglicher Risiken Besichtigungen vorzunehmen und Arzneimittelproben amtlich untersuchen zu lassen; Betriebe und Einrichtungen, die einer Erlaubnis nach §§ 13, 72 oder 72b Abs. 1 bedürfen, sowie tierärztliche Hausapotheken sind in der Regel alle zwei Jahre zu besichtigen. Eine Erlaubnis nach §§ 13, 20c, 52a, 72 oder 72b Abs. 1 wird von der zuständigen Behörde erst erteilt, wenn sie sich durch eine Besichtigung davon überzeugt hat, dass die Voraussetzungen für die Erlaubniserteilung vorliegen. Innerhalb von 90 Tagen nach einer Inspektion wird dem Erlaubnisinhaber ein Zertifikat über die Gute Herstellungspraxis ausgestellt, wenn die Inspektion zu dem Ergebnis führt, dass dieser die Grundsätze und Leitlinien der Guten Herstellungspraxis des Gemeinschaftsrechts einhält. Die Bestätigung ist zurückzunehmen, wenn nachträglich bekannt wird, dass die Voraussetzungen nicht vorgelegen haben; sie ist zu widerrufen, wenn die Voraussetzungen nicht mehr gegeben sind. Die Angaben über die Ausstellung, die Versagung, die Rücknahme oder den Widerruf sind in eine Datenbank nach § 67a einzugeben. ....

(4) Die mit der Überwachung beauftragten Personen sind befugt

1. Grundstücke, Geschäftsräume, Betriebsräume, Beförderungsmittel und zur Verhütung dringender Gefahr für die öffentliche Sicherheit und Ordnung auch Wohnräume zu den üblichen Geschäftszeiten zu betreten, zu besichtigen sowie in Geschäftsräumen, Betriebsräumen und Beförderungsmitteln zur Dokumentation Bildaufzeichnungen anzufertigen, in denen eine Tätigkeit nach Absatz 1 ausgeübt wird; das Grundrecht des Artikels 13 des Grundgesetzes auf Unverletzlichkeit der Wohnung wird insoweit eingeschränkt,
2. Unterlagen über Entwicklung, Herstellung, Prüfung, klinische Prüfung oder Rückstandsprüfung, Erwerb, Lagerung, Verpackung, Inverkehrbringen und sonstigen Verbleib der Arzneimittel sowie über das im Verkehr befindliche Werbematerial und über die nach § 94 erforderliche Deckungsvorsorge einzusehen,

2a. Abschriften oder Ablichtungen von Unterlagen nach Nr. 2 oder Ausdrucke oder Kopien von Datenträgern, auf denen Unterlagen nach Nr. 2 gespeichert sind, anzufertigen oder zu verlangen, soweit es sich nicht um personenbezogene Daten von Patienten handelt,

3. von natürlichen und juristischen Personen und nicht rechtsfähigen Personenvereinigungen alle erforderlichen Auskünfte, insbesondere über die in Nummer 2 genannten Betriebsvorgänge zu verlangen,
4. vorläufige Anordnungen, auch über die Schließung des Betriebes oder der Einrichtung zu treffen, soweit es zur Verhü-

tung dringender Gefahren für die öffentliche Sicherheit und Ordnung geboten ist.

...

(5) Der zur Auskunft Verpflichtete kann die Auskunft auf solche Fragen verweigern, deren Beantwortung ihn selbst oder einen seiner in § 383 Abs. 1 Nr. 1 bis 3 der Zivilprozessordnung bezeichneten Angehörigen der Gefahr strafrechtlicher Verfolgung oder eines Verfahrens nach dem Gesetz über Ordnungswidrigkeiten aussetzen würde.

...

§ 65 Probenahme

(1) Soweit es zur Durchführung der Vorschriften über den Verkehr mit Arzneimitteln, über die Werbung auf dem Gebiete des Heilwesens, des Zweiten Abschnitts des Transfusionsgesetzes, der Abschnitte 2, 3 und 3a des Transplantationsgesetzes und über das Apothekenwesen erforderlich ist, sind die mit der Überwachung beauftragten Personen befugt, gegen Empfangsbescheinigung Proben nach ihrer Auswahl zum Zwecke der Untersuchung zu fordern oder zu entnehmen. Diese Befugnis erstreckt sich insbesondere auf die Entnahme von Proben von Futtermitteln, Tränkwasser und bei lebenden Tieren, einschließlich der dabei erforderlichen Eingriffe an diesen Tieren. Soweit der pharmazeutische Unternehmer nicht ausdrücklich darauf verzichtet, ist ein Teil der Probe oder, sofern die Probe nicht oder ohne Gefährdung des Untersuchungszwecks nicht in Teile von gleicher Qualität teilbar ist, ein zweites Stück der gleichen Art, wie das als Probe entnommene, zurückzulassen.

(2) Zurückzulassende Proben sind amtlich zu verschließen oder zu versiegeln. Sie sind mit dem Datum der Probenahme und dem Datum des Tages zu versehen, nach dessen Ablauf der Verschluss oder die Versiegelung als aufgehoben gelten.

(3) Für Proben, die nicht bei dem pharmazeutischen Unternehmer entnommen werden, ist durch den pharmazeutischen Unternehmer eine angemessene Entschädigung zu leisten, soweit nicht ausdrücklich darauf verzichtet wird.

(4) Als privater Sachverständiger zur Untersuchung von Proben, die nach Absatz 1 Satz 2 zurückgelassen sind, kann nur bestellt werden, wer

1. die Sachkenntnis nach § 15 besitzt. Anstelle der praktischen Tätigkeit nach § 15 Abs. 1 und 4 kann eine praktische Tätigkeit in der Untersuchung und Begutachtung von Arzneimitteln in Arzneimitteluntersuchungsstellen oder in anderen gleichartigen Arzneimittelinstituten treten,
2. die zur Ausübung der Tätigkeit als Sachverständiger zur Untersuchung von amtlichen Proben erforderliche Zuverlässigkeit besitzt und
3. über geeignete Räume und Einrichtungen für die beabsichtigte Untersuchung und Begutachtung von Arzneimitteln verfügt.

§ 66 Duldungs- und Mitwirkungspflicht

Wer der Überwachung nach § 64 Abs. 1 unterliegt, ist verpflichtet, die Maßnahmen nach den §§ 64 und 65 zu dulden und die in der Überwachung tätigen Personen bei der Erfüllung ihrer Aufgaben zu unterstützen, insbesondere ihnen auf Verlangen die Räume und Beförderungsmittel zu bezeichnen, Räume, Behälter und Behältnisse zu öffnen, Auskünfte zu erteilen und die Entnahme der Proben zu ermöglichen. ....

§ 67 Allgemeine Anzeigepflicht

(1) Betriebe und Einrichtungen, die Arzneimittel entwickeln, herstellen, klinisch prüfen oder einer Rückstandsprüfung unterziehen, prüfen, lagern, verpacken, in den Verkehr bringen oder sonst mit ihnen Handel treiben, haben dies vor der Aufnahme der Tätigkeiten der zuständigen Behörde, bei einer klinischen Prüfung bei Menschen auch der zuständigen Bundesoberbehörde, anzuzeigen. Die Entwicklung von Arzneimitteln ist anzuzeigen, soweit sie durch eine Rechtsverordnung nach § 54 geregelt ist. Das gleiche gilt für Personen, die diese Tätigkeiten selbstständig und berufsmäßig ausüben, sowie für Personen oder Personenvereinigungen, die Arzneimittel für andere sammeln. In der Anzeige sind die Art der Tätigkeit und die Betriebsstätte anzugeben; werden Arzneimittel gesammelt, so ist das Nähere über die Art der Sammlung und über die Lagerstätte anzugeben. Ist nach Satz 1 eine klinische Prüfung bei Menschen anzuzeigen, so sind der zuständigen Behörde auch deren Sponsor, sofern vorhanden dessen Vertreter nach § 40 Abs. 1 Satz 3 Nr. 1 sowie sämtliche Prüfer, soweit erforderlich auch mit Angabe der Stellung als Hauptprüfer oder Leiter der klinischen Prüfung namentlich zu benennen. Die Sätze 1 bis 4 gelten entsprechend für Betriebe und Einrichtungen, die Wirkstoffe oder andere zur Arzneimittelherstellung bestimmte Stoffe herstellen, prüfen, lagern, verpacken, in den Verkehr bringen oder sonst mit ihnen Handel treiben, soweit diese Tätigkeiten durch eine Rechtsverordnung nach § 54 geregelt sind....
(2) Ist die Herstellung von Arzneimitteln beabsichtigt, für die es einer Erlaubnis nach § 13 nicht bedarf, so sind die Arzneimittel mit ihrer Bezeichnung und Zusammensetzung anzuzeigen.
(3) Nachträgliche Änderungen sind ebenfalls anzuzeigen. Ist nach Absatz 1 der Beginn einer klinischen Prüfung bei Menschen anzuzeigen, so sind deren Verlauf, Beendigung und Ergebnisse der zuständigen Bundesoberbehörde mitzuteilen; das Nähere wird in der Rechtsverordnung nach § 42 bestimmt.
...
(5) Wer als pharmazeutischer Unternehmer ein Arzneimittel, das nach § 36 Abs. 1 von der Pflicht zur Zulassung freigestellt ist, in den Verkehr bringt, hat dies zuvor der zuständigen Bundesoberbehörde und der zuständigen Behörde anzuzeigen. In der Anzeige sind der Hersteller, die verwendete Bezeichnung, die verwendeten nicht wirksamen Bestandteile, soweit sie nicht in der Verordnung nach § 36 Abs. 1 festgelegt sind, sowie die tatsächliche Zusammensetzung des Arzneimittels, soweit die Verordnung nach § 36 Abs. 1. diesbezügliche Unterschiede erlaubt, anzugeben. Anzuzeigen sind auch jede Änderung der Angaben und die Beendigung des Inverkehrbringens.
...

§ 67a Datenbankgestütztes Informationssystem

...

§ 68 Mitteilungs- und Unterrichtungspflichten

...

§ 69 Maßnahmen der zuständigen Behörden

(1) Die zuständigen Behörden treffen die zur Beseitigung festgestellter Verstöße und die zur Verhütung künftiger Verstöße notwendigen Anordnungen. Sie können insbe-

sondere das Inverkehrbringen von Arzneimitteln oder Wirkstoffen untersagen, deren Rückruf anordnen und diese sicherstellen, wenn

1. die erforderliche Zulassung oder Registrierung für das Arzneimittel nicht vorliegt oder deren Ruhen angeordnet ist,
2. das Arzneimittel oder der Wirkstoff nicht nach den anerkannten pharmazeutischen Regeln hergestellt ist oder nicht die nach den anerkannten pharmazeutischen Regeln angemessene Qualität aufweist,
3. dem Arzneimittel die therapeutische Wirksamkeit fehlt,
4. der begründete Verdacht besteht, dass das Arzneimittel bei bestimmungsgemäßem Gebrauch schädliche Wirkungen hat, die über ein nach den Erkenntnissen der medizinischen Wissenschaft vertretbares Maß hinausgehen,
5. die vorgeschriebenen Qualitätskontrollen nicht durchgeführt sind,
6. die erforderliche Erlaubnis für das Herstellen des Arzneimittels oder des Wirkstoffes oder das Verbringen in den Geltungsbereich des Gesetzes nicht vorliegt oder ein Grund zur Rücknahme oder zum Widerruf der Erlaubnis nach § 18 Abs. 1 gegeben ist oder
7. die erforderliche Erlaubnis zum Betreiben eines Großhandels nach § 52a nicht vorliegt oder ein Grund für die Rücknahme oder den Widerruf der Erlaubnis nach § 52a Abs. 5 gegeben ist.

Im Falle des Satzes 2 Nr. 4 kann die zuständige Bundesoberbehörde den Rückruf eines Arzneimittels anordnen, sofern ihr Tätigwerden im Zusammenhang mit Maßnahmen nach § 28, § 30, § 31 Abs. 4 Satz 2 oder § 32 Abs. 5 zur Abwehr von Gefahren für die Gesundheit von Mensch oder Tier durch Arzneimittel geboten ist.

(2) Die zuständigen Behörden können das Sammeln von Arzneimitteln untersagen, wenn eine sachgerechte Lagerung der Arzneimittel nicht gewährleistet ist oder wenn der begründete Verdacht besteht, dass die gesammelten Arzneimittel missbräuchlich verwendet werden. Gesammelte Arzneimittel können sichergestellt werden, wenn durch unzureichende Lagerung oder durch ihre Abgabe die Gesundheit von Mensch und Tier gefährdet wird.

(3) Die zuständigen Behörden können Werbematerial sicherstellen, das den Vorschriften über den Verkehr mit Arzneimitteln und über die Werbung auf dem Gebiete des Heilwesens nicht entspricht.

(4) Im Falle des Absatzes 1 Satz 3 kann auch eine öffentliche Warnung durch die zuständige Bundesoberbehörde erfolgen.

§ 69a Überwachung von Stoffen, die als Tierarzneimittel verwendet werden können

...

§ 69b Verwendung bestimmter Daten

...

Zwölfter Abschnitt
Sondervorschriften für Bundeswehr, Bundesgrenzschutz, Bereitschaftspolizei, Zivilschutz

§ 70 Anwendung und Vollzug des Gesetzes

...

§ 71 Ausnahmen

...

Dreizehnter Abschnitt
Einfuhr und Ausfuhr

§ 72 Einfuhrerlaubnis

(1) Wer
1. Arzneimittel im Sinne des § 2 Abs. 1 oder Abs. 2 Nr. 1,
   ...

gewerbs- oder berufsmäßig aus Ländern, die nicht Mitgliedstaaten der Europäischen Union oder andere Vertragsstaaten des Abkommens über den Europäischen Wirtschaftsraum sind, in den Geltungsbereich dieses Gesetzes einführen will, bedarf einer Erlaubnis der zuständigen Behörde....
...

§ 72a Zertifikate

(1) Der Einführer darf Arzneimittel im Sinne des § 2 Abs. 1 und 2 Nr. 1, 1a, 2 und 4 oder Wirkstoffe nur einführen, wenn
1. die zuständige Behörde des Herstellungslandes durch ein Zertifikat bestätigt hat, dass die Arzneimittel oder Wirkstoffe entsprechend anerkannten Grundregeln für der Herstellung und die Sicherung ihrer Qualität, insbesondere der Europäischen Gemeinschaften oder der Weltgesundheitsorganisation, hergestellt werden und solche Zertifikate für Arzneimittel im Sinne des § 2 Abs. 1 und 2 Nr. 1, die zur Anwendung beim Menschen bestimmt sind, ..., gegenseitig anerkannt sind,
2. die zuständige Behörde bescheinigt hat, dass die genannten Grundregeln bei der Herstellung der Arzneimittel ...eingehalten werden, oder
3. die zuständige Behörde bescheinigt hat, dass die Einfuhr im öffentlichen Interesse liegt.

Die zuständige Behörde darf eine Bescheinigung nach
1. Satz 1 Nr. 2 nur ausstellen, wenn ein Zertifikat nach Satz 1 Nr. 1 nicht vorliegt und sie oder eine zuständige Behörde eines Mitgliedstaates der Europäischen Union oder eines anderen Vertragsstaates des Abkommens über den Europäischen Wirtschaftsraum sich regelmäßig im Herstellungsland vergewissert hat, dass die genannten Grundregeln bei der Herstellung der Arzneimittel oder Wirkstoffe eingehalten werden.
   ...

§ 72b Einfuhrerlaubnis und Zertifikate für Gewebe und bestimmte Gewebezubereitungen

…

§ 73 Verbringungsverbot

(1) Arzneimittel, die der Pflicht zur Zulassung …oder zur Registrierung unterliegen, dürfen in den Geltungsbereich dieses Gesetzes nur verbracht werden, wenn sie zum Verkehr im Geltungsbereich dieses Gesetzes zugelassen,… registriert oder von der Zulassung oder der Registrierung freigestellt sind und

1. der Empfänger in dem Fall des Verbringens aus einem Mitgliedstaat der Europäischen Union oder einem anderen Vertragsstaat des Abkommens über den Europäischen Wirtschaftsraum pharmazeutischer Unternehmer, Großhändler oder Tierarzt ist oder eine Apotheke betreibt, oder als Träger eines Krankenhauses nach dem Apothekengesetz von einer Apotheke eines Mitgliedsstaates der Europäischen Union oder eines anderen Vertragsstaates des Abkommens über den Europäischen Wirtschaftsraum mit Arzneimitteln versorgt wird,
   …
2. der Empfänger in dem Fall des Verbringens aus einem Land, das nicht Mitgliedstaat der Europäischen Union oder ein anderer Vertragsstaat des Abkommens über den Europäischen Wirtschaftsraum ist, eine Erlaubnis nach § 72 besitzt.
   …

(1b) Es ist verboten, gefälschte Arzneimittel oder gefälschte Wirkstoffe in den Geltungsbereich dieses Gesetzes zu verbringen. Die zuständige Behörde kann in begründeten Fällen, insbesondere zum Zwecke der Untersuchung oder Strafverfolgung, Ausnahmen zulassen.

(2) Absatz 1 Satz 1 gilt nicht für Arzneimittel, die

1. im Einzelfall in geringen Mengen für die Arzneimittelversorgung bestimmter Tiere bei Tierschauen, Turnieren oder ähnlichen Veranstaltungen bestimmt sind,
   …
6. bei der Einreise in den Geltungsbereich dieses Gesetzes in einer dem üblichen persönlichen Bedarf entsprechenden Menge eingebracht werden,

6a. im Herkunftsland in Verkehr gebracht werden dürfen und ohne gewerbs- oder berufsmäßige Vermittlung in einer dem üblichen persönlichen Bedarf entsprechenden Menge aus einem Mitgliedstaat der Europäischen Union oder einem anderen Vertragsstaat des Abkommens über den Europäischen Wirtschaftsraum bezogen werden,
   …

(3) Abweichend von Absatz 1 Satz 1 dürfen Fertigarzneimittel, die zur Anwendung beim Menschen bestimmt sind und nicht zum Verkehr im Geltungsbereich dieses Gesetzes zugelassen,…, registriert oder von der Zulassung oder der Registrierung freigestellt sind, in den Geltungsbereich dieses Gesetzes verbracht werden, wenn

1. sie von Apotheken auf vorliegende Bestellung einzelner Personen in geringen Mengen bestellt und von diesen Apotheken im Rahmen der bestehenden Apothekenbetriebserlaubnis abgegeben werden,
2. sie in dem Staat rechtmäßig in den Verkehr gebracht werden dürfen, aus dem sie in den Geltungsbereich dieses Gesetzes verbracht werden, und
3. hinsichtlich des Wirkstoffs identische und hinsichtlich der Wirkstärke vergleichbare Arzneimittel für das betreffende Anwendungsgebiet im Geltungsbe-

reich des Gesetzes nicht zur Verfügung stehen.

... Die Bestellung und Abgabe bedürfen der ärztlichen oder zahnärztlichen Verschreibung für Arzneimittel die nicht aus Mitgliedstaaten der Europäischen Union oder anderen Vertragsstaaten des Abkommens über den Europäischen Wirtschaftsraum bezogen worden sind....

...

(5) Ärzte und Tierärzte dürfen bei der Ausübung ihres Berufes im kleinen Grenzverkehr nur Arzneimittel mitführen, die zum Verkehr im Geltungsbereich dieses Gesetzes zugelassen oder registriert oder von der Zulassung oder Registrierung freigestellt sind. ...

...

§ 73a Ausfuhr

...

§ 74 Mitwirkung von Zolldienststellen

...

Vierzehnter Abschnitt Informationsbeauftragter, Pharmaberater

§ 74a Informationsbeauftragter

...

§ 75 Sachkenntnis

...

§ 76 Pflichten

...

Fünfzehnter Abschnitt Bestimmung der zuständigen Bundesoberbehörden und sonstige Bestimmungen

§ 77 Zuständige Bundesoberbehörde

(1) Zuständige Bundesoberbehörde ist das Bundesinstitut für Arzneimittel und Medizinprodukte, es sei denn, dass das Paul-Ehrlich-Institut oder das Bundesamt für Verbraucherschutz und Lebensmittelsicherheit zuständig ist.

(2) Das Paul-Ehrlich-Institut ist zuständig für Sera, Impfstoffe, Blutzubereitungen, Knochenmarkzubereitungen, Gewebezubereitungen, Gewebe, Allergene, Arzneimittel für neuartige Therapien, xenogene Arzneimittel und gentechnisch hergestellte Blutbestandteile.

(3) Das Bundesamt für Verbraucherschutz und Lebensmittelsicherheit ist zuständig für Arzneimittel, die zur Anwendung bei Tieren bestimmt sind. Zum Zwecke der Überwachung der Wirksamkeit von Antibiotika

führt das Bundesamt für Verbraucherschutz und Lebensmittelsicherheit wiederholte Beobachtungen, Untersuchungen und Bewertungen von Resistenzen tierischer Krankheitserreger gegenüber Stoffen mit antimikrobieller Wirkung, die als Wirkstoffe in Tierarzneimitteln enthalten sind, durch (Resistenzmonitoring). Das Resistenzmonitoring schließt auch das Erstellen von Berichten mit ein.

…

§ 77a Unabhängigkeit und Transparenz

…

§ 78 Preise

…

§ 79 Ausnahmeermächtigungen für Krisenzeiten

…

§ 80 Ermächtigung für Verfahrens- und Härtefallregelungen

…

§ 81 Verhältnis zu anderen Gesetzen

…

§ 82 Allgemeine Verwaltungsvorschriften

…

§ 83 Angleichung an Gemeinschaftsrecht

…

Sechzehnter Abschnitt Haftung für Arzneimittelschäden

§ 84 Gefährdungshaftung

(1) Wird infolge der Anwendung eines zum Gebrauch bei Menschen bestimmten Arzneimittels, das im Geltungsbereich dieses Gesetzes an den Verbraucher abgegeben wurde und der Pflicht zur Zulassung unterliegt oder durch Rechtsverordnung von der Zulassung befreit worden ist, ein Mensch getötet oder der Körper oder die Gesundheit eines Menschen nicht unerheblich verletzt, so ist der pharmazeutische Unternehmer, der das Arzneimittel im Geltungsbereich dieses Gesetzes in den Verkehr gebracht hat, verpflichtet, dem Verletzten den daraus entstandenen Schaden zu ersetzen. Die Ersatzpflicht besteht nur, wenn

1. das Arzneimittel bei bestimmungsgemäßem Gebrauch schädliche Wirkungen hat, die über ein nach den Erkenntnissen der medizinischen Wissenschaft vertretbares Maß hinausgehen oder
2. der Schaden infolge einer nicht den Erkenntnissen der medizinischen Wissenschaft entsprechenden Kennzeichnung, Fachinformation oder Gebrauchsinformation eingetreten ist.

…

§ 84a Auskunftsanspruch

…

§ 85 Mitverschulden

…

§ 86 Umfang der Ersatzpflicht bei Tötung

…

§ 87 Umfang der Ersatzpflicht bei Körperverletzung

…

§ 88 Höchstbeträge

Der Ersatzpflichtige haftet
1. im Falle der Tötung oder Verletzung eines Menschen nur bis zu einem Kapitalbetrag von 600 000 Euro oder bis zu einem Rentenbetrag von jährlich 36 000 Euro,
2. im Falle der Tötung oder Verletzung mehrerer Menschen durch das gleiche Arzneimittel unbeschadet der in Nummer 1 bestimmten Grenzen bis zu einem Kapitalbetrag von 120 Millionen Euro oder bis zu einem Rentenbetrag von jährlich 7,2 Millionen Euro.

Übersteigen im Falle des Satzes 1 Nr. 2 die den mehreren Geschädigten zu leistenden Entschädigungen die dort vorgesehenen Höchstbeträge, so verringern sich die einzelnen Entschädigungen in dem Verhältnis, in welchem ihr Gesamtbetrag zu dem Höchstbetrag steht.

§ 89 Schadensersatz durch Geldrenten

…

§ 90

(weggefallen)

§ 91 Weitergehende Haftung

…

§ 92 Unabdingbarkeit

…

§ 93 Mehrere Ersatzpflichtige

…

§ 94 Deckungsvorsorge

(1) Der pharmazeutische Unternehmer hat dafür Vorsorge zu treffen, dass er seinen gesetzlichen Verpflichtungen zum Ersatz von Schäden nachkommen kann, die durch die Anwendung eines von ihm in den Verkehr gebrachten, zum Gebrauch bei Menschen bestimmten Arzneimittels entstehen, das der Pflicht zur Zulassung unterliegt oder durch Rechtsverordnung von der Zulassung befreit worden ist (Deckungsvorsorge). Die Deckungsvorsorge muss in Höhe der in § 88 Satz 1 genannten Beträge erbracht werden. Sie kann nur
1. durch eine Haftpflichtversicherung bei einem im Geltungsbereich dieses Gesetzes zum Geschäftsbetrieb befugten Versicherungsunternehmen oder
2. durch eine Freistellungs- oder Gewährleistungsverpflichtung eines inländischen Kreditinstituts oder eines Kreditinstituts eines anderen Mitgliedstaates der Europäischen Union oder eines anderen Vertragsstaates des Abkommens über den Europäischen Wirtschaftsraum

erbracht werden.
…

§ 94a Örtliche Zuständigkeit

…

Siebzehnter Abschnitt
Straf- und Bußgeldvorschriften

§ 95 Strafvorschriften

(1) Mit Freiheitsstrafe bis zu drei Jahren oder mit Geldstrafe wird bestraft, wer

1. entgegen § 5 Abs. 1 ein Arzneimittel in den Verkehr bringt oder bei anderen anwendet,

   ...

2a. entgegen § 6a Abs. 1 Arzneimittel zu Dopingzwecken im Sport in den Verkehr bringt, verschreibt oder bei anderen anwendet,

2b. entgegen § 6 a Abs. 2a Arzneimittel in nicht geringer Menge zu Dopingzwecken im Sport besitzt.

   ...

3a. entgegen § 8 Abs. 1 Nr. 1 oder 1a, auch in Verbindung mit § 73 Abs. 4 oder § 73a, Arzneimittel oder Wirkstoffe herstellt oder in den Verkehr bringt,

   ...

4. entgegen § 43 Abs. 1 Satz 2, Abs. 2 oder 3 Satz 1 mit Arzneimitteln, die nur auf Verschreibung an Verbraucher abgegeben werden dürfen, Handel treibt oder diese Arzneimittel abgibt, ...

   ...

(2) Der Versuch ist strafbar.

(3) In besonders schweren Fällen ist die Strafe Freiheitsstrafe von einem Jahr bis zu zehn Jahren. Ein besonders schwerer Fall liegt in der Regel vor, wenn der Täter

1. durch eine der in Absatz 1 bezeichneten Handlungen
   a) die Gesundheit einer großen Zahl von Menschen gefährdet,
   b) einen anderen der Gefahr des Todes oder einer schweren Schädigung an Körper oder Gesundheit aussetzt oder,
   c) aus grobem Eigennutz für sich oder einen anderen Vermögensvorteile großen Ausmaßes erlangt oder
2. im Falle des Absatzes 1 Nr. 2a
   a) Arzneimittel zu Dopingzwecken im Sport an Personen unter 18 Jahren abgibt oder bei diesen Personen anwendet oder
   b) gewerbsmäßig oder als Mitglied einer Bande handelt, die sich zur fortgesetzten Begehung solcher Taten verbunden hat, oder
3. in den Fällen des Absatzes 1 Nr. 3 gefälschte Arzneimittel oder Wirkstoffe herstellt oder in den Verkehr bringt und dabei gewerbsmäßig oder als Mitglied einer Bande handelt, die sich zur fortgesetzten Begehung solcher Taten verbunden hat,

(4) Handelt der Täter in den Fällen des Absatzes 1 fahrlässig, so ist die Strafe Freiheitsstrafe bis zu einem Jahr oder Geldstrafe.

§ 96 Strafvorschriften

Mit Freiheitsstrafe bis zu einem Jahr oder mit Geldstrafe wird bestraft, wer

...

3. entgegen § 8 Abs. 1 Nr. 2, auch in Verbindung mit § 73a, Arzneimittel oder Wirkstoffe herstellt oder in den Verkehr bringt,

   ...

5. entgegen § 21 Abs. 1 Fertigarzneimittel oder Arzneimittel, die zur Anwendung bei Tieren bestimmt sind, oder in einer Rechtsverordnung nach § 35 Abs. 1 Nr. 2 oder § 60 Abs. 3 bezeichnete Arzneimittel ohne Zulassung oder ohne Genehmigung

der Kommission der Europäischen Gemeinschaften oder des Rates der Europäischen Union in den Verkehr bringt,

...

18c. § 73 Abs. 1b Satz 1 ein gefälschtes Arzneimittel oder einen gefälschten Wirkstoff nach Deutschland verbringt (§ 96 Nr 18c)

...

§ 97 Bußgeldvorschriften

(1) Ordnungswidrig handelt, wer eine der in § 96 bezeichneten Handlungen fahrlässig begeht.

(2) Ordnungswidrig handelt auch, wer vorsätzlich oder fahrlässig

1. entgegen § 8 Abs. 2 Arzneimittel in den Verkehr bringt, deren Verfalldatum abgelaufen ist,
2. entgegen § 9 Abs. 1 Arzneimittel, die nicht den Namen oder die Firma des pharmazeutischen Unternehmers tragen, in den Verkehr bringt,

...

10. entgegen § 43 Abs. 1, 2 oder 3 Satz 1 Arzneimittel berufs- oder gewerbsmäßig in den Verkehr bringt oder mit Arzneimitteln, die ohne Verschreibung an Verbraucher abgegeben werden dürfen, Handel treibt oder diese Arzneimittel abgibt,

...

14. entgegen § 50 Abs. 1 Einzelhandel mit Arzneimitteln betreibt,
15. entgegen § 51 Abs. 1 Arzneimittel im Reisegewerbe feilbietet oder Bestellungen darauf aufsucht,
16. entgegen § 52 Abs. 1 Arzneimittel im Wege der Selbstbedienung in den Verkehr bringt,

...

(3) Die Ordnungswidrigkeit kann mit einer Geldbuße bis zu 25 000 Euro geahndet werden.

...

§ 98 Einziehung

...

§ 98a Erweiterter Verfall

...

Achtzehnter Abschnitt Überleitungs- und Übergangsvorschriften

...

§ 109

(1) Auf Fertigarzneimittel, die Arzneimittel im Sinne des § 2 Abs. 1 oder Abs. 2 Nr. 1 sind und sich am 1. Januar 1978 im Verkehr befunden haben, findet § 10 mit der Maßgabe Anwendung, dass anstelle der in § 10 Abs. 1 Satz 1 Nr. 3 genannten Zulassungsnummer, soweit vorhanden, die Registernummer des Spezialitätenregisters nach dem Arzneimittelgesetz 1961 mit der Abkürzung „Reg.-Nr." tritt. Satz 1 gilt bis zur Verlängerung der Zulassung oder der Registrierung.

(2) Die Texte für Kennzeichnung und Packungsbeilage sind spätestens bis zum 31. Juli 2001 vorzulegen. Bis zu diesem Zeitpunkt dürfen Arzneimittel nach Absatz 1 Satz 1 vom pharmazeutischen Unternehmer, nach diesem Zeitpunkt weiterhin von Groß-

und Einzelhändlern, mit einer Kennzeichnung und Packungsbeilage in den Verkehr gebracht werden, die den bis zu dem in Satz 1 genannten Zeitpunkt geltenden Vorschriften entspricht.

(3) Fertigarzneimittel, die Arzneimittel im Sinne des § 105 Abs. 1 und nach § 44 Abs. 1 oder Abs. 2 Nr. 1 bis 3 oder § 45 für den Verkehr außerhalb der Apotheken freigegeben sind und unter die Buchstaben a bis e fallen, dürfen unbeschadet der Regelungen der Absätze 1 und 2 ab 1. Januar 1992 vom pharmazeutischen Unternehmer nur in den Verkehr gebracht werden, wenn sie auf dem Behältnis und, soweit verwendet, der äußeren Umhüllung und einer Packungsbeilage einen oder mehrere der folgenden Hinweise tragen:

»Traditionell angewendet:

a) zur Stärkung oder Kräftigung,
b) zur Besserung des Befindens,
c) zur Unterstützung der Organfunktion,
d) zur Vorbeugung,
e) als mild wirkendes Arzneimittel.“

Satz 1 findet keine Anwendung, soweit sich die Anwendungsgebiete im Rahmen einer Zulassung nach § 25 Abs. 1 oder eines nach § 25 Abs. 7 Satz 1 in der vor dem 17. August 1994 geltenden Fassung bekannt gemachten Ergebnisses halten.

§ 109 a

(1) Für die in § 109 Abs. 3 genannten Arzneimittel sowie für Arzneimittel, die nicht verschreibungspflichtig und nicht durch eine Rechtsverordnung auf Grund des § 45 oder des § 46 wegen ihrer Inhaltsstoffe, wegen ihrer Darreichungsform oder weil sie chemische Verbindungen mit bestimmten pharmakologischen Wirkungen sind oder ihnen solche zugesetzt sind, vom Verkehr außerhalb der Apotheken ausgeschlossen sind, kann die Verlängerung der Zulassung nach § 105 Abs. 3 und sodann nach § 31 nach Maßgabe der Absätze 2 und 3 erteilt werden.

(2) Die Anforderungen an die erforderliche Qualität sind erfüllt, wenn die Unterlagen nach § 22 Abs. 2 Nr. 1 sowie das analytische Gutachten nach § 24 Abs. 1 vorliegen und von Seiten des pharmazeutischen Unternehmers eidesstattlich versichert wird, dass das Arzneimittel nach Maßgabe der allgemeinen Verwaltungsvorschrift nach § 26 geprüft ist und die erforderliche pharmazeutische Qualität aufweist. Form und Inhalt der eidesstattlichen Versicherung werden durch die zuständige Bundesoberbehörde festgelegt.

(3) Die Anforderungen an die Wirksamkeit sind erfüllt, wenn das Arzneimittel Anwendungsgebiete beansprucht, die in einer von der zuständigen Bundesoberbehörde nach Anhörung von einer vom Bundesministerium berufenen Kommission, für die § 25 Abs. 6 Satz 4 bis 6 entsprechende Anwendung findet, erstellten Aufstellung der Anwendungsgebiete für Stoffe oder Stoffkombinationen anerkannt sind. Diese Anwendungsgebiete werden unter Berücksichtigung der Besonderheiten der Arzneimittel und der tradierten und dokumentierten Erfahrung festgelegt und erhalten den Zusatz: „Traditionell angewendet“. Solche Anwendungsgebiete sind: „Zur Stärkung oder Kräftigung des...“, „Zur Besserung des Befindens...“, „Zur Unterstützung der Organfunktion des...“, „Zur Vorbeugung gegen...“, „Als mild wirkendes Arzneimittel bei...“. Anwendungsgebiete, die zur Folge haben, dass das Arzneimittel vom Verkehr außerhalb der Apotheken ausgeschlossen ist, dürfen nicht anerkannt werden.

(4) Die Absätze 1 bis 3 finden nur dann Anwendung, wenn Unterlagen nach § 105 Abs. 4a nicht eingereicht worden sind und der Antragsteller schriftlich erklärt, dass er eine Verlängerung der Zulassung nach § 105 Abs. 3 nach Maßgabe der Absätze 2 und 3 anstrebt.

(4a) Abweichend von Absatz 4 finden die Absätze 2 und 3 auf Arzneimittel nach Absatz 1 Anwendung, wenn die Verlängerung der Zulassung zu versagen wäre, weil ein nach § 25 Abs. 7 Satz 1 in der vor dem 17. August 1994 geltenden Fassung bekannt gemachtes Ergebnis zum Nachweis der Wirksamkeit nicht mehr anerkannt werden kann.

...

§ 112

Wer am 1. Januar 1978 Arzneimittel im Sinne des § 2 Abs. 1 oder Abs. 2 Nr. 1, die zum Verkehr außerhalb der Apotheken freigegeben sind, im Einzelhandel außerhalb der Apotheken in den Verkehr bringt, kann diese Tätigkeit weiter ausüben, soweit er nach dem Gesetz über die Berufsausübung im Einzelhandel vom 5. August 1957 (BGBl. I S. 1121), geändert durch Artikel 150 Abs. 2 Nr. 15 des Gesetzes vom 24. Mai 1968 (BGBl. I S. 503), dazu berechtigt war.

...

Anhang (zu § 6a Abs. 2a)

...

Stoffe gemäß § 6a Abs. 2a Satz 1 sind:

...

Anhang 2: Verordnung über den Nachweis der Sachkenntnis im Einzelhandel mit freiverkäuflichen Arzneimitteln

Vom 20. Juni 1978 (BGBl. I S. 753) i. d. F. des Einigungsvertrages i. d. F. der 1. Verordnung vom 6. August 1998 (BGBl. I S. 2044)

Auf Grund des § 50 Abs. 2 Satz 2 bis 4 des Arzneimittelgesetzes vom 24. August 1976 (BGBl. I S. 2445, 2448) wird im Einvernehmen mit dem Bundesminister für Wirtschaft, dem Bundesminister für Bildung und Wissenschaft und dem Bundesminister für Ernährung, Landwirtschaft und Forsten mit Zustimmung des Bundesrates verordnet:

§ 1 Nachweis der Sachkenntnis

Der Nachweis der Sachkenntnis für den Einzelhandel außerhalb von Apotheken mit Arzneimitteln im Sinne des § 2 Abs. 1 oder Abs. 2 Nr. 1 des Arzneimittelgesetzes, die zum Verkehr außerhalb der Apotheken freigegeben sind (freiverkäufliche Arzneimittel), kann durch eine Prüfung nach §§ 2 bis 9, durch Prüfungszeugnisse über eine andere abgeleistete berufliche Ausbildung nach § 10 oder in sonstiger Weise nach § 11 erbracht werden.

§ 2 Errichtung und Tätigkeit des Prüfungsausschusses

(1) Für die Abnahme der Prüfung errichtet die zuständige Behörde einen Prüfungsausschuß oder mehrere Prüfungsausschüsse. Mehrere Behörden können einen gemeinsamen Prüfungsausschuß errichten.
(2) Der Prüfungsausschuß besteht nach Bestimmung durch die zuständige Behörde aus mindestens drei, höchstens fünf Mitgliedern. Die Mitglieder müssen für die Prüfung sachkundig und für die Mitwirkung im Prüfungswesen geeignet sein. Dem Prüfungsausschuß müssen als Mitglieder ein von der zuständigen Behörde Beauftragter sowie mindestens je ein selbständiger Kaufmann und kaufmännischer Angestellter des Einzelhandels angehören. Ein Mitglied daß Apotheker sein. Jedes Mitglied hat einen Stellvertreter.
(3) Vorsitzender des Prüfungsausschusses ist das von der zuständigen Behörde beauftragte Prüfungsausschußmitglied oder dessen Stellvertreter.
(4) Die Mitglieder und stellvertretenden Mitglieder werden von der zuständigen Be-

hörde für drei Jahre berufen. Die Tätigkeit im Prüfungsausschuß ist ehrenamtlich.

(5) Auf die ehrenamtliche Tätigkeit der Mitglieder und deren Stellvertreter im Prüfungsausschuß sind die §§ 83 bis 86, auf die Tätigkeit des Prüfungsausschusses die §§ 89 bis 91 und 93 des Verwaltungsverfahrensgesetzes anzuwenden.

§ 3 Prüfungstermine und Anmeldung zur Prüfung

(1) Die zuständige Behörde bestimmt die Termine für die Durchführung der Prüfung. Diese werden nach Bedarf, mindestens einmal im Jahr, angesetzt. Die zuständige Behörde gibt diese Termine und die Anmeldefristen in geeigneter Form rechtzeitig bekannt.

(2) Wird die Prüfung mit einheitlichen überregionalen Prüfungsaufgaben durchgeführt, sind einheitliche Prüfungstage von den zuständigen Behörden anzusetzen, soweit die Durchführbarkeit sichergestellt werden kann.

(3) Der Prüfungsbewerber hat sich bei derjenigen zuständigen Behörde anzumelden, in deren Bezirk sein Beschäftigungsort oder seine Aus- oder Fortbildungsstätte liegt oder der Bewerber seinen gewöhnlichen Aufenthalt hat oder zuletzt hatte.

§ 4 Prüfungsanforderungen

(1) Durch die Prüfung ist festzustellen, ob der Prüfungsteilnehmer ausreichende Kenntnisse und Fertigkeiten über das ordnungsgemäße Abfüllen, Abpacken, Kennzeichnen, Lagern und Inverkehrbringen von freiverkäuflichen Arzneimitteln sowie Kenntnisse über die für diese Arzneimittel geltenden Vorschriften besitzt.

(2) Im einzelnen ist festzustellen, ob der Prüfungsteilnehmer

1. das Sortiment freiverkäuflicher Arzneimittel übersieht,
2. die in freiverkäuflichen Arzneimitteln üblicherweise verwendeten Pflanzen und Chemikalien sowie die Darreichungsform kennt,
3. offensichtlich verwechselte, verfälschte oder verdorbene freiverkäufliche Arzneimittel erkennen kann,
4. freiverkäufliche Arzneimittel ordnungsgemäß, insbesondere unter Berücksichtigung der Lagertemperatur und des Verfalldatums, lagern kann,
5. über die für das ordnungsgemäße Abfüllen, Abpacken und die Abgabe freiverkäuflicher Arzneimittel erforderlichen Kenntnisse verfügt,
6. die mit dem unsachgemäßen Umgang mit freiverkäuflichen Arzneimitteln verbundenen Gefahren kennt,
7. die für freiverkäufliche Arzneimittel geltenden Vorschriften des Arzneimittelrechts der Werbung auf dem Gebiet des Heilwesens kennt.

§ 5 Durchführung der Prüfung

(1) Die Prüfung wird mündlich oder schriftlich abgelegt. Die Prüfungsteilnehmer haben sich auf Verlangen des Vorsitzenden über ihre Person auszuweisen. Sie sind vor Beginn der Prüfung über den Prüfungsablauf, die zur Verfügung stehende Zeit, die erlaubten Arbeits- und Hilfsmittel, die Folgen von Täuschungshandlungen und Ordnungsverstößen zu belehren.

(2) Teilnehmer, die sich einer Täuschungshandlung oder einer erheblichen Störung des Prüfungsablaufs schuldig machen, kann der Aufsichtsführende von der Prüfung vorläufig ausschließen.

(3) Über den endgültigen Ausschluß und die Folgen entscheidet der Prüfungsausschuß nach Anhören des Prüfungsteilneh-

mers. In schwerwiegenden Fällen, insbesondere bei vorbereiteten Täuschungshandlungen, kann die Prüfung für nicht bestanden erklärt werden. In diesen Fällen kann die Prüfung nachträglich für nicht bestanden erklärt werden, wenn die Täuschung innerhalb eines Jahres nach Abschluß der Prüfung festgestellt wird.

(4) Die zuständige Behörde kann einen Beobachter zur Prüfung entsenden. Der Vorsitzende soll Personen, die sich auf die Prüfung vorbereiten, als Gäste bei einer mündlichen Prüfung zulassen. Bei der Beratung über die Prüfungsergebnisse dürfen nur die Mitglieder des Prüfungsausschusses anwesend sein.

§ 6 Rücktritt, Nichtteilnahme

(1) Der Prüfungsbewerber kann nach der Anmeldung vor Beginn der Prüfung durch schriftliche Erklärung zurücktreten. In diesem Fall gilt die Prüfung als nicht abgelegt.

(2) Tritt der Prüfungsbewerber nach Beginn der Prüfung zurück oder nimmt er an der Prüfung nicht teil, ohne daß ein wichtiger Grund vorliegt, so gilt die Prüfung als nicht bestanden. Über das Vorliegen eines wichtigen Grundes entscheidet der Prüfungsausschuss.

§ 7 Prüfungsergebnis und Prüfungszeugnis

(1) Die Prüfung ist bestanden, wenn mindestens ausreichende Leistungen erbracht sind.

(2) Nach Beendigung der Prüfung hat der Vorsitzende des Prüfungsausschusses dem Prüfungsteilnehmer unverzüglich eine Bescheinigung auszuhändigen, ob er die Prüfung ‚bestanden' oder ‚nicht bestanden' hat. Im Fall einer mündlichen Prüfung soll der Prüfungsausschuß das Ergebnis dem Teilnehmer bereits am Prüfungstag mitteilen.

(3) Über die bestandene Prüfung erhält der Prüfungsteilnehmer von der zuständigen Behörde ein Zeugnis nach dem Muster der Anlage.

(4) Bei nicht bestandener Prüfung erhält der Prüfungsteilnehmer von der zuständigen Behörde einen schriftlichen Bescheid. Auf die Vorschriften über die Wiederholungsprüfung in § 8 ist hinzuweisen.

§ 8 Wiederholung der Prüfung

Eine nicht bestandene Prüfung kann wiederholt werden. Die Prüfung kann frühestens zum nächsten Prüfungstermin wiederholt werden.

§ 9 Zuständige Stelle

Wird von der zuständigen Behörde eine Stelle bestimmt, vor der die Prüfung abzulegen ist, so gelten für diese die §§ 2 bis 8 entsprechend. Die zuständige Behörde kann einen Beobachter zur Prüfung entsenden.

§ 10 Anerkennung anderer Nachweise

Folgende Prüfungszeugnisse über eine abgeleistete berufliche Ausbildung werden als Nachweis der erforderlichen Sachkenntnis im Einzelhandel mit freiverkäuflichen Arzneimitteln anerkannt:

1. Das Zeugnis über eine nach abgeschlossenem Hochschulstudium der Pharmazie abgelegte Prüfung,
2. das Zeugnis über eine nach abgeschlossenem Hochschulstudium der Chemie, der Biologie, der Human- oder der Veterinärmedizin abgelegte Prüfung in Verbindung mit den Nachweisen nach § 15 Abs. 2 des Arzneimittelgesetzes,

3. das Zeugnis über die nach abgeschlossenem Hochschulstudium der Veterinärmedizin abgelegte Tierärztliche Prüfung, soweit es sich um Arzneimittel handelt, die zur Anwendung bei Tieren bestimmt sind,
4. das Zeugnis über die bestandene pharmazeutische Vorprüfung im Sinne des § 1 des Gesetzes über die Rechtsstellung vorgeprüfter Apothekenanwärter vom 4. Dezember 1973 (BGBl. I S. 1813),
5. das Zeugnis über die bestandene Prüfung für den Beruf des pharmazeutisch-technischen Assistenten oder der Nachweis der Gleichwertigkeit des Ausbildungsstandes nach dem Gesetz über den Beruf des pharmazeutisch-technischen Assistenten,
6. das Zeugnis zum staatlich anerkannten Ausbildungsberuf als Drogist,
7. das Zeugnis zum staatlich anerkannten Ausbildungsberuf als Apothekenhelfer oder als pharmazeutisch-kaufmännischer Angestellter/pharmazeutisch-kaufmännische Angestellte.

Satz 1 gilt entsprechend für Erlaubnisse als Pharmazieingenieur, Apothekenassistent, Pharmazeutischer Assistent oder Apothekenfacharbeiter, die vor dem Wirksam werden des Beitritts nach den Vorschriften der Deutschen Demokratischen Republik erteilt worden sind oder nach Wirksamwerden des Beitritts in dem in Artikel 3 des Einigungsvertrages genannten Gebiet erteilt werden (s. auch Kap. 1.19).

§ 11 Sonstiger Nachweis der Sachkenntnis

Den Nachweis der Sachkenntnis im Einzelhandel mit freiverkäuflichen Arzneimitteln hat auch erbracht, wer nachweist, daß er bis zum 1. Januar 1978 die Voraussetzungen

1. der Sachkunde für den Einzelhandel mit Arzneimitteln nach den Vorschriften des Gesetzes über die Berufsausübung im Einzelhandel und der Verordnung über den Nachweis der Sachkunde für den Einzelhandel, jeweils in ihrer bis zum 1. Januar 1978 geltenden Fassung, oder
2. der Sachkenntnis als Herstellungsleiter nach § 14 Abs. 1 Nr. 2 des Arzneimittelgesetzes 1961

erfüllt hat.

§ 12

(weggefallen)

§ 13 Inkrafttreten

...

Anlage zu § 7 Abs. 3

Prüfungszeugnis
über die Sachkenntnis im Einzelhandel mit freiverkäuflichen Arzneimitteln nach § 50 des Arzneimittelgesetzes

....
(Familienname und Vorname)

geboren am ....

in ....
hat die Prüfung der Sachkenntnis im Einzelhandel mit freiverkäuflichen Arzneimitteln

am ....
bestanden.

...................., den ....

....
(Unterschrift) (Unterschrift)
(Siegel)

Begründung

Nach § 50 des Arzneimittelgesetzes vom 24. August 1976 (BGBl. I S. 2445, 2448) darf der Einzelhandel außerhalb von Apotheken mit Arzneimitteln im Sinne des § 2 Abs. 1 oder Abs. 2 Nr. 1, die zum Verkehr außerhalb der Apotheken freigegeben sind (freiverkäufliche Arzneimittel), nur betrieben werden, wenn der Unternehmer, eine zur Vertretung des Unternehmens gesetzlich berufene oder eine von dem Unternehmer mit der Leistung des Unternehmens oder mit dem Verkauf beauftragte Person die erforderliche Sachkenntnis besitzt. Bei Unternehmen mit mehreren Betriebsstellen daß für jede Betriebsstelle eine Person vorhanden sein, die die erforderliche Sachkenntnis besitzt (Absatz 1).

Die erforderliche Sachkenntnis besitzt, wer Kenntnisse und Fertigkeiten über das ordnungsgemäße Abfüllen, Abpacken, Kennzeichnen, Lagern und Inverkehrbringen von Arzneimitteln, die zum Verkehr außerhalb der Apotheken freigegeben sind, sowie Kenntnisse über die für diese Arzneimittel geltenden Vorschriften nachweist. Der Bundesminister für Gesundheit ist ermächtigt, im Einvernehmen mit dem Bundesminister für Wirtschaft und dem Bundesminister für Bildung und Wissenschaft und, soweit es sich um Arzneimittel handelt, die zur Anwendung bei Tieren bestimmt sind, im Einvernehmen mit dem Bundesminister für Ernährung, Landwirtschaft und Forsten durch Rechtsverordnung mit Zustimmung des Bundesrates Vorschriften darüber zu erlassen, wie der Nachweis der erforderlichen Sachkenntnis zu erbringen ist, um einen ordnungsgemäßen Verkehr mit Arzneimitteln zu gewährleisten. Er kann dabei Prüfungszeugnisse über eine abgeleistete berufliche Aus- oder Fortbildung als Nachweis anerkennen. Er kann ferner bestimmen, daß die Sachkenntnis durch eine Prüfung vor der zuständigen Behörde oder einer von ihr bestimmten Stelle nachgewiesen wird und das Nähere über die Prüfungsanforderungen und das Prüfungsverfahren regeln (Absatz 2).

Diese neue Regelung der Sachkenntnis im Einzelhandel mit freiverkäuflichen Arzneimitteln beruht auf der Grundlage des Arzneimittelgesetzes und löst die bisherigen Vorschriften über Arzneimittel im Gesetz über die Berufsausübung im Einzelhandel (Einzelhandelsgesetz) vom 5. August 1957 (BGBl. S. 1121) und der Verordnung über den Nachweis der Sachkunde für den Einzelhandel (Einzelhandelsverordnung) vom 4. März 1960 (BGBl. I S. 172) ab, die nach Artikel 9 Nr. 3 und 4 des Gesetzes zur Neuordnung des Arzneimittelrechts vom 24. August 1976 (BGBl. I S. 2445) am 1. Januar 1978 außer Kraft getreten sind, soweit sie sich nicht auf ärztliche Hilfsmittel beziehen.

Nach Artikel 3 § 14 (jetzt § 112) der Überleitungsvorschriften kann eine Person, die am 1. Januar 1978 freiverkäufliche Arzneimittel im Einzelhandel außerhalb der Apotheke in den Verkehr bringt, diese Tätigkeit weiter ausüben, soweit sie nach dem Einzelhandelsgesetz dazu berechtigt war.

Einzelhändler, die eine Sachkenntnis nach § 50 des Arzneimittelgesetzes besitzen, bedürfen keiner Erlaubnis nach § 13 Abs. 1 des Arzneimittelgesetzes für das Umfüllen, Abpacken oder Kennzeichnen von Arzneimitteln zur Abgabe in unveränderter Form unmittelbar an den Verbraucher (§ 13 Abs. 2 Nr. 5).

Zu § 1

Im Einklang mit der Ermächtigung nach § 50 Abs. 2 des Arzneimittelgesetzes ist im Verordnungsentwurf vorgesehen, daß die Sachkenntnis auf Grund einer Prüfung neu erworben oder auf Grund von Nachweisen über eine andere berufliche Ausbildung oder in sonstiger Weise anerkannt werden kann.

Zu §§ 2 bis 9

Die Prüfungsordnung regelt entsprechend der Verordnungsermächtigung das Nähere über die Prüfungsanforderungen und das Prüfungsverfahren.

Für die Abnahme der Prüfung errichtet die zuständige Behörde einen oder mehrere Prüfungsausschüsse (§ 2). Soweit eine zuständige Stelle mit der Abnahme der Prüfung beauftragt wird, tritt diese an die Stelle der zuständigen Behörde (§ 9).

Für die ehrenamtliche Tätigkeit der Mitglieder und deren Stellvertreter im Prüfungsausschuß und die Tätigkeit des Prüfungsausschusses sind die einschlägigen Bestimmungen des Verwaltungsverfahrensgesetzes vom 25. Mai 1976 (BGBl. I S. 1253) anzuwenden. Diese regeln die Ausübung ehrenamtlicher Tätigkeit (§ 86) sowie die Ordnung in den Sitzungen des Prüfungsausschusses (§ 89), dessen Beschlußfähigkeit (§ 90) und Beschlußfassung (§ 91) und schließlich die Verpflichtung zur Anfertigung einer Niederschrift über die Sitzungen des Prüfungsausschusses (§ 93). Die Bestimmungen des Verwaltungsverfahrensgesetzes über die Befangenheit (§ 21 i. V. m. § 20 Abs. 4) gelten für die Mitglieder des Prüfungsausschusses und deren Stellvertreter unmittelbar.

Die Vorschriften über die Anmeldung zur Prüfung (§ 3) besagen, daß sich der Prüfling auch bei der Behörde oder einer von ihr bestimmten Stelle zur Ablegung der Prüfung melden kann, in deren Zuständigkeitsbereich der Beschäftigungsort oder der Aus- und Fortbildungsort des Prüfungsbewerbers liegt.

Die Prüfungsanforderungen (§ 4) enthalten eine Präzisierung derjenigen Kenntnisse und Fertigkeiten, die nach dem Arzneimittelgesetz als Sachkenntnis über das ordnungsgemäße Abfüllen, Abpacken, Kennzeichnen, Lagern und Inverkehrbringen von freiverkäuflichen Arzneimitteln außerhalb der Apotheken erforderlich sind. Außerdem sind in der Prüfung Kenntnisse über die für freiverkäufliche Arzneimittel geltenden Vorschriften nachzuweisen. Bei der Festlegung der Prüfungsanforderungen steht der Gesichtspunkt der Arzneimittelsicherheit im Vordergrund. Mit diesen Prüfungsanforderungen wird eine spezifische Sachkenntnis für den Verkehr mit freiverkäuflichen Arzneimitteln außerhalb von Apotheken fixiert. Eine weitere Detaillierung der Prüfungsanforderungen soll zunächst nicht vorgenommen werden. Sie scheint auch im Interesse einer einheitlichen Durchführung der Prüfungsordnung vorerst nicht erforderlich zu sein. Sollte sich jedoch im Laufe der Zeit eine solche Forderung ergeben, so könnten dann bereits die inzwischen gesammelten Erfahrungen in die Diskussion einbezogen und berücksichtigt werden.

Die Prüfungsanforderungen gehen von einer einheitlichen Mindestsachkenntnis für den Verkehr mit freiverkäuflichen Arzneimitteln aus. Deshalb sind spezifische Kenntnisse und Fertigkeiten, etwa bezogen auf bestimmte Branchen oder Arzneimittelsortimente, nicht aufgenommen worden. Eine derartige Spezifizierung wäre von der Verordnungsermächtigung nicht gedeckt. Die Prüfungsanforderungen (§ 4) und das Prüfungsverfahren (§ 5) sind unter dem Gesichtspunkt der Verhältnismäßigkeit für den Prüfling zumutbar. Dies gilt umso mehr, als das Sortiment freiverkäuflicher Arzneimittel, für deren Abgabe eine Sachkenntnis verlangt wird, sehr begrenzt ist. Außerdem ist für die Ablegung der Prüfung keine Aus- oder Fortbildung vorgeschrieben (§ 4) und die Prüfung unbegrenzt wiederholbar (§ 8).

Die Fachkunde ist bisher mündlich geprüft worden. Dieses Verfahren hat sich bewährt. Um jedoch andere Prüfungsmodalitäten für die Zukunft nicht auszuschließen, die eine rationelle Prüfung mit der notwendigen Objektivität ermöglichen (z.B. Multiple-Choice-Verfahren), kann die Prüfung auch schriftlich durchgeführt werden. Eine Ungleichbehandlung der Prüflinge in der Prüfung ist dadurch nicht zu befürchten, da die Prüfungsanforderungen hinreichend präzise festgelegt sind. Soweit überregional Prüfungsaufgaben gestellt werden, soll die Durchführbarkeit durch § 3 Abs. 2 sichergestellt werden.

Die Prüfung der Sachkenntnis wird vor der durch Landesrecht bestimmten zuständigen Behörde abgelegt. Die zuständige Behörde kann auch eine Stelle mit der Durchführung der Prüfung beauftragen (§ 9). Die Industrie- und Handelskammern, die bisher bereits die Fachkundenprüfungen abgenommen haben, können somit mit der Abnahme der Prüfungen von der zuständigen Behörde beauftragt werden.

Zu §§ 10 und 11

In § 10 wird geregelt, welche Prüfungszeugnisse über eine abgeleistete berufliche Ausbildung als Nachweis der Sachkenntnis anerkannt werden. Bei den in § 10 anerkannten Prüfungszeugnissen kann die erforderliche Sachkenntnis über den Einzelhandel mit freiverkäuflichen Arzneimitteln als nachgewiesen gelten. Unter Humanmedizin im Sinne des § 10 Nr. 2 ist auch die Zahnmedizin zu verstehen.

In § 11 wird festgelegt, wie der Nachweis der erforderlichen Sachkenntnis außerdem erbracht werden kann. In § 11 Nr. 1 sind die Fallgruppen der Sachkenntnis nach dem Einzelhandelsgesetz und der Einzelhandelsverordnung aufgenommen, bei denen die Sachkenntnis aus Gründen des Schutzes des Besitzstandes unterstellt werden daß.

Da die Prüfungsanforderungen nach § 4 besonders den Gesichtspunkt der Arzneimittelsicherheit berücksichtigen, müssen nach dem Inkrafttreten des Arzneimittelgesetzes in Zukunft alle diese Mindestsachkenntnisse nachweisen. Soweit Prüfungsanforderungen in anderen Ausbildungs- oder Fortbildungsordnungen (§ 25 oder § 46 des Berufsbildungsgesetzes) festgelegt werden und mindestens denen des § 4 entsprechen, können derartige Prüfungszeugnisse in Erweiterung des § 10 als Nachweis der erforderlichen Sachkenntnis zusätzlich anerkannt werden.

Zu § 12 (entfallen)

Zu § 13

Die §§ 10 und 11 sollen zum Schutz des Besitzstandes rückwirkend bereits am 1. Januar 1978 in Kraft treten; im übrigen soll die Verordnung am Tage nach der Verkündung in Kraft treten.

Zu den Kosten

Bund, Ländern und Gemeinden entstehen durch diese Verordnung keine Kosten. Die Länder beabsichtigen, die Durchführung der Prüfungen auf die Industrie- und Handelskammern zu delegieren, die ihrerseits kostendeckende Prüfungsgebühren erheben werden.

Anhang 3: Verordnung über apothekenpflichtige und freiverkäufliche Arzneimittel

Bekanntmachung der Neufassung der Verordnung über apothekenpflichtige und freiverkäufliche Arzneimittel

Vom 24. November 1988 i.d.F. der Berichtigung vom 17. Februar 1989 (BGBl. I S. 254) zuletzt geändert durch die Zweite Verordnung zur Änderung der Verordnung über apothekenpflichtige und freiverkäufliche Arzneimittel vom 19. Dezember 2006 (BGBl. I S. 3276)

Erster Abschnitt Freigabe aus der Apothekenpflicht

§ 1

(1) Folgende Arzneimittel im Sinne des § 2 Abs. 1 oder Abs. 2 Nr. 1 des Arzneimittelgesetzes, die dazu bestimmt sind, zur Beseitigung oder Linderung von Krankheiten, Leiden, Körperschäden oder krankhaften Beschwerden zu dienen, werden für den Verkehr außerhalb der Apotheken freigegeben:

1. Stoffe und Zubereitungen aus Stoffen sowie Arzneimittel im Sinne des § 2 Abs. 2 Nr. 1 des Arzneimittelgesetzes, die in der Anlage 1 a zu dieser Verordnung bezeichnet sind, nach näherer Bestimmung dieser Anlage; die Stoffe und Zubereitungen aus Stoffen dürfen miteinander oder mit anderen Stoffen oder Zubereitungen aus Stoffen nur gemischt werden, soweit dies in der Anlage ausdrücklich gestattet ist.
2. Destillate, ausgenommen Trockendestillate, aus Mischungen von Pflanzen, Pflanzenteilen, ätherischen Ölen, Campher, Menthol, Balsamen oder Harzen als Fertigarzneimittel, es sei denn, daß sie aus verschreibungspflichtigen oder den in der Anlage 1 b zu dieser Verordnung be-

zeichneten Pflanzen, deren Teilen oder Bestandteilen gewonnen sind und
3. Pflanzen und Pflanzenteile in Form von Dragees, Kapseln oder Tabletten als Fertigarzneimittel unter Zusatz arzneilich nicht wirksamer Stoffe oder Zubereitungen aus Stoffen, wenn sie aus höchstens vier der in der Anlage 1 c zu dieser Verordnung bezeichneten Pflanzen und Pflanzenteilen hergestellt sind und der Durchmesser des Drageekerns oder der Tablette mindestens 3 Millimeter beträgt.

(2) Ferner werden für den Verkehr außerhalb der Apotheken lösliche Teeaufgußpulver als wäßrige Gesamtauszüge in Form von Fertigarzneimitteln freigegeben, die aus
1. einer der in der Anlage 1 d zu dieser Verordnung bezeichneten Pflanzen oder deren Teilen hergestellt sind oder
2. Mischungen von höchstens sieben der in den Anlagen 1 d und 1 e zu dieser Verordnung bezeichneten Pflanzen oder deren Teilen hergestellt sind und ausschließlich zur Anwendung als „Hustentee“, „Brusttee“, „Husten- und Brusttee“, „Magentee“, „Darmtee“, „Magen- und Darmtee“, „Beruhigungstee“ oder „Harntreibender Tee“ in den Verkehr gebracht werden.

Der Zusatz von arzneilich nicht wirksamen Stoffen oder Zubereitungen aus Stoffen ist zulässig. Die bei der Herstellung verloren gegangenen ätherischen Öle der Ausgangsdrogen dürfen nach Art und Menge ersetzt werden.

§ 2

(1) Arzneimittel im Sinne des § 2 Abs. 1 oder Abs. 2 Nr. 1 des Arzneimittelgesetzes sind als Fertigarzneimittel für den Verkehr außerhalb der Apotheken auch freigegeben, wenn sie ausschließlich dazu bestimmt sind:
1. bei Husten oder Heiserkeit angewendet zu werden, sofern sie an arzneilich wirksamen Bestandteilen keine anderen als die in der Anlage 2 a zu dieser Verordnung genannten Stoffe oder Zubereitungen enthalten und sofern sie in Darreichungsformen zum Lutschen in den Verkehr gebracht werden,
2. als Abführmittel angewendet zu werden, sofern sie an arzneilich wirksamen Bestandteilen keine anderen als die in der Anlage 2 b zu dieser Verordnung genannten Stoffe oder Zubereitungen enthalten,
3. bei Hühneraugen oder Hornhaut angewendet zu werden, sofern sie an arzneilich wirksamen Bestandteilen keine anderen als die in der Anlage 2 c zu dieser Verordnung genannten Stoffe oder Zubereitungen enthalten.

(2) Den in Absatz 1 genannten Arzneimitteln dürfen auch arzneilich nicht wirksame Stoffe oder Zubereitungen aus Stoffen zugesetzt sein.

§ 3

Die §§ 1 und 2 gelten nicht für Arzneimittel, die zur Injektion oder Infusion, zur rektalen, vaginalen oder intrauterinen Anwendung, zur intramammären Anwendung bei Tieren, als Wundstäbchen, als Implantate sowie als Aerosole bis zu einer mittleren Teilchengröße von nicht mehr als 5 µm zur unmittelbaren Anwendung am oder im Körper in den Verkehr gebracht werden.

§ 4

Arzneimittel im Sinne des § 2 Abs. 1 oder Abs. 2 Nr. 1 des Arzneimittelgesetzes, die nicht nur auf ärztliche, zahnärztliche oder tierärztliche Verschreibung abgegeben werden dürfen, sind für den Verkehr außerhalb der Apotheken freigegeben, wenn sie ausschließlich zur Beseitigung oder Linderung von Krankheiten der Zierfische, Zier- oder Singvögel, Brieftauben, Terrarientiere, Kleinnager, Frettchen oder nicht der Gewinnung von Lebensmitteln dienenden Kaninchen bestimmt sind.

§ 5

Die Freigabe der in den §§ 1, 2 und 4 genannten Arzneimittel für den Verkehr außerhalb der Apotheken wird nicht dadurch ausgeschlossen, daß sie dazu bestimmt sind, teilweise auch zu anderen Zwecken als zur Beseitigung oder Linderung von Krankheiten, Leiden, Körperschäden oder krankhaften Beschwerden zu dienen.

§ 6

Die Freigabe der in den §§ 1, 2 und 5 genannten Arzneimittel für den Verkehr außerhalb der Apotheken ist, soweit in dieser Verordnung nichts anderes bestimmt ist, ausgeschlossen, wenn sie teilweise oder ausschließlich zur Beseitigung oder Linderung oder wenn sie teilweise zur Verhütung der in der Anlage 3 genannten Krankheiten oder Leiden bestimmt sind.

Zweiter Abschnitt
Einbeziehung in die Apothekenpflicht

§ 7

(1) Die in § 44 Abs. 2 des Arzneimittelgesetzes genannten Arzneimittel sind vom Verkehr außerhalb der Apotheken ausgeschlossen, wenn

1. sie die in der Anlage 4 zu dieser Verordnung genannten Stoffe oder Zubereitungen aus Stoffen sind,
2. sie die in der Anlage 1 b zu dieser Verordnung genannten Pflanzen, deren Teile, Zubereitungen daraus oder Preßsäfte sind,
3. ihnen die in den Nummern 1 oder 2 genannten Stoffe oder Zubereitungen aus Stoffen zugesetzt sind,
4. sie teilweise oder ausschließlich zur Beseitigung, Linderung oder Verhütung der in der Anlage 3 genannten Krankheiten oder Leiden bestimmt sind.

(2) Von den in § 44 Abs. 2 des Arzneimittelgesetzes genannten Arzneimitteln, die teilweise oder ausschließlich zur Beseitigung, Linderung oder Verhütung der in der Anlage 3 genannten Krankheiten oder Leiden bestimmt sind (Absatz 1 Nr. 4), sind jedoch für den Verkehr außerhalb der Apotheken freigegeben:

1. Heilwässer gegen die in der Anlage 3 unter Abschnitt A Nr. 3 und 5 Buchstaben d und e aufgeführten Krankheiten und Leiden,
2. Heilerden, Bademoore, andere Peloide und Zubereitungen zur Herstellung von Bädern, soweit sie nicht in Kleinpackungen im Einzelhandel in den Verkehr gebracht werden,
3. die in § 44 Abs. 2 Nr. 5 des Arzneimittelgesetzes bezeichneten Arzneimittel.

§ 8

(1) Die in § 44 Abs. 1 des Arzneimittelgesetzes genannten Arzneimittel sind vom Verkehr außerhalb der Apotheken ausgeschlossen, wenn

1. sie die in der Anlage 4 zu dieser Verordnung genannten Stoffe oder Zubereitungen aus Stoffen sind,
2. sie die in der Anlage 1 b zu dieser Verordnung genannten Pflanzen, deren Teile, Zubereitungen daraus oder Preßsäfte sind,
3. ihnen die in den Nummern 1 und 2 genannten Stoffe oder Zubereitungen aus Stoffen zugesetzt sind,
4. sie teilweise oder ausschließlich zur Verhütung der in der Anlage 3 genannten Krankheiten oder Leiden bestimmt sind.

(2) Absatz 1 Nr. 4 gilt nicht für Arzneimittel, die zur Verhütung von Krankheiten der Zierfische, Zier- oder Singvögel, Brieftauben, Terrarientiere, Kleinnager, Frettchen oder nicht der Gewinnung von Lebensmitteln dienenden Kaninchen bestimmt sind.

§ 9

Die in § 44 des Arzneimittelgesetzes genannten Arzneimittel sind ferner vom Verkehr außerhalb der Apotheken ausgeschlossen, wenn sie chemische Verbindungen sind, denen nach den Erkenntnissen der medizinischen Wissenschaft eine

- antibiotische,
- blutgerinnungsverzögernde,
- histaminwidrige,
- hormonartige,
- parasympathikomimetische (cholinergische) oder parasympathikolytische,
- sympathikomimetische (adrenergische) oder sympathikolytische

Wirkung auf den menschlichen oder tierischen Körper zukommt. Das gleiche gilt, wenn ihnen solche chemischen Verbindungen zugesetzt sind.

§ 10

Die in § 44 des Arzneimittelgesetzes genannten Arzneimittel sind ferner vom Verkehr außerhalb der Apotheken ausgeschlossen, wenn sie zur Injektion oder Infusion, zur rektalen oder intrauterinen Anwendung, zur intramammären oder vaginalen Anwendung bei Tieren, als Implantate oder als Aerosole bis zu einer mittleren Teilchengröße von nicht mehr als 5 μm in den Verkehr gebracht werden.

Dritter Abschnitt
Übergangs- und Schlußvorschriften

§ 11

Arzneimittel, die sich am 31. Januar 2007 in Verkehr befinden und durch sie Zweite Verordnung zur Änderung der Verordnung über apothekenpflichtige und freiverkäufliche Arzneimittel apothekenpflichtig werden, dürfen noch bis zum 31. Mai 2007 von pharmazeutischen Unternehmern und danach von Groß- und Einzelhändlern weiter in den Verkehr gebracht werden.

Anlage 1 a (zu § 1 Abs. 1 Nr. 1)

Äthanol
Äthanol-Äther-Gemisch im Verhältnis 3:1 (Hoffmannstropfen)
Äthanol-Wasser-Gemische
Aloeextrakt
a) zum äußeren Gebrauch als Zusatz in Fertigarzneimitteln
b) zum inneren Gebrauch in einer Tagesdosis bis zu 20 mg als Bittermittel in wäßrig alkoholischen Pflanzenauszügen als Fertigarzneimittel

Aluminumacetat-tartrat-Lösung
Aluminiumacetat-tartrat, als Tabletten auch mit Zusatz arzneilich nicht wirksamer Stoffe oder Zubereitungen als Fertigarzneimittel
Auminiumhydroxid, auch in Mischungen mit arzneilich nicht wirksamen Stoffen oder Zubereitungen als Fertigarzneimittel
Aluminiumkaliumsulfat (Alaun), als blutstillende Stifte oder Steine auch mit Zusatz arzneilich nicht wirksamer Stoffe oder Zubereitungen
Aluminium-magnesium-silicat-Komplexe, als Tabletten auch mit Zusatz arzneilich nicht wirksamer Stoffe oder Zubereitungen als Fertigarzneimittel
Aluminiumsilicate, als Tabletten auch mit Zusatz arzneilich nicht wirksamer Stoffe oder Zubereitungen als Fertigarzneimittel
Ameisensäure bis 65% ad us. vet. – zur Behandlung der Varroatose der Bienen –
Ameisensäure-Äthanol-Wasser-Gemisch (Ameisenspiritus) mit einem Gehalt an Gesamtameisensäure bis zu 1,25% mit mindestens 70%igem Äthanol
Ammoniaklösung bis 10%ig
Ammoniak-Lavendel-Riechessenz
Ammoniumchlorid
Anisöl, ätherisches, auch als Kapsel, auch mit Zusatz arzneilich nicht wirksamer Stoffe oder Zubereitungen, als Fertigarzneimittel, jeweils bis zu einer maximalen Einzeldosis von 0,1 g pro Kapsel bzw. einer maximalen Tagesdosis von 0,3g
Aniswasser
Arnika, und ihre Zubereitungen zum äußeren Gebrauch, auch mit Zusatz arzneilich nicht wirksamer Stoffe oder Zubereitungen
Ascorbinsäure (Vitamin C), auch als Tabletten, auch mit Zusatz arzneilich nicht wirksamer Stoffe oder Zubereitungen, als Fertigarzneimittel
Baldrianextrakt, auch in Mischungen mit Hopfenextrakt und mit arzneilich nicht wirksamen Stoffen oder Zubereitungen, als Fertigarzneimittel
Baldriantinktur, auch ätherische, mit Äthanol-Äther-Gemischen im Verhältnis 1:5
Baldrianwein als Fertigarzneimittel
Benediktiner Essenz als Fertigarzneimittel
Benzoetinktur, mit Äthanol 90% im Verhältnis 1:5
Birkenteer, zum äußeren Gebrauch bei Tieren
Borsäure, und ihre Salze zur Pufferung und/oder Isotonisierung in Benetzungslösungen oder Desinfektionslösungen für Kontaktlinsen
Brausemagnesia
Calciumcarbonat, als Tabletten auch mit Zusatz arzneilich nicht wirksamer Stoffe oder Zubereitungen als Fertigarzneimittel
Calciumcitrat, Calciumlactat, Calciumphosphate, auch gemischt als Tabletten und Mischungen auch mit Zusatz von Ascorbinsäure und arzneilich nicht wirksamen Stoffen oder Zubereitungen als Fertigarzneimittel
Calciumhydroxid ad us. vet.
Calciumoxid ad us. vet.
Campherliniment, flüchtiges
Campheröl zum äußeren Gebrauch
Camphersalbe, auch mit Zusatz von ätherischen Ölen, Menthol und Menglytat (Äthylglykolsäurementhylester)

Campherspiritus
Chinawein, auch mit Eisen, als Fertigarzneimittel
Citronenöl, ätherisches
Colloidale Silberchloridlösung, eiweißfrei, bis zu 0,5 % auch mit Zusatz arzneilich nicht wirksamer Stoffe oder Zubereitungen, als Nasendesinfektionsmittel, als Fertigarzneimittel
Eibischsirup, als Fertigarzneimittel
Enziantinktur, aus Enzianwurzel mit Äthanol 70 % im Verhältnis 1:5
2-(Ethylmercurithio)benzoesäure, Natriumsalz (Thiomersal) bis zu 30 mg mit Zusatz arzneilich nicht wirksamer Stoffe oder Zubereitungen als Tabletten zur Bekämpfung der Nosemaseuche der Bienen als Fertigarzneimittel
Eucalyptusöl, ätherisches, auch als Kapsel, auch mit Zusatz arzneilich nicht wirksamer Stoffe oder Zubereitungen, als Fertigarzneimittel, jeweils bis zu einer maximalen Einzeldosis von 0,2 g pro Kapsel bzw. einer maximalen Tagesdosis von 0,6g
Eucalyptuswasser im Verhältnis 1:1 000
Fangokompressen und Schlickpackungen
Feigensirup, auch mit Manna, als Fertigarzneimittel
Fenchelhonig, unter Verwendung von mindestens 50 % Honig, auch mit konzentrierten Lösungen von süßschmeckenden Mono-, Disacchariden und Glukosesirup, als Fertigarzneimittel, auch mit Zusatz des arzneilich nicht wirksamen Bestandteils „Phospholipide aus Sojabohnen" (Lecithin)
Fenchelöl, ätherisches
Fichtennadelöle, ätherische
Fichtennadelspiritus, mit mindestens 70 %igem Äthanol
Franzbranntwein, auch mit Kochsalz, Menthol, Campher, Fichtennadel- und Kiefernnadelöl bis zu 0,5 %, Geruchsstoffen oder Farbstoffen, mit mindestens 45 %igem Äthanol
Frauenmantelkraut und Zubereitungen
Fumagillin-1,1'-bicyclohexyl-4-ylamin-Salz (Bicyclohexylammoniumfumagillin), mit Zusatz arzneilich nicht wirksamer Stoffe oder Zubereitungen zur Bekämpfung der Nosemaseuche der Bienen als Fertigarzneimittel
Galgantwurzelstock und Zubereitungen
Germerwurzelstock (Nieswurzel), in Zubereitungen mit einem Gehalt bis zu 3 % als Schneeberger Schnupftabak
Glycerol 85 % (Glycerin), auch mit Zusatz von Wasser
Hartparaffin, auch mit Zusatz von Heilerde, Bademooren oder anderen Peloiden im Sinne des § 44 Abs. 2 Nr. 2 des Arzneimittelgesetzes oder von arzneilich nicht wirksamen Stoffen oder Zubereitungen, zum äußeren Gebrauch
Hefe, als Tabletten auch mit Zusatz arzneilich nicht wirksamer Stoffe oder Zubereitungen als Fertigarzneimittel
Heidelbeersirup, als Fertigarzneimittel
Heilerde, zur inneren Anwendung, auch in Kapseln
Heublumenkompressen
Holundersirup, als Fertigarzneimittel
Holzteer, zum äußeren Gebrauch bei Tieren
Johanniskraut oder Johanniskrautblüten, Auszüge mit Öl als Fertigarzneimittel
Kaliumcarbonat
Kaliumcitrat
Kaliumdihydrogenphosphat
Kalium-(RR)-hydrogentartrat (Weinstein)
Kalium-natrium-(RR)-tartrat
Kaliumsulfat
Kalmusöl, ätherisches
Kamillenauszüge, flüssige, auch mit Zusatz arzneilich nicht wirksamer Stoffe oder Zubereitungen, als Fertigarzneimittel
Kamillenextrakt, auch mit Salbengrundlage, als Fertigarzneimittel

Kamillenöl
Kamillenwasser
Karmelitergeist, als Fertigarzneimittel
Kiefernnadelöle, ätherische
Knoblauch, und seine Zubereitungen, auch mit Zusatz arzneilich nicht wirksamer Stoffe und Zubereitungen
Kohle, medizinische als Tabletten oder Granulat auch mit Zusatz arzneilich nicht wirksamer Stoffe oder Zubereitungen als Fertigarzneimittel
Kondurangowein, als Fertigarzneimittel
Korianderöl, ätherisches
Krauseminzöl, ätherisches
Kühlsalbe, als Fertigarzneimittel
Kümmelöl, ätherisches, auch in Mischungen mit anderen ätherischen Ölen – ausgenommen Terpentinöl –, mit Glycerol, Leinöl, flüssigem Paraffin, feinverteiltem Schwefel oder Äthanol, für Tiere, als Fertigarzneimittel
Lactose (Milchzucker)
Lanolin
Lärchenterpentin, zum äußeren Gebrauch bei Tieren
Lavendelöl, ätherisches
Lavendelspiritus
Lavendelwasser
Lebertran, in Kapseln als Fertigarzneimittel
Lebertranemulsion, auch aromatisiert, als Fertigarzneimittel
Lecithin auch mit Zusatz arzneilich nicht wirksamer Stoffe oder Zubereitungen als Fertigarzneimittel
Leinkuchen
Leinöl
Leinöl, geschwefeltes, zum äußeren Gebrauch
Liniment, flüchtiges
Lorbeeröl
Magnesiumcarbonat, basisches, leichtes und schweres, als Tabletten auch mit Zusatz arzneilich nicht wirksamer Stoffe oder Zubereitungen als Fertigarzneimittel
Magnesiumhydrogenphosphat
Magnesiumoxid, leichtes (Magnesia, gebrannte)
Magnesiumperoxid, bis 15 %ig, als Tabletten auch mit Zusatz arzneilich nicht wirksamer Stoffe oder Zubereitungen als Fertigarzneimittel
Magnesiumsulfat 7 H_2O (Bittersalz)
Magnesiumtrisilicat, als Tabletten auch mit Zusatz arzneilich nicht wirksamer Stoffe oder Zubereitungen als Fertigarzneimittel
Mandelöl
Mannasirup, als Fertigarzneimittel
Melissengeist, als Fertigarzneimittel
Melissenspiritus
Melissenwasser
Mentholstifte
Methenamin-Silbernitrat (Hexamethylentetraminsilbernitrat) als Streupulver 2 %ig mit Zusatz arzneilich nicht wirksamer Stoffe oder Zubereitungen in Wochenbettpackungen als Fertigarzneimittel
Milchsäure bis 15 % ad us. vet. – zur Behandlung der Varroatose der Bienen
Minzöl, ätherisches
Mischungen aus Dichloridifluormethan und Trichlorfluormethan, in Desinfektionssprays zur Anwendung an der menschlichen Haut als Treib- und Lösungsmittel und in Mitteln zur äußeren Kälteanwendung bei Muskelschmerzen und Stauchungen, auch mit Zusatz von Latschenkiefernöl, Campher, Menthol und Arnikaauszügen oder Propan und Butan, als Fertigarzneimittel
Mischungen von Äthanol-Äther, Campherspiritus, Seifenspiritus und wäßriger Ammoniaklösung oder von einzelnen dieser Flüssigkeiten für Tiere
Molkekonzentrat, mit Zusatz arzneilich nicht wirksamer Stoffe oder Zubereitungen
Myrrhentinktur
Natriumchlorid ad us. vet.

Natriumhydrogencarbonat, als Tabletten, Granulat oder in Kapseln auch mit Zusatz arzneilich nicht wirksamer Stoffe oder Zubereitungen als Fertigarzneimittel
Natriummonohydrogenphosphat
Natriumsulfat-Dekahydrat (Glaubersalz)
Nelkenöl, ätherisches
Nelkentinktur, mit Äthanol 70 % im Verhältnis 1:5
Opodeldok, flüssiger
Pappelsalbe
Pepsinwein, als Fertigarzneimittel
Pfefferminzöl, ätherisches, in einer mittleren Tagesdosis bis zu 12 Tropfen, oder als Kapsel, auch mit Zusatz arzneilich nicht wirksamer Stoffe und Zubereitungen, als Fertigarzneimittel, jeweils bis zu einer Einzeldosis von 0,2 ml pro Kapsel bzw. einer maximalen Tagesdosis von 0,6 ml Pfefferminzsirup, als Fertigarzneimittel
Pfefferminzspiritus, aus Pfefferminzöl mit Äthanol 90 % im Verhältnis 1:10
Pfefferminzwasser auch mit Zusatz arzneilich nicht wirksamer Stoffe oder Zubereitungen als Fertigarzneimittel
Pomeranzenblütenöl, ätherisches
Pomeranzenschalenöl, ätherisches
Pomeranzensirup, als Fertigarzneimittel
Pyrethrum-Extrakt zur Anwendung bei Tieren mit Zusatz arzneilich nicht wirksamer Stoffe oder Zubereitung als Fertigarzneimittel
Ratanhiatinktur
Riechsalz
Rizinusöl, auch raffiniertes, auch in Kapseln
Rosenhonig
Rosmarinblätter, und ihre Zubereitungen, auch mit Zusatz arzneilich nicht wirksamer Stoffe oder Zubereitungen als Fertigarzneimittel
Rosmarinöl, ätherisches
Rosmarinspiritus
Rutosid-Trihydrat in Fertigarzneimitteln bis zu einer maximalen Tagesdosis von 100 mg
Salbeiöl, ätherisches
Salbeiwasser
Salicyltalg
Sauerstoff, für medizinische Zwecke – auch zur Anwendung bei den in Anlage 3 genannten Krankheiten und Leiden –
Schwefel
Schwefel, feinverteilter (Schwefelblüte), zum äußeren Gebrauch
Seifenspiritus
Silbernitratlösung, wäßrige 1 %ig, in Ampullen in Wochenbettpackungen
Siliciumdioxid (Kieselsäure), als Streupulver auch mit Zusatz arzneilich nicht wirksamer Stoffe oder Zubereitungen als Fertigarzneimittel
Spitzwegerichauszug, als Fertigarzneimittel
Spitzwegerichsirup, als Fertigarzneimittel
Talkum
Tamponadestreifen, imprägniert mit weißem Vaselin
Tannin-Eiweiß-Tabletten, als Fertigarzneimittel
Thymianöl, ätherisches
Ton, weißer
Troxerutin bis zu einer maximalen Tagesdosis von 300 mg
Vaselin, weißes oder gelbes
Vaselinöl, weißes oder gelbes, zum äußeren Gebrauch, als Fertigarzneimittel
Wacholderextrakt
Wacholdermus, als Fertigarzneimittel
Wacholdersirup, als Fertigarzneimittel
Wacholderspiritus
Watte, imprägniert mit Capsicumextrakt
Watte, imprägniert mit Eisen(III)-chlorid
Weinsäure
Weißdornblüten und Zubereitungen, Weißdornblätter und Zubereitungen, Weißdornfrüchte und Zubereitungen
Weizenkeimöl, in Kapseln als Fertigarzneimittel, als Perlen auch mit Zusatz arz-

neilich nicht wirksamer Stoffe oder Zubereitungen, als Fertigarzneimittel
Zimtöl, ätherisches
Zimtsirup, als Fertigarzneimittel
Zinkoxid, mit Zusatz arzneilich nicht wirksamer Stoffe oder Zubereitungen als Puder, auch mit Zusatz von Lebertran, als Fertigarzneimittel
Zinksalbe, auch mit Zusatz von Lebertran, als Fertigarzneimittel
Zitronellöl, ätherisches

Anlage 1 b (zu § 1 Abs. 1 Nr. 2, § 7 Abs. 1 Nr. 2 und § 8 Abs. 1 Nr. 2)

Adonisröschen	Adonis vernalis
Aloe-Arten	
Alraune	Mandragora officinarum
Aristolochia-Arten	
Bärlappkraut	
Beinwell	Symphytum officinale
(ausgenommen Zubereitungen zum äußeren Gebrauch, die in der Tagesdosis nicht mehr als 100 µg Pyrrolizidin-Alkaloide mit 1,2-ungesättigtem Necin-Gerüst einschließlich ihrer N-Oxide enthalten)	
Besenginster	Cytisus scoparius
Blasentang	Fucus vesiculosus
Cascararinde (Sagradarinde)	Rhamnus purshiana
Digitalis-Arten	
Eisenhut	Aconitum napellus
Ephedra	Ephedra distachya
Ephedra-Arten	
Farnkraut-Arten	
Faulbaumrinde	Rhamnus frangula
Fleckenschierling	Conium maculatum
Flussblatt-Arten	Podophyllum peltatum Podophyllum hexandrum
Gartenrautenblätter	Ruta graveolens
Gelsemium (Gelber Jasmin)	Gelsemium sempervirens
Giftlattich	Lactuca virosa
Giftsumach	Toxicodendron quercifolium
Goldregen	Laburnum anagyroides
Herbstzeitlose	Colchicum autumnale
Huflattich	Tussilago farfara
(ausgenommen Zubereitungen aus Huflattichblättern zum inneren Gebrauch, die in der Tagesdosis als Frischpflanzensaft oder Extrakt nicht mehr als 1 µg und als Teeaufguss nicht mehr als 10 µg Pyrrolizidin-Alkaloide mit 1,2-ungesättigtem Necingerüst einschließlich ihrer N-Oxide enthalten)	
Hydrastis (Canadische Gelbwurz)	Hydrastis canadensis
Hyoscyamus-Arten	
Ignatiusbohne	Strychnos ignatii
Immergrün-Arten (Vinca)	
Ipecacuanha (Brechwurzel)	Cephaelis ipecacuanha Cephaelis acuminata
Jakobskraut	Senecio jacobaea
Jalape	Ipomoea purga
Johanniskraut und seine Zubereitungen – ausgenommen in einer Tagesdosis bis zu 1 g Drogenequivalent und bis zu 1 mg Hyperforin sowie als Tee, Frischpflanzensaft oder ölige Zubereitungen zur äußerlichen Anwendung –	
Kaskarillabaum (Granatill)	Croton cascarilla Croton eluteria
Koloquinte	Citrullus colocynthis
Kreuzdornbeeren und seine Zubereitungen	
Krotonölbaum (Granatill)	Croton tiglium
Küchenschelle	Pulsatilla pratensis Pulsatilla vulgaris
Lebensbaum	Thuja occidentalis
Lobelien-Arten	
Maiglöckchen	Convallaria majalis
Meerzwiebel, weiße und rote	Urginea maritima

Mutterkorn	Secale cornutum
Nachtschatten, bittersüßer	Solanum dulcamara
Nieswurz, grüne	Helleborus viridis
Nieswurz, schwarze (Christrose)	Helleborus niger
Oleander	Nerium oleander
Pestwurz	Petasites

(ausgenommen Zubereitungen aus Pestwurzwurzelstock zum inneren Gebrauch, die in der Tagesdosis nicht mehr als 1 µg Pyrrolizidin-Alkaloide mit 1,2-ungesättigtem Necingerüst einschließlich ihrer N-Oxide enthalten)

Physostigma-Arten	
Pilocarpus-Arten	
Rainfarn	Chrysanthemum vulgare
Rauwolfia	Rauvolfia serpentina Rauvolfia tetraphylla Rauvolfia vomitoria
Rhabarber	Rheum palmatum Rheum officinale
Sadebaum	Juniperus sabina
Scammonia	Convolvulus scammonia
Schlafmohn	Papaver somniferum
Schöllkraut	Chelidonium majus
Senna	Cassia angustifolia Cassia senna
Stechapfel-Arten (Datura)	
Stephansrittersporn	Delphinium staphisagria
Strophantus-Arten	
Strychnos-Arten	
Tollkirsche	Atropa bella-donna
Tollkraut-Arten (Scopolia)	
Wasserschierling	Cicuta virosa
Yohimbebaum	Pausinystalia yohimba

Anlage 1 c (zu § 1 Abs. 1 Nr. 3)

Alantwurzelstock	Helenii rhizoma
Anis	Anisi fructus
Arnikablüten und -wurzel	Arnicae flos et radix
Bärentraubenblätter	Uvae ursi folium
Baldrianwurzel	Valerianae radix
Bibernellwurzel	Pimpinellae radix
Birkenblätter	Betulae folium
Bitterkleeblätter	Trifolii fibrini folium
Bohnenhülsen	Phaseoli pericarpium
Brennnesselkraut	Urticae herba
Bruchkraut	Herniariae herba
Condurangorinde	Condurango cortex
Eibischwurzel	Althaeae radix
Enzianwurzel	Gentianae radix
Färberginsterkraut	Genistae tinctoriae herba
Fenchel	Foeniculi fructus
Gänsefingerkraut	Anserinae herba
Goldrutenkraut	Solidaginis herba
Hagebutten	Cynosbati fructus cum semine
Hamamelisblätter	Hamamelidis folium
Hauhechelwurzel	Ononidis radix
Hirtentäschelkraut	Bursae pastoris herba
Holunderblüten	Sambuci flos
Hopfendrüsen und -zapfen	Lupuli glandula et strobulus
Huflattichblätter	Farfarae folium

(in Zubereitungen zum inneren Gebrauch, die in der Tagesdosis nicht mehr als 1 µg Pyrrolizidin-Alkaloide mit 1,2-ungesättigtem Necingerüst einschließlich ihrer N-Oxide enthalten)

Ingwerwurzelstock	Zingiberis rhizoma
Isländisches Moos	Lichen islandicus
Johanniskraut	Hyperici herba
Kalmuswurzelstock	Calami rhizoma
Kamillenblüten	Matricariae flos
Knoblauchzwiebel	Allii sativi bulbus
Korianderfrüchte	Coriandri fructus
Kreuzdornbeeren	Rhamni cathartici fructus

Kümmel	Carvi fructus
Liebstöckelwurzel	Levistici radix
Löwenzahn-Ganzpflanze	Taraxaci radix cum herba
Lungenkraut	Pulmonariae herba
Majorankraut	Majoranae herba
Mariendistelkraut	Cardui mariae herba
Meisterwurzwurzelstock	Imperatoriae rhizoma
Melissenblätter	Melissae folium
Mistelkraut	Visci herba
Orthosiphonblätter	Orthosiphonis folium
Passionsblumenkraut	Passiflorae herba
Petersilienfrüchte	Petroselini fructus
Petersilienkraut	Petroselini herba
Petersilienwurzel	Petroselini radix
Pfefferminzblätter	Menthae piperitae folium
Pomeranzenblätter	Aurantii folium
Pomeranzenblüten	Aurantii flos
Pomeranzenschalen	Aurantii pericarpium
Queckenwurzelstock	Graminis rhizoma
Rettich	Raphani radix
Rosmarinblätter	Rosmarinus officinalis
Salbeiblätter	Salviae folium
Schachtelhalmkraut	Equiseti herba
Schafgarbenkraut	Millefolii herba
Schlehdornblüten	Puni spinosae flos
Seifenwurzel, rote	Saponariae radix rubra
Sonnenhutwurzel	Echinaceae angustifoliae radix
Sonnentaukraut	Droserae herba
Spitzwegerichkraut	Plantaginis lanceolatae herba
Steinkleekraut	Meliloti herba
Süßholzwurzel	Liquiritiae radix
Tausendgüldenkraut	Centaurii herba
Thymian	Thymi herba
Vogelknöterichkraut	Polygoni avicularis herba
Wacholderbeeren	Juniperi fructus
Wacholderholz	Juniperi lignum
Walnussblätter	Juglandis folium
Wegwartenwurzel (Zichorienwurzel)	Chichorii radix
Weidenrinde	Salicis cortex
Weißdornblätter	Crataegi folium
Weißdornblüten	Crataegi floris
Weißdornfrüchte	Crataegi fructus
Wermutkraut	Absinthii herba
Ysopkraut	Hyssopi herba
Zitwerwurzelstock	Zedoariae rhizoma

Anlage 1 d (zu § 1 Abs. 2 Nr. 1 und 2

Birkenblätter	Betulae folium
Baldrianwurzel	Valerianae radix
Eibischwurzel	Althaeae radix
Fenchel	Foeniculi fructus
Hagebutten	Cynosbati fructus cum semine
Holunderblüten	Sambuci flos
Hopfenzapfen	Lupuli flos
Huflattichblätter	Farfarae folium et flos

(in Zubereitungen zum inneren Gebrauch, die in der Tagesdosis nicht mehr als 10 µg Pyrrolizidin-Alkaloide mit 1,2-ungesättigtem Necin-Gerüst einschließlich ihrer N-Oxide enthalten)

Isländisches Moos	Lichen islandicus
Kamillenblüten	Matricariae flos
Lindenblüten	Tiliae flos
Mateblätter	Mate folium
Melissenblätter	Melissae folium
Orthosiphonblätter	Orthosiphonis folium
Pfefferminzblätter	Menthae piperitae folium
Salbeiblätter	Salviae folium
Schachtelhalmkraut	Equiseti herba
Schafgarbenkraut	Millefolii herba
Spitzwegerichkraut	Plantaginis lanceolatae herba
Tausendgüldenkraut	Centaurii herba
Weißdornblätter	Crataegi folium
Weißdornblüten	Crataegi flos
Weißdornfrüchte	Crataegi fructus

Anlage 1 e (zu § 1 Abs. 2)

Angelikawurzel	Angelicae radix
Anis	Anisi fructus
Bibernellwurzel	Pimpinellae radix
Brennnesselkraut	Urticae herba
Bruchkraut	Herniariae herba
Brunnenkressenkraut	Nasturtii herba
Condurangorinde	Condurango cortex
Curcumawurzelstock (Gelbwurzelstock)	Curcumae longae rhizoma
Enzianwurzel	Gentianae radix
Eucalyptusblätter	Eucalypti folium
Gänsefingerkraut	Anserinae herba
Goldrutenkraut	Solidaginis herba
Hamamelisrinde	Hamamelidis cortex
Hauhechelwurzel	Ononidis radix
Heidekraut	Callunae herba
Herzgespannkraut	Leonuri cardiiae herba
Javanische Gelbwurz	Curcumae xanthorizae rhizoma
Kalmuswurzelstock	Calami rhizoma
Korianderfrüchte	Coriandri fructus
Kümmel	Carvi fructus
Liebstöckelwurzel	Levistici radix
Löwenzahn-Ganzpflanze	Taraxaci radix cum herba
Malvenblätter	Malvae folium
Mariendistelkraut	Cardui mariae herba
Paprika (Spanisch Pfefferfrüchte)	Capsici fructus
Primelwurzel	Primulae radix
Queckenwurzelstock	Graminis rhizoma
Quendelkraut	Serphylli herba
Sonnenhutwurzel	Echinaceae angustifoliae radix
Süßholzwurzel	Liquiritiae radix
Thymian	Thymi herba
Tormentillwurzelstock	Tormentillae rhizoma
Wacholderbeeren	Juniperi fructus
Weidenrinde	Salicis cortex
Wermutkraut	Absinthii herba

Anlage 2 a (zu § 2 Abs. 1 Nr. 1)

Ätherische Öle, soweit sie in der Anlage 1 a genannt sind
Ammoniumchlorid
Anethol
Ascorbinsäure bis zu einer Einzeldosis von 20 mg und deren Calcium-, Kalium- und Natriumsalze
Benzylalkohol
Campher
Cetylpyridiniumchlorid
Cineol (Eucalyptol)
Citronensäure
α-Dodecyl-ω-hydroxypoly(oxethylen) (Oxypolyäthoxydodecan) bis zu einer Einzeldosis von 5 mg
Extrakte von Pflanzen und Pflanzenteilen, auch deren Mischungen, soweit sie nicht aus den in der Anlage 1 b (Verbot bestimmter Pflanzen) bezeichneten Pflanzen oder deren Teilen gewonnen sind
Fenchelhonig
Menglytat (Ethylglykolsäurementhylester)
Menthol
Rosenhonig
Salze natürlicher Mineral-, Heil- und Meerwässer und die ihnen entsprechenden künstlichen Salze
Süßholzsaft
Thymol
Tolubalsam
Weinsäure

Anlage 2 b (zu § 2 Abs. 1 Nr. 2)

Agar
Feigen und deren Zubereitungen
Fenchel
Kümmel
Lactose
Leinsamen und deren Zubereitungen

Manna
Paraffin, dick- und dünnflüssiges, bis zu einem Gehalt von 10 % in nichtflüssigen Zubereitungen
Pflaumen und deren Zubereitungen
Rizinusöl, auch raffiniertes
Tamarindenfrüchte und deren Zubereitungen
Tragant
Weizenkleie

Anlage 2 c (zu § 2 Abs. 1 Nr. 3)

2-Aminoethanol
Benzalkoniumchlorid
Benzocain
Benzylbenzoat
2,4-Dihydroxybenzoesäure
2,6-Dihydroxybenzoesäure
3,5-Dihydroxybenzoesäure
α-Dodecyl-ω-hydroxypoly(oxyethylen)
Essigsäure
Lärchenterpentin
Menthol
Milchsäure bis 10 %ig
Salicylsäure bis 40 %ig

Anlage 3 (zu §§ 6, 7 Abs. 1 Nr. 4, Abs. 2 Nr. 1 und § 8 Abs. 1 Nr. 4)

A. Krankheiten und Leiden beim Menschen

1. Im Infektionsschutzgesetz vom 20. Juli 2000 (BGBl. I S. 1045) aufgeführte durch Krankheitserreger verursachte Krankheiten
2. Geschwulstkrankheiten
3. Krankheiten des Stoffwechsels und der inneren Sekretion, ausgenommen Vitamin- und Mineralstoffmangel und alimentäre Fettsucht
4. Krankheiten des Blutes und der blutbildenden Organe, ausgenommen Eisenmangelanämie
5. organische Krankheiten
   a) des Nervensystems
   b) der Augen und Ohren, ausgenommen Blennorrhoe-Prophylaxe
   c) des Herzens und der Gefäße, ausgenommen allgemeine Arteriosklerose und Frostbeulen
   d) der Leber und des Pankreas
   e) der Harn- und Geschlechtsorgane
6. Geschwüre des Magens und des Darms
7. Epilepsie
8. Geisteskrankheiten, Psychosen, Neurosen
9. Trunksucht
10. Komplikationen der Schwangerschaft, der Entbindung und des Wochenbetts
11. Krankheiten des Lungenparenchyms
12. Wurmkrankheiten
13. Krankhafte Veränderungen des Blutdrucks
14. Ernährungskrankheiten des Säuglings
15. Ekzeme, Schuppenflechten, infektiöse Hautkrankheiten

B. Krankheiten und Leiden beim Tier

1. Übertragbare Krankheiten der Tiere, ausgenommen nach viehseuchenrechtlichen Vorschriften nicht anzeigepflichtige ektoparasitäre und dermatomykotische Krankheiten
2. Euterkrankheiten bei Kühen, Ziegen und Schafen, ausgenommen die Verhütung der Übertragung von Euterkrankheiten durch Arzneimittel, die zum äußeren Gebrauch bestimmt sind und deren Wirkung nicht auf der Resorption der wirksamen Bestandteile beruht
3. Kolik bei Pferden und Rindern
4. Stoffwechselkrankheiten und Krankheiten der inneren Sekretionsorgane, ausgenommen Vitamin- und Mineralstoffmangel

5. Krankheiten des Blutes und der blutbildenden Organe
6. Geschwulstkrankheiten
7. Fruchtbarkeitsstörungen bei Pferden, Rindern, Schweinen, Schafen und Ziegen

Anlage 4 (zu § 7 Abs. 1 Nr. 1 und § 8 Abs. 1 Nr. 1)

α-(Aminomethyl)benzylalkohol (Phenylaminoäthan), dessen Abkömmlinge und Salze

p-Aminophenol, dessen Abkömmlinge und deren Salze

2-Amino-1-phenylpropanol (Phenylaminopropanol), dessen Abkömmlinge und Salze

Anthrachinon, dessen Abkömmlinge und deren Salze

Antimonverbindungen

Bisacodyl

Bleiverbindungen

Borsäure und ihre Salze, ausgenommen zur Pufferung und/oder Isotonisierung in Benetzungslösungen oder Desinfektionslösungen für Kontaktlinsen

Bromverbindungen, ausgenommen Invertseifen, ferner in Arzneimitteln, die dazu bestimmt sind, die Beschaffenheit, den Zustand oder die Funktionen des Körpers oder seelische Zustände erkennen zu lassen sowie in ausschließlich zum äußeren Gebrauch bestimmten Desinfektionsmitteln, Mund- und Rachendesinfektionsmitteln

Carbamidsäure-Abkömmlinge

Carbamidsäure-Ester und -Amide mit insektizider, akarizider oder fungizider Wirkung, ausgenommen in Fertigarzneimitteln zur äußeren Anwendung bei Hunden und Katzen

Chinin und dessen Salze, ausgenommen Chinin-Triquecksilber(II)-dioxid-sulfat in Zubereitungen bis zu 2,75 % zur Verhütung von Geschlechtskrankheiten, als Fertigarzneimittel

Chinolinabkömmlinge, ausgenommen in Zubereitungen zum äußeren Gebrauch, zur Mund- und Rachendesinfektion sowie in Zubereitungen bis zu 3 % zur Empfängnisverhütung als Fertigarzneimittel; die Ausnahme gilt nicht für halogenierte Hydroxychinoline

Chlorierte Kohlenwasserstoffe

6-Chlorthymol, ausgenommen zum äußeren Gebrauch

Dantron

2-Dimethylaminoethyl-benzilat (Benzilsäure-2-dimethyl-amino-äthylester)

Fluoride, lösliche ausgenommen in Zubereitungen, sofern auf Behältnissen und äußeren Umhüllungen eine Tagesdosis angegeben ist, die einem Fluorgehalt bis zu 2 mg entspricht

Formaldehyd

Goldverbindungen

Heilbuttleberöl, ausgenommen zur Anwendung bei Menschen in Zubereitungen mit einer Tagesdosis von nicht mehr als 6 000 I.E. Vitamin A und 400 I.E. Vitamin D sowie ausgenommen zur Anwendung bei Tieren in Zubereitungen mit einer Tagesdosis von nicht mehr als 4 000 I.E. Vitamin A und 250 I.E. Vitamin D

Heilwässer, die 0,04 mg/l Arsen entsprechend 0,075 mg/l Hydrogenarsenat oder mehr enthalten

Heilwässer, natürliche, die mehr als 10^{-7} mg Radium 226 oder 370 Millibecquerel Radon 222 je Liter enthalten

Herzwirksame Glykoside

Iod, ausgenommen in Zubereitungen mit einen Gehalt von nicht mehr als 5 % Iod und in Arzneimitteln nach § 44 Abs. 2 Nr. 1 a und b des Arzneimittelgesetzes

Iodverbindungen, ausgenommen in Arzneimitteln, die dazu bestimmt sind, die Beschaffenheit, den Zustand oder die Funktionen des Körpers oder seelische

Zustände erkennen zu lassen, ferner in ausschließlich zum äußeren Gebrauch bestimmten Desinfektionsmitteln und in Arzneimitteln nach § 44 Abs. 2 Nr. 1 a und b des Arzneimittelgesetzes, ferner in Zubereitungen zur Herstellung von Bädern und von Seifen, auch unter Verwendung von Iod, zum äußeren Gebrauch, als Fertigarzneimittel
Natriumpicosulfat
Oxazin und seine Hydrierungsprodukte, ihre Salze, ihre Abkömmlinge sowie deren Salze
Paraffin, dick- und dünnflüssiges, ausgenommen zum äußeren Gebrauch oder bis zu einem Gehalt von 10 % in nichtflüssigen Zubereitungen
Paraformaldehyd
Pentetrazol
Phenethylamin, dessen Abkömmlinge und Salze
Phenolphthalein
Phosphorsäure-, Polyphosphorsäure-, substituierte Phosphorsäure- (z. B. Thiophosphorsäure-) Ester und -Amide, einschließlich der Ester mit Nitrophenol und Methylhydroxycumarin mit insektizider, akarizider oder fungizider Wirkung, ausgenommen in Fertigarzneimitteln zur äußeren Anwendung bei Hunden und Katzen
Procain und seine Salze zur oralen Anwendung
Pyrazol und seine Hydrierungsprodukte, ihre Salze, ihre Abkömmlinge sowie deren Salze
Resorcin
Salicylsäure, ihre Abkömmlinge und deren Salze, ausgenommen Zubereitungen zum äußeren Gebrauch, ferner Salicylsäureester in ausschließlich oder überwiegend zum äußeren Gebrauch bestimmten Desinfektionsmitteln, Mund- und Rachendesinfektionsmitteln
Senföle
Vitamin A, ausgenommen Zubereitungen mit einer Tagesdosis von nicht mehr als 5 000 I. E. und einer Einzeldosis von nicht mehr als 3 000 I. E., auch unter Zusatz von Vitamin D mit einer Tagesdosis von nicht mehr als 400 I. E., als Fertigarzneimittel für Menschen, sowie ausgenommen Zubereitungen mit einer Tagesdosis von nicht mehr als 4 000 I. E., auch unter Zusatz von Vitamin D mit einer Tagesdosis von nicht mehr als 250 I. E., als Arzneimittel für Tiere
Vitamin D, ausgenommen Zubereitungen mit einer Tagesdosis von nicht mehr als 400 I. E. als Fertigarzneimittel für Menschen, sowie ausgenommen Zubereitungen mit einer Tagesdosis von nicht mehr als 250 I. E. als Arzneimittel für Tiere.

Anhang 4
Gesetz über die Werbung auf dem Gebiete des Heilwesens (Heilmittelwerbegesetz – HWG)

Neugefasst durch Bekanntmachung vom 19.10.1994 (BGBl. I S. 3068); zuletzt geändert durch Art. 2 des Gesetzes zur Verbesserung der Wirtschaftlichkeit in der Arzneimittelversorgung vom 26. April 2006 (BGBl. I S. 984).

§ 1

(1) Dieses Gesetz findet Anwendung auf die Werbung für

1. Arzneimittel im Sinne des § 2 des Arzneimittelgesetzes,
1a. Medizinprodukte im Sinne des § 3 des Medizinproduktegesetzes,
2. andere Mittel, Verfahren, Behandlungen und Gegenstände, soweit sich die Werbeaussage auf die Erkennung, Beseitigung oder Linderung von Krankheiten, Leiden, Körperschäden oder krankhaften Beschwerden bei Mensch oder Tier bezieht, sowie operative plastisch-chirurgische Eingriffe, soweit sich die Werbeaussage auf die Veränderung des menschlichen Körpers ohne medizinische Notwendigkeit bezieht.

(2) Andere Mittel im Sinne des Absatzes 1 Nr. 2 sind kosmetische Mittel im Sinne des § 4 des [8]Lebensmittel- und Bedarfsgegenständegesetzes. Gegenstände im Sinne des Absatzes 1 Nr. 2 sind auch Gegenstände zur Körperpflege im Sinne des § 5 Abs. 1 Nr. 4 des Lebensmittel- und Bedarfsgegenständegesetzes.

(3) Eine Werbung im Sinne dieses Gesetzes ist auch das Ankündigen oder Anbieten von Werbeaussagen, auf die dieses Gesetz Anwendung findet.

(4) Dieses Gesetz findet keine Anwendung auf die Werbung für Gegenstände zur Verhütung von Unfallschäden.

(5) Das Gesetz findet keine Anwendung auf den Schriftwechsel und die Unterlagen, die nicht Werbezwecken dienen und die zur Beantwortung einer konkreten Anfrage zu einem bestimmten Arzneimittel erforderlich sind.

[8] Das Lebensmittel- und Bedarfsgegenständegesetz ist durch das am 6. September 2005 im Bundesanzeiger bekannt gemachte Lebensmittel- und Futtermittelgesetzbuch abgelöst worden.

(6) Das Gesetz findet ferner keine Anwendung beim elektronischen Handel mit Arzneimitteln auf das Bestellformular und die dort aufgeführten Angaben, soweit diese für eine ordnungsgemäße Bestellung notwendig sind.

§ 2

Fachkreise im Sinne dieses Gesetzes sind Angehörige der Heilberufe oder des Heilgewerbes, Einrichtungen, die der Gesundheit von Mensch oder Tier dienen, oder sonstige Personen, soweit sie mit Arzneimitteln, Medizinprodukten, Verfahren, Behandlungen, Gegenständen oder anderen Mitteln erlaubterweise Handel treiben oder sie in Ausübung ihres Berufes anwenden.

§ 3

Unzulässig ist eine irreführende Werbung. Eine Irreführung liegt insbesondere dann vor,

1. wenn Arzneimitteln, Medizinprodukten, Verfahren, Behandlungen, Gegenständen oder anderen Mitteln eine therapeutische Wirksamkeit oder Wirkungen beigelegt werden, die sie nicht haben,
2. wenn fälschlich der Eindruck erweckt wird, dass
   a) ein Erfolg mit Sicherheit erwartet werden kann,
   b) bei bestimmungsgemäßem oder längerem Gebrauch keine schädlichen Wirkungen eintreten,
   c) die Werbung nicht zu Zwecken des Wettbewerbs veranstaltet wird,
3. wenn unwahre oder zur Täuschung geeignete Angaben
   a) über die Zusammensetzung oder Beschaffenheit von Arzneimitteln, Medizinprodukten, Gegenständen oder anderen Mitteln oder über die Art und Weise der Verfahren oder Behandlungen oder
   b) über die Person, Vorbildung, Befähigung oder Erfolge des Herstellers, Erfinders oder der für sie tätigen oder tätig gewesenen Personen gemacht werden.

§ 3a

Unzulässig ist eine Werbung für Arzneimittel, die der Pflicht zur Zulassung unterliegen und die nicht nach den arzneimittelrechtlichen Vorschriften zugelassen sind oder als zugelassen gelten. Satz 1 findet auch Anwendung, wenn sich die Werbung auf Anwendungsgebiete oder Darreichungsformen bezieht, die nicht durch die Zulassung erfasst sind.

§ 4

(1) Jede Werbung für Arzneimittel im Sinne des § 2 Abs. 1 oder Abs. 2 Nr. 1 des Arzneimittelgesetzes muss folgende Angaben enthalten:

1. den Namen oder die Firma und den Sitz des pharmazeutischen Unternehmers,
2. die Bezeichnung des Arzneimittels,
3. die Zusammensetzung des Arzneimittels gemäß § 11 Abs. 1 Satz 1 Nr. 6 Buchstabe d des Arzneimittelgesetzes,
4. die Anwendungsgebiete,
5. die Gegenanzeigen,
6. die Nebenwirkungen,
7. Warnhinweise, soweit sie für die Kennzeichnung der Behältnisse und äußeren Umhüllungen vorgeschrieben sind,

7a. bei Arzneimitteln, die nur auf ärztliche, zahnärztliche oder tierärztliche Verschreibung abgegeben werden dürfen, der Hinweis „Verschreibungspflichtig“,

8. die Wartezeit bei Arzneimitteln, die zur Anwendung bei Tieren bestimmt sind, die der Gewinnung von Lebensmitteln dienen.

Eine Werbung für traditionelle pflanzliche Arzneimittel die nach dem Arzneimittelgesetz registriert sind, muss folgenden Hinweis enthalten: „traditionelles pflanzliches Arzneimittel zur Anwendung bei ... [spezifiziertes Anwendungsgebiet/spezifizierte Anwendungsgebiete] ausschließlich aufgrund langjähriger Anwendung".

(1a) Bei Arzneimitteln, die nur einen arzneilich wirksamen Bestandteil enthalten, muss der Angabe nach Absatz 1 Nr. 2 die Bezeichnung dieses Bestandteils mit dem Hinweis: „Wirkstoff:" folgen; dies gilt nicht, wenn in der Angabe nach Absatz 1 Nr. 2 die Bezeichnung des Wirkstoffs enthalten ist.

(2) Die Angaben nach den Absätzen 1 und 1a müssen mit denjenigen übereinstimmen, die nach § 11 oder § 12 des Arzneimittelgesetzes für die Packungsbeilage vorgeschrieben sind. Können die in § 11 Abs. 1 Satz 1 Nr. 3 Buchstabe a und c und Nr. 5 des Arzneimittelgesetzes vorgeschriebenen Angaben nicht gemacht werden, so können sie entfallen.

(3) Bei einer Werbung außerhalb der Fachkreise ist der Text „Zu Risiken und Nebenwirkungen lesen Sie die Packungsbeilage und fragen Sie Ihren Arzt oder Apotheker" gut lesbar und von den übrigen Werbeaussagen deutlich abgesetzt und abgegrenzt anzugeben. Bei einer Werbung für Heilwässer tritt an die Stelle der Angabe „die Packungsbeilage" die Angabe „das Etikett" und bei einer Werbung für Tierarzneimittel an die Stelle der Angabe „Ihren Arzt" die Angabe „den Tierarzt". Die Angaben nach Absatz 1 Nr. 1, 3, 5 und 6 können entfallen. Satz 1 findet keine Anwendung auf Arzneimittel, die für den Verkehr außerhalb der Apotheken freigegeben sind, es sei denn, dass in der Packungsbeilage oder auf dem Behältnis Nebenwirkungen oder sonstige Risiken angegeben sind.

(4) Die nach Absatz 1 vorgeschriebenen Angaben müssen von den übrigen Werbeaussagen deutlich abgesetzt, abgegrenzt und gut lesbar sein.

(5) Nach einer Werbung in audiovisuellen Medien ist der nach Absatz 3 Satz 1 oder 2 vorgeschriebene Text einzublenden, der im Fernsehen vor neutralem Hintergrund gut lesbar wiederzugeben und gleichzeitig zu sprechen ist, sofern nicht die Angabe dieses Textes nach Absatz 3 Satz 4 entfällt. Die Angaben nach Absatz 1 können entfallen.

(6) Die Absätze 1, 1a, 3 und 5 gelten nicht für eine Erinnerungswerbung. Eine Erinnerungswerbung liegt vor, wenn ausschließlich mit der Bezeichnung eines Arzneimittels oder zusätzlich mit dem Namen, der Firma, der Marke des pharmazeutischen Unternehmers oder dem Hinweis: „Wirkstoff:" geworben wird.

§ 4a

(1) Unzulässig ist es, in der Packungsbeilage eines Arzneimittels für andere Arzneimittel oder andere Mittel zu werben.

(2) Unzulässig ist es auch, außerhalb der Fachkreise für die im Rahmen der vertragsärztlichen Versorgung bestehende Verordnungsfähigkeit eines Arzneimittels zu werben.

§ 5

Für homöopathische Arzneimittel, die nach dem Arzneimittelgesetz registriert oder von der Registrierung freigestellt sind, darf mit der Angabe von Anwendungsgebieten nicht geworben werden.

§ 6

Unzulässig ist eine Werbung, wenn
1. Gutachten oder Zeugnisse veröffentlicht oder erwähnt werden, die nicht von wissenschaftlich oder fachlich hierzu berufenen Personen erstattet worden sind und nicht die Angabe des Namens, Berufes und Wohnortes der Person, die das Gutachten erstellt oder das Zeugnis ausgestellt hat, sowie den Zeitpunkt der Ausstellung des Gutachtens oder Zeugnisses enthalten,
2. auf wissenschaftliche, fachliche oder sonstige Veröffentlichungen Bezug genommen wird, ohne dass aus der Werbung hervorgeht, ob die Veröffentlichung das Arzneimittel, das Verfahren, die Behandlung, den Gegenstand oder ein anderes Mittel selbst betrifft, für die geworben wird, und ohne dass der Name des Verfassers, der Zeitpunkt der Veröffentlichung und die Fundstelle genannt werden,
3. aus der Fachliteratur entnommene Zitate, Tabellen oder sonstige Darstellungen nicht wortgetreu übernommen werden.

§ 7

(1) Es ist unzulässig, Zuwendungen und sonstige Werbegaben (Waren oder Leistungen) anzubieten, anzukündigen oder zu gewähren oder als Angehöriger der Fachkreise anzunehmen, es sei denn, dass
1. es sich bei den Zuwendungen oder Werbegaben um Gegenstände von geringem Wert, die durch eine dauerhafte und deutlich sichtbare Bezeichnung des Werbenden oder des beworbenen Produktes oder beider gekennzeichnet sind, oder um geringwertige Kleinigkeiten handelt;
2. die Zuwendungen oder Werbegaben in
   a) einem bestimmten oder auf bestimmte Art zu berechnenden Geldbetrag oder
   b) einer bestimmten oder auf bestimmte Art zu berechnenden Menge gleicher Ware gewährt werden; Zuwendungen oder Werbegaben nach Buchstabe a sind für Arzneimittel unzulässig, soweit sie entgegen den Preisvorschriften gewährt werden, die aufgrund des Arzneimittelgesetzes gelten; Buchstabe b gilt nicht für Arzneimittel, deren Abgabe Apotheken vorbehalten ist;
3. die Zuwendungen oder Werbegaben nur in handelsüblichem Zubehör zur Ware oder in handelsüblichen Nebenleistungen bestehen; als handelsüblich gilt insbesondere eine im Hinblick auf den Wert der Ware oder Leistung angemessene teilweise oder vollständige Erstattung oder Übernahme von Fahrtkosten für Verkehrsmittel des öffentlichen Personennahverkehrs, die im Zusammenhang mit dem Besuch des Geschäftslokals oder des Orts der Erbringung der Leistung aufgewendet werden darf;
4. die Zuwendungen oder Werbegaben in der Erteilung von Auskünften oder Ratschlägen bestehen oder
5. es sich um unentgeltlich an Verbraucherinnen und Verbraucher abzugebende Zeitschriften handelt, die nach ihrer Aufmachung und Ausgestaltung der Kundenwerbung und den Interessen der verteilenden Person dienen, durch einen entsprechenden Aufdruck auf der Titelseite diesen Zweck erkennbar machen und in ihren Herstellungskosten geringwertig sind (Kundenzeitschriften).

Werbegaben für Angehörige der Heilberufe sind unbeschadet des Satzes 1 nur dann zulässig, wenn sie zur Verwendung in der ärztlichen, tierärztlichen oder pharmazeutischen Praxis bestimmt sind. § 47 Abs. 3 des Arzneimittelgesetzes bleibt unberührt.
(2) Absatz 1 gilt nicht für Zuwendungen im Rahmen ausschließlich berufsbezogener

wissenschaftlicher Veranstaltungen, sofern diese einen vertretbaren Rahmen nicht überschreiten, insbesondere in Bezug auf den wissenschaftlichen Zweck der Veranstaltung von untergeordneter Bedeutung sind und sich nicht auf andere als im Gesundheitswesen tätige Personen erstrecken.

(3) Es ist unzulässig, für die Entnahme oder sonstige Beschaffung von Blut-, Plasma- oder Gewebespenden zur Herstellung von Blut- und Gewebeprodukten und anderen Produkten zur Anwendung bei Menschen mit der Zahlung einer finanziellen Zuwendung oder Aufwandsentschädigung zu werben.

§ 8

Unzulässig ist die Werbung, Arzneimittel im Wege des Teleshopping oder bestimmte Arzneimittel im Wege der Einzeleinfuhr nach § 73 Abs. 2 Nr. 6a oder § 73 Abs. 3 des Arzneimittelgesetzes zu beziehen.

§ 9

Unzulässig ist eine Werbung für die Erkennung oder Behandlung von Krankheiten, Leiden, Körperschäden oder krankhaften Beschwerden, die nicht auf eigener Wahrnehmung an dem zu behandelnden Menschen oder Tier beruht (Fernbehandlung).

§ 10

(1) Für verschreibungspflichtige Arzneimittel darf nur bei Ärzten, Zahnärzten, Tierärzten, Apothekern und Personen, die mit diesen Arzneimitteln erlaubterweise Handel treiben, geworben werden.

(2) Für Arzneimittel, die dazu bestimmt sind, bei Menschen die Schlaflosigkeit oder psychische Störungen zu beseitigen oder die Stimmungslage zu beeinflussen, darf außerhalb der Fachkreise nicht geworben werden.

§ 11

(1) Außerhalb der Fachkreise darf für Arzneimittel, Verfahren, Behandlungen, Gegenstände oder andere Mittel nicht geworben werden

1. mit Gutachten, Zeugnissen, wissenschaftlichen oder fachlichen Veröffentlichungen sowie mit Hinweisen darauf,
2. mit Angaben, dass das Arzneimittel, das Verfahren, die Behandlung, der Gegenstand oder das andere Mittel ärztlich, zahnärztlich, tierärztlich oder anderweitig fachlich empfohlen oder geprüft ist oder angewendet wird,
3. mit der Wiedergabe von Krankengeschichten sowie mit Hinweisen darauf,
4. mit der bildlichen Darstellung von Personen in der Berufskleidung oder bei der Ausübung der Tätigkeit von Angehörigen der Heilberufe, des Heilgewerbes oder des Arzneimittelhandels,
5. mit der bildlichen Darstellung
   a) von Veränderungen des menschlichen Körpers oder seiner Teile durch Krankheiten, Leiden oder Körperschäden,
   b) der Wirkung eines Arzneimittels, eines Verfahrens, einer Behandlung, eines Gegenstandes oder eines anderen Mittels durch vergleichende Darstellung des Körperzustandes oder des Aussehens vor und nach der Anwendung,
   c) des Wirkungsvorganges eines Arzneimittels, eines Verfahrens, einer Behandlung, eines Gegenstandes oder eines anderen Mittels am menschlichen Körper oder an seinen Teilen,
6. mit fremd- oder fachsprachlichen Bezeichnungen, soweit sie nicht in den allgemeinen deutschen Sprachgebrauch eingegangen sind,

7. mit einer Werbeaussage, die geeignet ist, Angstgefühle hervorzurufen oder auszunutzen,
8. durch Werbevorträge, mit denen ein Feilbieten oder eine Entgegennahme von Anschriften verbunden ist,
9. mit Veröffentlichungen, deren Werbezweck missverständlich oder nicht deutlich erkennbar ist,
10. mit Veröffentlichungen, die dazu anleiten, bestimmte Krankheiten, Leiden, Körperschäden oder krankhafte Beschwerden beim Menschen selbst zu erkennen und mit den in der Werbung bezeichneten Arzneimitteln, Gegenständen, Verfahren, Behandlungen oder anderen Mitteln zu behandeln, sowie mit entsprechenden Anleitungen in audiovisuellen Medien,
11. mit Äußerungen Dritter, insbesondere mit Dank-, Anerkennungs- oder Empfehlungsschreiben, oder mit Hinweisen auf solche Äußerungen,
12. mit Werbemaßnahmen, die sich ausschließlich oder überwiegend an Kinder unter 14 Jahren richten,
13. mit Preisausschreiben, Verlosungen oder anderen Verfahren, deren Ergebnis vom Zufall abhängig ist,
14. durch die Abgabe von Mustern oder Proben von Arzneimitteln oder durch Gutscheine dafür,
15. durch die nicht verlangte Abgabe von Mustern oder Proben von anderen Mitteln oder Gegenständen oder durch Gutscheine dafür.

Für Medizinprodukte gilt Satz 1 Nr. 6 bis 9, 11 und 12 entsprechend.
(2) Außerhalb der Fachkreise darf für Arzneimittel zur Anwendung bei Menschen nicht mit Angaben geworben werden, die nahe legen, dass die Wirkung des Arzneimittels einem anderen Arzneimittel oder einer anderen Behandlung entspricht oder überlegen ist.

§ 12

(1) Außerhalb der Fachkreise darf sich die Werbung für Arzneimittel und Medizinprodukte nicht auf die Erkennung, Verhütung, Beseitigung oder Linderung der in Abschnitt A der Anlage zu diesem Gesetz aufgeführten Krankheiten oder Leiden beim Menschen beziehen, die Werbung für Arzneimittel außerdem nicht auf die Erkennung, Verhütung, Beseitigung oder Linderung der in Abschnitt B dieser Anlage aufgeführten Krankheiten oder Leiden beim Tier. Abschnitt A Nr. 2 der Anlage findet keine Anwendung auf die Werbung für Medizinprodukte.
(2) Die Werbung für andere Mittel, Verfahren, Behandlungen oder Gegenstände außerhalb der Fachkreise darf sich nicht auf die Erkennung, Beseitigung oder Linderung dieser Krankheiten oder Leiden beziehen. Dies gilt nicht für die Werbung für Verfahren oder Behandlungen in Heilbädern, Kurorten und Kuranstalten.

§ 13

Die Werbung eines Unternehmens mit Sitz außerhalb des Geltungsbereichs dieses Gesetzes ist unzulässig, wenn nicht ein Unternehmen mit Sitz oder eine natürliche Person mit gewöhnlichem Aufenthalt im Geltungsbereich dieses Gesetzes oder in einem anderen Mitgliedstaat der Europäischen Gemeinschaften oder in einem anderen Vertragsstaat des Abkommens über den Europäischen Wirtschaftsraum, die nach diesem Gesetz unbeschränkt strafrechtlich verfolgt werden kann, ausdrücklich damit betraut ist, die sich aus diesem Gesetz ergebenden Pflichten zu übernehmen.

§ 14

Wer dem Verbot der irreführenden Werbung (§ 3) zuwiderhandelt, wird mit Freiheitsstrafe bis zu einem Jahr oder mit Geldstrafe bestraft.

§ 15

(1) Ordnungswidrig handelt, wer vorsätzlich oder fahrlässig

1. entgegen § 3a eine Werbung für ein Arzneimittel betreibt, das der Pflicht zur Zulassung unterliegt und das nicht nach den arzneimittelrechtlichen Vorschriften zugelassen ist oder als zugelassen gilt,
2. eine Werbung betreibt, die die nach § 4 vorgeschriebenen Angaben nicht enthält oder entgegen § 5 mit der Angabe von Anwendungsgebieten wirbt,
3. in einer nach § 6 unzulässigen Weise mit Gutachten, Zeugnissen oder Bezugnahmen auf Veröffentlichungen wirbt,
4. entgegen § 7 Abs. 1 und 3 eine mit Zuwendungen oder sonstigen Werbegaben verbundene Werbung betreibt,

4a. entgegen § 7 Abs. 1 als Angehöriger der Fachkreise eine Zuwendung oder sonstige Werbegabe annimmt,

5. entgegen § 8 eine dort genannte Werbung betreibt,
6. entgegen § 9 für eine Fernbehandlung wirbt,
7. entgegen § 10 für die dort bezeichneten Arzneimittel wirbt,
8. auf eine durch § 11 verbotene Weise außerhalb der Fachkreise wirbt,
9. entgegen § 12 eine Werbung betreibt, die sich auf die in der Anlage zu § 12 aufgeführten Krankheiten oder Leiden bezieht,
10. eine nach § 13 unzulässige Werbung betreibt.

(2) Ordnungswidrig handelt ferner, wer fahrlässig dem Verbot der irreführenden Werbung (§ 3) zuwiderhandelt.

(3) Die Ordnungswidrigkeit nach Absatz 1 kann mit einer Geldbuße bis zu fünfzigtausend Euro, die Ordnungswidrigkeit nach Absatz 2 mit einer Geldbuße bis zu zwanzigtausend Euro geahndet werden.

§ 16

Werbematerial und sonstige Gegenstände, auf die sich eine Straftat nach § 14 oder eine Ordnungswidrigkeit nach § 15 bezieht, können eingezogen werden. § 74 a des Strafgesetzbuches und § 23 des Gesetzes über Ordnungswidrigkeiten sind anzuwenden.

§ 17

Das Gesetz gegen den unlauteren Wettbewerb bleibt unberührt.

§ 18

Werbematerial, das den Vorschriften des § 4 nicht entspricht, jedoch den Vorschriften des Gesetzes in der bis zum 10. September 1998 geltenden Fassung, darf noch bis zum 31. März 1999 verwendet werden.

Anlage (zu § 12) Krankheiten und Leiden, auf die sich die Werbung gemäß § 12 nicht beziehen darf

A. Krankheiten und Leiden beim Menschen

1. Nach dem Infektionsschutzgesetz vom 20. Juli 2000 (BGBl. I S. 1045) meldepflichtige Krankheiten oder durch meldepflichtige Krankheitserreger verursachte Infektionen,

2. bösartige Neubildungen,
3. Suchtkrankheiten, ausgenommen Nikotinabhängigkeit,
4. krankhafte Komplikationen der Schwangerschaft, der Entbindung und des Wochenbetts.

B. Krankheiten und Leiden beim Tier

1. Nach der Verordnung über anzeigepflichtige Tierseuchen und der Verordnung über meldepflichtige Tierkrankheiten in ihrer jeweils geltenden Fassung anzeige- oder meldepflichtige Seuchen oder Krankheiten,
2. bösartige Neubildungen,
3. bakterielle Eutererkrankungen bei Kühen, Ziegen und Schafen,
4. Kolik bei Pferden und Rindern.

Anhang 5: Überwachung des Einzelhandels mit freiverkäuflichen Arzneimitteln

Verfahrensanweisung 07112701 der Zentralstelle der Länder für Gesundheitsschutz bei Arzneimitteln und Medizinprodukten

1 Zweck

Zweck dieser VAW ist es, Kriterien für die Vorbereitung, Durchführung und Nachbereitung von Inspektionen in Betrieben und Einrichtungen zu erstellen, die Einzelhandel mit freiverkäuflichen Arzneimitteln außerhalb von Apotheken betreiben, um dadurch bundesweit eine einheitliche Verfahrensweise der zuständigen Überwachungsbehörden herbeizuführen. Das Vorgehen bei der Inspektion von tierärztlichen Hausapotheken und Personen, die Arzneimittel berufs- und gewerbsmäßig bei Tieren anwenden, ohne Tierarzt oder Tierhalter zu sein, ist in der VAW 071121 bzw. 071123 geregelt.

2 Definitionen und Abkürzungen

...

3 Verfahren

3.1 Arten von Inspektionen

Folgende Arten von Inspektionen im Zuständigkeitsbereich der Überwachungsbehörde werden unterschieden:

Regelinspektionen sind planmäßig und risikoorientiert durchzuführen. Dabei sind insbesondere der Umfang des Sortiments, die Art der in Verkehr gebrachten Arzneimittel (für Lebensmittel liefernde Tiere), die Betriebsart (Einzelbetrieb oder Filiale einer Kette) und die bisher festgestellten Mängel zu berücksichtigen.

Nachinspektionen werden ggf. durchgeführt, wenn bei der Regelinspektion Mängel festgestellt werden, deren Abstellung vor Ort überprüft werden muss.

Inspektionen aus besonderem Anlass. Ein besonderer Anlass liegt z. B. vor bei

- Verbraucherbeschwerden
- Verdacht des Verstoßes gegen arzneimittelrechtliche Bestimmungen
- Arzneimittelzwischenfällen.

Eine Kombination der Inspektionsarten ist nicht ausgeschlossen.

3.2 Allgemeine Aspekte bei Inspektionen

- Aufgabe des Inspektors ist die Überprüfung, ob die geltenden arzneimittelrechtlichen
- Bestimmungen sowie auch die einschlägigen Bestimmungen des Heilmittelwerbegesetzes eingehalten werden.
- Der Inspektor sollte sich bewusst machen, dass die Inspektion die normalen Arbeitsabläufe stört und muss bestrebt sein, die Störung so gering wie möglich zu halten und während der Inspektion zu einer positiven Atmosphäre beizutragen.
- Die Aufgabe des Inspektors ist nicht allein auf das Aufzeigen von Fehlern, Mängeln und Widersprüchen beschränkt. Er darf bei fachlichen Rückfragen Auskünfte erteilen. Eine Inspektion sollte üblicherweise motivierende Elemente einschließen. Die Gelegenheit sollte genutzt werden, fachliche Aspekte zu vermitteln.

Regelinspektionen umfassen gewöhnlich nur Stichprobenprüfungen; der Umfang der Prüfung (z.B. Zeitraum, Arzneimittel) ist zu protokollieren.

3.3 Planung und Vorbereitung von Inspektionen

3.3.1 Planung

Die der Überwachung unterliegenden Betriebe und Einrichtungen sind in geeigneter Weise zu erfassen. Darin sollten mindestens der Name und die Adresse der Firma, gegebenenfalls Standort und das Datum der letzten Inspektion enthalten sein. Die zuständige Überwachungsbehörde plant die Durchführung der Regelinspektionen unter Berücksichtigung von speziellen Risikofaktoren, ohne dass für den Kontrollierten vorhersehbare Inspektionsintervalle entstehen. Sie sollten unangemeldet durchgeführt werden.

3.3.2 Inhaltliche Vorbereitung von Inspektionen

Grundlage der Vorbereitung ist das Protokoll der letzten Überprüfung und andere verfügbare Unterlagen.

Die inhaltliche Vorbereitung hat in Abhängigkeit von der Zielsetzung und der gewählten Inspektionsart zu erfolgen.
Insbesondere sollte geprüft werden:

1. Anzeige gemäß § 67 AMG
2. Sachkenntnis nach § 50 AMG
3. Verantwortlicher für den Betrieb/die Einrichtung
4. Datum und Art der letzten Inspektion
5. Ergebnis der letzten Inspektion, v.a. festgestellte Mängel, veranlasste Maßnahmen
6. Hinweise auf Verstöße gegen die einschlägigen Vorschriften, auch aus angrenzenden Überwachungsbereichen
7. Selbstbedienung nach § 52 AMG

3.4 Durchführung von Inspektionen

3.4.1 Eröffnungsbesprechung

Die mit der Inspektion beauftragten Personen stellen sich vor, erläutern den Zweck sowie den voraussichtlichen Umfang und den zeitlichen Ablauf der Inspektion.

3.4.2 Begehung der Betriebsräume und Überprüfung der vorhandenen Arzneimittel

Die Inspektoren verschaffen sich durch einen Rundgang durch sämtliche Betriebsräume einen Überblick über die örtlichen Gegebenheiten und prüfen, ob die einschlägigen Bestimmungen des Arzneimittelrechts eingehalten werden. Die Ergebnisse dieser Überprüfung werden begleitend in einem Umfang protokolliert, der mindestens den Vorgaben der Anlage 1 entspricht.

3.4.3 Überprüfung der vorhandenen Unterlagen

Die Unterlagen über den Bezug werden gegebenenfalls dahingehend überprüft, ob die einschlägigen Bestimmungen des Arzneimittelrechts eingehalten werden, insbesondere auch das System für die Aufzeichnung und Überprüfung von Beanstandungen und Rückrufen von Arzneimitteln. Die Ergebnisse dieser Überprüfung werden begleitend in einem Umfang protokolliert, der mindestens den Vorgaben der Anlage 1 entspricht.

3.4.4 Probenahme

Während der Inspektion können Proben gezogen werden (siehe VAW 071111)

3.4.5 Abschlussbesprechung

Nach Abschluss der Inspektion wird bei der Abschlussbesprechung das Ergebnis mitgeteilt. Die während der Inspektion festgestellten Fehler und Mängel sowie ihre Bedeutung sind dem Verantwortlichen zur Kenntnis zu geben und zu erörtern. Hierbei ist es vorteilhaft, wenn die Inspektoren darauf hinwirken, dass die Feststellungen verstanden und akzeptiert werden. Es werden die erforderlichen Maßnahmen angeordnet, um die festgestellten Fehler und Mängel zum frühest möglichen Zeitpunkt zu beseitigen. Erforderlichenfalls sind Fristen zu setzen und Nachweise einzufordern.

Im Falle von Fehlern und Mängeln, die eine Gefährdung der Gesundheit von Mensch und/oder Tier bedeuten können oder Verstöße gegen arzneimittelrechtliche Bestimmungen darstellen, kann der Inspektor sofort Maßnahmen nach §§ 64 Abs. 4 Nr. 4 und 69 AMG einleiten.

Mündlich getroffene Anordnungen sind durch die Behörde umgehend schriftlich zu bestätigen.

3.4.6 Inspektionsbericht

Für jede Kontrolle ist ein Inspektionsbericht zu erstellen, der mindestens die Inhalte der Anlage 1 wiedergibt.

Der Inspektionsbericht fasst die gefundenen Mängel, Belehrungen, Auflagen/Maßnahmen, Terminsetzungen und gegebenenfalls weitere Feststellungen zusammen.

3.5 Nachbereitung der Inspektion

3.5.1 Maßnahmen nach einer Inspektion

Die Maßnahmen der zuständigen Behörde hängen von Art und Ausmaß der Einhaltung bzw. Nichteinhaltung arzneimittelrechtlicher Bestimmungen durch den Einzelhändler sowie dem Grad der potentiellen Gefährdung der Verbraucher ab.

Folgende Maßnahmen kommen insbesondere in Betracht:

- Einräumung von Fristen zur Beseitigung festgestellter Fehler oder Mängel
- Einleitung von Maßnahmen gemäß § 69 Abs. 1 AMG
- Einleitung eines Bußgeldverfahrens
- Verwaltungsmaßnahmen nach dem Verwaltungsverfahrensgesetz
- Strafanzeige bei der Staatsanwaltschaft

Soweit freiwillige Maßnahmen durch den Einzelhändler ergriffen werden, ist zu prüfen, ob begleitend Verwaltungsmaßnahmen erforderlich werden.

Es ist abzuwägen, ob die Beseitigung von Fehlern und Mängeln durch eine Nachinspektion überprüft werden muss, oder ob dies bei der nächsten Regelinspektion kontrolliert werden kann.

Insbesondere bei folgenden Verstößen oder dem Verdacht auf Verstöße sollten die zuständigen Behören beteiligt werden:
- Nichteinhalten vorgeschriebener Vertriebswege (Bezug/Abgabe),
- Fehler in Beschaffenheit, Kennzeichnungsmängel,
- unzulässige Herstellung.

Gebühren: Inspektionen sind gegebenenfalls gebührenpflichtig; Näheres regeln die länderspezifischen Bestimmungen.

3.5.2 Erfassung

Jede Inspektion ist in geeigneter Weise zu erfassen, um eine Risikoorientierung zu ermöglichen.

4 Anlagen

Anlage 1: Niederschrift über die Inspektion eines Betriebes, der Einzelhandel mit freiverkäuflichen Arzneimitteln betreibt
Anlage 2: Im Betrieb vorgefundene beanstandete Arzneimittel.

5 Änderungsgrund

Entfällt; Ersterstellung

Anlage I: Niederschrift über die Inspektion eines Betriebes, der Einzelhandel mit freiverkäuflichen Arzneimitteln außerhalb von Apotheken betreibt

(Name der Behörde)

Name des Betriebsinhabers / Name des Verantwortlichen der Betriebsstätte		Stempel / Az.
PLZ, Ort, Straße, Hausnummer		
Telefon	Telefax	
E-Mail	Mobil	
Letzte Inspektion	Kreis/kreisfreie Stadt	
Datum der Inspektion	Uhrzeit (Beginn)	

☐ Regelinspektion ☐ Nachinspektion ☐ Anlassinspektion: ....

☐ unangemeldet ☐ angemeldet, am ....

Inspektoren

Die Überprüfung wurde vorgenommen in Anwesenheit von

I. Allgemeine Angaben

Angaben zum Betrieb

☐ Zoohandlung ☐ Drogerie ☐ Landhandel ☐ Lebensmittelgeschäft

☐ sonstiger Einzelhandel

Es liegt eine Anzeige gemäß § 67 Abs. 1 AMG vor:	☐ ja	☐ nein
Sachkundenachweis NICHT erforderlich, da ausschließlich Arzneimittel nach § 50 Abs. 3 AMG oder § 60 AMG abgegeben werden	☐ ja	☐ nein
Es liegt ein Sachkundenachweis gem. § 50 AMG vor	☐ ja	☐ nein
Name der sachkundigen Person/en: Die Verfügbarkeit der sachkundigen Person/en ist gewährleistet	☐ ja	☐ nein

Feststellungen:

II. Arzneimittel

1. Angaben zu Arzneimitteln

Feststellungen:

Der bauliche und hygienische Zustand der Betriebsstätte ist ausreichend:	☐ ja	☐ nein

Feststellungen:

Die Lagerung von Arzneimitteln erfolgt gemäß den Lagerungshinweisen des Herstellers	☐ ja	☐ nein
Es sind freiverkäufliche Arzneimittel vorhanden	☐ ja	☐ nein
Die vorhandenen Arzneimittel sind zugelassen oder von der Zulassung freigestellt.	☐ ja	☐ nein
Es sind Tierarzneimittel nach § 60 AMG vorhanden	☐ ja	☐ nein
Es sind Arzneimittel vorhanden		
– die sinnfällige Mängel aufweisen:	☐ ja	☐ nein
– deren Verfallsdatum abgelaufen ist:	☐ ja	☐ nein
Es ist ein Verfahren zur Überprüfung des Verfalldatums der Arzneimittel vorhanden, das gewährleistet, dass keine Arzneimittel angeboten werden, deren Verfalldatum überschritten ist.	☐ ja	☐ nein
Es sind nicht verkehrsfähige Arzneimittel vorhanden	☐ ja	☐ nein
Es sind verschreibungs- oder apothekenpflichtige Arzneimittel vorhanden:	☐ ja	☐ nein

Feststellungen:
Auflistung der beanstandeten Arzneimittel auf beiliegendem Anhang

2. Angaben zum Betrieb

Es werden Arzneimittel hergestellt (Umfüllen, Abpacken oder Kennzeichnen in unveränderter Form zur unmittelbaren Abgabe an den Verbraucher)	☐ ja	☐ nein
Es sind geeignete Geräte und Hilfsmittel für die Herstellung vorhanden	☐ ja	☐ nein
Wird die Herstellung ordnungsgemäß dokumentiert	☐ ja	☐ nein
Es liegen Anhaltspunkte darüber vor, dass die Arzneimittel nicht vorschriftsmäßig gekennzeichnet oder verpackt sind	☐ ja	☐ nein
Es gibt Anhaltspunkte dafür, dass Arzneimittel über das Umfüllen, Abpacken oder Kennzeichnen in unveränderter Form hinaus hergestellt werden	☐ ja	☐ nein

Feststellungen

III. Sonstige

1. Amtliche Probenahme

Es wurden Proben genommen (entsprechend VAW 071111): (siehe beiliegendes Probenahmeprotokoll) ☐ ja ☐ nein

2. Heilmittelwerbegesetz

Es liegen Anhaltspunkte vor, dass gegen das Heilmittelwerbegesetz verstoßen wurde: ☐ entfällt ☐ ja ☐ nein

Feststellungen:

IV. Ergebnis der Inspektion Mängel

Mängel

Lfd. Nr.	Mangel (Bezugsnr. im Bericht)	Maßnahmen	Frist

Ende der Inspektion (Uhrzeit): ____________________

V. Unterschriften

1. Inspektoren

Datum der Erstellung der Niederschrift

Unterschrift Inspektor

2. Verantwortliche/r des Betriebes

Hiermit versichere ich, dass außer in den angegebenen und kontrollierten Räumen und Fahrzeugen keine weiteren Arzneimittel oder Stoffe, die als Tierarzneimittel verwendet werden können, gelagert werden. Von dem Inhalt der vorläufigen Niederschrift habe ich Kenntnis genommen, das vorläufige Ergebnis wurde mir mündlich erläutert.

Eine Kopie der Niederschrift wurde zur Verfügung gestellt: ☐ ja ☐ nein

Datum, Unterschrift des / der Verantwortlichen

Anlage II: Im Betrieb vorgefundene beanstandete Arzneimittel

Betrieb:

Bezeichnung des Arzneimittels	pharmazeutischer Unternehmer	Ch.B.	V/A/F[1]	Anzahl vorhandener OP	Größe der OP	vorhandene Restmenge	zu verwenden bis	Bezugs-nachweis	Bemerkungen

1) verschreibungspflichtig (V) / apothekenpflichtig (A) freiverkäuflich (F)

Unterschriften:

____
Ort, Datum

_______________________ _______________________
Inspektor Angehöriger / Verantwortlicher im Betrieb

Sachregister

G

H

I

J

K

N

O

P

Q

R

S

V

W

Z

Die Autoren

Prof. Dr. Dr. h.c. mult. Heinz Schilcher

Studierte Pharmazie und Medizin an der LMU München, wo er auch zum Dr. rer. nat. promovierte. 18 Jahre lang arbeitete er in leitenden Positionen in Firmen, die vorwiegend freiverkäufliche pflanzliche Arzneimittel herstellen und war 21 Jahre lang als Professor für Pharmazeutische Biologie in Marburg, Tübingen und Berlin tätig. Als öffentlich bestellter und vereidigter Sachverständiger wirkte er bei der Erstellung der Verordnung zur Sachkenntnis im Einzelhandel für freiverkäufliche Arzneimittel mit. 28 Jahre lang war er Vorsitzender der Prüfungskommissionen bei den Industrie- und Handelskammern in München, Stuttgart und Berlin. Zurzeit ist Prof. Schilcher der Erste Vorsitzende der Kommission § 109 a AMG (Zulassungskommission für traditionell angewendete Arzneimittel).

Zusammen mit seiner Frau ist er Autor des Buches „Sachkundenachweis für freiverkäufliche Arzneimittel in Fragen und Antworten", erschienen in der Wissenschaftlichen Verlagsgesellschaft.

Prof. Dr. Werner Fresenius

Studium der Pharmazie an der TH Karlsruhe 1963–1966. 1970 Promotion zum Dr. rer. nat. in Marburg bei Prof. Dr. Böhme. Anschließend Ausbildung zum Lebensmittelchemiker im Chemischen Untersuchungsamt Sigmaringen. Lebensmittelchemikerprüfung in Marburg. 1972–1974 Überwachungsbeamter bei den Regierungspräsidien Kassel und Darmstadt. Zuständig für die Überwachung des Verkehrs mit Arzneimitteln außerhalb der Apotheken. 1975 Wechsel an Gesundheitsministerium in Rheinland-Pfalz als Leiter des Pharmaziereferates. Ab 1989 stellvertretender Leiter der Gesundheitsabteilung. Bis 2006 Mitglied der Homöopathischen Arzneibuchkommission und stellvertretendes Mitglied der Deutschen Arzneibuchkommission. Von 1975–2007 Lehrbeauftragter am Pharmazeutischen Institut der Universität Mainz für das Fach „Spezielle Rechtsgebiete für Apotheker". 1999 Ernennung zum Honorarprofessor.

Dr. Herbert Niklas

1971–1974 Studium der Pharmazie an der Universität Tübingen und Approbation als Apotheker. 1974–1978 wissenschaftlicher Mitarbeiter am Lehrstuhl Pharmakologie für Naturwissenschaftler an der Universität Tübingen. 1978 Promotion zum Dr. rer. nat. über ein Thema zur Insulinsekretion. 1978–1980 wissenschaftlicher Angestellter am Lehrstuhl Pharmakologie für Naturwissenschaftler an der Universität Tübingen. 1980–2000 Mitarbeiter, ab 1985 Referatsleiter des Regierungspräsidiums Stuttgart im Referat Pharmazeutische Angelegenheiten. Seit 2001 Mitarbeiter des Regierungspräsidiums Tübingen bei der neu geschaffenen Leitstelle Arzneimittelüberwachung Baden-Württemberg, am Dienstsitz Stuttgart tätig.

Dr. Bruno Frank

Studium der Pharmazie in Marburg und Dissertation unter Leitung von Prof. Dr. Max Wichtl. 19 Jahre lang Leiter der Abteilung Analytische Entwicklung bei verschiedenen phytopharmazeutischen Firmen (Brenner, Kytta, Kneipp-Werke). 14 Jahre lang Leiter der Abteilungen Arzneimittel-Zulassung und Analytische Entwicklung der Kneipp-Werke. Seit 1995 Jahren Mitglied im Ausschuss Pharmazeutische Biologie der Arzneibuch-Kommission beim Bundesinstitut für Arzneimittel (BfArM). Seit 2000 Leiter der Abteilung Pharmazeutische und medizinische Wissenschaft und Forschung der Kneipp-Werke Würzburg.